中国农业产业技术发展报告
—— 2019

农业农业部科技教育司
财政部科教和文化司　　主 编
农业农村部科技发展中心

中国农业科学技术出版社

图书在版编目（CIP）数据

中国农业产业技术发展报告.2019／农业农村部科教司，财政部科教和文化司，农业农村部科技发展中心主编.—北京：中国农业科学技术出版社，2020.10

ISBN 978-7-5116-5053-5

Ⅰ.①中… Ⅱ.①农…②财…③农… Ⅲ.①农业产业-技术发展-研究报告-中国-2019 Ⅳ.①F320.1

中国版本图书馆 CIP 数据核字（2020）第 187043 号

责任编辑　穆玉红
责任校对　马广洋

出 版 者	中国农业科学技术出版社
	北京市中关村南大街 12 号　邮编：100081
电　　话	（010）82106626（编辑室）　（010）82109702（发行部）
	（010）82109709（读者服务部）
传　　真	（010）82106626
网　　址	http://www.castp.cn
经 销 者	各地新华书店
印 刷 者	北京富泰印刷有限责任公司
开　　本	787mm×1 092mm　1/16
印　　张	21.75
字　　数	540 千字
版　　次	2020 年 10 月第 1 版　2020 年 10 月第 1 次印刷
定　　价	88.00 元

▃▃▃▃ 版权所有·翻印必究 ▄▄▄▄

《中国农业产业技术发展报告 2019》

编 委 会

主　　　任　周云龙　杨雄年

副 主 任　张　文　陈彦宾

委　　　员　徐利群　邵华莎　连　庆　谢驾阳

主　　编　张　昭　许　宁

副 主 编　李仕宝　钟大森　张　凯　张晓莉

编辑与审校　赵　霞　冯推紫

前 言

收集、整理、分析产业及技术发展动态信息，为政府决策提供咨询，为社会发布技术成果信息和技术需求信息是现代农业产业技术体系（以下简称"体系"）的重要任务之一。为了进一步促进体系对产业发展基础信息资料的收集与总结，强化体系对产业发展的技术支撑作用和效能，2019年，我们组织水稻、玉米、小麦、大豆、大麦青稞、谷子高粱、燕麦荞麦、食用豆、马铃薯、甘薯、木薯、油菜、花生、特色油料、棉花、麻类、糖料、蚕桑、茶叶、食用菌、中药材、绿肥、大宗蔬菜、特色蔬菜、西甜瓜、柑橘、苹果、梨、葡萄、桃、香蕉、荔枝龙眼、天然橡胶、牧草、生猪、奶牛、肉牛牦牛、肉羊、绒毛用羊、蛋鸡、肉鸡、水禽、兔、蜂、大宗淡水鱼、虾蟹、贝类、特色淡水鱼、海水鱼、藻类50个体系的首席科学家牵头编写了《中国农业产业技术发展报告2019》，供各级农业及相关行业行政主管部门、科研教学单位、推广机构和各类企事业单位参考和借鉴。由于水平所限，书中如有疏漏之处，敬请读者指正。

编　者
2020年8月

目　　录

2019 年度水稻产业技术发展报告 ……………………………………………………（1）
　　一、国际水稻生产与贸易概况 …………………………………………………（1）
　　二、国内水稻生产与贸易概况 …………………………………………………（1）
　　三、国际水稻产业技术研发进展 ………………………………………………（2）
　　四、国内水稻产业技术研发进展 ………………………………………………（3）
2019 年度玉米产业技术发展报告 ……………………………………………………（6）
　　一、国际玉米生产与贸易概况 …………………………………………………（6）
　　二、国内玉米生产与贸易概况 …………………………………………………（6）
　　三、国际玉米产业技术研发进展 ………………………………………………（7）
　　四、国内玉米产业技术研发进展 ………………………………………………（8）
2019 年度小麦产业技术发展报告 ……………………………………………………（12）
　　一、国际小麦生产与贸易概况 …………………………………………………（12）
　　二、国内小麦生产与贸易概况 …………………………………………………（12）
　　三、国际小麦产业技术研发进展 ………………………………………………（13）
　　四、国内小麦产业技术研发进展 ………………………………………………（15）
2019 年度大豆产业技术发展报告 ……………………………………………………（18）
　　一、国际大豆生产与贸易概况 …………………………………………………（18）
　　二、国内大豆生产与贸易概况 …………………………………………………（18）
　　三、国际大豆产业技术研发进展 ………………………………………………（18）
　　四、国内大豆产业技术研发进展 ………………………………………………（19）
2019 年度大麦青稞产业技术发展报告 ………………………………………………（23）
　　一、国际大麦青稞生产与贸易概况 ……………………………………………（23）
　　二、国内大麦青稞生产与贸易概况 ……………………………………………（23）
　　三、国际大麦青稞产业技术研发进展 …………………………………………（23）
　　四、国内大麦青稞产业技术研发进展 …………………………………………（27）
2019 年度谷子高粱产业技术发展报告 ………………………………………………（31）
　　一、国际谷子高粱生产与贸易概况 ……………………………………………（31）
　　二、国内谷子高粱生产与贸易概况 ……………………………………………（31）
　　三、国际谷子高粱产业技术研发进展 …………………………………………（33）
　　四、国内谷子高粱产业技术研发进展 …………………………………………（35）
2019 年度燕麦荞麦产业技术发展报告 ………………………………………………（43）
　　一、国际燕麦荞麦生产与贸易概况 ……………………………………………（43）
　　二、国内燕麦荞麦生产与贸易概况 ……………………………………………（43）

三、国际燕麦荞麦产业技术研发进展 ……………………………………………………（44）
四、国内燕麦荞麦产业技术研发进展 ……………………………………………………（45）

2019 年度食用豆产业技术发展报告 ……………………………………………………（47）
一、国际食用豆生产与贸易概况 …………………………………………………………（47）
二、国内食用豆生产与贸易概况 …………………………………………………………（47）
三、国际食用豆产业技术研发进展 ………………………………………………………（48）
四、国内食用豆产业技术研发进展 ………………………………………………………（50）

2019 年度马铃薯产业技术发展报告 ……………………………………………………（56）
一、国际马铃薯生产与贸易概况 …………………………………………………………（56）
二、国内马铃薯生产与贸易概况 …………………………………………………………（56）
三、国际马铃薯产业技术研发进展 ………………………………………………………（57）
四、国内马铃薯产业技术研发进展 ………………………………………………………（60）

2019 年度甘薯产业技术发展报告 ………………………………………………………（63）
一、国际甘薯生产与贸易概况 ……………………………………………………………（63）
二、国内甘薯生产与贸易概况 ……………………………………………………………（63）
三、国际甘薯产业技术研发进展 …………………………………………………………（63）
四、国内甘薯产业技术研发进展 …………………………………………………………（65）

2019 年度木薯产业技术发展报告 ………………………………………………………（68）
一、国际木薯生产与贸易概况 ……………………………………………………………（68）
二、国内木薯生产与贸易概况 ……………………………………………………………（69）
三、国际木薯产业技术研发进展 …………………………………………………………（70）
四、国内木薯产业技术研发进展 …………………………………………………………（71）

2019 年度油菜产业技术发展报告 ………………………………………………………（74）
一、国际油菜生产与贸易概况 ……………………………………………………………（74）
二、国内油菜生产与贸易概况 ……………………………………………………………（74）
三、国际油菜产业技术研发进展 …………………………………………………………（75）
四、国内油菜产业技术研发进展 …………………………………………………………（78）

2019 年度花生产业技术发展报告 ………………………………………………………（82）
一、国际花生生产与贸易概况 ……………………………………………………………（82）
二、国内花生生产与贸易概况 ……………………………………………………………（84）
三、国际花生产业技术研发进展 …………………………………………………………（86）
四、国内花生产业技术研发进展 …………………………………………………………（91）

2019 年度特色油料产业技术发展报告 …………………………………………………（100）
一、国际特色油料生产与贸易概况 ………………………………………………………（100）
二、国内特色油料生产与贸易概况 ………………………………………………………（100）
三、国际特色油料产业技术研发进展 ……………………………………………………（101）
四、国内特色油料产业技术研发进展 ……………………………………………………（103）

2019 年度棉花产业技术发展报告 ………………………………………………………（106）
一、国际棉花生产与贸易概况 ……………………………………………………………（106）

目　录

　　二、国内棉花生产与贸易概况 …………………………………………………（109）
　　三、国际棉花产业技术研发进展 …………………………………………………（110）
　　四、国内棉花产业技术研发进展 …………………………………………………（112）

2019年度麻类产业技术发展报告 ………………………………………………（115）
　　一、国际麻类生产与贸易概况 …………………………………………………（115）
　　二、国内麻类生产与贸易概况 …………………………………………………（115）
　　三、国际麻类产业技术研发进展 …………………………………………………（115）
　　四、国内麻类产业技术研发进展 …………………………………………………（117）

2019年度糖料产业技术发展报告 ………………………………………………（120）
　　一、国际糖料生产与贸易概况 …………………………………………………（120）
　　二、国内糖料生产与贸易概况 …………………………………………………（121）
　　三、国际糖料产业技术研发进展 …………………………………………………（122）
　　四、国内糖料产业技术研发进展 …………………………………………………（124）

2019年度蚕桑产业技术发展报告 ………………………………………………（128）
　　一、国际蚕桑生产与贸易概况 …………………………………………………（128）
　　二、国内蚕桑生产与贸易概况 …………………………………………………（128）
　　三、国际蚕桑产业技术研发进展 …………………………………………………（129）
　　四、国内蚕桑产业技术研发进展 …………………………………………………（129）

2019年度茶叶产业技术发展报告 ………………………………………………（132）
　　一、国际茶叶生产与贸易概况 …………………………………………………（132）
　　二、国内茶叶生产与贸易概况 …………………………………………………（133）
　　三、国际茶叶产业技术研发进展 …………………………………………………（133）
　　四、国内茶叶产业技术研发进展 …………………………………………………（134）

2019年度食用菌产业技术发展报告 ……………………………………………（137）
　　一、国际食用菌生产与贸易概况 …………………………………………………（137）
　　二、国内食用菌生产与贸易概况 …………………………………………………（137）
　　三、国际食用菌产业技术研发进展 ………………………………………………（138）
　　四、国内食用菌产业技术研发进展 ………………………………………………（138）

2019年度中药材产业技术发展报告 ……………………………………………（141）
　　一、国际中药材生产与贸易概况 …………………………………………………（141）
　　二、国内中药材生产与贸易概况 …………………………………………………（141）
　　三、国际中药材产业技术研发进展 ………………………………………………（142）
　　四、国内中药材产业技术研发进展 ………………………………………………（142）

2019年度绿肥产业技术发展报告 ………………………………………………（145）
　　一、国际绿肥生产与贸易概况 …………………………………………………（145）
　　二、国内绿肥生产与贸易概况 …………………………………………………（145）
　　三、国际绿肥产业技术研发进展 …………………………………………………（146）
　　四、国内绿肥产业技术研发进展 …………………………………………………（147）

2019 年度大宗蔬菜产业技术发展报告 ……………………………………………………（149）
一、国际大宗蔬菜生产与贸易概况 ………………………………………………（149）
二、国内大宗蔬菜生产与贸易概况 ………………………………………………（149）
三、国际大宗蔬菜产业技术研发进展 ……………………………………………（150）
四、国内大宗蔬菜产业技术研发进展 ……………………………………………（152）

2019 年度特色蔬菜产业技术发展报告 ……………………………………………（156）
一、国际特色蔬菜生产与贸易概况 ………………………………………………（156）
二、国内特色蔬菜生产与贸易概况 ………………………………………………（156）
三、国际特色蔬菜产业技术研发进展 ……………………………………………（157）
四、国内特色蔬菜产业技术研发进展 ……………………………………………（158）

2019 年度西甜瓜产业技术发展报告 ………………………………………………（161）
一、国际西甜瓜生产与贸易概况 …………………………………………………（161）
二、国内西甜瓜生产与贸易概况 …………………………………………………（161）
三、国际西甜瓜产业技术研发进展 ………………………………………………（162）
四、国内西甜瓜产业技术研发进展 ………………………………………………（164）

2019 年度柑橘产业技术发展报告 …………………………………………………（167）
一、国际柑橘生产与贸易概况 ……………………………………………………（167）
二、国内柑橘生产与贸易概况 ……………………………………………………（167）
三、国际柑橘产业技术研发进展 …………………………………………………（168）
四、国内柑橘产业技术研发进展 …………………………………………………（170）

2019 年度苹果产业技术发展报告 …………………………………………………（172）
一、国际苹果生产与贸易概况 ……………………………………………………（172）
二、国内苹果生产与贸易概况 ……………………………………………………（172）
三、国际苹果产业技术研发进展 …………………………………………………（173）
四、国内苹果产业技术研发进展 …………………………………………………（174）

2019 年度梨产业技术发展报告 ……………………………………………………（177）
一、国际梨生产与贸易概况 ………………………………………………………（177）
二、国内梨生产与贸易概况 ………………………………………………………（178）
三、国际梨产业技术研发进展 ……………………………………………………（179）
四、国内梨产业技术研发进展 ……………………………………………………（181）

2019 年度葡萄产业技术发展报告 …………………………………………………（183）
一、国际葡萄生产与贸易概况 ……………………………………………………（183）
二、国内葡萄生产与贸易概况 ……………………………………………………（184）
三、国际葡萄产业技术研发进展 …………………………………………………（185）
四、国内葡萄产业技术研发进展 …………………………………………………（186）

2019 年度桃产业技术发展报告 ……………………………………………………（189）
一、国际桃生产与贸易概况 ………………………………………………………（189）
二、国内桃生产与贸易概况 ………………………………………………………（189）
三、国际桃产业技术研发进展 ……………………………………………………（189）

四、国内桃产业技术研发进展 …………………………………………（191）
2019 年度香蕉产业技术发展报告 ……………………………………（194）
　　一、国际香蕉生产与贸易概况 …………………………………………（194）
　　二、国内香蕉生产与贸易概况 …………………………………………（197）
　　三、国际香蕉产业技术研发进展 ………………………………………（199）
　　四、国内香蕉产业技术研发进展 ………………………………………（201）
2019 年度荔枝龙眼产业技术发展报告 ………………………………（204）
　　一、国际荔枝龙眼生产与贸易概况 ……………………………………（204）
　　二、国内荔枝龙眼生产与贸易概况 ……………………………………（204）
　　三、国际荔枝龙眼产业技术研发进展 …………………………………（205）
　　四、国内荔枝龙眼产业技术研发进展 …………………………………（206）
2019 年度天然橡胶产业技术发展报告 ………………………………（210）
　　一、国际天然橡胶生产与贸易概况 ……………………………………（210）
　　二、国内天然橡胶生产与贸易概况 ……………………………………（210）
　　三、国际天然橡胶产业技术研发进展 …………………………………（210）
　　四、国内天然橡胶产业技术研发进展 …………………………………（212）
2019 年度牧草产业技术发展报告 ……………………………………（215）
　　一、国际牧草生产与贸易概况 …………………………………………（215）
　　二、国内牧草生产与贸易概况 …………………………………………（215）
　　三、国际牧草产业技术研发进展 ………………………………………（216）
　　四、国内牧草产业技术研发进展 ………………………………………（217）
2019 年度生猪产业技术发展报告 ……………………………………（221）
　　一、国际生猪生产与贸易概况 …………………………………………（221）
　　二、国内生猪生产与贸易概况 …………………………………………（222）
　　三、国际生猪产业技术研发进展 ………………………………………（222）
　　四、国内生猪产业技术研发进展 ………………………………………（224）
2019 年度奶牛产业技术发展报告 ……………………………………（227）
　　一、国际奶牛生产与贸易概况 …………………………………………（227）
　　二、国内奶牛生产与贸易概况 …………………………………………（227）
　　三、国际奶牛产业技术研发进展 ………………………………………（228）
　　四、国内奶牛产业技术研发进展 ………………………………………（230）
2019 年度肉牛牦牛产业技术发展报告 ………………………………（233）
　　一、国际肉牛牦牛生产与贸易概况 ……………………………………（233）
　　二、国内肉牛牦牛生产与贸易概况 ……………………………………（233）
　　三、国际肉牛牦牛产业技术研发进展 …………………………………（234）
　　四、国内肉牛牦牛产业技术研发进展 …………………………………（237）
2019 年度肉羊产业技术发展报告 ……………………………………（241）
　　一、国际肉羊生产与贸易概况 …………………………………………（241）
　　二、国内肉羊生产与贸易概况 …………………………………………（243）

  三、国际肉羊产业技术研发进展 ……………………………………………………（246）
  四、国内肉羊产业技术研发进展 ……………………………………………………（250）
2019 年度绒毛用羊产业技术发展报告 ……………………………………………………（256）
  一、国际绒毛用羊生产与贸易概况 …………………………………………………（256）
  二、国内绒毛用羊生产与贸易概况 …………………………………………………（257）
  三、国际绒毛用羊产业技术研发进展 ………………………………………………（258）
  四、国内绒毛用羊产业技术研发进展 ………………………………………………（261）
2019 年度蛋鸡产业技术发展报告 …………………………………………………………（264）
  一、国际蛋鸡生产与贸易概况 ………………………………………………………（264）
  二、国内蛋鸡生产与贸易概况 ………………………………………………………（265）
  三、国际蛋鸡产业技术研发进展 ……………………………………………………（265）
  四、国内蛋鸡产业技术研发进展 ……………………………………………………（266）
2019 年度肉鸡产业技术发展报告 …………………………………………………………（269）
  一、国际肉鸡生产与贸易概况 ………………………………………………………（269）
  二、国内肉鸡生产与贸易概况 ………………………………………………………（269）
  三、国际肉鸡产业技术研发进展 ……………………………………………………（270）
  四、国内肉鸡产业技术研发进展 ……………………………………………………（273）
2019 年度水禽产业技术发展报告 …………………………………………………………（275）
  一、国际水禽生产与贸易概况 ………………………………………………………（275）
  二、国内水禽生产与贸易概况 ………………………………………………………（276）
  三、国际水禽产业技术研发进展 ……………………………………………………（277）
  四、国内水禽产业技术研发进展 ……………………………………………………（278）
2019 年度兔产业技术发展报告 ……………………………………………………………（280）
  一、国际兔生产与贸易概况 …………………………………………………………（280）
  二、国内兔生产与贸易概况 …………………………………………………………（283）
  三、国际兔产业技术研发进展 ………………………………………………………（284）
  四、国内兔产业技术研发进展 ………………………………………………………（287）
2019 年度蜂产业技术发展报告 ……………………………………………………………（290）
  一、国际蜂生产与贸易概况 …………………………………………………………（290）
  二、国内蜂生产与贸易概况 …………………………………………………………（290）
  三、国际蜂产业技术研发进展 ………………………………………………………（291）
  四、国内蜂产业技术研发进展 ………………………………………………………（293）
2019 年度大宗淡水鱼产业技术发展报告 …………………………………………………（295）
  一、国际大宗淡水鱼生产与贸易概况 ………………………………………………（295）
  二、国内大宗淡水鱼生产与贸易概况 ………………………………………………（295）
  三、国际大宗淡水鱼产业技术研发进展 ……………………………………………（296）
  四、国内大宗淡水鱼产业技术研发进展 ……………………………………………（297）
2019 年度虾蟹产业技术发展报告 …………………………………………………………（299）
  一、国际虾蟹生产与贸易概况 ………………………………………………………（299）

二、国内虾蟹生产与贸易概况 ……………………………………………………（299）
　　三、国际虾蟹产业技术研发进展 …………………………………………………（299）
　　四、国内虾蟹产业技术研发进展 …………………………………………………（303）
2019 年度贝类产业技术发展报告 ……………………………………………………（310）
　　一、国际贝类生产与贸易概况 ……………………………………………………（310）
　　二、国内贝类生产与贸易概况 ……………………………………………………（313）
　　三、国际贝类产业技术研发进展 …………………………………………………（315）
　　四、国内贝类产业技术研发进展 …………………………………………………（317）
2019 年度特色淡水鱼产业技术发展报告 ……………………………………………（319）
　　一、国际特色淡水鱼生产与贸易概况 ……………………………………………（319）
　　二、国内特色淡水鱼生产与贸易概况 ……………………………………………（320）
　　三、国际特色淡水鱼产业技术研发进展 …………………………………………（321）
　　四、国内特色淡水鱼产业技术研发进展 …………………………………………（322）
2019 年度海水鱼产业技术发展报告 …………………………………………………（324）
　　一、国际海水鱼生产与贸易概况 …………………………………………………（324）
　　二、国内海水鱼生产与贸易概况 …………………………………………………（325）
　　三、国际海水鱼产业技术研发进展 ………………………………………………（326）
　　四、国内海水鱼产业技术研发进展 ………………………………………………（327）
2019 年度藻类产业技术发展报告 ……………………………………………………（330）
　　一、国际藻类生产与贸易概况 ……………………………………………………（330）
　　二、国内藻类生产与贸易概况 ……………………………………………………（330）
　　三、国际藻类产业技术研发进展 …………………………………………………（331）
　　四、国内藻类产业技术研发进展 …………………………………………………（332）

2019 年度水稻产业技术发展报告

(国家水稻产业技术体系)

一、国际水稻生产与贸易概况

(一) 生产

根据联合国粮农组织 (FAO)《作物前景与粮食形势》报告,2019 年全球稻谷产量达到 7.32 亿吨左右,比创纪录的 2018 年减产 400 万吨,减幅 0.5%。主要原因是泰国、越南受不利气候条件影响,灌溉用水供应紧张导致减产;中国调减部分低质低效区水稻面积,产量减少;巴基斯坦、埃及、尼日利亚、马达加斯加等国家水稻生长期间气候条件有利,普遍呈增产态势。

(二) 贸易

预计 2019 年世界大米进口量 4 268 万吨,比上年减少 45 万吨,减幅 1.0%;出口量 4 481 万吨,比上年增加 110 万吨,增幅 2.5%。出口国较为集中,前五大出口国为印度、泰国、越南、巴基斯坦和美国,出口量分别为 1 120 万吨、750 万吨、700 万吨、440 万吨和 314 万吨,占世界的 74.2%;进口国较为分散,前五大进口国(地区)为菲律宾、中国、欧盟、尼日利亚和沙特,进口量分别为 270 万吨、230 万吨、205 万吨、180 万吨和 138 万吨,占世界的 24.0%。预计 2019 年国际大米库存量达到 17 809 万吨,比上年增加 309 万吨,增幅 1.8%;库存消费比为 36.1%,提高 0.2 个百分点。

(三) 市场

2019 年国际大米市场窄幅波动,价格震荡上涨。以泰国 100%B 级大米 FOB 价格为例,2019 年全年均价为每吨 406 美元,比上年下跌 8 美元,跌幅为 1.9%。分月看,国际大米价格先是快速下跌至 3 月的每吨 392 美元,随后震荡上涨至 8 月的每吨 422 美元,比 3 月上涨 7.7%;8 月开始,大米价格震荡下跌,11 月跌至每吨 405 美元,12 月小幅回升至每吨 412 美元,比上年同期上涨 20 美元,涨幅 5.1%。

二、国内水稻生产与贸易概况

(一) 生产

2019 年,全国水稻面积 44 541.0 万亩,比 2018 年减少 743.2 万亩,减幅 1.6%,其中,早稻面积减少 512.0 万亩,减幅 7.1%;亩产 470.6 公斤(1 公斤=1 千克,全书余同),提高 2.2 公斤,首次突破 470 公斤,再创历史新高;总产 20 961.0 万吨,减产 251.9 万吨,其中早稻产量 2 626.5 万吨,减产 232.5 万吨,中晚稻产量 18 334.5 万吨,减产 19.5 万吨。水稻面积减少,主要是南方地区"双改单"增加,东北地区大豆生产者补贴提高推动部分"水改旱",轮作休耕试点面积增加也减少部分水稻面积。

(二) 贸易

2019 年,随着国内外大米差价进一步缩小,国内稻谷"去库存"进程稳步推进,我国大米进口量继续减少，出口继续大幅增长。据海关统计，2019年进口大米255万吨，同比减少17.3%，进口国家仍主要集中在泰国、越南、巴基斯坦、柬埔寨和缅甸，如2019年我国从柬埔寨进口大米22.2万吨，比上年增长35.0%；出口大米274.7万吨，同比增长31.5%，加快了消化国内库存，出口国家排名前五位的分别是埃及、科特迪瓦、土耳其、朝鲜和巴布亚新几内亚。

（三）市场

2019年国内稻谷（米）市场价格继续下跌，整体走势弱于上年，特别是粳稻市场价格跌幅较大。截至2019年12月，早籼稻、晚籼稻和粳稻收购价格分别为每吨2 382.5元、2 513.9元和2 624.9元，分别比1月下降36.3元、50.3元和135.0元，减幅分别为1.5%、2.0%和4.9%；与上年同期相比，早籼稻、晚籼稻和粳稻价格分别下跌3.0%、4.3%和11.9%。尽管普通稻市场低迷，但各地对优质食味稻品种普遍采取加价收购，优质稻市场相对稳定。

三、国际水稻产业技术研发进展

（一）遗传改良

美国俄亥俄州立大学王国梁团队通过目标启动子基因编辑及病原菌群体监控，实现水稻白叶枯病持久广谱抗性；国内电子科技大学张勇团队和美国马里兰大学Yiping Qi团队合作，以水稻为模式材料，系统评价了SpCas9变异体在植物基因组编辑工作中应用的可行性、有效性及适用性，获得了明确的碱基编辑再生事件，拓展了植物基因组编辑工具箱；韩国首尔国立大学鉴定了调控水稻叶片衰老的ONAC054转录因子并揭示了其调节机制；法国里昂大学报道了一条胚和胚乳之间的双向信号通路，在种子发育过程起重要作用；美国密歇根州立大学研究表明致病细菌不仅操纵宿主细胞自主免疫功能，还通过操纵胞间连丝介导的宿主细胞间通信，以最大程度地扩大细菌感染的传播，为植物中胞间连丝生物学和新型作物抗病策略提供了新见解；奥地利科学技术研究所发现水杨酸SA通过靶向PP2A蛋白调节植物的生长，揭示了SA通过与生长素分布网络共同作用调控植物生长的机制。

（二）栽培与施肥

国际水稻研究所基于实地氮肥管理技术研发了一套水稻管理系统，可精准计算田间水稻对氮、磷、钾等营养元素的需求，并提出施肥建议，该系统已获得了菲律宾和印度相关研究验证。国际玉米小麦改良中心在印度、孟加拉国开展了一项为期10年的保护性耕作研究，发现免耕直播条件下，水稻—玉米轮作可显著提高作物的产量与水分利用效率，降低人工投入，经济收益最高。水稻产量层次差异研究是近年来国际水稻栽培学研究的一个热点，巴基斯坦相关研究认为，当前该地区稻麦产量仅实现其产量潜力的36%~67%，而氮肥施用量偏低则是造成产量差异形成的主要原因；印度尼西亚研究则认为，灌溉和雨养种植条件下水稻产量仅分别实现其产量潜力的63%与52%，通过调整种植制度可以缩小实际产量与理论产量之间的差异；国际水稻研究所利用ORYZA模型模拟了缅甸水稻的理论产量水平，并结合当地实际，认为通过改变播种时间，采用具有更高产量潜力的品种，可以缩小产量差。

（三）病虫害防控

基因编辑蔗糖转运蛋白基因SWEET的启动子能显著提升水稻对白叶枯病的广谱抗

性；压力感应的组氨酸-天冬氨酸激酶 Sln1 控制稻瘟菌附着胞中膨压驱动的植物侵染；白叶枯病菌中合成并外泌翻译后修饰的硫化多肽 RaxX 能结合水稻抗性蛋白 XA21 并激活强烈的免疫反应；丝状真菌中保守的效应蛋白 NIS1 通过靶向结合水稻中的 PRR 相关激酶 BAK1 和 BIK1 来抑制 PAMP 激发的免疫反应；开发了一种可用于水稻白叶枯病田间分析和鉴定抗性品系的诊断试剂盒；开发了预测特定地理区域最佳抗性基因的软件和两个抗白叶枯病菌的超级水稻品系；发现了 3 种有益菌的挥发物对拟禾谷根结线虫有致死作用；鉴定了抗褐飞虱基因 $BPH38$（t）和 2 个分子标记 MP114、MP108，可用于培育抗褐飞虱和稻纵卷叶螟品种；筛选出 WR-1-9-1-1、CAU-R2、RC-MANI-PHOU-11、Matamphou 等 4 个抗三化螟水稻品种；通过生态工程技术改进稻田生态系统，增加稻田有害生物天敌，降低主要害虫为害，减少化学农药使用。

（四）产后处理及加工

日本学者对稻米中生物活性物质研究越来越细致，如 Uchiyama 等利用稻米中的糖鞘脂作为食品级微乳，开展了其对辅酶 Q10 吸收性增强的研究；Nakamura 等对稻米胚乳发育早期 α-葡聚糖的结构特征进行研究，发现胚乳中的葡聚糖参与了稻米胚乳中支链淀粉生物合成的起始过程；Toshihiko 等对促进稻米清酒中阿魏酸和阿魏酸乙酯形成的酶反应机制展开研究，对了解稻米清酒中物质组成及产品品质提升具有很强的应用价值。印度对稻米加工研究保持增长态势，以稻米品种筛选和初级加工技术研究为主，发现传统印度香米比白米具有更强的抗氧化性和营养特性，能够将其用于加工红曲、彩色面、蛋糕及发酵类产品，以改善印度营养缺乏人群的营养状况。以美国为代表的欧美地区在稻米品种筛选及产品加工方面研究不多，以品质分析及贮藏安全性研究为主，如 Ryu 等开发了一项利用双螺杆挤压减少大米中曲霉毒素 A 含量技术，通过挤压蒸煮工艺可以大大减少大米中的霉菌毒素，并将其用于婴儿谷物和早餐谷物的商业生产。

（五）设施与设备应用

农业机械的无人导航是当今农机行业发展最快的一项新技术，世界上著名的农机制造商都为所属企业拖拉机和联合收割机上配置了 GPS 导航装置，或者在驾驶室里预留了该装置的接口和安装位置，尤其是拖拉机。在制造技术方面，国外先进的农机制造商十分重视设计和制造过程，在制造上采用先进的自动控制技术，大大提高了产品的加工精度和可靠性。日本继续推广插秧机无人导航技术，研究能够自动加装秧苗的全自动插秧机，在插秧机的无人驾驶方面，日本始终处于世界领先水平，通过近几年对密苗机插技术的推广，日本洋马农机公司密苗插秧机销量进一步扩大，以适应农村劳动力缺乏和老龄化的问题，并为自动化插秧机研发打牢基础。

四、国内水稻产业技术研发进展

（一）遗传改良

王克剑团队利用基因编辑技术建立了水稻无融合生殖体系，得到了杂交稻的克隆种子，实现了杂合基因型固定，《自然·生物技术》杂志评论认为："这项技术正是科学家们一直在期盼的育种技术，将显著降低种子生产成本、保障世界粮食安全"。万建民团队克隆了双亲和硝酸根转运子 OsNPF6.1，发现该转运子的优异单倍型增强氮素吸收和提高氮肥利用率，进而提高水稻在低氮下的产量；克隆了水稻蛋白品质形成新基因 $GPA5$，并从细胞、遗传和生化层面阐明了该基因在水稻贮藏蛋白后高尔基体转运中的关键作用。李家洋团队和陈学伟团队合作揭示了水稻理想株型主效基因既能提高水稻产量、又能增强对稻瘟病抗性的调控新机制，打破了单个基因不可能同时实现增产和抗病的传统观点，为高产高抗育种提供了重要理论基础和实际应用新途径；黎志康团队与国内外16家单位协作构建了全球首个亚洲栽培稻的泛基因组，开启了"后基因组时代的水稻设计育种"；刘耀光团队开发精短型小核RNA启动子，为植物多基因编辑提供有力工具；傅向东团队开展了赤霉素信号传导新机制调控水稻氮肥高效利用研究，发现赤霉素通过促进NGR5（氮素的正调控因子）蛋白降解，抑制植物生长。田大成/杨四海团队研究认为抗性基因的功能冗余、多抗性基因的参与及互作是引起单一品系广谱持久抗性的主要原因。

（二）栽培与施肥

彭少兵团队利用全球产量差评估系统，系统地评估了全国尺度上的水稻产量层次差异，探究保障我国水稻总产稳定增加的有效途径，提出了未来中国水稻生产持续发展的建议。张卫健团队研究认为，大气中CO_2的浓度在持续淹水灌溉条件下显著增加46%~50%的稻田CH_4排放，而在间歇灌溉条件下则没有影响，据此推测浓度升高对全球稻田CH_4排放的刺激影响可能比之前预测的要小。此外，中国学者还在氮肥利用、水分管理、温室气体排放等方面开展了深入研究，取得较好进展，如研究发现，与常规粳稻和杂交籼稻相比，籼粳杂交稻在各阶段氮素积累量均具优势，在快增期是由于其较高的持续天数和氮素积累速率，渐增期和缓增期是由于其较高的氮素积累速率；轻度适宜的干湿交替灌溉配合施用一定比例的铵硝混合氮肥可以充分发挥水肥的耦合效应，促进强健根系形态的建成，提高根系的碳氮代谢及养分吸收利用，促进水稻高产稳产；稻田系统中秸秆还田C/N的相对含量可能是干扰氮肥水平对稻田CH_4排放作用的关键；水稻根系分泌物中的苹果酸、柠檬酸和琥珀酸可促进根际土壤甲烷氧化菌的丰度与活性，有利于降低稻田甲烷排放。

（三）病虫害防控

水稻外膜蛋白β-1,6-葡聚糖酶GluM能有效地消化病原真菌细胞壁，抑制病菌的侵染；光捕获系统复合体Ⅱ的磷酸化有助于提升水稻对稻瘟病的广谱抗性；阐明了水稻WRKY类转录因子特异性识别DNA的机制；大规模鉴定并功能分析了水稻品种Tetep中的NLR基因；环核苷酸门控通道蛋白OsCNGC9调节水稻对稻瘟病的抗性；下调表达miR-156、过表达IPA1、OsSPL7能增强水稻对白叶枯病菌的抗性；建立了针对水稻纹枯病识别的轻简智能化的病害识别系统；谷氧还蛋白AbGrx-1参与调控水稻干尖线虫的抗氧化免疫反应；一种水稻虫媒病毒是由雄性叶蝉的精子携带并进行父系传播；沃尔巴克氏体补充生物素和核黄素能增强稻飞虱的繁殖；定位了抗褐飞虱基因Bph36、Bph37；一个R2R3型MYB类转录因子通过调节苯丙氨酸解氨酶途径来提升对褐飞虱的抗性；建立了国内首个"5G+智慧农机"示范应用场景，植保无人机已在水稻病虫害防治上广泛应用。

（四）产后处理及加工

稻米加工品种适宜性、加工安全性分析、全谷物制品营养利用及生物活性成分的分离、富集及鉴定，已成为当前研究热点。孟宁等首次采用低温等离子体技术改变糙米蒸煮特性和物化特性，发现低温等离子体技术能够提升糙米蒸煮性、弹性、峰值黏度和崩解值，显著降低糙米硬度和咀嚼性，在一定程度上改善了糙米质构特性和糊化特性。周绪霞等以浙江地区粳型糙米为材料，分析真空包装糙米不同储藏温度特性指标变化，发现真空包装贮藏糙米，应严格控制初始含水率和较低的储藏温度。徐秀义构建了发芽糙米老化度反应速率动力学模型，建立了适用于发芽糙米货架期的 Arrhenius 方程，可以准确反映出方便米饭类产品在贮藏期间品质变化。贵州大学及贵州省农业科学院对区域性稻米中 Pb、Cd、As、Cr 等重金属富集的情况进行了调查分析，以期为稻米安全生产提供科学依据。

（五）设施与设备应用

2019 年，各地推广水稻侧深施肥技术并取得较大成效，但有些农民对该技术认识不够，加上稻谷收购价格的下降，使用该技术还存在一定抵触情绪，需要政府支持和引导。钵苗移栽方法对增产的作用较明显；日本的钵苗移栽机价格比较高，国内对钵苗移栽机的研究尽管没有停止，但技术进展不快，主要原因是钵苗移栽机的设计和制造比较难，农艺与农机的融合不够。与日本洋马公司合作研究和推广密苗机插技术，并取得较好进展。针对不同地区水稻生长的特点和田间管理的技术要求，一些国内农机生产企业研发了水稻开沟直播机，并取得了较好的应用效果。

（国家水稻产业技术体系首席科学家　程式华　提供）

2019年度玉米产业技术发展报告

(国家玉米产业技术体系)

一、国际玉米生产与贸易概况

1. 全球玉米产量降低，但供应依然宽松

美国农业部12月数据显示，2019年全美玉米播种面积3 638.1万公顷，比上年度增加0.9%；单产10.48吨/公顷，比上年减少5.3%；总产量34 700万吨，比上年减少5.26%。

美国农业部预测，2019/2020年度（2019年10月至2020年9月）全球玉米总产量110 862万吨，比上年度减少1 587万吨，减幅为1.4%；消费量112 723万吨，玉米期末库存30 056万吨，较上年度减少1 861万吨，减幅为5.8%。尽管期末库存下调，但仍处于历史高位，全球玉米供应依然宽松。

2018/2019年度（2018年10月至2019年9月）全球玉米总出口量18 040万吨，总进口量16 283万吨。主要进口国包括欧盟、日本和墨西哥，其中欧盟累计进口量2 521万吨，占15.5%；墨西哥1 666万吨，占10.2%；日本1 605万吨，占9.9%。2018/2019年度全球玉米总出口量同比增加21.7%。主要出口国及出口量为美国5 246万吨、巴西4 100万吨、阿根廷3 600万吨和乌克兰3 032万吨，分别占全球玉米总出口量的29.1%、22.7%、20%和16.8%。

2. 2019年国际玉米价格整体高于2018年

2019年12月23日，CBOT玉米主力合约期货报价为3.88美元/蒲式耳，2018年同期报价为3.78美元/蒲式耳。12月9日，美国墨西哥湾12月玉米出口价格为168.99美元/吨，2018年同期报价为166.92美元/吨，增幅为1.24%。

二、国内玉米生产与贸易概况

1. 种植面积下降，单产水平持续提升，总产增加

2019年我国玉米总产量26 077万吨，比上年增加360万吨，增幅1.4%；播种面积4 128.4万公顷，比上年减少84.6万公顷，减幅2%；单产6.316吨/公顷，比上年增加0.212吨/公顷，增幅3.5%。

2. 饲用玉米需求减少1 000万吨，工业需求增长500万吨

2019年，我国玉米需求比上年度增加500万吨。其中，2018/2019年度我国玉米饲料消费17 500万吨，比上年减少1 000万吨。受深加工产能持续扩张影响，本年度工业消费玉米为7 800万吨，较上年度增长500万吨。

由于产量增加不足以弥补饲料以及工业需求增幅，2019年国内玉米供需形势总体偏紧。受非洲猪瘟影响，多元主体收购积极性不高，建库存的心理价位偏低，玉米价格总体呈现"低开高走"的态势。新玉米上市初期，东北地区15%水分三等新玉米加工企业收购价为 1 500~1 700 元/吨，比去年开秤价低 50 元/吨；华北地区加工企业收购价为 1 850~1 950 元/吨，比去年开秤价高 50~100 元/吨。受物流、天气、环保等因素影响，新玉米上市以来价格波动幅度较大。截至 12 月下旬，东北 15%水分三等新玉米收购价为 1 620~1 720 元/吨，华北地区为 1 900~2 000 元/吨。由于 2018/2019 年度玉米供需缺口缩小，国内玉米市场价格总体比去年低 50~100 元/吨。

3. 我国进口玉米数量增加，玉米替代品进口量大幅下降

海关数据显示，2018/2019 年度我国累计进口玉米 450 万吨，同比增加 29.8%；出口玉米 1.7 万吨，同比增加 5.6%；年度净进口 448.3 万吨，同比增加 29.9%。从进口国别看，我国从乌克兰进口比重最大，占 79.3%；美国为我国第二大进口国，占 4.6%。从出口国别看，我国出口朝鲜比重最大，占 82.4%；加拿大为我国第二大出口国，占 11.7%。

2018/2019 年度我国杂粮进口数量降幅较大。在我国对玉米干酒糟（DDGS）进口实施"反倾销、反补贴"措施，对美国高粱进口加征关税，对澳大利亚大麦启动双反调查的政策背景下，年度分别进口高粱 64 万吨、大麦 518 万吨和 DDGS 14.7 万吨，合计 596.7 万吨，同比下降 52.55%。

三、国际玉米产业技术研发进展

1. 现代生物育种技术引领种业技术创新

随着组学技术的深入发展，基因操作、蛋白修饰和生物合成等现代科学理论与技术不断进步，玉米产量品质和抗性等重要性状形成的分子机制与调控网络、新基因挖掘与功能解析等研究取得了重大进展，全基因组选择、基因编辑等前沿育种技术实现新突破，为创制突破性新种质和新品种提供了理论支撑。基因编辑技术促进玉米性状的精确定向改良；高通量测序技术实现了玉米种质资源和育种材料基因型的快速精准鉴定；表型组学技术推动玉米优异资源和基因的高效精准筛选；双单倍体技术大幅度提高了育种效率；物联网、大数据不断促进玉米育种决策的智能化、标准化和信息化。

全球玉米品种研发呈现以产量为核心向优质专用、绿色环保、抗病耐逆、资源高效、适宜机械化的多元化方向发展。培育营养、功能型专用新品种备受重视，抗病虫、耐逆新品种成为必然选择，资源高效利用的新品种是重要目标，适宜机械化和轻简化、适于特定深加工用途的新品种成为重要方向。

2. 资源高效利用的绿色可持续生产技术继续强化

玉米绿色增产增效理论与技术研发一直为欧美发达国家所重视，其目标是实现提高单产的同时保持生产体系可持续性。一是重视通过现代生物技术手段改良玉米群体结构和光合机能实现光能效率提升，培育高光效、耐低氮、耐旱等资源高效利用新品种；二是研究玉米非生物逆境应对灾害防御、缓解和补偿的理论和技术，确立应对全球气候变暖、O_3浓度持续增高背景下玉米的适应性栽培技术和生产体系；三是重视保护性农业生产技术，探索秸秆还田周年轮耕和有机培肥等技术原理与模式，构建长期可持续地力培肥绿色发展模式；四是重视养分管理技术，减少化学肥料的投入、应用新型肥料产品、合理精准施肥，实现可持续高效养分管理；五是基于信息技术和大数据科学的玉米绿色生产技术，重点研究基于 Sensor 的玉米生长、水分、养分状况实时监测技术，建立基于大数据的高产和水分养分资源高效的玉米生产过程管理模型；六是研发基于机械化、信息化和物联网的玉米生产作业装备，建立面向规模化、现代化的"简化、适时、适量、绿色"玉米绿色生产技术。

3. 利用抗性品种、早期分子监测、生物防治和生物技术提高对病虫草害的控制水平

国际上已建立基于遥感和图像加工技术的玉米病虫害精准自动监测和病害无症状的早期分子检测技术。利用抗病虫品种是控制病虫害最有效的措施，但病原菌群体存在极高的遗传多样性，品种抗性容易丧失。基于此，美国、加拿大等国家通过基因定位、抗性基因分析，并结合抗性与环境、轮作方式、地理方位、年际间的关系研究，进一步筛选抗病品种。对食叶和钻蛀性鳞翅目害虫和鞘翅目害虫玉米根萤叶甲则仍以转基因抗虫玉米为主，抗虫基因挖掘已从 Bt 菌株拓展到放线菌和植物领域。对病虫草害的防控方案也与水肥管理等措施结合起来，制订全生育期解决方案。在绿色防控方面，开发出纳米级化学除草剂，实现药效提高用量减少；开发出芽孢杆菌生物种衣剂，如短小芽孢杆菌（*Bacillus pumilus* INR-7）生物种衣剂防治玉米根萤叶甲（WCR）和镰孢菌病害，结合叶面喷施生防菌防治玉米大斑病和锈病等。此外，遗传工程生物农药、基因农药、低用量和高选择农药新品种、植物诱抗剂、老品种剂型加工、工艺改进及助剂成为农药开发的重要领域。

4. 精准高效智能化技术贯穿玉米生产各环节

随着 GPS、GIS、RS、自动控制、信息化等技术在农业生产上的广泛应用，玉米机械化生产技术逐渐向智能化方向发展。自动导航、无人驾驶、变量播种、产量自动获取、多传感信息融合、多参数实时监控、多源数据采集等成为当前研究与应用的热点。依据土壤养分进行播量自动调节、依据土壤湿度进行播深自动调控、依据土壤类型与湿度进行压力自动调控等技术将在智能化精量播种方面得到应用。依据品种、密度、成熟度、环境等条件进行作业速度、脱粒滚筒转速、凹板间隙、分选系统风速风量等参数的自动调控技术以及产量自动获取技术将在智能化收获方面得到应用。

5. 玉米深加工及资源综合利用技术持续创新

欧美发达国家的玉米深加工及资源综合利用技术保持着较强的创新能力，主要体现在节能、节水、节约原料，以及提高产品质量与安全性、降低生产成本和消除环境污染的生产技术工艺等方面。例如，大力发展高胚芽保存率的干法脱胚技术，降低加工过程的水耗、能耗；加工产品不断向精深化、高值化、功能与营养化、健康化方向迈进；在氨基酸等产品的发酵生产过程中，引入膜分离生物发酵反应器耦合的技术，实现目标产品的高效连续分离和增产；不断研发加工副产物的综合利用技术，如将玉米醇溶蛋白应用于塑料和膜包装工业。

在秸秆能源化利用方面，美国的纤维素乙醇技术较为成熟；德国在厌氧发酵技术装备方面处于领先地位；丹麦在秸秆发电与供热方面取得较大进展；秸秆热解炭化技术在美国、加拿大和澳大利亚等国家实现产业化应用。以生物发酵、催化合成、热解炭化多联产等为代表的秸秆高值化利用技术，已成为秸秆高值化利用的研究方向和发展趋势。

四、国内玉米产业技术研发进展

（一）研发进展

1. 种质基础创新与技术进步，驱动玉米种业新发展

一是强化种质资源精准鉴定与深度发掘，重点围绕抗逆抗病、适宜机收等绿色高效性状，筛选出目标性状突出、综合性状优异的种质资源。基于基因组学和现代生物技术开展种质资源的结构多样性分析，明确了我国育种主要利用的种质类群。二是克隆了一批控制玉米重要性状的关键基因，解析了其基因功能及重要性状形成的分子机制，如控制玉米紧凑株型、密植增产的关键基因 UPA1 和 UPA2，单倍体诱导关键基因（ZmPLA1，ZmDMP），抗丝黑穗病、纹枯病等数量性状基因等。三是组学发展及关键性状的解析，促进了玉米育种技术从传统杂交育种方式向现代育种方式的转变。创建的玉米单倍体育种高效技术体系、以单核苷酸序列（SNP）差异为基础的第三代分子标记辅助选择技术开始在我国玉米育种中应用；全基因组选择技术及关键性状的分子选择及改良技术正逐步完善；以 CRISPR/Cas9 为代表的基因组编辑技术已成为我国玉米育种技术的创新热点；形成了以循环选系为主线，性状与配合力测试为手段的玉米前育种技术系统。持续开展种质改良与创新，整体提高了我国玉米育种在早熟、抗倒、商品品质和宜机收方面的创新水平。2019年玉米品种获授权663件，占当年授权总量1990件的33.31%，其中种子企业获权501件，占当年玉米授权总量（663件）的75.6%。以早熟、耐密、收获时含水量低和抗逆性强等为特点的宜机收品种选育成为主流，引领产业发展。

2. 玉米高效绿色生产技术研究与应用取得阶段性突破

一是黑土地玉米耕地质量的可持续利用技术实现突破。开展了黑土地肥力退化机理与调控关键技术研究，创建了高强度利用黑土地的提质增效技术模式，大面积应用取得了显著经济、社会、生态效益，获2019年度国家科技进步奖二等奖。二是主产区玉米专用控释配方肥机械化一次性施用技术取得成效。实现了高产增产、减肥增效和节本增收，为农业"化肥零增长""绿色增产"提供了技术保障。三是机械籽粒收获关键技术取得突破。开展密植宜机械粒收品种筛选和低破碎粒收关键技术研发；制定发布了天津、甘肃旱作区、内蒙古、河北等省区玉米机械粒收地方标准和春玉米机械粒收行业标准；"玉米机械粒收关键技术研究及应用"获2019年度中国作物学会作物科技奖。四是高产高效协同的绿色生产技术取得显著突破。以高产优质高效协同为目标的玉米生产技术，夏玉米精量直播晚收高产栽培技术、玉米免耕种植技术、玉米条带耕作密植高产技术、控释配方肥机械化一次性施用技术、机械粒收关键技术等技术集成取得显著突破，4项技术入选农业农村部2019年农业主推技术，综合集成实现玉米绿色生产的"玉米密植高产全程机械化绿色生产技术"入选"2019中国农业农村十大新技术"，有力推动了我国主产区玉米全程机械化绿色高效生产技术的发展。

3. 病虫草害防控技术不断深化

针对生产上重要玉米品种特性而制定的全程解决方案，特别是植保技术，从种衣剂到生产过程中的病虫害防控，已经在一些主推品种中开始应用。种衣剂研制缩小了与国外产品的差距；成膜剂研发取得突破，包衣效果与国外公司基本持平；多元复配活性成分选择更灵活，应用性和针对性更强。防治土传病害的生物型种衣剂研发取得进展，特别是在区域应用和药剂靶标选择上，已具备竞争优势。玉米中后期病虫害防治一体化技术，结合无人机施药在玉米主产区逐渐推广应用。

4. 农业机械研制与高效精准机械化技术发展迅速

农业机械研制取得阶段性成果。在精量播种、免耕播种、航空植保、穗茎兼收、籽粒收获等方面的研究均取得突破性进展，技术成果得到进一步应用，推进和提升了我国玉米全程机械化生产技术水平。目前，全国玉米耕、种、收和综合机械化程度分别为97.3%、88.7%、75.8%和88.3%。东北黑土地保护工作卓有成效，秸秆还田翻埋技术、免耕精量播种技术与机具应用发展迅速。精量播种技术方面，突破排种精度和作业速度互相制约的技术难题，研发出高速气力式精量播种机，在黄淮海和东北地区得到推广应用。创新摘穗板间隙自适应调节技术、拉茎辊变径摘穗技术与区段精细调控组合式脱粒技术，提升割台摘穗性能、实现高效低损脱粒收获。在"2019年国家玉米籽粒低破碎机械化收获技术现场测试"活动中，与企业合作研发的部分机型收获损失率、含杂率、籽粒破碎率等作业性能指标均达到行业标准要求。

以北斗导航及定位系统、地理信息系统和遥感技术进一步融合为代表的玉米生产精准高效机械化技术发展迅速。随产量图等因素进行变量播种和施肥作业的智能播种机械逐渐成熟并得到初步应用；高效精准喷药技术开始大面积推广；适宜高含水率、低损伤的玉米纵轴流脱粒技术更趋完善；籽粒收获自动测产系统、依据收获时籽粒含水量和喂入量等条件进行脱粒工作参数自动调控的智能化技术进入实质性研发阶段。

5. 玉米深加工及资源综合利用技术发展迅速

集中开展了玉米精深加工关键技术与产业化应用研究，创制了系列玉米食品和深加工产品。通过选择不同种类酶、并控制酶解条件制备出具有不同生物活性的功能性多肽制品；通过淀粉分支酶的构建、表达和优化，制备了具有调控餐后血糖功能的高分支慢消化糊精；通过对玉米淀粉进行降解、接枝共聚、交联等多元复合改型技术，制备了无甲醛高性能的新型淀粉基胶黏剂，进一步拓展了应用性能和适用领域。

在秸秆能源化利用方面，沼气正由户用沼气向规模化沼气/生物天然气方向转变，基本形成了"上游原料收集—中游沼气生产—终端产品应用"的产业链。秸秆热解炭气联产已建成供热能力1~4兆瓦的单项工程，并进行示范应用。成型燃料产业规模达到年生产能力约1 000万吨，成型燃料专用锅炉热效率达80%以上，初步制定行业标准。辽宁、河北等地研发了适宜我国秸秆打捆直燃集中供暖技术。

（二）产业技术发展建议

1. 聚焦产业需求，提高玉米科技创新水平

当前，科技创新与进步是提高我国玉米产业竞争力和绿色发展的根本出路。

一是种业科技方面，需要持续发展玉米育种理论、方法和技术；加大优异种质改良与创新力度，进一步拓宽种质基础；培育营养、功能型专用新品种，抗病虫、耐逆、资源高效利用、适宜机械化的新品种。

二是栽培与土肥领域，需要建立以提高籽粒生产效率为核心的土、肥、水、光、热等资源高效利用技术，开展抗逆、减灾、稳产的适应性理论和技术研究；揭示土壤酸化、重金属和有机污染物等土壤污染及农业面源污染的关键过程，研究主产区土壤健康的机制与调控途径；建立基于信息技术和大数据科学的玉米绿色生产技术，创新可持续高产优质高效协同技术，建立高产、优质、高效、绿色的玉米规模化生产技术体系。

三是病虫害防控方面，建立以绿色品种选育和应用的推广技术体系，从源头上控制病虫害发生；研发生物防治理论和技术，开发高效、低毒、环境友好型化学农药；研发基于遥感和图像识别的病虫害自动测报系统、自动除草机器人和无人机精准靶向施药技术；开发基于多靶标病虫定向设计、耐受农化物质胁迫的可系统诱导全株抗性的微生物源和植物源种衣剂及高效应用技术，评价适用区域和配套栽培条件；研究玉米秸秆还田模式下病虫草害发生规律和生态调控技术，开发保护性耕作模式下玉米病虫害的绿色可持续的综合防控技术。

四是机械化装备领域，需要进一步提升机械化作业质量，加快推进高性能精量播种机具研制与应用；加强高效低损籽粒收获技术装备研究，加快推进玉米籽粒直收进程；加强东北区玉米秸秆粉碎混拌和覆盖还田机械化技术装备研究；加快鲜食玉米收获机械化技术装备研究。

五是加工及资源综合利用方面，应加快推进玉米主食化、功能化、精准化营养型新产品的研发与产业化示范；实现酶法浸泡、全组分高度综合利用和节能减排技术为核心的玉米淀粉绿色制造技术新突破；满足不同应用需求、市场高度细分的变性淀粉开发及微波、挤压等新型改性手段和装备的应用及推广示范。重点开展秸秆高值化综合利用技术研发；加大纤维素乙醇、航空燃油等技术领域基础理论研究力度，继续开展秸秆热解气化技术试点示范，研发关键技术装备和适用技术模式。

2. 加大科企合作与成果转化力度，强化基础设施投入，全面推进玉米产业科技进步与应用

继续强化科企合作育种战略计划实施力度，促进产学研深度融合，提升企业自主创新能力和水平，参与国际竞争。加大创新技术成果的转化和应用力度，不断提升产业发展能力，充分发挥现代科学技术对农业生产的支撑作用。转变我国玉米品种选育、生产管理技术创新及其应用方式，以适应机械化作业为主要目标，调整育种思路和育种方向，集成与创新育种技术，加快育种新材料的创制和新产品研发。继续推动机械化作业技术的研发与应用，促进高效轻简化技术的推广应用；加强玉米生产和产后加工及储存技术的研发、升级和应用。

强化基础设施投入，全面推进全玉米产业科技进步。农业生产基础设施是提高粮食生产能力，降低生产成本的物质基础，也是提升农业抵御自然灾害和抗风险能力的保障。实施粮食主产区农业基础设施更新和完善工程，加大对玉米主产区综合生产能力建设投资，增加农田水利基础设施建设、中低产田改造、土壤质量改善等投资，提升粮食生产和抵御自然灾害的能力。同时，扩大适度规模化经营水平，有效降低生产成本。

（国家玉米产业技术体系首席科学家　李新海　提供）

2019年度小麦产业技术发展报告

(国家小麦产业技术体系)

一、国际小麦生产与贸易概况

世界小麦产量增加。据联合国粮农组织预测,2018/2019年度全球小麦产量将达到7.66亿吨,总产量比上年增加3 480万吨,增幅4.76%。分国家和地区看,欧盟1.50亿吨,同比增加8.73%;中国1.32亿吨,同比增加0.46%;印度9 960万吨,同比减少0.1%;俄罗斯8 200万吨,同比增加13.73%;美国5 100万吨,同比减少0.58%;加拿大3 310万吨,同比增加4.09%;乌克兰2 650万吨,同比增加7.72%;澳大利亚2 390万吨,同比增加38.15%。

国际小麦价格先跌后涨。2019年上半年,受需求疲软拖累以及出口市场竞争激烈等多种因素交错影响,国际麦价大幅走低,呈现弱势震荡运行态势。2019年1—5月,墨西哥湾硬红冬麦(蛋白质含量12%)平均离岸价由242美元/吨持续下降到211.25美元/吨,平均每月下跌3.46%。6月起俄罗斯、欧洲部分地区以及澳大利亚天气恶劣,对全球小麦价格构成一些支持,6月国际小麦价格涨至236元/吨,7—9月美国小麦收割压力沉重,出口销售不振,小麦市场价格低迷,跌至209.25元/吨。10—12月全球小麦现货市场价格坚挺上扬,激发空头回补活跃,美国小麦价格走高到231.00美元/吨。2019年全球小麦价格均值为225.46元/吨,较上年同期下跌10.14%。

世界小麦贸易量同比增加。2019年世界小麦贸易量为1.72亿吨,同比增加2.26%。贸易量增加主要是由于欧盟、乌克兰出口增加,抵消并超过俄罗斯、哈萨克斯坦小麦进口数量减少的部分。

二、国内小麦生产与贸易概况

国内小麦播种面积减少、单产和总产量同比增加。据国家统计局数据,2019年我国小麦播种面积2 372.7万公顷,比上年减少54.1万公顷,减幅2.23%;小麦单产5 630公斤/公顷,比上年增加214公斤/公顷,增幅3.95%;小麦总产量为1.34亿吨,比上年增加216万吨,增幅1.64%;国家粮油信息中心预计,消费总量1.24亿吨,同比减少532万吨,国内食用消费基本平稳,饲用和工业消费有所下降;年度结余量1 400万吨,同比增加870万吨。总体供需平衡有余,国内供应较为充足,为市场稳定奠定了良好基础。

国内小麦价格总体先跌后涨。2019年各地小麦质量普遍较好,收购进度快于上年同期,主产区最低收购价预案启动范围一再扩大,小麦价格先下降后回升,普通小麦和优质小麦均价同比下跌,价差扩大后缩减。1—6月国内小麦市场价格整体平稳偏弱运行,截至7月底,随着托市范围不断扩大,政策对市场的支撑作用显现,小麦市场转变下滑形势,价格开始走稳,8—12月国内小麦市场一改前期低迷行情,各地价格普遍出现上涨,总体呈稳中趋强态势运行,涨至2 318元/吨。1—12月郑州粮食批发市场普通三等白小麦价格均价为 2 350.9 元/吨，同比下降 3.13%。优质麦价格 1—12 月均价为 2 667 元/吨，同比下降 1.26%。优质麦与普通麦价差由年初的 212 元/吨缩逐月扩大至 8 月的 458 元/吨，之后缩减至 12 月的 389 元/吨。

我国小麦进口数量和金额降低，出口数量增加、金额减少。据中国海关数据，2019 年 1—11 月，我国累计进口小麦产品 269.8 万吨，同比减少 6.89%；进口额为 7.4 亿美元，同比降低 2.03%。累计出口小麦产品 24.9 万吨，同比增长 5.95%；出口额为 0.97 亿美元，同比减少 0.46%。总的来看，我国小麦进口数量和金额远大于出口，但呈降低趋势，小麦进口以加拿大、哈萨克斯坦和法国为主，合计占小麦进口总量的 83.4%。小麦出口以朝鲜和我国香港地区为主，合计占小麦出口总量的 93.8%。

三、国际小麦产业技术研发进展

根据中国科学院文献情报中心以小麦为主题词检索，2019 年的小麦 SCI 研究性论文共 10 657 篇，比上年增加 551 篇，增幅 5.04%。其中，中国（包括港澳台地区）学者发表论文数仍为最多，共 3 369 篇，占比 31.62%，比上年增加 333 篇，增幅 10.97%；美国、印度、澳大利亚、德国分列第二至五位，分别为 1 700 篇、866 篇、661 篇、577 篇，排序与上年度一致，数量均有增加。发表论文数量前三名的期刊是 FRONTIER IN PLANT SCIENCE、AGRONOMY BASEL 和 SCIENTIFIC REPORTS（上年第二、三名分别是 PLOS ONE 和 FIELD CROPS RESEARCH），分别为 169 篇、163 篇和 159 篇。涉及的学科领域前三名仍为植物科学、农学和食品科学技术，分别为 2 149 篇、1 701 篇和 1 615 篇，总占比为 51.28%。以专利公开年为检索依据，2019 年全球公开的小麦相关专利 7 059 件，比上年减少 1 921 件，减幅 21.39%。其中，发明专利 6 226 件，实用新型专利 833 件；在发明专利中，申请 5 236 件，授权 1 068 件。

（一）小麦遗传育种研究

国际玉米小麦改良中心 2019 年通过报道 35 个关键性状的基因组预测，展示了基因组选择对小麦品质提升的应用潜力；在南亚、非洲和美国评估了 50 个性状，确定其显著标记-性状关联；构建了一个小麦基因型—表型参考图谱，研究了小麦等位基因频率动态，并对 44 624 份小麦品系进行了指纹分析，获得了超过 760 万个数据点，为改良籽粒产量、逆境恢复能力和面包小麦品质提供了参考。

英国 John Innes Centre 报道了利用基于 k-mer 算法的遗传学关联分析与 R 基因富集测序相结合（association genetics with R gene enrichment sequencing，AgRenSeq）的方法，从野生近缘种的多样性资源库中发现和克隆 R 基因。与其他关联分析研究不同，AgRenSeq 技术不需要参考已知的作物基因组，并且直接快速鉴定抗病 NLR。只要获得足够的生物材料用于测序和表型分型，无须杂交或诱变，AgRenSeq 就可利用多种种质中的泛基因组序列变异来分离未表征的 R 基因，并且可克隆来自野生物种的 R 基因。AgRenSeq 的一个限制是构建捕获文库时其 NLR 捕获序列上的偏差性，可能不利于鉴定特定的 R 基因。为通过测序技术在小麦突变体和自然群体中定位其抗病基因，还开发了在实验室中缩短小麦生长周期至 8 周的种植技术，从而加速其遗传学研究。

利用 CRISPR/Cas9 基因编辑技术，对小麦中与优质、抗病、抗逆有关基因进行改良，2019 年在抗穗发芽、耐除草剂、叶型、雄性不育、粒型、抗赤霉毒素、面筋品质等方面均有进展报道。

（二）小麦栽培技术研究

水资源紧张日益影响小麦产量，为确保粮食安全和提高农业效率，必须提高作物水分生产率。日本鸟取大学等 2019 年探讨了通过提高 ABA 敏感性来提高小麦水分生产力的可能性。发现小麦 ABA 受体的过度表达增加了小麦对 ABA 的敏感性，从而显著降低了全生育期耗水量。生理分析表明，这种节水特性是减少蒸腾作用，同时增加光合作用的结果，两者共同提高了每升水的谷物产量，并在缺水期间保护了生产力。研究结果为提高水分生产力提供了一个总体策略。

灌溉一直是印度小麦崛起的关键，作为对气候变化的适应性反应，灌溉可能变得越来越重要。美国斯坦福大学等 2019 年用 40 年的历史数据来量化灌溉对小麦产量增长的贡献，以及灌溉降低对热敏感的程度。结果认为 21 世纪的产量比 1970 年以来没有灌溉的情况高出 13%。此外，用完全雨养条件估计的热敏感性在灌溉小麦只显示 1/4。然而，扩大灌溉带来的产量增长近年来有所放缓，尽管由于扩大灌溉而降低了热敏感性，但气候变暖的负面影响仍在继续增加。随着对扩大灌溉的限制越来越严格，再加上面临气候变暖的情况，进一步提高产量可能会越来越困难。

（三）小麦病虫害防控技术研究

小麦抗病基因 $Pm3$ 含有系列等位基因，它们既决定小麦与白粉菌小种间特异抗病反应，还参与了小麦对其他禾谷科白粉菌的专化抗性反应。2019 年瑞士苏黎世大学和湖北省农科院等协作，从小麦、黑麦和野生鸭茅的白粉病菌中鉴定到受体 PM3B、PM3C 和 PM3D 识别的 5 个效应蛋白。无毒基因 $AVRPM3^{B2/C2}$、$AVRPM3B2^{D3}$ 及之前报道的 $AVRPM3^{A2/F2}$ 在氨基酸序列上同源性较低，但具有相似度较高的三级结构。从全球小麦和黑麦上采集的白粉菌株全部含有无毒基因 $AvrPm3^{b2/c2}$ 和 $AvrPm3^{d3}$。非寄主侵染试验结果表明，$Pm3b$、$Pm3c$ 和 $Pm3d$ 能限制黑麦白粉病菌在小麦上的侵染，该结果进一步阐明了小麦与白粉菌互作系统中寄主专化性的形成机制。

由于缺乏抗性品种，化学防治仍然是全球许多地区防治小麦赤霉病的主要措施。甾醇脱甲基抑制剂（demethylation inhibitor，DMI）类杀菌剂，特别是戊唑醇、叶菌唑菌唑和丙硫菌唑能抑制真菌甾醇合成，是目前应用最广泛的抗赤霉和控制毒素积累的化学药剂。另一类苯并咪唑类的多菌灵对赤霉病也有较好的防效，能降低大约 70%。醌类抑制剂由于会提高毒素水平因此不推荐使用。此外，南京农业大学、浙江大学、江苏苏研等单位研发的靶向 I 型肌球蛋白 Myosin-I 的氰烯菌酯和戊唑醇的综合使用在国内赤霉病防控中广泛应用。这种药剂复配能达到防病控毒的双重作用。琥珀酸脱氢酶抑制剂（succinate dehydrogenase inhibitor，SDHI）氟唑菌酰羟胺最近也在阿根廷、美国和中国登记用于小麦赤霉病的防控。

$Fhb1$ 是来自中国及亚洲小麦赤霉病抗源的主效 QTL，美国农业部和堪萨斯州立大学 2019 年发表了该 QTL 的候选基因，为一个编码的富含组氨酸钙结合蛋白的基因 $TaHRC$，该基因在感病品种中上调表达，抗病品种中由于缺乏这个基因的起始密码子而失去了基因功能导致小麦品种赤霉病抗性的提高。通过生物工程学方法敲除或抑制该基因表达，可提高感病品种对赤霉病的抗性。南京农业大学于 2019 年同期克隆了这一基因，但作用机制有差异，转基因结果表明，将该基因所在的 5164bp 的基因组片段转入感病和中抗品种中，发现过表达的转基因材料的赤霉病抗性都有所提高。

四、国内小麦产业技术研发进展

2019年我国学术单位发表有关小麦SCI论文数量,中国科学院以467篇居国际首位,高于美国农业部研究局的328篇。排名第3至第6位依次是我国西北农林科技大学、中国农业大学、中国农业科学院和南京农业大学,分别是309、284、276和173篇。发文量进入国际前30位的单位还有山东农业大学、四川农业大学、华中农业大学、河南农业大学和浙江大学,分别是105、94、88、78和76篇,位列第12、14、16、21和23位。从发文署名看,发文量前30位之间的国际合作已卓有成效,我国的小麦研究在国际上已占有一席之地。

(一) 遗传育种研究

西北农林科技大学通过对来自全世界的93个野生小麦、六倍体农家种和主要推广品种进行全基因组重测序,揭示了六倍体小麦遗传多样性来源于与野生小麦的种内及更远缘野草的种间频繁杂交,为了解小麦起源、进化和驯化历史,克服小麦遗传资源同质化等问题提供了重要数据。对国内3 000份收集资源开展了性状精准鉴定。从国内材料新筛选到11份、从国外引进100份抗赤霉病材料。对小麦-冰草衍生系创新种质进行深入研究,并向育种单位发放。

2019年全国审定小麦新品种289个,其中国家审定59个,省级审定230个。其中河南、河北两省分别为64个和48个,较其他省份审定小麦品种数量相对较多。济麦22、百农207、鲁原502三个品种当年推广面积分别达到百万公顷。

我国已经形成了完善的节水高效品种选育技术体系。新育成中麦5051、邢麦13等一批集节水、抗寒、强筋、抗病于一体的系列节水高产优质品种。在核心示范区小麦全生育期灌溉1水的情况下,亩产超过500千克,节水40~50立方米。筛选、鉴定和选育了一批抗耐赤霉病较好的新品种,开始在生产上示范应用。

2019年,在各地推荐、统一种植、集中加工基础上,新麦26、济麦44、师栾02-1和济麦229被鉴评为超强筋小麦品种(湿面筋含量≥30%,稳定时间≥20分钟,拉伸能量≥160平方厘米)。新麦26、济麦229、师栾02-1等21个品种被鉴评为面包小麦品种。其中,新麦26、济麦229和师栾02-1与加西硬红春2号面包品质相当。藁优2018、徐麦36、郑麦7698等10个品种被鉴评为馒头小麦品种,藁优2018、晋麦95、中麦578等27个品种被鉴评为面条小麦品种,并鉴定出郑麦7698、藁优2018、晋麦95、郑麦366、西农511、石优4366等6个品种为优质面包、优质面条和优质北方馒头"三优品种"。

(二) 小麦全程机械化栽培技术研究

2019年农业农村部发布了3项小麦生产主推技术,即冬小麦节水省肥优质高产技术、冬小麦宽幅精播高产栽培技术以及基于产量反应和农学效率的小麦推荐施肥方法。水利部发布了首个国家农业用水定额发布,小麦首当其冲,影响深远。黄河三角洲的盐碱地因"盐、碱、瘦、板"等障碍因子严重制约了小麦生产。山东省农业科学院研发的冬小麦一次性施肥技术,不仅省工、节肥,还能提高土壤肥力,促进农民增产增收。2019年,通过吸盐剂和阻盐剂、秸秆还田原位快速腐熟剂、控盐肥料产品与降盐培肥产品优化组合集成一次性应用,在冬小麦上取得了良好效果,比对照增产47.2%,节氮30%,节本增收26.6%。

本年度我国主要农作物秸秆粉碎还田机的数量达92.63万台,较上年增加3.51万台，增幅3.9%。其中，以黄淮海地区的河南、江苏、山东、河北等省的保有量较多。全国小麦机耕面积达2 227.54万公顷，机耕率为99.7%，耕整地机械装备保有量3 925.50万台，其中机引犁保有量最多，其后依次为机引耙、微耕机、旋耕机、耕整机、铺膜机、深松机和联合整地机。全国小麦机播面积2 205.39万公顷，机播率达到90.9%，较上年增长0.9%。稻茬麦播种机械研发与示范取得新的突破，已在川、鄂、皖等省开始应用。机动植保机械保有量达到615.26万台，其中，植保无人机23 322架。我国小麦联合收割技术发展以全喂入式为主，半喂入式联合收割技术发展缓慢。中小型轮式小麦联合收获机喂入量逐步稳定在5~7千克/秒，并逐步向8千克/秒喂入量发展。同时，10~12千克/秒纵轴流技术逐步成熟，逐渐成为大型小麦联合收获机主推技术，产品功能正在向兼收多种作物发展，实现一机多用。

（三）小麦病虫害防控研究

2019年小麦病虫害总体中等偏轻发生，发生面积6.76亿亩次，其中，病害发生3.12亿亩次，包括小麦纹枯病发生面积1.1亿亩，锈病、赤霉、白粉的发生面积分别4 200万、4 183万和5 796万亩，根茎部病害偏重发生，发生面积3 933万亩。虫害发生3.64亿亩次，其中，蚜虫发生面积1.8亿亩，麦蜘蛛和小麦吸浆虫的发生面积分别为8 209万和1 219万亩。

2019年智慧植保技术发展迅速，利用先进的农业物联网技术将强化病虫监测防控，构建重大病虫疫情信息化监测网络，加快建设一批自动化、智能化田间监测网点，提高了监测预警的科学性和准确性。强化监测预警，对重大病虫的源头区、迁飞流行过渡带、常年重发区加密监测，及时发布预警信息，有效促进了病虫害统防统治、群防群治、联防联控，对提高防治效果、减轻病虫危害和遏制重大植物疫情传播蔓延起到了良好效果。另外，2019年我国植保无人机使用面积达到4亿亩次，发展迅速，但是，植保无人机缺乏行业标准和操作规范性严重影响防治效果。因此，进一步完善智慧植保技术体系在今后一段时间将成为病虫害防控的重要研发内容。

（四）小麦加工技术研究

2019年，我国小麦加工业总体保持平稳较快发展态势。但随着国内经济的发展，小麦加工业产能过剩问题越发严重，高产量、高库存量和高进口量"三高"叠加问题短期内仍然突出。近年来国内面粉加工业产能利用率平均保持在45%左右，远低于70%的国际公认的合理尺度。发达国家小麦加工企业数量、加工能力、加工产量均保持相对稳定，小麦粉产品类型专用化程度高。国内知名小麦加工企业加工能力日趋扩大，五得利目前日加工能力4.6万吨，在建项目投产后达到6万吨；益海嘉里目前日加工能力2万吨，在建项目投产后达到4.5万吨；中粮集团目前日加工能力2万吨，新规划2万吨。在加工量不断扩大的同时，对产品的适应性、安全性、清洁度、健康性、稳定性和方便性要求不断提高。五得利面粉集团商丘面粉公司日处理小麦5 500吨生产线是目前全国规模最大、技术领先的现代化小麦粉生产基地，自动化程度高、工艺先进。近年来，国内面粉加工自动化技术和发达国家的差距逐渐缩小，在东南亚、非洲、中亚等国际市场上已有一定市场占有率。

我国对于小麦加工的研究热点主要集中于小麦适度加工技术研究和病害小麦加工转化技术研究。小麦适度加工技术研究是在精细化加工的基础上，更进一步的技术提升，即在保持成品感官评价指标的基础上,进一步提升成品出率、保证食品安全性、食品营养均衡性和便捷性。病害小麦加工转化技术主要是利用微波、辐照等方法处理发芽小麦和赤霉病小麦,研究发芽小麦加工利用及品质改良技术,以及病害小麦的真菌毒素去毒技术。国内相关单位系统研究了麦麸、麦胚、次粉、糊粉层等小麦加工副产物的深度综合利用技术工艺,并大力推广示范,显著提升了加工副产物的附加值和产品的利用价值。

(国家小麦产业技术体系首席科学家　肖世和　提供)

2019年度大豆产业技术发展报告

(国家大豆产业技术体系)

一、国际大豆生产与贸易概况

2019/2020年度世界大豆播种面积为1.22亿公顷，较上年度减少253万公顷。其中，美国播种面积减少5.12万公顷，为3 033万公顷，巴西和阿根廷播种面积分别增加100万公顷和10万公顷，分别达到3 690万公顷和1 690万公顷。世界大豆总产量为3.37亿吨，比上年度下降2 447万吨。其中，美国总产减少2 385万吨，为9 667万吨；阿根廷总产下降630万吨，为5 530万吨；巴西总产增加630万吨，为1.26亿吨，大幅度超过美国。在单产方面，2019/2020年度世界大豆平均亩产为183.3千克，其中，美国为212.67千克，巴西和阿根廷分别为227.33千克和195.33千克。

本年度世界大豆出口量为1.64亿吨，比上年度增加1 615.9万吨。其中，巴西出口量为9 247.8万吨，美国出口量为4 562万吨，另外阿根廷、巴拉圭分别出口1 000万吨和590万吨。在进口方面，2019/2020年度世界大豆进口量为1.63亿吨，比上年度增加了1 786.3万吨。2019年，中国进口量8 851万吨，欧盟进口大豆1 520万吨，东南亚、墨西哥进口量较为平稳，分别为929万吨和580万吨。

二、国内大豆生产与贸易概况

(一) 大豆种植面积明显扩大

得益于大豆振兴计划的实施，2019年我国大豆播种面积达到1.4亿亩，比2018年增加1382万亩，增长10.9%。总产量创近年新高，达1810万吨，比2018年增加215万吨，增长13.3%；单产达到129.3千克/亩，比2018年增加2.7千克/亩，增长2.2%。

(二) 大豆进口略有增加

全年进口大豆8 851万吨，较2018年增加47万吨，但低于2017年的9 554万吨。主要归因于国产大豆产量上升、低蛋白以及杂粮饲料的推广、非洲猪瘟爆发导致的饲料需求减少等因素。受到中美贸易战影响，2019年中国进口美国大豆1 694万吨，虽略高于2018年的1 660万吨，但是比2017年减少近半（2017年中国从美国进口大豆3 285万吨）。2019年中国从巴西进口大豆5 767万吨，比2018年的6 610万吨减少12.8%。另外，阿根廷、加拿大、俄罗斯和巴拉圭也是我国进口大豆的重要来源国。进口大豆价格仍然在低位运行，到岸平均价为2 753元/吨，较上年下降约90元/吨。进口大豆价格走低，也导致国内大豆价格整年处于低水平运行。2019年我国大豆出口较2018年持平，约11万吨。

三、国际大豆产业技术研发进展

(一) 生物技术育种向更深更广方向发展

2019年，全球转基因大豆种植面积超过9 600万公顷，占大豆种植总面积的78%，占世界转基因作物总面积的50%，继续保持种植面积最大转基因作物的地位。除已有的抗除草剂和抗虫转基因大豆外，美国、巴西、阿根廷、巴拉圭等国家在2019年又批准了HB4抗旱转基因大豆、基因编辑高油酸大豆商业化种植。

（二）轮作体系和土壤培肥技术不断完善

美国中南部既是大豆主产区，也是玉米主产区，长期坚持玉米—大豆隔年轮作制度。轮作倒茬能充分发挥大豆肥茬优势，又可减轻病虫害发生程度。在玉米—大豆轮作体系中，国外选择种植单株生物量小的玉米品种，采用免耕和秸秆还田，增加土壤有机质。在大豆种植年份，不使用或者少量使用氮肥，主要依靠根瘤固氮和上季残留氮肥。根据土壤状况适当施用磷肥和钾肥，但总体用量较低。

（三）分子生物学技术在病虫害发生规律研究中得到广泛应用

全球11家研究单位合作，完成了大豆锈菌（*Phakopsora pachyrhiz*）3个分离物的基因组测序。量化了大豆食心虫成虫扩散距离及扩散迁移率，明确了巴西部分地区鳃金龟的发生规律，评价了转Bt大豆田间夜蛾科昆虫丰富度，食叶类害虫的抗虫性、抗药性及防治技术等研究也取得进展。大豆蚜基因组测序、天敌之间互作、对杀虫剂活性影响以及蛋白受体也均有不同程度进展。鉴定了大豆抗病毒病转基因*Rvs4*，并揭示了其作用机制。

（四）大豆生产机械智能化方兴未艾

随着电液技术的进步，大豆机械化技术逐步向智能化方向发展，作业机具状态、作业质量相关参数如耕作机具耕深，播种机播量，植保机具压力、流量，收获机具损失率、破碎率、含杂率、水分、谷物流量等能够实现实时采集。播种机单体仿形、变量播种、变量施药、割台仿形、脱粒清选参数自适应调节、一键便捷卸粮等智能化技术提升了大豆机具作业质量，提升了驾驶员操作舒适性。以自动导航、信息智能自动获取等技术为基础的机械化大数据平台得到重视，大豆生产管理信息化水平不断提升。

（五）大豆加工技术研发全面推进

在传统豆制品研发领域，开发了间歇式研磨暨微波加热装置，使豆浆提取率和蛋白质含量显著提高。通过电渗析进行酱油脱盐，效果显著。使用酶解、蒸汽爆破、高压均质和高压灭菌等方式处理豆渣，提高利用价值。在现代大豆加工技术方面，用乳清蛋白分离物和可溶性大豆多糖混合物制备纳米颗粒乳液，并研究了其冻融稳定性，对制备抗冻融处理的高酸性乳液产品具有重要意义。

四、国内大豆产业技术研发进展

（一）大豆基因组学研究进一步深化

在完成高质量中黄13基因组Gmax_ZH13测序基础上，推出Gmax_ZH13_v2.0测序结果，新版基因组序列包含1.01G bp，精度显著提高，测序片段大幅度延长，缺口数量明显减少。完成了全球首个野生大豆高质量参考基因组解析，该成果为挖掘野生大豆遗传资源和改良、优化栽培大豆品种提供了重要工具。

（二）大豆基因编辑技术走向实用化

在建立大豆高通量、低成本、实用性强的CRISPR/Cas9基因敲除技术体系的基础上，定点敲除*GmFT2a*、*GmFT5a*等大豆花期调控关键基因，创制出适合在低纬度地区种植的新材料。利用基因编辑技术获得脂肪氧化酶缺失的无"豆腥味"突变体，在大豆优质育种中具有重要利用价值。

(三) 揭示大豆株型基因调控新机制

在明确大豆结荚习性主要由两个相互作用的基因位点 $Dt1/dt1$ 和 $Dt2/dt2$ 决定的基础上,找到 $Dt2$ 结合的靶基因,发现该基因可调节开花基因和胁迫相关基因 $GmDREB1D$ 和 $GmGRP7$ 的表达;同时发现 $Dt2$ 可以调控 miRNA 前体,从而影响开花及胁迫相关靶基因的表达。研究结果为大豆结荚习性分子设计育种及其他重要农艺性状的有效聚合奠定基础。此外,通过过表达大豆 $GmWri1b$ 基因增加分枝数和结荚节数,提高大豆产量。

(四) 首批国内研发转基因大豆获得安全证书

2019 年初,北京大北农科技集团股份有限公司研发的转基因大豆转化事件 DBN-09004-6 获得阿根廷政府的正式种植许可,该大豆产品具备草甘膦和草铵膦两种除草剂抗性,这是中国企业研发的转基因大豆转化体首次在国际上获批商业化种植。年末,上海交通大学研发的抗草甘膦转基因大豆 SHZD3201 获得农业转基因生物安全证书(生产应用)。上述转基因品种获批安全证书表明其已通过分子特征检测、食品安全检测以及环境安全检测,相关技术已经成熟且安全,为转基因大豆品种商业化种植奠定了基础。

(五) 大豆高产创建跃上新台阶

针对各地区自然条件和耕作制度,国家大豆产业技术体系开展"个十百千万"高产创建活动,创造了一批可推广可复制的高产高效典型。其中,郑 1307 采用免耕覆秸技术种植,实收 100.4 亩,平均亩产达到 303.1 千克,创造了全国大豆主产区百亩大豆实收新纪录;中黄 301 实收 7.25 亩,平均亩产 312.67 千克,实现同一地块、同一技术、同一品种连续 4 年实收亩产超过 310 千克;冀豆 12 等品种 3 万亩平均亩产达到 275.6 千克,齐黄 34 种植 4.7 万亩平均亩产达到 277.48 千克,实现黄淮海夏大豆万亩平均亩产超过 275 千克。合农 71 在西北灌区采用膜上精量播种、膜下滴灌技术种植,实收 1.15 亩,平均亩产达到 447.47 千克,刷新全国大豆单产纪录。

(六) 病虫草害防控技术研发取得新进展

明确了根茎腐病、病毒病、胞囊线虫、刺吸害虫、地下害虫等病虫草害的为害与发生规律,进一步明确了"症青"发生机理。开发了"精歌"等大豆根腐病专用种衣剂、"菌线克"系列防控胞囊线虫的微生物拌种剂;提出使用"绿僵菌+毒死蜱"混配毒土防治蛴螬技术;筛选出新的可防治蛾类害虫的生物食诱剂和可监测叶甲害虫的色诱技术。监测不同产区大豆根腐病的主要无毒基因型,应用大豆抗病基因快速精准鉴定技术,遴选了携带有效抗病基因($Rps1a$、$Rps1c$ 或 $Rps1k$)的系列大豆品种。集成示范了与麦茬免耕覆秸机械化结合的"一拌一封一喷"大豆病虫草害绿色综合防控技术模式,在播种过程实现植保等多工序"五位一体",后期对病虫害"一喷多防",最终达到减肥减药增产增效。

(七) 农机农艺融合水平提升,全程机械化步伐加快

形成了与各地基本耕作栽培制度相适应、农机农艺深度融合的综合技术模式,创造了一批全程机械化作业的高产典型,为规模化高效生产提供了成熟样板。大豆免耕覆秸精量播种技术得到推广应用,低损高效联合收获技术得到应用,适合于大豆玉米间作模式的作业机具逐步完善。在东北大型农场,逐步形成以卫星导航和自动驾驶为基础的智能化、信息化生产管理系统,初步实现了作业质量的在线检测及田间管理过程的智能化操作,有效

提升了作业质量，减轻了劳动强度。

（八）大豆加工技术全面升级，新产品不断涌现

在传统豆制品研究方面，研究了酱油风味物质形成及氨基酸含量对品质的影响，深化了全豆豆浆及其风味形成机理研究，改进了豆制品生产质量控制技术和豆制品发酵技术。在副产物综合利用方面，用豆渣替代部分大豆进行黄豆酱发酵获得成功。在现代大豆加工技术方面，水酶法制油效率进一步提高；加强植物肉和发酵酸豆乳研究，开发出风味更好的现代大豆食品。

（九）稳定和发展我国大豆产业的政策建议

1. 优化大豆产业扶持政策结构，稳定大豆种植面积

在坚持市场主导原则的前提下，进一步完善大豆生产者补贴政策，在保证生产者种粮基本收益的基础上，结合补贴资金额度、补贴面积及结构调整方向等因素，对玉米生产者和大豆生产者实行差异化补贴标准，保证大豆种植收益，稳定扩大大豆种植，促进种植结构优化调整。积极探索在黄淮海和南方大豆集中种植区实施大豆生产者补贴、粮豆轮作补贴和良种补贴政策。落实中央一号文件提出的大豆产业扶持政策，增加高产品种、绿色生产技术研发和推广经费。

2. 培育高产绿色大豆新品种，加强良种繁育基地建设

2020年中央一号文件提出，"加大对大豆高产品种和玉米大豆间作新农艺推广的支持力度"。要通过国家大豆良种科研联合攻关，继续强化对大豆育种工作的支持力度，培育高产、高蛋白、抗当地两种以上主要病虫害、养分利用效率高、适宜全程机械化作业的绿色大豆新品种和适合大豆—玉米间套作的大豆品种。继续加强良种繁育基地建设，开展大豆优良品种提纯扩繁技术提升行动，树立以良种为基础的优质大豆产销对接样板，加强大豆种业育、繁、推、用深度融合。

3. 强化大豆绿色增产增效技术推广，大力推进高产创建

继续完善东北地区粮豆轮作、黄淮海地区麦茬免耕覆秸、南方和西北地区大豆间作套种等绿色生产技术的研发、标准制定和展示示范工作，通过试验示范基地建设、农技培训、农技人员下乡指导等方式多渠道引导农民使用大豆绿色生产技术。同时，加强绿色生产技术配套生产工具的研发和生产，为绿色生产技术的大规模利用提供必要的物质保障。大力开展高产创建，展示示范绿色高产高效综合技术模式，带动全国大豆生产发展。

4. 深化对加工行业的调控，合理引导健康消费

要强化对大豆加工市场的监测，在尊重市场规律的基础上，合理引导传统豆制品生产工艺升级；强化大豆精深加工技术研究，开发新型大豆食品和高附加值深加工产品，提升大豆加工业的整体效益。鼓励大豆加工企业延伸产业链条，推动大豆种植、加工一体化经营，支持有条件的大豆加工企业流转土地、经营农场，通过规模化、标准化、集约化经营，实现国产大豆自产、自收、加工一体化运作，向市场提供高质量的大豆产品，增强加工企业的市场竞争力。此外，还应引导居民养成良好的消费习惯，更多地消费植物蛋白食品。

5. 拓宽进口大豆渠道，提升贸易安全水平

大豆进口在一定程度上缓解了我国农业资源紧张的局面，是我国统筹利用国际、国内两种资源，实施粮食安全新战略的必要举措。当前，在我国大豆国际贸易中，来自美洲国家的进口量高达总进口量的 95% 以上，存在极大的市场风险。应充分利用我国的科技优势和资金优势，结合"一带一路"战略和各类贸易协定，在俄罗斯、乌克兰、东南亚、非洲等地建立大豆生产基地，进一步拓宽大豆进口的渠道，构建安全稳定的进口大豆供给网络。

（国家大豆产业技术体系首席科学家 韩天富 提供）

2019年度大麦青稞产业技术发展报告

(国家大麦青稞产业技术体系)

一、国际大麦青稞生产与贸易概况

根据美国农业部数据,2019/2020年度全球大麦收获面积约为5 185万公顷,比上年度增加360万公顷;总产量约为1.57亿吨,比上年度提高1 721万吨,增幅为12.33%;平均单产3.02吨/公顷,比上年度增加0.13吨/公顷。

根据联合国粮农组织(FAO)数据,2019/2020年度全球大麦消费约为1.45亿吨,比上年度增加640万吨。2019/2020年度全球大麦贸易量约为2 620万吨,比上年度增加210万吨。2019年1—10月,澳大利亚南部州和法国Rouen饲料大麦月度价格基本以降为主,平均价格分别为193美元/吨和241美元/吨,比上年同期分别减少28美元/吨和10美元/吨,降幅分别为12.75%和3.85%。

二、国内大麦青稞生产与贸易概况

根据国家大麦青稞产业技术体系统计,2019年我国大麦青稞的总收获面积为101.82万公顷,较上年减少0.88万公顷;总产量为427.51万吨,较上年增加1.01万吨;平均单产为4.20吨/公顷,较上年增加0.05吨/公顷。其中,皮大麦(包括啤酒和饲料大麦)的收获面积为63.80万公顷,较上年减少0.35万公顷;产量为291.76万吨,较上年增加4.13万吨;平均单产为4.57吨/公顷,较上年增加0.09吨/公顷。青稞(即裸大麦)的收获面积为38.09万公顷,较上年减少0.49万公顷;产量为135.75万吨,较上年减少2.83万吨;平均单产为3.56吨/公顷,较上年减少0.03吨/公顷。

2019年,我国大麦进口量为592.87万吨,较上年减少89.1万吨,下降13.1%。其中,从澳大利亚进口231.57万吨,从加拿大进口145.95万吨,从法国进口118.29万吨,从乌克兰进口87.39万吨,进口均价为265.71美元/吨,较上年同期上涨4.8%。2019年国内大麦产区平均收购价为2.05元/公斤,比上年增长8.9%。月度价格变化总体上先涨后跌,1—5月连续上涨,6—12月持续下跌。

三、国际大麦青稞产业技术研发进展

(一)遗传育种

1. 抗病虫遗传

德国Novakazi等对449个包含野生和栽培大麦(青稞)的自然群体,进行网斑病菌(*Pyrenophora teres* f. teres)接种鉴定,采用50k iSelec芯片进行关联分析,发现254个显著关联的QTL位点,分别位于3H、4H、5H、6H和7H染色体上,对应15个QTL区域。波兰Piechota等通过对抗白粉病品种2553-3与不抗品种Manchuria品种F2群体进行抗白粉病调查,结合DArTseq及SSR分子标记分析,在2H染色体短臂上定位到一个新的抗白粉病QTL,命名为MlMor。澳大利亚Van Gansbeke等通过对大麦抗包囊线虫和不抗虫亲本进行简化基因组测序，利用 BC2F2 株系进行抗虫基因图位克隆，在 2 号染色体长臂区间将 *Rha2* 的候选基因缩小至 3 个，其中一个为基因 *RAP1*，一个编码乙酰谷氨酸激酶，一个编码液泡内膜蛋白。澳大利亚 Choudhury 等采用 5626 个高质量分子标记，对野生大麦 Tam407227 与栽培大麦 Franklin 杂交 F1 的 DH 株系，进行抗黄矮病毒基因定位，不仅在 3H 上定位到已报道的 *Ryd2* 基因，同时在 5H 染色体 125.76～139.24cM 区间发现一个新的 QTL，命名为 *Qbyd-5H*。Gao 等、Jiang 等分别在大麦（青稞）1HL、4H 和 6H 染色体上，鉴定到新的抗茎基腐病 QTL 位点（*Qcrs.cpi-1H*，*Qcrs.cpi-4H*，*Qcrs.caf-6H*）。Coulter 等将抗云纹病主效基因 *Rrs18* 定位在 6H 染色体短臂端粒附近。Tamang 等在美国大麦（青稞）抗病核心种质 PI67381 和 PI84314，鉴定出抗网斑病 QTL 均位于 2H 染色体上。Leng 等在品种 ND5883 的 1H 染色体上，同时鉴定到紧密连锁的感叶斑病基因 *Scs6* 和抗白粉病基因 *Mla8*。Macaulay 等在野生大麦（*H. vulgare* ssp. *spontaneum*）2H 染色体短臂上鉴定到抗蚜虫 QTL，在 3H 上发现的 1 或多个不存在连锁 QTL 位点，调控抑制蚜虫生长的禾草碱（gramine）含量。

2. 品质性状遗传

大麦（青稞）种子中低醇溶蛋白、高 α-淀粉酶活性和 β-淀粉酶活性有利于啤酒酿造。美国 Vinje 等（2019）检测种子醇溶蛋白及 β-淀粉酶相关基因，发现胚乳 β-淀粉酶基因 *Bmy1* 及醇溶蛋白基因在授粉后 13 天开始表达渐升高，25 天达到最大随后逐渐降低；β-淀粉酶基因 *Bmy2* 授粉后第 5 天表达量最高随后下降，第 17 天后基本不再表达。有研究显示大麦（青稞）发芽过程中，采用 8 kV 电压、500Hz 频率，8us 脉冲 14 分钟，可以将 α-淀粉酶活性提高 29%。相同处理中，添加钙离子脉冲 12 分钟 α-淀粉酶活性提高 54%。α-淀粉酶活性提高是由于高压脉冲电场提高了 *Amy6-4* 基因表达量。

3. 抗逆性遗传

Pham 等将 25 个野生与栽培大麦品种 Barke 杂交，构建 NAM 群体（nested association mapping population），采用 9K SNP 芯片对 1 420 个 BC1S3 株系进行抗旱性关联分析，发现共有的 QTL 区间大多包含大麦光周期相关基因。其中，*HvCEN* 所在的 QTL 区间与所有抗旱指标相关，包含 *HvCMF10*、*HvHXK1* 及 *Hva1* 基因的 QTL 区间与干重、株高、绝对生长速率及相对生长速率有关。Fiust 和 Rapacz 利用 DArT 芯片对 94 个冬大麦（青稞）品种进行耐冷性关联分析，鉴定到 20 个强关联位点。进一步蛋白功能注释发现，*HvATPase*、*HvDDM 1* 及 *HVBIG* 等 3 个基因在耐冷品种中为低表达。Osthoff 等进行盐胁迫下大麦青稞根组织的转录组测序分析，发现 bHLH、HSF 和 ERF 家族在渗透调节中起重要作用。

4. 育种技术

CRISPR/Cas 是新一代育种技术，主要是通过瞬时表达 CRISPR/Cas 质粒，对基因组目标片段进行修饰，本质上与诱变育种相似，不引入外源基因，同时明确基因组改变的位置。目前，在美国只要这种育种方式不引入植物病害相关片段便不受转基因条例监管。

在大麦中，为提高 CRISPR/Cas 系统编辑效率，一般根据小麦或者玉米密码子优化 Cas9 蛋白，同时利用小麦启动子 U6 启动 sgRNA，通过农杆菌介导或基因枪等转导得到转基因植株。目前通过 CRISPR/Cas 育种技术，已得到稳定敲除 *HvCKX1* 的株系，细胞氧化酶活性显著降低、根构型显著变化；得到抗矮化病毒株系，能够有效抑制双病毒属麦类矮化病毒的复制。

（二）植保技术

Karre 等研究发现，转录因子 HvWRKY23 通过调节编码黄酮苷和羟基肉桂酸酰胺合成的基因，参与大麦（青稞）的抗赤霉病反应。Hunt 等研究发现，大麦（青稞）及白粉病原菌通过 sRNA 干涉控制目标基因表达水平，通过积累特异基因表达控制代谢及侵染相关的应答反应。Tucker 等在西澳大利亚发现，大麦白粉菌 $CYP51$ 基因突变，导致其对脱甲基抑制剂杀菌剂抗性增强。Poudel 等通过连续 3 年跟踪分析，发现网斑菌群体的基因型组成正在快速发生变异，新基因型菌株具有很强适应能力，因此要求大麦（青稞）育种抗源利用多元化。

利用抗病品种是防止病虫害发生和危害的最为经济有效的途径。2019 年加拿大登记了抗赤霉病的二棱大麦新品种 Lowe。Cowger 等试验认为，使用中抗赤霉病的冬大麦（青稞）品种，并在可能发病情况下结合施用杀菌剂，是防治赤霉病的最有效策略，能有效降低 DON 浓度。Koch 等发现，利用双链 RNA 释放技术沉默镰刀菌（*Fusarium* sp.）*FgCYP51* 基因，具有防治大麦（青稞）赤霉病的潜在应用价值。除草剂丙基 4-（2-（4，6-二甲氧基氨基嘧啶-2-yloxy）苄氨基）苯甲酸酯适用于大麦（青稞）田间除草，支链氨基酸能恢复受该除草剂药害的幼苗生长。水杨酸能缓解大麦（青稞）施用草甘膦引起的药害。Tavaziva 等试验发现，在大麦（青稞）生育前期和后期，田间喷施除草剂防治田蓟的效果相同。并且，在 10 叶期模拟 CombCut 机器除草方式，选择性拔除田内田蓟（*Cirsium arvense*），可以取得与施用除草剂相同的防除效果。

（三）耕作栽培技术研发

1. 精准栽培技术

利用无人机进行 RGB 图像采集，运用计算机深度学习技术进行数据分析，可以为大麦精准栽培提供可靠的技术指导。墨西哥研究人员在新莱昂州开展了相关实验，对 6 个大麦品种在不同氮肥水平下的生长情况进行了监测，用无人机采集了 RGB 图像，并进行计算机分析模型比较，优选出标准回归模型进行预测分析。结果显示，基于计算机深度学习的大麦 RGB 图像分析系统，可实际用于大麦生产监测，且在成本和精确度上均优于利用卫星遥感技术。澳大利亚科研人员利用叶绿素荧光技术，监测不同钾肥水平和栽培措施下大麦的生长情况，确定了叶绿素荧光强度与钾肥用量之间的显著相关及品种的基因型差异，为大麦精准栽培提供了解决方案。

2. 栽培模式与养分管理

优化种植制度可以提高大麦产量和养分利用效率。一年两季种植模式因前茬作物残留的养分有利于后茬作物生长，以及冬季植被覆盖能够防止水土流失和改善周年环境，因此整体上可以提高土壤养分的周年利用效率。西班牙研究人员对夏玉米和冬大麦一年两季种植模式，连续三年进行了比较试验。结果显示，地中海气候条件下，最佳的氮肥施用量是 230~240 千克氮/公顷，大麦和玉米的产量可以分别达到 6.71 吨/公顷和 13.42 吨/公顷。并明确夏季玉米残留的氮素可显著促进冬大麦生长，而冬大麦种植残留的氮素对夏玉米生产影响较小，认为这种夏玉米—冬大麦两季轮作栽培模式可有效防止耕地氮流失，保护农田生态环境和促进农业可持续发展。

硫肥施用增加大麦产量和促进生物强化。随着工业减排和污染控制，波兰等国的土壤中相继出现了硫素亏缺的现象。一些试验表明，施用硫肥可以增加大约 6% 的大麦产量，并且，施用硫肥还具有强化农业生物的作用。研究人员连续 3 年分析了不同硫肥类型与施用量下，大麦籽粒中微量元素 Mn、Fe、Zn 和 Cu 的变化。结果表明，施用硫肥有效促进大麦籽粒中各种微量元素的积累，且以硫酸铵效应最为明显。这对改良缺硫土壤，调整栽培和施肥策略，促进作物产量和微量元素积累具有指导意义。

在不显著降低产量和品质前提下，减少氮肥用量是现代作物栽培和耕作上的重要目标和挑战。植物胞内谷氨酰胺合成酶（GS1）在氮素代谢中具有重要作用。丹麦科研人员利用转基因技术，增加了大麦植株体内的 GS1 蛋白活性，明确了 GS1 具有提高大麦产量和氮素利用效率的重要作用，为大麦氮高效利用育种和栽培管理提供了重要参考。

（四）农用机械研发

1. 智能化田间作业设备

在 2019 年德国汉诺威国际农机 AGRITECHNICA 展上，展出的最新研制的农机具，标志着智能化无人控制的耕整地机械、中耕除草机械、播种施肥机械，以及杂草识别对靶药物除草等技术已走出实验室，已达到可实际应用的程度。例如，法国研制的自动机器人和精准除草控制器，可以自动定位生菜的位置，通过电控刀具除去生菜行间的杂草，同时生成数字地图，用于生菜收获。

凯斯纽荷兰公司推出的土壤物质快速实时测试技术，利用先进的传感器，可以快速测量土壤的特性参数。德国汉诺威农机展上，一种新型农机具能够在田间行走，圆盘式感应终端入土，测试土壤砂黏土 N、P、K 和 pH 值。丹麦的 Samson Agro A/S 公司推出采用核磁共振方法，高精度测定肥料 N、P、K 的技术。

德国的 RRUCH 公司推出电控多速率肥料混合系统，可按"施肥图"实现农作物按需施肥。智能控制边界、凸起和曲线施肥，控制幅宽达到 36 米。该公司还推出施肥坡度控制系统软件，可控制施肥机具在坡地作业时的施肥质量。设计利用双圆盘式撒肥机通过改变出口位置、抛撒距离和撒肥量，精准控制施肥质量。

2. 农用动力机械

约翰迪尔公司、比利时 JOSKIN 公司联合研制的第一款依靠电力和机械驱动的 eAutoPower 无级变速箱，比传统电动-液压-机械驱动无级变速箱可靠性好和耐久度高，内部集成发电机可为外接农具提供高达 100 千瓦的功率。大型农机深旋作业深度达 50 厘米，联合整地机可根据地表坡度调节整地深度，具有良好的仿行和避障能力，通过触控面板操控液压系统调节犁铧，完成耕深、耕宽和偏牵引调整。播种控制由控制屏卡式数据存贮向云端技术发展。格兰集团智能双圆盘精量撒肥机，可实现变量、变幅撒肥，精准高效。马斯奇奥盖斯帕多集团的高速精量播种机 CHRONO 306，装备了电动排种器及气动种子输送系统，作业速度达 15 千米/小时。德国阿玛松公司的 AmaSelect Row 系统，田间喷药时既可调整作物行间距，也可随时从地面喷洒切换到吊杆喷洒。克拉斯超大型 LEXION 8900 型联合收获机，搭载发动机功率 580.7 千瓦，割台幅宽 13.8 米，粮箱容量 15 000 升。该机采用自动切碎系统，首次实现了收获机自动根据作物优化秸秆切碎功能，传感器测量秸秆厚度和水分含量，并将这些信息用于切碎机为适应收割环境而做出动态调整。德国 Geringhoff 公司研制出玉米秸秆破碎机，在切碎机 Star Ⅲ Razor 框架中间安装旋转接头，使切割刀更好地破碎玉米秸秆。

（五）加工利用技术研发

1. 食品加工技术

由于富含 β-葡聚糖的大麦具有营养健康功效，大麦食品种类日益增多。不同粉碎粒度对大麦苗粉的品质和加工有影响，研究表明，苗粉磨制细度 300~500 目粉体色泽保持最好，适宜制作固体饮料或易于添加到其他食品中；100~200 目粉体流动性较好，宜于压片成型和进行片剂、胶囊等产品加工；800 目粉体适宜可溶性功效成分提取。Antonios Drakos 等研究表明，制作面包时最高添加 40% 的大麦（青稞）面粉，面包的整体外观、风味和质构，与用纯小麦面粉制作的面包相比没有显著差异，并且含大麦面粉的面包抗氧化能力显著提高。Rashim Kumari 等将裸大麦和脱壳皮大麦粉按比例加进大米粉中，采用单螺杆挤压机制作成各种小食品，并进行营养、功能、颜色和结构性能分析，结果加入大麦粉后加工食品的营养、颜色和结构性能上均有所改善。Tooba Mehfooz 研究发现，大麦（青稞）淀粉经过琥珀化处理，溶胀力、溶解度、保水性和黏度提高，凝胶形成倾向减弱。

2. 饮品加工技术

研究表明，大麦（青稞）发芽后，游离酚和结合酚含量会发生很大变化，抗氧化能力有所增强。大麦茶是近年来越来越受欢迎的健康饮品。焙烤法是生产大麦茶的基本工艺，可有效降低籽粒湿度和保持抗氧化活性。在大麦（青稞）饮品生产过程中，均质处理可以改变绿苗饮料的黏度等物理性质，混合使用 2 种或 2 种以上亲水胶体能够起到很好的稳定作用。将乳制品和大麦（青稞）等谷类组合，可以加工生产营养价值更高的复合食饮品，丰富大麦（青稞）加工产品类型，例如市场销售的干乳麦片等。

3. 医疗综合利用

β-葡聚糖具有很好的医用保健功效。以大麦（青稞）和燕麦为原料，在生产提取过程选择使用天然絮凝剂，会影响 β-葡聚糖的纯度和特性。大麦 β-葡聚糖还可作为饲料补充剂用于水产养殖业，能够增强牙鲆等鱼虾的免疫力和对链球菌等病源菌的抵抗力。研究表明，大麦（青稞）籽粒特别是有色籽粒具有很高的清除自由基和抗氧化活性，与其酚类化合物含量呈显著正相关。

四、国内大麦青稞产业技术研发进展

（一）品种种质与育种技术

1. 品种和种质创制

创制出产量构成、品质组分、资源高效、抗病抗逆等单一或多个性状优良的各类育种材料 267 份，育成食用、饲用（饲料、青饲、青贮、青干草等）和啤用大麦（青稞）专用品种 26 个。

2. 基因定位克隆与功能分析

构建了包含 1473 个 SNP 和 185 个 SSR 标记的高密度遗传连锁图谱。检测到籽粒及苗粉中 4 种功能成分的 QTL，发现粒长、粒宽的主效基因，将 1 对不完全显性黑粒色基因定位在 H1 染色体。发现 2H 染色体上的矮秆多蘖隐性基因 *Hvhtd*，其 Intron2 和 Intron3 第一个碱基均发生了 G/A 改变，引起翻译提前终止造成蛋白质氨基酸序列变短和结构缺陷。该基因编码一个转运蛋白与 IAA 信号途径有关，编码一个半胱氨酸蛋白酶参与催化植物体内蛋白质的降解。发现茎秆木质素合成基因 *HvPAL*、*HvC4H*、*Hv4CL*、*HvHCT* 和 *HvCCR*

在抗倒伏材料中均高表达，与木质素前期合成有关的苯丙烷参与细胞壁发育调控。可在旱胁迫条件下，依据籽粒β-淀粉酶活性及其合成基因 $Bmy1$ 内含子Ⅲ多态性，将大麦（青稞）划分为3种等位基因型。从青稞品种昆仑14号中，克隆出与高原极端环境适应和病虫害调控有关的茉莉酸信号受体基因 $HvCOI1a$、$HvCOI1b$、$HvCOI2$。利用酵母双杂方法，鉴定到1个钙调蛋白转录激活基因 $HvCaMTA4$，参与耐盐基因 HKT 转录调控。通过 miRNA-seq、RNA-seq 和 BSR 测序分析，得到6个条纹病相关 miRNA 和7个候选抗病基因。克隆出条纹病相关基因家族 $WRKY$、$NB-ARC$、AGO、LRR 和 PPR，分析了外显子和内含子结构、染色体分布、复制事件和进化关系。克隆出类 SnRK2 抗白粉病相关基因，进行了结构和功能解析。

3. 育种基因编辑技术研究

改进了大麦（青稞）单倍体小孢子农杆菌转化体系，建立了单倍体基因编辑方法。以抗白粉病基因 MLO 为编辑对象，通过农杆菌转导，获得阳性转化植株。发明了一种可批量重复筛选的苗期耐盐性鉴定方法。利用 sgRNA 串联表达载体，实现了大麦（青稞）籽粒中类纤维素、植酸和母育酚合成等，关键调控基因多个靶位点的基因编辑。鉴定出β-葡聚糖合成相关类纤维素合成酶和低植酸候选基因的缺失体。利用母育酚合成关键调控基因 HPT 和 $HGGT$ 缺失突变体，进行了籽粒成分的非靶向代谢组分析。发现 $HGGT$ 基因是控制 GGDP 和 HGA 形成生育三烯酚的唯一执行者，而且 $HvHGGT$ 同时影响籽粒淀粉积累。通过转录组分析发掘出2个磷高效候选基因；进行了基因敲除载体构建和突变株耐低磷特性评价。

（二）优质高产与抗逆机理

研究发现大麦（青稞）抗倒伏性与茎秆中 G 型木质素含量呈显著正相关，与 G/S 比例呈显著负相关。籽粒黄酮含量与海拔呈显著正相关，与年积温负相关显著；β-葡聚糖与年日照时数呈正相关，与年积温和降雨量呈二次曲线相关。干旱胁迫下控制好三叶期水分，有利于提高产量和地上部生物量。孕穗期植被覆盖指数与株高和产量均呈显著正相关，抽穗期植被覆盖指数与穗粒重极显著负相关，灌浆期植被覆盖指数与产量极显著正相关。播期推迟生育期缩短，干草产量和青贮品质下降；增大播种密度降低茎叶比、粗蛋白、粗脂肪和粗灰分等含量，提高中性和酸性洗涤纤维含量；推迟刈割期提高全株干物质和干草产量。蜡熟期干草产量最高，粗蛋白和粗脂肪含量下降，中性洗涤纤维含量上升。干旱处理下，抗旱品种的株高、穗长、穗粒数、小区产量和千粒重变化较敏感品种小；籽粒淀粉和纤维素含量低于、蛋白质含量高于敏感品种。盐分胁迫下，总根长、根表面积和根体积严重受到抑制。低氮胁迫下，氮高效品种的单株有效穗数、主穗实粒数、单株产量和地上部干物重高于氮低效品种，地上部氮素利用率、叶片硝酸还原酶和核酮糖—戊二磷酸羧化酶活性较高，根系硝酸还原酶、谷氨酸脱氨酶、谷氨酰胺合成酶和谷氨酸合成酶活性降低较少。低磷水培实验证实，磷高效基因型的根系长度、根毛数、根体积、根表面积等显著高于磷低效品种。通过磷酸化修饰和琥珀酰化非标定蛋白质组学分析，鉴定到不同数量的差异蛋白。研究发现大麦（青稞）高亲和 K^+ 转运蛋白基因 $HvHKT1;5$，主要在根部表达且受盐胁迫诱导，编码一个定位于根中柱细胞的膜蛋白。体外电生理实验证明，$HvHKT1;5$ 具有 Na^+ 特异的转运亲和性，调控 Na^+ 从根部运输至地上部，间接影响 K^+/Na^+ 的离子平衡，负向调控耐盐性。基因操纵降低 $HvHKT1;5$ 的表达，可使大麦（青稞）

耐盐性增强。比较盐胁迫调控基因 *HvCaM*1 沉默株系与野生型根中，*HKT*、*NHX*、*SOS* 基因家族的表达量，发现 *HvCaM*1 表达量与 *HvHKT*1；1 呈显著负相关，与 *HvHKT*1；5 呈显著正相关。认为 *HvHKT*1；1 参与根中 Na$^+$ 外排，而 *HvHKT*1；5 涉及 Na$^+$ 从根向地上部转运。

（三）病虫害防控

1. 病害防控

主要病害检测。东北区叶斑病和赤霉病危害较重；青藏高原及周边穗腐病为主，云纹病在青海海南州和甘肃甘南州，条锈病在西藏局部地区，白粉病和赤霉病在西藏林芝和昌都有发生；中东部主要为白粉病和赤霉病，局部发生叶斑病；条纹病和黑穗病在各产区均零星发生。

主要病原菌毒性监测。来自云南昆明、大理、江苏盐城和西藏山南的白粉菌株毒性最强，西藏林芝菌株毒性最弱。蠕孢叶斑病菌的高致病力菌株主要集中在黑龙江黑河、佳木斯和哈尔滨以及内蒙古海拉尔地区。

研究发现，穗腐病原菌的初侵染菌源来自带菌种子和地表病残体。病原菌在孕穗初期通过大麦（青稞）倒二叶叶鞘内侧穿透旗叶鞘并侵染幼穗。探明了条纹病菌通过 TCHK 信号途径，对大麦（青稞）的生长发育、渗透胁迫、细胞壁完整性等作用机制。

2. 虫害防控

农药药效和禾谷缢管蚜耐药性检测。禾谷缢管蚜对吡虫啉在枣阳和驻马店敏感性下降，常州、郑州、文登、钟祥、盐城、聊城仍处敏感水平。对抗蚜威在枣阳、盐城、常州、文登仍然敏感，在钟祥、驻马店和郑州敏感性下降。对氯氰菊酯在枣阳、聊城、常州、郑州、钟祥和驻马店尚处敏感水平，在文登敏感性下降，在盐城为高水平抗性。对氧化乐果 8 个地区仍处敏感。对氟啶虫胺腈在聊城、钟祥、驻马店、文登、常州和郑州为中等抗性；在盐城和枣阳为低水平抗性。

在我国云南、广东、安徽、湖南等省 9 个地区，进行了草地贪夜蛾种群对氯虫苯甲酰胺、甲维盐、乙基多杀菌素、乙酰甲胺磷等 10 种杀虫剂的抗药性监测。湖北武汉种群对氯虫苯甲酰胺最敏感，安徽安庆、云南昆明和重庆黔江种群较敏感，海南海口和湖北武汉种群表现低水平抗性，广西钦州和广东广州种群具中等抗性。云南昆明种群对四氯虫酰胺最敏感，其余地区种群较敏感。海南海口种群对甲维盐最敏感，广西钦州、安徽安庆和云南昆明种群较敏感，江西九江种群敏感性降低，广东广州种群具中等抗药性。所有监测地区草地贪夜蛾种群对乙酰甲胺磷的 LC50，普遍高于酰胺类和甲维盐等新型药剂。其中，云南昆明种群最为敏感，广西钦州和海南海口种群敏感性下降，广东广州种群具低抗药性，安徽安庆和江西九江种群中等抗药。云南昆明种群对虫螨腈最敏感，广西钦州和海南海口种群相对敏感，广东广州、安徽安庆和湖南邵阳种群有中等抗药性。云南昆明种群对乙基多杀菌素最敏感，海南海口种群较敏感，广西钦州种群敏感性下降，安徽安庆和湖南邵阳种群中等抗药。对虱螨脲云南昆明种群最敏感，海南海口种群较敏感，广西钦州种群敏感性下降。对高效氯氰菊酯广西钦州和安徽安庆种群的 LC50 低于对有机磷和氨基甲酸酯类，高于对酰胺类和甲维盐，安徽安庆种群的抗药性高于广西钦州种群。广西钦州种群对溴氰菊酯 LC50 大于其对同类型高效氯氰菊酯，对氨基甲酸酯类茚虫威的 LC50 值低于对拟除虫菊酯类。

(四) 机械装备集成创制

创制出适于藏区的土壤捡石机、适于丘陵山区的全遥控履带自走式耕整机、适于稻茬湿地的智能播种施肥开沟联合作业机、适于特殊土壤作业的双轴精整地联合作业机、适于大麦茬处理的节能深旋埋茬旋耕机。集成反转灭茬旋耕机、开沟机和背负式机动清沟机、秸秆揉搓机和全自动打捆覆膜一体机、宽幅播种机、宽幅旋耕播种施肥机、手扶式割晒打捆机、小区脱粒机。

(五) 成分测定与加工技术

研究发现随青稞粉比例增加，小麦-青稞混粉面团的黏度降低，硬度、黏附性、弹性、凝聚力、胶黏性、咀嚼性、韧性增大。在青稞面条加工中，青稞粉/小麦粉比例对面条的蒸煮特性影响最大，谷朊粉添加量对面条咀嚼性影响最大，食盐添加量对拉伸阻力影响显著。通过延展性和蒸煮吸水率、失落率、弹性分析，结合感官评价，制定出生产青稞面条的最佳原料配比。分析了西藏青稞代表性品种的制麦特性，测定了美拉德风味物质在青稞和青稞麦芽中的含量，发现烘焙温度升高有利于美拉德中间产物的生成。明确了青稞籽粒的陈化度与其脂肪酸含量呈正相关，研制出检测青稞籽粒新鲜度的技术方法。鉴定发现西藏青稞小曲中，优势菌属为芽孢杆菌属、复膜孢酵母属和根霉属。通过制曲筛选，分别获得分解淀粉的芽孢杆菌菌株和米根霉菌株。前者的中性蛋白酶活力为 1 035.56±40.09 μg/（g·min），并具酸性蛋白酶活力；后者的糖化酶活力达 1 382±77.38 mg/（g·h），并且液化力、蛋白酶活力都较高。为优化青稞酒制曲工艺和提升品质奠定了基础。

建立了同时富集和检测 6 种有机锡化合物的分子印迹固相萃取-液相色谱串联质谱分析方法、测定多酚类物质含量的超临界流体萃取-超临界流体色谱串联质谱分析方法。开展了 5%唑啉草酯乳油在大麦（青稞）叶片及麦田土壤消解动态、残留水平及安全性评价，建立了消解动力学方程，提出了施用安全期限。优化了超声波辅助提取大麦（青稞）籽粒中游离酚和结合酚技术，研制出大孔树脂分离纯化酚类化合物的工艺。分析了 52 个不同粒色大麦（青稞）品种，多酚组成、分布及抗氧化活性，筛选出 4 个富含多酚的品种。首次从大麦（青稞）中分离出 2′-羟基-3,7，8，4′,5′-四甲氧基黄酮、甲基-2,3-O-异亚丙基-α-L-吡喃鼠李糖苷、芥子酰基莱果酸酯、山奈酚-葡萄糖-鼠李糖-鼠李糖和甲基二氢杨梅素。发现不同粒色的大麦（青稞）籽粒游离酚及结合酚，均具有抑制 HepG2 和 MCF-7 癌细胞增殖的作用，并且对 HepG2 细胞的抑制作用更强；其中，结合酚强于游离酚，深粒色强于浅粒色品种。研究了不同粒色的大麦（青稞）全谷物及多酚，在小鼠体内的降血糖与降血脂功能，发现深粒色强于浅色品种。青贮试验结果表明，随着填装密度提高，青贮饲料的 pH 值降低；填装密度从 600 千克/立方米增至 700 千克/立方米，乳酸菌、酵母菌和细菌数量逐渐降低；填装密度达到 750 千克/立方米后，微生物数量又开始升高；各种填装密度下，青贮饲料未检测出大肠杆菌。填装密度在 700 千克/立方米以上，青贮饲料干物质回收率超过 95%，青贮发酵品质和营养成分较好。

(国家大麦青稞产业技术体系首席科学家　张京　提供)

2019年度谷子高粱产业技术发展报告

(国家谷子高粱产业技术体系)

一、国际谷子高粱生产与贸易概况

世界谷子种植面积约 2 500 万亩,中国占全球面积的 80% 以上。不同生态区谷子的产量差异较大,平均亩产 180~300 公斤。2019 年我国向日本、西班牙、印尼、韩国等国出口谷子 4 684.20 吨,产品主要来自甘肃、辽宁等省区;新疆和上海等地从哈萨克斯坦等国进口谷子 11.94 吨。

世界高粱种植面积 61 395 万亩,总产 5 853 万吨,平均单产 95 公斤/亩。我国高粱种植面积居第 12 位,总产排名第 7,主产国中单产排名第 2。2019 年 1—10 月,我国广东、上海和福建等省市进口高粱 73.27 万吨,同比下降 78.2%,进口主要来自美国(59.06 万吨,占 80%)、澳大利亚(占 10%)和阿根廷(占 9%)。

世界糜子种植面积约 9 000 万亩,俄罗斯栽培面积最大,占全球的 45%,单产平均 70 公斤/亩;我国种植面积居第三位,种植面积 800 多万亩,一般亩产 120 公斤左右。2019 年我国进口糜子主要来自缅甸和老挝,但价格偏高;俄罗斯和乌克兰价格低,但进口渠道不畅。

二、国内谷子高粱生产与贸易概况

1. 国内谷子生产与贸易

2019 年全国谷子种植面积同比增加了 15%,约 2 000 万亩。内蒙古和山西种植面积最大,分别达 400 万和 320 万亩;其次是河北 240 万亩,超过百万亩的还有辽宁、陕西、吉林、河南和山东等五个省。2019 年山西太原、临汾和大同及河北邯郸地区受干旱影响,谷子单产略有下降,约 150~280 公斤;河北衡水和承德、河南郑州、山西吕梁、陕西延安、内蒙古呼和浩特、辽宁朝阳、黑龙江齐齐哈尔等地区因谷瘟病、白发病、线虫病和黏虫不同程度发生,谷子比往年减产 10%~20%。2019 年全国谷子需求稳中有升,市场价格高位运行,谷价 4.80~6.08 元/千克;一般小米价格 8 元/公斤左右,运行平稳,优质小米市场前景看好。

2. 国内高粱生产与贸易

2019 年全国高粱种植面积略有增加,约 1 150 万亩,同比增加了 6.5%;总产 360 万吨,同比增加了 4.3%。国内高粱生产格局变化不大,仍以北方高粱生产优势区(吉林、内蒙古、辽宁、黑龙江)及西南高粱酒业产区(贵州、四川、重庆)为主导,非高粱主产区的河南和浙江面积增加迅速,河南面积 50 万亩以上。辽宁种植食用高粱 20 万~30 万亩,内蒙古赤峰和吉林白城种植帚用高粱 40 万~50 万亩。2019 年因河北黄骅、山东东营等地春季干旱,山西忻州、太原、吕梁播后出现霜冻,黑龙江、辽宁、贵州、四川等产区灌浆期多雨,靶斑病、炭疽病、细菌性叶斑病、红条病毒病、高粱蚜虫和三代黏虫普遍发生,对高粱出苗、生长发育和产量都造成一定影响,高粱单产下降了 2.0%,平均亩产 313 公斤。2019 年受中美贸易战及产量小幅下降的影响,国产高粱重新占据了国内主导位置,占了消费总量的 85.3%。全年全国高粱价格低开高走,从最低的 2.02 元/千克上涨到最高的 2.58 元/千克,现维持在 2.31 元/千克左右。高粱生产成本约 300 元/亩,自有土地收益 500~800 元/亩,租赁土地收益 150~300 元/亩。

3. 国内糜子生产与贸易

2019 年全国糜子种植面积保持稳定,约 800 多万亩。糜子种植区域主要集中在长城沿线地区及黑龙江嫩江、吉林白城等地区,我国东部以糯性糜子为主,西部以粳性糜子为主。山西省糜子种植面积最大,约 280 万亩;其次是陕西和内蒙,种植面积分别达 180 万和 120 万亩;种植面积较大的还有河北、甘肃、宁夏、吉林和辽宁。全国糜子一般亩产 100~120 公斤,高产田可达 350~450 公斤/亩。2019 年糜子价格受贸易和消费影响波动较大,1—3 月价格由 3.88 元/千克跌至 3.52 元/千克,4 月价格激增至 3.96 元/千克,8 月跌至 3.02 元/千克,9 月后新米上市,价格激增至 4.30 元/千克,随后保持稳定。黄米价格平稳运行,相对稳定,一般 7~8 元/公斤。

4. 国际谷子高粱糜子产业技术研发进展

与国外相比,我国谷子科技创新能力处于全世界领先地位。在基础研究领域,据统计,2019 年间全球在生物学和农业科学高质量学术期刊上谷子论文共发表 82 篇,中国发表 47 篇,占比 57.32%,总被引次数 26,排名全球第一,H 指数 2;印度发表 21 篇,占比 25.61%,总被引次数 23,排名均处于第二,H 指数 3;美国发表 7 篇,占比 8.54%,总被引次数 6,排名第三,H 指数 2。单从论文数量角度分析,国内谷子的基础研究已经远远领先美国及同为农业大国的印度。从被引次数看,与印度 21 篇论文,被引次数 23 相比较,我国发表的 47 篇论文中,尚有从未被引用的论文;从 H 指数看,我国 H 指数为 2,低于印度 H 指数 3,说明我国论文的质量有待提高,因此需要国内作者多引用本国作者的论文,提高国际影响力。在技术创新方面,我国谷子原创性技术仍然处于领先位置。2019 年间全球在小米育种技术专利申请上,我国申请专利 3 件,世界范围内未检出其余国家申请数量。

与国外相比,我国糜子科技创新能力位于全球前沿。在基础研究领域,据统计,2019 年间全球在生物学和农业科学高质量学术期刊上糜子论文共发表 31 篇,中国发表 9 篇,占比 29.03%,总被引次数 2,H 指数 1;美国发表 7 篇,占比 22.58%,总被引次数 4,H 指数 1(同印度)。我国糜子研究在论文数量上已与美国比肩,但是在论文数量、质量上还有一定差距。同时印度在该领域的科研能力也不容忽视,国内糜子研究还需进一步地深入。在技术创新方面,我国糜子原创性技术远超其他国家。2019 年间全球在糜子育种技术专利申请上,我国申请专利 3 件,世界范围内其余国家未检出申请数量。

与美国相比,我国高粱科技创新能力仍存在较大差距。在基础研究领域,据统计,2019 年间全球在生物学和农业科学高质量学术期刊上谷子论文共发表 842 篇,美国发表 230 篇,占比 27.32%,总被引次数 217,H 指数 6,均排名全球第一;中国发表 145 篇,占比 17.22%,排名第二,总被引次数 123,H 指数 5,排名均处于第二;巴西发表 85 篇,占比 10.10%,排名第三,总被引次数 24,H 指数 2。印度发表 81 篇,占比 9.62%位居第四,总被引次数 54,H 指数 4。与处于全球第一位的美国相比在论文数量、质量上还有比较明显差距。在技术创新方面，我国玉米原创性技术进步明显。2019 年期间全球在高粱育种技术专利申请上，我国申请专利 15 件，远超世界范围内其余国家申请数量。

三、国内谷子高粱产业技术研发进展

（一）前瞻性与应用基础研究

2019 年国际 SCI 期刊《Frontier in Plant Science》出版了标题为"Setaria as a Model Genetic System to Accelerate Yield Increases in Cereals, Forage Crops, and Bioenergy Grasses"的专辑，系统报道了谷子遗传资源评价、模式研究体系构建与新基因鉴定的最新进展，集中报道了谷子驯化相关的重要遗传位点定位、高效光合作用基因脱氧胞苷单磷酸脱氨（基）酶的克隆与功能研究以及谷子遗传转化体系优化完善及在基因编辑分子育种领域的潜在发展能力分析，为推动谷子模式研究系统的建立提供了基础数据。

2019 年谷子和高粱生长发育功能基因挖掘取得了重要进展。通过 GWAS 分析，Jaiswal 等在 142 份谷子核心种质中鉴定出与旗叶宽、产量和千粒重等性状显著相关的 81 个 QTL 位点，Vandana 等得到 74 个与谷子钙、钾等 10 种营养元素相关的 QTL 位点，Tao Yongfu 鉴定出 81 个与高粱粒径相关的 QTL，为谷子和高粱重要性状分子标记辅助选择育种提供了信息。高粱耐旱性和延迟衰老的分子机制研究，揭示了两种基因型高粱中关键功能基因存在的差异，丰富了人们对高粱耐旱性的深入认识。

此外，谷子、糜子和高粱起源进化研究也取得一定进展。研究证实，韩国东海岸在新石器时代中期就开始种植谷子和糜子，谷子和糜子在 1 310 万年前就发生分异，591 万年前糜子就可能发生四倍体化，这为谷子糜子驯化提供了新的证据。研究也证实，埃及努比亚地方高粱在驯化过程中，随时间推移基因组遗传多样性下降，但也增加了不断累积的突变，为认识高粱驯化过程中基因组的适应和退化提供了重要信息。

（二）品种资源研究与新品种选育

国外谷子、高粱和糜子品种改良的研究报道较少，2019 年在沙特学者专著《Advances in Plant Breeding Strategies: Cereals》卷五中，阐述了谷子和糜子栽培研究、育种技术和未来育种策略，为谷子糜子育种提供了重要参考。实践表明，通过基因改良使高粱木质纤维素和乙醇产量提高成为现实，转基因（Stay green1）技术能使甜高粱茎秆糖积累增加 2 倍，干旱胁迫下的脱落酸水平提高 3 倍，这些研究为高粱遗传改良提供了理论依据。

相比育种而言，国外更加重视种质资源的鉴定评价和深度挖掘。2019 年 H. Vaezi 等通过对不同生态型谷子和糜子的产量潜力进行评鉴，不仅筛选出 S100、P10 等具有良好耐旱性和籽粒增产潜力的资源，还筛选出了 P34、S104 等具有良好耐旱性和牧草增产潜力的资源，为饲草谷子糜子改良提供了基础材料。Chung 等对韩国收集糜子品种资源农艺性状、抗氧化性、有效等位基因数、期望杂合度等遗传变异进行了鉴定，为全面认识韩国糜子品种资源多样性提供了科学依据。2019 年 Tesfaye 鉴定 1425 个埃塞俄比亚高粱农家品种的表型和黑穗病抗性，通过测序与基因分型筛选出 72 190 个稳定的 SNP 标记，为快速检测高粱黑穗病提供了技术支撑。Yvesemendack 对南苏丹地区高粱的表型性状遗传多样性进行评估，获得了一批高粱抗旱资源。上述谷子、高粱和糜子种质资源的鉴定评价研究，为提升杂粮品种资源开发利用水平奠定了良好基础。

(三) 抗逆、栽培与水肥管理研究

谷子、高粱和糜子虽然具有较强的抗逆性，但干旱等非生物胁迫的影响依然深远，逆境胁迫的应答机制尚不不清楚，因此对干旱等非生物胁迫的耐受性研究一直是国外谷子、高粱研究的热点。国外研究发现，甘露醇诱导的干旱胁迫能够严重抑制谷子发芽和幼苗早期生长，造成叶片相对含水量和叶绿素含量下降，脯氨酸和 MDA 含量升高。Nosratti Iraj. 研究表明，在等水势条件下洗衣粉对谷子种子萌发的胁迫要大于 PEG，不宜用高于 10 克/升的洗衣粉污染水灌溉谷田。谷子、高粱胁迫响应机制研究，有利于人们更好认识谷子、高粱的抗逆性，也有利于人们更好利用作物自身抗逆优势避害趋利提高其生产水平。

施肥和栽培模式对谷子、高粱生长发育影响较大。研究表明，谷子叶片喷洒氧化锌纳米颗粒虽不能提高产量，但籽粒含油量明显提高，水分胁迫指数明显降低，缓释纳米肥料明显改善了谷子生理特性和营养参数。如果从更高的净回报、效益成本比等种植效益因素考虑，谷子+木豆（5∶1）间作和 8 月上中旬播种，是适宜印度推广的谷子与不同作物的最佳间作模式。对高粱而言，高粱和大豆间作虽然因高粱密度降低导致饲料产量下降，但间作大豆使饲料中蛋白质含量显著增加，因此不影响高粱和大豆个体发育和饲料产量的间作模式也是可行的。谷子、高粱施肥和栽培模式的研究，为高效统筹水肥管理、选择适宜种植方式提供了宝贵经验。

(四) 病虫草害研究

国外虽关注病虫草害的防控技术，但更注重病原菌浸染与致病机制的研究。2019 年国外在高粱炭疽病病菌分离、致病性机理和防控研究方面取得了一定进展，开发出了与炭疽病菌株发生反应相关的 SNP，鉴定筛选出 169 个抗炭疽病材料，为高粱炭疽病准确检测、抗病品种选育提供了高效技术和优异资源；发现高粱侵染根瘤菌及炭疽病真菌防御反应的强度与氨基酸和防御相关脂质体水平升高有关，人工接种秆腐真菌可导致易感基因型 Fv/Fm 比显著降低（Little），由此推断叶绿素下降仍保持较高光合能力可能是高粱抗腐病的生理机制。此外，国外还开展了高粱炭疽病的防控方法研究，发现蜡熟期高粱籽粒发生炭疽病会造成严重减产，花期前喷施吡唑醚菌酯和吡唑醚菌酯与氟唑菌酰胺可有效防控高粱炭疽病。

(五) 加工利用研究

由于谷子、高粱和糜子被认为是未被充分利用并有潜在开发前景的作物，因此与其他领域的研究相比，国外更加重视谷子、高粱和糜子营养特性和加工特性的研究及副产物的利用。

2019 年国外研究发现不脱壳糜子的没食子酸、4-羟基苯甲酸、阿魏酸、芥子酸和儿茶素含量比脱壳糜子要高，糜子的多种酚类化合物使其更适合开发抗氧化功能的食品。国外对谷子、高粱和糜子食品功能的研究也有了新的认识，Sharma 等研究表明谷子发芽抗性淀粉和慢消化淀粉等抗营养成分减少，面团稠度、峰值和黏度显著降低，膳食纤维含量、游离葡萄糖含量、淀粉酶和蛋白酶活性等显著提高，小麦粉中添加谷子粉后快消化淀粉和血糖指数降低，而慢消化淀粉和抗性淀粉显著增加，认为小米粉在补充食品配方和烘焙产品中有潜在用途。Gerardo 研究表明高粱单宁降低了生猪对氨基酸和葡萄糖的消化率；Isam 发现含单宁的低葡聚糖高粱抗性淀粉含量较高，而无单宁的低葡聚糖高粱体外蛋白质消化率、快消化淀粉和体外血糖指数都较高；Gianluca 检测认为单宁和卡菲林含量越高

淀粉水解指数越低,高粱醇溶蛋白和总鞣质含量及花青素含量与淀粉水解指数也呈负相关,这些研究为开发高粱功能食品提供了重要依据。

加工特性和工艺条件研究是国外加工利用研究的另一个热点。研究发现,谷子比龙爪粟和珍珠粟具有更好的全谷物面粉挤压加工特性,在膨化食品开发中具潜在应用前景;超声处理和退火能改善小米双重改性淀粉的耐酸、抗剪切和冻融稳定性,说明工艺条件对谷子加工特性有重要影响。国外研究也表明,高粱淀粉磷酸化及挤压条件优化能使高粱成为制备膨化食品的较好替代原料(Alberto);蒸煮可减少高粱单宁含量改善高粱加工食品的适口性;乳酸和柠檬酸改性可提高高粱淀粉糊化温度,降低淀粉峰值和冷糊黏度,乳酸和柠檬酸处理以及热-湿处理能显著降低咀嚼度(Shaikh),使高粱可用于低热量食品的生产。2019年国外学者也研究提出了谷子、高粱加工产品的最佳条件参数,Chakraborty等认为3.5小时、48分钟和190℃条件下制作的小米面包膨化性、弹性和硬度更好;Lavoie改进工艺使甜高粱木质纤维素水解的纤维素类碳水化合物回收率达到24.3%,全部可提取碳水化合物回收率达到51.7%,为谷子和高粱加工产品产量提高、品质改善提供了条件。

此外,国外也非常关注谷子、高粱副产物和废弃物的加工利用。研究表明,用尿素等处理谷子秸秆,可提高其营养价值;用石灰预处理谷子秸秆,可大幅增加沼气产量;经过厌氧消化谷子秸秆残渣,用作再生能源后减少了燃烧引起的温室气体排放。Chaves Alex等在高粱青贮饲料中加入20%~40%的胡萝卜或南瓜,产出了可高度消化、微生物和能量更丰富的牲畜饲料。

四、国内谷子高粱和产业技术研究进展

和国外研究相比,由于国家现代农业产业技术体系持续支持,国家谷子高粱产业技术体系推动并引领国内谷子、高粱、糜子产业技术研究取得了全方位的明显进步。2019年国家谷子高粱产业技术体系践行原始创新为产业发展提供支撑的工作理念,坚持问题导向,瞄准产业需求,调整创新思路,在谷子、高粱和糜子前瞻性与应用基础研究,适应机械化生产和高端品质追求的特色品种选育,抗逆双减绿色高效栽培技术配套集成,主食化与高附加值产品加工利用等方面都取得了明显进展,为我国杂粮产业技术发展提供了重要支撑,进一步提升了我国杂粮作物研究的国际竞争力和知名度。

(一)谷子产业技术研究进展

1. 前瞻性与应用基础研究

2019年国内在谷子生长发育相关基因挖掘和功能研究等方面取得了重要进展,为揭示谷子发育进程、分蘖特性、矮秆性等提供了理论依据。中国农业科学院作物科学研究所刁现民团队等发现了一个谷子生长迟缓和条纹叶表型的RNR大亚基突变体$sistl1$,其基因表达与禾本科作物的生长调节、叶绿体生长发育和细胞周期进程密切相关。山西省农业科学院谷子研究所杜晓芬鉴定出8个谷子控制分蘖相关的QTL,并开发出与分蘖相关QTL紧密连锁的InDel新标记,为谷子群体调控研究提供了科学依据。中国农科院作科所马有志团队发现低钾条件下龙谷25有1 982个差异基因表达,SiMYB3在谷子耐低钾胁迫中发挥重要作用,为谷子节肥资源创新和品种选育提供基因资源。刁现民团队发现谷子显性矮秆品种84 133植株矮化是由LTR逆转录转座子插入DELLA蛋白编码基因产生的,解释了显性矮秆的分子机理和转座子在产生新的基因功能中起作用;黑龙江农科院马金丰、河北农科院李明哲等也同时明确了谷子矮秆突变体的矮秆性与 GA 途径密切相关；河南科技大学贾小平等还检测到与谷子抗倒伏相关的蛋白激酶类基因，推测 SNP14876527 可能为控制谷子株高的主要候选基因位点；这些研究揭示谷子矮化机理，为培育中矮秆适合机械化作业谷子品种奠定了理论基础。

谷子抗逆的分子机理研究一直是国内学者研究的重点。2019 年国内研究发现，谷子的 Si PEPC 基因、SiNADP-ME1 和 SiNADP-ME6 基因、O-乙酰丝氨酸裂解酶家族基因可能在干旱和其他逆境胁迫信号传导中起关键作用；2 个谷子 NBS-LRR 类家族成员与水稻抗稻瘟病高度同源，可能在谷子的根及穗抗病中发挥作用，为深入认识谷子抗逆提供了科学依据。

2019 年山西农业大学原向阳等筛选出优化的谷子愈伤组织诱导和分化的激素配比，建立了稳定高效的谷子种子再生体系；山西省农业科学院谷子研究所赵晋锋等以成熟胚为受体材料，建立了谷子遗传转化体系并将外源 bar 基因成功整合到谷子基因组中。高效稳定的谷子再生体系和遗传转化体系建立，为对谷子的转基因育种提供了良好平台。

2. 谷子品种资源研究与新品种选育

国内十分重视谷子特异种质资源的筛选与利用创新。河南科技大学贾小平等筛选出小早谷等光周期极不敏感材料和呼和浩特大毛谷等极端敏感材料，为选育谷子光周期钝感的广适品种提供了材料。山西农业大学邢国芳等分析评价了 160 份谷子核心种质资源苗期耐低磷特性，发现根系保护酶系统与谷子低磷胁迫下的适应性密切相关；山西农科院谷子所赵晋锋等研究认为谷子基部第 2 节间机械强度和重心高度可作为评价谷子成熟期抗倒伏性的通用指标；这些研究为节肥、抗倒伏谷子资源创新和品种选育提供了科学依据。2019 年国家谷子高粱产业技术体系创制谷子抗旱育种材料 12 份，耐盐育种材料 10 份，中矮秆抗倒育种材料 42 份，抗除草剂育种材料 151 份，抗病育种材料 129 份，优质育种材料 50 份，耐低氮 10 份，为谷子优质、绿色、高效品种选育贮备了丰富的材料。

2019 年体系根据产业向安全、营养、健康、生态、绿色、高效、轻简和智能化方向发展的趋势，组织开展了以品质改良提升兼顾抗除草剂、个性化和功能性消费需求的优质特色品种选育。育成中矮秆抗除草类型谷子品种 18 个，优质抗除草剂类型谷子品种 15 个，低脂肪高淀粉加工专用类型谷子品种 1 个，这些新品种为地下水压采区、旱作雨养区、冷凉区种植结构调整和杂粮产业化发展提供了技术支撑。河北农科院谷子所程汝宏等研究认为，国家谷子高粱产业技术体系成立以来，在抗除草剂轻简化生产的优质谷子品种选育上取得了重大突破。2019 年体系育成的金苗 K1、冀谷 45、中谷 9 号等品种在品质上与主栽优质品种黄金苗相当，但在产量和抗性上明显优于黄金苗，而且抗除草剂，深受种子企业青睐。

3. 抗逆、栽培与水肥管理

2019 年《中国农业科学》专刊发表了 20 篇谷子高粱产业技术体系在谷子、高粱和糜子抗逆和栽培技术等方面的研究论文，刁现民以"禾谷类杂粮作物耐逆和栽培技术研究新进展"为题对研究进展做了点评与展望，专刊系统全面报道了谷子高粱和糜子耐逆研究、栽培生理和耕作栽培技术的研究进展，解析了谷子、高粱、糜子在抗旱耐盐碱方面的生理基础和分子机理，促进了禾谷类杂粮作物抗旱耐逆研究，为杂粮作物高效生产提供了依据。

2019年国内抗旱节水增效种植模式、高效合理施肥、化学调控技术的研究为谷子轻简化栽培、良种良法配套、农机农艺融合提供了重要支撑。李明哲、杨天育、张正和赵晋锋等探索提出的河北省低平原一年两作区采用马铃薯-谷子一年两作模式、半干旱雨养区谷子双垄沟一膜三年用模式、黄河三角洲滨海盐碱地区谷子花生2：2间作模式和谷子宽窄行种植模式，使谷子地膜覆盖、沟播抗旱丰产、合理轮作间作技术更加成熟完善，有效提高了资源利用效率和种植效益。李君霞、薛盈文、原向阳和程炳文等研究提出的适当增施光碳肥提高谷子产量、调减施氮量实现谷子增产提质、基施位置定点施肥实现谷子减肥增效、长期施肥维持土壤肥力提高谷子产量等结果，为谷子科学施肥和实现减肥增产目标提供了优化方案。乔治军、柳青山和原向阳等施用多效唑浸种和拔节前叶面喷施、抽穗期或灌浆期追施乙烯利、孕穗期叶面喷施腐植酸钾的研究结果，为合理使用生长调节物质、增强谷子抗倒伏能力、提高产量提供了科学依据。

逆境胁迫对谷子种子萌发、根系发育、幼苗生长和光合效率等的影响也是国内研究的热点。2019年国内研究探明，腐植酸可有效缓解干旱胁迫的伤害，增强谷子抗旱性，谷子根系中存在的有毒物质会对其种子萌发和幼苗生长产生影响，SiCIPKs可能参与了谷子生长发育对非生物刺激、激素和光信号的反应，受多种非生物胁迫和激素诱导的SiWLIM2b基因可有效提高转基因水稻的抗旱性，SiRLK35通过调控抗氧化酶活性及相关信号途径参与了谷子对盐胁迫的响应。研究也表明，谷子能通过控制气孔开放、调节脯氨酸代谢和抗氧化酶活性来适应高浓度SO_2的胁迫；CO_2升高谷子的光合速率和水分利用效率增加，籽粒产量和地上生物量也显著增加。谷子逆境胁迫的研究结果，对认识谷子适应能力、采取技术措施调控谷子生长发育来提高谷子抗性和产量具有现实意义。

4. 病虫草害研究

2019年国内在谷子病害发生传播机制和防控及除草剂安全使用研究方面取得较大突破，体系组织开展了谷子病虫草害调查，明确了不同生态区严重影响生产的主要病虫草害种类及发生程度，发现了谷子褐条病的新病原燕麦食酸菌和一种由木贼镰刀菌引起的谷子新病害穗腐病，在中国首次报道了镰孢菌危害谷子的症状类型，分离出了对谷子白发病具有生防潜力的重寄生真菌，建立了谷子白发病种传检测体系和可有效区分谷瘟病和锈病的Matlb图像识别系统（李艺嘉）及谷子种子线虫病PCR检测方法，便利了谷子病害识别、检测。

2019年体系克隆了谷瘟病菌Co39和pwl基因家族无毒基因，明确了主要变异类型，优势单倍型及各个单倍型的地理分布；鉴定出SiMYB041等5个可能通过SA和JA信号途径参与谷子早期抗锈反应的基因，克隆到一个在根中高表达、受谷锈菌诱导的抗性基因SiRAR1，为阐明谷子与谷瘟病、谷锈病菌互作的分子机理奠定了基础。原向阳等筛选出苗期叶面喷施的苄嘧磺隆和氯氟吡氧乙酸，播后苗前定向膜间喷施2.25升/公顷乙草胺、6.00升/公顷异丙甲草胺、6升/公顷氟乐灵和6升/公顷二甲戊灵等谷子高效安全除草剂，为控制覆膜穴播谷田的杂草防除提供了技术支撑。

5. 加工利用研究

2019年向进乐等在小米中首次检测到9种羟基肉桂酸精胺、3种黄酮类C-糖苷和4种阿魏酸二聚体，韩渊怀和杨延兵等分别建立了小米黄色素测定分析方法，明确谷子米色与食味有相关关系。研究也表明，气候因素对小米适口性、土壤因素小米品质及各种矿物质元素积累有较大影响，高含水率条件下微波处理能使小米淀粉峰值黏度降低、透明度增加，说明谷子品质与环境、加工工艺条件有密切关系。王书军、李顺国等分析评价了谷子淀粉含量及理化性质，氨基酸组成和蒸煮品质及色泽等特性，为谷子品质育种提供了重要参考。沈群等研究了不同烹饪处理对小米挥发性香味物质的影响，发现小米中总蛋白含量高则蒸煮后二硫键含量高，小米粥色泽暗、硬度高、口感差，依此构建的电子舌偏最小二乘回归预测模型能较好预测小米粥感官品质。

研究发现，小米正己烷提取物能通过抑制胆固醇及脂肪酸的合成来降低肝脏中的脂质堆积，发芽粟米有较好的抑制血糖升高的作用，谷糠中的结合多酚在结肠癌细胞中表现出抗增殖活性；采用木聚糖酶催化水解，谷糠膳食纤维的胆固醇结合能力大大提高，并从谷糠中提取并纯化了一种具有良好抗结肠癌活性的新型过氧化物酶。国内在谷子营养品质及其功能成分的研究结果，为谷子高附加值功能产品开发提供了理论依据，也促进了谷子产业链的延伸。2019年产业体系专家成功开发了小米粥和小米饼干等产品并进行了转让，在河北建立了"科研+企业"研发模式的谷子主食食品、发酵食品、休闲食品半小时中试圈。

6. 机械化研究

2019年谷子播种机械研发和收获机械优化改造取得了长足进展，体系专家设计了满足小粒径作物精量播种和农艺要求的精量排种器，具有语音实时播报、故障监测和显示和暂停等功能的播种控制系统，适合丘陵山区小块地的一次完成开沟、精量排种、覆土和镇压等播种作业的谷子精量电动播种机。原向阳等引进和改装约翰迪尔W210、沃得锐龙、沃得皓龙等谷物联合收割机降低了机械收获过程中割台损失和夹带损失，衣淑娟等研制出具有数据采集功能的杆齿式轴流脱粒分离试验台，崔玉山等提出了收获机械滚筒、凹板结构、割台结构和作业参数等的调整范围，崔清亮、李灿等设计了联合收获机低损割台的整体结构及主要零部件及最优运动组合参数。精量播种排种器设计和联合收割机械的调整改进，为提高谷子机械化生产水平提供了支撑。

（二）高粱产业技术研究进展

1. 基础与应用基础研究

2019年国家高粱改良中心邹剑秋团队将5个高粱耐盐调控关键基因定位到第一染色体上，转录组分析发现耐盐和盐敏感相关基因数量差异很大，为高粱耐盐基因深度挖掘奠定了基础。卢峰、刘国庆等研究发现植物激素信号转导、碳水化合物分解代谢和光合作用是高粱对盐胁迫的主要响应途径，耐盐高粱可通过能量储备、水杨酸和甜菜碱积累、类黄酮生物合成途径调控等对抗盐胁迫，这些研究为抗盐胁迫的分子机制、转录组分析、关键基因挖掘为耐盐碱高粱品种的培育提供了理论依据。

如何调控单宁含量是高粱研究的热点领域之一。2019年陆晓春等体系人员分析发现了一个中国材料特有的 tan1-c 等位变异基因可降低单宁含量，为高粱品质改良提供了新的基因资源。中国科学院遗传与发育生物学研究所谢旗团队鉴定出一个参与单宁和脂肪酸类挥发物合成调控 *Tannin1* 基因，可调控产生高含量单宁和低浓度有香味的挥发物进而躲避和防御麻雀达到抗鸟食的目的，为培育抗鸟食高粱新品种提供了全新解决方案。体系人员还在7号染色体3.8Mb区间内定位到一个株高紧密关联基因 *Dw4*，为培育机械化生产的矮秆高粱奠定了基础。

2. 品种资源研究与新品种选育

2019年国内继续加强高粱优异资源的鉴定评价和创新,建立了一种新的高效准确评价高粱品种抗旱性的方法,确定了高粱花后抗旱性评价的可靠指标,筛选出一批耐盐、高抗炭疽病资源,培育出高粱新型细胞质雄性不育系M17A。2019年国家产业技术体系创制优质饲料高粱种质6份、选育不育系3份,恢复系3份,适宜机械化生产酿造高粱不育系7份、保持系1份、恢复系5份。筛选出高粱抗旱材料22份,耐盐材料7份;丝黑穗1号小种免疫材料23份,抗炭疽病、抗丝黑穗病恢复系2个;抗草铵膦转基因材料2份。创制的辽3591R、晋1392R、吉2060A、吉5535A、川114A、川18YR377等一批机械化生产酿造高粱特异种质,兼具糯质、矮秆、配合力好、单宁和支链淀粉含量高等特性,为高粱多元化品种选育奠定了良好基础。

2019年体系育成9个适于饲用、粒用高粱新品种,26个适宜机械化生产的酿造高粱品种,在中矮秆早熟和专用高粱品种选育上取得了明显突破。育成的矮秆早熟高粱新品种龙杂19、龙杂20和龙杂22等适合机械化生产,亩产500公斤以上;帚用高粱品种龙帚2号、赤笤102等在种植业结构调整中发挥了重要作用;适宜北方早熟区的吉杂237和吉杂160、春播中晚熟区与黄淮春夏播区的辽糯10号和晋杂108、南方区的机糯粱2号等酿酒高粱支撑了县域经济发展;定向为郎酒和泸州老窖公司选育的郎糯红19号和国窖红1号专用品种,确保了名酒品质,在打造专用品种和专用品牌中发挥重要作用。此外,还育成了适合北方特早熟区的吉杂155、春播中晚熟区的晋粱白1号和辽杂52等饲料籽粒高粱新品种。

3. 抗逆、栽培与水肥管理

2019年焦晓燕、曹昌林、史红梅等通过高粱养分需求研究,明确了籽粒饲料高粱栽培的施肥量化指标,为提高肥料利用效率提供了依据。魏玉清、朱奇宏、卢树昌、史红梅、王晓凌、张阳等研究了外源物质对高粱的生长发育及其抗逆性的影响,明确重金属、盐、低温等胁迫虽然对高粱种子萌发、幼苗生长、光合作用有明显抑制作用,但高粱对逆境胁迫具有较高耐受性,也证明生长调节物质能增强高粱的抗倒性。卢峰、詹鹏杰、徐庆全、朱凯、崔凤娟等研究了栽培环境和栽培措施对高粱生长发育影响,建立了高粱单株产量、生育期与气象因子归一化模型,明确了适当增加密度是机械化栽培高粱高产的关键。2019年体系进一步明确不同产区高粱适宜的播种、田间管理及收获作业机械,明确了关键技术环节的量化指标,制定了酿造高粱和饲用高粱绿色优质栽培技术规程;开展了产业化示范,建设核心示范区59个,酿造高粱亩节本增效60~338元,饲用高粱亩节本增效154.2~209.1元。

4. 病虫草害研究

2019年重点开展了高粱主要病虫害突发流行机理及防控技术研究。姜钰、吴翠萍、王文明、徐秀德等通过对8省14个市高粱主产区高粱炭疽病发生流行情况全面调查,查明了中国高粱炭疽病症状类型与病原菌种类,确定不同地区的高粱炭疽病的病原菌均为亚线孢炭疽菌,为有效防控高粱炭疽病提供了科学依据。焦少杰、孙广全等筛选出了高粱田杂草的安全高效除草剂,明确了野黍和灰菜等高粱田杂草的安全高效除草时期、除草方法、除草剂类型和用量,为高粱田杂草防控提供了技术支撑。姜钰等开发出基于微信支持的高粱病虫害诊断预警微系统,为高粱病虫害有效防控提供了简易便捷的交流咨询平台。

5. 加工利用研究

2019年国内在酿酒高粱籽粒品质和功能、酿造工艺和面粉加工、青贮饲料化高效利用等方面的研究取得了明显成效。周军、王莉、郑学玲等建立的酿酒高粱中支链淀粉和直链淀粉定量分析模型、基于多酚类化合物的高粱HPLC指纹图谱和优化了的原花青素提取条件及反应体系，使高粱单宁含量测定结果更贴近于真实含量。杨涛、王晓勇、阮长青和柳青山等提出的高粱最佳振荡蒸煮、高粱酸粥发酵、甜高粱糖浆酒发酵、高粱面粉、高粱馒头等加工优化工艺或条件，使高粱精深加工产品面市成为可能。李文建等研究明确了青贮甜高粱秸秆需要自制复合乳酸菌剂的最佳添加量，万江春研究发现温度及添加剂对甜高粱青贮饲料发酵品质及有氧稳定性也有影响，为改善甜高粱青贮饲料发酵特性和营养品质提供了依据。研究也证实，甜高粱青贮提升了适口性和营养价值，比青贮玉米喂肉羊效果更好，青贮甜高粱替代日粮中青贮玉米对奶牛生产性能和血液生化指标有明显改善。

6. 机械研究

体系机械化研究室新研制出播量可调节、肥量可调整的智能控制高粱气吸精量播种机，提高了高粱播种质量和工效；改进雷沃GE70谷物联合收获机，在忻州、晋中等地应用也取得了较好效果；用植保无人机防治高粱田杂草比传统背负式喷雾器功效提高了5倍，节约用水80%以上。李建等甜高粱最佳捆绳及缠膜时间研究，还为甜高粱打捆收获机开发提供依据。

（三）糜子产业技术研究进展

1. 基础与应用基础研究

2019年《Nature Communications》发表的糜子基因组测序文章是基础研究的重大突破。张蘅和朱健康等以吉林品种资源为样本，获得了长度855Mb的糜子基因组精细图谱，注释出了55 930个蛋白编码基因，将99.3%的基因定位在染色体上，还揭示糜子进化历程和其特殊的C4模型。赖锦盛等以陇糜4号为对象，将98.9%的scaffolds序列锚定到18条糜子染色体上，共注释了63 671个蛋白编码基因，发现86%与谷子共线性基因在糜子中都保留了两个拷贝，说明糜子四倍体化后未出现大的基因缺失。糜子全基因组测序，为认识糜子起源进化和基因功能挖掘提供了良好平台。罗美中等组装得到长度为484 522 bp.、GC含量为43.76%的糜子线粒体基因组核心序列，并将糜子BAC文库汇中8 262个克隆定位到参考基因组上，成功率89.65%，极大地降低了获取BAC末端序列的成本，缩短了实验周期。

陆平等研究发现野生糜子与栽培糜子拥有共同的祖先，野生糜子更可能是糜子的变种；栽培糜子在中国可能存在两个独立的驯化地，经绿洲丝绸之路和草原丝绸之路向中亚和欧洲传播。宋伟彬和赖锦盛，张蘅和朱健康等认为591万年前糜子可能发生了四倍体化，560万年前糜子的两组同源染色体合并形成了异源四倍体，这些研究为认识糜子驯化传播提供了新的证据。乔治军等鉴定出6个非生物胁迫响应的糜子ASR家族成员，并从河曲红糜子中克隆出缺水胁迫引起的ABA/WDS诱导蛋白质基因PmASR2，该基因在根、叶、茎中的表达与PEG、甘露醇、ABA、过氧化氢、NaCl、茉莉酸甲酯、生长素、水杨酸胁迫相关，为糜子抗旱基因挖掘提供了依据。

2. 品种资源与新品种选育

遗传多样性研究是糜子资源研究的热点。表型研究发现，糜子资源以绿花序、侧穗型和黄色籽粒为主,产量多样性指数最大2.03,单株粒重变异系数最大19.23%。北方春糜子区和黄土高原春夏糜子区资源遗传多样性比较丰富,东北春糜子区育成品种主要为农家种遗传背景,黄土高原春夏糜子区育种过程存在基因交流。2019年体系创制糜子强抗旱材料3份,抗黑穗病材料116份,抗除草剂材料11份,中矮抗倒伏材料5份,耐低氮育种材料3份,光周期敏感性材料6份,优质育种材料9份,为优质、抗逆、广适育种奠定了较好基础。

2019年体系专家在适合主食加工糜子和糜子不育系培育上取得了明显进步。对参加全国联合鉴定的18个糜子品种进行了鉴定评价,育成的糜子新品种冀黍3号、陇糜16号、齐黍2号、赤黍9号等具有低脂肪高淀粉适合主食加工、抗倒抗旱适应性强等特点,冀黍3号还开创了糜子品种经营权转让的先河。选育出不育率100%、自交结实率7.7%~18.8%稳定的糜子雄性不育系,为糜子杂种优势利用奠定了基础。

3. **抗逆、栽培与水肥管理**

2019年围绕提高糜子产量和水肥等资源利用效率,国内在种植模式、水肥调控等方面开展了大量研究,形成了引黄灌区麦茬复种糜子、糜子绿豆间作、宽窄行种植等糜子高效种植模式;研究了适时播种、合理密植、氮磷钾肥优化配比、水肥调控等栽培技术对糜子生长发育、光合特性、产量及品质的影响,为糜子高效水肥利用、提质增效栽培提供理论支撑;研究了逆境胁迫下糜子抗氧化系统和渗透调节物质在糜子水分胁迫中的作用、干旱胁迫下茉莉酸信号转导通路的调控和不同发育阶段根际细菌群落多样性和组成的差异、降水对糜子生长发育及产量的影响、不同生长阶段土壤含水量与糜子倒伏的关系,为干旱条件下糜子抗逆栽培提供了科学依据。此外,还研究了脱落酸、赤霉素、吲哚乙酸、矮壮素等对糜子分蘖穗数的控制,播种前烯效唑浸种对糜子株高、茎干重、叶干重、地下干重及根冠比的调节作用,为利用生长调节物质提高糜子产量提供了有益信息。

在中国黄土高原地区,宫香伟和冯佰利等研究表明,两行糜子间作4行绿豆的模式是最适宜的,糜子与绿豆间作不仅提高了糜子冠层光合有效辐射从而增强了光合能力,也使间作比单作产量提高了6.8%~37.3%。

4. **病虫草害研究**

2019年重点开展了病虫草害发生情况的调查及防控技术研究,研究弄清了糜子病原菌遗传多样性与毒力差异的关系,明确了糜子植株农艺性状和叶片内源激素及保护系酶对黑穗病菌胁迫的响应,提出了利用株高、茎粗、分枝数、节数、叶片数、穗型指标快速鉴定糜子黑穗病的方法,为糜子病害防控提供理论依据。2019年体系调查了糜子田的主要杂草种类,研究了安全剂与除草剂复配对糜子田土壤环境的影响,筛选出土壤除草剂和茎叶除草剂单剂及复配剂对杂草的防控效果和糜子的安全性。

5. **加工利用研究**

2019年重点研究了糜子营养品质特性和黄酒加工工艺。冯佰利等研究了糜子开花后粳糯性品种籽粒脂肪、淀粉含量的变化规律及调控;乔治军从延安糜子酒中分离得到46种挥发性化合物,其中醇类、酯类、烃类、酚类、醛酮类的相对含量分别为39.292%、23.556%、7.366%、1.888%、4.214%。

研究认为,添加β-葡聚糖酶和风味蛋白酶的超声酶解同步法是黄酒糖化的最佳工艺条件,糜子稀饭发酵菌的最佳接种条件是液固比3.33(v/w),接种量4.71%(v/v),

发酵时间 31.94 小时,发酵温度 30.47℃。冯佰利等还确定了糜子黄酒的最佳液化和最佳糖化的温度、淀粉酶和 pH 值条件;关正平等提出低度糜子海红果米酒最优工艺条件,为提升糜子黄酒品质、风味和提高产量提供了科学依据。

6. 机械研究

机械化研究室对糜子播种、中耕、收获机械进行引进、改进,确定适合不同生态区、生产条件下的适合机型,进一步完善各生态区的糜子生产机械,陕西、内蒙古、山西、甘肃、宁夏等省(区)体系专家组织开展了糜子机械化栽培技术集成示范,建立了糜子机械化生产示范基地,进一步推动了糜子机械化生产技术应用。

(四)产业经济研究进展

2019 年体系跟据全国谷子、高粱、糜子种植和产业分布情况,完善了信息点和固定监测点,信息点达到 159 个,固定监测点达到 165 个;继续完善 150 个谷子糜子高粱主产县数据库建设,从集散地、批发市场、超市、电商平台等方面继续完善市场动态价格数据库建设,数据量达到 15 余万个;构建了价格监测预警模型,开展了月度、季度、年度分析,完成体系动态发展简报、预警简报 24 期,完成了年度市场价格变化分析报告、生产要素变化分析报告和产业发展趋势与对策建议报告,支撑了产业的发展,为政府决策提供了建议。

2019 年我国谷子产业的综合竞争力分析结果显示,山西、河北、内蒙古 3 省(区)位居全国前列,东北地区具有绝对竞争优势。全国谷子生产集中程度不断增大,优势产区趋于稳定,单产逐步提升;黄淮海地区被夏玉米替代的夏谷较难恢复,东北地区中西部、北方农牧交错区及太行山沿线区谷子生产具有恢复潜力。我国高粱产量和播种面积呈小幅上升趋势,单产波动较大,主要消费方式为工业酿造和饲料消费,国际贸易以进口为主,要重视新品种选育、完善补贴制度、提高加工水平。产业跟踪分析也显示,全国糜子生产继续保持稳定发展态势。

(国家谷子高粱产业技术体系首席科学家　刁现民　提供)

2019年度燕麦荞麦产业技术发展报告

(国家燕麦荞麦产业技术体系)

一、国际燕麦荞麦生产与贸易概况

2019年全球燕麦收获面积为932.9万公顷，较上一年缩减4.00%，总产量约2 242.8万吨，较上一年增长2.32%，面积缩减而产量增加，说明燕麦单产在不断提高。产量超过50万吨的国家和地区包括：欧盟（792.00万吨）、俄罗斯（430.00万吨）、加拿大（400.00万吨）、澳大利亚（100万吨）、巴西（82.50万吨）、美国（77.10万吨）、中国（62.50万吨）。全球燕麦出口总量为243万吨，主要出口国家为加拿大（180万吨）、澳大利亚（30万吨）、欧盟（12.5万吨）以及俄罗斯（9万吨）。全球燕麦进口总量为228.9万吨，主要进口国家为美国（163.7万吨）、中国（20万吨）、墨西哥（10万吨）。燕麦消费量最大的国家和地区包括欧盟（775万吨）、俄罗斯（420万吨）、美国（240.6万吨）、加拿大（200万吨）、中国（85万吨）、巴西（80.5万吨）以及澳大利亚（70万吨）[1]。2019年中国进口燕麦草24.14万吨，占干草进口量15.11%，同比2018年减少17.78%。进口金额8 690万美元。从进口来源国来看，燕麦草进口全部来自澳大利亚，澳洲干旱带来供应短缺价格上涨影响进口量，进口燕麦草到港价为2014年来最高且已经超过进口首蓿平均到岸价。

2018年世界荞麦种植面积约394万公顷，总产量约382.8万吨。荞麦生产排名前6位的主产国为俄罗斯（152.4万吨）、中国（84.65万吨）、乌克兰（18.0万吨）、法国（12.7万吨）、哈萨克斯坦（12.0万吨）、波兰（11.3万吨）。根据FAO、卓创农业资讯数据，全球荞麦出口量16.76万吨，俄罗斯、中国是主要出口国，出口对象主要是是日本、韩国和东欧。中国出口荞麦约2.7万吨，俄罗斯出口荞麦约4.8万吨。我国还从俄罗斯进口荞麦，主要通过满洲里、呼和浩特、二连浩特等口岸流向加工厂或者主要销售区市场。2018年1—9月，我国进口俄罗斯荞麦原粮约2.35万吨，平均进口成本1.74元/公斤。作为全球荞麦产量最大的国家，俄罗斯荞麦在近年以来一直具备价格优势。中国荞麦出口的显示性比较优势指数从1997—2017年一路下滑，2013年俄罗斯超过中国位居世界第一，我国荞麦在世界市场的竞争优势逐步减弱。"一带一路"沿线65个国家荞麦总收获面积约占世界荞麦总收获面积的58%，是世界最重要的荞麦种植区域，研究"一带一路"沿线国家的荞麦收获面积及其分布，有助于中国充分利用既有的双边、多边合作机制与沿线国家开展荞麦种植技术合作及贸易。

二、国内燕麦荞麦生产与贸易概况

据国家燕麦荞麦产业技术体系统计，2019年中国的燕麦收获面积约为76.75万公顷，

---

[1] 以上数据全部来自于美国农业部数据库

较 2018 年缩减 7.53%。其中燕麦草收获面积约 33.19 万公顷，较上一年缩减 10.30%，燕麦草产量约 277.7 万吨，较上一年增长 7.22%，可见燕麦草单产较 2018 年有较大提升。燕麦籽粒收获面积约 43.56 万公顷，总产量约 80.2 万吨，据估算，企业总加工能力约 89 万吨，总产值约 73.5 亿元。2019 年我国荞麦种植面积约 71.03 万公顷，产量约 95.8 万吨，较上一年分别提高 16.06% 和 12.71%；其中苦荞种植面积约 30.6 万公顷，产量约 50.06 万吨，较上一年分别缩减 2.24% 和 5.55%；甜荞种植面积约 40.37 万公顷，产量约 45.2 万吨，较上一年分别提升 35.02% 和 41.25%；据估算，企业总加工能力约 84 万吨，总产值约 63 亿元。

2019 年体系对燕麦荞麦消费市场进行了调查，并测算了行业集中度，其中荞麦的 CR4＝38.7% 和 HHI 指数＝0.16，燕麦的 CR4＝36.217% 和 HHI 指数＝0.06，两个指数都表明燕麦荞麦市场属于低集中竞争型。对市场行为的分析中对生产行为、销售行为、R&D 的投入和创新效率等进行了测算，R&D 投入在 30 万以下的占样本的 66.7%，研发投入严重不足，创新效率平均不到 2.6%。其次，从静态和动态两方面对燕麦荞麦产业的市场效率的研究表明：①消费者对产品的认知：消费者对燕麦荞麦及其营养价值具有广泛接触和了解，但在品种细分、主要产地，产品类型、品牌等认知度不高。获取相关信息的渠道局限于商场和超市促销、朋友介绍、电视广告等传统渠道。②消费者市场消费现状：大多数调研对象消费过燕麦荞麦产品，但局限于初加工基础型产品的消费（比如燕麦片、燕麦粉、荞麦米和荞麦粉等），其他产品消费少，消费量上占其食品消费的比重小、购买量少、购买频率低，对价格不敏感，普遍不存在品牌偏好。③消费者意愿及市场潜力：70% 以上的调研对象愿意消费燕麦荞麦产品，营养和药用价值是购买的主要动因，而口感差则抑制着购买意愿，品牌、价格、促销活动对现阶段购买意愿影响较小。品牌意识不强，品牌概念尚未形成。④消费者对营销方式的感知：市场营销对消费者行为的影响主要表现在通过营销策略影响消费者群体中流行的东西，并且促使消费者进行消费。立足消费者，主要从口味偏好、销售渠道、外观包装、含量比例、广告投放和品牌定位等方面对燕麦荞麦企业市场营销策略进行调研，发现燕麦荞麦企业在市场实现能力和市场扩张方面都有很大的提升空间。

三、国际燕麦荞麦产业技术研发进展

2019 年，国内外关于燕麦荞麦的研究项目数量增加，主要是营养功能与加工技术两个方面。①在燕麦荞麦功能成分营养研究方面逐渐延伸至临床阶段。韩国研究证实了燕麦中的生物碱（AVN-C）能有效治疗和预防阿尔茨海默症，并着手开发能大量提取 AVN-C 的技术，用于制作功能性食品和医药品的原料；英国、美国、意大利、以色列和捷克等国研究了燕麦功能成分 β-葡聚糖、食物酚酸、生物碱等在人体血清代谢的协同作用、调节人体胃肠道菌群、乳糜泻患者专用食品等方面；国内出版了《燕麦营养学》专著。荞麦方面仍然以多酚、类黄酮、γ-氨基丁酸、D-手性肌醇等化学组分和蛋白质、淀粉等生物大分子作为功能靶标；主要仍以抗氧化活性、体外慢消化率和糖尿病防治作为生理功能开展研究；新技术、新设备在荞麦蛋白组学、代谢组学研究方面的应用增多；关于荞麦食物引起的结肠炎综合征、以及荞麦提取物对食物丙烯酰胺形成等负面影响也有涉足。国内系统阐述了荞麦中活性成分 D-手性肌醇降血糖及改善胰岛素抵抗作用机制，荞麦发芽过程中总黄酮组成可通过 Bax/Bcl-2 和 caspase-8 表达来发挥抗肿瘤作用。②关于燕麦荞麦加工及其产品风味研究逐步深入。美国、英国、意大利、罗马尼亚等研究了存在于燕麦中的110余种风味物质，同时研究了美拉德反应对于燕麦风味物质的影响。我国在燕麦蛋白提取物、燕麦淀粉加工特性、燕麦苦味物质结构鉴定、燕麦米餐后血糖响应、焙炒处理对功能因子含量的影响都有系统深入报道；国内也首次报道了基于生命周期评价法研究燕麦产业碳足迹排放情况。荞麦方面重点关注了烘焙和蒸煮等加工工艺对芦丁降解酶的影响，荞麦芽研究关注度提高，芦丁向槲皮素的转化机制依然是热点之一，越来越多的研究，正在通过细胞模型、动物模型来阐述荞麦功效组分的特定生理功能，从而替代原有单纯的功效组分定量测定。国外燕麦荞麦饲草研究主要围绕以下3个方面开展：燕麦青贮不同发酵阶段微生物菌群和脂肪酸含量的变化；饲喂燕麦草对肉羊瘤胃代谢和微生物菌群、生长性能和肉品质的影响；饲喂荞麦对肉羊和育肥猪生长性能、营养物质消化率、瘤胃发酵和微生物菌群组成及脂肪沉积影响的研究。

在栽培与土肥方面，美国、中国、加拿大、巴西和波兰等国在燕麦领域开展研究较多，研究主要集中在耕作措施、环境因素和气候变化对燕麦农艺性状的影响、燕麦抗倒伏生理机制研究、燕麦在不同生态区域种植比较研究、气候要素和氮素及生长调节剂对燕麦生物量的模拟等方面的研究。在荞麦研究方面，中国、日本、波兰和美国等国开展研究较多，主要集中在荞麦花器提取物抗菌活性研究、荞麦黄酮纳米材料研究、荞麦高产优质种植技术、甜荞抗旱生理调控机制、温度变化对荞麦染色体的影响研究以及基于矿物元素、氨基酸和维生素多元分析探讨中国甜荞地理的起源等方面。

四、国内燕麦荞麦产业技术研发进展

国内研究主要围绕以下4个方面：不同品种和收获期对燕麦饲草生物产量、营养价值和青贮品质的影响；燕麦饲草拉伸膜裹包青贮技术研究；燕麦青贮饲料对绵羊生长性能的影响；饲喂荞麦对猪抗氧化和肉品质影响的研究。

燕麦遗传育种上，四川农业大学研究团队利用GBS对中国的大粒裸燕麦材料测序，发现野生种和栽培种之间的遗传差异；Maughan等人首次报道了二倍体As基因组 *Avena atlantica* 和Cp基因组 *Avena eriantha* 的基因组测序结果，对六倍体栽培燕麦分子育种具有重要的参考意义。利用CRISPR/Cas9技术对燕麦乙酰辅酶A羧化酶基因进行了编辑；利用全基因组关联分析揭示了燕麦种子脂肪酸组成的遗传基础；通过二代测序对燕麦种子发育过程的基因表达差异。利用串联质谱标签（TMT）技术阐明了燕麦对碱胁迫的蛋白响应机制；根据冠锈病菌序列开发了新的TaqMan引物和探针对燕麦白粉病抗性基因 *Pm11* 进行了分子鉴定和染色体定位。

荞麦遗传育种方面，探讨了荞麦在盐胁迫处理下转录组和代谢水平的变化。基于苦荞全基因组筛选，发掘了在苦荞生长发育和逆境胁迫等多方面起着重要作用的转录因子家族，以及与种子发育、次生代谢物积累及抗逆性相关基因。利用农杆菌介导法将干旱调控基因 *DREB2A* 导入辽荞5号中，检测证实转基因株系具有更强的抗旱性。利用SSR引物鉴定荞麦3个种间杂种；利用'云荞1号'（厚壳）与'小米荞'（薄壳）杂交，获得F3代群体，群体表现出薄壳和高产性状；通过代谢组学研究发现苦荞种子中含有14种抗癌异黄酮等成分，为苦荞保健功能研究增加了新的元素。

2019年国内燕麦荞麦病虫草害相关研究主要集中在生产中的常发性病虫害如燕麦蚜虫、红叶病、叶斑病和白粉病，荞麦叶斑病、轮纹病与立枯病、西伯利亚龟象甲等虫害调查、抗性鉴定评价及防治措施等方面研究。在防治措施上，更加符合可持续发展及绿色农业的要求。杂草防治方面主要是除草剂混配的使用效果、燕麦化感作用研究、除草剂对荞麦田杂草的防效以及对荞麦生长发育的影响等。国际上燕麦锈病仍然是主要研究热点，包括不同地区冠锈病病原鉴定、抗性基因克隆、抗性品种选育、抗性筛选、冠锈病综合防控、叶锈病的发生以及品种的响应、抗叶锈病种质评价等。美国根据多年的数据评估了冠锈病造成的燕麦种子产量损失，并鉴定出 2 个来自冠锈病抗性系的 QTL 紧密相关的 SNP 标记，评价了 155 个燕麦品种对叶斑病的抗性并鉴定了 4 种叶斑病病原；加拿大通过锈病进展曲线下的面积、感染率、感染系数和最终严重度评价了 17 个燕麦品系的耐病性，评估了 24 个品种在 2010—2015 年对锈病的抗性；报道了安大略省镰刀菌枯萎病（FHB）近 18 年来的变化情况，批准 EVITO 杀菌剂在燕麦上使用。巴西评价了市场上流通的燕麦品种对叶锈病和叶斑病的抗性。台湾首次报道了 22 个燕麦品种感染 BYDV-PAV 株系的情况。中国从裸燕麦叶片中克隆出一个名为 *permatin* 的类甜蛋白（thammatin like protein，TLP）基因，可能在燕麦抗真菌方面发挥重要作用。对燕麦吸食性害虫研究方面，欧洲研究发现温度是影响蚜虫种群动态的最重要非生物因素，害虫种群动态与早晨的相对湿度呈极显著负相关，而与傍晚的相对湿度无显著相关性。澳大利亚研究了轮作和残茬量对西澳免耕系统中作物叶和根部病害以及寄生线虫的长期影响及发展进程。

燕麦荞麦机械化技术研发方面，国外大都是在谷物播种和联合收获机的基础上进行改造，如通过更换工作部件和调整工作参数等方式，实现燕麦和荞麦的全程机械化生产。美国西部、加拿大的荞麦收获方式以分段（割晒、捡拾）收获为主；日本通过对传统收获机械中的收割装置、脱粒滚筒结构、排草结构进行改造，解决了联合收获过程中因杂草、青绿荞麦叶杆等对收获机械的堵塞问题，并实现每年两季作业；日本和美国相继开发了手扶式收割机和割晒机，在对丘陵山地和小块地的收获表现出良好的适应性。国内，关于燕麦荞麦机械化技术的研发起步较晚，目前主要集中在以下方面：①农机与农艺融合技术的研究；②丘陵山区全程机械化技术及装备研究；③燕麦荞麦机械化加工技术及装备研究；④燕麦荞麦标准化有机生产技术及装备研究；⑤燕麦荞麦小区育种机械化技术及装备研究。

（国家燕麦荞麦产业技术体系首席科学家　任长忠　提供）

2019年度食用豆产业技术发展报告

(国家食用豆产业技术体系)

一、国际食用豆生产与贸易概况

(一) 国际食用豆生产概况

2019年全世界食用豆收获面积约7 500万公顷、总产量6 300万吨左右。其中，绿豆常年产量185万吨左右，主产国有中国（约75万吨）、缅甸（约70万吨），此外在印度、巴基斯坦、越南、泰国、阿富汗、菲律宾等国家也较为广泛。小豆世界产量约90万吨，以中、日、韩为主，中国产量占世界产量1/3。蚕豆世界收获面积约为260万公顷、总产量约380万吨，中国产量占世界1/3；主产国还有埃塞俄比亚、澳大利亚、摩洛哥、埃及、法国。干豌豆世界收获面积约680万公顷、世界产量990万吨，鲜豌豆世界收获面积约115万公顷、产量约850万吨。干豌豆主产区为俄罗斯、中国、印度、美国、埃塞俄比亚、欧洲、新西兰等，鲜豌豆产量则美国、英国、法国等名列前茅。

(二) 国际食用豆贸易概况

2019年，日本、越南、印度、韩国、古巴是中国食用豆出口市场的前五名，出口量占总出量的58.52%。我国食用豆出口目的地主要集中在周边国家和地区，日本位居我国食用豆出口国第一位，年际出口量相对平稳。进口看，加拿大仍是我国食用豆进口第一大来源国。另外，我国从缅甸和印度的食用豆进口同比增加明显。

2019年我国食用豆出口价量齐减，进口价量齐增。具体来看，2019年我国向94个国家和地区出口食用豆共计38.58万吨，同比减少8.79%；出口额为5.05亿美元，同比减少8.74%；平均出口价格为1 309.2美元吨，同比减0.71%。主要品种中，除了红小豆和蚕豆出口量值同比增长外，其他传统出口品种如芸豆、绿豆等出口量值同比都有所下降。食用豆进口225.59万吨，同比增0.29%；进口额为8.03亿美元，同比增4.87%；平均进口价格为974.09美元/吨，同比增4.56%。豌豆依然是进口最多的一个品种，同比进口量值略有减少。

二、国内食用豆生产与贸易概况

2019年，据体系不完全统计，2019年全国食用豆播种面积416万公顷，比2018年略有下降4.8%；总产量较去年有所增加，约2 435.15万吨，增幅在13%左右，营养健康型热季豆类如绿豆和鲜食型蚕豆种植面积增加明显，冷季豆类特别是豌豆种植面积受进口大幅增加影响有所缩减。在玉米非优势产区内蒙古呼伦贝尔，黑龙江黑河、齐齐哈尔等地，高垄芸豆栽培、机械化绿豆高效种植得到大面积推广，建立合理的谷豆薯等轮作模式，食用豆体系在助推精准扶贫和培育产业经营主体等方面发挥了突出作用，食用豆养人、养地、养畜"三养"功能得到一定发挥，多元化消费、健康型需求、高品质美好生活成为食用豆产业发展新目标，食用豆产业发展前景看好。

三、国际食用豆产业技术研发进展

(一) 食用豆遗传育种方面

豌豆是重要的豆科植物,也是揭示生物遗传学规律的科学实验材料。然而,其基因组却一直未能被破解。一个重要的原因是豌豆基因组非常大(4.45 Gb)。近期科学家们以豌豆品种"Caméor"为材料,首次完成了豌豆的基因组草图。为豆科植物的基因组进化提供了新见解。这项研究通过对不同豆科植物进行系统遗传学和古基因组学分析,发现了豆科植物的基因组重排,并揭示了重复序列在豌豆基因组进化中的重要作用。与其他已测序的豆科基因组相比,豌豆基因组具有强烈的动态化,可能与从其他豆科分化时的基因组扩张有关。在豌豆进化过程中,易位和转座在不同的谱系间发生差异。总的来说,豌豆的参考基因组序列将加深对豆科作物重要农艺性状的分子基础的理解,研究结果对相关作物的遗传改良也具有重要的参考意义。

饭豆是一种未充分利用的豆类作物。利用 Illumina 和 PacBio 测序平台,对饭豆基因组进行了测序,测序深度 30X,获得了 96.08% 的功能覆盖度,15 521 个 scaffolds 和 414Mb 碱基对,估计 31 276 个保守基因。结果表明,饭豆基因组与小豆、绿豆和豇豆非常接近,但与小豆最接近。通过共线性分析,与 31 个豆科植物(13 个完整基因组和 18 个部分基因组)进行了比对。发现了有价值的晚花基因、调控各种代谢途径的基因、与非生物和生物胁迫途径相关的基因以及与光周期和抗病性等相关的基因。

Prakit 和陈新等团队明确了绿豆抗豆象基因,进行相关表达研究和基因功能验证,开发系列分子标记。利用抗豆象绿豆品种 V2802 和 V2709 分别和感豆象品种 KPS1 配制的 BC11F2 群体进行抗豆象基因定位,明确了相关抗豆象基因。建立了绿豆转基因体系,后续开展绿豆基因遗传转化及基因编辑等方面研究。

Lin 等对 VC1973A(感豆象品种)和 VC6089A(由 TC1966 育成的抗豆象品系)进行转录组和蛋白组分析,通过对差异表达基因/差异蛋白分析后预测位于第 5 染色体上编码抗性-特异蛋白(resistant-specific protein)的基因 g39185 为抗豆象候选基因。Chotechung 等利用 KPS1 和 V2802 构建的 BC11F2 群体绘制的连锁图谱将 V2802 中抗豆象基因定位在第 5 染色体上 38 Kb 的区间内,只包含 2 个注释基因,并预测 Vr PGIP2 可能是 V2802 的抗豆象候选基因。同样,Kaewwongwal 等将 V2709 的抗豆象基因定位在绿豆 5 染色体上,并预测 Vr PGIP1 和 Vr PGIP2 可能是 V2709 的抗豆象候选基因。

(二) 耕作栽培方面

美国豌豆、鹰嘴豆、小扁豆、蚕豆栽培管理比我国先进的地方是:在其主产区收集上述冷季豆类作物的根瘤菌,优选后制成菌肥,播种时同时施入,充分发挥根瘤菌的生物固氮作用以减少 N 肥的用量,成为冷季食用豆类稳产和高品质的重要措施之一。该项技术已经在美国华盛顿州立大学所在的 Pullman 地区得到普及利用。

玉米/豌豆(*Pisum sativum* L.)带状间作,玉米种植密度的增加降低了豌豆间作氮素积累,但豌豆种植密度的增加却增加了玉米间作氮素和两种间作氮素的总和。玉米/豌豆间作的氮素利用效率比单作玉米高 4%~113%。Renwu Zhou 等研究表明,空气等离子处理水(PTW)对种子萌发和幼苗生长有显著的促进作用,发芽率为 95.50%,活力指数为 1 146.64,对微生物有明显的净化作用。Lu Yanyan 等研究表明,绿豆在成熟过程中抗氧化活性显著提高,与抗坏血酸和酚类积累显著相关。开花后 8 天是绿豆抗坏血酸和酚类物质生物合成的关键时期。另外，研究表明，浓度小于100mM和150mM的NaCl和葡萄糖可提高绿豆芽的多酚含量、苯丙氨酸解氨酶（PAL）、还原力活性、黄酮、抗坏血酸和自由基清除活性等，提高绿豆芽的健康特性。

（三）病虫草害防控研究

利用天敌防治农田作物害虫是生物防治最重要的方法。豌豆象天敌种类较多，如小黄蜂、赤眼蜂科、小茧蜂科、金小蜂科和长尾小蜂科，这些天敌都是豌豆象幼虫或蛹的拟寄生物。有研究发现虽然小黄蜂通过豌豆象羽化孔能进出豆粒中，却不能有效防治豌豆象，小茧蜂可寄生田间豆荚上豌豆象的卵。

埃及科学家Elsharkawy和Derbalah首次报道了利用二氧化钛纳米结构（titanium dioxide nanostructures, TDNS）对蚕豆染色病毒病的防治研究，发现TDNS能够显著降低病毒病严重度，减少病毒积累和诱导水杨酸信号传导途径中防卫基因的上调表达，提出了一个生态友好和环境安全防治蚕豆病毒病的新策略。巴西科学家de Borba等研究发现石莼多糖（Ulvan）能够提高菜豆种子的出苗率和减轻菜豆枯萎病的严重度，Rodríguez-González等发现罗勒（*Ocimum basilicum*）和枫茅（*Cymbopogon winterianus*）精油处理菜豆种子能够显著降低菜豆象的为害。

西班牙、法国和澳大利亚科学家基于构建的DArTseq和SNP标记的野生豌豆*Pisum fulvum*高密度遗传图鉴定8个豌豆耐豌豆蚜QTLs，贡献率为17.0%~88.6%，并鉴定了与QTL共定位耐蚜虫候选基因（Barilli et al., 2019）。Jha等开发了具有潜在应用价值的关联豌豆黑斑病抗性的SNP标记。Coyne等将一个豌豆抗根腐病主效QTL定位在1.2 cM区域，发现该区域关联的SNPs可作为抗根腐病分子辅助选择育种的标记。哥伦比亚科学家将普通菜豆抗角斑病基因*Phg-2*精细定位在8号染色体的一个409-Kb区域，并开发了可用于分子辅助选择的特异性标记。Sudheesh等澳大利亚科学家构建了蚕豆综合遗传图谱和鉴定了2个蚕豆抗褐斑病QTLs。

（四）食用豆机械化研究

在欧美等发达国家，食用豆一般种植在地势比较平坦的区域，而且种植面积较大，因此一般采用大型食用豆联合收获装备，这类设备可以一次性完成收割、脱粒、茎秆分离、清选等作业过程。加上国外发达国家在联合收获技术方向长时间的积累，目前这些设备开始朝智能化和自动化方向发展。

美国约翰迪尔研发的S690绿豆联合收获机，采用可调节的脱粒滚筒，可以大幅度降低破损率，提高脱粒分离率。该机配备了18米宽割台，是目前联合收获机中最宽的一类，工作效率极高。同时该机配备了约翰迪尔研发的AMS卫星导航系统，可以实现无人自动驾驶。

德国CLASS公司研发出TUCANO系列联合收割机，该系列联合收割机配备了APS脱粒系统，该脱粒系统主要包括3个切流脱粒滚筒，分别是：加速器、脱粒滚筒和逐稿轮。在工作时，第一级的加速滚筒可以对农作物物料进行加速，使农作物物料的运动速度由3米/秒增加到20米/秒，并且可以完成30%的脱粒任务，同时以较高的速度喂入第二级的脱粒滚筒，第二级的脱粒滚筒采用的是传统螺纹杆脱粒原理，可以完成剩余的脱粒任务，逐稿轮将已经完成脱粒任务的农作物秸秆喂入清选系统。其脱粒系统性能出色，可以完成青豆、豌豆、扁豆等豆类作物的机械化联合收获作业，用途广泛、收获效率高。

纽荷兰公司开发出TC5.70蚕豆联合收获机，其采用了较先进的6.8L NEF发动机提供动力。脱粒清选装置包括一个宽 1.30 米和直径为 0.607 米的脱粒滚筒、带电控调节功能的 0.79 平方米凹板、一块标准面积为 4.30 平方米的筛板和一个总面积为 4.68 平方米的分离区,并且还可以通过加装蚕豆收获组件,实现蚕豆等大籽粒作物的收获,收获质量好、作业效率高。

(五)功效成分研究和产品研发方面

随着消费者健康意识和全球对于可持续发展的普遍共识,众多植物基营养健康创新产品将进入市场。食用豆恰好迎合植物基产品配料的需求,因此在食品行业中的应用快速上升。在植物肉领域,豌豆蛋白具有显著优势,而绿豆可以作为新的蛋白质来源,因为它提供了多种基于植物的氨基酸。STARFIELD 星期零餐饮公司也转向人造肉领域,与人造肉企业积极寻求合作,为企业寻求新发展;也降低了人造肉企业市场的教育成本,同时又塑造了自己的品牌。

在功能饮料领域,2019 年整个豆奶行业乃至于植物基饮料市场,稍显沉寂。但由消费升级引发的饮料产业变革,使得植物基蛋白饮料的市场前景仍然十分乐观。预计至 2020 年,我国植物基蛋白饮料的行业市场规模将达到饮料制造业市场总规模的约 25%,正式成为饮料制造业的主要细分品类。富含豆类蛋白和其他功能因子、同时具有清洁标签的植物蛋白饮料仍是研究者关心的核心问题。总部位于洛杉矶的草本功能饮料品牌 Kiito,推出了专为生酮饮食者设计的同名系列植物蛋白功能饮料。该产品富含 5.6% 豌豆蛋白,2.0% 中链三酸甘油脂(MCT)以及其他多种功能成分,不另外添加糖、食品胶和人造香料。此外,为了掩盖富含食用豆蛋白食物中的异味,全球食用香精领导者奇华顿发布了系列智能除味方案,以抵消不同植物基蛋白的味道,进而减少食品添加剂的使用,为产品打上"清洁标签"。

随着消费意识的升级,便携、营养类的休闲产品也日益流行。健康和风味并存的营养棒突破了运动员需求产品的定位,逐渐被普通消费者作为早餐和日常零食所接纳,实现控制体重、改善肌肉质量和增加能量的目的。Dang Foods 推出了有豌豆蛋白和多种功能成分搭配的全新的植物营养棒 Dang Bar。该产品由扁桃仁酱、可可脂、椰子、豌豆蛋白、葵花籽和奇异籽制成;含有 9~10 克蛋白质,同时适合生酮和素食主义者,不含麸质。此外,冷藏零食食品也值得关注。有研究显示,消费者认为冷藏零食比长货架期的食物更新鲜,因此也更健康。Mintel 公司把冷藏零食分成了六大产品类别,包括冷冻蛋白棒、蛋白混搭零食、冷藏汤、思慕雪、酸奶和其他产品,如鹰嘴豆泥和牛油果酱。而在国外,冷藏柜中富含蛋白质的便携混搭零食已经流行起来。

关于豆类及其制品营养健康功能的研究主要聚焦在食用豆在减肥、改善血糖、降低血压等慢性疾病上有益作用。发表在《JAMA Internal Medicine》上的一项来自麻省综合医院(MGH)的研究发现,过多的摄入动物性蛋白质与较高的死亡率相关,然而多摄入植物性蛋白质则与死亡风险的降低相关。最近又有一项新的动物研究发现,绿豆分离蛋白可以降低高脂肪饮食引起的饮食性体重增加、脂肪量积累和肝脏脂肪变性。

四、国内食用豆产业技术研发进展

(一)遗传育种研究进展

1. 育成食用豆新品种 29 个,获得新品种保护权 16 个

育成通过国家、省部级登记和鉴定、具有高产、优质、适宜机械化收获的干籽粒和鲜食食用豆新品种29个，其中，绿豆新品种4个，小豆2个，芸豆3个，蚕豆11个，豌豆9个。冀绿13号、中绿16号、冀红15号、青蚕19号等16个新品种获得新品种保护权。抗豆象绿豆品种的育成解决了绿豆储藏期间的豆象为害问题。适宜机械化收获的小豆绿豆芸豆品种的育成显著提升的种植效益。早熟优质、早上市的鲜食蚕豆、豌豆品种的育成，提早上市10~15天，农户种植效益显著提高。商品品质优异、高产多抗、籽粒用芸豆品种的育成，提高了芸豆出口商品品质，促进了出口品种的更新换代。其中，龙芸豆21的选育是我国在芸豆类型上的新突破，有望成为红花芸豆更新换代的品种，市场潜力巨大。

2. 完成了有史以来世界上最大规模的普通菜豆种质资源的表型鉴定，明确了我国普通菜豆种质资源的遗传本底和群体结构特点

中国农业科学院作物科学研究所王述民团队，选用国内外683份普通菜豆品种，构建一套核心种质。在纬度跨度、光照时间长短差异明显的四地开展了三年的主要农艺性状的表型鉴定，完成了有史以来最大规模的普通菜豆种质资源的表型鉴定；同时，采用现代测序技术对683份材料进行了全基因组重测序，获得约480万个SNP，构建出全世界首张精细的普通菜豆单倍型图谱；明确了我国普通菜豆种质资源的遗传本底和群体结构特点；采用全基因组关联分析系统鉴定出了505个与产量、花期、籽粒特性、抗病性等主要农艺性状紧密相关的遗传位点，为普通菜豆的基因发掘与遗传改良研究提供了海量的表型数据和基因型数据，为普通菜豆"全基因组选择育种"提供了优异的基因资源和理论指导，为实现普通菜豆的"精准育种"奠定基础。

3. 高密度遗传连锁图谱构建与基因定位研究

中国农业科学院作物科学研究所宗旭晓团队，利用包含129个个体的F_2群体进行了蚕豆遗传连锁图谱的加密研究，使连锁图谱增加了337个SSR标记，连锁图谱扩展了2 928.45cM达到4 516.75cM。连锁群SSR标记数目在12~136个，长度在129.35~1 180.21cM，相邻位点间的平均距离为9.71cM，比蚕豆的第一个连锁图谱短2.79cM。蚕豆高密度遗传图谱将有助于今后蚕豆分子标记辅助选择和育种。

马燕明等以栽培小豆京农6号和野生小豆CWA108为试验材料，进行了深度miRNA测序。系统鉴定和注释这2个物种的miRNA，并分析了其miRNA种类的异同、表达量的差异和靶基因在功能富集上的差别。鉴定出了JN6和CWA108共有和特有的miRNA，明确了它们之间差异表达的miRNA，以及这些特有和差异miRNA的靶基因在功能富集上的差异，发现可能和抗病与抗逆途径相关。徐宁等研究了绿豆主要株型性状的遗传，结果表明'洮绿218'ב吉绿10号'组合的分枝数和分枝夹角的总遗传率较大，应在早世代进行选择；株高和分枝夹角主要受主基因控制，分枝数和主茎节数大部分世代主要受多基因控制；在绿豆株型育种中要综合考虑主基因、多基因和环境因素的影响。

（二）耕作栽培研究进展

1. 种植密度和施肥配比组合研究

金喜军等研究结果表明，适合黑龙江省西部地区红小豆的最佳种植密度是21万株/公顷，与之配比的施肥组合是尿素60.3千克/公顷，二铵154.2千克/公顷，硫酸钾61.8千克/公顷。章淑艳等研究了不同氮肥施用方式及硝化抑制剂对小豆生长发育及氮素利用的影响。结果表明：小豆始花期追施普通氮肥的处理，收获后植株鲜质量、干质量、产量和氮素累积量分别比基施处理高 27%、3.7%、5.6% 和 1.9%，且追施处理氮肥表观利用率、农学效率、生理效率和肥料贡献率分别比基施处理高 7.4%、23.6%、15.6% 和 17.2%。小豆种植过程中，不施硝化抑制剂时推荐氮肥追施，施用硝化抑制剂时推荐氮肥基施。

刘洋等研究了鼓粒期叶施烯效唑和激动素对绿豆叶片光合特性、糖分积累、保护性酶及籽粒产量的影响。结果表明：两处理不同程度提高了绿豆鼓粒期至成熟期叶片叶绿素、糖分含量及 SOD、POD 和 CAT 活性并且降低了 MDA 含量；烯效唑和激动素分别较对照产量提高了 22.84%、3.63%，烯效唑和激动素能有效提高绿豆籽粒产量。

2. 生物菌肥养分高效利用关键技术研究

宗绪晓等筛选出 R2、R1、R3 共 3 个含有优良菌系的菌肥；初步形成了 1 套豌豆、2 套蚕豆减施化肥增施生物菌肥养分高效利用关键技术。蚕豆施用氮肥研究结果表明，亩施氮 2 千克有利于发挥根瘤固氮作用，在亩施氮量增加到 4 千克时产量进入平台期，进一步增加到亩施氮 8~10 千克对根系结瘤产生抑制作用。本年度食用豆类根瘤菌研究主要包括：①根瘤菌分离、纯化；②根瘤菌基因组 DNA 的提取；③16S rRNA 基因测序和系统发育分析；④持家基因的 PCR 扩增测序及系统发育分析；⑤共生基因的序列扩增、测序和系统发育分析；⑥确定根瘤菌分类地位。构建了食用豆类根瘤菌分子标记辅助选择体系 1 套，为进一步研究菌株的多样性和利用分子标记筛选根瘤菌株奠定了基础。

3. 防灾减灾栽培技术研究

何宁等通过人工气候室模拟苗期低温和花期低温，通过外施植物生长调节剂，研究了其对低温的缓解效果，试验结果表明，花期喷施植物生长调节剂有利于食用豆类作物株高的降低，利于机械化收获的同时，对逆境和灾害条件也有较好的缓解作用。

4. 食用豆农田表层土壤中有机氯农药等污染与缓解研究

王瑞刚等采集 25 个东北地区食用豆地表层土壤样品，其中 24 种 OCPs 的平均浓度、检出率等绘制箱线图。可以得知：α-HCH、δ-HCH、pp'-DDT、pp'-DDE、∑chlordanes、heptachlor、∑drins 和 mirex 在所有采样点均有检出，其他大多种类检出率也较高，均在 60% 以上。只有 op'-DDT 和 dieldrin 检出率较低，分别为 40% 和 4.0%。各类 OCPs 平均浓度范围为 0.6（HCB）~29.0 纳克/克（∑DDTs），前五位的依次为 ∑DDTs、∑chlordanes（19.2 纳克/克）、methoxychlor（14.7 纳克/克）、dicofol（9.6 纳克/克）和 ∑drins（8.5 纳克/克），贡献率分别为 29.21%、27.95%、12.98%、8.58% 和 6.28%。各采样点表层土壤中 OCPs 残存浓度变异较小，变异系数为 0.2~1.7。但也有个别点位存在异常值，∑DDTs 和 methoxychlor 的最高值分别可达 168.6 纳克/克和 64.8 纳克/克，而 ∑chlordanes 残留值较为分散。

王瑞刚等在湖南长沙选取三个 Cd 污染梯度的农田，分别为 2.97、3.41、8.59 毫克/千克，种植了蚕豆品种 28 个、豌豆品种 18 个；测定了其不同部位的 Cd 含量，并对蚕豌豆可食部位的 Cd 含量进行综合评比，表明土壤 Cd 污染在 2.97 毫克/千克，蚕豆和豌豆可食部位不超标；土壤 Cd 污染在 3.41 毫克/千克，75% 蚕豆和 94% 豌豆品种可食部位不超标；蚕豆低积累品种 6 个；豌豆 5 个，在 Cd 8.59 的水平下可以保证安全生产；蚕豌豆可以作为一个替代安全种植品种。

陈细香等研究不同浓度镧（La）对铅（Pb）胁迫下绿豆种子萌发和幼苗生长的作用，结果表明，低浓度（5~15毫秒/升）的 h 能够缓解 Pb 胁迫对绿豆幼苗的毒害。张媛华研究表明：Cd 显著降低了绿豆幼苗的株高、根长、根数及生物量，降低植物的光合速率（Pn），降低幼苗茎叶中微量矿质元素 Zn、Mn、Fe 和 Cu 的含量，促进根中 Zn、Fe、Cu 含量的积累，说明 Cd 通过改变植物对微量元素的积累进而影响植物的生长发育和光合作用。

5. 土壤重金属替代种植组控技术 2 和土壤调理剂 1 个研发

王瑞刚等通过调查广西凤山县 As 污染农田食用豆品种可食部位，研发了 As 污染土壤低 As 食用豆品种阻控技术 1 套；通过对小豆、绿豆、芸豆、蚕豆和豌豆 5 大类食用豆进行低 Cd 品种筛选，确定了一批 Cd 低累积品种，研发了 Cd 污染土壤低 Cd 食用豆品种阻控技术 1 套；以凹凸棒石为原料，研发了降低土壤 Cd 活性的土壤调理剂 1 个。

（三）病虫草害防控研究进展

1. 食用豆病虫害抗性研究及新种质创制取得新的进展

朱振东团队开展豌豆品种及资源对白粉病和枯萎病抗性鉴定，绿豆品种及资源对枯萎病、疫霉茎腐病和豇豆荚螟抗性鉴定，筛选出 85 份次优异抗性品种或资源，筛选出 45 个绿豆抗枯萎病株系和 3 个绿豆品种稳定抗病系，豌豆云豌 18 号抗枯萎病株系、奇珍 76 和 20012 抗白粉病株系。杨晓明团队初步筛选出 10 份耐咪唑乙烟酸除草剂资源。

陈新团队构建了黑吉豆高密度 SNP 连锁图谱并鉴定出两个新的抗绿豆象 QTLs，育成绿豆雄性不育与柱头外露、抗豆象、抗叶斑病和白粉病新品系，获得优质春化蚕豆品种海青 1 号、苏蚕豆 2 号、通蚕鲜 8 号及非转基因抗磺酰脲类除草剂蚕豆新种质苏抗资 19-3。朱振东团队发掘鉴定了两个新的豌豆抗白粉病等位基因并开发了功能标记。

2. 发现和鉴定几种新的食用豆病害

2019 年，Yang 等首次发现白蜡树刺盘孢（Colletotrichum spaethianum）引起菜豆茎腐；Li 等发现烟草卷梢病毒（Tobacco curly shoot virus）侵染菜豆；Sun 等确定了绿豆枯萎病病原菌为尖镰孢菌；Sun 等首次报道了蚕豆炭腐病。

3. 证明间作是病害综合治理中有效的补充措施

Zhang 等通过 Meta 分析方法研究了不同氮肥水平下大麦与蚕豆间作对病害发生率的影响，发现间作平均降低 45% 的病害发生率，证明间作是病害综合治理中有效的补充措施。

4. 食用豆病虫害绿豆防控技术示范推广初见成效

在绿豆晕疫病绿色防控方面，开展了无菌种子和抗病品种防治绿豆晕疫病生产示范，取得显著的防病及增产效果，初步建立了绿豆晕疫病简单、有效、绿色防控技术。在豇豆荚螟绿豆防控方面，明确了 2019 年不同地区食用豆豇豆荚螟田间发生规律，探明全国各食用豆产区豇豆荚螟防治的用药情况，监测了豇豆荚螟对阿维菌素的抗药性水平，开展了豇豆荚螟绿色防控技术示范推广，获得了良好的防虫和增产效果。通过利用抗性品种、生物防控药剂及其他农业措施构建并大面积示范推广了绿豆叶斑病和抗豆象生物防控与综合防控技术、绿豆和蚕豆抗病毒病生物防控与综合防控技术，取得了显著的经济和社会效益。

5. 其他研究进展

李薇等筛选出高效、低毒、安全的防治绿豆根腐病的药剂即25%噻虫咯霜灵FS、25克/升升咯菌腈FS和38%多福克SD对绿豆生长安全,对绿豆根腐病都有一定的防治效果。其中,拌种量为0.3%的25%噻虫咯霜灵FS防治效果最好,持效期长,出苗10天、30天防治效果分别为84.9%、51.7%。25%噻虫咯霜灵FS可作为防治绿豆根腐病的首选药剂。林志伟等研究朱砂叶螨合适药剂,表明苦参碱水剂的防治效果可达到90%,而甲氨基阿维菌素苯甲酸盐的防治效果可达到80%以上。

（四）食用豆机械化研究

1. 食用豆分段收获技术

食用豆割晒机。研发了一款适用于绿豆的专用割晒机,通过对专用变速箱、行走控制机构、防堵输送割台等方面进行综合优化改进优化,在试验中取得很好的效果。

食用豆脱粒机。设计了一种可调速食用豆脱粒机,可根据不同豆种的实际情况进行速度调节并且可以便捷更换不同尺寸的筛网,具有适应性广、作业效率高的特点。

2. 食用豆联合收获技术

大型食用豆联合收获装备。开发出适用于食用豆联合收获作业的脱粒滚筒恒速控制系统,这些新技术的发展必将极大的提高联合收割机的收获质量,降低损失率和含杂率。

中小型食用豆联合收获装备。中小型食用豆联合收获装备的脱粒装置一般为纵轴流脱粒滚筒。同时脱粒滚筒可以采用分段组合式结构,前部可以采用柔性材料制作的钉齿作为脱粒材料,中部可以采用螺旋短螺纹结构,尾部可以采用板式结构。这种结构具有结构简单,脱粒性能好,通用性强等优点,可以适应于不同的豆种。中小型食用豆联合收获装备采用旋风分离式清选装置。

（五）产品加工研发进展

我国对食用豆的加工仍以初加工为主,而对食用豆的深加工则主要集中在豌豆、绿豆中蛋白、淀粉的提取及粉丝制做,忽视了其他功效成分的开发和利用,使得其经济价值无法充分体现。因此,今后要对其中的生物活性成分进行深入的基础性研究,探究其生理活性功能、构效关系及其作用机理,为食用豆的工业化生产应用提供强有力的理论支撑。同时应不断优化功效成分提取工艺,使之可以应用于大规模的工业化生产,不断创新研发各种新资源食用豆功能性食品,进一步提高在食品领域的利用价值,拓展应用前景。

食用豆可直接食用或用于保鲜、储运、加工,所具有的营养特性和功效决定了食用豆的加工种类和程度。目前,食用豆原粮包装产品是目前食用豆加工企业最为常见和销量最大的产品。此外包括营养粉、米粥、罐头、饮料、膨化食品等。除这些普通的食用豆加工食品外,营养功能突出的食用豆产品和配料不断涌现。例如周素梅等研发的富含γ-氨基丁酸（GABA）的食用豆红小豆、绿豆产品,保留了食用豆原有颗粒形貌,不改变消费者的消费习惯,具有降血压、减压、抗抑郁等多种生理功能特性。同时,以富集后富含GABA的豆为原料,采用微波处理、复配等工艺可进一步加工成方便即食、个性化营养搭配的产品。9月,中国本土人造肉公司"珍肉"联合国内双塔食品推出人造肉月饼,产品一经上市受到追捧。

有研究认为,绿豆胰蛋白酶抑制重组绿豆LBBI具有一定抗癌作用。绿豆芽在用小苏打水洗涤、茶水浸泡、保鲜膜覆盖保存在5℃的温度下亚硝酸盐的含量最低，即绿豆芽的最佳处理方式，也可采用气体调节方式来促进绿豆芽生长。

王雪等采用远红外低温烘焙的方法对原料绿豆进行熟化处理，试验表明：低温烘焙加工熟化后的绿豆具有良好的感官特性，牡荆苷和异牡荆苷的含量未发生明显的变化，是适宜的绿豆干燥熟化加工方法。

（国家食用豆产业技术体系首席科学家 程须珍 提供）

2019 年度马铃薯产业技术发展报告

(国家马铃薯产业技术体系)

一、国际马铃薯生产与贸易概况

(一) 生产概况

据 FAO 统计数据[①]，2018 年全球有马铃薯生产统计的共 165 个国家和地区，种植面积 2.64 亿亩，总产 3.68 亿吨，分别较 2017 年减少 0.26 亿亩和 0.2 亿吨。亚洲和欧洲分别占全球面积的 52.92%和 27.04%。总产量世界十大主产国分别是中国、印度、乌克兰、俄罗斯、美国、孟加拉国、德国、法国、波兰和荷兰。世界平均单产为 20.95 吨/公顷，科威特、新西兰和美国分列前三位。总体上，2018 年全世界马铃薯生产较 2017 年有所下滑。

(二) 贸易概况

根据联合国商贸数据统计[②]，2018 年世界马铃薯及其制品国际贸易总额为 305.2 亿美元（比 2017 年增长 7.23%），其中出口额 151.17 亿美元、进口额 154.02 亿美元，分别比 2017 年上升了 4.18%和 9.36%。速冻薯条出口额 74.39 亿美元，占出口总额的 49.21%；其次是鲜薯和未冷冻加工薯，出口额分别为 30.15 亿美元和 24.59 亿美元，占出口总额的 19.94%和 16.27%；其他产品所占份额较小，种薯 9.31 亿美元占 6.16%、全粉 7.05 亿美元占 4.67%、淀粉 4.09 亿美元占 2.70%和冷冻马铃薯 1.59 亿美元占 1.06%。出口额前五的国家依然是荷兰、比利时、美国、加拿大和德国，分别占出口总额的 21.33%、17.11%、11.87%、9.57 和 8.63%；进口额前五的国家是美国、法国、荷兰、英国和德国，分别占进口总额的 10.31%、6.56%、5.97%、5.61%和 5.60%。总体上，2018 年世界马铃薯国际贸易形势要好于 2017 年。

二、国内马铃薯生产与贸易概况

(一) 生产概况

根据体系专家上报数据统计，马铃薯种植分布于全国 29 个省（市、区），总面积和总产量分别较上年减少 9.2%和 3.69%。其中四川超过 1 000 万亩，贵州和甘肃在 900 万亩以上，云南、内蒙古、陕西和重庆 500 万亩以上，黑龙江和内蒙古等面积下降幅度大。全国平均亩产较上年增加 6.9%，华北和西北地区增幅大，生产季节总体风调雨顺，主产区局部遭受病害和自然灾害，但影响不大。全国平均脱毒种薯应用率已超过 40%。另外，种植品种数量增加、老品种面积进一步减少，旱作节水保墒等绿色和机械化种植面积扩大。

---

① 数据来源：FAO 统计数据库，http://faostat.fao.org，2019 年 1 月 20 日
② 数据来源：联合国商贸数据库，http://comtrade.un.org，2020 年 1 月 20 日

（二）贸易概况

市场价格：市场形势总体好于 2018 年。商品薯田间价格各月份各时点均明显高于 2018 年同期，年度平均涨幅为 18.9%，季节波动特点也恢复多年规律；农业农村部监测农产品定点批发市场价格年度平均涨幅为 9.5%，全年只有 10 月平均价格低于 2018 年。不同品种间的价格有差异，由于鲜薯市场价格较高、走货顺畅，淀粉薯的收购价格较往年大幅增加，上涨幅度基本在 50%~100%。

国内贸易：与上年相比储存比例明显降低，收获后异地销售比例为 31.55%，全国平均贮藏率为 30% 左右，华北张家口和乌兰察布等主产区 10 月贮藏达库容量的 80% 左右。因近年来大面积推广品种的耐贮性欠佳，尽管前期价格与心理预期有差距，但也只能出库销售。到 12 月下旬，北方产区库存商品薯已销售一半以上，库存压力减轻，贮藏期库存马铃薯价格稳中有涨，储户捂货惜售心理较重。

国际贸易：我国马铃薯及其制品进出口总额为 6.57 亿美元，较上年增加 0.85 亿美元，贸易顺差 2.5 亿美元。其中，出口额 4.53 亿美元，比上年增加 1.47 亿美元、暴增 48.04%；进口额 2.03 亿美元，比上年减少 0.63 亿美元，降幅 23.68%。出口产品中，鲜薯 50.32 万吨 39 666.71 万美元、占出口总额的 87.50%，速冻薯条、薯片和薯宝等产品 1.72 万吨共 3 181.33 万美元、占出口总额的 7.02%；进口产品主要为速冻油炸薯条和淀粉两类，其中，速冻薯条进口量 12.92 万吨、比上年减少 6.34 万吨，进口额 15 208.09 万美元、占进口总额的 74.75%，全粉及淀粉类制品进口量由 5.83 万吨较少到 3.88 万吨共 4 254.83 万美元、占进口总额的 20.91%。

三、国际马铃薯产业技术研发进展

（一）遗传育种

研究重点依然是在基因组学、重要性状遗传解析、全基因组选择和基因编辑等方面并取得了重要进展。①Gutaker 等对地方品种、现代栽培品种和保存的历史标本基因组测序分析，追踪了马铃薯引入欧洲后的群体动态及适应历史，解析了马铃薯适应新环境的复杂演化历史。②Seibert 等在马铃薯安第斯亚种中确定了区分营养生长和生殖生长的关键基因开花基因 *StMC* 并作为开花分子标记基因；Lehretz 等人发现在适宜温度下，叶片表达韧皮部移动的信号 *SP6A*，启动结薯，在高温下 *SP6A* 的表达被一个小 RNA 抑制，阻断了块茎形成；③Marand 等基于 1.5M 个 SNP 位点解析了二倍体杂交后代产量及产量因子的遗传特性，发现了与产量相关的 14 个 QTL，平均薯块重和单株薯块数表现了高达 332% 的平均中亲值，几乎 80% 的产量相关 QTL 具有上位性效应，并且包含 0~44 个不等的注释基因，近乎一半的上位性 QTL 与自交系亲本 M6 的剩余杂合度重合，剩余杂合性和上位相互作用是二倍体马铃薯产量复杂遗传结构的基础。④Khlestkin 等通过 90 个品种的全基因组关联研究发现淀粉磷酸化相关的 SNP，位于染色体 1、4、5、7、8、10 和 11 上的 8 个基因组区段可能与淀粉磷酸化相关。⑤Fossi 等通过二代测序数据对品种底西芮原生质体或茎外植体和农杆菌介导转化茎外植体再生植株分析了大规模基因组的持续不稳定性，表明某些流程的组织培养可以诱导基因组不稳定，导致大规模的变化，最终影响植物表型。⑥Prodhomme 等将马铃薯癌肿病的抗病基因 *Sen3* 定位于 11 号染色体上。⑦英国的 Patron 团队报道了 *Cas9* 基因介导的马铃薯淀粉突变—分枝酶产生一系列块茎淀粉表型。

（二）栽培与作物生产

水肥高效利用机制、保护性耕作、土壤—植物氮磷循环和种植制度优化是 2019 年国外马铃薯栽培生理的研究热点。①水分和养分利用：Milroy 等提出了不同品种、环境和管理措施下作物氮素利用效率的框架，Souza 等揭示了硝酸铵与硝化抑制剂配施改善土壤氮有效性与马铃薯氮需求之间的同步性；Cheng 等首次整合生理学和蛋白质组学数据，揭示了铁、锰和锌缺乏下马铃薯植株复杂的功能和调控网络；Abuarab 等解析了滴灌时土壤根部注入空气提高土壤-空气的交换率及水分生产率和养分吸收的作用机制。②耕作制度：Schmidt 等研究了轮种作物、覆盖物和堆肥等对马铃薯生长发育的影响，Kelling 等基于长期定位试验评价了马铃薯与 6 种不同作物轮作条件下的产量、经济效益和温室气体排放，Nyawade 等揭示了马铃薯与豆科间作系统中适宜根区土壤温度和含水量耦合在辐射截留和同化产物生产方面的加性效应。③土壤环境：Jeanne 等构建了基于扩增子序列变异识别土壤细菌物种平衡指数的方法，Neupane 揭示了农田土壤细菌群落随土壤理化性质和地形特征的变化呈系统的、可预测的变化规律。④环境因子调控：Kim 和 Obiero 等分别揭示了昼夜高温和不同生育时期高温胁迫下马铃薯产量损失的差异机制，Paradiso 等阐明了遗传群体特性和光源相互作用对马铃薯植株生长的影响。⑤精准农业技术应用：Gomez 等开发了利用卫星多光谱遥感和机器学习预测马铃薯产量的模型，Farooque 等和 Bohman 等分别建立了基于电磁感应的土壤水分管理技术和基于氮平衡指数的作物氮素遥感监测技术。⑥环境影响评价：Abrougui 等揭示了人工神经网络模型在确定马铃薯产量、耕作方式和土壤特性之间关系方面的潜力，Souza 等解析了尿素配施硝化抑制剂双氰胺减少 N_2O 排放的作用机制。

（三）病虫害防控

1. 晚疫病

Meijer 等报道致病疫霉菌磷脂酶类似蛋白通过调控致病疫霉细胞膜修饰帮助病原菌侵染，Garavito 等提出关键酶二氢乳清酸脱氢酶可成为化学防治致病疫霉菌的一种潜在靶标。Franceschini 等将无人机光学图像用于晚疫病早期检测及病情评估。Galvez 等认为 *Rpi-mcq1* 和 *R2* 基因均可识别致病疫霉菌效应蛋白 *AVR2*，并与高度分化的 *AVR2* 家族共同进化。

2. 细菌病害

美国、波兰、俄罗斯和肯尼亚等地首次报道黑胫病（茎腐病）或软腐病的新菌株。Li 等发现了 TxtH 是疮痂病病原菌毒素生物合成中的重要编码基因。链霉菌株 AC12AB（Sarwar 等）和百里香精油是（Prieto 等）可降低疮痂病的发生。噬菌体混合制剂（Carstens 等、Muturi 等）和拮抗酵母菌（Hassan 等）有效抑制软腐病的发生。

3. 病毒病

Pandey 等开发了 qRT-PCR 和 RT-ddPCR 技术用于直接检测土壤中马铃薯帚顶病毒（PMTV），Kežar 等确定了 PVY 粒体近原子结构，并揭示了 CP C 端和病毒 RNA 内腔相互作用对病毒体螺旋构型和稳定性至关重要。Khelifa 等基于 TaqMan 法检测发现大量 PVY 病毒粒子附着在蚜虫口针上。

4. 草害控制

Demasi 和 Lebecque 分别发现苦参碱类物质臭椿酮和天然植物毒性化合物有潜在的生

物除草作用。

5. 虫害防控

Hashiro 等构建了茄二十八星瓢虫 diap1*-dsRNA 高效生产系统，Hussain 等报道表达蜕皮激素受体的转基因马铃薯可显著抑制马铃薯甲虫为害，Dumas 和 Govaere 发现甲虫幼虫遇不利气候改变基因表达以适应其变化。

（四）田间机械

1. 播种机械化

在切块播种一体机、智能播深调控技术、起垄整形技术等有所突破，一次性完成切块、整地、播种和起垄过程，提高了播种效率和效果。

2. 收获机械化

研发了拣拾并去杂的收获机。挖掘机在3个前进速度水平（2.3千米/小时、2.8千米/小时和3.3千米/小时）和3个前倾角水平（170°、200°和230°）下进行测试，评估马铃薯挖掘机性能参数的技术。

3. 薯块分级技术

研制了 WG 900 型网格式马铃薯分级机，具有紧凑的设计和可调节高度的底盘，有效的分级面积增加了15%，可实现无级变速和多个分级机串联作业实现多级别分级。

4. 智能化技术

GRIMME SmartView 是首个具有"查看所需内容和功能"功能、用于农业机械的视频系统，用户可自行选择检测目标，并具有缩放和慢动作等功能、通过 WiFi 在移动设备上进行实时图像传输以及选择各种窗口的布置方式，从2020年开始，SmartView 系统将作为 VENTOR 4150 自走式马铃薯收获机的标配，以及作为 EVO 280 牵引式收获机的选件。

（五）贮藏与加工

1. 加工与营养

印度的 Kasar 等报道了一种来源于睡茄（Withania Somnifera）的 α-淀粉酶抑制剂蛋白质及其在薯片加工过程中的应用，巴西 Laurindo 团队的 Barreto 报道了采用微波多次快速干燥技术生产无油薯片。英国 Griep 团队的 Aljuraiban 等采用 INTERMAP 方法研究了马铃薯消费与血压和体重指数的关系、制备方法和膳食质量的影响，以色列的 Fogelman 和 Ginzberg 等报道了热带地区马铃薯的营养价值，分析了花青素、类胡萝卜素和甾类糖生物碱等。美国的 Kanter 和 Elkin 报道了马铃薯作为一种营养来源对身体机能的作用。

2. 物理化学性质

波兰的 Gałkowska 和 Juszczak 报道了氨基酸对改性马铃薯淀粉凝胶化、糊化及流变特性的影响。爱尔兰的 Su 报道了用近红外光谱超光谱成像快速测定马铃薯和甘薯中的淀粉含量，俄罗斯的 Potoroko 团队报道了超声辅助结合酸水解结构改性及添加抗氧化剂对马铃薯淀粉纳米离子的影响。葡萄牙的 Magalhães 团队报道了过氧化对马铃薯淀粉泡沫膨胀的影响，巴西的 Augusto 团队报道了臭氧改性马铃薯淀粉的性质及其应用前景。

3. 加工废弃物资源化利用

英国的 Zhang 等研究了小球藻与加工废弃物的厌氧共消化，分析了混合比、废弃物类型、基质与接种比的影响对消化的影响，报道了海洋微藻与加工废弃物半连续厌氧共消化制甲烷，Zhang 和比利时的 Monballiu 等探讨了从马铃薯加工业废水中回收磷酸盐作为磷酸钙盐的可能性。

四、国内马铃薯产业技术研发进展

(一) 遗传育种

1. 资源研究

Wang 等评价了 292 个品种和地方品种的 SSR 标记的遗传多样性，并推测了马铃薯传入中国的途径及其演变。秦军红等在常规滴灌和雨养条件下，评价了国际马铃薯中心引进的 316 份高代品系的抗旱性。王颖等评价了 9 份地方品种的 17 个食味指标，确定了最具代表性的食味评价指标。

2. 基因组学

Yang 等建立了一种 BAC-end 辅助基因组组装和物理图谱构建的新方法 BAC-anchor，对于复杂基因组特别是同源多倍体基因组的高效准确组装具有重要意义。Sun 等揭示了马铃薯全基因组范围内的激素响应基因 MYB 基因家族在生长和发育过程中的潜在功能。Song 等分析了马铃薯 Phureja 全基因组范围内的激素响应因子基因家族表达谱和进化。

3. 重要性状遗传解析

Zhang 等开发了一套不依赖于亲本的基因分型方法，鉴定出 5 个纯合致死位点以及 4 个影响长势的位点，并图位克隆和功能验证了其中的一个致死突变 ar1，发现它控制胚发育。Yang 等转录组分析揭示干旱胁迫对二倍体马铃薯基因型 P3-198 的表达具有影响，为抗旱机制分析提供了有效信息。

4. 分子标记开发

单洪波等以四倍体蛋白质含量分离群体为材料，开发了 SCAR8-107 标记，并进行了验证。Chen 等在二倍体马铃薯群体中开发了薯形 Ro 相关的分子标记并构建了物理框架图。

5. 基因编辑

杨世贵等以 StproDH 为靶基因，构建了表达马铃薯脯氨酸脱氢酶 gRNA 的 CRISPR/Cas9 基因敲除系统。王周霞等设计了特异性沉默马铃薯海藻糖基因（StTRE）的人工 miRNA（amiR-StTRE），并成功构建了表达载体 pCPB121-amiR-StTRE。

6. 品种选育

共登记品种 74 个，其中鲜食品种 45 个，高淀粉品种 3 个，炸片炸条品种 1 个，全粉品种 1 个，兼用型品种 24 个。

(二) 栽培与作物生产

整体上以应用研究为主，主要包括旱作栽培水分利用及调控机制、氮磷钾及中微量元素的养分需求规律、保护性耕作、绿色高效养分管理、逆境胁迫响应机制和种植制度优化等。王明宇等和姬丽君等在不同生态区研究了氮磷钾、微量元素和氨基酸等肥料对生长发育的生理调控机制，明确了肥料类型、施肥量、施肥种类和施用时期对马铃薯生长发育、产量、品质和肥料利用率的影响；系统评价了主产区氮肥利用现状，探讨了提高氮肥偏生产力的有效途径。采用灰色关联分析法明确了马铃薯产量与土壤养分因子的关系（Wang 等）。确定了马铃薯水分补偿效应产生的干旱胁迫阈值，基于源-库关系解析了干旱胁迫后的复水补偿效应。研究了种植密度、种植模式和覆盖方式等对马铃薯生长发育、产量及资源利用效率的影响效应，优化了不同生态区马铃薯轻简化或全程机械化栽培模式，解析了不同轮作方式对土壤碳、氮含量及酶活性的影响特征，明确了马铃薯—大豆—大麦轮作及马铃薯豆科间作种植模式对协同提高马铃薯产量和减少氮素淋失的有效性和垄沟全膜覆盖改善土壤环境提高产量的生理机制。解析了水杨酸在马铃薯植株对镉胁迫逆境下的毒性缓解作用，揭示了叶绿体工程合成甘氨酸甜菜碱是提高耐旱性的有效途径。

（三）病虫害防控

1. 晚疫病

Cui 等和 Hong 等揭示了调控基因表达的小 RNA、LncRNA 在植物抗晚疫病过程中发挥重要功能。Ren 等研究表明晚疫病菌效应子 *PexRD2* 和 *Pi22926* 通过靶向在同一信号转导途径中平行起作用的 *MAP3K* 蛋白，促进晚疫病病原菌的侵染。Wang 等明确了枯草芽孢杆菌 WL-2 和 IturinA 可抑制致病疫霉菌菌丝生长，具有防控晚疫病的应用潜力。Duan 等比较转录组分析揭示了马铃薯对致病疫霉的亲和与不亲和互作模式。

2. 真菌

Liu 等研究表明壳聚糖可以诱导贮藏马铃薯对链格孢菌的抗性，减少腐烂损失。范振军和李小霞基于关键特征点建立的病害 ROI 检测方法可快速诊断 10 种马铃薯病害。

3. 细菌

Shi 等首次系统解析了土壤微生物组成和功能与疮痂病的关系。拮抗菌贝莱斯芽孢杆菌 BU396、高地芽孢杆菌 AMCC 101304 和内生细菌 *B. velezensis* 8-4 可有效防治疮痂病。Mao 等报道了黑胫病与根际微生物组成密切相关，增强芽孢杆菌可预防黑胫病发生。

4. 病毒

当 PVX RdRp 中的 *Glu46*、*Asn863*、*Asn968* 或 *Glu1001* 突变为 Ala 可明显减轻病毒症状。突变体 PVY-K391R/E410D 在烟草上不产生脉坏死症状，且可保护植物免受 PVY 强株系侵染。SYBR qRT-PCR 和 nRT-PCR 可检测块茎中 PMTV，灵敏度比 RT-PCR 高 10 倍。

5. 虫害

Guo 等首次报道了茄二十八星瓢虫的 RNA 序列。Meng 等证实了激素途径调控马铃薯甲虫幼虫化蛹前的趋光性变化。Xu 等研究显示干扰 USP、Taiman 和 BrC、几丁质转乙酰酶基因可抑制马铃薯甲虫幼虫生长发育并引起死亡。

（四）田间机械

1. 专利

据不完全统计，全国公开马铃薯机械专利共 75 项，其中播种机相关 26 项，收获机（挖掘机）相关 38 项，田间管理机械及采后处理机械等 11 项。

2. 机械化情况

全国马铃薯平均机耕率 63.7%、机播率 25.98%、机收率 24.7%，西南混作区和南方冬作区机播和机收仅为 1% 左右。

3. 研发进展

智能导航（GPS、GRS）在马铃薯机械化整地上有了新的应用。高速气吸式马铃薯精播机在东北农业大学（国家马铃薯产业技术体系机械研究室技术依托单位）研制成功，并简化了整机结构、将压力传感器改为超声波传感器,提高了供种系统的智能化。中国农业机械化科学研究院研制成功马铃薯联合收获机。

(五)贮藏与加工

1. 加工与营养

Dileep 等报道了马铃薯粉对马铃薯—小麦—酸奶馅饼面包面团特性及品质的影响,Cao 等报道了马铃薯果肉对麦面、馒头面筋网络结构的影响,Yang 等通过 MRl、SEM、XRD 对比分析了鲜薯条和预冻薯条在油炸过程中的吸油行为和微观结构变化,Liu 等报道了乳酸氯化钙复合处理提高马铃薯片煮后硬度的机理及优化,Gu 等报道了来源于马铃薯紫薯的一种典型的香精。Zhang 等研究了椰子油对马铃薯淀粉基生物降解膜理化、形态和抗菌性能的影响,Chen 等报道了谷蛋白-谷氨酰胺酶修饰的谷蛋白和麦胶蛋白对马铃薯淀粉消化性能的影响,Liu 等报道了全块茎高氧预处理对鲜切马铃薯切片贮藏期间抗褐变的影响,Jiang 等揭示了苯并(1,2,3)-噻二唑-7-卡硫代酸 s-甲酯(BTH)处理对马铃薯采后创伤愈合过程中活性氧代谢的调控作用。

2. 物理化学性质

Chen 等综合研究和比较了马铃薯精馏淀粉表面微观结构,分析了油炸过程中淀粉颗粒大小对马铃薯淀粉微观结构变化和吸油性能的影响。Han 等分析了马铃薯淀粉颗粒在凝胶化过程中的变化。Chen 等以马铃薯淀粉废水为原料,采用多酶法生产葡萄糖酸铵。

3. 食品安全

Ma 等分析了在植物油中油炸马铃薯条时,丙二醛、4-羟基己醛和 4-羟基壬烯醛的形成。

(国家马铃薯产业技术体系首席科学家　金黎平　提供)

2019 年度甘薯产业技术发展报告

(国家甘薯产业技术体系)

一、国际甘薯生产与贸易概况

根据联合国粮农组织统计数据，2018 年全球约有 120 个国家和地区种植甘薯，面积 806.27 万公顷，总产 0.92 亿吨。面积、总产均比 2017 年下降。非洲种植面积居世界第一，为 459.97 万公顷，是亚洲的 1.55 倍，但是单产还不到亚洲单产水平的 30%。中国仍是世界第一大甘薯生产国，2018 年中国甘薯种植总面积和总产量分别为 237.93 万公顷和 5 324.57 万吨，分别占世界总量的 29.51% 和 57.91%，远远领先于其他国家和地区。

近几年全球甘薯贸易态势发展良好。国际贸易中心数据显示，2018 年全球甘薯出口贸易总量和总额分别为 67.61 万吨和 6.29 亿美元，较上一年贸易额增幅为 19.75%。世界甘薯贸易的主要输出国（以贸易额计）包括美国、荷兰、中国、越南、西班牙等国家和地区，排名前 5 位的国家出口贸易额占世界出口总量的比重为 74.41%，其中美国占 30.53%，与去年基本持平。中国甘薯出口贸易总额 6536.8 万美元，排名居世界第三位。进口贸易方面，格局与上年变化不大，主要进口市场包括英、荷、加、法、德等，排名前 5 位国家甘薯进口额约为 61.28%。

二、国内甘薯生产与贸易概况

据国家甘薯产业技术体系专家调研，甘薯种植面积、单产、总产近年来相对稳定，2019 年全国甘薯种植面积 5 912.86 万亩，单产平均 1 752 千克/亩，总产 1.036 亿吨，今年大部地区干旱较为严重，部分地区出现玉米绝收现象，甘薯除山东等一些丘陵地区受干旱影响减产 20% 左右以外，其他地区受其影响较小。

中国海关总署数据显示，2019 年中国甘薯出口贸易下滑明显，出口贸易量和贸易额分别为 3.97 万吨和 3 556.81 万美元，与上年度相比分别下降 20.05% 和 45.59%。出口集中度小幅下降，主要出口市场包括中国香港、越南、荷兰、英国、日本等国家和地区，贸易顺差明显，但多以初级廉价产品为主，利润空间进一步压缩。出口产品结构稳定，当年非种用鲜甘薯占甘薯出口总额 92.79%，占比与上年持平，冷冻甘薯出口额占比有所提升，与上年相比提升 1.4 个百分点。

三、国际甘薯产业技术研发进展

1. 生物技术

组学应用更加深入。比较转录组研究为甘薯耐低温贮藏提供了候选基因；代谢组学研究发现甘薯块根表型与叶片代谢之间缺乏相关性；蛋白质组学分析表明蛋白质折叠、转运、分选相关的遗传通路以及碳水化合物代谢通路主要发生在甘薯块根；蛋白质组学分析预测出 741 个新的蛋白编码基因，为开放阅读框架（ORF）、外显子延伸和内含子 ORF 序列的翻译提供了新的证据。发现包括甘薯在内的 60 多种 *Ipomoea* 在人类出现之前就已经独立进化出块根，这表明块根不仅是人类驯化的产物，而且是一种易于栽培的性状；发现农杆菌 T-DNA 基因不仅在栽培甘薯基因组中得到整合，同时也存在于四倍体和其他野生种中；使用最新开发的软件 MAPpol 构建了一个超致密的多基因座综合遗传图谱，并对甘薯全同胞家族的遗传系统进行了表征，提出了六倍体-二价遗传促进了甘薯等位基因的稳定性的理论。鉴定出与甘薯耐逆相关基因 *IbCAD1*、*IbNOI* 及 *IbTC*，*IbMPK3* / *IbMPK6* 参与植物免疫。改造后的 *IbOr* 可显著增加转基因甘薯类胡萝卜素的积累；过表达外源 *AtYUCCA6* 或 *XvSap*1 可以提高甘薯的耐逆性；获得比 CaMV 35S 启动子高数百倍的蔗糖诱导型最小启动子 Spo（min）。

2. 资源与育种

品质育种仍是国际热点，开展了高直链淀粉、高抗性淀粉、高微量元素以及紫薯等品种的选育。确定了 2 个与淀粉，β-胡萝卜素相关的 QTL，并解释了高淀粉高胡萝卜素品种难于培育的原因，但利用高淀粉和高胡萝卜素品种杂交仍获得了胡萝卜素含量最高（14.37 毫克/100 克 f.w）和干率最高的（40.10%）品系 1 个；筛选出最适宜做薯条加工的 3 个品种 Tu-Purple、Bohye 和 CIP440390，5 个高产、抗旱且抗 SPVD 的甘薯新材料，1 个抗甘薯蚁象品种 Murasaki。利用 QTL 分析和全基因组关联研究建立了一个抗茎线虫病分子标记，对抗性品种筛选的准确率达到 70%。研究表明定向杂交对群体的轮回改良具有很好的作用，利用代谢谱进行亲本表型及特性差异的鉴定对未来甘薯育种具有较好的价值。国际马铃薯中心研究表明组学辅助筛选可降低表型统计的错误率。RGB 成像和色度学的结合可有效鉴别田间描述符未检测到颜色性状，有助于提高形态学特征的质量，可用于多样性估计和育种。甘薯种质资源多样性分析表明：意大利甘薯种质源于南美且分为两组，其中一组可能来自一个南美品种；美国农业部 417 份甘薯品种可分为 4 个遗传群，且来源多样。

3. 甘薯耕作栽培和营养施肥

在品质调控方面，叶片多酚含量与栽培气温呈极显著正相关，与日照时数呈极显著负相关；赤霉素生物合成抑制剂 Apogee 在控制甘薯地上部生长的同时，并不会影响其次生代谢产物的水平。在产量调控方面，水平栽插、间作、有机肥、疏松土壤等措施可提高甘薯产量；有机土壤还能增加甘薯根际与碳和氮循环相关的细菌数量，从而维持土壤的可持续性种植生产。在水分管理方面，发现 miRNA 调控靶基因参与干旱反应；碳同位素自然丰度 δ15N 再转运可作为甘薯对环境胁迫作出反应的生理指标；外施甜菜碱可缓解干旱胁迫引起的减产；在非洲沙漠地区，沙培加滴灌是一种经济的种苗扩繁方法。重金属污染农田农产品微量元素检测发现，种植甘薯与种植蔬菜相比安全性更高。

欧美、日本等甘薯机械化收获技术已较为成熟稳定。作业质量监控、智能传感、智能导航、自动辅助驾驶等智能化技术不断应用于甘薯收获机械上，提升作业舒适性、提高作业质量。德国 Schmiede.one 公司开发了全自动导航甘薯收获机，可通过远程控制和自主 3D 视觉系统实现自动调整收获深度、速度等，以减小收获损伤、增强薯土分离效果。

4. 病虫害防控

新兴技术运用到了环境、病原与甘薯互作机理研究中。通过锁核酸寡核苷酸钳制 PCR 技术和宏基因组学分析表明甘薯可能会保留原始种植地的内生细菌群落，改变种植地对其影响不大；甘薯蚁象线粒体谱系研究表明甘薯引入前，甘薯蚁象已在亚太地区广泛传播，但宿主不明；利用 GWAS 技术鉴定了与产量和甘薯蚁象抗性相关的 SNP；转录组分析确定了可能与根结线虫抗性有关的候选基因；开发了抗病毒防御相关的 SSR 分子标记。

在甘薯病毒检测方面，在加勒比海地区甘薯叶片上检测到了菜豆金色花叶病毒属病毒、马铃薯 Y 属病毒、杆状病毒属病毒以及玉米线条病毒属病毒，前两种病毒会降低甘薯产量，未见后两种对产量影响的报道。甘薯品种对 RNA 病毒-甘薯褪绿病毒和甘薯羽状斑驳病毒抗性与 DNA 病毒-甘薯卷叶病毒抗性不相关；通过茎尖分生组织培养技术与热处理相结合培养甘薯健康种苗，隔离网可有效繁殖健康种薯苗，一旦转至开放环境仍会感染病毒，降低产量，脱毒材料建议使用两代后更新。雾培条件下群结腐霉（Pythium myriotylum）影响种苗繁育。梭状芽胞杆菌可导致甘薯软腐病发生。在病害防治方面，1.96 千克/公顷的联氟砜（fluensulfone）掺入杀线虫剂可减轻甘薯根结线虫的为害；ClO_2 能有效抑制根腐病离体和活体病菌繁殖和对薯块的浸染；P. 弥散菌株菌株可以抑制甘薯植株的黑腐病；Ⅰ型 [（10E，14E）-10，14-十六二烯（E10，E14-16：Ald）] 和Ⅱ型 [（3Z，6Z，9Z）3，6，9-三茂三烯（Z3，Z6，Z9-23：H）] 组成的信息素可诱捕甘薯茎螟；昆虫病原线虫均可有效地减少甘薯蚁象成虫产生数量。

5. 甘薯贮藏与加工

在甘薯贮藏方面，以干柏树、桉树和苜蓿覆盖贮藏甘薯，可以降低蚁象为害。薯皮伤害达 7.6% 及以上将影响其货架商品价值。在甘薯产品开发研究中，3% 柠檬酸水溶液能够有效提高紫薯花青素和多酚的提取效果，并保持其抗氧化活性；超声波技术可用于薯皮绿原酸的提取；微波辅助干燥用以生产薯片和薯条；喷雾干燥淀粉与天然淀粉相比糊化温度升高，苹果酸处理可使甘薯淀粉失去糊化特性，这些特种淀粉可应用于工业生产；甘薯花青素可作酸碱度颜色指标用于商业包装；橘红肉甘薯粉可作酸乳干酪香味和颜色的添加剂。利用甘薯废渣，还可生产琥珀酸，通过微生物燃料电池发电以及做香菇栽培培养基等。在甘薯功能物质评价方面，橘红肉红薯泥薄饼中类胡萝卜素保留量更高，橘红肉品种对维生素 A 的补充得到莫桑比克社会各个阶层的认可；叶片中酚酸和维生素 C 的含量是叶柄的十倍以上，但热烫等处理后抗氧化剂含量和活性大幅度降低；食用甘薯茎叶具有降低与高脂饮食相关的心血管疾病发生的风险；薯皮提取物合成纳米银粒子具有抗糖尿病、细胞毒性、抗氧化和抗菌性能；紫甘薯花青素 3-咖啡酰-p-羟基苯甲酰槐苷-5-葡萄糖苷有抑制肝脏葡萄糖分泌、降低血糖的作用；紫薯多酚可调节大肠菌群。

四、国内甘薯产业技术研发进展

1. 生物技术

组学技术对进化、块根发育、以及基因功能研究均起到了极大的推动作用，为甘薯的进化及野生种利用提供了更多的信息，且收集和分析长读转录本将加速结构、功能和比较基因组学研究的进展。I. trifida 叶绿体基因组及全基因组关联分析显示 I. trifida 与 I. batatas 能形成一个进化枝；转录组及蛋白组学研究还有助于了解甘薯嫁接诱导开花、耐低温储藏、耐旱等分子基础；脂质组图谱表明磷酸酰丝氨酸和三酰基甘油介导叶片耐盐的重要性；对 I. trifida 的 bZIP、GRAS、GRP 和 WRKY 这四个基因家族在全基因组水平上进行了鉴定和分析，发现其适应非生物胁迫中的重要作用。利用不断更新的组学数据，克隆及鉴定了甘薯 IbC3H18、IbbZIP1、IbMYB116、IbRAP2-12、IbLCY-ε、IbbZIP37、IbTPS1、IbMYB3、IbDHR3 及 IbABF4 基因，发现这些基因在甘薯逆境胁迫中发挥重要作用，其中

IbC3H18 作为核转录激活剂在甘薯中发挥耐逆作用机制一文发表在《New phytologist》上；发现 *IbGSTF4* 参与花青苷转运；过表达 *IbSnRK1* 基因可改善淀粉品质；克隆获得了 *IbCHS* 基因启动子。此外，还揭示了 *AtNHX1* 和 *AteIF4A1* 提高转基因甘薯生产力的机制；对 *I. trifida* 贮藏根的染色体尺度基因组序列分析、基因表达谱分析和 QTL 作图，发现 *BMY11* 可能与贮藏根的形成相关；利用徐薯 18 和徐紫薯 3 号的块根构建小 RNA 和降解组文库，发现 *IbmiR156* 调控其靶标基因 *IbSPL*，降低花青素含量；利用 CRISPR/Cas9 技术发现 *IbGBSSI* 敲除减少直链淀粉百分比，而 *IbSBEII* 相反。

2. 资源利用与品种改良

利用毛细管检测技术将 99 个已登记甘薯品种分为三个亚组，同时聚类结果表明品种间的遗传基础较窄，部分生态薯区的品种相似性较高。筛选到一个 TRAP 分子标记 CHSRV1/AN4 组合用以分析甘薯资源花青素积累的遗传多样性。发明了诱导甘薯开花、提高甘薯有性杂交效率、提高定向杂交结实率、特早熟甘薯品种选育、甘薯耐旱品种鉴定等方法。筛选出适宜制备甘薯汁、甘薯干的原料品种。甘薯品种磷含量可以作为粉条加工用品种育种的参考指标。

开展甘薯与木薯远缘杂交试验，育成高淀粉甘薯品种 6 个，丰富了甘薯种质，其中莆薯 16 干率达 38.11%。登记的甘薯品种有 16 个：万菜薯 19 号、万紫薯 11、福宁紫 3 号、福宁紫 4 号、福宁紫 5 号、宁薯 10 号、福宁薯 12 号、福宁薯 14 号、苏薯 30、宁紫薯 8 号、宁紫薯 7 号、苏薯 17 号、苏薯 24、徐薯 29、徐薯 28、徐薯 39。获得品种权授权的甘薯品种有 18 个：徐紫薯 4 号、洛薯 13、商薯 19、冀 982、苏薯 25、宁紫薯 3 号、冀紫薯 2 号、苏薯 26、济薯 25、济薯 26、济薯 27、广薯 25、万紫薯 56、南紫薯 018、烟薯 25、川 M1412、川 M1418、川 M1422。

3. 甘薯耕作栽培和营养施肥

在栽培生理机制研究方面有所突破。利用共聚焦显微镜、放射性同位素示踪技术和酶活性测定技术研究了块根中同化物的卸载途径；干旱胁迫影响块根淀粉累积和产量，这与甘薯块根中可溶性糖（蔗糖）/淀粉的平衡调节能力下降，使蔗糖转化为淀粉的生理过程受抑制有关；蛋白组分析表明耐旱品种诱导产生过氧化物酶抵御干旱，不耐旱品种则通过蔗糖合成酶维持能量代谢，其块根木质化程度加剧，不利块根膨大。增施钾肥、生长前期喷施 6-BA、移栽后第 10 天以及分枝结薯期浇水等均可有效缓解干旱造成的产量损失。在养分管理方面，以膜下滴灌为基础的甘薯水肥药一体化栽培技术，可显著减少用水量，做到精准施药，可防止肥料农药淋溶而污染环境；黄腐酸钾和生物有机肥增产效果好，腐植酸复合肥（16-9-20）50 千克/亩对甘薯连作障碍有缓解作用；外源激素可作为提高甘薯 K^+ 缺乏耐受性的潜在工具。在镉污染区，甘薯柴根部位对镉的截留可以减少镉通过块根食物链向人体迁移，并筛选了适宜中轻度稻田镉污染区种植的甘薯品种。

国内在甘薯生产机械研发方面有较大进展，开发了 4SM-100 型自走式剪苗机、甘薯旋耕起垄施肥施药机、2ZXY-2 型甘薯移栽机、甘薯秧蔓回收及收获联合作业机、自走式甘薯联合收获机等。

4. 病虫害防控

甘薯病毒病仍是目前影响生产的主要病害，据调查甘薯卷叶病毒不仅影响产量还影响淀粉及胡萝卜素等品质性状，甘薯 G 病毒和轻斑驳病毒发生率在南方较高，首次获得了甘薯无症病毒（SPSMV-1）能够通过甘薯种子传播的试验证据。为此建立了主要品种的脱毒、组培苗培养、甘薯病毒病快速检测技术以及三种病毒多重 RT-PCR 检测方法等，形成了脱毒苗的快繁、两段法育苗标准化栽培技术。甘薯基腐病是一种新发现的病害，主要鉴定到 8 种致病病菌。学者对甘薯茎腐病菌（*Dickeya dadantii*）与甘薯基腐病菌（*Phomopsis destruens*）等进行症状特征、病原菌形态、侵染途径及病害发生、检测及防控的研究，建立了甘薯茎腐病荧光定量 PCR 及血清检测方法。在防治方面，筛选到多菌灵与代森锰锌或农用硫酸链霉素混合使用，可降低甘薯茎基部腐烂病的发病率，发现氯化苦覆膜熏蒸可显著降低土壤中土传病原微生物含量；30%辛硫磷微囊悬浮剂、30%三唑磷微囊悬浮剂可作为防治甘薯腐烂茎线虫病的主推药剂；栽种 40 d 时咪鲜胺锰盐对甘薯根腐病的防治效果最好；收获时枯草芽孢杆菌的防效最好。抗病分子生物学研究方面，过表达 *Cry1Aa* 的甘薯可预防斜纹夜蛾的侵染，从而提高甘薯产量；甘薯中与伤口相关的 *miR408* 与对食草动物的防御有关；鉴定了烟粉虱 MEAM1（中东小种）8 个气味结合蛋白 OBP 和 19 个化学感受蛋白 CSP 基因；完成甘薯蚁象 *Cylas formicarius* 的全线粒体基因组测序。另外，还建立了快速的直接竞争酶联免疫吸附测定法（dcELISA）和试纸免疫测定法用于检测甘薯中农残丁糖呋喃含量。

5. 贮藏与加工

在甘薯贮藏保鲜研发方面，甘薯品种耐贮藏特性与其抗氧化能力呈显著的正相关；1-甲基环丙烯处理并结合 PE 膜或者微孔膜包装可延长叶用甘薯茎尖贮藏期；甘薯食味品质与储藏时间相关，品种间差异较大；12°C+85%RH 是紫甘薯的最适贮藏条件；L-半胱氨酸处理是一种简单合理的鲜食紫甘薯保鲜方法，香芹酮可作为安全的甘薯抑芽剂使用。在副产物开发方面，围绕甘薯蛋白的结构与凝胶特性甘薯肽的新型制备技术等展开；人造沸石柱层析可用于分子量分布范围极窄的甘薯直、支链淀粉制备；还开发了具有更多的功能成分和有效的抗氧化活性的新型食品-甘薯茎叶粉面包；研发了绿色安全的聚乙二醇超声辅助法提取花青素的方法；微波膨化甘薯脆片工艺；甘薯全粉热处理、甘薯蛋糕制作等工艺参数。在甘薯品质评价方面，多酚、黄酮类化合物在紫薯和叶中含量较高，并与抗氧化活性呈显著正相关；紫甘薯碱溶性多糖具有抗炎、免疫增强作用；紫甘薯花青素有抗辐射、对代谢综合征改善等作用。在副产物利用方面也有一定进展，添加甘薯膳食纤维可以改善猪肉肌原纤维蛋白的凝胶特性；甘薯复合变性淀粉可作为增稠剂和稳定剂制备番茄沙司。

（国家甘薯产业技术体系首席科学家　马代夫　提供）

2019年度木薯产业技术发展报告

(国家木薯产业技术体系 CARS-11)

一、国际木薯生产与贸易概况

(一) 国际木薯生产

2019年世界木薯生产规模扩大，鲜薯产量在2.8亿吨左右，这主要是因为非洲和东南亚两大木薯主产区的木薯生产规模均有所扩大。其中，非洲木薯主产国由于品种改良、技术革新及产业转型升级，尤其是尼日利亚、坦桑尼亚等木薯大国的木薯淀粉加工业逐渐兴起，对木薯生产规模的扩大都起到了一定的推动作用。在2018年木薯产品价格行情较好的背景下，2019年东南亚两大木薯主产国——泰国和越南的木薯生产规模也在扩大。2019年泰国木薯收获面积为139.49万公顷，鲜薯产量为3 099.49万吨，单产为22.22吨/公顷，与2018年相比分别增长1.09%、5.54%和4.42%；2019年越南木薯收获面积为51.95万公顷，鲜薯产量1 010.59万吨，单产为19.45吨/公顷，与2018年相比分别增长1.3%、1.4%和2.6%。

(二) 国际辣木生产

全球辣木种植面积约4.73万公顷，主要分布在亚洲、非洲、中美洲等国家和地区。印度是辣木主要原产地，食用辣木可追溯的历史最早，面积约3.80万公顷，为辣木最大生产国，年产嫩果荚约130万吨，年均种植收益每公顷约1 500美元；古巴辣木发展较快，面积约5 000公顷。近年来，亚洲、非洲和中美洲等其他国家和地区引种和推广栽培辣木速度也呈加快趋势，非洲目前有37个国家级辣木协会，会员8 720人；南非国家层面对辣木研发投入较大资金支持，南非辣木协会会员2 000人；墨西哥、斯里兰卡、马来群岛、菲律宾群岛、越南和泰国等也有规模化种植。

(三) 国际木薯贸易

受木薯干片需求萎靡的影响，2019年国际木薯贸易规模缩小。依托良好的生产、加工和贸易条件，东南亚持续成为国际木薯贸易的核心区域，其中泰国和越南两大木薯主产国的木薯干片、木薯淀粉出口量占世界的90%以上，柬埔寨和老挝的出口份额也在增加。在泰铢汇率持续走强及中国木薯市场需求不振的影响下，2019年泰国木薯产品的出口规模呈下降态势，其中木薯干片的下降幅度较大。2019年，泰国木薯干片出口量为240.26万吨，出口额为5.19亿美元，同比分别下降39.78%和42.73%；同期，泰国木薯淀粉出口量为283.56万吨，同比下降3.52%；出口额为12.38亿美元，由于2019年木薯淀粉出口价格的大幅下跌使泰国木薯淀粉出口额同比大幅下降13.71%。此外，泰国每年还从柬埔寨、老挝等国进口大量鲜木薯和木薯干片。其中，泰国鲜木薯进口量为89.98万吨，进口额为5 761.11万美元，同比分别增长53.44%和42.06%。2019年越南木薯及木薯产品出口量为249.6万吨，同比增长2.9%，出口额为9.56亿美元，同比下降0.2%。

(四) 国际辣木贸易

国际市场上,辣木行业国际市场份额占比小,贸易主要涉及辣木籽。印度是辣木籽最大出口国,占世界辣木籽出口总量90%以上。作为蔬菜、粮食补充以及粗饲料,辣木最早在亚洲和非洲不发达国家生产销售,辣木产品较少进入欧美等主要发达国家。随着国际社会对辣木营养价值的认可,辣木日益受到各国的关注,近年来美国、欧盟、日本等国家和地区对果荚等制品的需求量呈稳定增长态势。

二、国内木薯生产与贸易概况

(一) 国内木薯生产

2019年国内木薯生产规模小幅增加,主要是由于2018/2019年度的鲜薯收购价格较高。使木薯农户的种植积极性得到提高。广西是我国木薯种植面积最大的省区,根据《2019年广西统计年鉴》数据显示,2018年广西木薯种植面积为18.23万公顷,干片产量为166.67万吨(折合鲜薯约450万吨)。广西地区的鲜薯收购价格区间从2018年1月的580~720元/吨上涨至2018年12月的680~820元/吨。2019年广西木薯种植面积增加,各地淀粉厂的鲜薯收购量明显好转,预计全年木薯种植面积为18.5万公顷,产量约为460万吨;云南、广东、海南、江西、福建等地由于木薯加工厂相对较少且多采用订单收购的形式,因此木薯种植面积和产量保持相对稳定。从鲜薯收购价格情况来看,2019年1月,全国鲜薯平均收购价约为700元/吨;受木薯淀粉价格持续回落的影响,2019年12月底,新生产年度的鲜薯平均收购价格下跌至约620元/吨。

(二) 国内辣木生产

据不完全统计,目前辣木全国种植面积约4 000公顷,其中云南省约2 800公顷,约占全国70%;四川、福建、广东、重庆、湖南、广西等地也有种植,随着对辣木关注度的提高,国内部分企业与科研院所合作以开发嫩叶和果荚为重点,开展了辣木产品研发和市场推广工作。产品涵盖食品、保健品、药品和饲料等领域,并取得了阶段性成果。总体看,辣木的种植及开发利用在国内仍处于初级阶段,尚未形成规模化产业发展态势。

(三) 国内木薯贸易

我国木薯进出口贸易以木薯干片和木薯淀粉为主,其中木薯干片的进口绝大部分用于木薯乙醇(含燃料乙醇)的生产。受我国燃料乙醇产业结构调整及乙醇价格持续低迷的影响,2019年我国木薯干片进口规模持续萎缩。根据中国海关数据显示,2019年,我国木薯干片进口量为273.86万吨,进口额为6.34亿美元,同比分别下降42.27%和43.73%,其中从泰国进口的木薯干片数量和金额同比分别下降41.82%和43.53%,从越南进口的木薯干片数量和金额同比分别下降63.59%和64.50%。相比之下,木薯淀粉由于广泛用于食品、饲料、造纸等领域,市场需求稳中有增。中国海关数据显示,2019年,我国木薯淀粉进口量为237.55万吨,进口额为10.08亿美元,同比分别增长18.26%和10.08%;从进口市场结构来看,泰国仍然是我国最大的木薯淀粉进口来源地,但进口量和进口额同比分别下降2.36%和7.73%;越南作为我国木薯淀粉进口第二大来源地,进口量和进口额均大幅增长,同比分别增长116.17%、97.58%。

(四) 国内辣木贸易

随着国内辣木籽和辣木籽油需求量的增加,2019年我国辣木籽进口规模呈上升趋势。据调查,我国市场上进行交易的辣木籽主要是印度、缅甸、泰国等国家进口,印度进口的比重最大，从印度进口到中国辣木籽价格在 4.5 万元/吨左右，国内市场辣木籽批发价格在 12 万元/吨左右，价格与 2018 年相比基本保持不变。国内生产的辣木叶粉基本能满足国内市场的需求，国内辣木叶粉批发价格约 6 万元/吨。

三、国际木薯产业技术研发进展

（一）遗传育种技术研究发展动态

1. 木薯

利用单倍型基因组分析缩小 CMD2 的范围。首次通过干扰斯里兰卡花叶病毒 AC1 和 AC4 提高木薯的抗花叶病能力。利用病毒图像传递系统与分子检测相结合及时检测斯里兰卡病毒。CRISPR/Cas9 对病毒基因的编辑会造成病毒逃逸导致编辑无效。利用 CBSD 的侵染性克隆研究木薯褐条病复制及发生机制，发现 Ham1 蛋白对致病性起决定作用。利用 CRISPR/Cas9 同时编辑 eIF4E 异构体 nCBP-1 和 nCBP-2 有效降低褐条病的症状。莫桑比克分离的木薯褐条病毒属于两个不同的分支。巴西首次报道致木薯茎秆干腐病的菜豆壳假球孢菌。

发现 AtLEC1 和 AtLEC2 在木薯体胚形成过程中起关键作用。通过生物强化 AtVIT1 和铁蛋白 AtFER1 提高木薯中铁和锌含量。证实非洲地方品种和改良品种 3.8% 为渐渗系。阐明抗和感木薯对烟粉虱侵染的响应与体内代谢物有关，基因差异不大。

2. 辣木

位于肯尼亚内罗比的国际农用林业中心总部近年收集保存了约 300 份辣木资源，西哥国立自治大学保育了辣木属 12 个种，共 917 份种质资源。2019 年南非承办了第二届世界辣木研讨会，第三届世界辣木研讨会将于 2021 年秋在巴西举行。印度甘地农业大学辣木研究已经 40 多年，辣木种质资源 240 份，目前致力于 4F 育种（食品型 food，肥料型 fertility，饲料型 fodder and 能源型 fuel），主要是培育强再生性灌木型辣木品种。其他国家主要开展引种和栽培，未见育种方面的相关报道。

（二）栽培技术发展动态

1. 木薯

Corguinha et al. 发现木薯块根锌与土壤锌存在正响应，其根系能富集锌元素。Luping Zeng et al. 对木薯间作花生模式施用生物碳和碎茎枝，显著降低它们的镉吸收量。Ibrahim A. Aliyu et al. 发现磷肥配施 AMF 菌肥有显著互作关系，减施 50% P_2O_5 还能增产 25% 鲜薯。多篇论文发现有机肥配施化肥，可提高产量和鲜薯淀粉含量。Freitas et al. 发现木薯接种蛾微杆菌和解淀粉芽孢杆菌，能促进木薯生长，降低菌丝体生长和真菌克隆数，有助提高抗病能力。Utsumi et al. 发现乙酸溶液浇水处理，提高木薯叶片相对水分、光合色素和类胡萝卜素含量，提高 ABA 基因及部分干旱应答和耐受的相关基因，有利提高抗旱能力。

2. 辣木

关于辣木种植密度，各国报道差异较大，但均认为辣木密植可获更高生物产量，推荐密度为 20 厘米×20 厘米；关于施肥多篇报道均认为施用无机肥、生物肥、有机肥均对辣木产量和品质有显著影响，推荐多施粪肥；S. Azam 等报道辣木可作为饲料作物在缺水条件下栽培；S. Batool 等报道叶面施用辣木叶提取物可促进辣木幼苗生长；E. S. du Toit 等报道辣木采收严重程度影响辣木叶总酚、单宁等生物活性成分的含量。

（三）病虫草害防控技术发展动态

1. 木薯

国际上木薯病虫草害研究主要集中在对花叶病、褐条病、害虫（螨）、杂草等检测监测、抗性种质鉴定与创新利用、综合治理研究上，并取得很好的进展。以木薯为先锋作物，CIAT 启动构建作物病虫害监测信息收集系统"PestDisPlace"。西澳大学和 CIAT 分别建立了 ACMV 的早期诊断系统和 SLCMV 的智能手机终端田间症状识别系统，首次报道从莫桑比克 2 种野生植物中检测到 CBSV，筛选获得 7 份抗 CBSV 种质。CIAT 等明确了单爪螨、绵粉蚧等在世界木薯产区的适生性，建立了木薯抗烟粉虱室内鉴定技术。UPL 联合 IITA 等为尼日利亚推出一种广谱、无残留的木薯苗前除草剂"Lifeline"。

2. 辣木

印度对辣木病虫害的研究报道较多，也较为系统。目前，国外已报道的辣木主要病害有果腐病、幼苗枯萎病等；害虫有 113 种，主要分为食叶害虫、吸汁害虫和钻蛀性害虫，对辣木生产影响较大的害虫主要有木麻黄拟木蠹蛾 Indarbelaquadrinotata、辣木瑙螟 Noordablitealis、腰果拟木蠹蛾 Indarbelatetraonis、锤天牛 Diaxenopsisapomecynoides 等。各国报道的辣木病虫害种类、发生危害程度、流行规律不同，但主要种类基本一致。如辣木瑙螟 Noordablitealis 在印度的辣木上为常见种，在苏丹也是重要的食叶害虫。本年度，国外对辣木病虫害的防控技术鲜有报道，针对辣木病虫害的防控主要是通过施肥、修剪等栽培技术措施增强辣木本身的抗病虫能力来完成的。

（四）加工与综合技术发展动态

1. 木薯

国际木薯加工仍然沿着多元化综合利用方向发展，包括研发出改性棕榈核壳纤维和颗粒木薯皮复合材料，能增强复合材料的弹性、峰值黏度、弯曲强度和耐磨性能；研发出具有保健功能的新型纳米木薯蚕丝；研发了木薯渣水热碳化合成生物碳，对罗丹明 B 具有显著吸附作用；研发了戊二醛改性木薯淀粉材料，显著提高颗粒板的密度和耐水能力；研发了纤维素纤维木薯淀粉膜的制备等。从废水处理技术看，膜过滤技术仍然是国际上当前废水处理的主流技术。

2. 辣木

国际早期的辣木生产加工产品主要为辣木叶精片，辣木籽。近年来产品开发更加多元化，降三高产品、抗氧化、改善睡眠等复合型功能产品不断出现，以辣木丰富的营养素和独特的功能因子为突破点，主要利用微生物发酵、开发出辣木健康食品，并利用辣木籽为原料提取活性成分，开发辣木精油等日化产品，逐渐成为辣木加工与综合技术发展的新方向，与国内发展趋势相似。

四、国内木薯产业技术研发进展

（一）遗传育种研究

1. 木薯

利用基因组测序技术，分析 PEG、ABA 和褪黑素处理条件下 LncRNA 的差异表达，结合表型研究同源四倍体提高抗旱性的机制。分析低温胁迫下可变剪切的变化、干旱胁迫下叶绿体蛋白组学。研究木薯 AGPase、HSF、补光叶绿素 a/b 结合蛋白、Dof、ABF 等家族基因的特性。

过表达木薯 NRT2.1 可提高拟南芥的低硝酸盐耐性。创制高直链淀粉新种质。解析 HSP90 调控 Catalase1 和 WRKY20 提高木薯抗旱性的机制。阐明 MeCWINV3 调控源库代谢影响产量的机制。

首次鉴定斯里兰卡病毒 SLCMV-HN7。利用试管苗研究木薯对细菌性枯萎病的响应，解析细菌诱导寄主敏感基因表达及 NF-Y 异源三聚体提高木薯抗细菌性枯萎病的机制。

2. 辣木

源于印度的 PKM1 和 PKM2，品种内分化非常明显，种性并不稳定。国内有企业报道从 PKM1 中新近选育出红河谷 1 号，但尚未通过品种登记。目前共收集了辣木种质资源 365 份，除了开展国外引进辣木资源的检疫和比较试验，诱变育种、分子育种和常规育种均在进行中，其中，以 PKM1 种籽为起始诱变材料，已经获得近 600 份 M1 植株；以修饰 Bt 和 CPTI 为目的基因针对辣木瑙螟的基因工程育种建立了叶盘转化技术体系；以 PKM1 为初始材料的选择育种初步获得一些可以放大的材料或品系，但尚未形成品种。

（二）栽培技术研究进展

1. 木薯

调节土壤微生物组成和三相比可克服木薯连作障碍；膜下滴灌改善土壤理化性状，提高木薯产量；适施外源硒提高食用木薯块根硒含量，叶面喷施利用率最高；推荐清水或 20 克/升石灰水浸种技术；淀粉、可溶性蛋白、丙二醛的含量可作为木薯种茎活力鉴评指标；"生根粉浸种+覆膜"有效提高木薯产量和品质。创建薯构型描绘方法，推荐收获机的机收宽度和深度；研究起垄式种植机及其排种装置、切种装置、多辊仿垄形木薯杆粉碎还田机，还有拨辊式、双行振动式、仿生和联合式的收获机。

2. 辣木

我国辣木栽培研究报道主要涉及果用、叶用及设施等栽培模式。叶用型辣木种植密度以 0.2 米×0.2 米，修剪高度 30 厘米，30 天收割一次生物量较高；适当减小种植密度可促进辣木生长，提高种子产量，推荐果用型辣木种植密度为 2.5 米×3 米；辣木幼苗最适施肥量为 N9P4.5K4.5 克/株；辣木幼林及速生生长阶段最优施肥处理为 N80；设施条件下氮素水平在 30 克/株（N3）时，辣木生长速度最快，植株养分状况较好、光能利用率最佳；辣木树截杆高度为 60 厘米为宜。

（三）病虫害防控技术研究进展

1. 木薯

国内木薯病虫草害主要集中在花叶病检测监测、抗虫种质鉴定与创新利用、害虫微生态调控与综合治理，以及杂草的监测及间套作控草等研究上，并取得较好的研究进展。花叶病在国内发生范围进一步扩大，推测种茎调运是该病传播的主要途径；进一步检测监测发现，斯里兰卡病毒株系和普通花叶病毒存在单独侵染及复合侵染现象，基因组测序发现国内存在 SLCMV 强弱株系。从木薯基因组和转录组数据库中鉴定出 32 个 *MeHsf* 基因、37 个 *MeAux/IAA* 基因和 11 个 *MKK* 基因，发现部分的基因对 Xam 的侵染有响应。初步阐明木瓜秀粉蚧对不同种质的选择性，筛选到抗虫种质 18 份，创制抗螨新种质 10 份；初步揭示木薯抗螨性的生理生化基础；研究发现高密度害螨可诱导更多防御相关基因的表达和次生代谢物质含量的增加；研发出基于防治阈值的害虫微生态调控与绿色防控技术。

2. 辣木

国内关于辣木病虫害的研究报道主要集中在辣木害虫种类调查、病原菌分离鉴定等方面，主要病害有果荚腐病、白粉病、枝条回枯病等 11 种；害虫有 50 多种，危害较重的有瑙螟、赤斑白条天牛、红叶螨等。而对辣木主要病虫害的生物学特性、生态学特性及防治技术等缺乏系统的报道。

（四）加工与综合技术研究进展

1. 木薯

国内研发出利用 2.5%纤维素纳米晶体生产木薯变性淀粉膜，在降解 7 天时，其降解率达 18.28%；研发出玉米木薯辛烯基琥珀酸淀粉钠制备工艺；利用酶催化研发出松香木薯淀粉酯，乳化能力、乳化稳定性分别提高至 31.91%、23.08%。在食品加工方面，火腿肠中添加适量的木薯变性淀粉（乙酰化双淀粉己二酸酯）能显著提高火腿肠质量、成品出品率，和降低制品成本；在添加 30%木薯粉加工木薯抹茶夹心蛋糕，其蛋糕食用品质最佳；成功研发了 4 种真菌毒素快速检测技术和检测产品。在综合利用方面，筛选出饲料发酵用菌种多个，包括生产木薯渣发酵饲料用乳酸菌和木薯渣纤维素降解产氢菌种等。

2. 辣木

国内早期的辣木生产加工主要同质性开发食用鲜叶、辣木茶、辣木精片等辣木叶产品，近年来产品开发更加多元化，降三高产品、润肠通便、改善睡眠、增加骨密度等复合型功能产品不断出现，以辣木丰富的营养素和独特的功能因子为突破点，利用微生物发酵、高效提取制备等技术，开发出辣木健康食品，并利用辣木花、辣木籽为原料提取活性成分，开发辣木面膜、精油等日化产品，逐渐成为辣木加工与综合技术发展的新方向。

（国家木薯产业技术体系首席科学家　李开绵　提供）

2019年度油菜产业技术发展报告

(国家油菜产业技术体系)

一、国际油菜生产与贸易概况

(一) 世界油菜收获面积减少,产量下降,单产稍有上升

据 USDA[①] 统计,2019 年世界油菜总收获面积为 52 348.5 万亩,较 2018 年的 55 207.5 万亩减少了 2 859 万亩。加拿大、印度、中国和欧盟收获面积仍排在前四位,其中,中国占比为 18.91%。世界油菜籽总产量为 6 909.2 万吨,较 2018 年的 7 285.7 万吨下降了 376.5 万吨,其中,加拿大仍居第一,欧盟排名第二,中国和印度分列第三和第四位,中国占 19.52%。世界油菜籽平均单产为 132 千克/亩,比 2018 年的 131.33 千克/亩增加了 0.67 千克/亩。其中,智利仍是单产最高的国家,为 270 千克/亩。

(二) 世界油菜籽、菜籽油贸易总量有所上升

据 USDA 统计,2019 年世界油菜籽出口总量为 1 579.4 万吨,较 2018 年的 1 430.6 万吨增加 1 488 万吨。加拿大、乌克兰和澳大利亚排在出口国的前三位,其中加拿大占比为 64.4%。世界油菜籽进口总量为 1 547 万吨,较 2018 年 1 432 万吨增加 117 万吨。欧盟、中国和日本仍排在世界油菜籽进口国的前三位,其中中国进口量为 250 万吨,占世界油菜籽进口总量的 16.14%。

2019 年世界菜籽油出口总量为 557.2 万吨,较 2018 年的 496 万吨增加 61.2 万吨。其中,加拿大占世界出口量比重最大,为 61.54%。世界菜籽油进口总量为 535.5 万吨,较 2018 年的 486.8 万吨增加 48.7 万吨。美国、中国和挪威仍排在菜籽油进口国的前三位,其中,美国进口份额占比为 34.55%,中国为 34.55%,挪威为 8.78%。

二、国内油菜生产与贸易概况

(一) 国内油菜生产概况

据 USDA 数据统计,2019 年中国油菜收获面积为 9 899.95 万亩,较 2018 年的 9 711.71 万亩增加 188.24 万亩,同比上升 1.94%;全国油菜籽产量达 1 310 万吨,较 2018 年的 1 285 万吨增加 25 万吨,同比上升 1.95%。2019 年我国油菜平均单产为 132.67 千克/亩,与 2018 年持平。由于油菜生产成本有所下降、种植效益较上一年度有所上升,农户种植积极性有所回升,因此加快推进油菜新品种研发、加速广适性机械研发设计与应用及菜籽油品牌建设进程、激发规模种植户以及新型经营主体的种植潜力将是油菜产业发展的关键着力点。

(二) 国内贸易概况

本年度油菜籽价格总体呈现先上升后下降的趋势。第一季度,油菜籽价格呈现缓慢上

---

① 美国农业部:https://apps.fas.usda.gov/psdonline/app/index.html#/app/advQuery

升的趋势；4月份油菜籽价格达到统计区间峰值5 115元/吨，5月之后，新菜籽陆续上市，油菜籽供给增加，油菜籽价格现出现先快速下降后平稳的趋势，至7月份触底为4 714元/吨，随后呈现小幅上升趋势，到11月的4 780元/吨。各月份具体价格见图1。

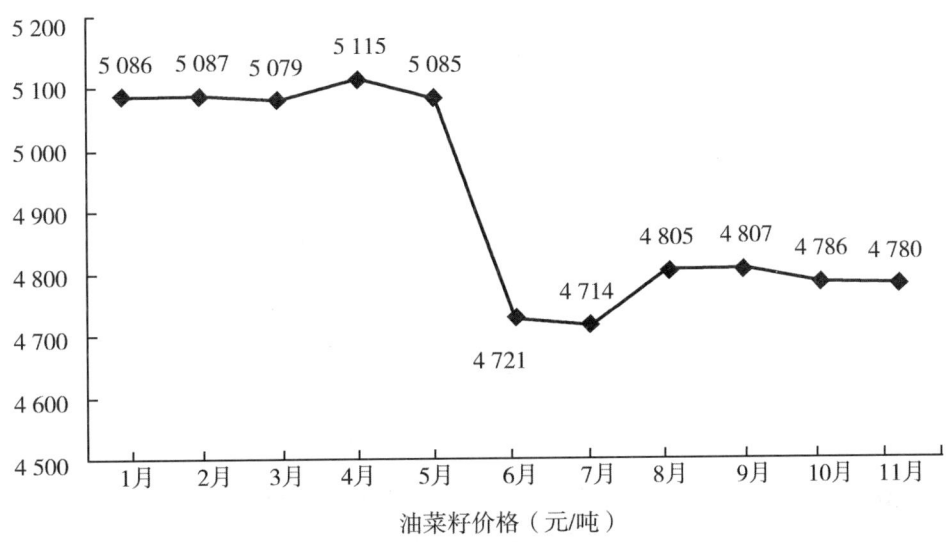

图1 2019年1月至11月油菜籽月度价格

注：油菜籽月度价格根据布瑞克农业数据终端相关数据整理得出，限于数据的可得性，仅以1—11月数据分析价格走势。

本年度我国菜籽油价格总体呈现先升后降的趋势，第一季度上升趋势明显，由1月的13 019.32元/吨上升为3月的13 566.67元/吨。第二季度整体平稳，价格维持在13 587.50元/吨上下。6月之后，菜籽油价格呈现逐步下降趋势，于11月达到13 228.60元/吨。预计后期受菜籽油需求旺季延长、供给维持偏紧的格局不变，预计菜籽油价格会有所反弹。各月份具体价格见图2。

三、国际油菜产业技术研发进展

（一）遗传改良与品种改良

加拿大、澳大利亚以及欧洲油菜效益的实现主要依靠规模化、机械化与品种优质高产稳产的结合。加拿大油菜研究的主要目标是不断提高油菜籽单产水平，近年来我国油菜单产水平与加拿大相比已经存在较大差距；同时，高油酸新品种的选育和推广应用也是他们发展的一个重点，目前加拿大高油酸油菜品种种植面积和应用面积已经比较稳定，所生产高油酸菜籽油直接供应美国麦当劳，因此效益好于普通双低油菜；此外，加拿大油菜产业近年来饱受根肿病的困扰，政府部门和企业都加强了科研的力度，目前已经鉴定了一批抗根肿病位点，也培育出含多个不同抗病基因的油菜新品种，但是研究的难点是如何培育具有持久抗性的油菜新品种。澳大利亚开发了特殊多不饱和脂肪酸油菜，应用专利已经转让给公司，但目前还没有大面积推广应用的报道。

（二）栽培与生产技术

国外相关研究表明，采用不同轮作方式，对地力的改良效果不一，水稻—油菜免耕秸秆覆盖等保护性耕作方式在改良土壤有机碳含量、保水保墒、养分高效利用等方面具有显

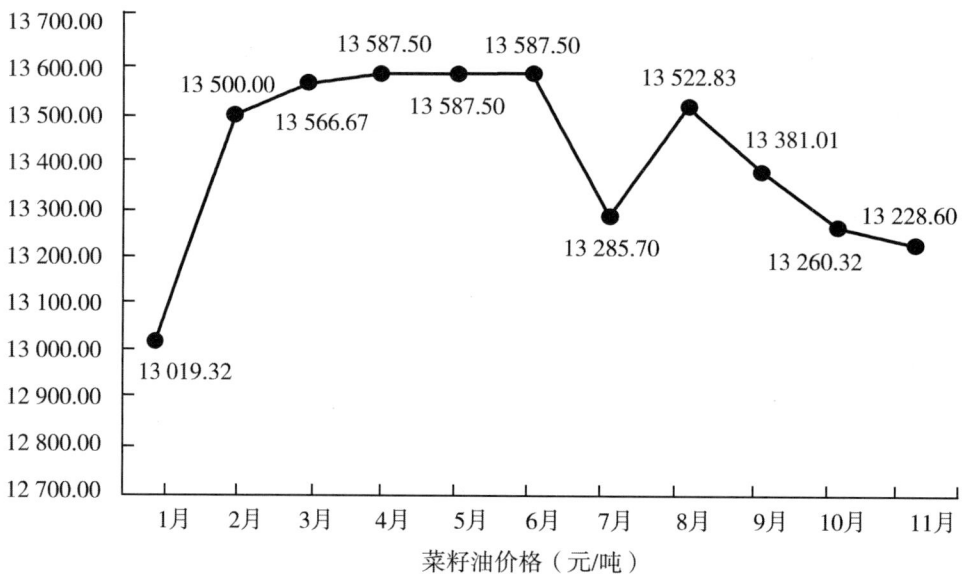

图 2　2019 年 1 月至 11 月菜籽油月度价格

注：菜籽油月度价格根据布瑞克农业数据终端相关数据整理得出，限于数据的可得性，仅以 1—11 月份数据分析价格走势。

著的优势。世界各国油菜有不同的从种到收的生长周期，采用抗病品种，优化播期、氮肥调控等技术，使油菜处于最适开花期，增大生物量，促进干物质向籽粒转运是提高油菜产量的有效途径。在迟播和水分胁迫条件下，不同基因型油菜在产量和品质上有显著差异。为应对气候干旱，澳大利亚聚焦研究和探索油菜对不同生态和农业资源配置的生理响应，指导油菜品种优选，调整油菜播种期、表型和生育进程，避开关键生育期的非生物胁迫，使品种的农学性状更加适应不同的环境。同时，采用合适的间套作方式，选用耕翻机械、施用有机肥，从肥料类型、施用时期、土层位置、根系生长方面提高氮肥转运和利用效率，实现油菜高产稳产。

油菜收获生理成熟度也是研究热点之一，通过比较不同种植密度下油菜种子生理成熟度与水分含量的关系，发现在没有外界因子胁迫情况下，当种子含水量达到 46% 时，油菜进入生理成熟；当油菜进入生理成熟阶段后，角果层含水量达到 70% 时，角果开始发生裂角；同时，分枝上菜籽的成熟度比主花序上的迟 3~8 天。国外科学家还比较了自给自足型油菜生产体系和商业化油菜生产体系的之间的差异，发现自给自足型油菜生产系统具有较高的能值，而商业化油菜生产系统则具有较好的可持续性。此外，波兰研究者对本国的 16 个油菜产区和其他农作物产区进行了比较，发现油菜种植区域的经济效益要高于其他作物产区。

（三）植保技术

菌核病方面，2019 年国际上发表的相关 SCI 论文共 32 篇，主要集中在防治策略和方法的探索、抗药性、预测预报以及核盘菌致病机理等方面，重点聚焦于寄主抗病性的应用和提高，如通过利用果胶基因对油菜基因进行编辑以提高油菜的抗病性。建立了基于血清学反应的菌核病预测预报技术。

根肿病方面，2019年国际上发表的相关SCI论文共56篇，内容包括根肿菌致病机理、根肿菌组织学观察、寄主抗病机理、根肿菌基因组测序与分子标记开发、抗病基因定位与抗病育种、根肿病防控等。如Geoffrey等的研究结果表明，芳香族硫苷gluconasturtin和两种未知代谢物可能与根肿病抗性相关。

黑胫病方面，在加拿大、澳大利亚、美国以及欧洲诸国油菜生产上最常见的还是茎基溃疡病，因而，这些国家的科学家一直在监测茎基溃疡病菌群体遗传结构（致病型、无毒基因型等），并加强抗病品种的选育及推广使用。对我国而言，仍需要加强对加拿大等国家出口到我国的油菜籽和十字花科蔬菜种子严格实施检疫及进口后监管，以防止油菜茎基溃疡病菌传入我国。同时，要对我国油菜产区油菜黑胫病和茎基溃疡病发生和病原菌群体持续实施监测，以降低油菜茎基溃疡病输入风险。

虫害方面，目前国际研究的热点仍然是害虫综合防治（IPM）、新害虫监测与防控、害虫抗药性治理以及油菜抗虫品种选育。在欧洲，由于长期大量使用菊酯类杀虫剂防治油菜花露尾甲、茎象甲等害虫，造成抗药性不断增强，科学家们目前广泛采用物理防控、农业防治、生物防治与化学防治相结合的综合防治策略。印度利用野生十字花科植物抗蚜虫基因资源，成功将抗虫基因导入当地芥菜型油菜品系中，已选育出多个抗（耐）蚜虫的杂交组合和品系；同时，在利用埃塞俄比亚芥诱集欧洲粉蝶方面也取得了显著成效，在油菜田旁种植少量的埃塞俄比亚芥，能够显著减少欧洲粉蝶在油菜上的产卵数和幼虫数。澳大利亚在利用RNA干扰（RNAi）防治油菜蚜虫和甲虫方面也取得了明显进展，有望很快应用于生产。

（四）机械化装备

欧美发达国家油菜生产已实现全程机械化，生产效率高、成本低，以加拿大曼尼托巴省油菜种植情况看，用工数量约0.2时/亩，生产总成本约491.1元/亩（含土地、贮藏、机器及机器折旧等固定资产投入），平均产量约179.3千克/亩，油菜籽生产成本约2.74元/千克，其中劳动力成本仅30.6元/亩，仅占6.1%，机器租赁、机器操作及燃油费用约43元/亩，占8.8%。在此基础上，欧美发达国家的油菜农机装备还在持续向着高效、精准、信息化、智能化的方向发展，已经由传统的纯机械产品转变为机器、人、技术和决策有机结合的智能农机产品。

种植机械方面，继续向着宽幅、高效的方向发展，同时智能化程度更高，并且注重机器和种植环节对土壤和环境的影响，可通过对播种、施肥等环节的精准控制实现种子、肥料和水资源的高效利用。例如约翰迪尔第四代Command Center可自主构建田间布局管理器，实时获取现场数据并进行作业报告和分析，轻松制定运营决策，从而实现对耕种深度、耕作压力、农药喷洒以及种子投放的精准控制，生产者还可远程查看机器的设置、性能、产量和亩数等，获取机器在工作过程中出现的各类问题并提供解决方案。Case在作物残留管理、地面倾角、种床条件、播种精度、植物养分供应、作物保护和收获质量7个农艺技术方面实现了突破。日本Topcon研发的综合作物实时监测和应用系统可通过扫描农作物获得田间氮含量分布数据，并据此实现肥料的变量精准施用。

收获机械方面，持续向高效化、自动化、智能化发展。一方面，通过大马力的发动机和宽幅割台提高机器的收获效率，增加脱粒、清选元件的数量提升物料的处理能力，增大粮箱减少卸粮频率，系统地提升了油菜收获效率；另一方面，通过传感器监控收获机工部件运行参数、作物状态和收获效果,进一步提高了收获质量。例如 John Deer 研发的风机智能调速系统和产量综合自动校准系统,可代替人工校准进一步降低机收损失,提高筛分效果,并提供更准确的产量分布图。MachineSync 能够在一台显示器查看并控制多达 10 台同一个网络中运行的机器。CLAAS 的 770Terra Trac 型联合收获机,匹配 524 马力发动机,粮箱可达 12 800 升,滚筒长度 1 700 毫米,滚筒数量达到 5 个,极大地提高了脱粒分离效率。

(五) 加工和检测技术

菜籽加工产业技术研究方面,国际上主要集中开展了物理场多效调质、精准适温压榨、高效临界流体萃取、柔性物理精炼和饼粕高值化利用等技术的研究。目前在油菜籽组合式清选技术、热风干燥技术和微波物理场调质技术方面取得一定的进展,实现了产业化应用,但是还是存在能耗相对较高、智能化程度低等问题,油菜专用空气能干燥与微波调质联用装备的开发与智能化控制技术方面还有待于进一步的发展。油菜籽低温压榨技术方面已取得较大的突破,但是对油料压榨过程温度、压力进行精准和智能化控制方面还有待于提高。菜籽油绿色适度精炼技术方面,生物酶法脱胶、低温物理吸附精炼等技术发展也较为迅速,随着吸附材料的发展,应用于低温物理精炼的吸附剂性能也得到进一步的加强。此外,油菜籽及其压榨饼的亚临界丁烷萃取和超临界 CO_2 萃取技术已日趋成熟,如何进一步降低生产成本,节能增效,并实现智能化控制,还需要进一步深入研究。

油菜质量安全与营养品质评价技术研究方面,国际上越来越重视油菜籽中植物甾醇、多酚、脂溶性维生素等营养功能成分检测,尤其是适合现场快速检测的油菜籽多品质参数速测技术以及适合于生产中在线检测技术的研究成为该领域的优先发展方向。

油菜秸秆资源化利用技术研究方面,目前技术途径众多,但多项技术并未完全解决其自身的技术瓶颈。如秸秆还田,面临诸如还田机械与还田成本高、还田机械质量不够理想、寒冷区秸秆腐熟难、各地地形差异大、秸秆还田定性定量研究缺乏等问题;秸秆燃料化利用也面临着环境污染、运输半径与成本效益等问题。

四、国内油菜产业技术研发进展

(一) 遗传研究与品种改良

本年度登记了一批油菜新品种,且尚有一大批新组合在各级区试之中。经过近些年的不断努力,目前所的培育的适合机械化生产的新品种所占比重越来越高,有利于促进油菜机械化生产水平的不断提高。此外,油菜品种的功能不断得到拓展,饲料油菜、绿肥油菜、适合观光(不同花色、花期较长)、药用油菜品种、油蔬两用类型油菜品种不断涌现,多功能利用理念不断深入人心。育成或筛选出的有特色油菜新品种主要有:第一个含油量达 50% 的国审品种中油杂 19;第一个高油酸杂交新品种华油 2129,油酸含量达到 75% 以上;全球首个硒高效菜用油菜杂交种硒滋圆 1 号,具有硒高效、高钙、高维生素 C 和有效增强雄性生殖功能的作用;此外还有抗根肿病、适合机械化、非转基因抗除草剂、黄籽、矮秆抗倒伏、抗裂角等。通过全国油菜科研工作者的协同攻关,目前已经积累了一大批各具特色的优异种质资源材料,关键技术的研发和集成能力得到明显加强,基础研究的水平显著提升,油菜基因组和泛基因组研究、甘蓝型油菜起源与进化分析、油菜基因等方面取得了系列的突破性进展,对油菜产业的支撑力度越来越强。中国已成为国际上油菜遗传育种领域发表文章最多和最好的国家,油菜科学研究的世界中心。

(二) 栽培与生产技术

在油菜高产高效栽培理论方面,开展了油菜空间分布的时代变迁理论研究,以合理优化油菜生产布局;构建了油菜冠层三维结构模型,探明适合机械化生产的高效冠层调控机理;氮高效油菜种质可能通过更发达的根系和更多的养分累积来应对低氮胁迫;研究了氮高效油菜根系构型,明确了在低氮条件下 *NRT1.1* 和 *NRT2.1* 基因正向调控根系活性、根质膜活性和 NO_3^- 吸收的生理机制,为挖掘油菜氮高效潜力、培育氮高效油菜品种提供了理论依据。

在油菜高产高效技术和产品研发方面,研发了无损、快速油菜养分丰缺光谱诊断技术;制定了 2 个油菜不同轮作模式及不同氮肥类型下专用肥料配方;建立了适于不同生态区的油菜绿色高产高效技术生产技术;优化建立秸秆全量还田油菜免耕飞播轻简高效技术,为缓解季节矛盾,扩大冬闲田油菜种植面积,确保油菜高产稳产提供了技术支撑。

在油菜绿色高产高效栽培模式优化方面,根据生态特点、种植制度、人文特色,围绕油、菜、花、饲等不同功能用途构建可推广、可复制的高效新模式、新机制、新业态;在菜油兼用方面,以油用为基础、采收菜薹为附加值,后期因地制宜打造旅游休闲花海景观,通过全程机械化生产和全产业链绿色高效发展模式,实现周年高产高效、粮油兼丰;利用油菜花期延长技术,打造出秋季油菜花海,为美丽乡村建设和花海经济提供了技术支撑;研究了硒滋圆系列菜薹品种周年种植技术模式,为推动油菜参与国际竞争、满足人民对美好生活的需要提供了坚实有力的科技支撑。

(三) 植保技术

菌核病方面,选育出菌核病抗性较好的油菜新品系 3 份,其中农艺性状较好 GDP-10 已参加新品种登记试验;定位了若干抗病高效 QTL,其中位于第 2 号染色体上的最大主效 QTL 与开花期和成熟期紧密连锁;明确了第 17 号染色体上控制早熟和感病性基因功能和分子机制,为早熟品种培养提供了指导;明确了核盘菌分泌蛋白 SSITL 通过与寄主植物 CAS 互作抑制寄主抗病反应的分子机理;明确了盾壳霉线粒体蛋白 CmAim24 参与调控盾壳霉发育和寄生核盘菌的分子机制;初步建立了基于多光谱数据的油菜菌核病花期诊断与监测预警技术;筛选到对核盘菌具有极强拮抗作用的曲霉菌 *Aspergillus capensis* 菌株 CanS-34A,并从其发酵液分离纯化出 3 种抗真菌物质;进一步完善了以低毒菌株 DT-8 为有效成分的植物疫苗的制备工艺及其使用方法;油菜菌核病生防药剂盾壳霉 ZS-1SB 获正式农药登记;筛选出 2 种对油菜菌核病具有较好防治效果的化学药剂;初步构建了油菜无人飞机田间管理技术规程;研发的"油菜菌核病、根肿病综合防控技术"入选 2019 年农业农村部主推技术。此外,在世界范围内首次发现 16SrV 组植原体侵染油菜,明确了植原体及其介体昆虫对我国油菜产业的潜在威胁。

根肿病方面,筛选获得对根肿病表现免疫的广谱抗病优良品系 1 份,并通过全基因组关联群体和双亲本分离群体完成了对该基因的精细定位,开发紧密连锁的分子标记 5 个;以 CRd、CRa、CRb、Crr3 抗病位点为靶基因,获得 4 份纯合抗根肿病材料;初步建成芸薹根肿菌生理小种精准鉴定技术规程和油菜根肿病早期诊断与监测预警技术规范,于云南临沧发现 1 个新的根肿菌生理小种(Pb15);进一步研究了生防菌 F85、T113、粉红黏帚霉 GR-1 和哈茨木霉 M-2 对油菜根肿病的生防效果和生防机理;构建了油菜根肿病区域差异化的防控体系。

黑胫病方面，建立了快速检测油菜黑胫病菌的 LAMP 技术体系；对我国 150 份油菜种质资源对黑胫病强致病种的抗病性进行了评估，发现其中存在 Rlm1、Rlm2、Rlm3、Rlm4 等抗病基因；从油菜内生细菌中筛选到具有广谱抗真菌作用的贝莱斯芽孢杆菌 CanL-30 菌株，对油菜黑胫病和菌核病均具有较好的防治效果。

虫害方面，明确了我国油菜叶露尾甲地理种群的遗传多样性；筛选出对蚜虫、小菜蛾和油菜叶露尾甲具有较强毒性的真菌菌株（球孢白僵菌 Bb2393、绿僵菌 MA mutants、玫烟色拟青霉 Pfu13）；进一步了完善油菜抗蚜鉴定技术体系及分级标准；筛选出抗蚜虫的油菜资源 1 份；研制出 2 种安全、高效、低毒的油菜专用杀虫种衣剂；发现草地贪夜蛾开始危害油菜，并开展了相关的监测和防控研究。

（四）机械化装备

油菜精量联合直播机械化技术日趋成熟，在全国得到广泛应用。毯状苗机械移栽多地试验示范取得良好效果，为南方广大区域的冬闲田利用发展油菜提供有效技术装备。针对油菜联合收获青籽影响菜油品质和损失率高的问题，研究突破了低地隙通用底盘的割晒铺放难题，研发成功了通用底盘与多个割台匹配的 1+3 分段/联合收获成套装备，实现各类油菜的高效、低损、高品质收获。以播/栽结合、联/分转换、无人机植保三大技术为核心的油菜全程机械化技术模式基本形成，初步实现了品种、栽培技术和机械装备的集成配套，为油菜全程机械化高效生产、提质增效提供了有力的科技支撑。饲料油菜收获、菜薹收获等油菜多功能发掘利用的新装备也得到初步研发和应用。油菜播种、收获、管理智能化技术正在形成新的发展趋势。

2018 年全国油菜生产耕种收综合机械化水平将为 53.94%，其中机耕 82.3%，种植 29.82%，收获 40.25%。生产用工数量 6.71 天/亩，生产总成本约 922.54 元/亩，平均产量 138 千克/亩，油菜籽生产成本约 6.69 元/千克；其中人工成本 560.51 元/亩，折合 4.06 元/千克（占生产成本的 60.8%）。以上数据表明，当前国内油菜种植效益仍较低、农户种植积极性低下，因此大力发掘油菜多功能利用、加速相关机械研发与推广、推动规模化种植将是未来油菜产业发展的重点。

（五）加工和检测技术

高品质功能型菜籽油产地绿色加工技术和装备日趋成熟，在广泛应用。进一步优化升级了油菜籽预处理技术、高效绿色加工艺和装备。采用气流膨爆技术对油菜籽进行预处理，在原料水分 8%、压力 0.6Mpa 条件下获得的冷榨菜籽油 Canolol 含量达到 2 156.00 毫克/千克，是微波冷榨菜籽油（772.60 毫克/千克）的 2.79 倍。开发了与生产线 PLC 系统有机融合的斗式连续物料称重计量装置，累积误差小，配置成本降低 50%，具有调试简单、运行可靠等优势。基于微波箱体内物料温度、料辊转速和变频器的实时数据，采用 PID 控制技术，开发出微波调质温度自动控制系统，实现微波输料速度与微波焙烤温度的自动匹配。针对滤芯的中心滤管存在储油问题，增加了内衬管道，使每批次的清油回收率提高了 15%以上，提高了精炼效率，过滤机清饼的次数减少了 30%，操作更加高效简便。构建了亚临界 R134a-丁烷混合体系萃取菜籽饼中油脂的方法，在 50℃温度下萃取菜籽饼中油脂，提取率可达 88%。

油菜质量安全与营养品质评价技术研究方面，建立了油菜薹中莱菔硫烷液相色谱-串联质谱检测技术，检出限为 0.05 纳克/克，线性范围 0.1~800 纳克/毫升，加标回收率满足检测要求，检测技术重现性好，日内日间精密度相对标准差小于12%。同时，还建立了油菜籽特异品质叶绿素、生育酚等多参数、高通量同步快速检测技术，可实现宏量常规品质与特异营养品质高通量同步快速测定，预测相关系数达0.9以上，与标准方法结果符合率高达85%以上，显著提高了速测结果准确性，实现了油料品质检测简便化、实用化与标准化。

油菜秸秆资源化利用技术研究方面，目前技术途径众多，但多项技术并未完全解决其自身的技术瓶颈。如秸秆还田还面临诸如还田机械与还田成本高、国产还田机械质量不够理想、寒冷区秸秆腐熟难、各地地形差异大、秸秆还田定性定量研究缺乏等问题；秸秆燃料化利用也面临着环境污染、运输半径与成本效益等问题，这些都有待于技术的持续革新。

（国家油菜产业技术体系首席科学家　王汉中　提供）

2019 年度花生产业技术发展报告

（国家花生产业技术体系）

一、国际花生生产与贸易概况

1. 国际花生生产概况

在主要花生生产国中，总产量前 5 的国家分别是中国、印度、美国、苏丹和阿根廷，2017 年花生产量分别为 1 709.20 万吨、917.90 万吨、328.11 万吨、164.10 万吨和 103.11 万吨，产量均超过 100 万吨。

从总产量看，中国是花生第一生产大国，而从种植面积看印度是花生第一生产大国，其他的花生生产大国依次为美国、苏丹和阿根廷。

中国的花生总产量远远超过世界其他国家，主要表现为花生种植面积大且单产高。FAO 的数据显示，2017 年中国花生总产量为 1 709.20 万吨，居世界第一位。花生种植面积 460.80 万公顷，居世界第二位，仅次于印度。花生单产高达 3.71 吨/公顷，居世界第二位，仅次于美国。

总产量排名第二的是印度，2017 年花生总产量为 917.90 万吨。花生种植面积 530 万公顷，居世界第一位，但是单产较低，仅为 1.73 吨/公顷。印度花生几乎遍布全国，主要分为北部、西南部、中部、东南部、半岛部和南部 6 个种植区。

总产量排名第三的是美国，2017 年花生总产量为 328.11 万吨。虽然美国的花生种植面积仅有 71.86 万公顷，排名世界第五，但其花生单产却高居世界第一，高达 4.57 吨/公顷。美国的花生生产主要集中在 6 个州，包括乔治亚州（55%）、阿拉巴马州（接近 11%）、佛罗里达州（10%）、得克萨斯州（9%）、北卡罗来纳州（5%）和南卡罗来纳州（4%）。

总产量排名第四的是苏丹，2017 年花生总产量为 164.10 万吨。苏丹的花生生产特点是广种薄收，花生种植面积 201.49 万公顷，排名世界第三，但其单产很低，仅有 0.81 吨/公顷，这也反过来说明苏丹的花生生产潜力很大。

总产量排名第五的是阿根廷，2017 年花生总产量为 103.11 万吨。阿根廷虽然花生种植面积较低，只有 33.41 万公顷，但是花生单产达到 3.09 吨/公顷。阿根廷生产的高油酸花生质量好，具有较强的竞争优势。阿根廷的花生生产主要分布在科尔多瓦省、拉潘帕省、圣路易斯省和索尔特斯省。

花生总产量排名 6~11 位的国家分别是塞内加尔、巴西、印度尼西亚、越南、埃塞俄比亚、泰国，产量分别是 91.50 万吨、54.69 万吨、48.00 万吨、45.98 万吨、14.11 万吨、3.20 万吨。

表 1 花生主产国的面积与产量

国家	排名	总产量（万吨）	种植面积（万公顷）	单产（吨/公顷）
中国	1	1 709.20	460.80	3.71
印度	2	917.90	530.00	1.73
美国	3	328.11	71.86	4.57
苏丹	4	164.10	201.49	0.81
阿根廷	5	103.11	33.41	3.09
塞内加尔	6	91.50	94.00	0.97
巴西	7	54.69	15.43	3.54
印度尼西亚	8	48.00	36.40	1.32
越南	9	45.98	19.54	2.35
埃塞俄比亚	10	14.11	8.14	1.73
泰国	11	3.20	3.00	1.07

数据来源：FAO 数据库

2. 世界花生主产国的花生贸易格局

在主要花生生产国中，2016 年花生出口量排名前 5 位的国家分别是印度、美国、阿根廷、巴西、塞内加尔，其出口量分别为 61.06 万吨、36.27 万吨、29.76 万吨、10.57 万吨、10.02 万吨，年花生出口量均超过 10 万吨。排名 5~10 位的国家分别是中国、苏丹、越南、泰国和印度尼西，出口量分别为 8.99 万吨、5 295 吨、3 382 吨、915 吨和 220 吨。

表 2 花生主产国的出口

国家	排名	总出口（万吨）	对中国出口（万吨）	出口中国占比%
印度	1	61.06	2.25	3.68
美国	2	36.27	5.47	15.08
阿根廷	3	29.76	3.48	11.70
巴西	4	10.57	0.04	0.33
塞内加尔	5	10.02	6.65	66.36
中国	6	8.99		0.00
苏丹	7	0.53		0.00
越南	8	0.34		0.00
泰国	9	0.09	0.01	16.17
印度尼西	10	0.02		0.00

数据来源：FAO 数据库

3. 世界花生主产国对中国的出口趋势分析

从 2012—2016 年数据来看，塞内加尔、印度、阿根廷、美国为花生四大出口国。值得注意的是,塞内加尔对中国的花生出口量占总出口的 66.36%,可见中国是塞内加尔的第一大花生进口国。塞内加尔对中国的花生出口量在 2012—2014 年波动较小,且年均出口量较小;2015 年后大幅上升至 6.06 万吨,之后一直处于上升趋势。中国从塞内加尔进口的花生份额近五年较为起伏不定,除 2014 年(2.90%)的较低水平外,其余年间均在 19% 以上的水平。

印度对中国的花生出口量虽然经历了 2013 年(0.66 吨)和 2015 年(1.73 吨)较大幅度的下跌,但是总体还是呈现上升趋势。中国从印度进口花生的份额近五年总体上处于下降趋势,印度已不再是中国的首要花生进口来源国。

阿根廷为花生净出口国,阿根廷花生销往全世界 80 多个国家,主要出口目的国为荷兰(41%)、中国(11%)、俄罗斯(10%)和阿尔及利亚(9%)。阿根廷对中国的花生出口量呈现稳步上升趋势,且从 2015 年开始有较大幅度上升。在 2012—2014 年,对中国的花生出口量一直处于 3 000 吨左右的较低水平,2015 年以后对中国的出口量已高达 2 万吨以上的水平。中国从阿根廷进口的花生份额近 5 年变化起伏不定,均处于 20% 左右的水平。

美国为花生净出口国,年出口量总体上升态势。美国对中国的花生出口量在 2012—2015 年均处于 1 万吨以下的较低水平,波动幅度较小,2016 年上升到 5.47 吨的较高水平。中国从美国进口的花生份额总体上处于上升趋势,除 2014 年和 2016 年处于第 2 名外,其他年间都是第 4 名。

表 3 花生主要出口国对中国的出口趋势表 (单位:吨)

国家	2012 年	2013 年	2014 年	2015 年	2016 年
塞内加尔	3 568	6 903	1 000	60 645	66 474
印度	12 042	6 625	23 240	17 251	22 450
阿根廷	1 688	3 717	2 971	20 400	34 828
美国	621	1 204	7 073	2 192	54 693

数据来源:FAO 数据库

二、国内花生生产与贸易概况

(一)国内花生生产与贸易概况

1. 花生种植面积与前一年相比略有下降

2019 年花生生产继续保持良好的发展态势,各地花生种植积极性较高,国家花生产业体系各试验站的调查以及相关数据资料显示,2019 年各花生主产省种植面积呈现不同的变化趋势,部分省份继续保持高位增长态势,有些基本维持不变,有些则在高位的基础上有所回调。河南省由于"四优四化"科技支撑行动计划的政策利好,花生种植面积在去年的基础上又有所增加,预计达 2 265 万亩;吉林和江苏由于去年花生面积减少较多,今年得到恢复性增长,面积增加较明显,增幅均在 10% 以上。花生面积减少较多的省份有安徽、福建和新疆,减幅在 15% 以上;山东、河北和贵州花生面积减幅在 8% 以上。根据各花生主产省的调查信息,预计 2019 年全国花生种植面积为 7 738.9 万亩,比去年减少 0.8%(表 4)。

表4 全国2019年花生面积与产量

地区	播种面积（万亩、%）		总产量（万吨、%）		单产 千克/亩
	预估量	比上年增减	预估量	比上年增减	
全国	7 738.9	-0.80	1 921.8	-0.15	248.3
河南	2 265	5.35	690.8	5.35	305.0
山东	1 005.4	-12.57	281.5	-13.06	280.0
河北	500	-9.1	120.0	-12.3	240.0
辽宁	500	5.3	110.0	37.7	220.0
广东	505	1.0	104.0	2.3	206.0
湖北	373	2.8	82.8	-1.3	222.0
吉林	380	35.7	79.8	29.5	210.0
安徽	210	-27.6	73.1	-18.3	348.0
四川	395	-6.0	67.5	-8.7	171.0
广西	336	-4.0	62.2	-17.5	185.0
江西	265	-1.9	53.0	-1.9	200.0
江苏	150	10.7	40.2	9.8	268.0
湖南	240	0.0	39.7	-8.0	165.6
福建	110	-21.4	21.5	-23.4	195.0
贵州	126	-8.4	19.0	-2.7	150.5
新疆	17	-15.0	7.0	4.5	410.0
山西	30	0.0	6.8	-6.0	225.6
其他	331.5	10.5	63.0	33.1	190.0

数据来源：主产省数据为团队根据各省试验站的调研估计，其他地区根据国家粮油中心报告数据估算.

2. 花生单产小幅增加

花生单产受花生生长季节天气状况的影响较大。2019年花生生长季节各花生主产省的天气情况总体较为有利。河南省自播种季以来，雨水相对调和，内黄、商丘等花生产地后期略偏旱，但多数地块可浇，因而对花生生长影响不大；郑州、开封等地长势良好，坐果率及苗情均较理想，预计河南花生单产与去年基本持平。山东潍坊市昌乐县、临朐县等部分地区由于干旱造成花生一定幅度减产，而台风对山东花生生产的影响不大。安徽省除后期偏旱外，花生生长季节基本风调雨顺，预计单产有较大增加。辽宁气候正常，没有大的自然灾害，预计单产有较大增加（去年受天气影响单产较低）。江西单产与去年基本持平。福建今年雨水较多，影响花生开花坐果，水田花生烂果有点重，预计单产小幅下滑。总体来看，本年度花生生长季节的不利天气因素仅出现在局部地区，未造成大范围的影响，根据花生产业体系各试验站的调研结果，预计全国花生平均单产为248.3千克/亩。

3. 花生总产量小幅下降

由于面积减少的幅度大于单产增加的幅度，2019年花生总产量预计将略有下降。根据花生产业体系各试验站的调研结果,预计全国花生总产将达到 1 921.8 万吨,比去年减少 0.15%。花生总产量增幅较大的省份包括辽宁、吉林、江苏、河南,增幅均在 5% 以上;总产量减少较多的省份主要有福建和安徽、广西、河北和山东,减幅在 10% 以上。

(二)国内花生贸易概况

中国生产的花生主要用于满足国内市场的需求,对外贸易所占比重很小。从近几年的发展趋势来看,花生出口量基本稳定在 40 万吨左右,进口量则有小幅的上升,由 2017 年的 30 万吨增加到 2019 年的 50 万吨,由此导致花生自给率略有下降。尽管如此,2019 年中国花生自给率仍然达到 97.2%。

从消费形式和消费量来看,食用和榨油是我国花生的两个主要用途,2019 年度花生食用消费量为 785 万吨,榨油消费量为 903 万吨,分别占国内花生年度总供给量的 43.4% 和 49.9%(见表 5)。

表 5 近三年中国花生贸易情况

类别	2017 年	2018 年	2019 年
进口量(万吨)	30	45	50
出口量(万吨)	40	38	40
自给率(%)	98.3	97.5	97.2

数据来源:根据国家粮油信息中心数据整理计算。

从花生的国内贸易来看,全国有 29 个省(直辖市、自治区)生产花生,其中河南、山东、吉林为花生调出省份,其他省市自治区为花生调进省份,而山东、辽宁为花生出口省份。

三、国际花生产业技术研发进展

(一)遗传改良

1. 抗性

(1)芽枯病、番茄斑萎病、青枯病抗性相关研究

Jadhav 等利用 TAG24×ICGV86031 构建的重组自交系群体进行花生芽枯病抗性和农艺性状评价。共鉴定出 6 个性状的 14 个 QTL,其中 5 个 QTL 与发病率有关。Gaurav 等对花生品种 SunOleic97R×NC94022 构建的重组自交系群体进行全基因组重测序,鉴定出花生番茄斑萎病抗性相关 SNPs 位点和 LRR 抗性相关基因。Luo 等利用最新一代测序技术 QTL-seq 鉴定出花生 B02 染色体上 49 个青枯病抗性相关 SNPs 标记和 7 个抗病相关基因,并对其中两个基因进行了功能验证。

(2)耐旱相关研究

Shivaraj 等分别在两个花生祖先种中鉴定出花生水通道蛋白,其中在 *A. duranensis* 中得到 32 个,在 *A. ipaensis* 中得到 36 个,并进行了系统进化分析。Fernanda 等利用高分辨质谱检测花生耐旱相关的多酚类物质,共鉴定出 58 种物质,包括对羟基苯甲酸,羟基肉桂酸、黄烷醇、黄烷醇和黄烷酮。

2. 种子休眠性研究

Kumar 等利用重组自交系群体(ICGV00350×ICGV97045),采用 QTL-seq 方法研究花

生鲜种子休眠性，以鉴定休眠性相关基因。确定了两个候选基因（RING-H2 手指蛋白和玉米黄质环氧酶）在种子发育过程中显著表达，并控制脱落酸积累。

3. 基因组序列分析

Bertioli 等公布了花生栽培品种 Tifrunner 的基因组序列，并揭示了其多倍体起源后，基因组通过可移动原件的活动、缺失和相应祖先染色体之间的遗传信息交流（即同源重组）进化。

（二）病虫害

1. 全球花生病虫害发生与危害概况

世界花生广泛分布于热带和亚热带地区，且多数种植于干旱、瘠薄等边际性土壤上，受自然生态和农业条件的综合影响，常年危害花生的病虫害达百余种，其中具有普遍经济意义的约 10 余种。

花生病害主要包括叶部病害，如早斑病、晚斑病、网斑病和锈病；土传病害，如青枯病、白绢病、根、茎腐病等。此外在北美产区存在线虫病和蕃茄斑萎病毒病，在非洲少数产区存在花生丛蔟病毒。花生虫害主要包括食叶害虫（棉铃虫、斜纹夜蛾和甜菜夜蛾等）、地下害虫（蛴螬、金针虫等）、蚜虫、蓟马、红蜘蛛等。

花生虫害分布的地域和危害程度差异较大，病害发生的严重度也随气候变化而存在差异。随着气候变化加剧和种植规模扩大，全球花生病虫害发生与危害总体呈上升趋势。部分花生产区还发生了新病害，如阿根廷新发现了危害荚果的黑粉病，部分冷凉区域有菌核病危害。此外，黄曲霉毒素污染仍然是广大发展中国家的花生食品安全重要风险因子。

2. 近年相关技术研究进展

（1）病原研究

印度学者 2012 年在印度西部发现了花生叶片萎蔫导致的枯萎病，该病以斑块方式侵染，并在随后的几年中再次出现在同一地区。通过分子生物学和形态学特征鉴定，发现花生叶片萎蔫和枯萎相关的病原菌为镰刀菌属镰刀菌（*Fusarium incarnatum*），这是该镰刀菌危害花生叶片的首次报道。

（2）流行规律

美国学者利用花生 Rx 模型监测花生晚斑病和早斑病的发生。在混合效应回归模型中，以种植日期、轮作、叶斑病的历史发病率、品种和田间历史作为固定效应来评估它们对早斑病或晚斑病预测的贡献率。所选择的花生 Rx 风险因素对至少一项早斑病和晚斑病交错或单独流行的测量的变异性有贡献，但并非所有因素对早斑病和晚斑病的影响是相同的。无论哪种叶斑病占主导地位，花生 Rx 是预测叶斑病发病的一种有效工具。

（3）抗性改良

印度科学家对 11 个花生品种基因组进行了测序，发现这些品种基因组中主要的甲基化类型为 CHG（30,537,376），其次是 CpG（30,356,066）和 CHH（15,993,361）。B 基因组比 A 基因组的甲基化程度更高，基因间区比基因区甲基化程度高。叶部病害抗性材料在 25 个基因的 766 个位点上存在甲基化，在 1 号染色体和 17 号染色体上的编码衰老相关蛋白的基因在不同抗性材料中的表达存在差异。

美国科学家构建了重组自交系群体的 WGRS 数据，建立了基于 SNP 的高密度遗传图谱，并对早斑病、晚斑病和番茄斑萎病抗性相关基因进行了精细定位、候选基因发掘和标记验证。通过上位性和环境交互作用分析确定了环境效应对叶斑病抗性的影响。

美国学者在降水多、炎热等不同环境和高锈病病原压力下，选育出 2 个高抗锈病的品系 97x36-HO2-1-B2G3-1-2-2 和 BOL3-7。

美国学者利用重组自交系群体发掘了 3 个晚斑病抗性相关的 QTL 位点，qLLS405、qLLSB03 和 qLLSBO5；3 个与早斑病抗性相关的 QTL，分别位于染色体 A03 和 B03 上。

中国科学家利用重组近交系群体构建的 SNP 连锁图谱和 4 个环境的表型数据，发现与青枯病抗性相关 QTL 位于染色体 B02 上，通过 BSA-seq 进一步将该 QTL 区域缩小为 2.57Mb 的区域。

印度科学家利用 TAG24×ICGV86031 遗传群体的 F_8 代进行花生芽枯病毒的抗性研究。根据 2 年的表型鉴定结果，结合 SNP 分析，获得了花生芽枯病毒抗性相关的 14 个 QTL。这是首次报道花生芽枯病毒抗性相关 QTL。

（4）防治技术

土耳其 S. Metin Sezena 等研究发现，田间不同的灌溉模式下，花生根腐病的发生率与高温和灌溉水平有极大关系。累计蒸发量在 25 毫米和灌溉水平在 1.25 时，病害发生率降低，随着水分压力加大，病害加重。田间有机质增加、排水系统良好和种子处理可有效降低病害的发生。

美国科学家比较了抗病品种 Georgia-12Y（抗白绢病）和感病品种 Georgia-06 喷施杀菌剂（7 种组合）后的投入和产出比。结果发现，抗、感品种叶斑病的发病趋势相似，抗病品种均比感病品种发病率低。喷施杀菌剂丙硫菌胺、吡噻菌胺和戊唑醇组合时，抗、感品种的叶斑病发病率均最低。不管喷施哪种杀菌剂组合，抗病品种中的产量和净值皆相近；感病品种在使用丙硫菌胺、吡噻菌胺和戊唑醇组合时，产量和净值最高。

在生物防治方面，埃及学者使用生防菌哈刺木霉、酵母和根瘤菌的混合培养滤液处理花生植株，可有效减少土传真菌病害的发生，降低花生幼苗腐烂和根腐病的发生。非洲学者通过对比杀线虫剂乙酰胺、环保生物肥料和微生物制剂抑制根腐病和由线虫引起的根瘤病，发现 3 种处理均可降低根腐病和根瘤病的发生，同时可提高花生产量。

3. 存在问题与发展趋势

目前虽然在叶斑病、青枯病等抗性分子标记研究方面取得了较大的进展，但是由于栽培种花生基因组较大，并且是异源四倍体，加之遗传转化困难，目前尚无/抗病基因用于生产。今后花生病害防治的发展方向是利用分子标记辅助育种获得抗病且农艺性状和产量均较好的品种应用于生产，同时结合生物、化学和物理的手段防控，降低病害的危害。

（三）栽培与土肥

全球花生主要种植在亚洲、非洲和美洲地区，其中亚洲和非洲的种植面积约占全球的 94%、产量约占全球的 88%。美国虽然种植面积不大，但其代表了花生生产技术最高水平。美国政府对花生生产实行保护价和种植配额，以保护农民利益，保证计划生产。在栽培与土肥方面采取的措施主要有：

实行轮作主要轮作方式为玉米—花生—棉花等，能够有效地减轻病虫害，克服连作障碍，提高产量品质。

测土配方平衡施肥美国花生施肥特点是节肥增效。一是强调前茬作物重施肥料，花生利用前茬肥料后劲，减少肥料投入，实现节本增效。二是测土配方施肥。根据土壤化验分析结果、花生的需肥特点、产量要求，提供确保花生优质、绿色、高产所需施肥的种类、数量和方式。

标准化技术集成推广美国花生技术推广机构注重各项技术的集成应用，而不是单项技术"单打独斗"式的推广。技术推广机构对品种、施肥、植保等各项技术反复试验后集成熟化，通过机械仪器设备整合，实现各个生产环节的标准化、精准化。比如，花生种子加工处理由种子公司运作，应用精选设备去杂质、碎粒、虫粒和秕粒后，视各地病虫害发生情况，采用相应的杀菌杀虫剂配制种衣剂进行包衣，防治多种病虫害，包衣种子直接供应农场主。农场主自己不留种子，每年应用包衣种子，按照农机农艺融合设计的种植模式，采用机械单粒精播，保证合理的群体结构。

另外，还在风沙地区集成推广免耕打穴播种新技术，有效地克服了风蚀现象。

（四）机械

除了美国以外，其他发达国家鲜有花生规模化种植。美国从事花生工程领域相关研究的主要研究机构有美国农业部花生研究所、奥本大学等，但其多从事品种选育、栽培、干燥、贮藏等相关技术研究，具体的技术与装备研发工作主要由企业来承担。其中，播种机械代表性企业为 JOHN DEERE 公司，收获机械代表性企业主要有 KMC、AMADAS、COLOMBO 等公司。

美国花生生产机械化技术已相当成熟，代表了当前世界先进水平，其花生种植体系与机械化生产系统高度融合，耕整地、播种、施肥、灌溉、病虫害防治、收获、干燥、脱壳等各个环节早已全面实现机械化。

美国花生耕整地设备多为通用型设备，主要有犁、圆盘耙、缺口耙等，为保证播种质量、提高土壤通透性和种子发芽率，一般播前会采用圆盘耙、缺口耙等设备对地块进行耕整。美国花生播种机多为大型、专用型精量播种设备，排种器型式主要为气吸式和指夹式；各个农场花生播种行距并不一致，但均与其保有的挖掘收获机和捡拾联合收获机作业幅宽相匹配；花生种子全部经过严格分级加工处理，并采用杀菌剂和杀虫剂包衣；风沙地条件下，为防止风蚀，常采取免耕播种作业。

美国花生收获方式以两段式收获为主。收获前通过专业手段确定最佳收获期，收获时先用花生挖掘收获机将花生挖掘、清土并条铺于田间，由于美国花生品种多为匍匐型，挖掘收获机可将花生完全反转 180°，将花生荚果暴露在最上端使其快速干燥，待花生含水率降至 17% 左右时，再用牵引式或自走式花生捡拾联合收获机一次性完成捡拾、摘果、清选、集果、秧蔓打散抛洒等作业环节，相应的收获装备也早已实现了专用化、标准化和系列化。

美国花生收获后干燥、脱壳等初加工技术也相当成熟和完善，就车低温通风干燥、太阳能干燥、花生脱壳生产线广泛应用。美国花生收获后，荚果直接卸入干燥车内运往场地进行干燥，大约 12 小时后就能将花生含水率降至 8% 左右，达到安全贮藏水平，干燥成本低，每吨仅约 5 美元。美国花生脱壳加工流水线广泛应用，可一次性完成脱壳、清选、分级，且可将完整花生和不完整花生进行分选，还能将完整花生分为多个等级，完整饱满的花生可用作花生种子，其余花生用作食品加工原料。

近年来，GPS 卫星定位、自动导航等高新技术已逐渐应用在花生耕整地、播种和收获等作业环节。总体而言，美国花生机械化装备制造过程质量保证体系、制造质量和可靠性均能得到保障，机械化生产技术模式与装备均已相当成熟。成熟机具大面积应用的同时，企业作为技术创新的主体，还在对现有机型不断进行升级完善，使其产品向智能化、高效化、精量化等方向发展。

（五）产后加工

国外专家开展了花生品质快速无损检测技术、花生酱的营养功效、高水分挤压组织化对花生拉丝蛋白品质的影响机制、花生加工副产物综合利用技术等研究。

1. 花生品质快速无损检测技术

国外专家主要利用近红外、高光谱、拉曼等技术对花生等粮油原料的加工品质和适宜性进行快速分析和判断，开发了便携式检测设备，提高检测效率，降低检测成本。研究了基于机器学习和图像分析等新算法深度挖掘花生原料的光谱和图像信息，构建花生品质预测模型，应用于品种选育和过程控制。

2. 花生酱营养价值及其与疾病的关系研究

国外专家主要研究花生酱营养价值以及与疾病关系，如 Nieuwenhuis 等的研究结果表明，花生酱摄入有助于女性控制肺癌，但是与其他肺癌亚型无关。在另外一个研究中，花生酱的摄入与患胃非心脏腺癌亚型风险成反比，但是与其他食道和胃癌亚型无关。

3. 高水分挤压组织化对花生拉丝蛋白品质的影响机制

2019 年美国植物性食品的总销售额从 2017 年的 34 亿美元增长到 45 亿美元，其中植源肉食品类增速达 10%，而动物肉的增速仅 2%。2019 年在《麻省理工学院技术评论》上发布的全球十大突破性技术中，植物基牛肉汉堡成功入选。Beyond Meat 公司股价在上市首日暴涨 163%，使植物蛋白肉的开发成为全球食品行业关注的焦点。采用高水分挤压技术制备新型植物蛋白肉备受关注，研究者关注了模具中纤维结构形成机理和动物蛋白与植物蛋白混合挤压等方面研究。此外，利用 shear cell、3D 打印联用等技术制备植物蛋白肉的研究也取得了重要进展，使植物蛋白肉产品向多样化、营养化、可调控的方向发展。

4. 花生加工副产物综合利用技术

由于消费习惯不同，国外多将花生或花生碎用于花生酱、糖果、糕点等食品加工，只有少数专家开展了花生蛋白相关研究。Chen 等利用热超声预处理为胰酶诱导的花生分离蛋白水解提供底物，应用响应面方法优化了热超声条件（功率输出和温度），并在 475.0 瓦，72℃下获得了水解度最高的酶水解底物（7.16%），以此为原料，酶解后溶解度可达 90%。Rishipal 等研究了花生分离蛋白与多酚提取物复合物降低花生过敏小鼠过敏反应的能力，以花生蛋白-多酚聚集体强化的氨基酸饮食饲养小鼠，其花生特异性血浆免疫球蛋白（IgE）显著减低，其过敏反应明显减弱。

5. 花生蛋白基胶黏剂制备技术

2019 年我国人造板产量约为 3.25 亿立方米，2023 年预测达到 3.74 亿立方米，年平均增长率约为 3.57%，其中使用的胶黏剂主要为"三醛胶"（酚醛树脂、脲醛树脂和三聚氰胺甲醛树脂）。随着石油资源的枯竭和人们环保意识的提高，绿色环保的植物蛋白胶黏剂逐渐成为人们关注的热点。Heinrich 等以植物蛋白为原料制备了无醛植物蛋白胶黏剂，利用蛋白分子内的-OH、-NH$_2$、-COOH 等活性基团，进行嫁接和交联等化学改性，提高了其胶合强度和耐水性。

四、国内花生产业技术研发进展

(一) 遗传改良

1. 白绢病、黑斑病、青枯病等抗性研究

徐永菊等综述了花生白绢病相关研究进展,涉及致病机理、病原菌遗传多样性、致病性及毒力因子、白绢病防治(包括症状、生防菌筛选等)等,总结了包括接种方法、已发掘抗性资源等在内的花生白绢病抗病育种研究成果。吴丽军等介绍了花生黑斑病的危害和防治方法,综述了花生黑斑病抗性种质资源挖掘、抗性遗传及抗病基因、分子标记、抗病品种培育等最新研究进展。

陆济等利用平板对峙法筛选对花生青枯病有拮抗作用的生物防治细菌菌株,利用盆栽试验筛选防治效果好的细菌菌株。从根际土壤中分离的 300 余株细菌中筛选获得 7 株对花生青枯病有拮抗作用的菌株。Zhang 等研究表明,在烟草中过表达花生 *AhRLK*1 基因可增强烟草对青枯病的抗性。花生体系遗传改良研究室与病虫草害防控研究室合作,用基于测序的 QTL-seq 的方法在 195 个重组自交系后代中找到花生青枯病抗性候选基因和诊断标记。QTL-seq 分析确定了 B02 染色体上存在一个与青枯病抗性显著相关的候选基因组区域。映射新开发的 SNP 标记可将区域缩小到 2.07Mb,并证实了其在三个环境中的作用和表达稳定性。该候选基因组区域具有 49 个非同义 SNP,影响 19 个潜在候选基因,其中包括 7 个公认的抗性基因 (R 基因)。

2. 耐盐、耐旱、耐低温研究

孔伟伟等设置了不同盐浓度的胁迫试验,通过测定盐胁迫后花生叶片硝酸盐含量,分析了 NRT1 基因家族特征及其对盐胁迫的响应。结果表明,在栽培花生品种鲁花 14 中发现了 9 个对盐胁迫响应的 NRT1 基因,推测这些基因可能参与盐胁迫条件下氮素的吸收和转运。Wang 等在基因组水平上检测了花生种子发育和盐胁迫相关的 bZIP 转录因子,分别在 *A. duranensis*、*A. ipaensis* 野生种基因组中检测到 50 个和 45 个 bZIP 转录因子,并对其进行了系统进化分析和 qRT-PCR 验证。

陈勇智等以 2 种不同抗旱性花生品种为材料(抗旱品种粤油 7 号和敏旱品种汕优 523),研究了组蛋白去乙酰化酶抑制剂曲古抑菌素 A 在模拟干旱条件下对花生幼苗叶片叶绿素质量分数、荧光特性和光合相关基因表达的影响。高斌等利用野生二倍体花生基因组信息鉴定出 112 个 bZIP 转录因子家族成员,其中 AA 基因组中 55 个家族成员,BB 基因组中 57 个家族成员,分别被命名为 *AradubZIP1 - AradubZIP55* 与 *AraipbZIP1 - AraipbZIP57*。并通过生物信息学方法,分析了其基因结构、保守基序、理化性质,研究了其与拟南芥 bZIP 家族成员和部分四倍体花生 bZIP 的系统进化关系,预测了其在植物细胞中的位置,并利用转录组测序技术探究了部分家族成员在栽培花生 L422 生长后期叶片响应干旱胁迫的基因表达规律。Long 等研究了干旱胁迫条件下花生 ABA 产生、代谢和叶片转运调节的 ABA 稳态平衡。Song 等通过比较不同豆科植物基因组找到了 *A. duranensis* 特有基因,并分析了基因表达模式以及替换模式,并检测了这些特有基因在线虫侵染和干旱胁迫条件下的表达变化规律。

于海秋等综述了花生膜脂代谢及耐冷性分子机制研究进展。王传堂等对 18 份高油酸花生品系进行产量鉴定、品质分析,并通过春季分期提早播种的方式鉴定其对低温高湿的反应。结果表明,3 期(4 月 13 日、4 月 16 日和 4 月 19 日)播种出苗率均不低于 60% 的高油酸品系 2 份、3 期出苗率均不低于 43.33% 的高油酸品系 2 份。张高华等以田间试验中耐寒性表现不同的 4 个高油酸花生品种为材料,分析了其在发芽期低温胁迫下的全基因组水平调控。通过转录组高通量测序共获得 139429 条 Unigene,其中两组耐寒与不耐寒高油酸花生品种在低温胁迫下共产生差异表达基因 3 520 条。

3. 品质相关研究

(1) 油分及脂肪酸含量

花生是我国和世界上主要的油料作物,其油脂合成受 3-磷酸甘油酰基转移酶调控,但其调控机制尚不清楚。为此,姜竹等从花生中克隆出 3-磷酸甘油酰基转移酶基因(GPAT),并运用酵母遗传互补体系对基因功能进行了鉴定。发现其中 3 个基因具有酰基转移酶活性。徐赫等从花生中克隆得到 3 个油质蛋白基因,分别命名为 $Aholeosin22a$、$Aholeosin22b$、$Aholeosin22c$。姜慧芳等利用重组自交系群体(徐花 13×中花 6)构建了基于双消化的限制性位点相关 DNA 测序(ddRAD-seq)的遗传图谱,并在 5 个连锁群上确定了 7 个含油量相关 QTL,包括 A08 染色体上的主要和稳定 QTL $qOCA08.1$,表型变异为 10.14%~27.19%。针对与含油量相关的 SNP 位点开发了标记 SNPOCA08,并在不同含油量的花生品种中进行了验证。

王传堂等利用在莱西鉴定的 7 份高油酸花生材料,在 4 个地点种植,估算了含油量、脂肪酸含量、油亚比和碘值的广义遗传力。认为必须注重低油地区高油资源创制,并在多环境(多地点、多年份、多季节)中评价其高油性状的稳定性。另外,高油酸品种亚油酸含量的稳定性亦须引起足够重视。Yuan 等利用 CRISPR/Cas9 技术对 $FAD2$ 基因进行编辑,共检测到 3 个突变位点,G448A(在 $ahFAD2A$)、441_442insA 和 G451T(在 $ahFAD2B$)。张新友等报道了采用标记辅助的回交育种策略培育高油高油酸花生的研究进展。

(2) 矿质元素

王传堂等对 16 个普通油酸、74 个高油酸花生基因型子仁中钙、钾、镁、硼、铁 5 种矿质元素含量进行分析,发现其变幅分别为 171.00~990.10 毫克/千克、2 987.10~10 112.70 毫克/千克、840.40~2 607.20 毫克/千克、10.10~32.20 毫克/千克、8.10~22.40 毫克/千克。鉴定出这 5 种矿质元素含量高或低的材料 7 个。首次提出了基于概率分级方法的花生子仁矿质元素含量分级标准。Chen 等利用 microRNA 和转录组学的方法研究了花生缺钙条件下胚败育相关 miRNA,共鉴定出 161 个 miRNA,其中 87 个在缺钙和钙充足条件下表达水平有显著差异。

(3) 感官品质

张胜忠等以花育 36 号×高油 613 构建的重组自交系(RIL)群体为试验材料,考察 2 个环境下(E1、E2)RIL 群体种子长宽比表型数据,采用数量性状主基因+多基因混合遗传模型联合分离分析方法进行遗传分析。结果表明,E1 环境下花生种子长宽比符合 B18 模型(即 2 对存在重叠作用的独立主基因遗传模型),主基因间互作效应为-0.19,主基因遗传率为 89.86%;E2 环境花生种子长宽比符合 B17 模型(即 2 对存在互补作用的独立主基因遗传模型),主基因间互作效应为-0.22,主基因遗传率为 92.04%。通过对多态性 SSR 标记筛选和相关性分析,发现标记 AGGS1325 在 2 个环境下均与种子长宽比显著性相关。曾新颖等以中花 16×J11 构建的 RIL 群体为材料,发掘与花生籽仁大小相关的 QTL。2 年共检测到 66 个 QTL,贡献率为 3.23%~33.01%。与籽仁长、籽仁宽、籽仁长宽比和百仁重相关的QTL分别有18个、16个、18个和14个。周小静等为解析花生产量及产量相关性状的遗传基础，挖掘稳定存在的QTL，以荚果大小和重量存在显著差异的中花5号和ICGV86699及以其为亲本衍生的包含166个株系的重组自交系群体为材料，对3个荚果相关性状中荚果长、荚果宽在5个环境，百果重在6个环境下进行性状考察，并结合群体的基因分型数据进行QTL定位分析。共检测到9个荚果长QTL、10个荚果宽QTL和12个百果重QTL。有10个QTL在多个环境被重复检测到，其中6个QTL在不同地点重复检测到，为稳定表达QTL，且稳定表达的QTL中5个（*qPLB06.2*、*qPLB06.3*、*qPWB06.2*、*qHPWB04.3*、*qHPWB06.3*）在至少1个环境中贡献率超过10%。共发现5个QTL簇，其中位于B06上的QTL簇Ⅳ和Ⅴ，均在多个环境下检测到稳定调控荚果长、荚果宽和百果重的QTL共定位，表明这些荚果相关性状具有明显的遗传相关性。

王传堂等以7份高油酸大花生材料、4份高油酸小花生材料、1份普通油酸大花生材料和1份普通油酸小花生材料为对象，研究了生仁和烤仁感官品质性状的广义遗传力。结果表明，在烤花生感官品质育种中，欲提高选择的准确性和可靠性，应进行设重复的试验，并以重复平均数作为取舍参考。对于像大花生烤仁甜味这样的指标，鉴于遗传因素的作用明显低于环境因素，从生产角度看，现阶段须格外重视种植地点的选择，适宜的农艺措施配套也是必要的。

杨伟强等概述了我国鲜食花生种质资源筛选和品质特性研究进展，统计了我国登记的121个鲜食花生品种特征特性，对其生育期、育种方法、品质特性和荚果籽仁特性等进行了分析。王传堂等依据甜味、香味、细腻度、脆性、苦味、异味和总体喜欢度等7项指标按5级标准（1~5），评价了4个基因型3个不同成熟度花生样品的鲜食感官品质。

（4）食品安全

郭志青等为了解山东省花生主产区土壤及收获后花生荚果黄曲霉菌及黄曲霉毒素的污染情况，在烟台、青岛、临沂、泰安、枣庄及菏泽等花生主要产区进行土壤、花生荚果的采样，对土壤、荚果果壳、花生籽仁的黄曲霉菌检出率进行统计并对籽仁中黄曲霉毒素含量进行测定。结果表明，不同产区土壤黄曲霉菌检出率为3.33%~33.33%，花生果壳黄曲霉菌检出率为10.89%~27.78%，花生籽仁中黄曲霉菌检出率为3.11%~11.56%，花生籽仁中黄曲霉毒素浓度为5.01~26.80微克/千克。发现花生籽仁黄曲霉毒素含量与土壤黄曲霉菌检出率呈极强相关，与花生果壳和子仁黄曲霉菌检出率呈中度相关。

花生体系病虫草害防控研究室利用强侵染黄曲霉菌AF2202接种花生荚果，通过分析不同接种菌浓度和培养时间的接种效果，可以得出，接种浓度为$2×10^6$孢子/毫升、培养7d的组合方案可有效鉴定花生荚壳对黄曲霉菌侵染的抗性。用此鉴定方法对276份遗传变异丰富的花生核心种质材料接种鉴定，进一步证明了该法鉴定花生荚壳抗性的有效性和实用性，初步发掘出2份具有荚壳抗性的特异花生种质。

4. 基因组序列分析

Yin等首次揭示了异源四倍体野生种*A. monticola*在花生从野生二倍体到栽培四倍体的重要驯化地位，证实了异源四倍体花生中A和B亚基因组的单系起源以及在驯化过程中的亚基因组功能分化。Zhuang等报告了花生品种狮头企高质量的基因组序列。对52个材料的重测序表明，独立的驯化形成了花生生态型。而42万~47万年前的多倍体化限制了遗传变异。梁炫强等发表了四倍体栽培花生"伏花生"的全基因组测序结果。王娟等组装了 12 个花生属完整叶绿体（cp）基因组。这些 cp 基因组序列丰富了已发布的 Arachis cp 基因组数据。

（二）病虫害

1. 我国花生主要病虫害发生与危害概况

我国东北花生产区主要病害为叶斑病、白绢病、冠腐病、茎腐病，白绢病已经成为辽宁省沿海地区花生中后期的主要病害。东北花生产区蛴螬危害呈上升趋势，某些次要害虫如双斑萤叶甲有成为主要害虫的趋势。

北方花生产区根茎腐病、褐斑病和黑斑病仍然是主要病害，豫南地区白绢病发生严重，网斑病发病减轻。蓟马、蚜虫、食叶类害虫发生情况较往年更加严重，已经演变为普发性害虫。

长江流域褐斑病、黑斑病为常发病害，锈病整体发生较轻，根茎腐病在某些产区发生严重，白绢病区域化发生。蓟马、棉铃虫、斜纹夜蛾成为常发性虫害，蛴螬发生较轻。

南方花生产区褐斑病、黑斑病、荚果腐烂病、白绢病等病害发生较重，锈病在部分区域发生较重，大部分产区发生较轻。

总体来看，全国花生褐斑病、黑斑病轻到中度发生，白绢病发生呈上升趋势；蓟马、蚜虫、食叶类害虫发生情况较往年严重。

2. 年度主要研究进展

（1）病原研究

综合国内相关报道，近年来在花生病原菌研究方面取得了若干进展。以我国 5 个省份的 10 个花生产区分离的花生烂果病样病原菌为对象，通过病形态学观察和分子生物学鉴定，确定其为腐霉属（Pythium myriotylum）真菌。将分离的代表性菌株接种花生植株进行致病性鉴定，结果证实了首次发现的 P. myriotylum 为引起花生烂果病的病原菌。

通过对我国典型花生产区的 1 151 株黄曲霉菌分离鉴定，发现长江流域土壤及花生中黄曲霉菌分布最多，东北和北方黄曲霉菌分布较少；土壤菌落数高于 200.0CFU/克黄曲霉菌株主要分布在经度 106°18′~117°67′（E）或中纬度区 21°15′~32°53′（N）、低海拔区 19.8~115 米范围内。

采用形态学特征与分子生物学技术相结合的方法，对花生黑腐病害进行了病原菌鉴定。结果表明，我国花生黑腐病害的病原菌为冬青丽赤壳 Calonectria iliciola。

（2）流行规律

近年来，国内在花生叶斑病、烂果病、白绢病、疮痂病等病害的流行规律方面进行了观察研究，并取得了一定进展。通过对花生整个生长季节褐斑病流行动态的调查，并定期捕捉空中分生孢子，结合田间环境监测分析不同变量之间的相关性。结果表明，花生褐斑病的季节流行曲线为典型"S"形曲线，病害指数增长期为花生出苗至 7 月上旬，逻辑斯蒂增长期为 7 月上旬至 9 月中旬，衰退期为 9 月中旬至花生生育期结束。整个生长季花生褐斑病的表观侵染速率呈波浪式正态分布，其变化趋势可反映不同流行时期该病害病情变化快慢。

（3）抗性改良

通过自然发病和人工接种两种方法进行白绢病抗性鉴定和产量损失研究。结果表明，在自然发病条件下，10 份材料由白绢病造成的枯萎率为 11.0%~50.0%，其中 7 份材料白绢病枯萎率低于30.0%；在人工接种条件下，10份材料的枯萎率为66.1%~94.0%，均为感病品系。产量损失试验表明，在人工接种条件下，所有品系产量损失均超过91.7%，严重者几乎绝产。综合田间自然发病和人工接种鉴定结果，筛选出1份耐病材料16-A13440。

鉴定获得了两个与花生种子抗黄曲霉菌侵染相关的QTL分子标记，其中一个为主效QTL，解释的表型变异为11.32%~13.00%（PVE）；同时获得了12个与抗黄曲霉毒素积累相关的QTL，其中4个可在多环境中稳定检测到。

（4）防控技术

测定了8种杀菌剂对花生黑腐病菌进行室内抑制作用。结果表明，10%戊唑醇EC对黑腐病菌的毒力最强。为防治花生土传病害和地下害虫，研发制备了30%噻虫胺·吡唑醚菌酯·苯醚甲环唑悬浮种衣剂。通过室内、室外试验，确定田间推荐剂量为200g a.i./100千克，对花生冠腐病、根腐病、茎腐病及花生蚜虫、地老虎均有一定的兼治效果，同时可促进花生出苗和增加产量，具有较好的推广前景。

3. 存在问题与发展方向

面对全球气候变暖、耕作简化、秸秆未腐熟还田、种植制度和模式变化等的影响，病虫害危害将会出现一些新的变化，尤其是土传枯萎性病害发生呈上升态势。如2019年青枯病和白绢病发病面积扩大。由于这些土传病害的病原存活在土壤中，如果2020年气候条件合适，这些病害仍然是危害花生的重要病害。虫害方面，除了传统的夜蛾类和蛴螬为害，蓟马的为害也上升为一个主要虫害，在花生苗期各地均有为害，在部分区域整个生育期均有该虫的为害。存在的主要问题和发展趋势包括，一是针对多数花生病虫害目前还缺乏高抗、高产、优质品种，尤其是兼抗性优良品种缺乏，需要加强兼抗性育种技术的研究和新品种的培育；二是花生病虫害防控成本升高，需要研究与集成高效、环保、低成本的综合防控技术；三是花生绿色防控技术的研发和应用在主产国之间差异较大，对于一些新病害的防控需要加强病理基础研究和国际合作。

（三）栽培与土肥

花生粮棉轮作制度定位研究研究了六个主产区主要轮作模式花生植株养分积累动态及土壤养分、理化特性动态变化。明确了轮作模式间的差异，为优化各产区轮作模式奠定了理论和实践基础。完成了18个综合试验站1 270个土样土壤基础地力及机械组成的测定，统计分析了各产区土壤肥力等级和土壤结构分类，建立了花生产区土壤养分数据库，数据量1万多个。完成了花生产区生态资源调查与分析、种植生态适宜性定量评价等，基本完成了《中国花生种植区划》。优化集成了主要轮作模式配套栽培技术，形成技术规程9套，如春花生绿色高效栽培技术规程、黄淮区麦后夏直播覆膜花生栽培技术规程、玉米-花生16∶8带状轮作配套栽培技术规程、水稻-花生粮油轮作高产栽培技术、夏花生-冬油菜复种轮作栽培技术规程等。轮作制度与配套技术示范88个点次，累计示范推广39.6万亩，总增产1 321万公斤，总增效7 659.5万元。

花生化肥减施增效综合技术研究鉴定筛选花生新型磷肥、花生炭基有机肥、劲素新型花生专用肥、活性腐植酸控释肥、腐植酸水溶肥等花生减施增效肥料5个，筛选出高效根瘤菌拌种剂1种。筛选出豫花9326、豫花22号、豫花23号、山花9号、山花11号、农大511、桂花36、农花5号、铁引花1号、徐州68-4、花17等氮高效花生品种11个。开展化肥减施技术试验研究40项次，建立长期定位监测点2个。集成优化花生促生物固氮平衡集中施肥技术、花生炭基肥减施替代技术、花生种肥同播肥效后移延衰增产技术、花生水肥一体化生产等花生减肥增效技术规程4项。新型肥料和减施技术示范2 100亩，培训77场次，培训农技人员4 500余人。

（四）机械

2019年，花生机械化生产水平进一步提升，相关科研单位及农机企业就麦茬免耕播种、高效捡拾联合收获、高效半喂入联合收获、种用花生脱壳、荚果干燥等技术持续开展了大量研发与试验示范等工作，并取得了新的阶段性成果。

1. 麦茬全量秸秆地花生免耕播种技术产业化进程稳步推进

国家花生产业技术体系协助成果受让单位完成了麦茬全秸秆覆盖地花生免耕洁区播种技术新一轮优化提升和产业化等工作，设备性能已能较好的满足小麦花生轮作区花生播种需求，在河南、安徽等主产区示范应用面积进一步扩大。2019年度，还联合河南省农业机械试验鉴定站、成果受让单位共同起草申报了《全秸硬茬地洁区播种机》团体标准，并已颁布实施，为2020年该技术成果更大面积推广应用奠定了基础。

2. 高效捡拾联合收获机技术在主产区已获应用

高效捡拾联合收获技术推广应用面积进一步扩大。针对现有花生收获机生产效率偏低，渐已无法满足规模化种植快速发展对高效花生收获设备需求迫切的现状，科研机构和主产区农机企业相继研发出了多款花生捡拾联合收获机，主要包括自走式轴流花生捡拾联合收获机、自走式切流花生捡拾联合收获机、牵引式轴流捡拾联合收获机等，并多已实现批量化生产和销售。2019年河南省等花生主产区捡拾联合收获机保有量继续增加，山东、河北、辽宁等主产区也有一定量的销售和应用。各类型捡拾联合收获机已在主产区获得快速推广应用，但依然还普遍存在着作业粉尘污染大、设备可靠性低等问题。

3. 高效半喂入联合收获机技术已通过性能检测

经过持续多年试验与改进，国家花生产业技术体系研发的半喂入四行花生联合收获技术已经成熟，2019年，协助成果受让单位临沭县东泰机械有限公司完成了新一轮的小批量生产与试制工作，目前该机已通过了法定机构的推广鉴定，为进入农机产品购置补贴目录和大规模推广应用奠定了基础。

4. 场地式大型花生摘果机已获广泛应用

由于场地式大型花生摘果机可与农村保有量大的中小型挖掘收获机相配套作业，并且场地式大型花生摘果机购买者为了获得种植户的花生秸秆，往往免费为种植户提供摘果服务，因此其在河南、山东、河北、东北等传统花生主产区广获应用，并已成为主产区应用较为普遍的一种花生收获机械，但也多存在着消耗人工多、扬尘污染大等问题。随着捡拾联合收获机等高效联合设备推广应用面积的持续增加，场地式摘果机将逐步被取代。

5. 半喂入两行花生联合收获机不断优化升级

半喂入两行花生联合收获机已在种植规模大、种植与管理相对规范的黄淮海花生产区广泛应用，技术性能日趋成熟，已经能满足主产区规范化和一定规模化种植的花生机械化收获需求，但仍存在着生产效率、适应性等方面问题。国家花生产业技术体系、临沭县东泰机械有限公司等研发机构与生产企业仍在不断对半喂入两行花生联合收获技术进行优化提升。

6. 小型花生种子脱壳技术不断优化

针对花生种子脱壳设备品种适应性差，小型花生种植农户、种子繁育科研单位长期缺乏适用的种子脱壳设备等问题，国家花生产业技术体系结合前期研究成果，设计并优化了小型低速柔性花生种子脱壳设备，经过持续多年试验与改进，相关技术已经成熟稳定，并在山西、山东等多地进行了生产性试验与示范，该技术已转让青岛万农达公司，并将进入小批量产阶段。

7. 花生荚果烘干技术近期有望实现产业化

针对我国花生种植面积大，规模化种植快速发展，场地晾晒设施成本和人工成本剧增，缺乏切实可用的花生收获后快速高效干燥机械化设备的现状，国家花生产业技术体系机械化研究室研发出了低温混流循环式、换向通风固定床式、筒状固定床式、便捷折叠床式系列花生干燥技术与设备，可分别满足不同种植规模、不同含水率和干燥条件下花生荚果通风干燥作业。相关技术已经成熟，部分技术已实现产业化，并在山东、江苏、河南等地进行了生产性试验与示范，作业效果良好，干燥成本低。相关技术填补了我国花生荚果专用烘干技术领域的空白。

（五）产后加工

国内专家主要开展了加工特性指标快速检测技术、花生制酱适宜性评价与加工专用品种筛选、花生蛋白高水分挤压组织化技术、酸性可溶花生蛋白改性制备技术、花生豆腐制备技术及产品研发、花生蛋白基胶黏剂制备技术等研究。

1. 花生加工特性指标快速检测技术

针对花生品质指标传统化学检测方法价格昂贵、分析速度慢、预处理烦琐等问题，王强等建立了花生品质近红外快速检测技术，研发了便携式花生加工品质速测仪。仪器配有样品杯和单粒花生检测配件，可在田间地头或原料收购现场快速检测花生品质，无损分析花生水分、脂肪、蛋白质、脂肪酸、氨基酸、酸价等品质指标，建立的 28 个模型的预测值与化学值的相关系数范围为 0.85~0.99。便携式花生加工品质速测仪获"2019 中国农业农村十大新装备"。李建国等利用近红外光谱技术建立了可以快速检测单粒花生中油酸、亚油酸、棕榈酸含量的数学模型，油酸的 NIR 预测值与 GC 化学值的相关系数达到 0.88，亚油酸预测值与化学值的相关系数达到 0.90，棕榈酸的预测值与化学值的相关系数为 0.71。

2. 高品质花生酱专用品种筛选与专用工艺优化

针对目前花生酱加工产业面临的原料加工专用化未实现、花生酱品质评价标准缺乏、花生酱产品结构比较单一、差异化优势亟待建立等问题，王强等系统开展花生酱加工专用品种筛选及专用工艺优化。收集了我国主栽和高油酸花生品种，通过烘烤、研磨等工艺制备花生酱，系统分析了花生酱的色泽、挥发性风味物质含量、质构和粒度等品质指标，并组织专业感官评价小组对花生酱进行感官评价，明确了不同花生品种制备花生酱的品质。综合理化分析和感官评价结果，建立了花生酱品质标准。该标准明确了高品质花生酱的指标范围，为原料加工适宜性评价及酱用品种筛选提供了数据支撑。目前已筛选酱用花生品种 11 个，建立了专用品种的专用加工工艺，并在企业进行中试放大优化。组织了多次花生酱产品品评会，与会的行业领军企业及专家学者一致认为，采用专用品种及专用工艺生产的花生酱色泽、风味较全球花生酱市场占有率最高的美国积富（JIF）更优，产品具有强大的国际竞争力及广阔的市场前景。

3. 花生蛋白高水分挤压组织化技术

张金闯等创新设计了高水分挤压技术制备新型植物蛋白肉的加工工艺，明确了挤压能量输入对花生蛋白纤维结构形成的影响。进一步采用 X-射线显微成像技术、纳米红外技术等蛋白多尺度结构解析先进手段揭示了挤压过程中花生蛋白纤维结构形成的分子机制。通过品质形成过程数学模型的构建，将错综复杂的挤压过程进行了表达和关联，并构建了高水分挤压过程中蛋白质多尺度结构变化与纤维结构形成可视化平台，在首届食品特征组分结构变化与品质功能调控国际研讨会上获得了以世界卫生组织 Gerald G. MOY 教授为组长的国际同行专家高度认可，为高水分挤压过程中花生蛋白构象梯次变化预测与品质控制提供了理论依据。在此基础上首创开发了符合中国人消费习惯的新型植物蛋白肉新产品 10 余个，获得消费者好评。

4. 花生豆腐制备技术及产品研发

豆腐作为我国的传统美食，受到东亚乃至全世界人民的广泛喜爱，但与日本等发达国家相比，我国豆腐原料略显单一。花生低温粕中蛋白质含量可以达到 50%~60%，营养价值高，含有 8 种必需氨基酸，蛋白质功效比 1:7，纯消化率达 87%，且不含胀气因子，利用潜力巨大。

由于不同花生品种蛋白质含量和组成不同，导致加工出的豆腐品质差异显著。针对以上问题，郭亚龙等开展了花豆腐加工专用品种筛选研究。依据种植面积和主栽省份挑选出 31 个花生品种制备成花生豆腐，测定豆腐品质并进行聚类分析，建立了花生豆腐品质评价体系。筛选出适宜加工花生硬豆腐的鲁花 11、潍花 25 号等品种，制备出的花生硬豆腐得率可达到 311%，并拥有良好的质构，硬度、弹性和咀嚼性分别为 659.44 克、0.968 克和 525.19 克，高于市售产品平均水平（硬度、弹性和咀嚼性分别为 613.34 克、0.941 克和 468.38 克），同时具有优良的保水性和耐煮性。通过对不同花生品种的蛋白质、脂肪、氨基酸、脂肪酸等含量及所制花生豆腐品质的分析，确定了影响花生豆腐品质的原料指标包括球/伴球蛋白、35.5KDa 亚基、谷氨酸、极性氨基酸等，并建立了花生豆腐品质预测模型，验证预测准确率为 80.77%。

5. 花生蛋白基绿色无醛胶黏剂制备技术

木材工业胶黏剂消耗量约占胶黏剂使用总量的 2/3，2018 年我国木材胶黏剂消耗量超过 1 800 万吨，"三醛胶"（酚醛树脂胶黏剂、脲醛树脂胶黏剂、三聚氰胺甲醛树脂胶黏剂）约占其中的 80%。随着广大消费者的环保意识和全球石油价格的日益提高，传统的"三醛胶"已经不能满足消费者的需求，因此开发一款无甲醛蛋白胶黏剂迫在眉睫。我国高温花生粕年产量达 400 万吨且价格低廉，是加工蛋白胶黏剂的良好原料。屈阳等以附加值低的高温花生粕为原料，制备一款耐水性强、胶合强度高的无甲醛木材胶黏剂（单组分和双组分），该工艺普适性强，且成本仅为市售大豆蛋白胶黏剂 2/3，耐水胶合强度达到国家 I 类胶合板的要求，湿态胶合强度达 0.86MPa（>0.7MPa），攻克了传统三醛胶污染环境、危害人体健康的突出问题。

6. 高油酸花生油预防代谢综合征活性作用机理

代谢综合征（metabolic syndrome，MS）是多种疾病状态在个体聚集的一组临床症候群，可诱发糖尿病、心血管疾病等多种严重慢性病。赵志浩等采用高糖高脂膳食诱导大鼠

MS 模型，研究了高油酸花生油预防 MS 的活性。实验设置模型（M）、正常对照（NC）、高油酸花生油（HOPO）和特级初榨橄榄油（EVOO）四组，干预 12 周后处死动物并进行血清生理生化、肝脏组织学切片、肠道菌群高通量测序、粪便和血清代谢组学的检测。结果显示，高油酸花生油干预显著抑制了大鼠的体重增长（M、NC、HOPO 和 EVOO 组体重增加量分别为 420 ± 70.44 克、347 ± 54.45 克、361 ± 71.86 克和 339 ± 63.24 克），显著降低了胰岛素抵抗指数（M、NC、HOPO 和 EVOO 组分别为 10.88 ± 1.71、4.15 ± 0.73、8.67 ± 2.02 和 8.43 ± 1.86）和血清 TC、TG、LDL 水平，有效抑制肝脏脂质蓄积。利用 16S rRNA 高通量测序技术对肠道菌群进行分析，结果表明高油酸花生油抑制了肠道菌群紊乱，促进了双歧杆菌（丰度提高 5.58 倍）等益生菌的增殖、抑制了布劳特氏菌属（丰度降低 45%）有害菌的增殖。利用 UPLC-Q/TOF-MS 技术对代谢组学进行分析，结果表明高油酸花生油在体内主要通过支链氨基酸生物合成通路影响机体代谢（Impact 0.67，p value 0.0030）。该研究在动物体内证明了高油酸花生油预防 MS 的功效，并从肠道菌群和代谢组学方面揭示其作用机理。

（国家花生产业技术体系首席科学家　张新友　提供）

2019 年度特色油料产业技术发展报告

(国家特色油料产业技术体系)

一、国际特色油料生产与贸易概况

1. 国际特色油料生产概况

世界芝麻种植面积 1 250 万公顷，总产量 590 万吨，分别比上年增加 4.2% 和 3.5%。年度西非气候适宜芝麻生育，单产增加 20% 以上，总产突破 50 万吨；印度芝麻种植面积略增，总产增加 3.0%；苏丹芝麻因涝害、虫害减产严重，总产减少 25%；缅甸芝麻面积和总产均增加 10%。世界胡麻种植面积 341 万公顷，总产量 287 万吨，分别比上年增加 8.9% 和 7.9%；哈萨克斯坦、俄罗斯、加拿大为三大胡麻主产国，种植面积分别为 126 万公顷、78 万公顷、34 万公顷，分别较上年增加 17.0%、10.5% 和 -0.6%，产量分别为 78 万吨、65 万吨、49 万吨，分别较上年增加 14.7%、22.6% 和 0。世界向日葵年度种植面积 2 752 万公顷，总产量 5 444 万吨，分别比上年增加 0.9% 和 4.1%；俄罗斯、乌克兰、欧盟和阿根廷是向日葵主产国（地区）；俄罗斯、乌克兰和阿根廷葵花籽产量分别为 1 460 万吨、1 575 万吨和 340 万吨，合计占世界总产量的 62.0%；欧盟葵花籽产量 947 万吨。

2. 国际特色油料贸易概况

年度世界芝麻贸易量 195 万吨，比去年减少 2.5%，受全球芝麻产量增加、进口需求减少等因素影响，国际芝麻价格总体下滑；印度、苏丹、埃塞俄比亚和尼日利亚为年度前四大出口国，出口量分别为 32 万吨、30 万吨、25 万吨和 24 万吨，分别占世界贸易量的 15.3%、14.4%、11.97% 和 11.5%；主要进口国为中国、日本、土耳其等国家，我国为第一进口大国，年度进口芝麻 83.0 万吨，占世界总贸易量的 42.6%。世界胡麻籽年度贸易量约 295 万吨，比去年增加 1.9%；主要出口国为加拿大、俄罗斯、欧盟等国，加拿大为年度最大出口国；主要进口国为中国、欧盟等国家，中国为年度最大进口国。世界葵花籽年度贸易总量 650.7 万吨，其中进口量 320.8 万吨，出口量 329.9 万吨；主要出口国包括欧盟、哈萨克斯坦、俄罗斯、摩尔多瓦、中国等国，出口量分别为 47 万吨、41.5 万吨、60 万吨、55 万吨、45 万吨；主要进口国有土耳其、欧盟、乌兹别克斯坦、中国等国，其中欧盟年度进口 61 万吨。近年来，世界葵花籽需求稳步增加，国际贸易市场较为活跃。

二、国内特色油料生产与贸易概况

1. 国内特色油料生产概况

2019 年全国芝麻生产发展平稳，年度种植面积 50 万公顷，黄淮主产区前期干旱、中期雨水较少，后期高温，适于芝麻发育，单产比去年增产 10% 以上；江淮和江汉平原主产区持续干旱，丘陵坡地减产严重，而沿江芝麻产量较高，总体略有减产；但江西旱涝灾害频发，减产严重；年度全国平均单产1 180千克/公顷，总产量约60万吨。全国胡麻年度种植面积32万公顷，同比增加5%；平均单产1 500千克/公顷，比增去年提高42.8%；总产45万吨，同比增加约44%。其中鄂尔多斯单产较高；张北单产同比提高100%。全国向日葵年度种植面积94.1万公顷，总产量252.5万吨，比去年增加1.2%。

2. 国内特色油料贸易概况

2019年，我国芝麻年度需求量126.9万吨，比去年增加4.5%；全年累计进口芝麻81.24万吨，比去年同期减少1.55%；主要从苏丹、尼日尔、埃塞俄比亚、坦桑尼亚等非洲国家进口；累计出口芝麻5.02万吨，比去年同期增加20.38%，主要出口到韩国、日本等国家。我国胡麻年度需求量75.4万吨，比去年增加3.4%。受需求明显增加的拉动，贸易规模同比明显增加；全年累计进口胡麻42.69万吨，同比增加7.37%。俄罗斯首次超过加拿大成为中国第一大胡麻进口来源国。自两国进口胡麻分别占进口总量的50.86%、48.35%；我国年度出口胡麻1 167吨，同比减少52.5%，主要出口到德国、荷兰、新西兰，出口量分别占43.7%、15.4%、10.8%。我国葵花籽年度需求量为291.7万吨，比去年增加6.4%；全年累计贸易总量64.34万吨，同比增加27.2%；进口葵花籽30.26万吨，同比增加117.7%；从哈萨克斯坦进口量占83.53%；年度出口葵花籽48.03万吨，同比增加3.69%；主要出口到土耳其、埃及、阿联酋、伊拉克等国家，分别占出口总量的26.1%、16.3%、9.2%、8.6%。

三、国际特色油料产业技术研发进展

1. 特色油料种质资源研究进展

国外研究主要集中在种质资源鉴定评价、遗传多样性、种质创新等方面。印度学者利用30个芝麻特异SSR标记分析了18个印度芝麻优良品种遗传多样性和亲缘关系；中国学者利用5个芝麻品种基因组信息，构建了一个554.05Mb的泛基因组，包含26 472个同源基因，其中15 409个为核心基因；韩国学者通过96个芝麻核心种质全基因组关联分析，发现与γ-生育酚显著关联位点，表型解释率20.9%；加纳学者利用38个SSR标记对25个地方品种遗传分析，发现株蒴数、蒴粒数与产量关系密切；孟加拉学者对理化诱变后代突变体研究发现，诱变在改良生育期、株高、株蒴数方面效果明显，可用于品种改良。利用ISSR标记对9个栽培亚麻进行遗传分析，发现不同亚麻基因型间有较高遗传多样性；对115份亚麻材料根茎发育状况进行了全基因组关联（GWAS）分析，为深入研究亚麻根茎发育提供了依据；基于51 000多个单核苷酸多态性位点对来自37个国家的383个核心亚麻资源进行了全基因组分析，将资源材料分为温带、南亚、埃塞俄比亚和地中海4个核心群；对24个地方纤维用亚麻品种进行抗病鉴定，发现Rezeknes表现出高抗白粉病。利用38个SNP位点对16个向日葵胞质雄性不育（CMS）系杂种优势进行分析，发现利用亲本分子标记分析可以为向日葵育种中亲本导入系和优系选择提供最重要信息。

2. 特色油料遗传育种研究进展

在遗传育种研究方面，印度学者开展了芝麻5个母本和7个父本组配的35个组合的种子产量、蛋白质、含油量配合力分析，并对12个亲本进行了SSR标记分析；印度学者通过比较拟蓝芥和芝麻全基因组序列，获得TAG合成途径中的二酰基甘油酰基转移酶（DGAT）和磷脂二酰甘油酰基转移酶（PDAT）基因；对芝麻素合成基因CYP81Q1在芝麻种子发育过程中cDNA合成、克隆、表达和纯化，证实了纯化的CYP81Q1酶具有一定的将松脂醇转换成芝麻素的作用。利用SNP标记对86份亚麻种质资源进行表型性状遗传多样性分析，发现与荚果、籽粒等性状具有多效性的SNP位点；探讨了ZnO-NPs（氧化锌纳米颗粒）诱导增强亚麻细胞悬浮培养物中木脂素和新木脂素积累的能力，白俄罗斯国家科学院亚麻研究所近十年育成亚麻品种15个，其中油用亚麻品种5个，亚麻籽产量1 500千克/公顷，种子含油率达50%。国外对向日葵育性恢复基因Rf1标记进行了研究，发现基于CMSPET1的向日葵杂交育种需要开发携带恢复基因RF1的恢复株系。

3. 特色油料病虫渍旱害防控研发进展

在病虫渍旱害防控方面，主要研究涉及病原菌、抗病机制、抗病种质筛选以及综合防治等。委内瑞拉学者对芝麻病株中分离的2个尖孢镰刀菌，7个禾谷镰刀菌和1个半裸镰刀菌进行了生物学特性描述、生长速度测定和RAPD检测；对30个抗白粉病芝麻资源进行分析，通过高抗基因型VRI-1开出抗白粉病分子标记并用于抗性鉴定；利用伽马射线诱变获高抗芝麻抗疫霉病突变体P97-1，可用于芝麻抗疫霉病育种。缅甸学者调查发现，农户对作物残茬进行焚烧处理的芝麻平均产量比直接掩埋处理的平均产量高出15%。从胡麻根际土壤中分离到一个细菌菌株HZ-72，该菌株对枯萎病病菌 R. solani 和另外6种植物真菌病原体有明显的抑制效应。在欧洲发现了可以克服P18抗性基因的霜霉病高致病性小种；研究发现2种杀菌剂，并与Plenaris按一定比例搭配拌种，可以防治向日葵霜霉病；美国学者研究出抗除草剂向日葵品种，对防治列当有效果。

4. 特色油料耕作栽培技术研究进展

在耕作栽培技术研究方面，主要涉及干旱胁迫、生理生态、栽培技术、机械化收获等。对芝麻萌发和出苗所需的基本温度、最佳播种深度和土壤容重进行了研究；伊朗学者连续3年研究了水分胁迫对芝麻产量和品质特征的影响；印度学者在温室中通过开展盐胁迫试验研究了红螺菌和印度梨状菌对芝麻生长和次生代谢产物的互作效应。印度学者研究发现化学肥料和有机粪便配合施用，田，纤维用亚麻可以获得更好的产品和品质，有机肥料替换化肥，可以降低化肥的使用量，从而使土壤达到更好的营养状态。在向日葵栽培方面，研了究HEDTA、CDTA和EGTA对利用向日葵和油菜修复铅锌污染土壤的影响，氮磷钾肥对向日葵生长和产量的影响，硅和硼可以减轻水分不足及其对向日葵生长发育的影响，半干旱地区不充分灌溉对不同基因型向日葵水分利用效率的影响，在盐胁迫下，硅调节向日葵体内抗氧化酶和氮化合物的活性；进一步改进了向日葵盘采收技术及割台，减少了种子的损失。

5. 特色油料加工技术研究进展

在加工技术研究方面，主要集中于油脂加工、抗氧化、副产品综合利用等领域，发现芝麻酚（sesamol）能够很好地抑制芝麻油、橄榄油和低芥酸菜籽油的氧化，芝麻酚与油脂的氢过氧化物作用，终止了氧化的链传播过程；在油脂加工过程中，脱壳和湿热处理能显著提高高油葵花籽的出油率，而脱壳对低油葵花籽出油率没有显著影响；利用低碳醇（乙醇、异丙醇）浸芝麻饼，可以得到芝麻油和蛋白产品；用多种重组黑曲霉菌株产出的羧基水解酶，水解葵花籽和菜籽粕中的酚酸酯可以提取酚酸（主要是咖啡酸、绿原酸和芥子酸），这些酶对高温粕、低温粕及粕的甲醇提取物均有较好的水解效果；将亚麻籽粉添加到面粉中用于制作中式面条，发现亚麻籽粉的最高添加量可达200克/千克，添加亚麻籽粉可以增加面条的体内抗氧化性、降低血糖指数，降低熟面条的硬度和抗拉强度；感官评价表明亚麻籽粉添加在 50 克/千克以下不会影响熟面条的品质。

四、国内特色油料产业技术研发进展

1. 特色油料种质资源研究进展

年度种质资源研究主要集中在资源鉴定与评价、遗传多样性分析方面，对 40 个芝麻品种根系多样性进行了观察，对大根系和小根系品种转录组分析，检测到 2897 差异表达基因；芝麻干旱胁迫研究表明，抗旱品种较干旱敏感品种表现出细胞膜脂过氧化伤害较轻，渗透调节物质积累量较多，保护酶（SOD 和 CAT）活性较强，抗氧化物质（GSH 和 AsA）含量较高；对 400 个不同来源的芝麻品种进行抗旱性关联分析，获得位于 4 个连锁群上的 10 个 QTLs，而来自于热带地区的品种比北方品种具有更多的耐旱基因位点。对 238 份胡麻籽粒形状、种皮颜色与品质的关系进行了研究，为胡麻品质关联选择提供了理论依据；对 16 份我国育成胡麻品种进行苗期抗旱性鉴定评价；对来自五大洲 33 个国家的 170 份亚麻种质资源主要农艺性状分析表明，株高、分茎数、主茎分枝数、单株果数均与单株产量呈极显著正相关；利用亚麻基因组序列设计的 96 对 SSR 引物对 24 份我国亚麻品种进行了遗传多样性分析，构建 DNA 指纹数据库；确定了不同向日葵种质资源在甘肃省的田间抗病性。

2. 特色油料遗传育种研究进展

年度芝麻遗传育种研究主要集中在重要性状遗传解析、基因定位与克隆、基因功能分析等方面，利用 SLAF 测序构建了一张 SNP 高密度遗传连锁图谱，定位主效 QTL 19 个，其中种皮色 8 个、籽粒大小 9 个、千粒重 2 个；利用短节矮化品种 Dw607 重组自交系，将矮化目标基因 Sidwf1 定位到第 4 染色体的 C9. scaffold2 处并克隆出该基因，该基因编码一个赤霉素受体 GID1B 样蛋白；利用短蒴少粒突变体 cs1 重测序，鉴定出候选基因 SiCRC，该基因具有干扰转录因子功能，并影响下游生长素信号转导通路；克隆出芝麻细胞壁转化酶基因 *Sicwinv*1，该基因具有相应的保守结构域。首次在植物中利用 *MBD* 基因保守结构域构建了反映胡麻干旱胁迫下全基因组甲基化变化程度的探针，发现脯氨酸和植物 DNA 修复间存在紧密互作，证实脯氨酸可能参与调控其他与耐旱能力相关基因的表达调控。在向日葵育种方面，探讨了向日葵的育种目标，建立了向日葵抗列当杂交育种方法。本年度体系共选育出适合不同生态区种植的优质、高产、稳产芝麻新品种 14 个、胡麻新品种 2 个、向日葵新品种 8 个，其中突出新品种 10 个，增产幅度达 10% 以上。

3. 特色油料病虫草渍害防控研究进展

年度重点开展了芝麻、胡麻、向日葵病虫草害发生规律、病原菌致病机理及绿色防控技术研究。初步揭示了真菌病毒 MpChrV2 影响菜豆壳球孢微菌核形成机制，与半乳糖代谢、脂肪酸降解等代谢通路有关；建立一种诱导菜豆壳球孢在 PDA 培养基上产生分生孢子的技术，极大简化了菜豆壳球孢的产孢程序；对芝麻褐斑病和芝麻疫病的病原特征、侵染循环及发生规律、危害症状进行了综述，提出综合防治方法。明确了小麦、玉米和马铃薯田常用除草剂对后茬胡麻的安全性，发现噻吩磺隆对胡麻药害具有缓解作用，筛选出 1 种有效缓解烟嘧·莠去津药害的植物生长调节剂和 2 株降解除草剂阿特拉津残留的降解菌。明确了播期推迟是降低向日葵黄萎病发生程度的主要原因，进行了向日葵黄萎病病菌的侵染过程、种子带菌及不同寄主间交互侵染的研究；明确了向日葵品种中可溶性糖、游离脯氨酸和木质素的含量与向日葵对菌核病的抗性呈正相关,而丙二醛含量与向日葵对菌核病的抗性呈负相关;核盘菌可诱导激发向日葵多种抗病信号传导途径及防御反应,发现向日葵对核盘菌侵染响应受到多基因网络系统的调控;发现向日葵锈斑为蓟马为害形成的挫斑;明确了向日葵晚播可减轻列当的寄生;发现向日葵列当与茼蒿、芹菜可以建立寄生关系;土壤浸水对向日葵列当种子活力有较大影响,浸泡4年后列当种子几乎全部失去活力;开展了抗向日葵列当资源鉴定,筛选出免疫食葵品种2份,高抗品种5份;利用气质联用方法测定了不同抗列当向日葵品种根系分泌物成分,确定根系分泌物中糖类物质和酸类物质存在较大差异,可能在寄主结构抗性和生理生化抗性中起作用。

4. 特色油料耕作栽培技术研究进展

年度重点开展了特色油料作物产量形成规律与高产机理、需肥规律及肥水高效利用技术研究、机械化收获技术及装备等研究,明确了芝麻氮素吸收与分配规律以及不同生育时期N、P、K最佳施肥量及配比;明确了向日葵土壤基础养分供应与农艺性状和产量的关系,氮肥对油酸为负效应,而对亚油酸为正效应,磷肥对油酸为负效应,钾肥对油酸为正效应,而对亚油酸为负效应;明确了向日葵二比空种植模式下单株籽粒产量高于常规等行距、大垄双行2种植模式;探讨了豌豆复种油葵的绿色高效种植模式。改进了芝麻联合收割机的前置往复快速割送系统;采用切流双滚筒脱粒装置、风量可调结气力清选系统,实现了不同湿度芝麻的脱粒与清选;优化了割刀与割台的装配结构;延长了割台长度,改进了全喂入式芝麻脱粒分离机构,降低了籽粒损失率。研制出胡麻施肥铺滴灌带覆膜穴播一体机、胡麻整地膜侧穴播机、胡麻脱粒初清选一体机、双风道风筛式胡麻脱粒物料分离清选机和第二代胡麻联合收割机等关键装备,通过胡麻全程机械化生产基地建设与示范,进一步提升了胡麻大田生产的机械化作业水平。改进了自走式食葵收获机,去除拨禾链及割刀,加装滚动拨禾轮,割台上加长毛刷长度,填补去除拨禾链条后漏出的缝隙,保障割台不漏籽;整个过桥与割台之间角度下调15度,方便捡拾插盘高度过低的葵盘;复脱器两侧与筛箱之间安装胶片挡片,将内部胶皮加长,防止因插盘晾晒籽粒含水率过低而引起漏籽现象;使插盘晾晒配套机械收获技术达到收获要求。

5. 特色油料加工技术研究进展

年度特色油料加工技术研究主要集中在原料组成成分分析、功能性成分提取、油脂和饼粕蛋白生产工艺、产品质量控制及掺伪检测等方面,开展了芝麻和葵花籽饼多糖结构的研究,发现不同制油工艺和不同生长周期中多糖结构与生物活性存在较多的差异性,为芝麻和葵花籽饼粕利用奠定基础。明确了芝麻油抗氧化作用是美拉德反应产物(MRPs)在多酚类物质协同作用下发生的;应用微波适度加热处理,可延长芝麻油的货架期。研究发现亚麻籽低聚糖具有改善肠炎的作用。开展了芝麻酚对高油酸花生油氧化稳定性和抗异构化研究,发现芝麻酚在高油酸花生高温处理中增强了其氧化稳定性,起到了显著的抗氧化保护作用。优化了芝麻蒸炒水代法制油工艺,出油率提高2~3个百分点,水代法提油时间缩短50%。建立了亚临界低温提取亚麻籽油脂、乙醇萃取制备亚麻籽浓缩蛋白质技术及工艺,蛋白质回收率63.9%,蛋白质含量达65%,实现了亚麻油脂与蛋白质联合生产。在特色油料天然功能物质提取技术及工艺研究方面,建立了芝麻饼粕中芝麻素酚糖苷超声波辅助酶法提取、膜浓缩结合两步层析分离和糖苷酶法水解转化技术及工艺。研制出苯并芘可控的产品生产技术,建立了特色油料压力炒籽压榨生产浓香植物油技术及工艺。研制出利用超声波和冷冻-微波解冻辅助水酶法提取芝麻油技术，提取率达 85.2%。研制出芝麻素复合抗氧化压片糖果；研制出萌芽芝麻酱、芝麻芽菜等产品生产技术及工艺。开发出芝麻球、芝麻海苔、黑芝麻姜粒酥糖、黑芝麻营养代餐粉等新产品。研制出含有亚麻籽油、植物甾醇酯、胶原多肽等功能营养成分的高附加值复合脂质多肽粉固体冲调食品。

（国家特色油料产业技术体系首席科学家　张海洋　提供）

2019 年度棉花产业技术发展报告

(国家棉花产业技术体系)

一、国际棉花生产与贸易概况

(一) 世界供需形势

1. 棉花产量小幅下降

2018/2019 年度全球棉花产量小幅下降。据国际棉花咨询委员会 (ICAC) 2019 年 8 月预测,2018/19 年度全球棉花总产量为 2 569 万吨,同比减 3.7%。分国别看,受降水不足影响,印度棉花产量下降至 545 万吨,同比减 14.2%。美国由于干旱和飓风影响,产量下降至 400 万吨,同比减 12.2%。巴基斯坦灌溉水不足,产量同比减 7%,为 167 万吨。乌兹别克斯坦植棉面积减少,产量下降 20%,为 64 万吨。中国植棉面积增加,产量增至 604 万吨,同比增 2.5%。巴西植棉面积大幅增加,产量增加至 267 万吨的新高,同比增 33.1%。

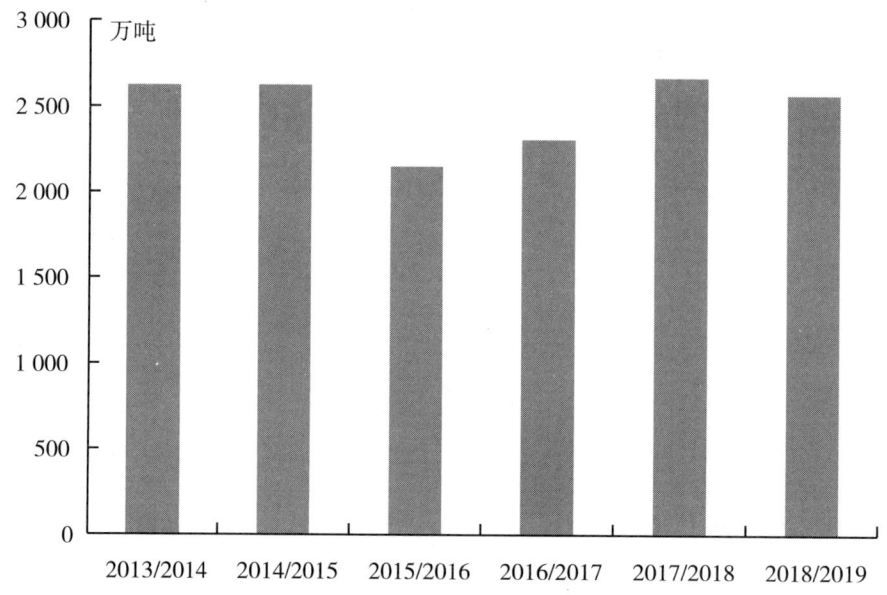

图 1 世界棉花产量

数据来源:ICAC

表 1 棉花主产国产量变化情况 (万吨)

年份	印度	中国	美国	巴基斯坦	巴西	乌兹别克斯坦
2014/2015	656.2	660	355.3	230.5	156.3	88.5
2015/2016	574.6	520.0	280.6	153.7	128.9	83.2

(续表)

年份	印度	中国	美国	巴基斯坦	巴西	乌兹别克斯坦
2016/2017	586.5	490.0	373.8	166.3	153.0	78.9
2017/2018	635.0	589.0	455.5	179.5	200.6	80.0
2018/2019	545.0	604.0	400.0	167.0	267.0	64.0

数据来源：ICAC

2. 全球棉花消费有所增长

2018 年，全球经济延续 2017 年的复苏势头，保持稳定增长，世界经济增速保持了较好态势。受全球主要经济体经济复苏影响，棉花消费有所增长。据 ICAC 2019 年 8 月最新预测，2018/2019 年度，全球棉花消费量为 2 666.0 万吨，同比增长 1.2%。中国、印度、巴基斯坦、越南、美国和巴西是世界主要的棉花消费国，其中巴基斯坦、巴西棉花和越南消费呈现增加态势，分别为 236 万吨、73 万吨和 156 万吨，增长 0.6%、7.4% 和 2.0%。中国棉花消费小幅下降 0.6%，为 845 万吨，中国仍然是世界最大的棉花消费国，2018/2019 年度消费量为 845 万吨，占全球棉花消费的 31.7%。印度消费量为 540 万吨，下降 0.4%，美国消费量为 71 万吨，下降 7.4%。

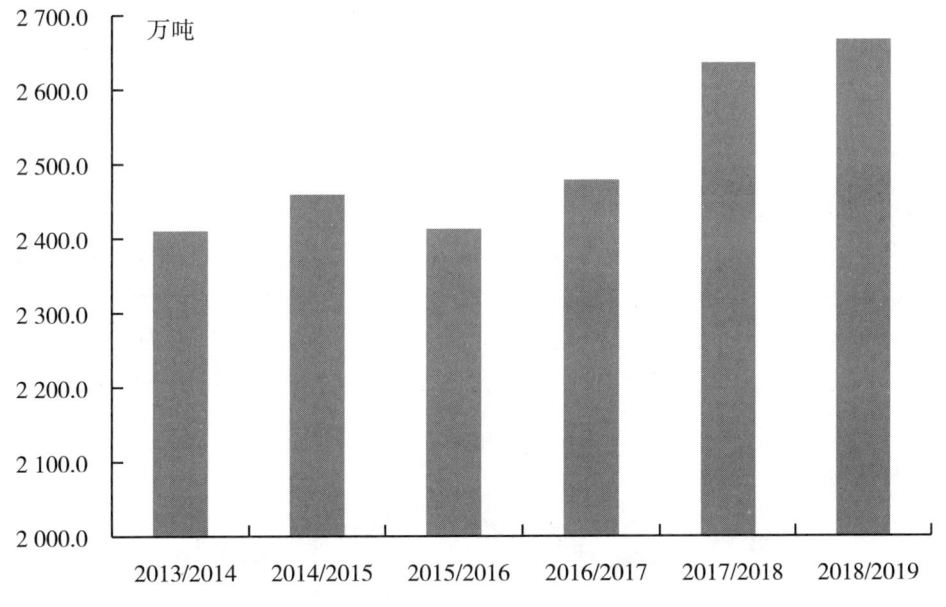

图 2 世界棉花消费量

数据来源：ICAC

表 2 世界主要棉花消费国消费量情况　　　　　　　　（万吨）

年份	中国	印度	巴基斯坦	越南	美国	巴西
2014/2015	755.0	537.7	246.7	87.5	77.8	79.7
2015/2016	760.0	529.6	214.7	100.7	75.1	66.0
2016/2017	828.0	514.8	214.7	116.8	70.8	68.5

(续表)

年份	中国	印度	巴基斯坦	越南	美国	巴西
2017/2018	850.0	542.3	234.6	153.0	76.8	68.0
2018/2019	845.0	540.0	236.0	156.0	71.0	73.0

数据来源：ICAC

3. 国际棉花库存下降

2018/2019 年度，世界主要产棉国棉花生产减少，消费略有恢复，全球棉花库存下降。据国际棉花咨询委员会（ICAC）2019 年 12 月最新预测，2018/2019 年度全球棉花期末库存为 1 780 万吨，较上年度减少 5.2%，库存消费比从上年度的 71.3% 下降到 66.8%，除中国外的库存消费比由 55% 下降到 51%。中国继续处于去库存阶段，占全球棉花库存的比重由 48.1% 下降到 47.8%，中国棉花的库存消费比为 101%。

表3　世界棉花期末库存　　　　　　　　　　（万吨，%）

项目	国别	2013/2014	2014/2015	2015/2016	2016/2017	2017/2018	2018/2019
期末库存	全球	2 133.1	2 294.7	2 030.6	1 848.1	1 877.9	1 780.0
	中国	1 328.0	1 411.8	1 265.0	1 035.2	903.3	850.0
库存消费比	全球（不含中国）	49.0	52.0	46.0	49.0	55.0	51.0
	中国	175.0	187.0	166.0	125.0	106.0	101.0

数据来源：ICAC

（二）国际价格走势

2019 年上半年国际棉花价格跌幅明显，价格低于往年。2018 年以来，国际贸易形势严峻，贸易摩擦带来的不确定性导致市场悲观情绪浓重，棉花产业链受到较大冲击，全球棉花减产对价格的支撑作用有限，国际棉价低于往年。2019 年 1—7 月，Cotlook A 指数（相当于国内 3128B 级棉花）平均价格为每磅为 77.87 美分/磅，同比下跌 14.8%。

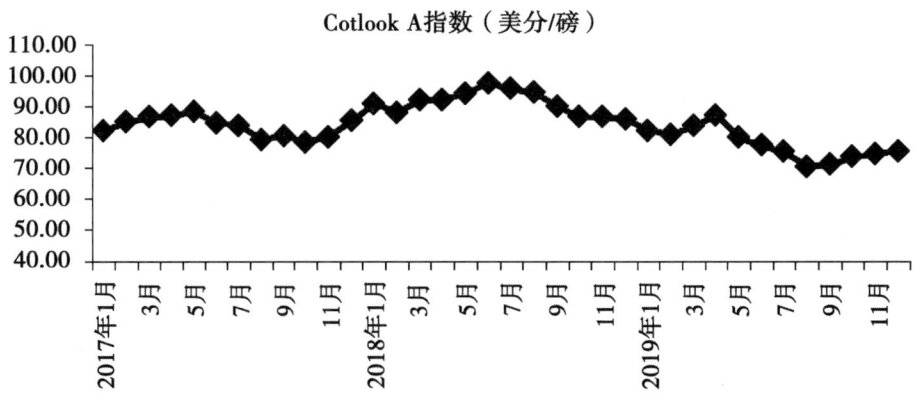

图3　2017 年以来国际棉花价格 Cotlook A 指数

数据来源：中国棉花信息网

(三) 世界贸易格局

据 ICAC 数据,2018/2019 年度全球棉花出口 940 万吨,同比增 4%,进口 940 万吨,同比增 4.3%。美国、印度、巴西、澳大利亚和乌兹别克斯坦是世界主要棉花出口国,其出口量占世界出口总量的 70.2%。2018/2019 年度 5 个棉花出口大国中,澳大利亚和巴西棉花出口增加,增长幅度分别为 5.6% 和 77.1%。印度、美国和乌兹别克斯坦棉花出口有所下降,分别减少 29.1%、8.4% 和 61.4%。越南、中国、土耳其和印度尼西亚是世界主要棉花进口国,其进口量占世界进口总量的比重为 53.3%。2018/2019 年度,除土耳其外 4 个主要棉花进口国棉花进口均有所增加,其中中国进口 194 万吨,增长 47%,印度尼西亚进口 81.0 万吨,增长 6.3%,越南进口 158.0 万吨,增长 0.9%。土耳其进口有所减少,为 68 万吨,同比减 22.4%。

表 4 2017/2018 至 2018/2019 年度棉花主要出口国棉花出口情况

国别	2017/2018 (万吨)	2018/2019 (万吨)	同比变化 (%)
世界	904	940.0	4.0
澳大利亚	85.2	90.0	5.6
巴西	90.9	161.0	77.1
印度	112.8	80.0	-29.1
美国	345	316.0	-8.4
乌兹别克斯坦	33.7	13.0	-61.4

数据来源:ICAC

表 5 2017/2018 至 2018/2019 年度棉花主要进口国棉花进口情况

国别	2017/2018 (万吨)	2018/2019 (万吨)	同比变化 (%)
世界	901.2	940.0	4.3
中国	132.0	194.0	47.0
印度尼西亚	76.2	81.0	6.3
土耳其	87.6	68.0	-22.4
越南	156.6	158.0	0.9

数据来源:ICAC

二、国内棉花生产与贸易概况

2019 年全国棉花种植面积 5 008.8 万亩,比 2018 年减少了 22.8 万亩,下降 0.5%。2019 年全国棉花产量 588.9 万吨,比 2018 年减少 21.3 万吨,下降 3.5%。其中,新疆棉花产量 500.2 万吨,比上年减少 10.9 万吨,减少 2.1%。新疆棉花产量占全国的 84.9%,比上年提高 1.2 个百分点。河北、山东、湖北棉花产量超 10 万吨,分别为 22.7 万吨、19.6 万吨、14.4 万吨。其他棉花产量超 1 万吨的省市按产量由大到小有湖南、江西、安徽、甘肃、河南、天津、江苏。

其中新疆的棉花种植面积比2018年增加73.8万亩，增长2.0%。主要得益于国家对新疆地区实施棉花目标价格补贴政策，调动了棉农的生产积极性，使得新疆棉花种植面积较为稳定。长江、黄河流域延续多年来生产萎缩的态势，棉花种植面积比2018年减少92.7万亩，下降7.3%。其中，长江流域棉区种植面积比2018年减少50.7万亩，下降8.8%。黄河流域棉区比2018年减少42.2万亩，下降6.1%。

2019年受灾害性气候的影响，全国棉花单产较上年有所下降，平均为117.6公斤/亩，比2018年下降3.1%。长江流域棉区减少0.8公斤/亩，下降1.0%；黄河流域减少2.3公斤/亩，下降2.9%。新疆棉花单产比上年下降4.0%，但高达131.3公斤/亩，是其他棉区的1.7倍。

2019年棉花进口184.9万吨，同比增17.4%；棉花替代性产品棉纱进口195万吨，同比减少5.4%。2019年储备棉轮出累计成交99.6万吨，库存数量下降至150万吨左右，截至2019年底储备棉轮入实际成交3.6万吨左右。2019年国家继续增发80万吨滑准税配额，填补国内棉花产需缺口。我国棉花使用长期存在供需矛盾，将促使进口棉花增加。2019年国内纺织企业供给侧改革力度加大，加之环保政策的推行以及中美贸易摩擦对我国棉纺织行业影响较大。2019年棉纱产量比2018年有所下降，纺织品和服装出口金额都较前几年有小幅减少。近期随着中、美双方经贸关系进入缓和期以及工厂成品库存压力降低，皮棉采购需求有望提高。但市场供大于求局面难有较大改善，国际经贸问题等不确定性因素持续存在。

三、国际棉花产业技术研发进展

1. 遗传改良研究方面

随着基因测序技术的快速发展，世界棉花遗传育种工作也由传统的杂交育种和杂种优势利用逐步向分子设计育种方向转变。美国在转基因技术种质材料的基因图谱构建和分子标记技术等方面均处于领先地位。美国、澳大利亚在抗虫棉的研发和生产标准化技术上，对抗虫棉实现了抗虫基因的升级，同时在抗虫和抗除草剂的叠加及基因组指导的棉花育种方面处于领先地位。印度、巴基斯坦为代表的发展中棉花生产大国十分重视抗虫棉的引进、改进、选育和生产推广，在基因克隆及生物技术创新棉花材料方面受到重视，发展迅速。

2. 耕作栽培研究方面

国内进展主要包括化肥减施技术、机械化生产技术和智能化三个方面。在化肥减施方面，通过棉花/花生等幅间作轮种模式，增加棉花产量与资源利用效率，减少化肥用量，另外生物炭肥等新型肥料的使用可延缓肥料的释放时间，提高肥料利用率。机械化生产主要包括机械化管理和机械化采收两方面。在机械化管理方面，通过化学调节剂烯效唑复配技术（以花匠为代表）实现集中开花，通过化学封顶调节剂（主要为增效缩节胺和氟节胺）结合水肥调控实现棉花免打顶。在棉花机械化采收方面，中国农业大学研发了噻苯隆和乙烯利复配剂50%噻苯·乙烯利SC实现脱叶催熟。我国国产采棉机不断走向成熟，大型摘锭式采棉头生产工艺取得突破，三行采棉机开始小批量生产。在智能化方面，李亚兵团队构建了棉花株型和熟性标准，为棉花田间管理提供了数量化标准；基于空间统计学的理论和方法，采取空间网格取样法实现了棉田光温水肥资源信息的准确量化，并利用传感器技术和物联网技术实现了田间环境信息的实时远程监测;采用无人机机载相机采集数字图像和热红外图像,对棉花苗情和生长状况进行快速监测,为管理决策提供理论依据。

3. 棉花植保研究方面

在病害方面,印度那拉提地区发现由 *Corynesporacassiicola* 引起的棉花叶斑病,造成叶片早起脱落;在美国密西西比地区发现由卷叶矮缩病毒(CLRDV)引起的棉花病毒病;在巴基斯坦地区发现由 *Fusarium incarnatum-equiseti* 引起的棉花烂铃病。在害虫方面,重点构建以转基因抗虫棉花种植为核心的棉花害虫综合治理体系,研究证实 Mon88702 能显著降低田间盲蝽若虫的种群数量,同时还能降低蓟马的发生与危害;靶标害虫抗性监测与治理持续推进,除了长期关注的美洲棉铃虫、红铃虫等害虫种类外,在埃及金刚钻上同样取得了明显进展。在杂草方面,随着转基因抗除草剂棉花种植及化学除草剂使用年限不断增加,杂草对除草剂的抗性、特别是交互抗性和复合抗性问题日益突出,抗性杂草的生态防除、化学防除等技术研究成为了重点。

4. 棉副产品加工方面

棉籽等副棉产品是一项宝贵的资源,各植棉国对其利用十分很重视,棉油经精炼后用于食用油,留下的棉籽粕和棉籽壳大多被用作牛羊等生畜的饲料或用作肥料,棉秆大多粉碎后返还于农田。近年来,棉油脱酚精炼、棉籽蛋白提取等方面已取得重要进展,美国、澳大利亚、埃及等国的脱酚脱色棉油和脱酚棉籽蛋白作为食品种或食品添加剂已进入商业化应用。另外,棉籽油除食用外,还作为生物柴油、维生素 E 及其他营养成份提取等研究也已取得较大的进展。在美国和澳大利亚等国,清花废料的加工利用也取得显著进展。对于提高棉籽品质为目的的育种研究也有显著的进展,集中于采用生物技术手段降低棉籽中的棉酚含量,以提高棉籽的利用价值。

5. 棉花机械研究方面

目前,国外棉花生产机械向数字化、信息化、自动化和智能化方向快速发展。在精细耕整地方面农机耕深监测系统结合多个高精度传感器以及先进的雷达技术,实时检测出作业深度,同时将位置及深度等信息实时回传监控中心,保证作业质量达到要求;在精准播种方面通过实时监控和自动控制系统,实时监测播种机的播种情况,既监控播种的准确率,同时还可以可以根据土壤的湿度随时调整播种机的播种深度;精准施药方面,施药设备安装了 GPS 定位系统,在电脑系统控制下精确喷洒除草剂和各种农药,精准度高,大幅度提升作业效率,通过信息采集和专家决策系统,可以自动控制每个喷嘴的开闭,实现分区域变量施药,减少用药量,减少农药污染;棉花收获机械方面,美国人的采棉机经不断创新,目前已发展到可实现不停机作业,边采摘边打包,采棉机上安装多种类的传感器,用于监控行走速度、采摘头高度、风机测速和测量棉花含水率等诸多特性,这些采集到的信息一部分用于实现棉花流量测量,另一部分则是获取必要的采棉机工作参数和运动状态。

6. 棉花产业经济方面

在棉花产业经济方面,2019 年全球棉花经济信息研究咨询机构如国际棉花咨询委员会(ICAC)、美国农业部(USDA)的世界棉花展望、英国利物浦棉花展望公司(Cotlook),以及一些国际著名跨国集团和贸易公司如路易达孚、嘉吉等主要的研究重点集中在以下方面:一是密切关注全球及主要国家的棉花生产、消费、进出口贸易、库存以及棉花大国的政策调整等,并分析其对全球棉花市场的影响。二是关注中美贸易摩擦对全球棉花市场的影响以及对全球纺织品市场的影响。三是关注棉花可持续发展,侧重于研究棉花可持续或者环境友好型的生产组织模式和经济运行方式。

四、国内棉花产业技术研发进展

1. 遗传改良研究方面

我国棉花生产规模和生产模式经过一段时间的变革,生产格局已基本稳定,棉花新品种审定稳步发展,基因组测序、基因编辑等在棉花中深度应用并初见成效,一些功能基因被发掘并在向育种材料转育,一大批转基因材料获批转基因安全评价证书,为我国棉花遗传改良研究提供了强有力理论依据及物质基础。在品种审定方面,国审棉花品种23个,地方审定棉花品种104余个。在分子遗传改良方面,华中农业大学作物遗传改良国家重点实验室棉花团队关于棉花基因编辑系统的研究取得系列进展,首次在棉花中应用多种基因编辑系统,为棉花功能基因组研究与分子育种奠定了重要基础。马崎英团队对719份不同来源的陆地棉资源进行了基于表型变异的陆地棉纤维品质性状遗传多样性评价,筛选优异陆地棉种质资源。山东棉花研究中心、山东师大联合中棉所利用优质纤维渐渗系,在全基因组水平上解析了优质纤维品质形成的分子机制,为棉花纤维品质的遗传改良提供了新的视角。在转基因研究方面,本年度农业农村部科技教育司批准为192个植物品种颁发农业转基因生物安全证书中棉花通过189个,数十个基因获批中间实验,正在进行环境释放的试验。

2. 耕作栽培研究方面

美国、澳大利亚等发达国家的棉花生产早已实现了全程机械化,美国各州都有机采棉技术指南,其中要求脱叶剂喷施前自然吐絮率达到50%以上,机采籽棉叶屑杂质含量更低,清花除杂次数极少,纤维品质有保障。为追求高效管理和可持续生产,棉花管理开始走向信息化、自动化和智能化。棉花生产机械在向超大型和无人操作发展。John Deere棉花生产机械开始集成信息技术,安装各类传感器,开发了John Deere操作平台,用户通过设定机器,实现自动作业,并可实现同一地块不同机械间的信息共享。机械在作业同时还进行信息采集,分析处理,生成管理处方,实时通过JDLink™无线传输到手机和电脑等终端设备上,提高作业效率。新型采棉机在采收同时收集产量、水分含量等信息,还进行打模,卸花,生成二维码信息,使得棉花来源可追踪至农户,并实现采收的不间断连续作业。另外,无人机和小型机器人的应用可以进行棉花冠层和冠层内部表型信息采集,建立完整的数据库,并根据获取的信息快速进行智能化决策,实现自动灌溉、施肥、除草以及变量管理等。

3. 棉花植保研究方面

棉花病虫草害绿色防控、化学农药减施的技术创新与应用取得显著进展。在病害方面,新疆发现由 *Cladosporium cladosporioides* 引起的棉铃病害。证实大丽轮枝菌中的 Sho1-MAPK 途径调控大丽轮枝菌黑色素的形成以及对棉花的侵入能力;大丽轮枝菌与枯萎病菌长期混生过程中,通过基因水平转移参与N-酰基乙醇胺的合成、转运并引起落叶。发现西蓝花残体还田能有效抑制黄萎病的发生。在害虫方面,通过系统监测证实棉铃虫对Bt棉花抗性发展趋势平稳、Bt棉花对棉铃虫幼虫控制效果没有减弱。对于非靶标害虫,绿盲蝽性诱剂通过农药登记,盲蝽绿色防控技术体系不断完善,并在全国进行推广应用。针对生态比较脆弱的新疆棉区，构建了以天敌保育为核心的棉花害虫绿色防控技术模式。在杂草方面，总体研究相对比较薄弱。由于棉区转移，棉田杂草防除理论及技术研究多集中在新疆棉区，其中针对棉田恶性杂草龙葵、田旋花、芦苇等的繁殖生物学、与棉花的竞争作用及综合防除技术的研究较多。

4. 棉副产品加工利用方面

由于资源缺泛，我国在副棉产品的综合利方面走在世界的前沿。棉籽油（清油）一直是我国棉区的主要食用油，而棉籽饼粕则作为是重要的蛋白资源被用于反刍动物及其他畜禽饲料，棉籽壳主要用于食用菌的培养，培养食用菌后的棉籽壳菌渣已开始用于制作再生炭。此外，有关棉籽品质改良，特别是油分、蛋品质和棉酚等性状的改良已取得较大的进展；棉籽油及脂肪酸含量、蛋白质及氨基酸含量、棉酚和植酸等棉籽重要成分的快速分析方法已取得较大的突破；降低棉籽棉酚含量的专用棉育种也已取得显著的进展，育成的低酚棉品种已在生产上大面积应用，推广面积居世界领先水平，并开展了棉籽油制作生物柴油和棉籽维生素等的营养成分提取等相关的研究工作。然而，我国对于棉副产品的利用还处于较初级阶段，棉副产品的精深加工研究进展迟后，除食用油外，棉籽蛋白质及其他产品还未进入市场。

5. 棉花机械研究方面

我国棉花生产全程机械化发展迅速，在耕整地机械方面，具有完全自主知识产权生产的犁市场占有率90%以上，具有完全自主知识产权生产的整地机械市场占有率95%以上。棉花播种机械目前以机械式精量播种机和气吸式精量播种机为主，研制达到了国际领先水平，全部具有自主知识产权，几乎占有全部国内市场；同时播种时应用卫星导航定位进行棉花播种，空穴率小于3%，1千米播行垂直误差不超过3厘米，播幅连接行误差不超过3厘米，正真实现了播量、株距、行距的精准。在施肥机械方面采用精准对行分层施肥技术，借助于北斗导航自动驾驶技术实现了施肥、播种精准对行，根据不同深度施肥量多少对所施肥料实现定量精准控制。田管机械主要以植保机械为主，用于棉花的化控和脱落叶剂喷施作业，目前用于生产实际的植保机械种类繁多，除少量大型自走式喷雾机进口外，大部分还是以国产化为主，具有完全自主知识产权生产的市场占有率95%以上。在灌溉设备方面将滴灌节水技术向智能化、水肥一体化、远程操作控制方向发展，依托空间信息系统实时采集土壤含水率数据，实施自动化灌溉，提升节水效能。在棉花收获机械方面，国产采棉发展迅速，国产品牌钵施然、现代农装、东风农机、星光农机、铁建重工等都纷纷研制自己的各种型号的采棉机，打破国外采棉机一统市场的局面。这些企业都有非常好的装备制造业基础，所以这些企业的采棉机质量稳定性、一致性和作业效果都有一定的优势，同时这些企业生产的采棉机是针对中国市场设计的，更贴近本地需求，在保养、维修、换件上价格也更实惠；甚至一些指标，还超过了外资品牌。

6. 棉花产业经济研究方面

2019年棉花产业的研究重点集中在三个方面：一是中美贸易摩擦对我国棉花产业的影响及应对研究。2019年中美贸易摩擦越演越烈，对于外向度较高的我国棉花产业造成了较大影响，因此众多研究集中在中美贸易摩擦对我国棉花生产、市场、价格以及棉纺织品市场结构的影响。二是对棉花目标价格补贴政策的研究。我国棉花目标价格补贴政策已经实行了6年，支撑产业稳定发展的同时也存在部分问题，2019年又是我国实行连续三年棉花目标价格不变的最后一年,今后棉花目标价格补贴政策如何调整成为产业界关注的重点。三是棉花地膜污染的防治效果及影响因素研究。棉花是我国使用地膜最大的农作物之一,近些年棉花产业地膜污染的问题也越来越突出。在绿色发展的背景下,如何防治棉花生产地膜污染、当前我国防治棉花生产地膜污染的政策效果如何、影响地膜污染的影响因素有哪些等是棉花产业经济研究关注的重点内容之一。

(国家棉花产业技术体系首席科学家 喻树迅 提供)

2019年度麻类产业技术发展报告

(国家麻类产业技术体系)

一、国际麻类生产与贸易概况

2019年全球麻类种植保持增长态势，其中东南亚等国苎麻种植面积增幅较大但总量仍较小；黄麻面积稳定增长至10万公顷；工业大麻种植面积迅速增长，其中美国较2018年的3.2万公顷翻番，但增量中纤用面积占比不高；籽纤兼用亚麻种植面积逐步扩大；剑麻种植面积逐步恢复，但因生产周期长，预计未来2~3年内世界剑麻产量仍将维持在较低水平。因国际贸易摩擦升级，2019年麻类纤维及制品贸易波动加剧，但总体保持稳定。全球工业大麻产业热度持续上升，美国、加拿大等国家进一步推进工业大麻合法化，工业大麻提取物大麻二酚（CBD）及其产业的投资额和贸易额大幅上涨。

二、国内麻类生产与贸易概况

2019年国内麻类种植面积较上年有较大幅度提高，主要源于工业大麻的种植。苎麻成为大竹、咸宁、荣昌、分宜、汉寿等县域经济发展的重要抓手，种植面积稳定上涨，农工结合紧密。新菠萝粉蚧得到有效防控，我国剑麻种植面积迅速恢复，其中湛江剑麻列入中国特色农产品优势区，并获得广东省级和国家级现代农业产业园区建设资助。我国工业大麻投资热度持续上升，形成云南省花叶用、黑龙江纤维用、山西籽粒用的生产布局，种植面积达到5万公顷以上，工业大麻投资热情高涨，涉麻企业猛增，纤维价格超1.9万元/吨。

我国是世界上亚麻及苎麻机织物最大出口国。据海关统计，截至2019年10月，累计出口亚麻及苎麻机织物2.3亿米，与去年出口量（2.4亿米）基本保持一致。2019年与去年出口走势大体相同，其中2019年1月亚麻及苎麻机织物出口4 490万米，高于去年同期出口量（4 211万米），而2019年7月亚麻及苎麻机织物出口1 151万米，低于去年同期出口量（1 390万米）。亚麻和黄麻纤维原料90%以上仍然依赖进口，大麻二酚除化妆品利用所占份额，其他均出口。因原料紧缺，剑麻纤维需求量不断提高，但总贸易量不足、单价上涨。

三、国际麻类产业技术研发进展

(一) 遗传育种

国际上开展了工业大麻种子安全储存、遗传改良、化学成分提取和鉴定等方面的研究。Parsons等研究获取了一种通过四倍体株系选择增加CBD含量而不改变四氢大麻酚（THC）含量的方法，确定了THC/CBD酸合酶位点广泛重排的现象。Allen等研究了碳源萜烯合酶全基因家族的基因组特征，为分析和利用工业大麻有效成分提供参考。Husain等研究工业大麻植物对废弃矿区土壤的耐受性增强，为纤维作物在土壤修复中的利用提供依据。Smykalova等研究了新型合成细胞分裂素衍生物和内源细胞分裂素对大麻外植体生长反应的影响，目标指向组织培养繁育技术。

黄/红麻开展提高纤维产量、生理特性的研究。Sylvain 鉴定了五个黄麻韧皮纤维纤维素的 QTL 和一个主要的 QTL；Patuakhali 大学发现不同钾水平显著影响黄麻的纤维产量；研究发现过表达 3-酮酰基-CoA 合酶基因增加黄麻基质频率和木质素含量，均为提高纤维产量提供参考。生理方面，Muhammad 发现红光、暗红光、混合红光能显着增加黄麻的株高、冠长和植物生物量；Amira 等发现黄麻幼苗通过减小叶片以积累脯氨酸和可溶性糖来调节渗透压。研究发现红麻种子的百粒重与干旱条件下种子发芽性能、根干重呈显着相关，为恢复系育种材料的选择提供依据。

亚麻从基因表达调控、活性物质合成等方面开展研究，进一步探索亚麻生长发育过程，Samanth 等发现 *ABRE* 和 *MYB2* 参与 ABA 介导的调控 Ca^{2+} 敏感的信号途径；Dmitry 等发现在亚麻生长的不同阶段细胞骨架基因的表达相对稳定，而细胞壁合成的 *CesA* 基因具有不同的表达模式；俄罗斯联邦韧皮纤维作物研究中心揭示了 *MADS-box* 和 *NAC* 转录因子参与调节铝胁迫下植物生长发育的过程。研究发现添加壳聚糖可以增强亚麻细胞培养物中木脂素和新木脂素的生物合成，抗氧化性提高了 1.3 倍；Magdalena 等探究了亚麻生长阶段黄酮成分的生物合成时间，为探究亚麻活性物质作用机理提供参考。

研究表明苎麻纤维的进化和改良中，细胞氧化还原状态的调节很重要，且驯化导致许多胁迫响应相关、纤维产量相关及植物生长相关的基因上调。Sarwar 等研究剑麻响应干旱的分子机制。

（二）病虫草害防控

国际上工业大麻病害成为研究热点，其中多种病害被首次报道，均为不同工业大麻产区病害防控提供依据。在加利福尼亚发现由 HLVd（*Hop Latent Viroid*）引起的大麻病毒病、内华达大麻植原体病害 *Candidatus phytoplasma trifolii*、在以色列由 LCV（*Lettuce chlorosis virus*）引起的大麻病害、在科罗拉多州西部由 BCTV（*Beet curly top virus*）引起的生长受阻，子叶发黄等症状。首次发现 *Cercospora cf. flagellaris* 引起叶斑病、由 *Exserohilum rostratum* 引起的枯萎病。大麻接种 PGPR 后可提高医用大麻的产量和质量且不存在与农药残留有关的风险。

亚麻病害在基因互作，转录组学开展基础研究，Christopher 等阐明了亚麻及其锈病两个基因之间的交互作用模式；Novakovskiy 等评估了参与木质素生物合成的基因家族的表达变化；Wu 等关注了亚麻锈菌 *Aor* 基因的表达特点和候选效应因子。在防控策略方面，Taimeng 等首次利用根际枯草芽孢杆菌作为生物防治剂来防治立枯丝核菌引起的亚麻幼苗枯萎病；Ashour 等评价了 24 种播种率和选种杀菌剂组合对亚麻苗疫病的防治效果，为亚麻病害防控提供选择依据。

（三）机械设备

国际上主要在工业大麻收获和加工机械方面开展研究，欧美等国对纤维长度要求不高，可以实现切断收割。目前研制与使用的有美国、德国、波兰等国的茎秆收获机、茎叶收获机、茎叶籽收获机等，包括茎秆分段收获机 HempCut3000/4500 工业大麻收割机（HempFlax，Oude Pekela，荷兰）、三段式 Clipper 4.3 MMH（Tebeco，Praha，捷克共和国）；大麻双切割收获机由 HempCut 4500 和改进的联合头部组成；滚筒式大麻收割机是 Kemper 公司为 HempCut 机器研发了一个改进的机头和切割滚筒；德国研制的 MCHC3400

工业大麻联合收获机可以对工业大麻的花叶和茎秆分别收获。德国的莱普尼茨农业装备和技术研究所提出专用于生产纤维板和复合材料的技术，并研制出青贮保存大麻和其他纤维作物 ATB 加工试验工厂。

（四）加工技术

国际上大麻活性物质提取、次级代谢物在多种疾病中的治疗效果成为研究热点。研究反相高效液相色谱-紫外分光光度法、快速气相色谱/质谱法测定大麻素的含量，为大麻活性成分鉴定提供方法。疾病治疗方面涉及如癌症、多发性硬化症（Ms）、艾滋病和抗焦虑、抗炎症等，其中：Sangiovanni 等发现大麻提取物和大麻酚抑制皮肤炎症和创伤的体外介质；Hacke 等发现 Δ^9-四氢大麻酚和大麻酚在大麻提取物中的抗氧化活性。

国际上脱胶研究重点集中在高活力、高稳定性脱胶酶的分离纯化及其在麻类纤维脱胶上的应用，Kamijo 等发现菌株 *Aspergillus luchuensis var. saitoi* 中分离耐热的果胶裂解酶、Rahman 等发现 *Bacillus paralicheniformis* CBS32 产生的聚半乳糖醛酸酶，可用于苎麻等纤维的脱胶。Bharadwaj 等发现 *Streptomyces thermocarboxydus* 可产活性较高的果胶酶，Kohli and Gupta 进行蜡样芽孢杆菌的培养获得果胶酶的粗酶液，可应用在麻类等天然纤维的脱胶领域。化学或物理的脱胶方法也取得进展，Ahirwa 等、Mishra 等优化了碱煮炼的方法获得麻类等天然纤维的工艺，苎麻化学脱胶的碱用量低至 6%；Pandey 等利用化学与物理结合方法进行亚麻脱胶和漂白，与原纤维相比韧性和白度增加了 23% 和 50%；水电解、低共熔溶剂、离子液体等新型化学脱胶方法也取得了重要进展，为实现麻类脱胶高效、稳定、环保不断进行探索。

其他方面，Ayala-Monter Marco A 等研究添加剑麻粉和干酪乳杆菌的哺乳羔羊的生长性能和健康状况。RafatS 等发现含亚麻籽的饮食有助于缓解高胆固醇血症的不良影响。

四、国内麻类产业技术研发进展

（一）育种与资源挖掘

我国麻类作物育种目标继续以提高纤维品质为重点，向专用、兼用、多用深层次拓展，分子育种水平提升，但选育机构仍然以公立科研院所为主。全年育成麻类新品种 24 个，其中通过国家审定品种有华亚 4 号，华亚 5 号，华亚 6 号、鄂牧 6 号-苎麻、黑亚 22 号、黑亚 23 号。

苎麻研究主要集中在农艺性状的分析与改良、土壤重金属修复技术的利用、育种技术的创新等方面。崔国贤等对收集的 94 份苎麻种质的主要农艺性状进行分析；徐晓敏通过超表达 *BnGS1* 使植株的氮含量和粗蛋白含量增加了 2.29% 和 14.32%；朱守晶从苎麻中克隆到 MYB 转录因子基因（*BnMYB3*），分析为组成型表达基因，在茎和叶中的表达量显著高于根，且表达量随镉胁迫处理时间和处理浓度的增加而显著上升；陈坤梅等认为土培的方式可快速、简便地筛选耐镉苎麻种子，有利于加快育种进程。

工业大麻围绕种质资源鉴定评价、创新利用和新品系选育等方面开展，为高 CBD、高蛋白含量工业大麻种质的选育奠定基础。鉴定评价资源 15 份，开展 20 个杂交组合，其中 1 个组合材料大麻二酚（CBD）含量达到 8% 以上，3 个新品系 CBD 含量达到 2% 以上，1 个新品系麻籽蛋白质含量达到 24%；全雌性工业大麻品种的制种技术取得进展，种子亩产量达到 80 千克以上。杨明等利用 THC 特异标记进行辅助选择，能够在苗期判断植株的 THC 含量情况，对加快育种进程有极大的应用价值。在雌株花叶多糖抑菌活性及稳定性分析、不同光质对工业大麻生长及CBD积累的影响、水溶性CBD研发等方面开展了探索性研究。

黄麻主要开展种质资源筛选及分子生物学育种研究。侯文焕筛选出高耐盐黄麻4份。福建农林大学基于黄麻基因组序列、cDNA序列开发了SSR，获得旺盛生长期茎皮的表达序列标签，开发了EST-SSR和识别茎皮旺盛生长期相关unigene，重新构建遗传连锁图谱，定位一个纤维素含量主效QTL，为提高纤维品质打下基础。

红麻在分子生物学育种方面开展研究。陈鹏克隆miR394前体基因序列，在原生质体中验证具有靶向切割的活性；彭双双分别验证红麻ATP6与HcMYC2a和HcMYC2b互作的核心功能区域；Fan等分离鉴定了6个HDACs与生长发育和非生物胁迫应答的基因。邓勇研究H_2S信号通路可能是植物抵御Cd胁迫的重要机制之一；贾瑞星使用透射电子显微镜发现在Cd胁迫处理一周后的根和叶片的超微结构，为红麻在重金属污染土壤修复种植提供依据。

亚麻从种质资源鉴定、生物信息学分析、生理生化等方面开展研究。曲志华等分析了170份亚麻种质资源的农艺性状；萨如拉检测50份亚麻种质木酚素含量，并对其进行基于SRAP标记的遗传多样分析。齐燕妮等鉴定到24个亚麻COBRA家族成员，并进行基因结构等生物信息学分析；潘根等构建了DNA指纹数据库，生物信息学的应用提高了选育效率。袁红梅探究外源油菜素内酯对盐胁迫下亚麻种子萌发及幼苗生理特性的影响。

剑麻研究方面，黄兴等探讨TILLING技术在剑麻中的应用前景；鉴定了剑麻属纤维素合成酶基因。张燕梅等对剑麻的8个内参基因在烟草疫霉侵染等处理过程中表达水平进行检测。鹿志伟等鉴定了23个GATA基因和ARF基因家族成员，克隆并分析剑麻lectin基因。吴良等建立了细胞悬浮系，探讨了影响悬浮细胞增殖的主要因子。

（二）栽培与土肥

苎麻在不同栽培条件对农艺性状影响、重金属胁迫等方面进行研究。王琴开展了施肥与收获高度试验，探讨了刈割强度对苎麻根系分子机制的影响；李林林、喻志东等分别发现有机肥、全年收四季技术可使苎麻增产；陈平等发现抗折力与株高、茎粗和壁厚呈显著正相关，与茎段重量呈极显著正相关。蓝莫茗等发现种植红麻、苎麻能显著降低径流淋溶失量和淋出液中重金属含量。马起梅等发现高锰酸钾处理对苎麻扦插生根影响显著。

黄/红麻利用分子生物学方法开展逆境胁迫条件下研究，郭媛等发现黄麻对中度Cd污染农田有较高的富集和转移能力；安霞等比较了耐旱性为红麻＞亚麻＞黄麻；Yang等得到最完整的黄麻遗传图谱，并进行耐盐性有关的第一个QTL定位；王路为等探讨红麻轻简化栽培技术对增产和Cd吸收有促进作用。

工业大麻研究不同改良剂对铅（Pb）污染土壤中工业大麻生长及Pb积累的影响，徐艳萍等发现EDTA显著抑制了株高和茎粗生长，促进了对Pb的吸收，柠檬酸促进了工业大麻吸收Pb，有机肥抑制了工业大麻吸收Pb。探索不同地区工业大麻栽培技术，为不同产区种植工业大麻提供借鉴，杨阳等探究云南合理的施氮方式；山西省农业科学院等探究适宜山西种植工业大麻的栽培模式。

剑麻主要从施肥技术开展研究，谭施北等研究了麻茎单独还田及配施不同用量氮肥对土壤理化性质和剑麻生长的影响；研究了麻茎腐解特性及氮素回收利用率。蒋恩冬等从剑麻营养状况等方面探讨了适宜丘陵地剑麻的施肥技术。何光熊等比较番麻、剑麻和裸地措施对小区土壤侵蚀量及降雨径流分配的影响。

(三) 病虫草害防控

麻类病害发生方面，郭晶等发现亚麻枯萎病菌 *Folpcs1* 基因负责菌丝的营养生长和分生孢子的产生；Li Wan 等发现亚麻锈病真菌（*Melampsora lini*）可能会改变细胞分裂素的水平。罗布麻病害的研究逐渐受到关注，蓝燕如发现罗布麻锈病可降低红杆中花生态型叶片生物量、总黄酮等含量。

病害防控方面，孙向平等从苎麻叶部筛选出一种内生细菌对白纹羽病等病菌有很好的拮抗作用。董海龙等从疣孢漆斑菌（*Myrothecium verrucaria*）代谢产物中筛选高效杀根结线虫活性物质；廖梦婕等初步明确 M60 家族肽酶在蜡质芽胞杆菌 AR156 防治南方根结线虫的过程中发挥重要作用。郑金龙等对接种烟草疫霉菌前后 7 种重要防御酶的活性变化规律进行了研究。黄雪兰等研究寡雄腐霉菌对黑曲霉的抑菌效果显著，可用于防治剑麻茎腐病。

麻类作物田除草国内目前仍以化学除草为主，除草剂剂型发展较快，悬乳剂、微胶囊悬浮剂等新剂型发展迅速，提高了除草剂药效的同时，也提高了环境相容性。如溴苯腈可溶性粒剂在条播亚麻田、工业大麻田定向喷雾，能很好的控制田间阔叶杂草。

(四) 机械设备

国内主要开展苎麻、工业大麻、红麻机械研制。苎麻收割机：针对 4LMZ-160 型苎麻收割机进行了打捆作业功能的改进，研制了 4G-60 型手扶式麻秆收割机、4GK-90 型微型收割打捆机；研制出 9MQL-1.4 型履带式麻类青饲料青贮收获机，改试出第三代 4QM-4.0 型饲用苎麻联合收获机和第二代 9ZM-7 型青饲料切碎机。剥麻机：试制出第一代轻简化苎麻剥麻机样机，湖南省沅江市新安农机厂改进配 10 马力柴油机和行走式复刮式苎麻剥麻机；国家林业和草原局哈尔滨林业机械研究所研制出劈麻反拉式苎麻剥麻机，主要用于夏布的生产；进一步研究 4BM-800 工业大麻剥麻机；研究了履带自走式 4HB-480 型红麻剥麻机。

(五) 加工技术

麻类脱胶方面，脱胶工艺的研发与优化依然是目前的行业热点，化学或物理的处理方法与生物脱胶技术联合使用、新型环保的化学脱胶工艺或物理脱胶工艺是重要方向，Mao、张秀、汤云高、郑科等对苎麻纤维酶脱胶过程进行了探究；余旺等利用低共熔溶剂处理苎麻原麻，果胶降解率达到 100%；Tian 等研发了一种微波辅助加热的大麻韧皮纤维脱胶工艺；阮培英等发现射频脱胶介质可促进亚麻脱胶；林燕萍等研究了闪爆处理进行苎麻韧皮纤维脱胶的工艺。麻纤维膜开展了低成本麻地膜试验。麻类纤维改良方面从抗菌性、紫外线防护等方面展开测试。副产物综合利用方面，开展苎麻饲用价值评价、大麻二酚提取工艺探究。

（国家麻类产业技术体系首席科学家　熊和平　提供）

2019年度糖料产业技术发展报告

（国家糖料产业技术体系）

一、国际糖料生产与贸易概况

（一）全球食糖产量小幅减少，2018/2019年全球食糖供求大致平衡而2019/2020年供给大幅短缺

由于巴西和泰国食糖减产幅度大于印度和中国增产幅度，Licht数据显示，2018/2019年全球食糖减产为1.8495亿吨，较2017/2018年下降4.74%，其中全球甘蔗糖和甜菜糖产量分别为78.7%和21.3%；全球食糖消费量达1.8393亿吨，较2017/2018年增长0.57%；库存消费比约42.57%，较2017/2018年减少0.23个百分点。2018/2019年全球食糖市场开始进入减产周期，但供求大体平衡。其中，印度、巴西、欧盟、泰国、中国、美国、俄罗斯、墨西哥、巴基斯坦、澳大利亚为前十大主产国（区域），占全球食糖产量的76.6%。ISO在11月预估2019/2020年全球食糖供应缺口上调至612万吨，荷兰合作银行Raboban预计2019/2020年全球食糖供应缺口上调至820万吨，主要是干旱和霜冻等导致印度、泰国、欧盟、美国、澳大利亚等国减产。

（二）全球食糖出口贸易下滑，巴西食糖出口下降15%

2018/2019年，全球食糖出口贸易下滑4.81%至6 822万吨。全球食糖出口国高度集中到巴西、泰国、印度、澳大利亚、墨西哥、欧盟、阿联酋、危地马拉等国，其中，前四国出口量占比全球总出口贸易的55%。由于食糖比乙醇收益偏低，2019年巴西食糖出口量下降15%，为1 806万吨；泰国出口食糖1 003.69万吨，同比减少6.34%。全球食糖进口国相对分散，主要是印度尼西亚、中国、美国、阿尔及利亚、阿联酋、马来西亚、韩国、欧盟、尼日利亚、沙特阿拉伯，前四国食糖进口量占全球总进口贸易的20.55%，前十国进口量占全球总进口贸易的37.6%。2019年，印度、巴西、泰国、欧盟、澳大利亚、中国等食糖主产国都处于政策多变期，中美贸易摩擦对全球糖市的影响值得关注。印度：作为全球第一大食糖主产国，因2018/2019年糖业亏损，为应对糖业困局，政府出台了一系列举措，包括更高的食糖出口补贴，建立更大的缓冲库存，全力推进燃料乙醇发展，包括提高汽油中乙醇的平均混掺比率，对乙醇厂提供贷款利息补贴，提高燃料乙醇参考价格，增加乙醇产能，实施最低指示性出口配额等。燃料乙醇项目已成为决定其生存战略的关键因素，将形成糖业安全网。巴西、澳大利亚、危地马拉、哥斯达黎加、欧盟、泰国先后加入了对印度的WTO磋商行动，迄今，印度糖业补贴政策仍未改变。巴西：因糖价低迷、生产成本增加、汇率急剧波动，糖业利润率下滑至10年最低水平，甘蔗制糖和制乙醇比例分别约为35%：65%，巴西糖厂更应当视为乙醇生产企业；巴西综合利用、食糖套保降低了食糖损失，蔗渣发电可以给糖厂增加650万美元收入。泰国：2017/2018年至2018/2019年暂时放松对国内糖价和食糖销售管理的管制，取消了国内食糖销售每千克收取5泰铢（7美分/磅）特别税的规定，但仍坚持甘蔗和糖业法案下的甘蔗价格支持计划。

2019/2020 年甘蔗最低价格为 800 泰铢/吨，政府可能提供生产成本补贴 50 泰铢/吨和甘蔗和糖业基金支付 53 泰铢/吨。泰国放开食糖出厂批发价限制而食糖最高零售价格仍受管制。泰国实行食糖附加费以替代原来 CSF 的 5 泰铢/千克的特别税。泰国政府《甘蔗和食糖法案》修正案 2019/2020 年不实施。欧盟：2019 年 6 月 28 日，欧盟与南方共同市场的四个成员国（阿根廷、巴西、巴拉圭和乌拉圭）达成了一项贸易"原则协议"。该协议新向巴拉圭提供了一项 1 万吨的免税进口配额，而巴西 18 万吨 WTO 配额的关税即将被免除。英国脱欧成功，2020 年之后下一个共同农业政策也对欧盟糖市带来深远影响。澳大利亚：政府批准了与印度尼西亚、中国香港和秘鲁的贸易协定，这有利于澳大利亚扩大出口，在年底通过议会两院后，取消许多阻碍澳大利亚和三国之间双边贸易的关税。

二、国内糖类生产与贸易概况

（一）蔗稳菜增，食糖产业连续第三年恢复性增产

得益于糖料种植面积和单产略有增加，甘蔗产量稳定而甜菜产量增加，糖料总产量稳中略增 5.8%。2018/2019 年我国食糖产业连续第三年恢复性增产，全国食糖产量为 1 076.04 万吨，较上年度 1 031.04 万吨增加了 4.36%。其中，产甘蔗糖 944.50 万吨，较上年度增加了 3.10%，占食糖产量的 87.78%；产甜菜糖 131.54 万吨，较上年度增加了 14.41%，占食糖产量的 12.22%。

（二）消费量持平略增，销糖进度明显加快

2018/2019 年全国食糖消费量为 1 520 万吨，同比持平略增 10 万吨。全国食糖销售销糖量、产销率双增，销售更多更快。2018/2019 年全国累计销售食糖 1 040.63 万吨，较上年度同期 985.88 万吨增长 5.55%；累计销糖率 96.71%，较上年度同期 95.62% 增长 1.09 个百分。

（三）食糖进口稳中有增，进口时间后移

贸易保障措施下食糖进口量稳中有增，2019 年我国累计进口糖 338 万吨，比上年增加 58 万吨，增幅 21%。受许可发放、保障关税预期等因素影响，进口集中在 4 月、5 月、7—11 月。严厉打击食糖走私使得非正规进口糖流入大幅减少，叠加进口时间后移，为国产糖销售创造有利的空间。

（四）食糖价格以上涨为主，糖料发展基础仍然脆弱

从食糖价格来看，国内糖价先上涨后下跌，以上涨为主。2019 年初糖价低位，2019 年 1 月至 4 月 15 日，糖价由 5 005 元/吨涨到 5 395 元/吨；4 月中旬至 5 月，进口量显著增加，现货价略有下滑；6—11 月，国内减产预期逐渐明朗，消费旺季来临，库存快速降低，走私糖减少，现货糖价持续上涨到 11 月 8 日的 6 145 元/吨。之后糖价下跌到 12 月 31 日的 5 735 元/吨，主要是南方甘蔗糖开榨导致新糖上市速度加快、广西地方储备糖投放 12.7 万吨引发市场对国储糖出库可能猜疑。2019 年糖价明显上涨，糖农增收 27 亿元，上缴财政税收 18.8 亿元，同比减少 11.4 亿元。2018/19 年全国制糖工业企业成品白砂糖累计平均销售价格为 5 248 元/吨，比上年度下跌 394 元/吨，制糖企业连年亏损，糖料款兑付迟缓，糖业发展内在基础脆弱。

（五）2019/2020 年糖料面积下滑 4% 左右，产糖量预计降为 1 025 万~1 050 万吨

2019/2020 年，我国糖料种植面积下降 3.56%，主要是广东、海南种植面积下降。其中，甘蔗和甜菜种植面积分别为 117.6 万公顷和 21.26 万公顷。受种植面积和单产下降影

响，2019/2020年产糖量为1 025万~1 050万吨。天灾对糖料单产和糖分影响较大，比如云南春旱、广西冬春光照不足和秋旱影响株高和有效径、12月霜冻影响等。

三、国际糖类产业技术研发进展

（一）世界甘蔗产业技术发展动态

甘蔗遗传改良创新方面，2019年，国际甘蔗育种技术的研究重点是高效育种技术并着重围绕分子育种，包括破解甘蔗基因组、重要目标性状关联标记鉴定、基于转录组和生理生化研究逆境胁迫下甘蔗的响应、功能基因发掘与转基因改良、利用光谱和分类技术对甘蔗抗螟虫性进行早期预测及利用可见短波近红外光谱直接扫描，对甘蔗纤维分进行预测，并兼顾种质资源的评价和杂交利用与新品种选育。继2018年发布蔗属野生种割手密的2个无性系的基因组并对高倍体（10~12倍体）现代甘蔗栽培种R570进行测序并组装为一套单倍体参考基因组后，由巴西科学家牵头多国参与完成了对现代甘蔗栽培种SP80-3280进行全基因组测序，并通过完成了373K基因空间的组装，揭示了甘蔗功能多样性，该工作朝着甘蔗栽培种的全基因组装配前进了一大步。同时，利用GWAS与美国保育的甘蔗种质资源进行关联分析，鉴定了控制甘蔗中纤维组分、甘蔗产量组分和蔗糖分性状的位点；开展了对表达AVP1基因改良了抗旱性的转基因甘蔗的安全风险评价；开展了低温胁迫后甘蔗生理生化、相关基因和转录因子的克隆与功能鉴定；开展了对野生种割手密种质资源的耐寒性评价。

病虫防控技术方面，甘蔗病害研发涉及赤腐病、锈病、黑穗病、茎腐病、黄叶病及花叶病等，主要进展包括甘蔗茎腐病发现并鉴定出新的致病菌，分离鉴定确认甘蔗赤腐病由两种镰刀菌联合侵染引起，分离获得对甘蔗黑穗病有抑制作用的甘蔗内生菌，为甘蔗病害的生物防治提供科学依据，筛选获得赤腐病、锈病的抗性基因标记引物，建立导致品种退化的甘蔗病毒带菌量限值等。虫害研究方面，巴西学者研究发现，蔗叶还田能减少甘蔗沫蝉的发生量，但不有效减少地下害虫；印度学者分离获得对金龟子致病力较强的线虫，并进行田间试验示范验证。

栽培耕作技术方面，目前在世界上，超过100个国家在种植甘蔗。在热带条件下，根据各地管理和生产条件，每公顷年可实现150~300吨的高生物量生产。国际上，近年来主要集中在宿根甘蔗的持续生产绿色生产技术，以水肥为突破口，以轻简化保护性耕作技术为目标进行了甘蔗栽培研究，并实现了宿根甘蔗的延长，如古巴4~5年，澳大利亚、夏威夷2~3年。

设施与设备方面，国际上，凯斯和迪尔甘蔗收割机作业部件机构设计已成熟，液压系统逐步采用柱塞泵、柱塞马达代替齿轮泵和叶片马达，以提高效率；排杂风机采用变量柱塞泵实现根据负载自动调整动力，保持风速。产品的优化升级主要体现在液压系统能量管理、作业信息采集与管理和自动导航三个方面。机械化播种技术方面，大规模生产系统大多采用切段收割机+蔗段种植机系统，中小规模生产系统仍采用切种式种植技术。

产后加工方面，国际上甘蔗主要用于食糖生产，少量生产燃料乙醇，以食糖生产为主。食糖的生产，除印度、印度尼西亚及缅甸等部分国内食糖采用"一步法"生产外，其他国家均采取两步法生产，即在甘蔗产区生产原糖，然后供国内或出口至世界各地进行精糖加工，原糖加工后的副产物糖蜜用于生产酒精、朗姆酒及牛饲料，蔗渣用作燃料生产蒸汽和电力，滤泥直接还田或处理后作肥料。

（二）国内甘蔗产业技术研究进展

遗传育种与种业方面，由体系甘蔗育种专家吴才文牵头的"甘蔗育种技术创新及新品种选育应用"获神农中华农业科技奖一等奖；"甘蔗良种繁育技术体系的创建与产业化应用"，获2019年度农牧渔业丰收奖一等奖；"甘蔗杂交花穗规模化生产关键技术体系建立及育种应用"获广东省科技厅和省科协优秀科技成果奖；福建农林大学与美国佛罗里达大学合作，开发了目前国内外甘蔗界质量最好的甘蔗单核苷酸多态性片段（SNP）芯片，并筛选鉴定出能较解释黄叶病抗性表型变异达20%以上的标记；广西大学利用芯片在抗、感甘蔗梢腐病的双亲杂交群体中进行应用验证，也取得了良好效果。该芯片作为甘蔗遗传分析与基因分型的工具，并将在后续其他重要育种目标性状关联标记的鉴定中，发挥重要作用。此外，有5件高效育种技术获国家发明专利授权，包括一种鉴定甘蔗抗褐锈病基因位点紧密连锁的分子标记方法获技术；利用RNAi阻断病毒胞间移动培育抗花叶病转基因甘蔗的方法；快速鉴定甘蔗抗褐锈病基因位点的分子标记引物及应用；一种适合甘蔗外源基因拷贝数鉴定的内源基因筛选与应用；一种提高甘蔗实生苗选育种效率的育苗方法及应用。此外，针对N养分高效利用和抗病、耐寒育种，通过转录组等组学技术与转基因技术，克隆了一批上述重要性状相关基因并进行了不同程度的功能鉴定，为育种利用提供了潜在的基因元件和靶点。同时，大量开展割手密、河八王、斑茅种质资源的评价与杂交利用，并引进到现代杂交育种系统中，体系选育的具有自主知识产权的甘蔗栽培品种得到大面积应用，占比已超过65%。

病虫害防控方面，病害研发方面，建立优化甘蔗花叶病、白条病、宿根矮化病、锈病等主要病害的快速检测技术，并对我国主要蔗区的病害种类进行病原的检测和鉴定。筛选获得抗褐锈病基因的标记引物，并对多个甘蔗新品种（品系）进行抗性基因检测，为品种抗病选育种提供新方法。虫害研发方面，一是在各甘蔗主产区设立害虫监测点，形成全国甘蔗害虫预警监测网。二是在甘蔗主产区，集成示范赤眼蜂、性诱剂和高效低毒农药等的绿色防控技术，总结不同生态蔗区的绿色防控模式。三是大力推广无人机喷雾农药等的轻简防控技术，为统防统治提供技术支撑。

栽培技术方面，针对我国甘蔗产区以人工作业为主的甘蔗生产方式效益低，成本高，竞争力弱等问题，2019年在桂滇粤三省区大规模示范推广体系成熟的节本增效综合栽培模式，应用了高效缓释甘蔗专用肥技术、全膜覆盖与缓释肥一次性施肥集成技术，新型微生物和有机硅肥的应用技术及调整不同时期氮磷钾施肥配比及合理补充镁、硼等中微元素等技术。在甘蔗综合试验站辐射区域，设立新植甘蔗新品种配套农机农艺节本增效技术示范区14个，分别推广水肥一体化、一次性全层施肥、基肥+水肥一体化、全程复合生物有机肥等高效施肥和栽培新技术。

设施与设备方面，甘蔗收割机进口机型主要有凯斯CASE 8000、CASE 4000和迪尔CH 570、CH 330等切段式收割机，国产机型主要有洛阳辰汉、柳工农机、中联重工和广西农机院等厂家生产的切段式收割机，以及国拓重工、神誉重工生产的整秆式收割机。基本解决了0°~5°平地与缓坡地无机可用问题。下一步的重点是农机农艺融合，特别是中耕培土和宿根破垄平茬两个环节。6°~15°丘陵山地蔗区仍存在无合适机型问题。进厂机收原料蔗的含杂率，特别是泥土含量，成为目前影响机收蔗推广应用的最大因素。目前还没有适合黏性土壤蔗区的糖厂原料蔗除杂系统。应用的种植机以切种式种植机为主，对蔗段种植机的需求在逐步增加。适应丘陵山地蔗区的甘蔗收割、适应黏土蔗区的糖厂原料蔗除杂技术是下一步科研院校攻关的重点。南方蔗区农机农艺日益融合，形成了桂中南平缓蔗区中大型机械化应用模式、滇西南丘陵蔗区中小型机械化应用模式，广西"双高"糖料蔗基地 2017/2018 年机耕率 99.62%，机种率 75.66%，机收率 15.11%，生产成本降低 20%，甘蔗产业从传统产业逐渐向现代产业转型升级。

产后加工方面，近年来，随着我国甘蔗糖业升级转型战略的实施，我国甘蔗加工技术取得明显进步：以纳米级无机膜过滤的甘蔗混合汁绿色澄清技术，是一种纯物理的澄清技术，已进生产实用阶段，效果相当甚至优于传统亚硫酸法；以其为核心开发的非化学澄清技术已开始进入中试试验阶段，如无机膜耦合有机膜或其他非膜有高效物理脱色技术等生产低色糖浆、低浊低色砂糖等；同时，加工全过程自动控制也取得突破，原创性连续煮糖技术已投入工业化应用；甘蔗产品多元高值化生产技术的研究与应用也取得长足进步，如甘蔗汁生产甘蔗植物活性水、朗姆酒、液体糖浆、红糖糖膏，甘蔗梢/蔗渣生产饲料，蔗糖生产低聚果糖、益生元，糖蜜生产朗姆酒、酵母和酵母抽提物等技术，已具备孵化生产条件或已实现产业化生产，产品已投入市场。另外，利用蔗渣作燃料对外供电也成为我国蔗渣利用的另一个主要用途；滤泥主要用于生产肥料或作肥料原料。我国"甘蔗产业"雏形正逐渐形成，为我国甘蔗糖业发展开辟一条特色鲜明的新路子。

2019 年甘蔗生产呈现几个发展趋势：一是种植模式逐渐向高产高糖良种及全膜覆盖、减施化肥农药、病虫害绿色精准防控的轻简高效技术转变，形成了现代甘蔗产业精准绿色发展模式，其以强宿根性良种为驱动，将以脱毒种苗为核心的良种繁育技术、水肥药精准施用技术、甘蔗农机农艺融合的全程机械化技术进行技术集成示范。二是广西、云南、广东和海南正下大力气推行平地与丘陵山地机械化模式，探索小型、中型和大型机收模式。这些举措切实降低了甘蔗生产成本，支撑了产业持续发展和转型升级。

四、国内糖类产业技术研发进展

（一）世界甜菜产业技术发展动态

育种方面，主要是和传统育种相结合的新技术手段的应用，如远红外反射光谱分析技术在甜菜育种与种质资源研究中的应用；甜菜分子育种继续开展高效遗传转化体系的建立和优化的相关研究，以期为基因工程手段培育甜菜新品种奠定理论基础。另外，甜菜种质资源评价方法多样化，如利用主成分和聚类分析法对不同甜菜品种进行综合评价，逆境胁迫下基于形态生理特性的甜菜育种群体的评价，基于大数据平台对甜菜种子现状进行分析，对近 50 年选育的甜菜优良自交系的遗传和表型进行评估等，均可为甜菜良种选育提供理论基础。此外，除关注高产高糖的育种目标外，高抗逆性的甜菜品种培育也是研究热点，如英国科学家开发抗黄叶病毒的甜菜新品种取得突破。

栽培技术和生产管理方面，研究集中于栽培技术方法、机械化生产、水肥互作管理技术等，针对此方向提出的标准和专利也最多（80% 以上）。如针对不同生态地区甜菜全程机械化高产高效栽培技术研究，使用 Aqua Crop 模拟甜菜对灌溉的响应以优化水分配等。针对不同的微肥处理和化控措施的研究或产品的开发也取得一定进展，如根外施硼对甜菜叶片性能及块根工艺品质均有一定提高，叶面施用镁肥对甜菜根细胞膜 H^+-ATPase 活性及生理特性的均有一定影响等，为相关叶面肥的开发利用提供理论依据。

病虫草害研究方面，针对甜菜常见病害的致病菌或病毒，开展生物防治的相关研究，同时开发新型甜菜抗病性评价指标，如病原孢子形成对甜菜基因型部分抗病性表型的感官评估；针对特定病原菌的分子生物学研究依然是研究热点，如新型甜菜病原镰刀菌候选效应基因的鉴定与表征研究，基于质谱的麦考氏菌斑抗性和易感甜菜种质代谢组学鉴别等，为进一步阐明甜菜相关病害的抗病分子机制提供理论依据。值得注意的是个别新型病菌被发现可感染甜菜，如俄罗斯首次报道密歇根州分枝杆菌亚种 *sepedonicus* 感染甜菜，短小芽孢杆菌 SS-10.7 和解淀粉芽孢杆菌（SS-12.6 和 SS-38.4）菌株在日本甜菜上的适配性得到关注。此外，利用基因工程技术提高甜菜抗性研究相对于其他方面进展依然缓慢。

产品加工和副产品开发应用方面，尤其是甜菜浆的特性及新型应用的开发，如甜菜果胶的连续酶促水解和 L-阿拉伯糖的回收，甜菜浆中碱性可溶性多糖的特性表征，使用甜菜浆粕促使污泥和家禽粪便共同消化，甜菜浆纤维作为生物活性食品和饲料成分的来源等方面均取得一定研究进展。

基础理论方面，集中于分子生物学方面，如利用 SRAP 引物组合构建甜菜品种的指纹图谱，基于限制位点相关的 DNA（RAD）测序技术检测甜菜多态性，基于 InDel 分子标记的红甜菜遗传多样性分析，多个甜菜功能基因（如 *BvHIPP24*、*BvAKT1s*、*BvMTP11* 等）的分离和生物信息学分析和功能鉴定等，同时甜菜组学研究有所突破，如盐敏感性和耐性基因型的转录组分析揭示了甜菜的耐盐代谢途径，电子信息技术的发展也为甜菜研究提供更先进的技术支撑，如开发用于管理甜菜生产中异型杂种的决策支持系统，分析多环境试验下甜菜基因型对根和糖相关性状的配合能力等，相关研究将为甜菜遗传工程改良和分子技术辅助育种奠定重要基础。

（二）我国甜菜产业技术研究进展

遗传育种与种业方面，在甜菜适宜机械作业的优良品种筛选与推荐方面，对上年岗位专家品种筛选推荐的 22 个国内外品种进行 21 点次的品种多点精准鉴定，鉴定内容包括产质量、抗病性和品质，筛选出在丰产性、含糖率、综合抗性、稳产性及适应性方面适宜我国不同生态区机械作业的优良单胚丸粒化杂交种 11 个。进行了甜菜自育新品种选育，2019 年登记国内外甜菜品种 74 个，自育品种有 4 个通过国家登记。2019 年重点开展了国内外单胚杂交种的选育筛选工作，在华北、西北、东北地区联合鉴定国产单胚新品种（系）48 个，初步筛选出 17 个综合性状优良的自育甜菜新品系。

基础研究方面，开展了甜菜全基因组测序工作，开展了甜菜抗除草剂遗传转化研究工作，开展了室内育性鉴定、抗病性鉴定等分子辅助选育技术研究，开展了甜菜种子丸粒化加工技术研究工作。

综合栽培模式集成与示范方面，体系专家通过对甜菜品种的精准鉴定和筛选，从灌水、施肥、生长调控、耕作管理、病虫草害防控和品种等方面进行研究集成，集成适宜不同生态区综合栽培模式 13 套并进行试验示范。2019 年，在西北产区，继续在奇台县开展节本增效全程机械化综合栽培技术模式示范工作，示范田面积 330 亩。在昌吉市二六工镇进行了膜下灌溉甜菜高产高效水肥一体化施肥技术管理模式技术示范，示范面积 200 亩，产量 6 520 千克/亩，含糖率 14.8%，较非示范区节水 18%，节肥 10.4%，产量提高 10.16%，含糖率提高 0.53 度。在华北产区，以纸筒育苗和全程机械化为核心，结合节水、减肥、减药，推进滴灌和机械化作业，重点推进了滴灌甜菜节本增效综合栽培技术模式，在内蒙古赤峰综合试验站开展膜下滴灌直播甜菜高产优质节本增效种植模式辐射面积

19.4万亩，占2019年赤峰辖区甜菜面积的34.6%，使农户累计增收6 495.12万元。在东北产区，甜菜机械化节本增效一体化综合配套栽培模式累计核心示范面积2 430亩，平均亩产3 631.9千克，含糖率16.2%，亩增产507.6千克，亩增效253.8元。甜菜机械化纸筒育苗栽培技术、甜菜全程机械化垄作直播栽培技术和甜菜全程机械化平作直播栽培技术3种模式的示范，每个示范基地都为当地甜菜生产树立了样板。核心示范面积共计380亩，辐射带动2万亩。核心示范田平均产量达到3.7吨/亩，平均含糖率达到16.7%。核心示范田平均亩产比生产对照田增产20.0%以上，增糖0.8个百分点。

病虫害防控方面，围绕"甜菜机械化节本增效综合栽培模式集成与示范"开展甜菜主要病害非化学绿色防治技术研究。病虫害专家与育种专家合作开展甜菜不同品种抗甜菜丛根病的室内抗病性鉴定工作，通过ELISA测试，明确了华北区不同品种病毒含量，探索了室内甜菜品种抗丛根病的筛选鉴定体系。明确黑龙江省主要甜菜品种对立枯病、褐斑病、根腐病抗病情况及不同地区发病情况。在新疆伊犁、塔城、昌吉、喀什等地结合"甜菜机械化节本增效综合栽培模式集成与示范"进行了甜菜主要病虫害绿色防控技术集成与示范，推广面积60万余亩，其中在贫困地区喀什伽师县推广面积10万亩，取得了较好的示范效果。

2019年甜菜产业呈现几个发展趋势：一是由多种模式种植逐渐转向机械化作业模式，内蒙古为主的华北区全程机械化作业面积占80%以上；二是甜菜规模经营有所提升，华北区甜菜种植100亩、200亩、500亩大户数量成倍增加，占产区播种面积的70%以上；三是轻简高效栽培技术进一步得到应用，甜菜专用肥使用面积逐渐增加，栽培过程中节水节肥特征明显，逐渐转向滴灌和机械化作业结合的滴灌甜菜节本增效综合栽培技术模式。

（三）我国糖料产业发展应着重加强的内容与措施

一是优化甘蔗早中晚熟品种合理布局。加强早中熟品种合理布局，重点是早熟高糖强宿根品种布局，通过品种布局提早开榨，提高宿根蔗产蔗产糖水平。花3~4年时间将云南甘蔗开榨时间提早到12月上中旬开榨，于翌年的4月收榨；花3~4年时间将广西甘蔗开榨时间提前到11月上旬开榨，有利于避雨机收。并且早开榨甘蔗的宿根蔗产量和蔗糖分均明显好于4月中旬后砍收的甘蔗。

二是通过良种良法延长宿根蔗年限和提高宿根蔗单产。选育出宿根性强、抗逆性强的高产高糖甘蔗良种，结合健康种苗、脱毒种苗等良种繁育技术，通过良种实现延长宿根年限、高产高糖或稳产提糖。增强对耕种管收各环节和关键时点的精准把握，加强对宿根蔗的管理，科学提升田间管理效率，可以有效提高宿根蔗亩产0.5~1吨。加大宿根根系促进技术研究。甘蔗根系衰退是影响宿根甘蔗单产最重要的因素，以蔗叶覆盖还田的少耕和免耕栽培技术，对土壤的养分保蓄，特别是理化性状的改善作用显著，形成良好的土壤条件。我国是世界上宿根甘蔗年限最短的国家之一，加大宿根根系的促根技术研究，延缓宿根甘蔗的早衰，促进我国甘蔗持续增产。

三是加强甜菜种业自主创新研究。甜菜生产中机械化精量播种和纸筒育苗移栽技术大量推广普及，随着各项新技术的推进，要求甜菜种子必须是丸粒化包衣种子，我国已先后育成各类型单粒品种10多个，但由于国内没有种子加工清选、分级、处理技术与设备和丸粒化包衣技术，国产自育单粒品种无法形成合格的商品化种子，造成目前生产中使用的丸粒化品种均为国外引进品种，自育种子在种子市场上丧失了话语权。因此，应高度重视甜菜种子资源自主创新研究，通过国家立项支持，加快甜菜种子加工分级与丸粒化包衣技术的研发速度，推进国内自育优良品种的推广应用，以确保我国甜菜种子的数量与质量安全。

四是重点突破中小型甘蔗生产机械系统。积极开展中小型甘蔗种植机和甘蔗收获机具的研究开发。在甘蔗种植机械上，重点突破旱地蔗区开沟下种与土壤水分保蓄难题，实现机种甘蔗正常出苗生长；在甘蔗收获机械化上，突破中小型收获机械的动力问题，自动液压部件和关键收砍刀具的质量问题，形成稳定耐用的国产甘蔗收获机械；在农机农艺配套上，突破我国小规模农户生产与应用农机的标准化种植难题，采用"公司+基地+农户"方式；在机械化应用区域，筛选适宜机械化生产的甘蔗品种和甘蔗生产物资，实现全程机械化大规模推广应用。

五是加快全产业链高值化生产体系构建。破解高昂土地价格与低值行业综合效益的根本矛盾，使一二三产高度融合，构建全产业链资源要素高值化生产体系，将单一产品结构的糖业重新定义为多元结构的糖料资源利用产业，开发多元产品，使糖料全产业链资源要素充分利用。提高综合利用，尤其是高附加值产品应用，加快高端产品国产化，打破医疗、食品行业稀有糖进口格局。探索种养结合模式，尽快形成有潜力有特色的品牌产品。

六是强化甜菜机械化节本增效综合栽培模式集成与示范。加强机械化作业配套农艺技术和降本提质增效一体化的综合栽培技术模式研发与示范，加快优质新品种推广应用，提高甜菜单产、含糖率，开展机械化作业标准和技术规范的农机农艺技术相配套的生产模式，结合水的合理利用、肥药科学施用，降低成本，提高效益。

七是争取糖业可持续发展的政策支持。在2020年5月贸易保障措施到期后再延续实施三年。实行目标价格政策或者糖料直补试点，对广西（桂中南）、云南（滇西南）边疆民族3 000多万糖农的稳定脱贫致富奔小康起到重大推进作用。鼓励甘蔗县域收入保险，充分利用"保险+期货"、"期货市场"等风险管理工具。借鉴广西罗城县县域保险经验，用好"保险+期货+场外期权"模式，助力农民增收和脱贫攻坚。

（国家糖料产业技术体系首席科学家　白晨　提供）

2019年度蚕桑产业技术发展报告

(国家蚕桑产业技术体系)

一、国际蚕桑生产与贸易概况

(一) 生产

继续保持以中国为主、并包括印度、乌兹别克斯坦、巴西、泰国及越南等其他国家在内的国际蚕桑生产格局,预计2019年世界桑蚕茧生产量为73万吨、产量减少近5%,其中,中国约占78%,印度约占16%,乌兹别克斯坦、巴西、泰国和越南等国家约占5%。

印度是仅次于中国的第二大丝绸生产国,预计2019年产鲜蚕茧10万吨左右,年产桑蚕丝1.6万吨左右。由于近两年印度经济的增速减缓,丝绸消费保持基本稳定,印度年生丝需求在2.6万吨,缺口1万吨左右。

乌兹别克斯坦政府近年十分重视蚕桑丝绸产业发展,2018年以来在中央政府机构中专门设置了丝绸工业部,制定了一系列促进蚕桑丝绸产业招商引资的开放政策,目前已经吸引了中国江苏、浙江等产区的企业前往投资建设蚕种与原料茧生产基地,鲜茧产量已经超过3万吨、位居世界第三。

(二) 贸易

据海关统计,2019年1—11月,中国真丝绸商品进出口总额为18.29亿美元,同比下降38.02%。2019年1—11月,中国真丝绸商品出口额为16.12亿美元,同比下降41.27%。丝类出口总额同比下降21.01%,出口单价同比下降16.73%;真丝绸缎出口同比下降24.62%,出口单价同比下降8.98%;丝绸制成品出口同比下降52.78%,占比49.24%,出口单价同比下降23.23%。真丝绸商品出口排名前五位的市场依次为欧盟、美国、印度、中国香港、日本。主要丝绸出口省市排名依次为浙江(占比38.57%)、广东(占比15.54%)、江苏(占比14.95%)、上海(占比8.03%)、山东(占比6.24%)。

2019年1—11月,中国真丝绸商品进口额为2.17亿美元,同比增长5.19%。丝类进口同比增长21.63%,占比10.24%;真丝绸缎进口同比下降11.67%,占比12.3%;丝绸制成品进口同比增长5.84%,占比76.95%。进口前五位省市为上海(占比68.86%)、广东(占比9.09%)、浙江(占比6.27%)、北京(占比6.1%)、江苏(占比2.39%)。

二、国内蚕桑生产与贸易概况

受到2017—2018年度茧丝绸价格持续低迷、主产区桑园环境农药污染导致蚕作不稳、蚕桑作为产业脱贫的阶段性政策扶持的衰减等因素的影响,全国主要产区桑园面积和养蚕规模出现下降趋势。据农业农村部种植业管理司统计,2019年全国桑园面积1 147.15万亩,比上年减少1.47%,全国养蚕发种量1 729.25万张,比上年减少1.77%,桑蚕茧产量70.42万吨,比上年减少0.69%,桑蚕茧产值达312.51亿元,比上年减少2.88%。柞蚕茧总产量8.58万吨,比上年增加3.98%,柞蚕茧、蛹总产值分别达到37.68亿元和

35.12 亿元，比上年增加 0.31% 和 7.15%。

2019 年我国蚕桑生产区域转移速度明显下降，但东部地区、中部地区减产幅度大于西部地区。2019 年十大主产省的蚕茧产量占比达 95% 以上，其中广西、四川和云南的蚕茧产量分别为 37.4 万吨、8.8 万吨和 6.4 万吨，占比分别达到 53.11%、12.5% 和 9.09%。

2019 年上半年全国茧丝价格延续 2018 年下半年的低迷状态，5 月生丝价格最低降到 32.5 万元/吨，随之春茧价格也降到 30~35 元/千克左右。2018 年 1 月开始连续 18 个月的降价滞销，虽然 2019 年下半年出现过茧丝价格回升的现象，但是由于国内外丝绸终端消费出现比较明显的衰退，价格调整的趋势难以扭转，给蚕农发展养蚕生产积极性造成严重影响。

2016—2018 年，国内社会经济发展和国民收入水平的快速提升，丝绸服装服饰、家纺产品逐步进入千家万户，带来国内消费所占份额不断提升，我国的茧丝绸产业已经由出口主导型产业转变为国内国际市场均衡发展的产业，呈现出内销形势持续向好的趋势。但是 2018 年以来国际市场普遍出现的保护主义和贸易摩擦等因素导致经济发展速度下降与消费意愿的降低，导致中国丝绸出口贸易年度降幅达到 40% 左右，国内丝绸消费市场尤其是真丝家纺产品出现销售下降的局面，蚕丝行业的景气受到严重冲击。2020 年蚕桑产业发展面临新压力，东部蚕桑产区和广西部分产区面临着蚕桑减产的风险。

三、国际蚕桑产业技术研发进展

中国农业科学院蚕业研究所通过分子标记定位技术及基因组测序技术，已经将华康系列 *BmNPV* 抗性主基因定位在第 27 连锁群 8.5~8.9Mb。中国农业科学院蚕业研究所、中科院上海植物生理生态所、西南大学等研究团队将转基因与 CRISPR/Cas9 技术相结合，在家蚕体内构建了靶向 *BmNPV* 基因组 DNA 的抗病毒系统，家蚕抗 *BmNPV* 能力得到了显著提高，为抗 *BmNPV* 蚕品种创制提供了新的技术路径。

西南大学成功鉴定 3 个茧丝产量相关 QTL 位点的主控基因，对破解茧丝产量分子基础提供了重要实验依据；苏州大学初步确定 BmABCD2、BmCLC-2、BmCTL16 对 BmNPV 抗性的参与机制；通过转基因技术创制高丝胶表达品系，ser-3 基因在后部丝腺得到表达，蚕茧中丝胶含量提高 7.4%。

巴贝集团从 2012 年开始家蚕人工饲料工厂化养蚕探索，历时 7 年探索和努力，通过蚕品改良、饲料配方、生产工艺、防病体系、环境控制、人工智能等多项技术的集成，2019 年 12 月巴贝集团全龄人工饲料工厂化养蚕一期正式投产，全年全龄人工饲料饲养规模达到 5 000 张种以上。

四、国内蚕桑产业技术研发进展

（一）遗传育种

抗青枯病杂交桑树新品种"粤桑 110""粤桑 119"和"粤桑 120"通过了广东省农作物新品种审定，强桑系列桑品种在全国年推广量达到 30 万亩。针对生产实际需求，确定了"十三五"果桑育种最主要目标为抗菌核病，通过多年筛选已获得数份抗菌核病果桑资源，抗菌核病果桑品种培育取得进展，果桑新品种累计示范约 300 公顷。

"华康"系列等抗血液型脓病蚕品种在我国十多个省（市）进行示范推广，2019 年推广杂交种超过 230 万张，覆盖了全国大部分蚕区。全国有多个省区抗脓病品种通过审定或进入鉴定阶段，抗脓病特性的导入已经成为家蚕育种的全国性趋势。抗血液型脓病三眠蚕新品种苏优1号经济性状与菁松皓月相仿但幼虫期经过缩短15%以上，可以全年稳定生产6A级优质生丝。国际上首创的浙凤2号（雌35×平28）、浙凤1号（雌29×平30）等单交品种进入推广示范，单交蚕品种与CCD蚕卵雌雄自动分选机、雌蛾集团取卵机等配套设备的集成应用，为省力高效原蚕饲养、蚕种制造提供了新技术模式。

（二）栽桑养蚕技术

全国各地利用果用桑品种、果叶两用桑品种，建立了多种果桑栽培技术模式，全国果桑栽培面积已经突破2万公顷，为进一步发展桑果加工开发，建立了一二三产联动的经营模式，形成了新的蚕桑产业发展方向。长江流域黄河流域多个省区开展了杂交桑品种高密度栽植、嫩枝伐条收获的生产技术试验，多种高密度栽植桑园自走式伐条机、割捆机和割铺机已经进入生产中试示范。

小蚕电气化加温补湿器、切桑机等先进设备在小蚕饲养阶段广泛应用，小蚕商品化共育得到大面积推广。多种小蚕饲育机研制不断完善，可以实现切桑、给桑、消毒剂喷洒、蚕匾转运的自动化和半自动化，开始进入生产性试验。多种机械化采茧技术在主产区开始推广，其中木片方格蔟的顶压式采茧机、适应纸板方格蔟的辊刷式采茧机具有简易高效的特点，已经开始示范推广。广西蚕区普遍采用小蚕商品化共育结合大蚕期塑料大棚饲养、轨道喂蚕车、木制方格蔟及自动上蔟升降机、省力高效塑料方格蔟、自动摘茧机等技术集成，实现规模化集约化养蚕；长江流域江苏、浙江、重庆等蚕区开始进行全年多批次养蚕与配套桑树收获技术的探索并取得进展，劳动生产率得到提高。多个优质高产的单交蚕品种的育成、雌蛾集团取卵机与雌蚕无性克隆系品种相结合，为单交蚕品种产业化推广提供了技术支撑，为省力高效原蚕饲养、蚕种制造提供了新技术、新模式。

在主产区蚕桑产业技术体系基地县广泛开展蚕桑规模化生产模式及配套技术集成与示范，优良桑品种及桑园快速成园技术、少免耕栽培技术、秸秆覆盖盐碱土壤改良、桑园地膜（布）覆盖技术、水肥一体化技术、杂交桑高密度栽培及全年多次条桑收获技术、机械化条桑收获技术等多种形式的桑树省力化栽培收获技术广泛应用。计算机测控蚕种高密度催青技术、小蚕电气化加温补湿标准化共育技术、小蚕机械化切桑技术、小蚕少回育技术得到全面推广。大蚕条桑饲养技术、省力化大棚饲育、组合式蚕台饲养技术、大蚕简易蚕室育和方格蔟自动上蔟、可升降悬空上蔟技术、室外预挂内营茧提高茧质技术、机械化裁剪技术在主产区得到推广。蚕桑产业技术体系试验示范区综合劳动生产率提高20%~30%，综合效益提高20%~40%。浙江巴贝集团建立了全套的饲料加工、给料技术与装备，饲养车间高效饲养设备和环境自动处理技术，全年工厂化规模化全龄人工饲料技术得到成功实施，2019年饲养量超过5 000张种，虽然全茧量、茧层率、张种产茧量等指标明显低于桑叶育水平，但由于劳动生产率明显提高，蚕丝质量优良，对于丝绸企业建立自主可控的原料茧供应仍有现实意义，有可能给蚕桑丝绸产业发展模式提供新的突破口。

（三）病虫害防控技术

近年来，家蚕主要病毒病（NPV、CPV）与微粒子病的基因组高效分子检测技术已经开始生产性应用，对家蚕微粒子病具有良好防治作用的新药物阿苯达唑制剂克微灵1号，在蚕种生产企业进行的全年周期、规模化生产性试验结果表明，利用克微灵1号桑园叶面施药技术防控微粒子病效果明显、稳定，对蚕种生产产量和其他质量指标无明显毒副作用。新研制的高效二氧化氯蚕用消毒剂已经开始全面生产性应用，新发现的天然产物消毒剂（主要成分为短链有机酸）对主要家蚕病原具有良好的杀灭效果，为规模化生产技术模式下大量使用金属制品蚕具所需的低腐蚀性蚕用消毒剂开发提供了新的技术途径。

根据适度规模生产的要求，研究试验了大中型植保新技术新装备在桑园保护中的实用技术规范；进一步完善了桑园采用无人机、自走式治虫机械、烟雾治虫机械进行机桑园治虫的技术规范，已经在主产区开始规模化应用。制定了桑园农药的减量应用模式，通过与多种绿色防控技术的集成应用，减少用药量20%以上。

（四）资源利用技术

近年来，对于蚕桑生产大宗副产物的无害资源化利用和桑树的畜禽饲料化应用方面开展了持续攻关研究和应用。开发了商品化蚕沙饲料和桑叶饲料在草食性鱼类、滤食性鱼类饲养方面取得良好效果，特别是在成鱼阶段使用对降低体脂率、改善鱼肉品质与风味方面具有突出效果。蚕蛹肽蛋白饲料应用于畜牧业与水产养殖取得良好效果，可以完全替代鱼粉的饲用效果，已经进入商品化应用。蚕蛹呈味基料在潮式风味肉制品中配套应用技术及商品化产品研发取得进展。应用蚕桑多元化利用技术，以经济动植物立体高效种养、废弃物资源化利用关键技术，构建新型桑基鱼塘生态循环利用模式。桑叶作为牛、羊、猪、兔、鸡、鸭、鹅等大宗饲养畜禽中的应用技术规范基本确立，对生长、肉品质量的影响基本明确，桑枝（嫩枝）养牛、养羊的饲养效果和应用技术已经基本确立并开始示范应用。应用丝素、丝胶品种开发新型特性的生物材料、医用敷料和高级化妆品原料取得重要进展，有望成为未来新型蚕丝产业的重要发展方向。

（国家蚕桑产业技术体系首席科学家　鲁成　提供）

2019 年度茶叶产业技术发展报告

(国家茶叶产业技术体系)

一、国际茶叶生产与贸易概况

(一) 国际茶叶生产

预计 2019 年全球茶叶产量保持稳中有增态势。其中,中国茶叶产量预计为 271 万吨,约占全球茶叶总产量的一半。据国际茶委会统计,2019 年 1—10 月,斯里兰卡茶叶产量 25.37 万吨,同比增长 0.3%;肯尼亚 36.31 万吨,同比减少 8.2%;印度茶叶产量 118.33 万吨,同比增加 1.8%(其中,北印度茶叶产量 100.41 万吨,南印度茶叶产量 17.92 万吨,分别同比变动 2.8%、-3.4%)。据国际茶委会统计,2019 年 1—9 月,坦桑尼亚茶叶产量为 2.57 万吨,同比增长 3.9%;2019 年 1—5 月乌干达茶叶产量 2.20 万吨,同比减少 22.1%。

(二) 国际茶叶贸易

2019 年全球茶叶贸易预计保持稳定。据国际茶委会统计,2019 年 1—10 月,肯尼亚茶叶出口 37.45 万吨,同比增加 7.2%;斯里兰卡茶叶出口 23.84 万吨,同比增长 5.11%;印度茶叶出口 20.67 万吨,同比下降 0.8%。在进口贸易中,根据国际茶委会统计,2019 年 1—10 月,美国进口茶叶 9.91 万吨,同比减少 0.6%,其中美国绿茶进口 1.48 万吨,同比增加 1.4%;英国进口茶叶 10.15 万吨,同比减少 1.17%;日本进口茶叶 2.58 万吨,与去年同期持平,其中绿茶进口量 0.38 万吨,同比减少 5.82%;2019 年 1—11 月,巴基斯坦进口茶叶 18.75 万吨,同比增长 10.42%,其中红茶、绿茶进口量分别为 18.53 万吨、0.22 万吨,分别同比增加 10.33%、16.84%。2019 年上半年,俄罗斯进口茶叶 6.68 万吨,同比下降 13.95%。

(三) 国际茶叶消费与价格

全球茶叶消费主体仍为红茶,占比达 60% 以上。全球茶叶消费量已突破 550 万吨。根据 Technavio 的分析,2019—2023 年,全球茶叶市场将以 5% 的年复合增长率增至 126.2 亿美元,且 58% 来自亚太地区。根据 Euromonitor 预测,到 2022 年,全球热饮茶的销售额将比 2018 年至少提高 5%;根据 Fact.MR 分析,全球即饮茶将继续增长。

据国际茶委会统计,2019 年 1—11 月,斯里兰卡各产区茶叶拍卖价格继续走低,科伦坡茶叶拍卖均价为 542.78 卢比/千克,同比下降 6.85%;印度北部加尔各答拍卖市场叶茶拍卖均价为 174.94 卢比/千克,末茶为 160.11 卢比/千克,分别同比变化 4.13% 和 -2.78%;印度东北部高华哈第拍卖市场叶茶均价为 146.17 卢比/千克,末茶均价为 151.87 卢比/千克,分别同比变化 3.78% 和 -3.95%;孟加拉国吉大港拍卖市场叶茶和末茶拍卖价格分别为 197.00 塔卡/千克和 207.21 塔卡/千克,同比下降 24.11% 和 21.43%;蒙巴萨茶叶拍卖价 204.00 美分/千克,同比下降 16.74%。

二、国内茶叶生产与贸易概况

(一) 国内茶叶生产

(1) 生产规模稳中有增。根据体系调研数据,2019年,全国茶园面积约为4 438万亩,其中开采面积超过3 700万亩,分别同比增长2.62%、3.22%;预计全国茶叶产量约为271万吨,同比增长3.88%。

(2) 茶类结构基本稳定。上半年体系调研显示,绿茶、红茶、白茶产量同比上涨,乌龙茶、普洱茶、黑茶(不含普洱)产量较去年略有下滑。今年下半年长江中下游绿茶产区遭遇旱情而减产,预计下半年绿茶产量下降,乌龙茶、普洱茶等平稳生产,全年绿茶、红茶、乌龙茶、黑茶(不含普洱)、普洱茶产量预计分别约为170万吨、32万吨、28万吨、23万吨和15万吨。

(3) 灾害局部性发生,整体可控。2019年春茶气象整体平稳,局部地区遭遇灾害性天气;云南春季干旱,春茶减产3.7%;湖南、贵州等省份部分县区因阴雨天气春茶开采延迟,采摘期缩短,单产降低。夏季,部分东部省份遭遇了强台风,但因非生产旺季,对茶园整体产出影响不大。2019年7月下旬以来,长江中下游地区持续高温少雨,引发安徽、江西、湖北、湖南、福建等省旱情,江苏大部分茶区面临长达50天以上的持续干旱,约40%以上茶园不同程度受灾,预计会对来年春茶产量和品质造成一定影响。除此之外,各地茶园虽偶发病虫害,但整体可控。

(二) 国内茶叶价格与销量

茶叶市场价格与销量均略有增长,预计茶叶一产产值超过1 600亿元,约同比增长7.10%。从体系调研数据看,全国茶青价格定基指数变化趋势与去年一致,都是先降后波动上升,春季开采前期及夏秋季指数均明显高于去年同期,全国春季(2—5月)茶青价格同比上涨5.08%;春季市场干毛茶均价为116元/千克,同比上升3.10%;国家统计局数据显示,2019年第一、第二、第三季度茶叶生产价格指数分别为103.6、103.1和101.0,前三季度生产价格均略高于去年同期。销量方面,体系调研结果显示,2019年春茶期间农户与初制加工厂鲜叶交易量同比上升3.5%,干毛茶市场交易量同比上升2.32%。预计全年干毛茶交易量同比上升3%左右。

(三) 国内茶叶出口贸易

国际贸易基本稳定。据海关统计,2019年1—9月,我国茶叶出口总量27.41万吨,同比上升4.13%;出口总额达14.9亿美元,同比增长16.36%。我国茶叶出口以绿茶为主,位居前十位的茶叶出口市场分别是摩洛哥、乌兹别克斯坦、中国的香港地区、加纳、塞内加尔、毛里塔尼亚、美国、阿尔及利亚、多哥、俄罗斯联邦。茶叶进口方面,2019年1—9月,我国茶叶进口28 377吨,同比上升3.77%,金额1.3亿美元,平均单价4 755美元/吨,同比分别下降2.56%和6.10%。我国茶叶进口以红茶为主,占比超过80%;在茶叶进口市场中,位居前五名的是斯里兰卡、印度、中国台湾省、越南和印度尼西亚。

三、国际茶叶产业技术研发进展

(一) 遗传育种

印度尼西亚发现腋芽和顶芽组培优于子叶诱导不定芽。印度研发了提高组培苗移栽成活率的方法，鉴定了具有植物生长促进作用的内生菌，认为叶绿体基因表达与密码子使用偏好高度相关，COBL10 等促进茶树受精，LRR 等参与茶饼病抗性，UPL3HECT E3 ligases 等增强耐寒性。肯尼亚明确了咖啡碱、儿茶素合成以及含水量相关的 QTL，基因连锁和关联定位结合更好的确定茶树优良性状。日本开发了选育无咖啡碱茶树品种的'CafLess - TCS1'选择标记。

（二）栽培技术

印度研究报道茶树修剪凋落物分解所增加的土壤有机质主要积累在 2.0~0.25 毫米大小的土壤团聚体中，茶树修剪增加了碳从茶园生态系统向大气的排放（Prabhat Pramanik and Manabjyoti Phukan，2019）。

（三）病虫害防治技术

日本山茶黑刺粉虱可被寄生蜂 *Encarsia smithi* 的两个种群或其一控制。斯里兰卡的茶枝小蠹应为 *Euwallacea perbrevis*，而非 *Euwallacea fornicates*。分离出一个对三种茶园鳞翅目害虫高活性的 BT 菌株。肉食性蓟马 *Franklinothrips vespiformis* 具良好的茶园生防前景。新鉴定出茶小绿叶蝉卵寄生蜂 *Anagrus rugmanjonesi*。氯虫苯甲酰胺、溴氰虫酰胺、乙基多杀菌素对茶细蛾成虫有很高的活性和击倒作用。

（四）加工技术

Hitomi Morikawa 等研究了绿茶烘焙过程中儿茶素低聚化及其对降低苦涩味的作用，证实聚合的机理为烘焙过程中儿茶素 A 环甲基碳与葡萄糖羰基碳的二聚缩合。Cemile Yılmaz 等研究发现，白茶、乌龙茶、绿茶、红茶和普洱茶中奎宁酸的浓度分别在 1.1 0.3 和 13.0 0.9 毫克/千克之间，只有普洱茶含有酪胺和组胺。红茶萎凋后 GABA 和奎宁酸浓度分别增加了 33% 和 53%。S. Pérez-Burillo 等研究认为，美拉德反应标记物—羟甲基糠醛（HMF）和糠氨酸（furosine）是可用于监测茶叶加工和储存质量的有效化学指标，Furosine 可反应初干、HMF 反应足干的茶叶品质变化情况。深加工方面，利用白蛋白、β-乳球蛋白、脂质等分子的结构特点及其与 EGCG 的互作效应，发明了具有高稳定性、缓释性及高生物利用度的纳米化 EGCG 制备技术，显著提高了 EGCG 的生物活性 50% 以上。Yamawaki K 等通过分段热水提取，发明了一种制备富含非聚合儿茶素绿茶提取物的方法。

四、国内茶叶产业技术研发进展

（一）遗传育种

评估了花溪、九万山和广西古茶树、重庆大茶树等茶树资源，发现一批优异种质，开发了一批有效 SNP 标记，证明灌木型茶树更进化。完成了白叶 1 号叶绿体基因组测序，挖掘了与花青素等合成、茶氨酸合成与转运、育性、抗性等相关的基因、转录因子、miRNA、蛋白。诱导了花溪古茶树等的愈伤组织，分离了茶叶片中内生菌，促进了茶树再生体系建立。

建立了罕见基因发现和基因功能表征的有效系统和茶树高效嫩枝海绵扦插方法，开发了茶树新梢重量和叶数预测模型、识别茶鲜叶采摘状态判别模型、快速无损识别茶树品种方法，获得了无性系品种 14 个，登记了 38 个品种。

（二）栽培技术

揭示茶树对铵、硝利用差异与茶树氮转运及吸收利用的相关基因尤其是茶氨酸代谢途径关键基因，以及儿茶素代谢途径有重要关系；鉴定一条新的丙氨酸脱羧酶基因

(AlaDC)在茶氨酸合成途径中发挥重要作用;明确遮阳对提高茶树鲜叶中咖啡碱、游离氨基酸等主要氮素化合物有明显影响。提出土壤真菌群落是茶园肥力相关生态系统不可或缺的组成部分;有机肥能改变茶园土壤微生物网络结构;而长期施用化学氮肥将降低茶园土壤真菌群落的丰富度和多样性,施氮可显著增加硝化细菌基因丰度、降低硝化古菌基因丰度;揭示土壤氨氧化古菌可能是茶园土壤氨氧化过程的主导微生物,氨氧化微生物、土壤碳氮有效性高低可能是导致茶园土壤硝化潜势差异的主要原因。提出我国不同地区茶园化肥减施潜力;初步建立多套适于不同茶区的化肥减量增效技术模式。云南、贵州、山东、安徽、福建、陕西、浙江等地茶园土壤质量安全评估结果显示,重金属元素含量(Pb、Cd、Cr、Hg、Ni、As 等)均在农用地土壤污染风险管控标准(GB 15618-2018)限定值以内。

(三)病虫害防治技术

基础生物学方面。建立茶尺蠖、灰茶尺蠖快速鉴定方法,灰茶尺蠖发生区域远大于茶尺蠖。各茶区茶小绿叶蝉系统发育关系较为接近。明确山东茶区首要害虫绿盲蝽的迁移规律。

化学生态、生态调控方面。明确优美苔蛾性信息素;茶尺蠖性信息素关键组分的手性对映体活性差异。基于芳香植物和葱科植物,提出茶小绿叶蝉驱避剂。茶尺蠖、茶小绿叶蝉危害,茶树体内茉莉酸、水杨酸、脱落酸、茶黄素、茶氨酸发生不同变化。β-1,3-glucan laminarin、(Z)-3-hexenol 可激活茶树防御反应。种植相思、杜英、玉兰等树木,或圆叶决明、金冕草等,可提高茶园天敌数量,降低害虫数量。间作黄豆、玉米可减少茶饼病和茶炭疽发生。

物理、生物、化学防治方面。基于叶蝉与天敌的趋色性差异,研制出天敌友好型黏虫色板。白僵菌、绿僵菌处理土壤,减少灰茶尺蠖羽化率。农药水溶解度与其茶汤浸出率正相关。建立了 7 个参数的茶园农药安全选用体系,水溶解度是重要参数。

(四)加工技术

茶叶加工领域研究发现,高香绿茶的香型与茶树品种密切相关,加工工艺很难改变品种香型的基本特征。适制"栗香"绿茶的主要品种有:中茶 302、舒茶早、福鼎大白茶、槠叶齐等,适制"清香"绿茶的品种:中茶 108、龙井 43、中茶 102、凌州 2 号等。揭示了优质工夫红茶萎凋适宜的光质为蓝光,香气和滋味品质显著优于传统室内加工红茶。运用物联网大数据云计算系统的智能化精准控制茉莉花窨制工艺参数,创立了茉莉花茶智能化窨制新技术,创制了拥有鲜灵、优雅、持久茉莉香气的新派茉莉花茶。不同存储年份白茶典型品质研究及关键风味化学物质研究结果表明,由 8-C N-ethyl-2-pyrrolidinone-substituted flavan-3-ols(EPSFs)特征化合物含量对于白茶贮藏年份具有良好的判别与预测能力,尤其是对贮藏年份为 10 年以下的白茶。初步探明了青砖茶中陈香的物质基础为顺-4-庚烯醛、反,反-2,4-庚二烯醛、芳樟醇、反-2-壬烯醛、香叶醇、β-紫罗酮,青砖茶渥堆的最佳参数是:潮水量 30%、渥堆温度 55℃、时间 25d、相对湿度 95%。研究认为,乌龙茶做青过程中水杨酸叶醇酯为代表的叶醇酯类衍生物主要响应摇青机械力的胁迫,而以(2E)-己烯酸丁酯为代表的己烯酯类则主要响应失水胁迫。首次发现 Sydowii PET-2 可以将咖啡因转化为茶碱,并在有氧发酵中具有潜在的茶碱生产价值,好氧发酵生产茶碱的最佳条件为初始含水率为 35%(w/w),接种量为 8%,培养温度为 35℃。

茶叶深加工领域，采用工业化模拟移动床色谱（SMB）成功制备茶叶功能成分单体EGCG、茶黄素；采用逆流色谱与制备色谱结合高效分离花色苷（90%），并建立了HPLC法同时检7种茶叶花色苷；将模板分子与大孔吸附树D50脂骨架结构交联，使其在反复使用的同时具有分子印迹精准分离的效果，成功应用于茶叶提取物中农药残留的高效去除。利用普洱茶纳米聚集体成功构建出直径25~50钠米的球型无定形零价单质硒，初步证实茶–纳米硒对特定肿瘤细胞的抗增殖活性比亚硒酸钠更强。

（国家茶叶产业技术体系首席科学家　杨亚军　提供）

2019年度食用菌产业技术发展报告

(国家食用菌产业技术体系)

一、国际食用菌生产与贸易概况

(一) 生产①

自1961年以来,全球食用菌生产面积总体上是不断扩大的趋势,进入21世纪以来,生产面积超过了1万公顷,并于2015年达到历史峰值。以双孢蘑菇和块菌生产为例,据FAO数据库数据显示,生产面积由2001年的10 376公顷增加到2017年的27 438公顷,增加了1.64倍。2017年较2016年生产面积增加3.45%,但较2015年的峰值相比,则减少了7.69%。2017年总产为1 024.25万吨,比1961年增长19.69倍,比2016年增加4.3%。

(二) 贸易

世界食用菌贸易规模总体呈现恢复增长趋势。以双孢蘑菇和块菌及食用菌罐头为例,进出口贸易数量由1961年的26 219吨增加到2017年的2 403 264吨,增长了90.66倍;贸易总额由1961年的2 299万美元增长到2017的56.61亿美元,增长了245.23倍。其中的2014年为历史峰值59.26亿美元。受国际经济形势影响,贸易规模受到冲击,目前虽然有所恢复,但仍未达到2014年水平。若国际局势相对稳定,预计今后世界食用菌贸易额仍将保持恢复性增长态势。

(三) 市场

价格是市场的重要信号。不同国家食用菌产地价格差异较大。以双孢蘑菇和块菌为例,2017年有5个国家在5 000美元/吨以上。其中,新加坡最高,2017年高达8 689.8美元/吨,比美国高近2倍,比最低的阿塞拜疆共和国高12.6倍;依次的爱尔兰、以色列和澳大利亚,产地价格分别为6 061.8美元/吨、5 834.1美元/吨和5 473.8美元/吨。

二、国内食用菌生产与贸易概况

与其他农业产业相比,我国食用菌产业的成长性表现良好,自1978年以来持续高速增长35年左右后,近5年呈现稳定增长态势。据中国食用菌协会统计,2018年全国食用菌产量3 789.03万吨,产值2 938.78亿元,分别比2017年增长2.1%和7.97%。增量主要来自新产区,呈现主产区微增长、新产区大增长的基本发展格局。

2019年,我国食用菌出口量和出口金额总体有所下降。以干品和罐头产品为例,2019年1—11月的出口量为35.85万吨,比去年同期减少11.76%;出口总额198.976亿元人民币,比去年同期减少15.65%。其中,干品出口12.65万吨,比上年同期减少31.76%,出口额143.763亿元人民币,比上年同期减少28.79%。蘑菇罐头出口23.2万

---

① 多年来,FAO统计的是双孢蘑菇和块菌

吨,比上年同期增长 5.03%,金额为 552 125 万元人民币,比上年同期增长了 62.33%。但是,无论如何,我国食用菌多年来几乎一直保持贸易顺差,且呈现不断扩大的趋势。

三、国际食用菌产业技术研发进展

(一) 国际食用菌产业技术研发的主要特点

随着产业规模的不断扩大,对生产技术要求的不断提高,全球的食用菌产业技术研究转向我国。我国之外的食用菌产业技术研究则主要集中在日本、韩国、美国及荷兰等国。欧美和日本等发达国家的食用菌产业技术创新主体,30 年前就基本完成了公益科研机构向企业的转移,企业已经具备了整个产业链技术的创新能力。主要环节如育种、菌种技术、栽培技术、机械设备等产业技术研发,几乎全部在企业进行。由于产业由西方向以我国为主的东方转移,食用菌生产环节技术不再受到大学和科研单位的关注。食用菌相关的食品科学技术、药理与医药开发成为国际研究热点。相关专利申请、专利及技术市场主要集中在亚洲,中国最多,之后分别是日本和韩国。其他主要国家/地区包括美国、俄罗斯、德国等。专利最多的集中在栽培技术领域,其次是食用菌食品及其制备与保存领域;食用菌菌渣的肥料化利用领域专利数量居第三位。

(二) 食用菌病害防控机理等研究取得新进展

食用菌病害发生对产品产量与品质影响极大。在细菌性病害研究中,Aslani 等从野生蘑菇中分离到双孢蘑菇褐斑病和菌柄坏死病病原菌。从双孢蘑菇中分离鉴定病原菌托拉斯假单胞杆菌 *Pseudomonas tolaasii* 和美洲欧文菌 *Ewingella americana*,从野生蘑菇中分离出 66 种内生细菌。Navarro 等发现西班牙双孢蘑菇斑点病为 2 种病原菌引起,分别是 *Pseudomonas tolaasii* 和 *P. reactan*。在真菌性病害研究上,Gea 等将明确了平菇蜘蛛网的病原菌为 *Cladobotryum mycophilum*,并证明 *C. mycophilum* 同样可以引起双孢蘑菇、杏鲍菇等种类的蛛网病。该属的另一个种 *C. dendroides* 可引起香菇蛛网病。

(三) 食用菌生产装备与智控科学研究逐渐成为热点

食用菌生产环节多、技术复杂,涉及到从品种筛选到产品质量监控 10 个环节,需要系统性的技术及其优化配套。随着信息化技术的发展,食用菌产业的智能化生产逐渐发展,尤其是食用菌工厂化生产,现代装备已经覆盖了食用菌制种、栽培、加工等各个环节,形成了由原料生产到菌种制作和菇房温、湿、光、风自动控制及加工的较为完整的体系。

四、国内食用菌产业技术研发进展

(一) 品种改良和专业化菌种繁育迈上新台阶

实现了云南离褶伞 *Lyophyllum* sp.、毡毛栓孔菌 *Trametes velutina*、柄生波斯特孔菌 *Postia stiptica*、刺孢地花 *Bondarzewia* sp. 等 9 个新种类的基本驯化栽培,为食用菌种类多样化生产提供了技术储备。培育出市场多样化需求的侧耳属褐色新菌株 2 个及适合工厂化栽培菌株 2 个;培育适合工厂化栽培、芽菇期采收的黄色金针菇新品种 1 个、与引自日本的主栽品种综合性状和产量性状相当的工厂化白色品种 1 个,均已完成中试。

建立菌种质量控制的"种源维护→母种筛选→良种良繁"的"三步法"技术体系,成功为企业解决金针菇工厂化生产的菌种退化问题,并定期向企业提供维护好的种源平板,摆脱了对日本公司的依赖。这一技术在农法栽培种类香菇菌种上应用,发菌快 7~15

天，增产 15.3%~25%，优质菇率提高 22%。这一技术基本解决了我国菌种混乱、菌种老化退化、菌种质量参差不齐的问题，为专业化菌棒制作提供了菌种质量的技术保证。这一技术在河北、河南、湖北、贵州、山西、陕西等香菇产区迅速推广。

在种业管理司的大力支持下，国家食用菌良种科研攻关联合体充分发挥产学研各方的优势，团结合作，从种质资源鉴定评价、栽培品种标准指纹图谱构建、育种平台建设、菌种技术研发与示范到新品种中试与推广，大大加快了食用菌种业技术链各环节的技术创新。食用菌良种联合体 2019 年评价种质材料 244 份、选育新品种 12 个、维护生产菌株 6 个并推广示范 7 省 2 亿瓶（袋）。

（二）生理与遗传相结合的研究不断加强

随着生物技术、组学技术、生物信息学技术的快速发展，食用菌生理与遗传相结合的研究进展明显加快，为食用菌栽培和新品种选育提供了更多的科学依据和技术途径。目前食用菌遗传学研究和遗传操作平台在大宗栽培种类的香菇、平菇、金针菇，珍稀种类的白灵菇中已经建立。基因过表达、沉默等方法的基本建立，且将遗传学研究用生理学指标和性状表达进行验证，将品质形成的生理代谢途径追踪到遗传调控机制水平。特别是有更多青年学者，越来越重视将生理与遗传紧密结合的研究与分析，极大促进了科学研究的深入。但是，多年生理研究的薄弱，现有生理学研究远远不能满足优质生产的需要。不同基质与营养、不同栽培技术、不同环境对食用菌品质和产量的影响机制尚缺乏系统的研究。

（三）栽培新技术研发应用成效显著

这主要体现在 3 个方面。一是液体菌种的生产技术不断成熟。随着产业规模扩大和菌棒专业化生产的迅速扩大，液体菌种生产技术不断进步，日臻完善，已经在黑木耳、杏鲍菇、长根菇、大球盖菇、巴氏蘑菇中成功应用。液体菌种有效降低了栽培生产的成本和周期，提高专业化生产水平的同时，提高生产效益。二是黑木耳延长出耳期增产技术。临时覆盖和吊袋棚栽技术日趋成熟，将地摆栽培搬进大棚，人为创造适宜木耳生长的温、光、水、气等条件，延长黑木耳出耳期，平均产量提高 10%，质量（洁净度、整齐度）提高 15%，价格提高 18%~20%，同时，免受周边环境药害，有效保证了质量安全。三是提出基于物联网技术的食用菌生长控制系统，为工厂化菇房环境的人工控制提供了技术储备。

（四）食用菌新型栽培基质利用研究进展较大

随着食用菌生产规模的增长和对原料需求的不断增加，棉籽壳、木屑、稻草、麦秸、玉米芯、豆粕、麦麸、米糠等传统原料持续涨价，成本提高，挤压栽培效益。体系持续 9 年的新型栽培基质产业化应用技术研发，不同菇种，不同材料，都相应形成了整套技术，2019 年示范推广应用规模显著扩大。尤其是杏鲍菇、黑木耳等菌渣再利用栽培技术得到全国性推广。此外，豆秸、花生壳、木薯茎秆、莲子壳、柠条、桉木屑、啤酒糟、甜菜渣等也被陆续开发应用，拓展了食用菌生产原料来源。

（五）生产装备制造与智能管控水平提高

一是食用菌生产全程机械化已基本形成。木腐菌工厂化的瓶装袋栽形成流水线生产，配料、分装、消毒、接种、搔菌、采收、挖瓶、运输等绝大多数环节已实现机械化，有的环节实现了智能化，全程可视化。即使是农法生产种类，如平菇、香菇、黑木耳，出菇前的各环节也基本实现了机械化。草腐菌生产的发酵隧道、抛料机、菇床上料机、拉网机等，也基本实现了主要环节的机械化。二是工业化生产装备企业快速进入食用菌行业，快速提高了产业的装备与环境控制设备的产能和制造水平,促进了食用菌产业升级。三是食用菌智能管控大数据平台初步应用。随着食用菌智能管控软硬件的不断升级和数据互联,融合了云计算技术、大数据技术、智能分析技术,通过在云端建立食用菌服务平台,提供食用菌大数据综合管控服务,为食用菌生产提供在线实时智能管控功能。

(六)食用菌加工产业技术研发进展明显加速

2019年主要集中在以食用菌为主要原料的主食、休闲类食品、饮品和膳食补充剂等产品的研发。在大宗种类的香菇、金针菇、杏鲍菇等品种基础上,黑木耳、猴头菇、海鲜菇等逐渐成为加工技术和产品研究的热点。主要研发产品有三大类:一是与五谷杂粮、茶叶和蔬菜等复配的主食和休闲类食品,平菇南瓜复合面条、平菇挂面、金针菇挂面、毛木耳挂面、平菇面包、杏鲍菇微粉桃酥、银耳酥饼。二是与植物源原料复配的食用菌饮品,如木糖醇金针菇酸奶、猴头菇苹果醋复合饮料、木耳羹。三是与其他特色原料复配的即时羹点,如添加枸杞、桂花的银耳速食羹、银耳燕窝。

(国家食用菌产业技术体系首席科学家 张金霞 提供)

2019年度中药材产业技术发展报告

(国家中药材产业技术体系)

一、国际中药材生产与贸易概况

(一) 国际中药材生产

中国是中药材生产和使用最大国,2019年中药市场规模达约5 376亿元。日本目前汉方药生产企业已超200家,但是汉方药市场规模仅为135亿元,2019年栽培面积仅为550公顷,种植户仅为2046户。韩国作为全球人参主产地之一,人参年总产量超2万吨,2019年韩国人参产业的市场规模约为120亿元,同比增长25%。美国由于中美经贸摩擦使花旗参种植业进入低谷,花旗参年产量约占美国总产量90%以上的威斯康星州马拉松县,在2018年种植规模就开始缩减,截至2019年8月,约50%库存未销售出去,预计种植面积将进一步减少。

(二) 国际中药材贸易

2019年世界中草药市场规模估计已超900亿美元。除中国外,亚洲以东南亚及华裔市场、日韩市场为主。2019年上半年,我国中药材出口5.2亿美元,同比增长2.3%;中药材进口1.4亿美元,同比增长43.2%;2019年1—10月,我国出口中药材及中式成药数量为103 394吨,其中一般贸易出口98 289吨,加工贸易出口769吨,保税物流1 520吨,其他贸易4 340吨;出口中药材及中式成药金额为8.89亿美元,其中一般贸易出口8.09亿美元,加工贸易出口0.40亿美元,保税物流0.46亿美元,其他贸易0.44亿美元。

二、国内中药材生产与贸易概况

(一) 国内中药材生产

近年来,我国中药材产量逐年稳步增长。农业农村部中药材指导专家组和全国农业技术推广服务中心调研资料显示,2019年全国中药材种植面积为7 475万亩,产量超过1 325万吨。其中,云南、广西、贵州、湖北、河南5个省(区)种植面积在500万~800万亩,湖南、陕西、广东、四川、山西5个省份种植面积在300万~500万亩,河北、重庆、山东、内蒙古、甘肃、吉林、安徽、辽宁、黑龙江、海南、宁夏11个省(区)种植面积在100万~300万亩。调研数据表明,发展中药材生产已经成为贫困地区农民增收脱贫的重要途径之一,仅河南、四川等12个省份,从事中药材种植的人数就超过980万。

(二) 国内中药材贸易

2010—2018年,我国中药材消费量整体呈增长态势。2017年度销售额为611.16亿元,同比增长10.48%;2018年我国中药材类药品流通销售约为614.85亿元,2018年,我国中药材及饮片的出口额为10.31亿美元,亚洲地区为我国中药材及饮片的主要出口市场,其出口量占到83.17%。日本、中国香港、韩国、中国台湾、越南、马来西亚、美国、德国、泰国和新加坡为出口前十大市场。据海关总署统计数据显示,2019年1—10

月我国中药材出口量同比微涨0.2%，出口金额为9.36亿美元，同比增长4.2%。预计未来，在下游需求的带动下，中药材需求量将继续保持增长。

三、国际中药材产业技术研发进展

（一）中药材资源、中药材育种、种子生产

国外对中药材该领域研究较少，主要是东南亚各国以及日本、韩国、南非、澳大利亚等国种植本国特色药用植物，其中以日本种植种类较多，很多品种都是以中国的中药材为背景进行遗传改良后形成了自己的品种，如三岛柴胡、大河当归、纯紫紫苏等，福井县对新引种的大黄进行了遗传多样性研究。

（二）中药材栽培及田间管理

国外对中药材栽培技术研究较少。韩国、日本的种植技术比较现代化，但品种单一。韩国高丽参栽培采用水旱轮作等技术，在林下山参护育技术方面落后我国。日本计划重点开展当归、银柴胡、甘草、人参、芍药等的栽培技术研究，福井县开始种植包括吴茱萸在内的10种药用植物。尼泊尔地区开始种植枸杞。美国、加拿大主要以栽培西洋参为主，并出口到中国及东南亚地区。南美洲传统草药如玛咖、阿萨伊、绒毛钩藤、巴拉圭茶等正逐步引起市场关注。

（三）病虫草害防控技术

化学防治依然是防控中药材病虫草害最重要的措施，我国和国际上本方面的研究依然比较薄弱，可借鉴农业上的最新技术包括植保无人机的应用、夜蛾科害虫的监测预警技术、富硒植物抑制杂草生长技术、植物源农药开发应用技术。

（四）中药材机械研发

中药材机械的研发主要集中在机械采收、干燥和深加工等方面。欧、美、日等发达国家充分考虑农机农艺融合的问题，以实现种植、采收、加工的全程机械化为目标，规划设计中药材种植园。在中药材种植方面，日本近年来在中药材设施栽培与智能化管控技术研发方面有较大发展；在干燥技术方面，我国一直处于领先地位，国外以加拿大、美国等为代表，强调新型表征技术（如低场核磁共振成像技术、扫描电镜等）的应用和干燥过程中水分迁移变化规律（如水分流动特性、介电常数变化规律等）的研究，我国利用相关技术近年来开发了多款国际首创的新型中药材机械。

（五）中药材加工利用技术

该领域国际上技术研究很少，但产品开发为中药材加工利用提供了新的方向，如中药材提取物大麻二酚（CBD）被食品饮料国际市场关注。可口可乐、亿滋等食品饮料巨头都对CBD市场看好，国外不少企业已纷纷开始推出了CBD产品，如大麻饮料品牌Mood33的大麻凉茶、Kiva Confections 牌注入大麻的热巧克力、英国Green Times Brewing 的低酒精啤酒。此外随着低糖饮食的流行，部分中药材及中药材有效成分如罗汉果、龙舌兰、甜菊糖、菊粉等有望成为糖的替代品。

四、国内中药材产业技术研发进展

（一）中药材资源、中药材育种、种子生产

农作物育种已进入传统育种和分子有机结合的时代。中药材育种也在国内科学家的牵头研究下，开展了育种的分子基础探索，成功绘制了三七、丹参、人参、博落回、红景

天、白木香、黄芩等药用植物全基因组图谱，为中药材分子育种新技术提供了技术积累，但尚未有利用分子育种方法选育出优良的中药材品种，并在生产上推广应用的案例。国家中药材产业技术体系遗传改良研究室本年度共登记新品种 10 个，形成新技术 140 项，授权专利 6 项，制定标准 89 个，研制 DUS 测试指南 2 个。开发了一批中药材种质资源鉴定技术，如利用生物信息学技术鉴别新疆产乌拉尔甘草、联合形态学鉴定、DNA 条形码分析、全长叶绿体分析鉴定柴胡，建立了一种白木香高效结香种质分子检测方法等。还通过麦冬、金银花、桔梗、连翘、紫苏等中药材育种技术的实践，建立了 5 种不同类型的"中药材育种技术体系"。

（二）中药材栽培及田间管理

一批新的中药材生态种植模式逐步形成，如以人参、连翘为代表的原生态位模式，以三七、重楼为代表的仿生态位模式，以"中药材—食用菌"资源循环利用为代表的系统生态位模式等生态种植技术模式。针对"中药材—食用菌"模式，国家中药材产业技术体系开展探索，研发完成"天麻—冬荪"生态种植技术，有效解决旧菌材及土地资源浪费问题，形成循环利用的农业生态模式。同时，建立在传统农田种植基础上的生态原理与技术的应用研究不断深化，如"草药伴生""地膜控草""春发草库""精准调光""果药立体""粮药立体""瘦土控苔"等广义的生态种植技术模式。此外，作为中药材/中药原料药的特殊生产方式，我国建立了植物干细胞培养技术、构建了紫杉醇的叶绿体代谢工程、青蒿素的表观遗传学调控等，我国药用植物合成生物学处于世界先进地位。国家中药材产业技术体系研发的雪莲、人参等药用植物细胞和不定根培养及产业化关键技术，开发了首台套吨级植物细胞生物反应器、首台套吨级不定根生物反应器，相关成果获 2019 年度国家科技进步二等奖。

（三）病虫草害防控技术

国家中药材产业技术体系继续研发了多项病虫草害防控技术。一是林下三七有机种植技术，利用松针挥发物和淋溶物主成分抑制病原物的萌发，同时促进中药材种子的生长。二是利用除草布和除草机割冠的除草技术。在中药材种植过程中，以铺设开孔的除草布覆盖遮光、阻断杂草光合作用进行除草，同时结合腐熟基质育苗等技术构建草害绿色防控体系，与目前人工除草相比，可节约成本 7 000~8 000 元/亩；在黄芩种植过程中，生长初期杂草草籽未成熟前，利用割草机割冠处理，尤其避免了种传杂草草害反复发生的问题，表现出较好的除草效果，但此技术耗费较多人工的问题仍需进一步解决。三是筛选出了抗三七根腐病菌的拮抗菌株及当归生防菌剂。获得抗三七根腐病菌的拮抗细菌 5 株，促进三七生长的拮抗细菌 3 株，以及当归生防菌剂金龟子绿僵菌、哈茨木霉、厚垣轮枝菌、淡紫拟青霉等多个当归生防菌剂，推动了三七及当归生物菌剂的开发。

（四）中药材机械研发

国内中药材生产机械研究热度比较高，尤其在小籽粒种子精量播种、长根茎药材（如甘草、黄芪、苦参、沙参等埋深大于 50 厘米的药材）收获、小块根药材（直径在 6 毫米以上、深度为 20 厘米之内）收获、种子采收、药材秸秆收获等方面的机械开发进行了有效探索，有些技术取得了突破，也涌现了一批专业研究机构和研制生产厂家。国家中药材产业技术体系机械化研究室在典型药材采收和加工装备上，如茯苓剥皮及发汗装备、天麻蒸制设备、真空脉动和温湿度一体化控制干燥设备及特殊药材（百号）、枸杞和麦冬收获机等方面取得了一定的技术突破,其中枸杞真空脉动干燥装备集成了基于物料干燥特性的真空度监测和调控技术、接触和辐射式传热技术、触摸屏控制技术等,并成功应用于枸杞、茯苓丁等物料的干燥,处于国内领先地位。同时,开发了基于 LED 光照的中药材立体育苗装备,实现了不受地理位置和季节限制的中药材种苗立体高效生产。此外,干燥加工热源清洁化利用方案和技术升级仍然是干燥装备生产企业和中药材加工企业共同面临的课题,需要破解。

(五)中药材加工利用技术

国家中药材产业技术体系专家研制了粗根类药材的盐腌产地加工技术,其操作简单、便于推广。尤其是对于药食同源的品种,可获得一种新的食用产品,还可替代硫黄熏蒸工艺。此外,还建立了色泽-水分-有效成分/指标性成分(5-羟甲基糠醛,5-HMF)的系列组合测定技术,使药材变质具有物化指标,并以此为依据制订了一些中药材品种的有效贮藏期。并提出了将多孔管道铺设于贮藏库的技术,能够解决贮藏库中气体的不均匀现象,改善因此引起的药材变质。中药废料处理技术得到发展,南京中医药大学团队系统构建了中药固废物及副产物生物转化、化学转化和物理转化技术体系,形成以膜集成技术为特征的中药废水综合治理技术示范;将中药工业过程不同类型固/液废弃物及副产物转化为 8 大类 30 余种资源性产品。

(国家中药材产业技术体系首席科学家　黄璐琦　提供)

2019年度绿肥产业技术发展报告

(国家绿肥产业技术体系)

一、国际绿肥生产与贸易概况

多数国家广泛利用绿肥作物（国外也称覆盖作物、填闲作物等）实施轮休或季节性休闲土地的地表覆盖，用以实现固碳减排、提升土壤肥力、减少水土流失、抑制病虫草害。在发达国家，种植绿肥是支撑和维护规模化农场耕作系统的重要手段，通常以固氮绿肥作物为主体，进行多种类不同根层分布的覆盖作物混合种植，以充分发挥绿肥作物的养分供应、活化以及生物耕作土壤的效应。例如美国，覆盖作物已成为保护性耕作系统的重要组成，冬季黑麦草覆盖了美国印第安纳州大部分农场。一些国家还利用豆类作物轮换种植作为有机/绿色农产品生产的肥源。果品生产发达国家80%以上的果园采用生草覆盖，此方式在国际上被公认为先进的果园土壤管理方法，是生态果园建设的主流模式。

国际绿肥生产的发展，主要体现在法律、国家政策以及公民意识层面。欧美很多国家立法禁止土地裸露。美国农业可持续发展研究中心每年发布农田覆盖作物报告，提供覆盖作物品种、土壤效应和作物收益的影响等数据。日本百姓自觉防止土地裸露，利用绿肥作物、秸秆还田等措施培肥土壤，保持养分循环。欧美等发达国家的农业生产也非常重视绿肥/覆盖作物种植的补贴政策，将种植绿肥作物纳入保护性农业、有机农业和轮作休耕等农业补贴范围内。例如，美国农业部长期推行土壤保护管理计划，每个计划周期为五年，农业部每年提供补贴，面向所有参与者，鼓励参与计划的用户在耕作制度中纳入绿肥，以改善土壤、水、空气和栖息地质量和节约能源。

国际上专门种植绿肥作物当作"肥源"的做法并不普遍，因此国际绿肥种子贸易总量有限。中国是国际绿肥种子的主要出口国，出口的绿肥种类主要为紫云英和苕子，出口的主要国家是日本和韩国。2019年累计出口绿肥种子约3 000吨，出口额5 500多万元。我国绿肥种子进口量不大，2019年进口箭筈豌豆、鼠茅草等，价值235万元。我国每年也较大量进口黑麦草、三叶草种子，部分用作绿肥。

二、国内绿肥生产与贸易概况

国家正在大力加强生态文明建设。绿肥在服务绿水青山，尤其是如何将绿水青山变成金山银山方面，具有不可替代的作用。产业需求也带动了产业技术进步，国内绿肥行业在构建绿肥种质资源条件、绿肥生产关键环节机械化、绿肥养地节肥技术优化、绿肥及其衍生产品发掘等方面取得稳步进展。

绿肥产业基础保障和技术储备进一步加强。绿肥种质资源保有量2万多份，绿肥育种技术、种质资源共享机制全面进步。绿肥轻简化生产能力全面提升，主要农区及果园节肥、提质、增效和生态高值的绿肥生产与利用技术模式得到广泛应用。"果园绿肥豆菜轮茬增肥技术""稻田绿肥全程机械化生产技术"被遴选为2019年度全国农业主推技术。

绿肥服务国家生态文明建设的能力明显提升。绿肥在主要农区替代化肥效应明显、可实现氮肥用量节约20%~40%。发展绿肥是化肥零增长、轮作休耕等行动的重要抓手，湖南、甘肃等省提出休耕区实现绿肥全覆盖。全国绿肥生产持续恢复和发展，据本体系针对24个省市区的调查，2019年绿肥面积约6 588万亩，其中农田约5 500多万亩、果园约1 080多万亩。

绿肥业态逐步丰富，种业市场保持稳定，"绿肥+"产业初见成效。2019年我国国内绿肥种子交易量6.7万吨、金额6.44亿元，其中，主栽绿肥种类紫云英1.2万吨、苕子2.5万吨、箭筈豌豆2.9万吨。"绿肥+"产业机制开始显示价值，各地"绿肥+"有机/绿色稻米、特色果品、种业、乡村旅游等产业模式逐渐形成，本年度绿肥相关产品（大米、田菁胶、蜂蜜、果品等）贸易约1 500多万元。绿肥在助力脱贫攻坚中发挥了积极作用，支持和培育新型农业经营主体300多个，2019年度产业扶贫增值3 300多万元。

但是，绿肥产业发展的限制性因素也十分突出。适应不同生态区种植制度的广适、特异绿肥品种缺乏；绿肥种业市场发育不良，生产与营销一体的绿肥种子龙头企业较少。绿肥直接经济效益不明显，自身造血机能较弱；"绿肥+"产业途径仍处探索阶段，有关价值体现及市场培育尚待时日。生态价值不清晰，生态补偿机制不明确，绿肥产业支持政策不连贯，绿肥补贴政策的区域差异明显。

三、国际绿肥产业技术研发进展

在种质资源遗传改良方面，总体看国际报道不多。突尼斯学者研究发现毛叶苕子在种内和种间具有丰富的基因型变异；箭筈豌豆的裂荚率、草产量主要受基因型控制，并筛选到一个农艺性状优异、具有生氰相关遗传变异点位的材料，以此为材料杂交获得3个氰化物含量低的株系。美国以提高毛叶苕子秋季活力和春季生物量为育种目标，提出按冬季寒冷程度划分选育地区，并据此建立了抗冻选育方法。在共生固氮研究中，美国、日本等国科学家挖掘出了更多新的参与结瘤固氮基因，发现非编码的RNA及植物激素相关基因也参与调控共生固氮，还成功在酵母线粒体中合成固氮酶相关基因，为工程化生物固氮作技术储备。

国际上也常见绿肥作为主作物病虫草害综合治理的重要环节，以实现绿肥对病虫草害的生态调控功能。如种植白芥菜能显著降低辣椒根腐病和冠腐病的发生；红枫苗圃中间作绛三叶和黑麦草可防治苹果扁头吉丁虫；柑桔园间作绿肥盖氏虎尾草能够增加天敌斯氏钝绥螨和草茎钝绥螨的种群数量从而提高对橘柑锈壁虱的生物防治效果；橄榄林种植绿肥可提高节肢动物的多样性，并有助于改善土壤肥力和防止土壤侵蚀。利用绿肥的竞争与化感作用防治杂草的技术研发也受到重视，美国田纳西大学发现绛三叶和毛叶苕子与棉花苗期除草剂结合，可以抑制棉田中耐受草甘膦的顽固杂草长芒苋的生长。

绿肥栽培技术上，豆科绿肥与非豆科绿肥/秸秆结合的应用方式较为普遍，其增产及生态效益也普遍认同。绿肥作物/覆盖作物的多样化复合种植是国外绿肥产业技术研发的重点方向之一，主要是通过种类和品种的选用，构建根系（深根系+浅根系）、功能（豆科+禾本科+十字花科等）、株型（匍匐+直立）等多类型绿肥作物复合体。同时，绿肥在农业生态系统中的作用和功能也是国际农业研究的热点之一，主要围绕绿肥利用后的土壤与植物营养学、土壤生态学、环境化学、土壤微生物学等方向。果园绿肥生产与应用已在大多数先进国家普及，研究也拓宽至盖草抑草、面源污染及水土流失防控、果品质量提升、生态位竞争等多方面。

国外绿肥生产机械化水平普遍较高，大型多功能生产装备较普及。美国满胜（MONOSEM）公司研制出分体式仿地形小粒种子精量播种机，采用单体模块化设计可实现多品种分行混播、单行、多行和条状播种，排种盘更换便捷，适用于多数小粒种子作物的播种。德国牧田（Muthing）研制出多种刀型组配的灭茬机，可实现不同品种绿肥或秸秆摆倒、粉碎平铺、分行平铺和侧面堆放等作业。德国 IRUS 公司研制多功能遥控型割草机，低矮的外形尺寸满足大坡度果园、山地、丘陵和斜坡碎草作业，作业速度可达 10 千米/小时。

绿肥产品研发方面，韩国科学家发现紫云英水甲醇层中分离得到具有活性氧（ROS）清除和抗炎效果的物质，认为可用于治疗慢性炎性皮肤病。植物基食品开发是近几年国际市场新方向，2019 年植物基占整个乳品品类的约 10%。绿肥作物丰富的来源及高品质的纤维、黄酮等组分为其加工及综合利用提供了可能。豆类绿肥作物种子等为原料进行加工的产品，如芽苗菜、豌豆蛋白制品等增长快速，利用豌豆蛋白等的增肌产品引人注目。浮萍蛋白粉产品近几年逐步应用于烘焙和运动营养食品中。

国外有研究通过生态服务功能以及多元化利用，来提升绿肥产业价值。通过不同花期品种搭配，制造人工绿肥景观、发展特色观光产业，实现经济与生态效益的双赢。美国北卡罗来纳州立大学生态农场试验基地，将三叶草与主栽作物轮作种植，当年种植的三叶草作为试验地块的隔离和景观带，后续年份翻耕作为有机肥源，形成科研、教育、示范和观赏多功能为一体的有机农业模式。日本茨城县筑波山附近的果农在梨园林下种植紫云英、二月兰等作物，既有效实现果园生草、培肥地力，又延长了"赏花"期，同时为未来赢得潜在的消费者。

四、国内绿肥产业技术研发进展

种质资源遗传改良。基本建立种质资源的收集保存与鉴定评价、资源共享利用和创新体系。2019 年种质资源保有量稳步增长，新增国内外资源 1 500 多份，整理整合后绿肥资源保有量 20 000 多份。筛选出优异绿肥资源 101 份；杂交、系统选育、诱变获得中间材料 750 多份；选育绿肥油菜新品系 3 个，通过专家鉴定 1 个；1 个红萍品种进入国家草品种区试。细绿萍结孢诱导技术获得进展，发现紫云英结荚数与花序内源激素水平显著相关，我国学者还发明了用 DNA 条形码准确地鉴定野豌豆属绿肥的方法。初步提出紫云英区划布局的气候影响因子。

绿肥病虫害综合防控。进一步明晰主要绿肥作物病虫草害种类及发生规律，箭筈豌豆炭疽病、紫云英菌核病、二月兰豌豆彩潜蝇等病虫防控，以及紫云英及箭筈豌豆田杂草防除等技术逐渐建立。绿肥诱集、阻断消减主作物主要病虫害配置技术的探索取得成效，初步发现利用绿肥结合信息物防控小麦蚜虫和红蛛蛛、间作绿肥防治小麦及玉米蚜虫（红蛛蛛、棉铃虫）、果园绿肥防治柑桔白粉虱和红黄蛛蛛、茶园绿肥防治小绿叶蝉等生态控制技术，尝试利用绿肥与主作物轮作阻断草地贪夜蛾种群增长技术。

绿肥轻简高效生产。①优化升级轻简化生产技术。研制出"水稻收获—稻草粉碎抛撒—促腐—绿肥播种"多功能装置，完善了绿肥—秸秆联合还田技术，推动了中、晚稻稻草资源高效利用和稻田绿肥无人播种技术的开发和应用。②发展绿肥高效生产模式。完善了磷肥和微肥施用、根瘤菌接种、水分管理、稻草协同利用、主作物养分前移至绿肥季等稻田绿肥技术体系,优化了小麦、玉米、马铃薯复种等旱地绿肥技术模式,提出果园免耕直播和落籽循环自生的绿肥轻简技术模式。③创新和完善绿肥养分循环与高效利用技术。持续优化基于绿肥种植和翻压的水稻、小麦、果树等养分运筹技术;菜后复种绿肥提质增效、绿肥氮素向主作物转移调控技术已开展田间验证。④拓展绿肥应用新路径。提出酸化红壤、重金属轻度污染水稻土、绿洲灌区沙化土壤、沙化和盐碱化土壤的绿肥高产栽培与合理配置技术模式,研发出绿肥—水稻生地土壤熟化技术,发现紫云英—稻草联合还田具有调控稻田土壤甲烷排放能力。基于绿肥—秸秆、绿肥—有机肥强化利用的退化土壤修复和生地土壤快速熟化技术已小规模区域示范。

绿肥生产机械化。优化设计绿肥开沟播种一体机,提升了适应的绿肥品种范围和开沟沟型完整性;完善绿肥无人撒播装置多平台兼容设计和产品化设计;绿肥旋耕播种机实现旱地及果园绿肥机械化高效播种。设计绿肥茎秆切碎还田机、果园避障式碎草机和绿肥粉碎旋耕深翻机等装置,整合生物发酵等技术,实现果园剩余生物资源全量还园;绿肥粉碎翻压复式作业机初步实现产业化推广。

绿肥产品创制与综合利用。筛选了一批"一低两高"(低氢氰酸、高淀粉、高蛋白)的箭筈豌豆优异资源,完成了箭筈豌豆种子营养成分组份分离、淀粉特性和二月兰籽油脱色等综合利用关键技术研究。探索了山黧豆有毒物质(神经毒素 β-N-草酰-L-α,β-二氨基丙酸)的去除方法,发现田菁种子的半乳甘露聚糖具有较高抗氧化和增强免疫力等特性。明确了紫云英、苕子、二月兰等作为蜜源植物的优势,试制出一批高品质绿肥蜂蜜。实现箭筈豌豆粉丝、纳豆及豌豆纤维产品的中试生产,开发了啤酒泡沫稳定剂、箭筈豌豆蛋白无麸质蛋糕产品。

绿肥产业经济与政策。验证了外部激励对意愿转化为行为具有正向调节效应,提出建立生态补偿政策必要性,明确政府为补偿和监管主体、农户为受偿和实施主体的角色定位。优化绿肥生态价值评估方法,进一步界定不同区域、不同种植模式下绿肥种植的生态服务功能。初步测算,紫云英和毛叶苕子的生态价值分别约为其种植成本的3倍和5倍,南方稻区农户、西北果农种植绿肥的生态补偿标准分别为3 323元/公顷、3 360元/公顷。开发了包括绿肥生态价值评估、适宜性评价、政策分析三大模块的绿肥生产决策系统。

"绿肥+"产业发展。充分利用绿肥的生态服务和清洁生产功能,融合特色优势产业,不断丰富"绿肥+"产业内涵,为社会提供差异化的产品需求。一批"绿肥+"清洁农业和创意农业模式逐渐清晰,重庆的"绿肥+"忠县草橘、广西的"绿肥+"富硒香米、云南的"绿肥+""华叶"高端烟叶等已经形成较好品牌效应。在生态文明、绿色发展的大背景下,传统绿肥产业已经具备打造成具有时代新意的创新绿肥产业,不仅支撑减肥增效、藏粮于地,也能在绿水青山建设、产业转型升级中助力经济发展。

(国家绿肥产业技术体系首席科学家 曹卫东 提供)

2019 年度大宗蔬菜产业技术发展报告

(国家大宗蔬菜产业技术体系)

一、国际大宗蔬菜生产与贸易概况

(一) 国际蔬菜生产

据 FAO 数据预测,2018 年世界蔬菜收获面积约为 5 910 万公顷,2010—2018 年年均增长约 1.95%;总产量约为 11.17 亿吨,2010—2018 年年均增长约 2.40%。2018 年蔬菜产量排名前五的国家为中国、印度、美国、土耳其和俄罗斯,分别约占全球总产量的 51.12%、11.65%、3.00%、2.26%、1.53%;蔬菜收获面积排名前五的国家为中国、印度、尼日利亚、印度尼西亚和越南,分别占全球收获总面积的 41.20%、14.91%、6.35%、1.96%、1.70%。

(二) 国际蔬菜贸易

1. 贸易总量

据联合国统计署数据(UN Comtrade 数据库),2018 年世界蔬菜进出口贸易总额约为 1 354 亿美元。其中,出口额约为 684 亿美元,环比下降 4.49%,占全球商品贸易的份额约为 0.36%;进口额约为 670 亿美元,环比下降 6.34%,占全球商品贸易的份额约为 0.37%。

2. 贸易结构及流向

2018 年世界蔬菜出口额排名前十位的国家依次为中国、荷兰、西班牙、墨西哥、美国、加拿大、比利时、法国、意大利、波兰;世界蔬菜进口额排名前十位的国家依次为美国、德国、英国、法国、加拿大、荷兰、日本、比利时、中国、俄罗斯。

二、国内大宗蔬菜生产与贸易概况

(一) 国内蔬菜生产

产业规模略增。预计 2019 年全国蔬菜播种面积约为 3.13 亿亩,比 2018 年增长约 0.07 亿亩,增长约 2.3%;蔬菜产量约为 7.21 亿吨,比 2018 年增长约 0.18 亿吨,增长约 2.5%。

市场行情略好于去年,全年菜价呈"两头高"的态势。据商务部数据,2019 年全国 29 种主要蔬菜批发均价为 4.56 元/千克,比 2018 年全年均价 4.35 元/千克略增 0.21 元/千克,增长 4.8%;分月份看,菜价于 2 月中旬达到全年最高点 5.17 元/千克,此后一直保持高位运行至 4 月中旬,价格在 4.97 至 5.12 元/千克间波动,此后在波动中下降,于 10 月中上旬达到谷底的 4.05 元/千克,之后逐渐上升,在 12 月底升至 5.08 元/千克左右,春季和 12 月份产地价格明显高于 2018 年同期,菜价呈现明显的"两头高"的态势。

(二) 国内蔬菜贸易

贸易总额。2019 年 1—10 月我国蔬菜出口额为 124.4 亿美元,同比增加 0.2%;进口

7.9 亿美元，同比增长 19.9%；蔬菜贸易顺差 116.5 亿美元，同比减少 0.9%。预计全年蔬菜出口量将稳中有增，而进口量将大幅增长。中美贸易争端对我国蔬菜出口的影响很小。

三、国际大宗蔬菜产业技术研发进展

对 2019 年国际上以番茄、辣椒、黄瓜、茄子、南瓜、白菜、甘蓝、花椰菜、青花菜、萝卜、胡萝卜、菜豆、豇豆、莴苣 14 种主要蔬菜为研究对象发表的科技论文进行检索，共检索到 5 423 篇，其中来自中国的论文 1 395 篇，占 26.6%。

（一）遗传改良与品种选育

基因编辑技术应用研究。美国冷泉港 Lippman 实验室利用基因编辑技术，一步同时编辑了无限生长番茄品种的主茎长度基因（*SlER*）、早开花基因（*SP5G*）和有限生长基因（*SP*），获得了有限生长、植株和果穗紧凑、开花早、果实成熟早而集中的番茄材料。该结果不仅为都市农业提供了合适的番茄材料，同时为快速改良作物以适应都市农业提供了策略。Soyk 等运用 CRISPR/Cas9 技术对 *MADS-box* 基因进行编辑，使番茄花序分支增加，从而增加产量。Jeong 等通过 CRISPR/cas9 介导的基因组编辑技术同时编辑了 *BraFLC2* 和 *BraFLC3*，获得了不需要春化的早花大白菜新种质。

蔬菜作物功能基因研究。Schubert 等发现番茄 MYB21 通过介导茉莉酸信号调节花的育性。Joo 等发现辣椒 bZIP 转录因子 *CaATBZ1* 及其互作蛋白 *CaASRF1* 在调控 ABA 信号传导和抗旱性中的作用。Garcia 等阐明了乙烯受体 *CpETR1A* 和 *CpETR2B* 在黄瓜性别决定中的作用。Mizuno 等发现 *CmPhoL1* 和 *CmPhoH1* 在南瓜淀粉积累过程中起作用。

蔬菜抗病育种研究。Soltis 等对番茄和灰霉病遗传多样性的相互作用进行分析，发现宿主感病在很大程度上受宿主和病原体基因型的影响。Siddique 等综合 QTL 与 GWAS 分析方法，将对辣椒疫霉具广谱抗性的三个主效基因座（5.1、5.2 和 5.3）定位于辣椒 P5 染色体上，预测了三个主效基因座的候选核苷酸结合位点—富含亮氨酸的重复序列（NBS-LRR）和受体激酶（RLK）基因簇；Rubel 等根据黑腐病病原菌基因组序列变异开发了一个分子标记，可用于黑腐病 1 号和 2 号小种的快速、准确鉴定。

蔬菜组学研究。Pereira-Dias 等对 190 个辣椒属植物的高通量测序基因分型开展研究，阐明了辣椒地方品种的遗传多样性和种群结构。Xanthopoulou 等对南瓜、西葫芦进行全基因组的重测序发现了与形态相关的基因变异体。Park 等组装了一个大白菜自交系 CT001 的基因组草图，并对自交 6 代后的单株进行重测序，全面分析了自交过程中自然变异发生的频率。

（二）栽培与生产技术

蔬菜抗逆研究。Alsaeedi 等发现二氧化硅纳米粒子（SiNPs）通过提高黄瓜叶片中的硅含量和根中 K^+ 含量，维持植株体内离子稳态和调节渗透平衡以及气孔开放，从而有助于提高黄瓜耐盐性和耐旱性。Dolatabadian 等分析了 50 个油菜品种间抗性基因的分布，鉴定出 996 个为核心基因。Ihuoma 等研究出监测番茄水分胁迫的光谱植被指数；Vaidya 等设计出控制番茄水分实时利用的 ABA 受体激动剂。Ramirez 等研究表明，甜叶菊叶的不同极性提取物可以有效抑制番茄枯萎病，进一步研究证明提取物含有次生代谢物，不仅可以抑制镰刀菌的生长，还可以作为生物诱导剂。

蔬菜生长发育调控研究。Schubert 等发现番茄 MYB21 正调控茉莉酸合成，负调控生

长素以及赤霉素，参与茉莉酸调控的番茄育性。Lupi 等发现番茄 GOLDEN2-LIKE2 转录因子以光、生长素依赖的方式影响果实品质。Guan 等发现在番茄苗扦插过程中，机械伤可以引起损伤茎基部的生长素和乙烯短时间积累，生长素转运基因以及生长素在中柱鞘形成层部位、不定根的分生组织细胞中表达以及积累，外源生长素处理可以增加不定根的数量以及长度。

连作障碍克服研究。Moghbeli 等报道间作、轮作、填闲种植等栽培模式可以促进作物生长、抑制土传病害发生。Abo-Elyousr 等从微小杆菌、克雷伯氏菌、芽孢杆菌、假单胞菌中筛选出能抑制番茄、黄瓜、胡萝卜、辣椒猝倒病、枯萎病、黄萎病等病菌的拮抗菌株 Galvez 等发现嫁接可以防治青椒疫病、根结线虫病，促进黄瓜生长等。

蔬菜废弃物资源化利用研究。除在蔬菜废弃物用于牲畜喂养等饲料化利用、用作农林作物及食用菌的栽培介质等基质化利用技术取得了一些新的进展外，Tedesco 等报道了利用蔬菜废弃物，通过昆虫和蚯蚓转化得到动物饲料蛋白。此外像用蔬菜秸秆制备生物炭及作为番茄红素、胡萝卜素（Kaur）、果胶（Mao 等）、生物表面活性剂、生物活性物质、生物复合填料等资源化利用技术的研究逐渐增多。

（三）设施蔬菜技术

设施环境调控。Md Shamim Ahamed 提出了一个完整的 TRNSYS 模型，以减少对温室小气候的预测不确定性。Sang-yeon Lee 通过研究提出了温室环境空气温度变化显著区域的最佳传感器位置。Hassan Ibrahim 等提出了一种基于网络控制系统的日光温室结构。Hemming Silke 报道了利用人工智能远程控制温室蔬菜生产、温室气候、灌溉和作物生产。Edwin A. Villagrán 研究结果表明 DMG 和 GMG 的通风率均比 TG 中高出 3.4 倍。Morteza Taki 采用 RBF 模型高精度地估算出大棚的能量收支，并预测其内部温度变化。Maurizio Carlini 对地热加温条件下倾斜和拱面屋顶塑料大棚的温度场进行了建模和仿真。M. I. Babaghayou 研究了 LDPE 薄膜在使用过程中的各向异性演变特征，并据其估算其寿命。Kavga 发现由 TiO_2 与 LDPE 制成的纳米复合膜能够最大限度地减少加热、冷却和通风的能源需求。Lucas McCartney 发明了一种自然通风增强冷却系统。

收获和移栽机械化技术。HORTECH 公司公布了多款最先进的四轮转向液压系统驱动的叶菜收获机。美、韩、荷等国相继开发出盆花与叶菜自动移栽系统；Bhambota 等研究了不同蔬菜作物节本增效的最优种植模式。Cheolwoo 等人利用电驱动技术研制了一种简易的半自动电动辣椒移栽机，以降低作业过程机器噪声、振动，以及不规则振动易引起操作员肌肉骨骼紊乱的发病率。Rahul K 等基于微控制器和嵌入式系统设计和开发了一种蔬菜纸钵苗精准移栽机械臂。

生产过程机械化。Steinbrener 等通过对高光谱图像预训练的卷积神经网络进行微调以获得分类器，将蔬菜分类精度提高到 92.23%；Geetharamani 等提出了一种基于 9 层深卷积神经网络的蔬菜叶片病害识别模型；Barbedo 通过融合深度学习和数据增强技术，实现蔬菜病害个体识别，同时能识别影响同一叶片的多种病害；Lee J 等设计了一种针对设施番茄和红辣椒爬行昆虫自动检测与预警装置；Nestel 等基于新型电子遥感 trap 监测设计了一种针对蔬菜温室害虫管理的决策支持系统；Suarez-Rey 等识别和评估了生菜生长中的水肥敏感参数，建构了水氮平衡和产量的寻优模型；Nawandar 等开发了一种低成本智能灌溉系统，在监测数据的基础上通过云端的神经网络决策模型得出科学灌溉计划；Mason 等基于 CROPWAT 模型，在计算出作物蒸散量的基础上，确定灌溉水量；Hadipour 等结合物联网技术设计了一套多智能控制系统，设计并使用了一个四态开关；Ciaccia 等研究了结合农业生态管理的蔬菜智能托管系统。

（四）病虫害防治

蔬菜病毒致病分子机制。法国波尔多大学 Thierry Candresse 团队通过高通量测序，结合蔬菜病毒组学（Virome）、转录组学、蛋白质组学和代谢组学进行相关研究，从对某一病毒的致病机制研究扩展到对病毒与寄主、介体昆虫、共生菌复杂互作的系统研究，能够从不同时空、环境角度进行病毒互作网络构图。

真菌性病害诊断、致害机制与防控技术。法国 Edel-Hermann 和 Lecomte 对重要病原真菌尖孢镰孢菌的致病型和生理小种进行了系统梳理。综述了 106 个分类特征描述完善的专化型，其中侵染茄科和葫芦科作物的专化型各 10 个。此外，还介绍了 37 个分类特征描述不完全的专化型，以及对尖孢镰孢菌易感的 58 个寄主植物。魏青山团队报道了一种便携式实地诊断植物病害的技术。Lee 等综合噬菌体筛选法和荧光分析技术，筛选和鉴定出对辣椒疫霉菌 α-和 β-微管蛋白高亲和力的抑菌肽。

西花蓟马入侵生物学、生态学与控制技术。美国俄勒冈州立大学、美国佛罗里达大学及中国农科院植保所等单位合作，全面系统阐述了西花蓟马全球性入侵格局、入侵生物学和生态学特性等，分析了西花蓟马传播的多种重要病毒的分布与蓟马分布之间的相关性，讨论了西花蓟马在世界不同地区的种群分化及可能存在复合种的问题，分析了西花蓟马特别的孤雌生殖和两性生殖对其种群繁衍、传播扩散及其入侵等方面的影响和生物学意义等。

（五）采后处理与加工技术

UV-B、UV-C、LED 光、臭氧处理、微波处理等方法可有效保持蕨菜、青花菜、胡萝卜、大白菜等蔬菜的采后品质，抑制黄化、褐变等现象的发生，延长了各蔬菜的贮藏保鲜期。研究发现生长素、香豆酸、壳聚糖、茶树精油、香芹酮、脱落酸、百里香精油、乳酸菌肽、肉桂精油可有效保持保持番茄芳香物质含量、抑制鲜切莲藕和马铃薯的采后褐变，抑制荸荠的腐烂病。发现紫外线照射及乙醇处理、变性的壳聚糖涂膜等对荸荠、青花菜有护色效果，可抑制褐变保持货架期品质利用高静水压和阳离子表面活性剂清洗、杉叶提取物、乳酸和臭氧水等清洗可以显著减少鲜切生菜、青花菜、大白菜贮藏过程中大肠杆菌和李斯特菌的数量，且并未导致额外的品质损失。

四、国内大宗蔬菜产业技术研发进展

（一）遗传改良与品种选育

种质资源收集与创制。建立了国内最大的花椰菜资源库，挖掘出国内首个花蕾自覆盖育种材料。获得一批抗根肿病的白菜育种材料，高抗黑腐病花椰菜材料，高品质（富含莱菔硫烷）青花菜材料，高品质（高红色素、辣椒素、高干物质）辣椒材料，适宜机械采收辣椒材料，早熟、耐抽薹、根型好的胡萝卜材料等。

蔬菜抗病育种。甘蓝抗枯萎病育种方面，完善了鉴定方法，建立了 DH 群体、分子标记辅助选择、基因组背景筛选相结合的优质、抗病材料创制技术。于海龙等全面总结了黄瓜花叶病毒的基因组结构、株系类型、传播媒介、防治方法、以及辣椒中 CMV 抗性种质资源、抗性基因的定位以及相关的连锁标记等内容。胡建坤等对茄子种质资源进行了黄萎病的抗性鉴定。柴阿丽等通过 siRNA 高通量测序和 RT-PCR 技术鉴定出茄子斑驳紫花病的病毒种类。李金婷等开发出 PMA-qPCR 的方法可以快速检测黄瓜白粉病。

蔬菜组学研究。广西农科院的王益奎团队发表了茄子参考基因组数据。研究团队采用 PacBio 测序技术，结合 Dovetail Hi-C 建库技术与 HiRise 组装算法，成功获得了染色体级别的连续基因组。通过比较基因组学分析发现，茄子物种特异的 646 个基因家族和 364 个阳性选择基因（Positive selection genes），赋予了茄子特有的性状。研究团队进行了抗病基因的全基因组鉴定，发现在茄子和辣椒中有一个扩张的细菌斑点抗性基因家族，而在番茄和马铃薯中没有。此外研究团队发现在茄子、番茄和马铃薯基因组中，多酚氧化酶基因的染色体分布模式高度相似。

功能基因分析。近年来，通过传统遗传育种的方法将来自于野生番茄的花青素合成位点 Aft 和 atv 导入栽培番茄中可极显著的提高番茄果实中花青素的含量。但是 Aft 和 atv 是如何调控紫色番茄形成的分子机制仍不清楚。华南农业大学研究团队的研究表明，Aft 可直接激活 SlMYBATV 基因的表达，SlMYBATV 蛋白则与 Aft 竞争性结合 SlJAF13 蛋白，抑制 Aft 基因的功能和番茄果实中花青素的积累。而当 ATV 基因突变后，atv 蛋白抑制功能丧失，Aft 则与 SlJAF13 结合激活 SlAN1 和 SlAN11 等基因的表达，促进番茄果实中花青素的积累。中国科学院遗传与发育研究所和北京蔬菜研究中心研究团队的研究进一步表明，光照通过 SlHY5 激活 SlAN2-like 的表达，随后，SlAN2-like 通过激活 SlAN1 和 SlMYBATV 的表达进而诱导番茄果皮中花青素的合成。SlMYBATV 则通过与 SlAN2-like 竞争性结合 bHLH 转录因子 SlAN1 的方式抑制果皮中花青素生成。Zhu 等发现 MYB31 在辣椒素的生物合成中发挥重要调控作用。Yang 等阐明了 CsTu-TS1 调节模式促进黄瓜中的刺瘤形成的分子机制。Su 等发现 CsWIN1 调节南瓜嫁接黄瓜果皮蜡质的生物合成。Gao 等发现在 TomLoxC 启动子中鉴定到一个罕见的新的等位基因调控番茄果实风味，并在驯化过程中被选择。张小兰团队克隆出控制黄瓜侧枝（CsBRC1）、有限生长（CsTFL1）和果实长度（CsFUL1）的关键基因。

分子标记辅助选育技术。完善了基于二代测序技术的分子标记高通量检测方法，实现了一次获得所有单株的基因型。目前用于番茄检测目标基因 80 多个，背景选择基因 200 多个。由传统检测技术单次 1~10 个位点提升到单次检测点 100 个以上。王孝宣等根据番茄黄化曲叶病毒抗性基因 Ty-2 的核苷酸序列，开发出了 SCAR 标记，并申报了专利。Ren 等开发出番茄抗晚疫病基因 Ph-3 的高特异性共显性标记。王超楠等获得了 5 个与大白菜抗根肿病基因连锁的 InDel 标记。

新品种选育。2019 年全国通过登记的蔬菜品种共有 2 504 个。其中，大白菜 463 个，结球甘蓝 187 个，黄瓜 459 个，番茄 459 个，辣椒 922 个，茎瘤芥 14 个。

(二) 栽培与生产技术

营养与抗逆生理。研究发现 N 和 Fe 等多个元素的吸收主要发生在光照下，据此研究结果，研发出通过夜间低光强的红光和蓝光补光提高番茄对养分吸收的技术。郭世荣团队发现 TGase 通过维持 Calvin 循环的活化状态和诱导细胞氧化还原稳态来调节盐胁迫下番茄的光化学效率。周艳红团队研究发现，光敏色素互作因子 PIF4 通过与光温和激素信号整合，从而调控番茄植株低温抗性。研究发现提高 CO_2 浓度，可促进生长素的合成，并作用系统信号诱导根系中独角金内酯的合成，进而促进了菌根的共生和 P 的吸收。在大、中、微量及有益元素平衡施用、有机肥替代化肥、新型滴灌专用肥、水肥协同一体化等关键技术、产品优化的基础上,提出基于发育阶段的设施番茄水肥一体化精准管理技术。

蔬菜生长发育调控。Xin等发现,乙烯以剂量依赖的方式调控黄瓜果实发育,低浓度以及高浓度的乙烯均会抑制细胞分裂,造成果实短小。重庆大学学者发现过表达SlbHLH22促进番茄早开花并且促进乙烯的合成,加速果实的成熟和类胡萝卜素的积累。喻景权团队发现,转录因子HY5整合温度、光以及激素信号而调控番茄植株生长与抗冷性。

蔬菜连作障碍克服。He等筛选出链霉菌、类芽胞杆菌、假单胞菌、芽孢杆菌等生防菌株,这些菌株能促进番茄、黄瓜、辣椒等作物生长,抑制疫病、枯萎病、青枯病、根结线虫病。曲成闯等发现含生防菌的生物有机肥可以缓解黄瓜等蔬菜作物的连作障碍。Wang等发现,施加生物炭可以促进黄瓜和辣椒等生长,抑制辣椒疫病、改善土壤环境。

土壤重金属污染修复。刘千钧等发现针铁矿—富里酸复合材料能够有效钝化土壤中Pb和Cd。谈高维等发现镉钝化细菌CDR-1、CDR-2、CDR-3能够有效钝化土壤中的有效镉。尹仁文等发现米渣蛋白中谷氨酸和天冬氨酸组分较高,而这2种氨基酸含-COOH,对镉有很好的螯合作用。高瑞丽等发现混合钝化剂处理使Cu、Pb、Zn、Cd的有效态含量显著降低。He等提出生物炭能有效地固定污染土壤中的金属。

蔬菜废弃物资源化利用。霍凯丽等报道的利用辣椒废弃物堆肥对番茄根结线虫的防治作用明显。王艳飞等研究优化了蔬菜废弃物厌氧发酵制沼气的工艺条件。崔艺燕等研发出了一种蔬菜废弃物饲料化利用新技术。王灿等利用蔬菜废弃物成功研制出了茄果类蔬菜穴盘育苗基质产品。

(三) 设施蔬菜技术

日光温室设计与环境控制。李天来团队系统地开发了适用于温室结构、光热环境等辅助设计技术、第一代保温软覆盖现代化节能日光温室和新型装配式第三代日光温室,开发了基于物联网云平台的日光温室环境专用控制系统。崔世茂设计了一种装配式保温日光温室。杨延杰设计了一种用于盐碱地区蔬菜生产的集雨隔盐型日光温室。刘善勇设计了一种移动式日光温室。潘凯设计了一种适用于高寒地区冬春生产果菜类的节能日光温室。曲维民等设计了一种柔性墙体日光温室。张钦刚研发了一种基于物联网的日光温室通风回热控制系统及方法。崔玉萍提出了一种基于物联网技术的日光温室终端控制系统。

塑料大棚结构优化与环境调控。Ren研究了20米跨度塑料大棚的力学行为。翟乃月研究了风载和雪载对3种结构拱棚的影响及其在不同风雪荷载组合下的极限承载能力。朱隆静发现采用普通二道膜+气泡膜覆盖的塑料大棚,夜间平均气温较室外可提高3.2~6.7℃。韦婷婷研究了塑料大棚在不同季节和天气条件下的气温日变化特征。来海斌开发了一种基于黄瓜不同叶位光需求特性的立体补光调控系统。

生产机械化技术。叶菜有序收获机、多功能半自动移栽机的关键技术取得进展,研究优化了"农艺—农机—日光温室"和"农艺—农机—塑料大棚"深度融合的技术方案,设计的宜机化温室和大棚蔬菜生产机械化率分别可达72%和88%。开发了简易型、经济型和全能型不同档次的自动灌溉施肥机。研发了低成本的远程按时按需控制灌溉系统,以及一批环境调控(通风、热交换)、田间运输、植保等方面的新设备。韩绿化等设计了一种有助于穴盘苗移栽的气吹式钵体松脱装置。袁挺等设计了一种蔬菜移栽机气吹振动复合式取苗机构及其配套苗盘。尹文庆等设计了一种气力槽轮组合式精密排种器，以满足多种蔬菜种子类型精密播种的需求。柏宗春等提出一种采用高速蔬菜苗切割输送装置配合人工嫁接的新型嫁接模式。肖宏儒等发明了一种茎叶类蔬菜全程机械化栽培方法。

（四）病虫害防治

蔬菜病虫害智能化监测预警。杭州睿坤科技有限公司与中国植物保护学会合作研发的人工智能识别农作物病虫害的手机应用 App——"慧植农当家"已开始上线。涵盖大田、蔬菜、果树及经济作物 26 种的常见病虫害 1 169 种，其中蔬菜作物 10 种。该系统除病虫害拍照识别诊断，还开通了周边病虫及天气预警、专家与农户在线问答互动、全周期管理、周边农资店信息检索、大数据分析等功能，为数字植保和智慧农业提供了大平台。

蔬菜病原物致病机制。周雪平教授和王晓伟教授揭示了植物感病状态下的代谢调控机理。多个研究团队证实病毒通过抑制或利用细胞凋亡、细胞自噬和泛素蛋白酶体通路达到病毒自身基因组复制的目的。陶小荣教授团队成功构建了番茄斑萎病毒的侵染性克隆，提供了对该病毒的侵染和致病机制进行深入系统的研究的关键体系。沈其荣团队报道青枯病菌入侵番茄根系后是否发病主要取决于作物苗期土壤细菌群落结构的特征，苗期土壤中的病原菌数量不是决定性因素，发现不同噬菌体组合处理根际可以延缓病原菌生长、降低病原菌的数量和竞争力，增加组合噬菌体的数量可使青枯病发生率降低 80%。Wang 等报道了一种通过噬菌体联合疗法防治茄科植物青枯病的方法。

病虫害防控技术。研发出利用天敌和生物农药相结合防治露地秋甘蓝鳞翅目害虫技术，化学农药用量可减少 25%~30%。建立了多粘芽孢杆菌与吡唑醚菌酯协同防控番茄根腐病技术，可以减少番茄根腐病化学药剂使用量 45%，防治效果达到 85.6%。建立了毛壳菌肥、芽孢杆菌、海藻肥及化学药剂协同防病技术规程。集成了番茄、辣椒、黄瓜疫病生防、化学药剂协同防控技术模式。

（五）采后处理与加工技术

研究发现黑胡萝卜色素在几种主要代谢综合征如癌症、心血管疾病以及糖尿病方面有重要作用。姜黄素在 LEDs 照射下会发生降解，且降解产物的生物活性低于姜黄素。蔬菜中提取的短肽可调节肠道菌群结构等。

研究了真空冷冻干燥、微波、低场核磁共振、过热蒸汽结合热风干燥等不同干燥方式以及同种干燥方式不同干燥时间和参数对蔬菜品质的影响，发现合适的干燥条件能保持马铃薯、黄瓜、冬瓜、香葱等色泽和营养品质。阐明了不同光照条件下鲜切番茄软化的机制、鲜切山药黄变的主要代谢途径，以及黄瓜在切分过程中大肠杆菌的侵染路径及定殖情况以及腐败菌致腐机制。

（国家大宗蔬菜产业技术体系首席科学家　杜永臣　提供）

2019年度特色蔬菜产业技术发展报告

(国家特色蔬菜产业技术体系)

一、国际特色蔬菜生产与贸易概况

1. 国际特色蔬菜生产概况

根据 FAO 统计,全球水生蔬菜生产中,2017 年芋头种植面积 172.418 万公顷,总产量 1 022.20 万吨,产量前 5 位的是尼日利亚、中国、喀麦隆、加纳和巴布亚新几内亚,中国占比 18.67%。辛辣蔬菜中,生姜 57.360 万公顷,总产量 1 332.50 万吨,产量前 3 位的是中国、印度、尼日利亚,中国占比 81.58%;大蒜 157.778 万公顷,总产量 2 816.40 万吨,产量前 3 位的是中国、印度、孟加拉国,中国占比 78.88%;洋葱 520.160 万公顷,总产量 9 786.29 万吨,中国、印度、美国、埃及和伊朗居产量前 5 位,中国占比约 25%;鲜辣椒 198.706 万公顷,总产量 3609.26 万吨,产量前 5 位的是中国、墨西哥、土耳其、印度尼西亚、西班牙,中国占比 49.38%;干辣椒面积 185.664 万公顷,总产量 462.58 万吨,印度、泰国、中国产量居前 3 位,分别占比 45.31%、7.58%、6.79%。

2. 国际特色蔬菜贸易概况

世界蔬菜贸易呈稳定增长趋势。2018 年芋头出口额 1.19 亿美元,同比增长 6.48%;莲藕及荸荠 1.21 亿美元,增长 3.10%。辛辣蔬菜贸易中,生姜和辣椒呈增长趋势,出口额 70.43 亿美元、8.65 亿美元,分别增长 2.57%、5.9%;大蒜和洋葱呈下降趋势,保鲜大蒜出口额 21.3 亿美元,减少 32.4%;干洋葱出口额 3.48 亿美元,减少 17.44%。中国在保鲜大蒜、芋头、未磨生姜、已磨辣椒、莲藕和荸荠、已磨生姜出口中均位居第一,世界占比分别为 66.30%、62.91%、56.00%、42.27%、41.77% 和 38.3%。

二、国内特色蔬菜生产与贸易概况

1. 国内特色蔬菜生产

2019 年我国特色蔬菜产业规模整体保持稳定,总播种面积约 6 300 千公顷,占全国蔬菜总面积的 30% 左右。根据国家特色蔬菜产业体系调研数据,2019 年辣椒传统产区如重庆、陕西生产规模下降 10%~20%,贵州、湖南、山东略有增加,总产量减少 5% 左右。大蒜收获面积 70 万公顷,比上年减少 10% 左右。生姜种植面积 30.7 万公顷,增长 15%。北方地区莲藕、茭白种植面积有所上升。与大宗蔬菜表现不同,2019 年除大葱外的特色蔬菜价格均同比上涨,其中大蒜、干辣椒涨幅均超过 40%,媒体出现"蒜你狠""辣翻天"等相关报道。

2. 国内特色蔬菜贸易

中国特色蔬菜在国内蔬菜出口创汇中发挥着重要作用。2018 年中国蔬菜出口额 152.4 亿美元,大蒜、辣椒、洋葱、生姜位居前列,分别占比 12.61%、4.02%、3.47% 和 3.09%。2019 年特色蔬菜出口额保持了良好增长势头。1—9 月,芋头出口额 0.53 亿美元,莲藕 0.23 亿美元,分别同比增长 7.07%、5.80%;1—10 月,保鲜大蒜、生姜、辣椒出口额 14.94 亿美元、4.79 亿美元、5 亿美元,分别增 32.92%、19.13%和 2.90%;大葱出口额 0.63 亿美元,同比下降 8.22%。山东葱姜蒜辣椒出口保持龙头地位。日本和美国是中国已磨生姜、大蒜、大葱、芋头和莲藕的重要出口市场,蒜头和荸荠主要出口至东南亚地区,鲜辣椒主要出口至周边接壤国家,未磨辣椒和生姜出口市场分布较为广泛,涉及欧美、东亚和东南亚各地区。

三、国际特色蔬菜产业技术研发进展

1. 新品种选育与育种技术

印度、俄罗斯、加拿大和德国等收集保存芥菜种质资源 9522 份。印度筛选出了 6 个抗炭疽病菌 *Colletotrichum truncatum* 和 *Colletotrichum gloeosporioides* 的辣椒品系(Accharlanka,CA-4,Pant C-1,Punjab Lal,Bhut Jolokia and BS-35)。研究了西班牙辣椒品种的多样性、墨西哥辣椒地方品种的进化过程。美国选育出抗疫病芋新品种,日本选育出抗斑潜蝇的大葱新品种。

开展了辣椒果实发育相关基因功能研究,对辣椒重要经济性状相关的 QTL 和基因进行了定位和鉴定,发现 MYB 转录因子是控制辣椒辣味的候选物质,确定了辣椒疫霉菌抗性的候选基因和辣椒花生芽坏死病毒(GBNV)的抗性来源。意大利利用 KASP 标记挖掘了与葱球颜色、形状相关的位点。埃塞俄比亚克隆了生姜抗青枯病基因。印度学者在全基因组水平上分析了芥菜 SOD 基因家族、GRAS 基因家族和蔗糖合酶基因家族,揭示了植株对芸薹生链格孢的耐受性。日本发现茭白肉质茎膨大过程中黑粉菌的丰度呈现"U"形曲线。

2. 绿色栽培与土肥管理技术

发现 BR 和 NO 共同调节辣椒抗氧化系统,增强对水分胁迫的耐性;50 微摩尔/升褪黑素可减轻除草剂和干旱胁迫对辣椒的影响。提出洋葱球茎成熟期提高 20%水分利用率的灌溉策略;大葱施用堆肥和液态有机肥料,可促进生长和提高产量。盐胁迫显著抑制生姜生长,添加硅、硒及微生物肥均可促进生姜生长和产量提高,有效降低各器官铅的富集量。低温多雨导致大蒜鳞茎大蒜素含量下降,增施氮和硫肥可显著提高大蒜素含量。氮氧化物对芥菜光合性能和气孔行为有调节作用,抗坏血酸可提高芥菜对铜的吸收,促进种子萌发。

3. 病虫害绿色防治技术

意大利报道首次发现尖孢镰刀菌可以侵染辣椒,造成枯萎、根腐症状。日本首次报道 *C. brevisporum* 和 *C. musicola* 可引起芋炭疽病,建立了芋疫霉病快速检测方法。墨西哥报道 *Colletotrichumbrevisporum* 和 *C. musicola* 可以引起芋头叶部炭疽病。印度研制了一种控制大蒜土传病虫害的缓释结合剂,浸种处理后可减小苗期病虫害发生;开发了一种胶体金免疫层析技术,可用于早期生姜姜块尖孢镰刀菌是否感染。立陶宛报道用热水蒸汽处理洋葱种子可显著降低白粉病和白腐病的发生。芬兰和丹麦报道检测洋葱挥发物甲基丙硫化物和苯乙烯可提前判断是否已经被尖孢镰刀菌侵染。甲霜灵和代森锰锌组合对巴西南部大田洋葱霜霉病的防效明显。

4. 产后处理和加工技术

韩国发现混合发酵剂可改善泡菜风味,延长货架期;1℃、1.0 kPa O_2、2.0 kPa CO_2

条件可延长洋葱鳞茎保鲜期；低温贮藏与茉莉酸甲酯可提高气调包装去皮大蒜的品质；冷冻干燥和相对湿度对流干燥有利于生姜品质的维持，且后者渗透脱水效果更佳；晒干的生姜具有最强抗氧化性能，其次是烘干；冷冻干燥法能有效保持辣椒素含量，但微波真空干燥辣椒营养损失最少；微波炉烹调会降低芥菜叶的矿物质含量。印度使用氯乙烯、尿素、H_2O 深共熔溶剂和深共晶溶剂提高了洋葱皮的利用率；使用微波结合等离子体技术提升了红辣椒片的微生物安全性和稳定性。

5. 生产设备研发与新产品

辣椒生产农机产品主要有意大利 FUTURA TWIN 全自动移栽机、美国 Pik Rate 收获机和意大利 PHX 收获机，以色列研发的甜椒采摘机器人仍在优化。欧美大蒜平播种植多采用气吸式和指夹式机械，如西班牙宝奇 PLMA 系列、法国爱马 PLP 气吸式播种机等。大蒜收获机主要为牵引式打捆和切秧两种形式，如法国爱马 RL 系列、RE 系列大蒜联合收获机。意大利研制了 SLIDETW 型韭菜收割机。英国研制了 CAST-1 型全自动牵引式洋葱移栽机。日本研制了 GR-18H 型生姜收获机、OPT-4 型挠盘式大葱自动移栽机，用 KA-JA266 型和 DLX-31 型莲藕挖掘机实现机械采收，芋头生产基本达到全程机械化水平。

四、国内特色蔬菜产业技术研发进展

1. 新品种选育与育种技术

对辣椒 BES1、bHLH、CaNRAMP、CONSTANS-like 转录因子和 Whirly 等基因家族的相关基因进行了鉴定和表达分析，克隆了与辣椒素合成相关的等位基因 AT3-D1、AT3-D2 及辣椒红素/玉红素合成酶基因 CCS。开发辣椒抗疫病分子标记 12 个、抗炭疽病 KASP 标记 1 个、辣椒素含量和胞质雄性不育相关的 KASP 标记各 1 个。开展了子莲、藕莲驯化相关区段和基因的筛选，定位了莲单粒重、心皮数和开花数等性状相关的 QTL 位点。发掘了荷花、莲子、莲根状茎等器官发育相关的关键基因。获得茭白抗逆相关的一类几丁质酶基因、灰茭中冬孢子发育相关的干扰因子基因，筛选获得 1 对冬孢子发育的干扰因子基因缺失菌株，经人工接种可孕出正常茭白植株。定位了影响叶用芥菜分枝和开花功能的基因 PAT1。对豆瓣菜、韭菜叶绿体基因组进行了测序。开发了基于多重 PCR 的洋葱核质育性共检测标记系统 AcCN，可高效筛选洋葱不育基因型和保持能力基因型。通过以转录组为参考序列的关联分析方法，首次揭示了大蒜鳞茎瓣形性状的调控网络。

利用离体雌核诱导获得了大葱单倍体植株，建立了大葱花芽分化和抽薹性快速鉴定评价方法、芥菜种质资源根肿病抗性精准鉴定技术、以蒜薹为外植体诱导形成大蒜气生鳞茎的快繁方法及利用低温和变温打破芥菜种子休眠的方法。

选育"艳椒435"等辣椒新品种 25 个，藕带新品种"白玉簪 1 号"、子莲新品种"翠玉"，茭白新品种"浙茭 8 号"，大葱新品种"安葱 3 号""唐葱 601"，生姜新品种"渝姜 1 号""渝姜 2 号""冀姜 5 号"，芥菜新品种"华芥 9 号""华芥 10 号"等。

2. 绿色栽培与土肥管理技术

农业废弃物堆肥与生物肥料相结合提高了辣椒产量，配施生物炭和生石灰可显著提高产量和品质。乙烯利可促进莲藕不定根的生成，1-MCP 则抑制不定根的发生；转录因子 bHLH 在莲藕生长发育、代谢调控和对环境变化的响应中起着重要作用。莲藕限根栽培可节约用水 1 倍以上；开发了莲藕、茭白根区水溶肥精准供应技术，可实现肥料减施约 50%；缓释肥施用实现减施 20%。筛选到 4 种促进生姜生长、提高产量的菌根；长期过量施肥导致姜田次生盐渍化和酸化，较低 pH 值可缓解盐胁迫下生姜的生长发育。使用控释肥料、硼+钼配施、双色膜覆盖可提高大蒜产量。明确了芥菜品种在镉污染土壤中镉转运和富集的差异，筛选出镉富集量最大的笋子芥菜和结球芥菜品种。

集成和应用了春白菜—辣椒—菠菜、西瓜+毛豆—辣椒—萝卜、辣椒—豇豆—莴苣等种植模式技术。实施莲藕与小龙虾、鳅鱼、鳝鱼生态种养模式，莲藕—水芹、莲藕—荸荠、双季莲藕套种慈姑 1 年 3 熟栽培模式，茭白—水芹、茭白—旱生蔬菜、茭白—粮油作物轮作等模式。研发了荔浦芋旱地栽培技术，探索了芋头—香菇轮作栽培模式。

3. 病虫害绿色防控技术

在辣椒中发现了番茄斑萎病毒和辣椒轻斑驳病毒，生防菌 *Pseudomonas aeruginosa* 可以增强辣椒对炭疽病菌 *Colletotrichum capsici* 的抗性；壳聚糖可增强辣椒对真菌的抗性。发现 *Bacillus siamensis* 和 *Streptomyces setonii* 对大蒜白腐病有良好防效；冬青丽赤壳菌可以侵染生姜，生防放线菌、内生绿色木霉可以在一定程度控制生姜茎基腐病的发生，土壤晒田、氯化钙、芽孢杆菌、解淀粉芽孢杆菌可降低生姜土传病害的发生。报道 *Alternariatenuissima* 可引起莲藕叶斑病，*Apple stem grooving* 病毒可以侵染莲藕，获得的莲藕芽孢类生防菌可防治尖孢镰刀菌引起的腐败病；利用苯醚甲环唑防治大蒜叶枯病、紫斑病，利用辛硫磷和阿维菌素灌根拌土有效控制蒜蛆；利用性诱剂、Bt 乳油、茭田养殖等技术可防控茭白螟虫类、长绿飞虱等虫害，利用性诱迷向技术及物理诱杀技术防治蚜虫及斜纹叶蛾。

体系研发的以"日晒高温覆膜"为核心、食诱剂和黑色黏板为配套的韭蛆绿色防控技术，2019 年获国家科技进步奖二等奖。

4. 产后处理和加工技术

使用复合涂膜保鲜剂浸泡辣椒，可有效保持辣椒贮藏品质。辣椒 4℃贮藏下，适宜时期升温可有效减缓冷害发生。JA、SA 和乳酸钙、紫外线照射结合微孔膜保鲜袋、NaCl 结合聚丙烯包装袋等处理有助于姜保存。0℃贮藏鲜切生姜品质最佳，且切条更适宜贮藏。聚乙烯包装可降低蒜瓣发芽率；冰温贮藏前的差压预冷可延长蒜薹货架期；微波处理 60s 冷却后破碎有利于保持大蒜鲜辣味。复合保鲜剂、壳聚糖、蒲公英提取液、草酸、乳酸菌浸泡或喷洒可有效降低莲藕褐变，延长保鲜期。1-MCP 处理韭菜和茭白可保证贮藏期间品质，Ca^{2+} 和 ClO_2 或臭氧处理可延长茭白衰老进程，60℃处理鲜切芋头可控制褐变。苹果多酚、乳链菌肽、咪鲜胺、乳酸链球菌素—结冷胶—瓜尔豆胶复合膜、紫外线和乙醇联合处理、无硫复合护色剂、脉冲强光处理均可延缓鲜切荸荠褐变。真空浸渍可提高鲜荸荠中的钙含量。

脱氢乙酸钠和乳酸链球菌素抽真空密封，75℃条件下处理 10 min 是发酵辣椒的最佳栅栏保藏工艺。豆芽 2%、番茄 2%、洋姜 1%组合有利于乳酸菌的增殖，可降低辣椒酱亚硝酸盐含量。火锅底料炒制中利于辣椒有效成分溶出的工艺为干辣椒颗粒度 35 目、干辣椒比糍粑辣椒 55∶45、温度 122℃。真空微波干燥处理的莲藕淀粉亮度和凝沉稳定性较好。适宜脆片加工的莲藕品种为鄂莲 5 号。

采用超临界流体萃取技术提取了辣椒碱。开发了辣椒素固体分散体、辣椒素口含片和新鲜辣椒酱、辣椒丁、辣椒番茄酱等鲜椒酱产品，确定了棕榈油基风味辣椒油的最佳工艺参数。辣椒红、红曲红、高粱红可替代亚硝酸盐对腊肉进行着色和护色。桃胶多糖纳米球、油凝胶等物质可作为辣椒红色素载体。研究了莲藕汁、荸荠汁等饮料的最佳生产及酶解工艺。

5. 生产机械研发与新产品

提出了基于农机农艺相融合的高密度辣椒栽培模式，设计了自走式高密度智能辣椒移栽机。研制出复摘分离式辣椒收获机和斜置双螺旋梳指式辣椒收获机。研发了基于双勺链式协同大蒜单粒取种和二级组合式蒜种正芽的2HDSBZJ-18型大蒜播种机，单粒取种率由91%提高到99%，播种正芽率由76%提高到95%。研发了基于大螺距弹簧旋转打穴式仿形扶持直立种植的2BSZ-12型大蒜播种机。研发了集仿形圆盘破膜、随动仿形、扶禾限深、夹持输送、主动弹齿梳刷仿生清土、双弧形浮动仿形切须和限位固定切秧等技术为一体的大蒜联合收获机。研制了4G-200韭菜收割机。研制了HY-40CIL-1A型大葱联合收获机。研制的2ZYC-1型挠盘式大葱自动移栽机，移栽效率达到0.09公顷/小时，损苗率不高于2%。

研制了4SPO-12型双喷嘴莲藕采挖机，可适应30厘米水深，工作行程550毫米，喷射深度0~200毫米。研制了挖掘型浮筒式挖藕机，作业幅宽1.2米，采用辅助旋转辊提高莲藕采挖效率。研制了藕田旋耕翻埋机耕船，配套动力36kW，旋耕深度80~160毫米，可用于藕田、茭白田、睡莲田的耕整。研制了2CY-2型芋头播种联合作业机和4UY-80铲掘栅格输送芋头收获机。莲子加工机械主要集中在莲子去皮、取芯等工艺过程，主要有挤压式莲子剥壳与滚切式莲子剥壳，自动化和智能化程度较低。

（国家特色蔬菜产业技术体系首席科学家　邹学校　提供）

2019年度西甜瓜产业技术发展报告

(国家西甜瓜产业技术体系)

一、国际西甜瓜生产与贸易概况

国际西甜瓜产业发展快速，种植面积和产量持续增加。联合国粮农组织数据库数据显示，2018年西瓜收获面积为324.38万公顷，总产量由2001年的8 346.0万吨增加到2018年的10 397.47万吨，是世界上产量最高的水果。2018年世界甜瓜收获面积为104.71万公顷，总产量由2001年的2011.48万吨增加到2018年的2 735.20万吨。国际西甜瓜种植主要分布在亚洲，其次为美洲和欧洲，2018年亚洲西瓜和甜瓜收获面积分别为233.51万公顷和72.39万公顷，分别占世界总收获面积的72.00%和69.13%。中国是世界上西甜瓜生产产量最高的国家，2018年中国西瓜和甜瓜产量分别占全世界总产量的60.62%和46.75%。国际西甜瓜生产效率不断提高，国际西瓜单产由2001年的25.59吨/公顷增加到2018年的32.05吨/公顷，国际甜瓜单产由2001年的19.47吨/公顷增加到2018年的26.12吨/公顷。

国际西甜瓜贸易量不断增加，2001—2017年西瓜年均增速保持在6%以上，甜瓜年均增速保持在2%以上。联合国粮农组织数据库数据显示，2017年国际西瓜出口总量为414.20万吨，出口总额为16.19亿美元，主要出口国家为伊朗、西班牙和墨西哥；进口总量为396.71万吨，进口总额为17.02亿美元，主要进口国为美国、伊拉克和德国。2017年国际甜瓜出口总量为239.91万吨，出口总额为16.20亿美元，主要出口国家为西班牙、危地马拉和巴西；进口总量为227.41万吨，进口总额为18.45亿美元，主要进口国家为美国、荷兰和法国。

二、国内西甜瓜生产与贸易概况

2019年全国西瓜播种面积152.88万公顷，总产量6 475.40万吨，每公顷产量42.36吨，与上年基本持平。全国甜瓜播种面积35.46万公顷，总产量1 317.34万吨，每公顷产量37.15吨，比上年增长较为显著。

2019年西甜瓜生产主要表现为以下六个特点：一是西甜瓜播种面积和产量保持稳中有增。近年来在供给侧结构性调整背景下，全国西甜瓜种植面积保持较为明显的增长态势，西、甜瓜单产水平、总产量亦保持增长态势。二是西甜瓜优势产区集中度进一步提高。全国3/4的西瓜来自华东和中南产区两大产区。甜瓜以华东、中南、西北三大产区为主。三是西甜瓜品种结构不断优化。各科研单位选育出大量的优良新品种，西甜瓜品种结构得到不断优化，高糖度、耐裂、挂果期长等优质品种逐渐代替传统品种，有籽西瓜的面积呈逐步上升趋势，中小型瓜种植面积增大，东北地区以薄皮甜瓜为主要类型。四是西甜瓜栽培模式及关键技术进一步提升。露地西甜瓜向种植专业户大规模的简约化栽培转变，向多种作物间、套作栽培转变，设施西甜瓜栽培模式在早春精品西甜瓜生产中的应用进一步扩大。五是西甜瓜机械化生产得到一定应用。西甜瓜生产中大面积推广应用的主要为耕整地、植保、水肥一体化等通用型机械，育苗上主要使用的是育苗土配制机、播种机、自动化喷水机等，生产上主要是翻地施肥机、开沟机、起垄铺管覆膜一体机、电动喷药机，部分高档园区配有放风仪、温湿度自动调节装置、小型运输车等机械设备。六是电子商务等新业态极大推动了西甜瓜物流发展。

随着互联网经济逐渐兴起，微信、京东、阿里巴巴等电商平台以及配套的包装、速递业务极大推动了优质西甜瓜贮藏保鲜、冷链运输的发展。七是西甜瓜优势产区品质和品牌意识逐渐加强。2019年，进入农业农村部全国名特优新农产品名录的西甜瓜产品数量为13个，占产品总数的5.28%。各地更加注重品牌建设情况，优质品牌不断增多。

2019年西瓜和甜瓜进出口贸易比去年同期有所增加。根据农业农村部信息中心提供的数据，2019年中国西瓜出口数量与去年同期比基本持平、进口数量与去年同期比增加。2019年1—10月出口数量4.20万吨，比2018年同期（4.26万吨）基本持平；出口金额3 666.95万美元，比2018年同期（3 662.71万美元）基本持平。2019年1—10月进口数量24.75吨，比2018年同期（19.29万吨）增加28.3%；进口金额3894.36万美元，比2018年同期（3 903.41万美元）基本持平。2019年中国甜瓜进口和出口数量与去年同期比均有所增加。2019年1—10月出口数量6.79吨，比2018年同期（为4.50万吨）增加51%%；出口金额11 029万美元，比2018年同期（7 041万美元）增加56.6%。2014—2018年以来，甜瓜进口数量极少，2019年1—10月甜瓜进口数量140吨，比上年同期有所增加。

三、国际西甜瓜产业技术研发进展

1. 西甜瓜育种技术研发进展

本年度国外学者主要在西甜瓜基因组草图绘制、起源进化与重要基因位点挖掘方面开展了系列研究。

韩国学者报道了2个薄皮甜瓜的基因组草图，该成果值得国内薄皮甜瓜研究者借鉴；西班牙学者对全球尤其是印度的甜瓜种质资源进行了基于基因分型的聚类分析，结果表明印度是甜瓜多样性的主要中心，西方和远东品种彼此为独立起源。印度种质在遗传上与非洲种质不同，说明甜瓜经过了独立的驯化事件，结合我国学者的最新研究，可以认为在栽培甜瓜起源问题上，甜瓜在非洲和印度完成了独立驯化。美国康奈尔大学费章君团队报道了美国典型西瓜材料'Charleston Gray'的高质量参考基因组，完成了基于二代测序的种质多态性分析和GWAS研究。利用阿玛鲁西瓜定位了西瓜枯萎病抗性基因和细菌性果斑病抗性基因，克隆了一个甜瓜对黄瓜花叶病毒的关键抗病基因CmVPS41，发掘了和各种西瓜果肉颜色相关联的SNP位点。这些研究成果对我国西甜瓜分子育种技术创新具有重要参考价值。

2. 西甜瓜栽培技术研发进展

本年度国外学者主要开展了嫁接栽培对西甜瓜产量和品质的影响等方面的研究。

美国北卡罗来纳州大学的Suchoff团队针对不同砧木与氮肥处理对西瓜生长和产量的影响进行了系统研究，不同的砧木对氮肥对需求没有显著差别，但是可以不同程度地对果实品质造成影响。以色列Fallik团队研究了在三个不同土壤类型和海拔的地区，相同砧木—接穗组合对西瓜产量和果实品质的影响。发现无论砧木活力大小，砧木与接穗组合对果实品质均有显著影响。并且地区之间和嫁接之间的相互作用是决定果实品质的重要组成部分，因此需要为每个生长区域寻找最佳的砧木—接穗组合。嫁接在污染土壤中能改善西瓜抗性和果实的品质，但在非污染土壤中则不表现相应左右。意大利Tripodi团队研究了不同嫁接组合的小西瓜果实香气成分的影响结果表明，不同的砧木会导致C6和C9醛类和醇类化合物浓度变化从而导致果实香气改变，也会影响小型西瓜的果实品质和产量。

3. 西甜瓜病虫草害防控技术研发进展

本年度国外学者主要针对西甜瓜枯萎病、根腐病、白粉病、果斑病等常发性病害开展了病原菌鉴定、致病机理、抗病机制、快速检测和防控技术等研究。

Bertucci, M. B等研究了该药剂膜下土壤处理、苗后茎叶处理和定向喷雾在西瓜田的除草效果和对西瓜的安全性。同时结合精异丙甲草胺栽后苗前膜下处理和氟磺胺草醚苗后定向喷雾。试验结果表明，氟吡草酮和氟磺胺草醚结合精异丙甲草胺，对西瓜田杂草有较好的防除效果，西瓜总产量、品质不受影响。Bari, V. K. 等报道了针对该途径采用CRISPR/Cas9介导的CCD8基因突变创制寄主抗列当材料的尝试。以番茄（Solanum lycopersicum）植株CCD8的第二外显子为靶点，构建Cas9/single-guide（sg）RNA。经基因编辑获得CCD8Cas9突变番茄品系。与对照相比，CCD8Cas9突变体具有矮化、分枝多和不定根形成等形态变化，突变体列当感染率显著降低。与对照相比，CCD8Cas9突变株系列当醇（SL）含量显著降低，但总类胡萝卜素水平和类胡萝卜素生物合成相关基因表达量增加。该结果对西瓜、甜瓜培育抗列当材料有重要借鉴作用。

4. 西甜瓜采后处理加工、质量安全和营养品质方面研发进展

本年度，国外学者以ACC合成酶、ACC氧化酶、ACC脱氨酶和多聚半乳糖醛酸酶等酶的基因为切入点开展了基因工程保鲜技术研究。

Ayub R等采用ACC氧化酶反义基因表达技术得到了表达反义ACC氧化酶基因的甜瓜，推迟了甜瓜果实的成熟期，处理组果实乙烯含量小于对照组的1%，成功抑制了甜瓜的成熟，使得果实的保鲜期得到延长，解决了哈密瓜采后保鲜问题。

5. 西甜瓜机械化生产技术研发进展

本年度国外学者主要在西甜瓜机械化嫁接、田间管理自动化机具与机械化采收方面开展了系列研究。

在嫁接技术方面，目前日本、韩国、荷兰、意大利等国的机械化嫁接技术发展较成熟，日本井关农机株式会社、荷兰ISO Group、意大利Atlantic Man. SRL、韩国Helper Robotech等企业生产的嫁接机对葫芦科、茄科作物的嫁接成活率可达到95%以上。在移栽技术方面，以意大利Ferrari公司、英国Pearson等公司为代表的全自动移栽机，融合了多传感器、自动控制等先进技术，通过横向和纵向输送与定位系统控制苗盘位置，采用顶苗杆将穴盘苗成排顶出，或通过取苗爪将苗成排取出，实现精准取苗和投苗。欧美发达国家已基本实现膜上移栽机械化。在田间管理方面，日本丸山MRS系列履带自走式喷杆喷雾机适用于设施农业棚室内的施药作业，机具外形尺寸较小，便于进出棚室，行进部位为履带结构，降低了对地面的压力，可使机具在复杂路面上平稳行驶。喷杆部件采用了升降式折叠设计，通过连杆滑块机构，可使喷杆角度在0°~90°任意调节，实现由垂直喷雾到水平喷雾的转换，喷杆离地高度最大可达到720毫米，以适应棚室内不同栽植模式作物的植保作业要求。在采收机械化方面，籽瓜联合收获作业机械仅有奥地利moty、agrostahl等公司的南瓜籽瓜收获机械的技术已趋于成熟，在生产中得到广泛应用。

四、国内西甜瓜产业技术研发进展

1. 西甜瓜遗传育种研发进展

本年度西甜瓜遗传育种研究主要包括种质资源、常规育种与分子育种3个方面。种质资源研究主要集中在西瓜白粉病抗性基因精细定位、几丁质酶基因ClChi介导的西瓜枯萎病抗性机制和瓤色形成驯化等重要农艺性状分子机制研究与甜瓜抗白粉病分子、抗枯萎病、全雌/单性花实用CAPS分子标记开发。

常规品种选育方面，2019年CNKI文献报道了西瓜品种37个，甜瓜品种21个，获得新品种保护权6项。育成的小型西瓜新品种'京颖'已成为当前国内市场份额最大的小型西瓜品种，在黄淮海地区占有率第一。中晚熟高产甜王类型新品种'京美10K'系列的新品种，口感脆，抗水脱，耐运输，抗枯萎病炭疽病，是东北替代182类型的理想品种。'苏蜜9号'和'苏甜4号'获2019"三仓润农杯"江苏"好西（甜）瓜"称号。苏蜜9号西瓜、苏甜16052甜瓜入选"2019第11届中国浙江瓜菜种业博览会"推介品种。选育的京颖、京美2K、京美9K、京美10K、京彩1号等系列西瓜新品种，2019年推广面积超过110万亩以上。

分子育种方面，随着高通量基因分型手段的成熟及成本降低，重测序、GWAS及RNA-Seq技术在西甜瓜功能基因组学上的应用越来越广泛。2019年西甜瓜基因组学研究取得重大突破。采用单分子测序、光学图谱与Hi-C三维基因组联合分析策略，完成了全新一代西瓜基因组高质量精细图谱绘制，是迄今为止最高质量的西瓜基因组序列图谱。在此基础上，对覆盖世界上现存的西瓜属全部7个种的414份代表性西瓜种质资源开展了基因组变异与群体结构分析，首次从全基因组层面明确了西瓜7个种之间的进化关系。通过GWAS和基因组选择分析，获得了与果实含糖量、瓤色等多个重要农艺性状的基因组进化选择区域，系统解析了野生西瓜到栽培西瓜的驯化历史，首次揭示了西瓜"甜蜜基因"驯化的秘密。为西瓜功能基因深入研究及优异基因资源的利用提供了重要数据支撑和理论基础，具有重要实践意义和科学价值。相关结果在《自然·遗传学》上发表。通过对1 175份甜瓜基因组重测序，构建了世界上第一个甜瓜全基因组变异图谱，为后续分子生物学研究提供了组学和标记数据支撑；首次揭示了甜瓜的多次独立驯化历史，并就两个亚种间的不同驯化机制进行了研究；挖掘了200余个与甜瓜产量、品质、形态等16个关键农艺性状相关的基因和位点，为分子标记辅助育种平台的建立奠定了基础。相关结果在《自然-遗传学》上发表。上述成果进一步了强化中国在西瓜甜瓜基因组学与分子育种领域的国际领先地位。

嫁接与砧木育种方面，利用国内外引进的砧木资源，评价了不同砧木对高山西瓜、网纹甜瓜生长发育和产量的影响，筛选出适宜的砧木；而关于砧木嫁接影响产量和品质的机理研究，则利用组学手段从代谢、转录、激素含量等不同方面进行了探讨。在嫁接栽培技术方面，总结了宁夏压砂地嫁接西瓜栽培技术和适宜于早春栽培的西瓜甜瓜苗二次移栽技术，对当地的嫁接栽培生产具有重要指导意义。

2. 西甜瓜栽培技术研发进展

本年度国内学者主要在西甜瓜立体栽培、间作套作、轮作倒茬、蜜蜂授粉关键技术研发与技术集成方面开展了系列研究。

国内学者总结出了在种植槽内采用营养钵立体种植草莓和西瓜的栽培技术,实现了草莓和西瓜的全年轮作,大大提高了单位面积的产出率,增产增收显著。设施早优西瓜—伏夏菜用甘薯—秋延辣椒绿色高效栽培模式茬口衔接紧凑,生态互补优势显著,能减少病虫害,减轻连作障碍,提高产品质量,并显著提高设施利用率。水稻—西瓜高效轮作栽培模式既有效地克服了西瓜连作障碍,又较好地实现结构调整,提高了单位面积的效益,是一种易操作,投资少,效益高的栽培模式,可在现代高效农业示范工程中大面积应用。拱棚西瓜—辣椒—花椰菜间作套种模式,具有投资省、见效快、效益高、生长周期短、技术容易掌握等特点。国内学者研究了小麦与西瓜的间作,发现小麦间作降低了西瓜植株枯萎病发病率和西瓜根际土壤中尖孢镰刀菌数量,提高西瓜枯萎病的抗性。实行甜瓜轮作倒茬可阻断病害流行,切断害虫的生活史,是减轻病虫害发生的主要途径。采用栽培新技术,推广高畦栽培,使土层加厚,利于根系的生长,也有利于提高土壤温度,采用地膜覆盖,甚至保护地内全地膜覆盖,可保温、保墒、降低空气湿度,促进幼苗早发、健壮生长。推广滴灌、渗灌、膜下暗灌的方法,降低湿度,减少病害的发生,推广无土栽培不仅可以避免土壤传染的病虫害及连作障碍,而且与土壤栽培相比,具有减少农药用量、提高产量和质量的特点。通过工厂化嫁接育苗技术、耕作机械化技术、水肥一体化技术、轻(免)整枝技术、蜜蜂授粉技术、病虫害绿色防控技术、新型耕作制度等轻简化栽培技术的研究与集成,构建和推广设施嫁接小西瓜轻简化栽培技术,既能解决劳动强度大、效率低的问题,还能减少农药、肥料等农资成本的使用量,入选2019年农业农村部主推技术,对于推动我国设施西甜瓜的标准化栽培有重要促进作用。通过上述成果的实施,将提高我国设施西甜瓜产量、品质、病虫害防控能力,实现农药、化肥的"减量"施用,突破了设施西瓜既绿色双减又优质高效的产业难题。

3. 西甜瓜病虫草害防控技术研发进展

本年度国内学者主要在西甜瓜抗除草剂种质创制、杂草抑制栽培、药剂筛选和病害快速检测技术方面开展了系列研究。

乙酰乳酸合成酶(ALS)抑制剂类除草剂如磺酰脲类、咪唑啉酮类、磺酰胺类等药剂用量低,对阔叶杂草防效理想,但常规西甜瓜对其敏感易造成药害。国内学者利用CRISPR/Cas9单碱基编辑技术对西瓜ALS基因进行编辑,获得了具有抗ALS类除草剂的西瓜新种质。以ALS抑制剂苯磺隆剂量处理该基因编辑西瓜材料,植株生长不受影响;纯合株果实、种子大小及种子产量与野生对照无差异。该技术有望为西瓜田阔叶杂草的控制提供有效的技术方案。甘蔗木薯间套种西瓜能在一定程度抑制杂草的生长,改良土地的生理化性状,提高土地生产力。地膜覆盖可有效防治杂草,尤其是黑色地膜有较好的效果。非塑料地膜如秸秆纤维基地膜覆盖可有效增加土壤温度,提高土壤含水率,其增温效果低于塑料地膜覆盖,保墒性能与塑料地膜覆盖无显著差异。秸秆纤维基地膜在甜瓜种植期内完全降解,覆盖栽培可显著抑制杂草生长,地膜覆盖处理甜瓜株高、茎粗、根干重及产量均显著高于裸地对照,与塑料地膜无显著差异,且秸秆纤维基地膜覆盖处理的甜瓜果实可溶性蛋白、维生素C、可溶性固形物含量较裸地均有提。108克/升高效氟吡甲禾灵乳油、960克/升精异丙甲草胺乳油、960克/升异丙甲草胺乳油对西瓜田一年生禾本科杂草具有很好的防效,在推荐剂量范围内,对西瓜安全性高,能够提高西瓜产量。32.5%苯醚甲环唑·嘧菌酯SC在制剂用量为40克/亩、50克/亩时防治效果最好,于西瓜炭疽病发病初期使用32.5%苯醚甲环唑·嘧菌酯SC40~50克/亩喷雾防治,第一次施药后间隔10天再施药1次,共施3次,可有效防治西瓜炭疽病。开展了瓜类细菌性果斑病快速检测试纸条及田间应用研究。发现胶体金试纸条可以直接使用叶片研磨液进行检测,简便快捷、特异性好,非常适宜基层实验室和田间快速检测。

4. 西甜瓜采后处理加工、质量安全和营养品质方面研发进展

本年度国内学者主要在西甜瓜采后保鲜机理与应用技术、果实品质调控方面开展了系列研究。

积极发展西甜瓜无公害生产,加快采后处理和加工技术研发,促进产业链条的延伸也作为西甜瓜产业现今的研究重点。PE保鲜膜结合1-MCP保鲜处理能够降低果实的失重率,延缓果肉下降速率,增加SOD和POD酶活,降低丙二醛含量,减少细胞膜透性,是一种获取高品质甜瓜的有效手段。草酸处理可提高与膜结合的Ca^{2+}含量,降低果实冷害指数和果皮的LOX和PLD活性及其蛋白表达,减少膜脂不饱和脂肪酸降解,维持较高的膜脂不饱和程度,从而增强果实抗冷性,减轻果实冷害的发生。氯化钙与1-MCP联合使用能更强更稳定地抑制果实的呼吸强度、乙烯释放量及原果胶水解,更好地延缓果实的软化。在不同的生长期内可以用水杨酸溶液处理,易于保存,可以减少西甜瓜腐烂造成的损失,提高营养价值。蜜粉授粉一定程度可以改善西甜瓜的品质,在西甜瓜产业中广泛推广应用。化控措施是另一调控品质形成的重要手段,合理施用外源物质褪黑素、氯吡脲、脱落酸也可以影响果实的发育和品质的形成。合理使用肥料亦可以到达增产改善品质的效果,添加240千克/亩的矿物质肥可以增加西瓜产量、提高西瓜品质;以硒浓度为30毫克/升和15毫克/升浓度喷施于盛花期西瓜叶面,可以提升西瓜产量、改善西瓜品质。

5. 西甜瓜机械化生产技术研发进展

西甜瓜机械化生产是减轻劳动强度、节约用工成本、提高生产效率及规模化生产能力的必然需求,也是提高西甜瓜生产比较效益,为瓜农节本增效的重要途径。随着西甜瓜生产机械化技术的发展,西甜瓜生产将呈现人工作业向机械化作业、单项机械化作业向复式机械化作业、通用型机械向专业化机械发展的趋势。本年度国内学者主要在西甜瓜嫁接、移栽与籽瓜采收机械等方面开展了系列研究。

国内学者创新设计了正压吹气和负压吸附相结合的砧木子叶柔性上苗定位机构,提出了秧苗力定位柔性夹持方法,设计了夹持力可调的柔性夹持手爪,设计的瓜类贴接式嫁接装置样机生产效率为1 054株/小时。针对旱地蔬菜移栽机栽植钵苗直立性差等问题,国内学者设计了非圆齿轮-连杆组合传动式移栽机构与五杆式栽植机构,对半自动压缩基质型西瓜钵苗移栽机的成穴器进行了参数优化。在籽瓜收获方面,针对现有的钢针式籽瓜挖瓢机转位机构存在半瓜易从托盘掉落的问题,设计了新型真空转位机构,提高半瓜在挖瓢过程中的稳定性,增加了挖瓢效率。

(国家西甜瓜产业技术体系首席科学家 许勇 提供)

2019年度柑橘产业技术发展报告

(国家柑橘产业技术体系)

一、国际柑橘生产与贸易概况

(一) 国际柑橘生产和消费概况

根据 FAO 数据估算,2019 年世界柑橘种植面积 949.5 万公顷(约 1.42 亿亩),产量为 1.53 亿吨。世界柑橘类水果总产量位列前五位的国家依次为:中国、巴西、印度、墨西哥和美国。世界甜橙的主要产地位于巴西、中国和欧盟;世界宽皮柑橘的主要产地位于中国、欧盟和土耳其;世界柚(葡萄柚)的主要产地位于中国、美国和墨西哥;世界柠檬和莱檬的主要产地位于墨西哥、阿根廷和欧盟。

根据 USDA 数据统计,2019 年世界甜橙的主要消费地区分别为中国、欧盟和巴西,上述地区的消费量分别占世界甜橙总消费量的 22.60%、19.21% 和 17.51%;世界宽皮柑橘的主要消费地区分别为中国、欧盟和土耳其,上述地区的消费量分别占世界宽皮橘总消费量的 68.35%、10.97% 和 3.20%;世界柚(含葡萄柚)的主要消费地区分别为中国、欧盟和墨西哥,上述地区的消费量分别占世界柚总消费量的 76.07%、7.11% 和 5.39%;世界柠檬和莱檬的主要消费地区分别为欧盟、墨西哥和美国,上述地区的消费量分别占世界柠檬和莱檬总消费量的 30.18%、24.07% 和 21.67%。欧盟、美国和中国是橙汁的最主要消费地区。

(二) 国际柑橘贸易概况

根据 UN COMTRADE 数据估算,2019 年世界柑橘鲜果类产品出口额与出口量分别为 152.13 亿美元和 1 714.17 万吨,进口额和进口量分别为 162.20 亿美元和 1 557.01 万吨。其中,甜橙的出口额和出口量最大,其次是宽皮柑橘,柠檬和酸橙、葡萄柚及柚以及其他柑橘属水果的出口比例相对较少。

二、国内柑橘生产与贸易概况

(一) 国内柑橘生产概况

根据国家有关部门公布的数据以及实地抽样调查估算,2019 年我国柑橘总产量达到 4 032.62 万吨,较 2018 年 4 138.14 万吨减少了 2.55%;种植面积达到 251.45 万公顷(3 771.78 万亩),较 2018 年 248.67 万公顷(3 730.01 万亩)增长了 1.12%;另外,平均单产从 1978 年的 2.10 吨/公顷增加到 2019 年的 16.04 吨/公顷,年均增长率达 5.21%。

柑橘生产布局向西部转移趋势依然存在。从地区上看,以广西、四川、云南等为代表的西部主产省晚熟品种和柠檬种植面积不断扩张,湖南、福建以及湖北减产;从类型上看,温州蜜柑和琯溪蜜柚减产,南丰蜜橘和杂柑增产;由于消费者需求旺盛,经济效益高,以沃柑为代表的杂柑和柠檬分别出现了大幅增产,需要注意销售问题。从上市时间来看,早熟品种和春节后上市的晚熟品种增产,品种熟期向着优化方向发展。温州蜜柑优势区湖北宜昌、琯溪蜜柚产区和粤东产区由于大小年原因，以及今年上半年长期阴雨连绵的天气影响，产量比 2018 年稍有减少，有利于销售。由于春节后上市的品种种植面积增加，同期柑橘鲜果供应也随之增加，因此，冬季采摘后到春节销售的做法一定要谨慎，否则难以达到预期效益。

（二）国内柑橘贸易概况

根据中国海关总署统计，2019 年 1—11 月我国柑橘出口 75.91 万吨，同比增长 3.18%，出口额为 65.62 亿元，同比增长 0.67%。2019 年我国橙汁出口 0.29 万吨，同比下降 13.85%。根据 UN COMTRADE 数据估算，在柑橘类水果加工品进出口上，2019 年我国柑橘罐头出口金额 3.99 亿美元，占世界柑橘罐头总出口金额的 47.50%。

三、国际柑橘产业技术研发进展

（一）遗传育种

1. 柑橘种质资源的评价依然是研究重点

利用现代组学技术，基于特异资源或者芽变材料开展柑橘抗性机制（抗寒、抗病）、果实重要品质（色泽、无籽、熟期）性状形成机制等多方面的研究，其中最为重要的是获得了短童期的单胚山金柑资源，并构建了一套适用的 CRISPR/Cas9 基因编辑系统和遗传转化系统，该研究为加快柑橘功能基因组研究提供了重要平台。开展砧木的抗旱、耐寒、耐盐碱等方面的对比分析。

2. 基于多组学技术的研究进一步增多

其中代谢组学逐渐增多，基因组学成为了常规研究方法，得到大量应用。细胞器基因组研究继续增多，包括线粒体基因组和叶绿体基因组测序及基因发掘，为进一步解析非核基因调控的性状提供研究基础。分子标记方面没有突破，依然是利用常规分子标记进行比较简单的资源鉴定和分类研究。

（二）栽培与土肥

1. 省力化、机械化、智能化是目前柑橘栽培主要发展方向

世界柑橘产业面临劳动力短缺和成本上升问题，受此影响，柑橘生产省力化、机械化、智能化技术研发与应用增多。

2. 重视研发新的建园模式和栽培管理技术

宽行窄株小冠、起垄栽培脱毒大苗，早产优质并满足机械化生产要求，成为目前重要的柑橘建园和栽培管理技术模式。

3. 一批成熟技术得到推广与应用

柑橘水肥一体化精准农业技术、生草栽培、机械化修剪、叶片营养诊断施肥、BB 肥、微灌等技术在柑橘产业发达国家被广泛采用。

4. 黄龙病疫区种植柑橘新模式不断优化完善

黄龙病在全球蔓延，从栽培角度防控黄龙病成为柑橘栽培研发的一个重要方向，如隔离种植、矮密早栽培、肥水控梢等技术已在生产应用。

（三）病虫草害防控

1. 柑橘黄龙病研究取得一些新进展

黄龙病菌与其共生菌的培养取得进展；发现胼胝质合成酶家族基因与黄龙病菌侵染有关；黄龙病菌在韧皮部胞间运输的分子机制有所进展；发现 MAMP 的多肽可阻止黄龙病

菌侵染；发现木虱滤腔内、后肠基底层的下一层和马氏管之间有大量病菌；发现苦豆子提取物杀木虱卵等；明确甲酸促柑橘挥发物释放吸引木虱并促产卵；柑橘园杂草对木虱发生有一定影响。

2. 关注青绿霉病等病害研究

证实叶点霉菌异宗配合，培养子囊孢子；发现耶氏解脂酵母可防治青绿霉；发现 *Pseudomonas fluorescens* 菌株可以防治柑橘采后青霉病；产黄青霉产生的蛋白 PgAFP 可抑制指状青霉生长；发现共培养青绿霉产生的色氨酸抑制青霉产孢。

3. 注重橘小实蝇、全爪螨等虫害研究

明确肠道微生物可调节橘小实蝇的取食行为，多种引诱剂同时引诱会降低橘小实蝇对甲基丁香酚的敏感性及引诱效果；探明柑橘全爪螨 PSST 亚基上的突变位点 H92R 与抗药性有关。

4. 评价了柑橘园杂草抗药性以及除草剂对昆虫种群的影响

报道了抗合成激素类除草剂和草甘膦的多抗性杂草银胶菊特点，以及 3 个抗草甘膦银胶菊田间种群特征；使用化学除草剂能降低柑橘蚜虫的天敌瓢虫种群多样性；柑橘园种植长柔毛野豌豆可显著诱集西花蓟马，且提高扑食螨的种群数量，降低柑橘花中西花蓟马的种群数量。

（四）采后处理与加工

1. 注重柑橘果汁品质提升技术研究与应用

美国、巴西目前开发的非热杀菌技术、复配技术能有效提高柑橘加工产品的品质，减少苦味。国外已有超高压果汁产品，售价较高，冷链贮藏、货架期短。非热加工呈现的较低杀菌效果以及较高成本是阻碍其工业化发展的瓶颈，该技术将是未来果汁加工领域的主流趋势。

2. 柑橘专用加工设备研发进程加快，自动化智能化程度提高

柑橘加工过程注重减少人工，随着人工智能、机器视觉、机器人技术的发展，农产品加工装备向智能化方向发展。

3. 重视柑橘营养物质和活性成分的挖掘

针对柑橘精油、果胶、类胡萝卜素、橙皮苷等的生物活性及其营养特性开展体外及体内活性评价，重点是对肠道微生物菌群结构的影响方面；柑橘加工产品向功能化成分方向发展，通过复配或提取多种功能性成分提升产品品质，提高柑橘加工附加值。

（五）机械化

1. 柑橘果园植保装备发展迅速

应用 MFT（multi-headed fan tower）喷雾机能有效减少施药时的雾滴漂移风险；静电喷施技术防治农作物病虫害，能提高产品质量，实现产量最大化。

2. 柑橘果园管理装备研发取得新进展

结合电子控制系统，施肥装备可以精确控制施肥作业角度；结合物联网技术与传感器采集信息，施肥装备可实现精准施肥。

3. 柑橘果园信息技术研发加快

在采摘过程中，应用深度学习与模式识别技术能够快速准确辨别被叶子和树枝遮蔽的成熟果实，实现柑橘果实精准采摘；应用雷达、传感器等监测植物胁迫情况，精准获取果树冠层数据。

4. 继续优化果园运输装备

设计了双电机耦合驱动履带车的转向控制策略，研究了不同转向半径下的控制效果；针对果园运输机牵引绳断裂、松脱等问题，设计了具有自锁功能、能减小刚性冲击的果园牵引运输机断绳制动装置，研究了制动过程中制动锁的运动情况和制动性能参数。

四、国内柑橘产业技术研发进展

（一）遗传育种

1. 柑橘种质资源发掘与评价取得重要进展

主要集中在收集、评价野生资源和筛选地方品种优良株系，并采用常规和新型分子标记技术进行进化分析和遗传鉴定，对重要的地方品种，则采用重测序等技术开发特异分子标记，用于分子身份证的开发；针对砧木的研究，主要比较分析抗病性、抗寒、耐盐碱和耐缺素（比如铁、锌和硼）等特性，并对其特异性状进行深入的机制研究。

2. 柑橘特有的次生代谢物依然是研究热点

对于具有特殊作用的功能性成分（柚皮苷等）进行功能研究及其生物合成机制研究。

3. 重视柑橘果实重要性状形成机理研究

主要集中在色泽、无籽、花和果实发育、抗逆等方面，采用的技术包括组学、表观遗传学、遗传转化等技术。

（二）栽培与土肥

1. 柑橘栽培新模式在应对黄龙病为害方面成效显著

福建永春、广西荔浦、云南华宁、广东阳春等疫区柑橘栽培新模式防控黄龙病取得明显成效。

2. 柑橘营养诊断和矫正施肥技术继续得到推广

湖北、湖南、江西、福建、重庆、广西、云南等地叶片营养诊断和矫正施肥技术取得一定成效；科研院所、大专院校通过与肥料生产企业合作，研制推广针对性较强的新型配方肥料，如有机无机柑橘专用肥、缓释肥、水溶肥，取得较好效果。

3. 柑橘留树保鲜、密改稀、大冠改小冠、隔年轮换结果、起垄栽培、控水控肥和完熟采收等技术的应用面积进一步扩大

继续在四川、广西、重庆、云南等地推广果实留树越冬技术，简易设施栽培保护果实越冬技术日臻完善，在一定程度上促进了晚熟或晚采柑橘的发展。

4. 柑橘省力化栽培研究和应用得到加强

宽行窄株起垄栽培、机械化施肥喷药、自然生草、大枝修剪、水肥一体化等技术大面积推广。

（三）病虫草害防控

1. 黄龙病及传播媒介木虱研究取得新进展

直观明确黄龙病菌不均匀分布；证明水杨酸甲酯、韧皮蛋白正向响应黄龙病菌侵染；明确土霉素无极性运输；发现寄生螨和爪哇虫草真菌对木虱有防控效果；发现类胡萝卜素；柠檬烯；香樟醇吸引木虱效果好；发现与吡虫啉抗性有关的木虱多个解毒代谢酶基因；明确木虱全生育期体内微生物区的变化模式。

2. 柑橘黄脉病等病害研究取得新进展

明确柑橘黄脉病可经粉虱及工具高效传播；明确柑橘黄脉病毒及脉突病毒的外壳蛋白是基因沉默抑制子；发现采后病害多个植物源农药/生防菌。

3. 关注柑橘实蝇、螨类等害虫

发现 ETH 信号系统影响橘小实蝇产卵量的机制及 Bdpaired 基因部分功能；明确不同地理种群橘大实蝇幼虫肠道微生物组成及其与宿主生理功能的变化模式；发现施用复合肥有利于橘全爪螨种群繁衍，对苯丙酸菊酯、阿维菌素和氟氰脲有较高抗药性。

（四）采后处理与加工

1. 柑橘罐头加工自动化装备和技术发展较快

开发了基于机器视觉的检测橘球分瓣线技术、柔性夹爪定量抓取柑橘橘片技术，优化了划皮装置、根据原料大小快速调整进料料斗装置；在柑橘罐头生产过程中开发降低农残和废水污染技术，从罐头加工废水中提取具有抗癌效果果胶。

2. 重视柑橘高品质果汁产品开发

非热加工技术和果汁复配技术研究活跃，超高压灭菌技术已进入产业化，并在非热加工技术领域开展了大量的研究工作，同时国内超高压商业化杀菌能达到 8 吨/小时；而超声波和高压脉冲杀菌技术尚处于研发阶段。

3. 注重柑橘中活性成分的营养和健康功能评价

（五）机械化

1. 重视柑橘果园喷雾装备研发

设计了管道顺序自动喷雾装备，通过调节支架高度及喷头位置来适应果树树冠，提高了喷雾效率；应用管道喷雾多节点药液压力控制系统，解决了药液压力缺乏全局性有效控制的问题。

2. 柑橘果园开沟、挖穴机械取得新进展

研制了适合我国不同地形与土壤的多类型开沟施肥装备；针对挖穴装备结构优化设计，研究了挖穴钻头升土理论、钻头临界转速、钻头螺旋面强度分析，以及螺旋升角数据等。

3. 柑橘果园信息技术发展迅速

应用机器视觉技术识别定位柑橘位置，利用单片机实现半自动或全自动柑橘采摘作业；应用计算机视觉技术实现高效率精准的柑橘自动分拣，解决人工分拣过程的耗时费力、分拣效率低等问题。

4. 柑橘果园运输机械研究有序推进

设计了新型自走式遥控单轨运输机，分析了运输机传动体系与结构设计；设计了丘陵山地履带式多功能管理机，应用有限元软件分析了管理机底盘结构设计。

（国家柑橘产业技术体系首席科学家　邓秀新　提供）

2019 年度苹果产业技术发展报告

(国家苹果产业技术体系)

一、国际苹果生产与贸易概况

1. 苹果生产

预计 2019/2020 年度世界产量将增加近 500 万吨，达 7 570 万吨，中国产量的反弹足以抵消欧盟产量的急剧下降。预计中国的产量将达到 4 100 万吨，恢复 2018 年因天气而损失的全部产量。欧盟的产量预计将下降近 25%，达到 1 150 万吨，而预计美国苹果产量将增加 17.9 万吨，达到 470 万吨。预计印度的产量将持平于 240 万吨；俄罗斯的产量将增加 10 万吨以上，达到创纪录的 170 万吨；智利预计其产量将下降 8.6 万吨，达 110 万吨；墨西哥的产量预计将增长超过 13 万吨，达到 68 万吨。新西兰苹果产量预计产量将增加 2 万吨，达到 60 万吨。预测阿根廷的产量将稳定在 55 万吨。

2. 苹果贸易

2018/2019 产季世界苹果进口量为 584.20 万吨，比 2017/2018 产季减少 15.20 万吨，减幅为 2.54%。俄罗斯和欧盟仍然是世界苹果主要进口国家和地区，白俄罗斯苹果进口量增加明显，已跃升为世界第三大苹果进口国。2018/2019 产季，俄罗斯、欧盟与白俄罗斯苹果进口量分别为 81.50 万吨、49.30 万吨和 40.00 万吨，分别占世界苹果进口量的 13.95%、8.44% 和 6.85%，其中，白俄罗斯的苹果进口量比 2017/2018 产季增加 79.37%。相反，2018/2019 产季伊拉克与孟加拉国苹果进口量大幅减少，分别减少 7.70 万吨和 5.90 万吨，减幅分别为 25.08% 和 24.18%。2018/2019 产季，除上述国家外，埃及与沙特阿拉伯的苹果进口量均有不同程度的增加，增幅分别为 163.89% 和 14.38%；墨西哥、印度和加拿大的苹果进口量均有不同程度的减少，减幅分别为 4.18%、9.64% 和 0.90%。

二、国内苹果生产与贸易概况

1. 苹果生产

2019 年全国苹果种植面积预计为 3 128.71 万亩，比 2018 年增长 3.14%。其中，甘肃和陕西苹果面积有较大幅度增长，分别增长了 4.76% 和 5.99%，黄土高原优势区（陕西、陕西、河南、甘肃）种植面积增长幅度为 4.00%；环渤海湾地区（山东、河北、辽宁）苹果面积增长幅度为 2%。

2. 苹果贸易

2019 年中国鲜苹果出口量预计为 95 万吨，继 2017 年鲜苹果出口量达到高峰后，延续了 2018 年鲜苹果出口的下滑趋势。2019 年 1—10 月出口量仍然保持在低位。得益于产量的增长与销售价格的下降，中国鲜苹果出口呈增长态势，尤其是对价格更敏感的东南亚市场。此外，中国对印度与俄罗斯鲜苹果出口市场可能会在今年重新开放，将进一步促进鲜苹果出口量增加。

三、国际苹果产业技术研发进展

1. 苹果资源创新与遗传改良

截至目前，瑞士成为世界上保存苹果资源最多的国家，达 8 878 份。美国保存了 50 个种 8 476 份资源，田间保存材料 5 676 份；俄罗斯保存了 44 个种 3 397 份；法国 5 083 份；乌克兰 2 663 份；英国 2 366 份；德国 1 867 份；意大利 1 990 份；澳大利亚 2 168 份；新西兰保存 500 余份；西班牙 1 747 份；罗马尼亚 1 455 份；捷克 1 164 份；日本约保存 2 000 份。保存方式主要采取田间保存和休眠枝芽超低温保存。

从世界范围看，苹果新品种选育依然以鲜食品种育种为主，其次为加工鲜食兼用品种选育。2019 年，国际上苹果新品种共注册 43 个（已授权 36 个，申请公告 7 个），其中，鲜食品种 37 个，鲜食加工兼用 4 个，观赏授粉品种 2 个。新品种选育来源为，美国 10 个、意大利 6 个、法国 6 个、捷克 5 个、比利时 4 个、澳大利亚 4 个、德国 2 个、新西兰 2 个、巴西 1 个、加拿大 1 个、日本 1 个、英国 1 个。

国外苗木繁育几乎全部采用自根砧。北美洲国家美国苗木生产过去多采用矮砧 M9、M26 和 B9，近年来，康奈尔大学选育出的抗病、抗重茬、抗寒的矮砧 G 系得到快速推广，尤其以 G41、G935 和 G11 表现突出。

近年来，世界苹果育种的格局并未发生明显的变化，美国、新西兰、意大利、法国等国一直处于领先地位。加快培育具有优质、丰产、高抗、易栽培的苹果新品种已成为现代苹果育种的总体目标与发展战略。同时利用 DNA 信息的分子标记、QTL 定位、基因组选择及转基因技术开始在苹果育种利用。

2. 栽培技术

世界苹果栽培方式为最新趋势为树形 3D 到 2D 转变，为未来机械化、数字化和智能化作业奠定基础，更省力高效。主要呈现 3 个特点：①更薄，便于机器人应用（便于识别、专家指令、机械臂操作），行间更宽，便于机械化作业，更好的通风透光、光能利用、果实品质；②更矮，便于机械化作业、减少作业平台使用、安全，矮化砧木和栽培技术综合应用；③更密，快速达到丰产，随着苗木价格的降低。并棒树形、多主干树形等树形在新建果园中开始推广应用。

3. 土壤与肥水管理

国外苹果生产发达国家对养分管理较为严格，对养分投入数量有较为严格的限制，主要集中在以下几个方面：①非常注重土壤管理；②肥效高、损失少的液体肥应用较多；③重视建园前的土壤改良；④普遍采用水肥一体化施肥技术。国外在苹果上提出了不少推荐施肥方法，主要可分为两个方面，一方面是以作物反应为基础的推荐施肥方法，如作物营养诊断法、肥料效应函数法、叶片营养诊断法、光谱诊断法、SSNM 等；另一方面是基于土壤测试的测土配方施肥法，如目标产量法、地力分级法、测土配方施肥法等。此外还有基于苹果树树龄与树势的推荐施肥方法。一些长期（7~10 年）施用有机肥的果园试验表明，有机肥的施用能减少甚至避免使用化学肥料。

4. 病虫害研究

Wu 等研究发现含噻吩杂环基的脱氢酰基硫脲类化合物对苹果树腐烂病菌（*Valsa mali*）表现出不同程度的抗真菌活性。其中，化合物 5e 对苹果树腐烂病菌的抑制作用最强。淀粉芽孢杆菌 EDR2 是一种对苹果树腐烂病菌具有较强拮抗活性的细菌。苦参碱是一种有前途的植物抗真菌药。Zhao 等发现水杨酸处理能够增强苹果对轮纹病菌的抗性。Wang 等比较了一种以芥菜-白芥末种子粉的 3 种施用剂量与 1,3-二氯丙烯/氯化苦土壤熏蒸对病害的防治效果。与对照相比，SM 处理土壤中与抑制植物病原菌相关的真菌和细菌种类更为丰富。

5. 机械化和省力化研究

欧洲的苗圃管理、打药、起苗、苗木储藏等机械设施较完备。捷克 Crossjet 割草机、美国 John Deere 混合动力剪草机等均能适应起伏地形和丘陵山地。采摘平台基本都采用轮式行走机构。国外的 3S 技术已应用到苹果园管理中，如美国天宝 Autopilot 自动导航驾驶系统，偏差可控制在 2.5 厘米以内，奥贝尔德农场运用 GPS 导航功能寻找果园的边界，利用遥感图像获得苹果树品种、面积等信息。国外苹果采后商品化处理率达 90% 以上，保鲜剂与动态气调贮藏相结合是目前国际苹果储藏技术的研究方向，基于人工智能和图像处理的苹果外观品质及内部品质无损检测是当前机器视觉检测的研究热点，农残智能检测主要偏重与纳米材料技术相结合。

6. 采后处理与加工

苹果是中国和世界消费者的日常主要消费果品，中国以鲜食为主，国际市场主要浓缩苹果汁、苹果酱等产品，因此苹果在繁荣果品市场、扩大出口外汇等方面同样发挥了不可忽视的作用。苹果加工制品主要包括（浓缩）苹果汁、苹果浆、浓缩苹果浆、果脯、苹果醋等，苹果加工副产物主要包括多酚、膳食纤维、果胶等。其中苹果汁是除橙汁以外的世界第二大果汁消费品，中国是世界浓缩苹果汁主要生产国，浓缩苹果汁加工用果占加工用苹果原料的 95% 以上，同时中国也是最大的浓缩苹果汁出口国。但是，中国苹果鲜果在国际贸易中市场占有率较低，多数国家因苹果鲜果食品安全问题限制中国苹果的进口。

欧洲、美国、日本等国家和地区的水果采后商品化处理率达到 80% 以上，水果总储量占总产量的 50% 左右，充分做到了水果采后加工业低废弃、高产值的产业模式。而中国水果由于仓储设施相对落后、加工设备不够先进、科研成果转化不够等因素的制约，很大一部分果皮、果渣、果核等未经过深加工处理利用而直接被废弃，导致中国水果采后商品化处理率仅约占总产量的 10%。

四、国内苹果产业技术研发进展

1. 资源创新与遗传改良

截至目前，国家果树种质苹果圃（兴城）收集、保存苹果属植物 1 800 份资源，公主岭保存寒地苹果资源 438 份，新疆轮台保存当地特色苹果资源 154 份，云南昆明保存苹果属砧木资源 114 份，伊犁野苹果种质资源圃保存苹果资源 137 份，陕西延安苹果种质资源圃保存资源 1 200 份，合计 3 843 份。材料保存主要采取田间保存。

2019 年度全国育成苹果属植物新品种 55 个，其中非主要农作物品种登记 13 个，省级林木良种审定 7 个，国家植物新品种授权 30 个。按新品种的用途，该 55 个新品种中，观赏品种 13 个，砧木品种 3 个，鲜食品种 34 个，加工品种 5 个。

大型企业在自根砧苗木繁育中起主导作用。苹果商品化矮化自根砧苗经历从无到有、由少到多的发展过程，目前企业繁育的矮化自根砧苗木占市场份额的 95% 以上。形成西部以压条繁殖自根砧木，东部则形成了以组培繁殖为主的砧木苗繁育体系。据统计，我国目前已经形成了年出圃 4 000 万株砧木苗能力。

新的育种和技术方面，国内紧跟国际发展，在各种新的组学测序手段和大数据分析方法的应用方面取得多个成果。中国农业科学院果树研究所基于'寒富'苹果花培纯系（HFTH1），利用三代测序技术进行全基因组测序，组装完成高质量苹果基因组（contigN50 为 6.99M）。通过比较基因组学，结合 148 份苹果自然群体和 1 个杂交组合分离群体验证，揭示一个 Gypsy 反转座子充当增强子（命名 redTE）控制苹果着色。西北农林科技大学也公布了 1 个山荆子基因组，大小为 665 Mb，转座子元件为占 62%，注释了46,114 个高质量基因，该基因组为理解苹果砧木抗性提供了序列蓝本。此外，中国农业大学建立了一个多维组学研究苹果共表达网络和染色体开放状态的网络（http://bioinformatics.cau.edu.cn/AppleMDO/），据此可以进行新基因间互作的计算功能分析。

2. 栽培技术

矮砧集约栽培模式和配套技术进一步完善。进一步明确 M9-T337 和 G935 等新矮砧的特性：继续对引进和收集矮化砧木进行埋土深度、抗盐碱、抗寒、抗旱、抗连作障碍以及产量品质等方面评价。对苹果砧穗组合特别不同砧木与富士组合进行评价和筛选。初步开展品种砧木区域化，评价环渤海湾产区、西北黄土高原、西南冷凉高地和新疆等地区适宜品种和砧木及其组合。提出有灌水条件，且年最低气温在-23℃以上地区栽培自根砧，无灌水条件且年最低气温在-25℃以上地区采用中间砧双矮模式，无灌水条件，山坡及较寒冷地区栽培乔化短枝型的矮化栽培发展规划方案。近年来，山东、陕西、辽宁等省开展了化学疏花疏果技术研究与应用，研发、筛选出石硫合剂、智疏优花、智疏优果、NAA、Eco-Huang 等几种花果疏除剂，正在全国主产区示范推广。

3. 土肥水管理

苹果连作土壤中添加 0.2% 万寿菊生物可显著提高土壤的养分含量，减少主要酚酸类物质含量，促进平邑甜茶幼苗生长。苹果连作抑制了平邑甜茶幼苗根系生长和根系功能，降低了对氮肥的吸收，因此防控苹果连作障碍的措施中，应注重选择抗性和分生能力强的根系，加强根系防护，地上部分增加叶面施肥。苹果连作土壤中添加载体基质、圆弧青霉菌肥、哈茨木霉菌肥、草酸青霉 A1 菌肥后，发现施加三种菌肥后，土壤酶活性有显著性提高。在苹果连作土中施加菌肥后，与对照相比，土壤中的蔗糖酶、脲酶、磷酸酶和过氧化氢酶的活性明显增高，该研究所筛选的内生拮抗菌 SRB-1 和 SRB-11 所制成的微生物菌剂对苹果连作障碍有一定的防治作用。盛月凡等研究不同土壤质地苹果园连作障碍发生程度及其差异机制时，发现黏壤土连作与溴甲烷处理差异最大，连作障碍程度最严重。

4. 病虫草害防控研究

孙广宇等对陕西省旬邑、富平、印台等地进行了苹果病虫害调研，发现苹果腐烂病的发生普遍比往年严重。造成这一问题的主要原因在于果园中钾肥不足，同时树体中钾元素含量低于往年同期，导致树体抗病性下降。刘础荣等发现引起新疆阿克苏、和田、伊犁和库尔勒等地区苹果树腐烂病的病原菌主要为 *Valsa mali var. mali*（分离频率为 64.5%）。杨树等在分离自苹果树根际土壤和发病枝条的细菌中筛选到了 13 株对苹果树腐烂病菌具有较高抑菌活性的菌株，其中 QYTR2（*Stenotrophomonas maltophilia*）对苹果树腐烂病菌的抑菌率最高，该菌株的发酵液也表现出对腐烂病菌很强的抑菌作用。

5. 机械化和省力化研究

2019年是中国苹果机械化大发展的一年，国内高校院所、农机企业对果园机械研发投入加大。中农博远、山东天盛等在果园割草机、打药机、施肥机等领域均有新产品推向市场。有130余家果园装备企业参加了10场次"农机地头展"，其中冀、鲁、苏三省的果园机械制造企业占62%，机械产品质量正在缩小与国际水平的差距，但在整个苹果产业上游和下游尚有装备技术瓶颈，智能化技术和装备在苹果产业中开始系统研究与应用，开发了便携式苹果多品质一体化无损检测装置，突破了基于数字图像处理的苹果叶片营养诊断、基于云平台的水肥精准管理系统构建、施肥机械自动驾驶与深度自动调节等关键技术。围绕优质苗木繁育、果园刈割控草、高效精准施药、登高辅助作业等四方面进行技术集成形成了"北方果园生产管理机械化关键技术及装备"，列为河北省农业主推技术，获河北省科技进步奖二等奖，同时机艺融合的"太行山农业创新驿站"成为现代农业科技创新的典型样板。

6. 采后处理与加工

2019年苹果大年，由于气候的原因，优质苹果品质比例不高，500克售价总体下降0.5~1.0元，多地出现卖果难，果农收益下降。中国苹果产量巨大，但主要以鲜食为主。而世界苹果生产强国的苹果加工品都占有较大比例，所以，当前情况下，有条件的地区或单位通过发展苹果深加工，深度开发苹果的多重利用也许是条不错的思路。

综上，我国苹果产业虽然取得一定进展，但与国外发达国家相比差距仍然较大。为了尽快推进我国苹果产业的发展进程，应着力做好以下工作：①不断优化品种结构，加快培育脱毒大苗培育，着力发展省力化栽培模式；②贯彻绿色发展理念，调整产业布局向最佳优生区转移；③大力实施苹果产业供给侧结构性改革，切实提升果品质量；④提升加工工艺和采后附加值，延长产业链；⑤做好储藏保鲜，减少流通损耗；⑥加强果品安全全程管理，积极开拓国际市场。

（国家苹果产业技术体系首席科学家　霍学喜（代）　提供）

2019年度梨产业技术发展报告

(国家梨产业技术体系)

一、国际梨生产与贸易概况

(一) 国际梨生产概况

近五年世界梨产量前五位的国家和地区分别是中国、欧盟、美国、阿根廷、土耳其。2019年中国的梨产量预计达到1 700万吨，同比增长超过20%。

表1 世界主要梨种植国家的梨总产量（2014—2019） （单位：万吨）

梨产量	2014年	2015年	2016年	2017年	2018年	2019年*
中国	1 582	1 653	1 596	1 641	1 400	1 700
欧盟	256.6	251.3	234	238.4	259.2	218.4
美国	75.4	72.9	66.8	66.3	72.6	72.6
阿根廷	59	58	54	58	59	59
土耳其	30.5	41.5	44	42	45	49
南非	41.1	43	43.2	40.8	41	41.5
印度	31.7	32.3	34	28	34	34
日本	27.7	27.8	27.5	27.5	27.5	27.5
俄罗斯	16	15.5	23.6	21.8	24.3	24.5
智利	29	26.7	29	26.2	25.2	22.7
其他国家	68.1	60.4	60.2	63.4	57.3	57.7
总和	2 217	2 282.4	2 212.2	2 253.4	2 045.1	2 306.9

注：*为预计值。数据来自美国农业部。

(二) 国际梨贸易概况

梨进口量排名前五位的国家和地区分别是俄罗斯、欧盟、印度尼西亚、巴西、越南，其中印度尼西亚和越南近年来进口量增长速度较快。

表2 世界主要梨进口国家进口量（2014—2019） （单位：万吨）

梨进口量	2014年	2015年	2016年	2017年	2018年	2019年*
俄罗斯	26.5	26.7	25.2	28.5	25.8	25.3
欧盟	22.1	22.4	20.8	19.9	16.8	18
印度尼西亚	8.6	9.2	15.5	18	14.5	16

(续表)

梨进口量	2014年	2015年	2016年	2017年	2018年	2019年*
巴西	17.9	14.7	15.6	15.8	15.4	15.5
越南	4.3	7.3	7.9	8.7	6.3	13
白俄罗斯	18.6	15.1	15.2	13.3	11.8	11
墨西哥	8.5	7.7	6.7	7.2	9.2	9
其他国家	56.7	58.1	58.4	60.2	57.2	60
总和	163.2	161.2	165.2	171.6	157	167.8

注：数据来自美国农业部。

近年中国是世界上梨出口量最多的国家，2019年出口量进一步增加。阿根廷排名第二，南非出口量在波动中增长，欧盟、白俄罗斯、美国、智利都是出口大国（地区）。

表3 世界主要梨出口国家出口量（2014—2019） （单位：万吨）

梨出口量	2014年	2015年	2016年	2017年	2018年	2019年
中国	33.2	40.1	50.9	54.3	36.6	50
阿根廷	33.3	31	28	32	30	30
南非	20.5	25	26.6	22.2	24	24.5
欧盟	41.7	31	30.8	34.5	31	22
美国	17.5	15.6	12.6	12.2	14.4	15
智利	14.4	12.9	15.2	12.9	13	11.7
白俄罗斯	16.3	12.2	9.2	8.3	7	6.5
其他国家	6.7	7.3	6.9	10	9.3	10
总和	183.6	175.2	180	186.4	165.4	169.7

注：数据来自美国农业部。

二、国内梨生产与贸易概况

（一）国内梨生产概况

2019年中国梨产量预计为1 700万吨，同比2018年约增长21%。2019年梨种植面积预测为95万公顷，与2018年基本持平。

从产区来看，主要集中在8个省份，其中河北产量最多，占全国20%；山东、新疆、辽宁、河南、陕西、四川、山西7省的产量占比介于5%~10%。从品种来看，产量较多的五个品种分别是砀山酥梨、黄冠、雪花梨、鸭梨和库尔勒香梨，翠冠、玉露香梨则是增长迅速的两个新品种。

（二）国内梨贸易概况

中国在2019年5月对智利放开了梨果市场，当年中国梨进口继续增长，预测达到1.5万吨，同比2018年增长40%，但从美国进口梨下降。

中国是梨出口量最大的国家。根据中国海关统计数据，2019 年前 10 个月，梨产品出口额为 4.7 亿美元，比 2018 年同期下降 4.1%，梨产品出口量为 38.0 万吨，比 2018 年同期下降 17.8%。其中，鲜梨出口额下降 2.3%，出口量下降 16.8%，加工梨产品出口额下降 22.4%，出口量下降 26%。从品种看，雪花梨及鸭梨出口额增长 28.6%，出口量增长 7.4%；库尔勒香梨出口额下降 29%，出口量下降 17.7%；其他鲜梨出口额下降 2.4%，出口量下降 18.6%。梨汁出口额下降 39.4%，出口量下降 40.8%；梨罐头出口额下降 22.4%，出口量下降 26%。可见 2019 年我国梨出口经历了很大冲击，也呈现多元化趋势。从出口国来看，南亚的印度尼西亚和越南是中国梨的主要出口目的国，同时对北美的出口也有所提高。

三、国际梨产业技术研发进展

（一）国际梨栽培技术研发进展

1. 栽培模式及栽培技术

东亚地区梨栽培主要为各种棚架树形，除传统三大主枝的平棚架形外，单干式联合平棚架栽培模式越来越多；另外，日本神奈川县农业试验场最近又开发了联合 V 形树形，比早期的联合平棚架整形效率更高，而且更适合机械化的需求。

在西洋梨产区，欧洲 90% 以上的梨园实现了矮化密植，且新建梨园基本采用榅桲矮化砧苗木和适宜机械化的栽培整形模式；美国纽约地区的梨栽培模式也已经从传统的大冠树形变为细长纺锤形等矮化密植树形；欧洲和美洲部分地区，意大利发明的 "Bi-axis"（中文称为双主干形）树形得到了越来越多的推广；乌拉圭新建梨园基本以榅桲为矮化砧，梨树定植时将植株按 30°~45° 的角度沿行向斜栽，从发出的新梢中每隔一定的距离选择一个直立枝条作为类似主干的骨干枝，然后在这些主干上直接着生结果枝，方便了机械的使用。

2. 花果管理

巴西发现早春外源施用氨基乙氧基乙烯基甘氨酸（AVG），降低乙烯的含量，可以提高某些梨品种的坐果率和产量；通过微生物对自然落下的果实或在农作物生长过程中脱落的果实进行快速、简单的微生物发酵，制成植物营养液，可促进幼苗生长，增加叶片大小和净光合速率，提升植物营养水平和果品质量。

3. 土肥水管理技术

（1）养分管理。

叶面喷硒可以增加果实可溶性固形物含量；分次施氮可以增加树体生长量，避免氮沉积，提高氮肥的利用率，但高氮会延迟果实成熟，降低果实呼吸和成熟度；覆盖秸秆可控制果园杂草，提高梨叶中的锌、铁和锰含量；丛枝菌根真菌（AMF）可以为梨树提供磷等矿物质营养。

（2）抗性相关研究。

梨对干旱胁迫的耐受性与脯氨酸含量呈正比；有效的叶面施肥方法可以提高对干旱的抵抗力；*PbrWRKY*53 及 *PbBAM* 基因参与了梨对干旱和低温胁迫的反应。

4. 果园管理精准化和机械化

随着新兴科技向农业领域的渗透，目前智能果园机械装备具备精准、变量、仿形、柔性等特点，形式包括自主导航拖拉机悬挂、牵引智能农机具，也包括自走式的一体化智能果园机械。

(二) 国际梨遗传育种技术研发进展

1. 梨群体遗传多样性研究

SNP 芯片是一个强力的筛查 SNP 方法，Kumar 等通过对 9 个相关全同胞家系 550 个杂种幼苗进行基因分型，评估了 10 个果实表型的遗传结构和基因组选择潜力，表明平均基因组选择准确度为 0.32（脆度）到 0.62（甜度），性状间的平均值为 0.42。

2. 梨基因组研究

利用 PacBio 测序、BioNano 作图和染色体构象捕获（Hi-C）测序相结合的综合策略，组装了杜梨基因组；使用花粉原生质体分离和单细胞测序相结合的方法，完成了精确的梨 A 和 B 两套单倍型基因组组装，揭示了梨参考基因组中 8.12% 的基因具有交错镶嵌组装的特征；秋子梨叶绿体基因组及系统发育树表明，秋子梨具有与很多亚洲梨相同的遗传背景。

3. 梨果实品质调控研究

*PpBBX*16 是光诱导的花色苷积累的正调节因子，但它本身不能直接诱导花色苷生物合成相关基因的表达，需要 *PpHY*5 才能发挥其全部功能；黄金梨木栓化萼端转录组测序（RNA-Seq）显示 *PpNAC*187 在梨果实木栓化发病过程中起诱导作用。

4. 梨发育调控机制研究

揭示了 α-亚麻酸和 DAM 基因在西洋梨营养芽休眠状态转变中发挥重要作用。

5. 基因编辑技术在梨上的应用

研究表明尽管经常发生嵌合现象，CRISPR-Cas9 系统仍然是梨产生靶向突变的一种强大而精确的方法。

(三) 国际梨病虫害防控技术研发进展

1. 梨火疫病等细菌病害防控

数字化聚合酶链式反应（v-dPCR）首次实现了对苹果和梨火疫病菌（*Erwinia amylovora*）活细胞的检测和绝对定量；阿根廷发现梨衰退病植原体（*Candidatus phytoplasma pyri*）（16SrX-C 亚群）；以 16S rDNA 序列为靶基因的环介导等温扩增法可有效检测梨衰退植原体；在伊朗首次报道 *Erwinia piriflorinigrans* 可引起梨花枯死。

2. 真菌与病毒病害防控

梨轮纹病菌（*Botryosphaeria dothidea*）EW220 和 MSD53 菌株中鉴定出 *Botybirnavirus* 病毒和 *Victorivirus* 病毒；病毒唑结合热处理方法可以脱除圆黄、雪花梨、康弗伦斯、红茄梨、早红考蜜斯和红贝蕾莎 6 个梨品种的苹果茎痘病毒；从莪梨中分离获得苹果茎痘病毒 LYC 分离物的完整基因组序列；发现苹果软枝病毒和柑橘病毒可侵染梨；明确了杜梨和红宝石梨抗病毒 miRNA 及靶基因。

3. 梨木虱防控

蚂蚁和紫苏叶油对梨木虱种群有一定的抑制作用；*PyPAD*1 编码的产物能有效抑制梨木虱；从中国梨木虱头部鉴定出的 36 个候选化学传感基因，有助于开发干扰梨木虱取食行为的分子靶点；亚洲瓢虫对梨木虱冬型成虫的捕食效率随温度的升高而提高，对夏型成虫的捕食率明显高于冬型成虫。

(四) 国际梨贮藏加工技术研发进展

动态气调贮藏技术研发及其作用机制、矿质营养对采后生理病害的影响及新型保鲜剂的研发仍是国际研究热点。同时，跨国长途运输过程中果实贮藏和保鲜处理技术研究成为新的研究方向。明确了腐胺可一定程度上延迟果实采后硬度下降进而延长货架期。

四、国内梨产业技术研发进展

(一) 国内梨栽培技术研发进展

1. 栽培模式

省力化宽行密株栽植模式在全国各梨产区得到迅速推广，目前已推广到全国 14 个省；"双臂顺行式"棚架栽培新模式在 20 余省推广，2019 年被评为全国百项重大农业科技成果。

2. 花果管理

盛花期硼砂和赤霉素混合喷施可有效提高梨坐果率；蜜蜂活动增强剂通过植物香气和工蜂信息素，吸引周边野蜂授粉，可有效提高坐果率，降低畸形果率；蚁酸钙和西维因混合配制而成的药剂，可以达到疏花疏果的效果。

3. 土肥水管理技术

（1）土壤管理

梨园行间种植白三叶草对梨园小气候及叶片光合特性具有较好的效果；除生草外，果园间作措施也是可提高梨园土壤养分含量和改善土壤物理结构的重要管理方式之一。

（2）肥料管理

梨园土壤中施用氮肥，可以使氮以铵态氮形式被土壤固持，N_2O 排放与施氮量显著正相关。此外，不同施肥方式对梨园重金属的平衡值总体表现为有机肥施肥模式>化肥施肥模式>传统施肥，平原区梨园重金属的平衡值普遍高于丘陵区。

（3）水分管理

梨树灌水关键期分别为梨树萌芽时、梨树落花后 10 天左右、花后 30~35 天、花后 60 天左右；花后 80~95 天果实进入膨大期，应增加灌水 1 次；大约在花后 150 天，果实采收后进行年生长季的最后 1 次灌水，灌到土壤田间持水量的 70% 即可；在北方寒旱地区采取滴灌制方式进行梨园供水，较漫灌可节水 40% 以上。

4. 果园机械化

目前全国果园综合机械化率仅为 27% 左右，果园生产各环节作业机械化率由高到低依次为：转运（约 53%）、植保（约 46.42%）、中耕（约 29.88%）、施肥（约 18.51%）、修剪（约 11.69%）、采收（约 2.39%），其中疏花疏果、套袋、采摘等机械装备还相对缺乏，施肥、施药等机械装备还亟待提升。

(二) 国内梨遗传育种技术研究进展

1. 育种目标、成绩

梨育种目标以品质优异、果形圆整、外观美、耐储运、丰产稳产为主，在成熟期方面侧重早熟，同时兼顾优质晚熟品种，红皮也成为重要的育种目标，并兼顾加工专用品种和观赏品种；2019 年我国育成梨新品种 9 个，获国家植物新品种保护授权的梨品种 5 个，登记品种 18 个，其中杂交育成 14 个，自然实生选种 2 个，地方品种 2 个，来自 8 个省（直辖市、自治区），分别为辽宁 6 个，黑龙江 5 个，上海 2 个，河南、湖南、吉林、山西、云南各 1 个。

2. 生物技术发展

改进的培养基配方结合暗培养和光培养，可以提高梨试管苗生根率；挖掘了钾转运体 *PbKT*8 基因，钾通道基因 *PbAKT*1，糖转运基因 *PbTMT*4 启动子，花青苷合成光响应基因 *PbCOP*1.1、*PbPIF*3.1 和 *Pb ZAT*12，B-box 基因 *uBBX*24 等；自交不亲和基因 *brDEFL* 家族成员高度保守，可能在植物免疫防御过程中发挥重要作用；*PbDELLA* 基因具有影响梨子房生长发育和种子形成进程的功能；鸭梨及金坠部分基因在蛋白与基因水平有明显差异，差异蛋白参与了金坠花粉侧自交亲和突变；乙烯利、乙烯抑制剂及茉莉酸甲酯处理会对红梨果皮着色产生影响；2，4-D 可通过促进 GA4 合成诱导砀山酥梨的单性结实，CPPU 诱导砀山酥梨不依赖赤霉素而单性结实。

3. 种质资源研究

东北地区筛选出 5 个适宜观赏栽植的秋子梨野生资源；发现豆梨资源不同居群间存在着丰富的变异；明确了纬度、年平均气温、最湿月降水量和最冷月极端低温是影响豆梨分布的主要因子；推测横县为广西梨起源与多样性中心。

（三）国内梨病虫害防控技术研发进展

1. 梨病害防控技术研发

筛选发现晋酥、绿梨对梨火疫病菌表现出抗病性，霍城冬黄梨、八月酥、库车阿木特、棉梨表现出耐病性，库尔勒香梨、砀山酥梨、黑酸梨、杜梨易感病；对轮纹病抗性强弱依次表现为丰水梨、南果梨、库尔勒香梨、黄冠、雪花梨、砀山酥梨；双胍三辛烷基苯磺酸盐、辛菌胺醋酸盐、吩嗪 α-2 羧酸、噻肟菌酯、硝苯菌酯和丙硫菌唑等新型杀菌剂可有效防治梨褐斑病、黑星病和白粉病；咯菌腈、氟啶胺、咪鲜胺和代森锰锌 4 种杀菌剂对梨轮纹病菌菌丝生长有较好的抑制效果。

2. 梨虫害防控技术研发

梨小食心虫具有迁移为害习性；短期高温处理对梨小食心虫成虫的存活、繁殖与寿命均有显著的影响，其中 38℃ 高温处理 48 小时，雌雄虫几乎不能存活，35℃ 高温处理 48 小时，存活率虽然受影响不大，但繁殖力急剧下降；梨木虱冬型成虫产卵部位的选择随梨物候期而变化，萌芽前优先选择枝条顶芽，其次在腋芽和枝条基部刻痕处产卵；花期和展叶期花芽、叶芽、枝条基部刻痕处着卵量下降，主要于花柄和幼叶部位产卵。

（四）国内梨贮藏加工技术研发进展

果实采后质地、香气等主要品质劣变机制，响应低温胁迫的应答和调控机制是我国采后生物学基础研究的重点。围绕低温胁迫的响应，发现 *PbrBAM*3 通过调控可溶性糖积累及 ROS 代谢进而应答低温胁迫；此外，外源乙烯处理可提高果实耐冷性；明确 miRNA 参与调控冷藏后货架期间果实香气的丧失；Ca 也通过调控南果梨细胞膜代谢进而控制冷藏后货架期果皮褐变的发生；利用紫外线结合溶酶菌处理可抑制黄冠黑心，而 1-MCP 处理可抑制鸭梨黑心，γ-氨基丁酸和外源 ATP 处理相对减轻南果梨冷藏后货架黑皮的发生。

（国家梨产业技术体系首席科学家　张绍铃　提供）

2019年度葡萄产业技术发展报告

(国家葡萄产业技术体系)

一、国际葡萄生产与贸易概况

(一) 国际葡萄生产概况 (FAO)

2017年,世界葡萄园收获面积为693.14万公顷,总产量为7 428万吨,单产为10 716千克/公顷。葡萄总产量比2016年降低4.08%,单产比2016年降低1.8%,收获面积持续下降,比2016年下降了2.33%。

从葡萄种植的区域性分布来看,欧洲是面积最大的地区,但产量继续低于亚洲。2017年,欧洲的葡萄产量占世界的34.9%,比2016年(35.9%)下降1%,而葡萄园收获面积占世界的49.6%,比重比2016年上升了1%;其次是,2017年亚洲葡萄产量居世界第一,约占世界总量的36.7%,比重比2016年下降1.6%,基本与2015年的比重持平;收获面积占世界的28.3%,比2016年下降了1.6%;其余为美洲、非洲和大洋洲。2017年世界葡萄产量最大的前五国依次为中国、意大利、美国、法国和西班牙,而收获面积最大的前五国依次为西班牙、中国、法国、意大利和土耳其;在产量最大的前15位国家中,单产最高的国家是巴西,为25 321.6千克/公顷,其次是埃及、印度、南非和中国。

(二) 国际葡萄及加工品贸易概况 (联合国贸易统计数据库)

2018年,全球鲜食葡萄贸易出口量及进、出口额均有所增加。2018年世界鲜食贸易进口量为436.9万吨,与2017年相比降低了1.24%;进口额924 677.0万美元,与2017年相比增加了7.50%;出口量466.4万吨,比2017年增加了4.61%;出口额847 023.8万美元,比2017年增加了4.00%。鲜食葡萄主要进口国家有美国、荷兰、德国、英国和中国等;主要出口国有智利、美国、秘鲁、意大利、荷兰和中国等。

2018年全球葡萄酒贸易从进出口数量上看有所下降,但从进出口额来看呈现增长态势,葡萄酒的贸易单价增长。2018年,葡萄酒进口量为779 535.9万升,比2017年降低24.29%;出口量为775 496.6万升,比2017年降低21.78%;进、出口额分别为303.9亿美元和300.2亿美元,分别比2017年增加6.02%和5.30%。美国、英国、中国、德国和加拿大是葡萄酒进口国前五位,而法国、意大利、西班牙、澳大利亚和智利是较大的出口国。

2018年的全球葡萄干贸易从数量上看进口减少,出口增加;但从贸易额看均是增加的趋势。2018年葡萄干进口总量为76.9万吨,比2017年降低了3.81%;出口总量为83.2万吨,比2017年增加了12.25%;葡萄干进、出口额分别为17.16亿美元和16.51亿美元,分别比2017年增加了17.48%和19.17%。英国、德国、日本和荷兰是主要的葡萄干进口国,土耳其、美国、智利、南非为主要的葡萄干出口国。

2018年,世界葡萄汁的贸易量和贸易额均呈上升趋势。其中,葡萄汁进、出口量分别为62.2万吨和62.9万吨,分别比2017年增加了8.23%和6.46%;进、出口额分别为

8.23亿美元和8.36亿美元,比2017年增加了24.58%和20.55%。主要葡萄汁的进口国为日本、美国、德国、加拿大和法国,而西班牙、意大利和阿根廷是较大的出口国。

二、国内葡萄生产与贸易概况

(一) 国内葡萄生产概况 (中国农业统计资料)

截至2018年年底,我国葡萄栽培总面积为72.51万顷,居世界第二位,仅次于西班牙;产量达1 366.7万吨,比2017年同期增加4.46%,自2010年后一直居世界葡萄产量第一位。

我国葡萄的种植发展速度较快,2015年前为国内第四大水果,2016年居第五,产量仅次于苹果、柑橘、梨和桃。从全国生产布局来看,新疆葡萄种植一直居首位,面积占全国的19.7%,比重较2017年略有所上升,其次是陕西、河北、云南和江苏,以上五个产区的栽培面积约占全国的43.1%,前五产区的比重均呈现下降趋势;从2018年产量上看,新疆地区葡萄产量为293.45万吨,占我国葡萄总产量的21.5%;;其次是河北、山东、云南,以上四个省份的产量约占全国的45.2%,比2017年比重(45.65%)有所下降。

(二) 国内葡萄及加工产品贸易概况 (中国海关统计资讯网)

2019年1月至10月,我国鲜食葡萄贸易总体呈现增长态势,且出口贸易大于进口贸易,处于贸易顺差。进口量为24.88万吨,与2018年同期相比增加了12.39%;出口量为26.58万吨,比2018年同期增加了23.72%;进口额为63 174.6万美元,比2018年同期增加了13.58%;出口额71 472.7万美元,比2018年同期增加了31.95%。2019年1月至10月,出口单价为2.69美元/千克,比2018年同期增加了6.65%,进口葡萄单价为2.54美元/千克,比2018年同期增加1.05%。我国主要出口市场是泰国、印度尼西亚、越南、孟加拉国、菲律宾;进口市场有智利、澳大利亚、秘鲁、南非、印度等。

我国葡萄酒贸易总体呈现下降态势,且以进口贸易为主,仍为世界前五的主要葡萄酒进口国。2019年1月至10月,葡萄酒的进口量为49 449.8万升,比2018年同期降低了13.16%,进口额为193 137.5万美元,比2018年同期下降了17.83%;出口量为266.7万升,出口额为7 217.0万美元,比2018年同期分别下降了53.18%和78.47%;进口葡萄酒单价和出口单价均有下降,特别是出口单价下降了54.02%。进口葡萄酒主要来自澳大利亚、法国、智利、西班牙、意大利,主要集中在小于2升的容器的鲜葡萄酿造的酒。

2019年1月至10月中国葡萄干贸易量和贸易额较2018年同期都显著增加,且出现贸易顺差。2019年1月至10月,葡萄干出口量为3.04万吨,比2018年同期上升了85.55%;出口金额5 425.2万美元,比2018年同期上升了72.79%。而进口量为2.98万吨,比2018年同期上升了18.40%;进口金额为4 395.4万美元,比2018年同期上升了18.77%;葡萄干进出口单价变化不大,出口价格高于进口价格。中国葡萄干的主要来源国为乌兹别克斯坦、美国、智利、土耳其,中国葡萄干主要出口到日本、荷兰、德国、英国等。

中国的葡萄汁的贸易量和贸易额都比较少,进、出口贸易均出现下降。2019年1月至10月,中国葡萄汁的进口量为1.12万吨,进口额为1 920.4万美元,均比2018年同期有所下降;出口葡萄汁0.04万吨,比2018年同期下降了11.03%;出口额97.9万美元,比2018年同期下降了34.56%;贸易存在明显的贸易逆差。西班牙、智利、阿根廷、美国是我国葡萄汁的主要进口国。

三、国际葡萄产业技术研发进展

(一) 育种技术

山葡萄中肌醇半乳糖苷、抗坏血酸和腐胺等物质含量显著高可能与抗寒性密切相关。通过对 48 个种 472 份种质全基因变异分析，对葡萄的起源与进化进行了系统研究。利用 REMAP 标记对 45 个伊朗鲜食葡萄进行群体结构和连锁不平衡分析。利用 iPBS 标记对 5 个品种 33 个无性系进行有效区分。利用 35 个 SSR 标记对 38 个砧木品种遗传多样性进行分析，明确 26 个砧木品种的父母本，表明现有葡萄砧木品种遗传背景较为狭窄。新公布河岸葡萄、酿酒葡萄品种 Carménère、阳光玫瑰等葡萄种质的基因组。利用圆叶葡萄两个群体通过 GBS 测序构建了高密度遗传图谱。VMC7f2 和 p3_ VvAGL11 标记在无核葡萄早期筛选中效率较高。通过诺顿和赤霞珠杂交群体，在 18 号染色体定位到霜霉病抗性位点 Rpv27，解释表型变异系数达到 33.8%。在 15 号染色体定位到葡萄霜霉病抗性位点 Rpv25 和 Rpv26。从秋葡萄克隆出霜霉病抗性基因 *VqJAZ4*。筛选出霜霉病抗性标记 RGA9。秋葡萄的 *MYB15* 基因的启动子区具有典型的基础免疫结合位点，*VqMYB15* 基因可能在葡萄抗病方面发挥重要的调控作用。在山葡萄上克隆的 *VaERF080* 和 *VaERF087* 基因，在响应冻害方面发挥重要作用。

(二) 栽培技术

以意大利和美国等为代表的国外葡萄生产发达国家基本建立起了轻简、节本、绿色、优质、高效的生产技术体系与标准。以美国、法国、意大利等为代表的国家建立起了适于机械化作业的整形修剪技术体系，基本实现了整形修剪的机械化作业；以日本为代表的国家建立起了精细的花果管理技术体系和严格的果品质量追溯体系；以意大利、法国、美国和日本等为代表的国家均推行生草制，多根据叶与土壤分析平衡施肥，精准施肥和生态配方施肥初步应用，广泛应用根域局部干燥及调亏灌溉等节水技术，智能灌溉初步应用；设施葡萄是世界设施果树栽培的主要树种，以日本和意大利等为代表的国家开始将物联网技术应用到设施葡萄生产中。精准施肥、节水灌溉、智能灌溉和品质调控等是 2019 年的研究热点。

(三) 病虫害防控技术

病害方面：获得 2 种葡萄根腐病的致病新种：*Dactylonectric*、*Riojana* 和 *Ilyonectria*、*Vinaria*；明确了引起的枝干病害腐皮壳属 (*Diaporthe*) 病原菌的种类，共有 8 个种，其中有 3 个新种 *D. guangxiensis*、*D. hubeiensis* 和 *D. viniferae*，并且不同种的病原菌存在致病力分化；鉴定了霜霉菌效应子基因 *PvAvh74*、*PvRXLR131* 及 *PvRXLR159* 在病原菌侵染寄主植物过程中发挥的作用，为揭示病原菌的致病机制奠定基础；发现了 3 种防治葡萄灰霉病和霜霉病的植物提取物，2 种有效抑制葡萄灰霉病菌及霜霉病菌菌丝生长的生防细菌，4 种抑制葡萄霜霉病菌、炭疽病及枝干病害病原的生防真菌，发现层出镰刀菌 (*Fusarium proliferatum*) 可作为潜在的防治葡萄溃疡病的生防菌株。

虫害方面：发现葡萄阿小叶蝉已进入罗亚尼亚；葡萄根瘤蚜在欧洲的暴发是至少两个欧洲地区独立引种的结果，欧洲的葡萄根瘤蚜与其源产地葡萄根瘤蚜有很高的遗传相似性，同时 JA 信号通路的抑制可能是葡萄根瘤蚜与葡萄根系相互作用的一个重要步骤，45℃处理 30min 可有效杀灭葡萄根瘤蚜；葡萄全爪螨在葡萄上适合度低，阿维菌素和螺虫乙酯对害螨防效较好。防虫网可以降低斑翅果蝇的侵染水平。

病毒病方面：发现了5种新病毒，截至目前，全世界已报道了83种葡萄病毒，明显高于其他作物，且有逐年增加的趋势，已有25种葡萄病毒/类病毒分别在22个国家或地区被首次发现；报道了2种葡萄病毒的遗传变异情况；对感染病毒的葡萄植株5年监测结果证实，病毒在植株体内的分布极不稳定，须从植物的不同部位随机提取若干样本或进行数次检查，以清除带毒植株；明确了美国俄勒冈州葡萄红斑病毒蔓延和分布及传毒介体存在情况；发现野生蛇葡萄属植物（*A. cordata*）和葡萄蚜是葡萄脉明病毒的自然宿主和传毒介体；利用病毒唑处理可脱除雷司令葡萄中的3种病毒。

（四）生产机械化技术

研究了嫁接苗生产系统，嫁接装置上有嫁接构件、多个植株固定装置，可以同时固定多棵植株；切割器可以同时切割多棵植株，连接器用于连接砧木和接穗；研发了智能喷雾分析系统（SSAS），用于评价风送式喷药机的空气辅助速度和喷雾输送方式；研究了不同参数对果园喷灌机喷灌质量的影响评价；研究了现代果园作业环境的AFA喷雾器、定向空气塔（DAT）、多头风机塔（MFT）的喷雾漂移；研发了基于机器视觉的果园定点喷药机；研究了由分布在果园中的微卫星阵列组成的固体集冠层输送系统（SSCDS），研究了架式葡萄园静电喷雾与常规多排喷雾器叶片沉积的质量对比试验，研究了实心集冠层输送系统和轴流风机喷雾器在葡萄上的漂移电位；研究了通用葡萄园管理车（主动式或被动式），可以管理成排的葡萄树，两边同时作业，可以进行除草或喷雾作业；研究了了基于机器视觉的葡萄园修剪质量评价系统，采用计算机视觉获取枝条RGB图像，建立修剪重量估算模型，搭建了移动传感器平台，可以自动、无背景地进行图像采集，绘制出整个葡萄园修剪重量的空间变化图。

（五）商品化处理和加工技术

葡萄酒加工技术创新能力不断加强，酿酒工艺及管理技术的优化集成、精准化、智慧化程度增强。基于酿酒微生物的葡萄酒酿造技术创新仍然是研究的热点，特别是基于酿酒微生物的葡萄酒香气调控技术，主要从优良酿酒酵母、非酿酒酵母、乳酸菌菌株的选育，酿酒酵母与非酿酒酵母复合发酵，酿酒酵母与乳酸菌复合发酵等角度，研究酿酒微生物在葡萄酒增香以及不良风味控制中的应用。基于酿酒微生物的葡萄酒特定理化指标调控技术研究，比如通过选育具有增酸、降酸、降醇、降硫化氢、护色等特性的酵母或乳酸菌，并配套相关发酵工艺技术，解决不同产区酸低、酸高、酒度高等问题。葡萄与葡萄酒新的风味物质的发现，和已有风味物质的准确快速定量仍然是本年度葡萄酒化学研究的核心问题之一。葡萄汁的研究多集中在葡萄汁生产工艺优化、有害物质检测和保健作用等。此外，在葡萄汁及葡萄酒的成分检测方面，提高检测灵敏度、创新检测方法、快速灵敏的检测手段创新等方面也进行了大量的研究。葡萄采后保鲜技术的研究主要集中在葡萄采后保鲜试剂SO_2取代技术研究、植物源保鲜处理对品质保持技术、涂膜保鲜处理技术、精准控温对葡萄品质影响、葡萄保鲜剂新配方与制作的研究等。

四、国内葡萄产业技术研发进展

（一）育种技术

筛选了适宜新疆的抗寒砧木品种贝达、山河1号等，耐盐力强的砧木品种Salt creek、Dogridge等。筛选到牡丹红、芳香等果柄耐拉力强、耐贮品种。明确了关口葡萄、云南水晶、贵州水晶等我国地方品种与尼加拉同物异名，盐井黑珍珠、茨中教堂葡萄等与巴柯的同物异名。利用 iPBS 标记对玫瑰香系葡萄品种遗传多样性进行分析，构建其 DNA 指纹图谱。利用 SLAF-seq 对 304 份葡萄种质进行测序，揭示葡萄品种起源演化。建立了葡萄灰霉病抗性离体叶片快速鉴定方法，明确了 20℃、90% 湿度是灰葡萄孢菌的最佳侵染条件。从毛葡萄商-24 克隆的 VqJAZ7 基因，通过调控 SA 介导的相关基因的表达来提高对白粉病的抗性。从毛葡萄丹凤-2 葡萄中克隆得到抗白粉病相关的 VqSTS12、VqSTS24 和 VqSTS25 基因序列。

（二）栽培技术

研发并优化葡萄的省力化优质高效栽培模式及简化修剪、花果管理和树体管理等节本轻简化管理、设施葡萄产期调控和一年两收等高效栽培等新技术；明确了露地栽培贝达嫁接巨峰、红地球和设施栽培 87-1 葡萄对必需矿质元素的年需求规律，同时对研发出的适于露地栽培巨峰、红地球、火焰无核、克瑞森无核、无核白鸡心和设施栽培 87-1 等鲜食葡萄品种与赤霞珠、梅鹿辄和霞多丽等酿酒葡萄品种的同步全营养配方肥的配方继续进行了优化；初步制定出设施葡萄的植株与土壤营养诊断标准；研发出根域互作的葡萄园行内生草技术等土壤改良与管理技术；完善了葡萄优质栽培生态指标评价体系并初步撰写了"中国葡萄生态优势区划分方案"，研发出葡萄枝条防抽干、果穗微域环境调控等抗逆栽培技术；对制定出的埋土防寒区鲜食葡萄节本优质绿色生产技术规程、非埋土防寒区鲜食葡萄节本优质绿色生产技术规程、新疆产区鲜食葡萄节本优质绿色生产技术规程、设施葡萄节本优质绿色生产技术规程、鲜食葡萄一年两收节本优质绿色生产技术规程和酿酒葡萄节本优质绿色生产技术规程等进行了完善，完成农业行业标准《设施葡萄栽培技术规程》草案的报批。

（三）病虫害防控技术

病害方面：鉴定 1 种新的葡萄枝干病害病原菌，为小新壳梭孢（Neofusicoccum parvum），致病力实验证实 N. parvum 侵染葡萄可引起枝条表现典型的流胶症状；目前仅在湖北省公安产区频繁发现该病害；建立了葡萄霜霉菌潜伏侵染量的 Real-time PCR 检测体系；明确了各葡萄产区霜霉病菌对五大类杀菌剂的抗性频率和抗性水平，为杀菌剂的科学合理使用以及霜霉病的有效防控提供了理论依据；经室内和田间大量试验，获得了对葡萄霜霉病、灰霉病、炭疽病及枝干病害有防控作用的化学、矿物源、植物源和微生物源药剂；避雨栽培能够有效调控葡萄裂果现象，从而达到控制葡萄病害，提升葡萄品质的目的。

虫害方面：针对葡萄主要害虫绿盲蝽的寄主偏好，葡萄根瘤蚜、白星花金龟等的防控技术开展了研究，研究发现，绿盲蝽偏好美人指、香妃、爱神玫瑰等品种；吡丙醚、噻虫嗪和辛硫磷对葡萄根瘤蚜防效较好；蓝板和黄板对果蝇防效较好。

病毒病方面：明确我国 6 个主栽葡萄品种的病毒病种类及带毒率；建立了能同时检测葡萄卷叶病毒 3 和沙地葡萄茎痘病毒的双重 PCR 技术以及葡萄病毒 A 和葡萄病毒 B 的巢式 RT-PCR 检测方法；首次在国内鉴定发现葡萄卷叶相关病毒 13，并明确了其侵染状况和基因变异特点；新获得 13 个葡萄品种（或砧木）的无病毒材料，可为推广无病毒栽培提供基础繁殖材料。

（四）生产机械化技术

研发了清土机械化技术和作业模式，研发了自动避障式葡萄防寒土清土技术和刮板式清土技术，研制了"三步式"机械化清土作业模式；研制优化了振动式苗木起苗机，研制了尖角式起苗铲、竖式立刀、振动式栅格抖土装置和弧形导苗机构；研制了两翼转刀式葡萄夏梢剪枝机；建立修剪机高度调节装置的三维模型，运用 ANSYS 有限元分析软件进行静力学分析；研制了基于机器视觉的果园喷药机器人，由行走底盘、底盘框架、悬挂系统等结构组成，控制模块包括主控制器，主控制器分别与导向模块、行走底盘的车轮电机和码盘、喷药机构的增压泵、升降机构、舵机和机器视觉模块相连接；针对丘陵山地不同树冠大小的柑橘果树，设计了双向多方位自动喷药装置，通过模式转换机构，实现了竖直喷药模式、45°倾斜喷药模式和对地喷药模式的任意切换；研发了双边作业的株间自动避障除草机，确定了行宽调节机构、信号采集机构、自动避障机构和除草刀盘等关键部件的结构及参数；针对新疆、宁夏和甘肃等地的沟栽种植模式，研制了开沟筑埂机，研制了防回土式弧形开沟铲、压力可调式单边筑埂器和弹力式镇压辊，将行中间的土压制成土埂，并将沟底压实；根据新疆葡萄种植模式，设计了适用于葡萄深施有机肥的开沟装置；研究了一种果园有机肥旋切变深施肥机；研制了悬挂式开沟施肥机，包括倾斜双圆盘开沟装置、链式机构、升降式挡肥板和相向式绞龙，使土壤与有机肥充分混合；针对丘陵山区的林果园，设计了履带式果树枝条粉碎机；研制优化了葡萄枝条粉碎还田机的刀片刃口，增加了刀片数量和密度，提高了刀轴的转速；设计了果园水肥一体化混肥系统，采用液位传感器、pH 值传感器和 EC 值传感器检测水肥溶液参数，采用逻辑控制调节水、肥量和溶液 EC 值，基于混合蚁群算法的变论域模糊控制调节水肥溶液 pH 值；研制了新疆吐鲁番无核白葡萄干的自动化色泽识别技术，利用 OpenCV 对无核白葡萄干的表面色泽识别进行研究，设计了可以实时、动态、多条输送通道同时处理的葡萄干色泽识别装置，实现多条输送带上葡萄干的同时识别；制定了北方葡萄冬季埋土机械化技术规程和北方露地葡萄病虫害绿色防控机械化技术规程。

（五）国内商品化处理和加工技术

本土酿酒微生物资源的挖掘和多样性依然是研究的热点，特色酿酒酵母资源，如具有增酸、降酸、增香、降醇、降低硫化氢等特性的微生物关注的越来越多。葡萄酒工艺研究主要集中在酵母（酿酒酵母、非酿酒酵母）对葡萄酒风味及其质量的影响与调控，以及酿造工艺条件和辅料，如低温浸渍发酵、微氧环境、铜离子、抗氧化剂、营养助剂、葡萄汁处理等对葡萄酒挥发性香气物质及质量的影响。继续对我国特别是西北产区出现的亟须解决的产业问题，如发酵终止、葡萄汁中高糖含量、葡萄酒稳定等问题进行了较深入的探讨。随着我国鲜食葡萄种植规模的扩展，鲜食葡萄酿酒方面技术研究受到关注。葡萄汁的研究主要集中在葡萄汁的保健作用解析、重要成分的测定等。葡萄与葡萄酒质量与安全检测，主要关注多残留快速定性检测技术和对新出现无检测方法农药残留的方法建立。

（国家葡萄产业技术体系首席科学家　段长青　提供）

2019年度桃产业技术发展报告

(国家桃产业技术体系)

一、国际桃生产与贸易概况

根据美国农业部统计资料，2019年全球桃产量达2 225.5万吨，创造新的纪录。相较于去年的恶劣气候条件，今年中国、欧盟和美国等产区气候良好，为产量增加提供了有利因素。欧盟、土耳其、智利产量略有提升，澳大利亚的产量连续第三年增长，美国产量大幅提升。受台风侵袭和春季霜冻、冰雹的影响，日本产量减少。

全球进出口贸易较为平稳。全球桃进口总量为71.6万吨，较2018年增加3.1万吨。主要进口国为俄罗斯、白俄罗斯、美国和加拿大等，其中俄罗斯与白俄罗斯桃进口量分别占总量的31.4%与9.8%。欧盟（西班牙等）是最大的桃出口国，出口量增加近30%。全球加工桃总量为361.9万吨，中国240.0万吨，占66.3%；第二是欧盟71.1万吨，占总量的19.6%，第三是美国34.4万吨，占总量的9.5%。

总体来看，2019年全球桃产量有所上升并创造新纪录，全球桃贸易势头良好，消费量逐年缓慢上升，不同年份贸易总量虽有波动，但基本保持稳定。

二、国内桃生产与贸易概况

根据各产区报告数据统计，2019年全国桃主产区栽培面积约1 500万亩，比2018年增加1.5%，桃园面积居前十位的省份占全国主产区面积的73.3%。2019年我国主要产区除山东省在春季遭遇干旱天气外，其余主产区省份的鲜桃种植长势良好，果实品质相比上年有明显提升。

中国80%以上的桃在国内鲜销，18%左右用于加工，鲜食桃的出口比例很小，主要出口到哈萨克斯坦、俄罗斯等国。鲜食桃进口方面，中国从智利、澳大利亚、西班牙进口少量鲜桃，主要用于弥补冬春淡季供应和品种差异。桃加工品方面，中国主要从南非、希腊和西班牙进口；美国和日本是中国桃加工品最主要的市场。近年来，中国鲜食桃出口量基本保持平稳上升，桃加工品出口量也在逐年增加。

三、国际桃产业技术研发进展

(一) 育种技术研发进展

1. 种质资源鉴定评价

(1) 基本表型评价。

波兰学者对20个品种进行了酚类、类胡萝卜素、糖和有机酸等组分的测定，区别了鲜食、制干、果汁和果泥不同用途桃的主要组分特征和相关品种；西班牙、智利和美国的研究组进行了桃果实品质系列性状的QTL关联分析，使用9k SNP芯片对94份桃、油桃进行了基因分型工作，报道了一批QTL区间。

(2) 适于特殊栽培区域的品种评价。

巴西学者对种植于米纳斯吉拉斯州南部的 17 个品种进行了综合评价，筛选出适应性强、丰产、稳产的'Aurora-1'等 4 个低需冷量品种。

(3) 健康有益组分和抗氧化能力的评价。

突尼斯莫纳斯蒂尔大学筛选出酚类化合物含量高、抗氧化活性强的品种；阿尔及利亚等国的学者认为桃叶是酚类物质（抗氧化活性）很好的来源；土耳其研究者发现桃叶提取物有杀菌等功能；美国佐治亚大学采用反相高效液相色谱（RP-HPLC）与质谱（MS）联用技术分析了 6 个桃品种果实的原花青素等抗氧化物质；西班牙穆尔西亚大学进行桃苦杏仁腈关联的水杨酸生物合成过程的生化研究；Elshamy 对油桃果仁醇提取物的潜在药理活性及酚类成分的试验分析突出了油桃仁醇提取物的抗炎、镇痛和解热活性。

(4) 特征香气物质评价。

意大利学者 Giberti S 从类胡萝卜素合成代谢通路的角度分析白肉桃通常具有特殊和更强烈的香气，因双氧合酶催化四萜烯骨架的降解使挥发物的释放量更高。

2. 生物技术及分子生物学研究

加拿大和美国学者联合，利用 132 个品种资源群体开展了 SNP 位点与成熟期（MD）和果实发育期（FDP）的关联分析；阿根廷研究者用原核表达与抗体制备、酶活测定等方法，证实桃山梨醇脱氢酶活性受到 NAD+ 特异性辅酶因子的开关调控；美国 USDA 研究站在转桃 CBF 基因的苹果株系'M26'中表达观察到生态休眠的转换以及出芽时间的变化。

3. 品种选育

2019 年，查阅到国外育成桃品种 31 个，其中鲜食桃 30 个，砧木 1 个。欧美仍然是桃品种选育速度较快的国家，美国育成 17 个，法国 10 个，日本 4 个；杂交育种仍然是桃育种的主要方式，共育成 19 个品种，其次为实生选种（9 个品种）。

按照果实类型可分为：普通桃 18 个、油桃 10 个、油蟠桃 2 个、蟠桃 1 个；按照果肉颜色：白肉 12 个、黄肉 10 个、红肉 6 个、3 个不详；按照果核黏离性：半离核 8 个、离核 5 个、黏核 15 个、3 个不详。法国选育的 6 个不同成熟期的红肉油桃，是 2019 年度国外桃品种选育的亮点之一。

（二）病虫害防控技术研究进展

1. 虫害防控技术进展

(1) 桃小食心虫：Li 等利用转录组分析鉴定桃小食心虫雌成虫和雄成虫触角和口器的 12 个气味结合蛋白，推测其中性信息素结合蛋白和一般气味结合蛋白，并构建系统发育树。

(2) 桃蛀螟：Jing 等对桃蛀螟的气味结合蛋白进行了鉴定，发现桃蛀螟会识别桃李的挥发物以寻找寄主。利用同源模型预测了桃蛀螟气味结合蛋白的结合位点，表明 GOBP1 和 GOBP2 对法尼醇的结合效率最高。

(3) 梨小食心虫：Li 等通过测定梨小食心虫 CSP 的组织表达模式和结合特性，研究了 CSP 在梨小食心虫中 GmolCSP8 可能参与正己醇和其他小脂醇的识别和转运。

(4) 桃蚜：Isasmendi 等表明液化淀粉杆菌 CBMDLO3 对桃蚜有很好的杀灭效果；Dardouri et al. 发现迷迭香挥发物对桃蚜有显著的排斥作用；Tariq 等利用基因沉默技术发现 MpNav 是一个可行的 RNAi 生物杀蚜剂的候选靶基因。

（5）蝇类：Bakr 等利用药膜法和饲喂法，表明成虫期对两种药剂比蛹期更加敏感；Halawa 等发现桃实蝇对于杀虫剂的耐受性更高；Demant 等通过生物测定评估了巴西地中海实蝇不同种群间对溴氰菊酯杀虫剂的敏感性存在差异。

2. 病害防控技术进展

（1）桃褐腐病：哥伦比亚地区桃生产过程中褐腐病发病较严重，经过分离、纯化确定当地褐腐病害病原物为 *Monilinia fructicola* 和 *Monilinia fructigena*。

（2）桃采后腐烂病：采后果实经紫外线照射是一种新的物理防治方法，可降低果实的腐烂率、延长果实的贮藏期，表明 UV-C 和 UV-B 的照射可以使得桃果的贮藏期延长。

（3）桃褐斑病：利用纳米孔技术对该病原基因组进行测序、组装，发现其中 1 条序列为线粒体基因组，其余 9 条可能来源于 CDCs。

（三）桃现代栽培技术研究

1. 土肥水管理技术

降低桃园氮肥施用量对果实品质影响不大，同时降低氮含量可能会促进果实提早成熟（Zilfina *et al*）；行间种植三叶草每年为每棵树增加 0.2 千克总氮，提高微生物生长效率（Culumber *et al*）。

2. 树体管理技术

西班牙研究团队发现夏季修剪显著提高桃树对土壤水分的利用效率；Alison 等比较不同栽培修剪模式，发现主干型结果更早、产量更高，开心型植株生长势最强，单产最高，但单位面积产量最低，两主枝"Y"字形的各项生长指标介于主干型和开心型之间。

（四）桃采后生物学研究

智利研究人员发现桃杂交群体后代的果实冷害性状（冷藏中的汁液减少和"粉质"）发生了分离，并初步开发了相关的 SSR 标记；意大利比萨大学揭示用 UV-B 处理桃果实，可降低冷藏期间的细胞壁分解酶活性和基因表达，有利于延迟冷藏果实的软化及品质下降。

（五）桃加工技术进展

Sima-Tosin 等人通过对桃浆多糖进行分离和鉴定，发现其支链的阿拉伯半乳糖具有免疫刺激活性，为多糖大分子的治疗有效性提供了一定基础；Roknul 等探究了传统干燥方式与新型干燥技术对桃皮水分分布、质构、复水比、颜色的影响，表明红外干燥（IRD）桃皮时间短、风味质量最好。

四、国内桃产业技术研发进展

（一）育种技术研发进展

1. 种质资源鉴定评价

（1）基本表型评价

浙江大学对'庚村阳桃'等 5 个红肉桃品种的外观和风味品质指标进行了评价，比较获得综合性状优良的红肉桃品种为'桃王'；河南农业大学发现桃的特定品种中 GID1c 基因编码区的单个碱基突变将第 191 位丝氨酸改变为苯丙氨酸，从而阻断该蛋白与 DELLA1 蛋白的互作，进而导致植株出现矮化表型。

（2）需冷量和需热量的评价

石河子农业科学研究院评价了 7 个设施桃品种的需冷量和需热量，认为'金秋晚水蜜''春雪'等4个品种可以保证设施桃树早开花结果；山东农业大学比较了3个不同需冷量桃品种在自然休眠诱导期的生理指标变化。

（3）特征香气物质评价

浙江大学报道发现桃 PpUGT85A2 催化单萜芳樟醇（香气和风味的成分）的糖基化，并进行该基因的亚细胞定位；南京农业大学食品科技学院与江苏省农业科学院合作，通过多组学揭示1-MCP负调控桃香气物质的机制；南京农大报道热空气和UV-C处理通过脂类氧化酶的活性调节，加强冷藏桃的香气物质产生。

（4）砧木耐涝性评价

青岛市农业科学研究院对12种砧木进行了2年的耐涝性试验，筛选出黑刺李、樱桃李、小黄李等耐涝性强的砧木。

2. 生物技术及分子生物学研究

（1）基于生物信息学的基因家族分析

生长素相关的 Aux/IAA 基因及其在溶质和硬质桃中的表达；WD40超家族的基因成员及其在不同肉色桃中的表达；NF-Y 基因及其在干旱胁迫条件下的表达调控。GLV多肽激素受体 PpRGI 基因家族、GOLVEN（GLV）家族基因、卵形家族蛋白基因（OFPs）等。

（2）基因组重测序与性状演化

郑州果树研究所与华中农业大学、美国康奈尔大学合作报道基于480份桃全基因组重测序解析桃育种历史的研究成果，聚焦相关QTLs位点，发现驯化和改良的不同阶段导致单果重的增加、果实风味的改善和地理分布范围的扩大，并开展其他性状QTL位点的演化分析；北京市农林科学院农业生物技术研究中心和林业果树研究院联合报道基因组重测序揭示桃果实可食性进化历史的研究。

（3）基因功能研究

通过RNA-seq，本年度筛选出大量候选基因，包括果皮着色相关的差异表达基因，膜相关基因，果实成熟进程相关的候选基因。

3. 品种选育

查阅到2019年国内育成的桃品种3个，均为普通桃。7个品种获得农业农村部植物新品种权，其中：普通桃3个、蟠桃2个、油蟠桃2个。登记品种20个，其中普通桃12个、油桃4个、油蟠桃4个。

（二）病虫害防控技术研究进展

1. 虫害防控技术进展

（1）梨小食心虫。陆爽等人表明以16 000 IU/毫克苏云金杆菌WP 300倍液对桃树梨小食心虫的持效性防治效果最好；冉红凡等发现国产迷向丝和进口迷向丝均对梨小食心虫具有较好的防治效果。

（2）橘小实蝇。朱俐遐等发现种群数量随相对湿度的变化在不同年度间呈现单高峰或双高峰；林嘉等研究利用Y型嗅觉仪测试了橘小实蝇肠道菌发酵原液及其高压灭活上清液对寄主雌虫在不同时间段内嗅觉行为的影响。

（3）桃蚜。张娅等发现75%呋虫胺·吡蚜酮可湿性粉剂处理防治桃蚜效果明显高于对照药剂；刘艳红等明确人工感染沙雷氏菌可以提高桃蚜对短翅蚜小蜂和高温胁迫的防御作用。

2. 病害防控技术进展

（1）桃褐腐病：JK-14可作为桃采后腐烂病害的一种重要的生物防治药剂（Zhang等）；马玉华团队筛选出吡唑醚菌酯对桃褐腐病的防治效果较好，其次是苯醚甲环唑以及锰锌·腈菌唑。

（2）桃枝枯病：纪兆林等采用菌丝生长抑制法，明确地衣芽孢杆菌W10和咪鲜胺按1:1，1:2复配能够对枝枯病菌有明显的增效抑制作用，协同防治桃枝枯病效果明显。

（3）桃褐斑病：姚秀英等从国槐枝中分离得到一种枝顶孢属真菌（*Acremonium sclerotigenum*）能有效拮抗褐斑病菌。

（三）桃现代栽培技术研究

1. 花果管理技术

周慧娟等发现缩短套袋时间促进了花青素的累积而降低类胡萝卜素的含量，是色泽代谢关键蛋白的表达受到调控所致；陈巍等认为果实色泽与纸袋的透光率紧密相关，采前除袋可以减少套袋对果实内在品质的影响，为定向生产不同色泽的黄桃提供思路。

2. 肥水管理技术

方庆研究发现在0.4%的浓度下喷施一次氯化钙处理可提高冬桃果实的品质；肖元松等发现，使用袋式控释肥料能保持土壤养分的稳定供应；李宏业发现猪粪沼液和蚯蚓肥搭配施用对桃果实的产量和品质提高效果更显著。

3. 树体管理技术

陈海江团队调查研究不同株行距的主干形、挺身小'V'形、'Y'字形、四挺身形、双株错位'V'字形等树形冠层参数及生长结果情况，进行根系修剪调控桃树生长势试验；烟台现代果业科学研究院王厚臣等人总结了桃树主干形1~3年整形修剪技术。

（四）桃采后生物学研究

西南大学发现柠檬酸处理桃果实，对贮藏过程的乙烯释放量影响不显著，可减缓有机酸含量下降和可溶性糖含量上升；山东农业大学报道用一氧化氮抑制因子处理桃果实，可影响桃冷藏过程中的硫化氢代谢，进而影响冷藏品质；中国农业大学报道梯度降温减少了0℃左右冷藏油桃的冷害和病害。

（五）桃加工技术的进展

郑州果树研究所对不同桃品种的加工特性进行了评价，认为黄肉品种加工桃汁的综合品质较好，中熟品种优于早熟品种，成熟度高的果实制得的桃汁品质较好；Chandi等研究发现高压均质处理能够较好提高桃复合汁稳定性以及生物活性物质的生物利用度。

（六）桃产后商品化处理技术与装备

浙江大学应义斌团队开发了自由托盘输送式的易损水果内外部品质同步检测分级装备，可以适用于桃等易损水果的检测分级，水果之间没有碰撞，水果与机械没有摩擦，可以避免损伤。可以实现桃的重量、外观品质（大小、颜色、表面缺陷等）、内部品质糖度等智能检测，并可以根据市场要求进行多种规格的分级，为实现水果的优质优价销售提供了技术与装备支撑。

（国家桃产业技术体系首席科学家　姜全　提供）

2019年度香蕉产业技术发展报告

(国家香蕉产业技术体系)

一、国际香蕉生产与贸易概况

(一)生产

香蕉是重要的经济作物和粮食作物,2017年位居世界水果产量第二,是世界鲜果贸易量最大的水果,是一些发展中国家农民的主要食粮。

1. 收获面积

FAO统计数据显示,近20年来,世界香蕉产业整体发展平稳,收获面积从1998的437.70万公顷增长到2017年的563.75万公顷,增长了126.05万公顷,涨幅为28.8%,年均增长1.3%,具体变化趋势如图1所示。2017年,亚洲、非洲和美洲的香蕉收获面积分别为222.86万公顷、208.72万公顷和120.85万公顷,占世界总收获面积的比例分别为39.53%、37.02%和21.44%。2017年,世界香蕉收获面积前10位国家分别为印度(86.00万公顷)、坦桑尼亚(49.00万公顷)、巴西(46.54万公顷)、卢旺达(46.49万公顷)、菲律宾(44.68万公顷)、中国(38.13万公顷)、布隆迪(18.58万公顷)、厄瓜多尔(15.81万公顷)、安哥拉(14.25万公顷)、乌干达(13.92万公顷),前10位国家收获面积总和占世界香蕉收获总面积的66.23%,如图2所示。预计2018年世界香蕉收获面积比2017年有所增加,约为572.21万公顷。

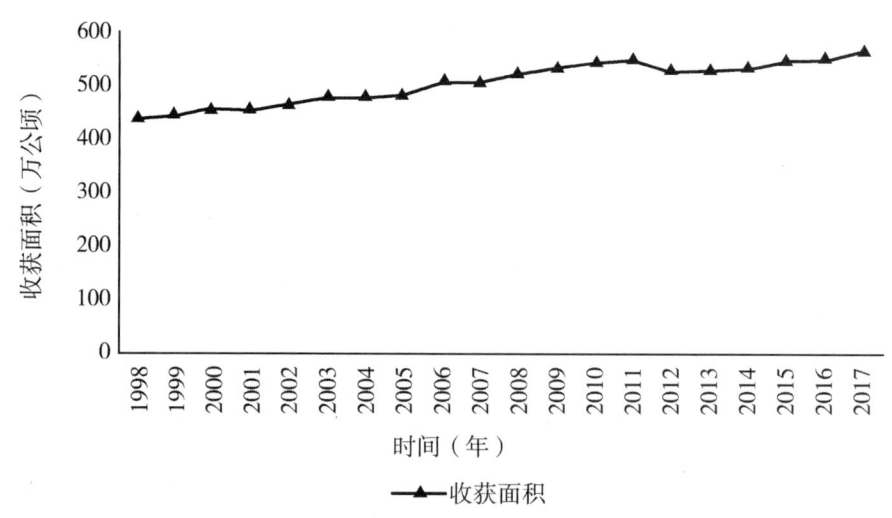

图1 1998—2017年世界香蕉收获面积变化趋势

2. 总产量

FAO统计数据显示,世界香蕉产量从1998年的6 491.57万吨增长到2017年的

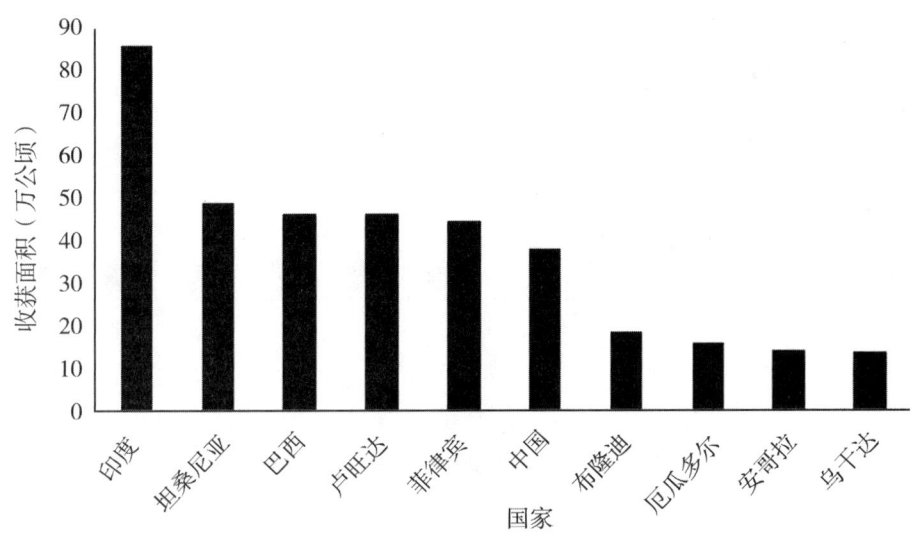

图 2 2017 年世界前 10 位国家香蕉收获面积

11 391.88 万吨，增长 75.49%，年均增长 3.00%，如图 3 所示。2017 年，亚洲、美洲和非洲的香蕉总产量分别为 6 172.16 万吨、2 999.99 万吨和 2 001.73 万吨，分别占世界香蕉总产量的 54.18%、26.33% 和 17.57%。2017 年，世界前 10 位香蕉生产国分别为印度（3 047.70 万吨）、中国（1 142.30 万吨）、印度尼西亚（716.27 万吨）、巴西（667.51 万吨）、厄瓜多尔（628.21 万吨）、菲律宾（604.14 万吨）、安哥拉（430.19 万吨）、危地马拉（388.74 万吨）、哥伦比亚（378.67 万吨）、坦桑尼亚（348.48 万吨），前 10 位国家产量总和占世界香蕉总产量的 73.32%，如图 4 所示。

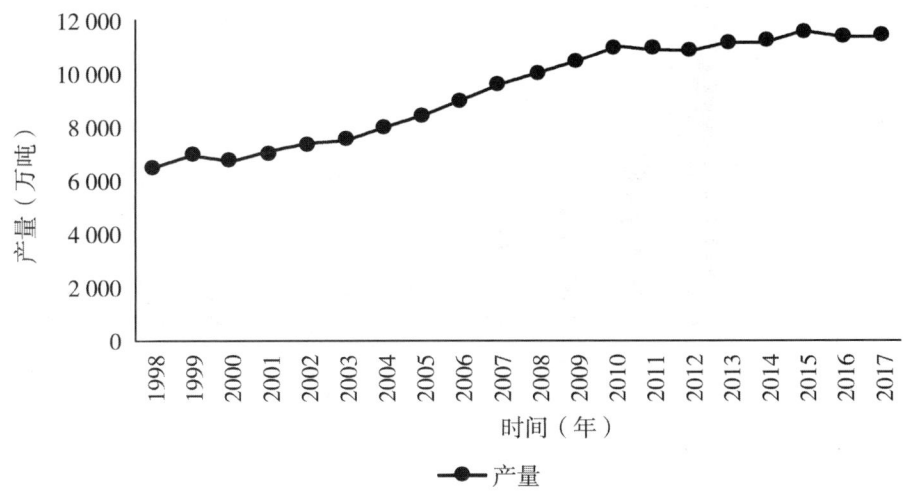

图 3 1998—2017 年世界香蕉产量变化趋势

（二）贸易

根据联合国贸易统计数据库（UN comtrade）显示，2018 年世界香蕉总贸易量达 4 303.04 万吨，进出口贸易额 264.38 亿美元，在农产品贸易中仅次于小麦、玉米和大豆。

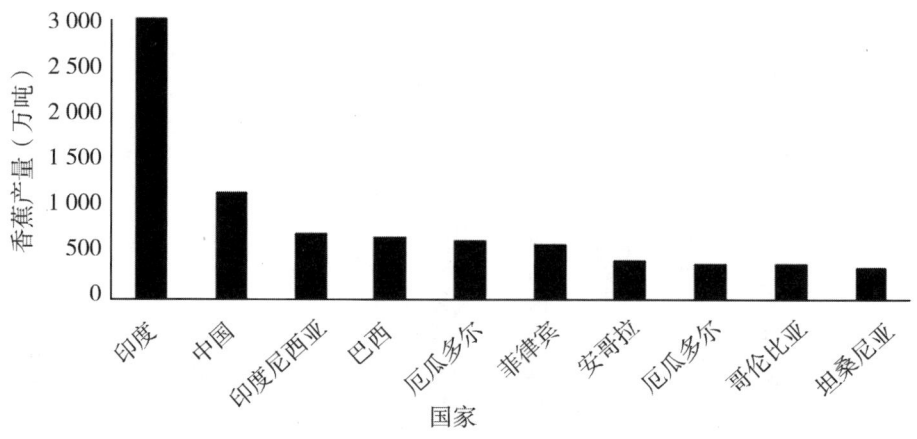

图 4　2017 年世界前 10 位国家香蕉产量

1. 出口

世界香蕉出口量从 2009 年的 1 827.35 万吨增长到 2018 年的 2 063.25 万吨，这 10 年中世界香蕉出口量增加 235.9 万吨，年平均增长率为 1.36%，总体保持上升趋势。世界香蕉出口额从 2009 年 80.73 亿美元增加到 2018 的 108.44 亿美元，10 年中世界香蕉出口额增加了 27.71 亿美元，年均增长率为 3.33%。2018 年，世界香蕉出口前 10 位国家的出口量和出口额总和占世界的 88.26% 和 85.39%，前 10 位香蕉出口国的出口量如图 5 所示。2018 年厄瓜多尔香蕉出口量为 677.99 万吨，占世界香蕉总出口量的 32.86%。

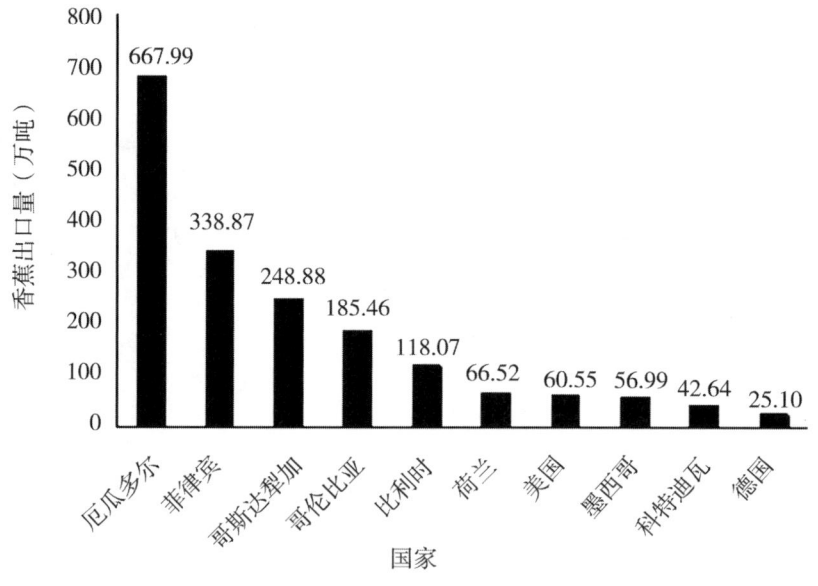

图 5　2018 年世界前 10 位国家香蕉出口量

2. 进口

世界香蕉进口量从 2009 年的 1 722.87 万吨增长到 2018 年的 2 241.79 万吨，这 20 年中世界香蕉进口量增加 518.92 万吨，年平均增长率为 2.97%。世界香蕉进口额从 2009 年的 119.22 亿美元增加到 2018 年的 155.94 亿美元，增加 36.72 亿美元，年平均增长率为 3.03%。2018 年，世界香蕉进口前 10 位国家的进口量和进口额分别占世界的 69.12% 和 69.60%，前 10 位香蕉进口国的进口量如图 6 所示。

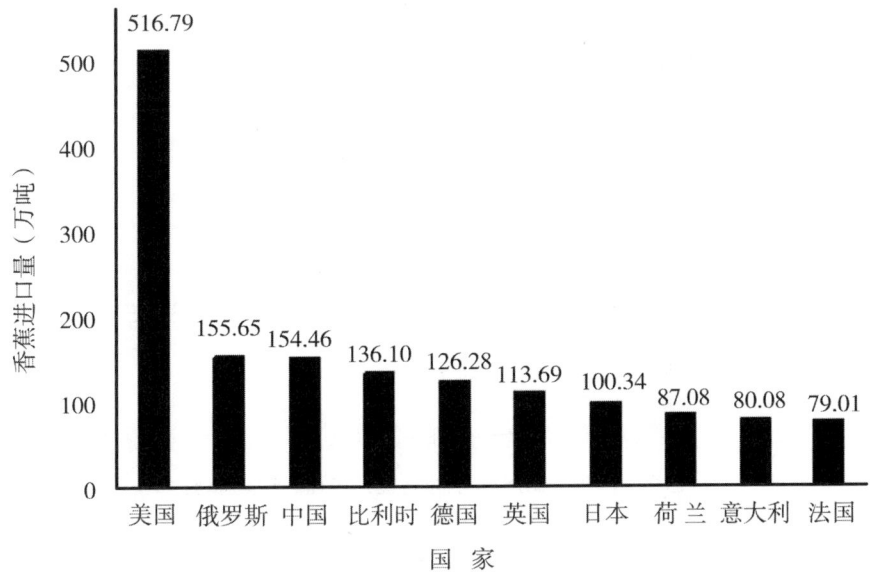

图 6　2018 年世界前 10 位国家香蕉进口量

二、国内香蕉生产与贸易概况

（一）生产

1. 种植面积

我国香蕉种植主要分布在广东、广西、海南、云南、福建五个省区，重庆、四川、贵州、西藏和台湾地区也有少量种植。据《中国农业统计资料》数据显示，除台湾地区以外，1999 年我国香蕉种植面积为 20.27 万公顷，随着农业产业结构不断调整，我国香蕉种植面积不断扩大，到 2018 年全国香蕉种植面积达到 34.66 万公顷，年均增长率为 2.86%，具体变化趋势如图 7 所示。2018 年，广东、广西、云南、海南和福建香蕉种植面积分别为 10.67 万公顷、9.1 万公顷、9.34 万公顷、3.48 万公顷和 1.11 万公顷。

2. 产量

据《中国农业统计资料》数据显示，除台湾外，2018 年全国香蕉产量为 1 157.92 万吨，其中广东 407.0 万吨、广西 315.94 万吨、云南 262.56 万吨、海南 121.63 万吨、福建 41.8 万吨。1999—2018 年中国香蕉产量变化趋势如图 8 所示。

根据国家香蕉产业技术体系经济岗位和综合试验站抽样调查，由于受到病虫害尤其是枯萎病、市场波动等因素影响，2019 年种植面积、收获面积和产量同比下降 7.5%、9.6% 和 11%，分别为 480.85 万亩、419.78 万亩和 1 030.55 万吨。

（二）贸易

1. 出口

中国香蕉出口从 2010 年的 0.86 万吨上升到 2019 年的 2.33 万吨，总体呈上升趋势，

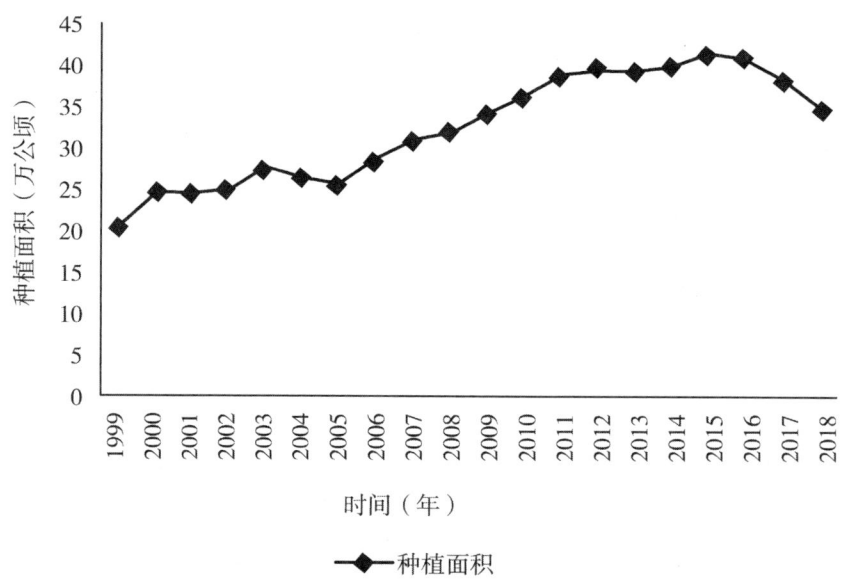

图 7　1999—2018 年中国香蕉种植面积变化趋势

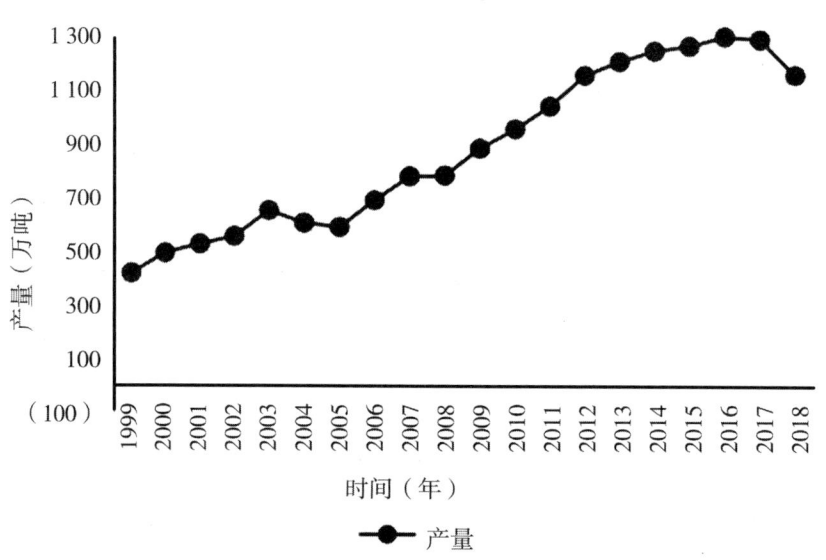

图 8　1999—2018 年中国香蕉产量变化趋势

上升幅度为 170.93%，但总量较小；贸易值从 624.34 万美元上升到 2 291.7 万美元。

2. 进口

中国香蕉进口主要是两个途径：海关和边贸。

海关进口香蕉情况。中国香蕉海关进口量从 2010 年的 66.52 万吨上升到 2019 年 194.1 万吨，年平均增长率为 12.64%；进口额从 2.47 亿美元上升到 10.94 亿美元，年平均增长率 17.98%。2018—2019 年，中国香蕉进口增速较快。2018 年中国香蕉进口量为 154.46 万吨，同比增长 48.6%；进口金额为 8.97 亿美元，同比增长 54.8%。2019 年进口

194.1万吨,同比增长25.7%;进口金额10.94亿美元,同比增长22.0%。2019年海关进口香蕉主要从菲律宾、厄瓜多尔和越南等国进口,从上述3个国家进口香蕉总量达176.5万吨,分别为103.2万吨、45.7万吨和27.6万吨。

边贸进口香蕉持续增加。随着中国—东盟自贸区的建立及"一带一路"倡议的实施,加之国内产业发展环境的改变,香蕉"走出去"到东盟国家步伐加快,2014—2019年从老挝、缅甸、越南等国进口的数量占海关进口和边贸进口总量59%~65%,每年平均180万吨。2019年边贸进口香蕉约为195万吨,通过边贸从老挝、缅甸分别进口75万吨和100万吨。

近些年,香蕉进口贸易量增长迅速,对外依存度提高。根据农业农村部南亚办统计数据、海关统计数据及国家香蕉产业技术体系经济岗位监测数据,2019年国内香蕉产量预计为1 030.6万吨、海关进口香蕉194.1万吨、边贸进口195万吨,进口香蕉占国内香蕉消费总量的27.5%,而2009年对外依存度仅为5.3%。

三、国际香蕉产业技术研发进展

(一)育种与种苗

资源收集与评价方面,Perrier等利用SSR标记对东非的二倍体(AA)和三倍体(AAA)资源进行基因分型,结果表明:东非的二倍体(AA)和三倍体(AAA)都是来自东南亚的复合基因类型;Nakato等完成了72份不同基因组类型的香蕉种质资源对细菌性枯萎病(Xcm)的抗性评价,结果发现BB基因型资源对Xcm具有一定的抗性;Seenivasan利用不同基因组类型香蕉根系提取物(水、甲醇、乙酸乙酯和正己烷)的抗线虫活性进行评价,结果表明:抗性/耐香蕉的根系具有预感线虫侵染的抗性化合物,这些化合物的生产有助于在香蕉种质资源中对类似线虫的抗性,将为抗线虫育种计划提供具体的标记;Amah等对189份Plantains(AAB)以及杂交后代的果实进行了类胡萝卜素差异分析评价;Blomme等对刚果(金)的48份Plantains(AAB)的类胡萝卜素含量差异进行了评价;Nyine等对东非高原蕉(AAA)群体的果实重量及其相关性状进行了遗传学分析,结果表明与香蕉束重量及其组成性状相关的主要数量性状基因座位于3号染色体。

品种改良方面,在国际上,2019年香蕉品种改良相关的研究论文共36篇,内容涉及香蕉B基因组测序、香蕉与枯萎病菌的互作机制、生物强化技术改良东非高原转基因香蕉的品质、香蕉遗传转化等。研究集中在我国科学家特别是产业体系研究团队,由金志强团队牵头完成了双单倍体香蕉野生种(PKW,BB)精细基因组图谱的绘制。通过对A和B基因组进行比较,揭示了香蕉A、B基因组的分化时间,二倍化进程中A、B基因组的特点,揭示了粉蕉(*Musa* ABB group,cv. Pisang Awak)中A和B基因组相关基因对乙烯生物合成和淀粉代谢过程的作用,丰富了香蕉遗传改良的理论。此外,Mbabazi等采用生物强化技术提高了东非高地转基因香蕉中类胡萝卜素的含量。在香蕉遗传转化体系的研究中,发现添加抗氧化剂(抗坏血酸、谷胱甘肽、生育酚和硝酸银),能够增强香蕉胚细胞对农杆菌介导转化的能力,还有通过降低氧化胁迫,提高农杆菌介导的香蕉大叶碱转化效率,以及运用CRISPR/Cas9介导的香蕉和大蕉基因组编辑工具进行遗传改良研究,为香蕉和大蕉的单次或多次敲除提供了参考。

种苗扩繁与生产技术方面,2019年国际对香蕉种苗繁育领域的研究主要包括体胎发育、增殖及临时浸泡系统等方面。Anjana等研究表明添加100微摩尔/升6-BAP和1微摩尔/升 IAA 的茎尖外植体分化率最高（约 60%），5 微摩尔/升 2,4-D 和 1 微摩尔/升玉米素胚性愈伤组织诱导率最高（97%），约 70%的成熟体细胞胚萌发并转化为植株。Adrián 等检测到 151 个 TDFs，鉴定出 71 个，其中 4 个基因参与香蕉体细胞胚胎发生。Nandhakumar 等表明在 25±1℃条件下干燥 2 小时的雄性花苞胚性愈伤组织诱导频率更高，时间较短。Dan 等研究表明梨形孢霉能促进香蕉幼苗离体生长，缩短香蕉组培苗生根时间。Marwa 等研究表明，添加 30 克/升葡萄糖和 100 毫克/升硫胺可提高增殖率且不增加变异。Jericó 等研究表明临时浸泡系统的效率更高，植株发育更好。Aji 总结分析了影响香蕉品种茎尖培养成功的各种因素。

（二）栽培与土肥

2019 年，香蕉土壤肥料与水分管理国外学术论文约 13 篇，其中关于香蕉土壤肥料的研究论文是 12 篇。与上年研究主要集中于不同类型的肥料和营养素对香蕉生长、产量和品质提高的影响相比，2019 年度的研究主要集中在以下 3 个方面：①采用联合方法改变土壤微生物结构，达到抑制香蕉枯萎病的目的，例如石灰和碳酸铵熏蒸联合生物有机肥、酸性土壤改良剂联合芽孢杆菌 H-6 以及木霉联合有机肥料等。由于现阶段单应用一技术对香蕉枯萎病的抑制达不到理想的效果，因此这种联合技术的提出，可以将两种或两种以上的技术优点相结合，最大化的抑制香蕉枯萎病的发生，是一种新型的抑制香蕉枯萎病途径和方法。②生物肥料（内生细菌和真菌）、磷肥、微量营养素混合物、有机肥料等对香蕉生长和产量的影响。③结合土壤性质，选用合适的叶面肥促进香蕉养分吸收，提高产量和品质；此外，印度对其南部香蕉田的土壤肥料进行了系统评估。对于香蕉水分管理的研究，2019 年仅有 1 篇文章对这一方面进行报道，在半干旱地区不同种植密度和灌溉量下，主要在香蕉植株生长过程全面系统的测量了土壤的理化性质，构建了香蕉产量和水分利用效率之间的关系。

（三）病虫害防控

香蕉枯萎病方面，经不同数据库文献检索（ISI、ProQuest、Springer、Wiley-Blackwell 等），至 2019 年 12 月 25 日为止，发表与香蕉枯萎病相关的文献 58 篇。其中，大多数研究论文由中国学者发表，主要集中在体系专家和团队中。研究内容主要涉及：①首次报道香蕉枯萎病发生：南美地区首次报道 Foc4。②香蕉抗病品种的评价与筛选：抗 Foc1 香蕉品种基因型的鉴定、香蕉品种 Rasthali 和 Gujiaiao 9 的抗性评估等。③Foc 致病机理分析：致病相关基因 SIX8、FoSkn7 和 FocCP1 等功能分析、Foc4 镰刀菌酸作用的分子机制、Foc TR4 分子标记的研发。④香蕉抗病机理分析（香蕉抗性相关基因的筛选与功能分析）、香蕉对 Foc1 和 Foc4 抗性差异的组织学观察和抗性分子机制。⑤遗传多样性研究：印度尼西亚、马来西亚 Foc 的遗传多样性。⑥香蕉枯萎病综合防控：香蕉枯萎病流行学与病害防控、土壤消毒剂的筛选、土壤熏蒸和生物施肥、土壤类型与枯萎病关系、拮抗菌/剂的生防效果与机理。

其他病虫害方面，国外针对香蕉病虫害防治的研究主要致力于综合防治或生态防治。根据文献报道，危地马拉农业、畜牧和食品部（MAGA）和独立香蕉生产者协会（Association of Independent Banana Producers）与国际区域农业卫生组织（OIRSA）签署了一项协定：关于防止香蕉害虫的协议，主要作用就是保护香蕉和大蕉作物免受害虫的侵害，因为这些害虫已经失去控制，严重威胁到亚洲、非洲和大洋州的一些国家。根据这项协定，有关部门将计划进行一系列模拟，目的是加强检疫程序，并对任何可能在危地马拉等香蕉生产区域记录的害虫暴发迹象作出迅速反应。此外，Chong 和 Pablo 发现香蕉黑条叶斑病菌对 14α-去甲基化酶抑制剂类杀菌剂的敏感性受 Pfcyp51 基因调控。澳大利亚 Cavendish 香蕉爆发香蕉黑星病，病原菌为 *Phyllosticta cavendishii* 和 *P. maculata*；香蕉黄单孢萎蔫病对中非蕉农粮食安全与经济收入的影响很大。

（四）果园生产机械化

水果采收方面，主要集中在采摘点的定位和末端执行器的设计。zhuang 等采用迭代 retinex 算法实现荔枝簇采摘点的定位；Gené-Mola 对激光扫描仪获取的图像进行重构，实现了果园中苹果的检测。Hohimer 等设计了一种低成本的柔性水果采摘执行器。

果园施肥方面，主要集中在施肥信息的传感检测上。Paleari 等开发了一种基于 App 获取叶面积中氮元素含量的系统，可指导装置变量施肥；Bramley 等提出一种基于土壤信息传感器的变量施肥机。

果园施药方面，主要集中在靶标快速检测、精准喷雾系统的研制。Zhai 等提出了一种基于射频识别技术的喷雾辨识方案；Li 等采用多传感器融合技术计算果树冠层体积；Gil 等基于叶壁面积法开发了一种容积率和农药剂量计算工具，并在葡萄园推广。

（五）采后处理与加工

加工与副产物综合利用方面，2019 年，国际上关于香蕉精深加工与副产物利用相关的文献约有 51 篇，主要涉及：香蕉粉改良、产品开发及功能评价；香蕉抗性淀粉改良、理化性质分析及功能评价；香蕉加工技术研究、高品质产品（香蕉面条、香蕉脆片）开发及理化性质分析；香蕉功能成分（水溶性多糖、纤维素、低聚糖）理化性质分析及功能评价；香蕉副产物加工技术开发及生物综合利用（处理污水、制备乙醇等）。

质量安全与营养品质评价方面，2019 年，国际上香蕉质量安全研究主要集中在农药检测方法开发、农药在土壤和香蕉中半衰期和残留水平、香蕉成熟过程释放的乙烯气体检测方法开发、长期化学耕作方式对香蕉种植土壤中重金属含量的影响等方面。关于香蕉品质评价的研究主要集中在香蕉粉生理生化和营养特性研究、香蕉果肉和果皮中低聚糖提取方法和糖分组成、青香蕉粉中酚类和主要矿物质含量测定、香蕉中 D-葡萄糖的微量/快速检测方法开发、香蕉果皮去绿和果肉褐变过程中多酚氧化酶和过氧化物酶活性变化的计算机图像分析技术、香蕉色泽和硬度的高光谱成像无损检测技术。

贮运与保鲜方面，巴西研究者发现浓度为 286 微升/千克的乙醇熏蒸'Prata'香蕉果实 4 小时，具有较好的保鲜效果，抑制了香蕉果实采后腐烂。巴西、埃塞尔比亚和斯里兰卡等国学者在国际期刊发表香蕉果实品质、采后保鲜与贮运相关的英文研究论文 13 篇。代表性论文主要有埃塞尔比亚学者对 48 个大蕉品种的维生素 A 前体含量进行对比分析，发现 15 个品种的果实中维生素 A 前体的含量较高，可为今后预防维生素 A 缺乏症提供辅助手段；斯里兰卡学者综述了催熟处理影响香蕉果实成熟后品质的研究进展。

四、国内香蕉产业技术研发进展

（一）育种与种苗

种质资源与品种改良方面，由金志强团队牵头完成了双单倍体香蕉野生种（PKW，BB）精细基因组图谱的绘制。谢江辉团队揭示了 MaLYK1 作为分子开关调控植物与枯萎病菌相互作用的分子机制。易干军团队采用蛋白组和代谢组学的方法揭示了糖酵解代谢途径相关基因在提高香蕉果肉中胡萝卜素含量的重要作用。李敬阳团队比较了 7 个香蕉品种果实淀粉的理化特性。邵秀红等以'Gros Michel'香蕉未成熟雄花序建立了其胚性细胞悬浮系及遗传转化体系。

种苗扩繁与生产技术方面，2019年国内的研究方面主要集中在香蕉组培技术和方法改进、组培苗生长影响因素及胚性悬浮性建立等。田娜等研究表明水培炼苗可以提高香蕉苗根系活力、增强植株生物量的积累。陈美标等研究表明施用微生物有机肥后可显著增加幼苗根、总生物量，降低 Cd 含量，增强抗逆性。红光增加香蕉组培苗的根长和株高，蓝光促进根的伸长，抑制株高，增殖阶段需补充暖黄光，生根阶段需补充白光，红蓝光80%R+20%B 为香蕉组培苗最佳 LED 光照处理。邓彪等发明一种香蕉组培过程的消毒方法。许娟等发明一种延缓香蕉组培苗生长的培养基及培养方法。

（二）栽培与土肥

2019年，国内关于香蕉土壤肥料与水分管理的相关研究有论文8篇论文，有5件专利，获得国家科技进步奖二等奖1项。与2019年度国外研究对比，国内也提出了采用联合方法防控香蕉枯萎病的发生。例如：①研究了碱性肥料与生防放线菌制剂配合施用对香蕉枯萎病的防治效果，发现碱性肥料和放线菌制剂配施可以优化香蕉根际土壤微生物结构，提高土壤酶活性，促进香蕉生长，增强香蕉的抗病性。②研究发现，pH值对香蕉枯萎病菌4号生理小种生长的影响也进行系统研究，发现弱碱性处理孢子平均萌发率较弱酸性环境处理显著下降。③施用添加芽孢杆菌 X05 或 QB61 的含氨基酸水溶肥处理香蕉，显著增强其幼苗生长，香蕉枯萎病发病指数显著降低。④开展了水肥一体化、不同品种硅钙钾镁肥对香蕉产量、品质及土壤养分影响的系统评估。⑤探讨了缺氮及恢复供氮对香蕉苗生长及其根系形态参数的影响，为香蕉苗期形态诊断和氮肥管理提供依据。此外，对香蕉优质种植的施肥技术要点进行了总结，着重分析了香蕉的施肥量应考虑到植株的吸收量，以及流失和土壤固定等因素。

（三）病虫害防控

香蕉枯萎病方面，2019年国家基金在香蕉产业上共立项8项，其中在香蕉枯萎病领域有2项；内容主要涉及：香蕉抗枯萎病品种根际微生物装配与抑病机制研究、基于 GWAS 和 RNA-seq 的香蕉枯萎病菌致病基因挖掘及致病机制分析。尚未见任何关于香蕉枯萎病的成果登记的报道。在2019年与枯萎病相关的授权发明专利为5件，申请发明公布27件。其中授权的发明专利内容主要涉及：一种鉴定香蕉枯萎病抗性的 SCAR 分子标记及其鉴定方法、一种含中药提取物和农药的香蕉枯萎病菌协同增效组合物、一种防治香蕉枯萎病发酵物的制备方法及其应用、防治香蕉枯萎病的内生真菌 L-14 及其应用、一株高效解淀粉芽孢杆菌及其菌剂和应用。

国内与香蕉枯萎病相关的文献有29篇。主要涉及以下内容：①新品种选育与抗性评价；②拮抗菌株的筛选与拮抗机理研究（如内生解淀粉芽孢杆菌、内生真菌 HND5）。③致病相关基因功能分析（转录因子 FoSwi6、致病相关基因 SIX2 等）。④香蕉抗病机理。⑤香蕉枯萎病综合防控（生物菌肥、植物浸提液、轮作）。

虫害方面，国内香蕉虫害的发生依然严重。褐足角胸叶甲是为害香蕉果实果皮，造成疤痕，严重影响果品商品质量的害虫，其发生区域一直局限于云南和广西香蕉产区，今年经调查确定在广东徐闻香蕉产区发现有褐足角胸叶甲为害，并造成一定经济损失；另外，草地贪夜蛾是联合国粮农组织全球预警的跨国界迁飞性农业重大害虫，在2019年1月18

日首次在云南江城发现，并随即在云南边境、热区迅速蔓延扩展。

（四）果园生产机械化

水果采收方面，主要集中在采收机械设计和采收机器人路径规划研究。曾文等优化设计了一种半自动柑橘采收机；何东健等基于双目视觉设计了一种菠萝自动采收机；刘波等研究了不同光照度条件下的采摘机器人路径识别。

果园运输方面，主要集中在丘陵山地果园运输机设计。陈猛等设计了一种单履带山地果园运输车；蔡英等设计了一种自走式山地果园单轨运输机；华南农业大学主持完成的"山地果园索轨运送技术与装备"成果获教育部技术发明奖一等奖。

果园施药方面，主要集中在风场、雾场的参数优化、雾滴沉积特性研究以及对靶喷雾技术。宋雷杰等对塔型喷雾机的流体域进行了仿真，优化导流板的分布；李杰等通过添加电场改善雾滴沉积效果；姜红花等提出冠层体积在线计算与空隙预判技术，实现精准对靶喷雾。

（五）采后处理与加工

加工与副产物综合利用方面，2019年，国家自然科学基金在香蕉加工与副产物利用方向立项1项——基于立轴旋切式香蕉秸秆还田技术茎秆粉碎智能控制设计方法研究。2019年，在香蕉精深加工与副产物综合利用方向授权发明专利17件，主要涉及香蕉功能食品制作方法、香蕉深加工和副产物利用专用设备和装置、香蕉副产物材料化生产新方法和香蕉茎秆粉碎还田新设备。

质量安全与营养品质评价方面，2019年，体系专家对全国主产区香芽蕉、粉蕉、大蕉、皇帝蕉等主要品种进行农药残留和重金属分析（169份样品），发现香蕉果肉中未检出重金属铅、镉、铬；香蕉全果的农残合格率为82.2%，果肉的农残合格率为89.3%；吡虫啉、吡唑醚菌酯和多菌灵是需要关注的风险因子。目前，我国在香蕉上登记的杀虫剂只有3种，与生产实际脱节，建议加快香蕉上杀虫剂的登记和管理。对全国主产区香芽蕉、粉蕉、大蕉、皇帝蕉等169份样品进行品质分析，包括可溶性固形物、抗性淀粉、维生素B_2、维生素B_6、槲皮素、叶酸、总酸等18个参数，通过营养质量指数（INQ）、营养素参考值（NRV）和主成分分析，初步确定了香蕉营养品质评价指标为可溶性固形物、VB6、钾、镁。初步制定《香蕉品质评价规范》标准，填补香蕉营养品质评价标准的空缺。建立了香蕉中β-胡萝卜素的超临界色谱检测方法，方法较国标简单快速、灵敏。我国在香蕉上更新了20个农药最大残留限量。

贮运与保鲜方面，2019年中国学者在国际期刊发表香蕉果实采后保鲜与贮运研究相关的英文论文16篇，中文研究论文11篇，授权6项保鲜相关专利。与香蕉采后保鲜与贮运有关的国家基金3项。在保鲜新技术方面，发现褪黑素处理增强了香蕉果实对炭疽病的抗性。成熟衰老和逆境响应的分子生物学研究上，中国学者发现，高温下香蕉果实类胡萝卜素合成与番茄红素环化酶的活性有关。体系贮运保鲜岗位的研究表明，香蕉转录抑制子MaMYB4可能通过招募组蛋白去乙酰化酶MaHDA2到其靶基因MaFAD3s启动子区域，进而影响MaFAD3s的转录和不饱和脂肪酸含量，提出了香蕉果实响应低温胁迫的表观遗传调控机制。同时，明确了低温冷害引起的粉蕉果实后熟障碍与乙烯信号和淀粉降解收到抑制密切相关，揭示了BR及其信号转导关键转录因子BZR在香蕉成熟中的调控网络。

（国家香蕉产业技术体系首席科学家　谢江辉　提供）

2019年度荔枝龙眼产业技术发展报告

(国家荔枝龙眼产业技术体系)

一、国际荔枝龙眼生产与贸易概况

世界荔枝生产国主要有中国、印度、越南、泰国、马达加斯加、南非、尼泊尔、澳大利亚、墨西哥、孟加拉国、以色列等。种植面积20万亩以上的有中国、印度、越南、泰国和马达加斯加五个国家,其中,中国、印度、越南三个国家约占世界种植面积的92%以上,产量的93%以上。因统计数据滞后影响,据主产国最新数据估算至2018年。总体看,估算2018年世界荔枝总面积约1 120万亩,同比下降6.43%;总产量约426.45万吨,同比增长25.12%。世界荔枝主要以鲜果进入市场,2018年鲜果国际贸易量约13万吨,占总产量的3%左右。

世界龙眼种植集中在中国和东南亚国家,以中国、泰国、越南为主,面积占世界90%以上。据测算,2018年世界龙眼种植面积接近900万亩,同比减少10.0%,其中,中国占51.9%、泰国占30.2%、越南占11.9%。但龙眼产量有所增加,约389万吨,同比增长1.3%,其中中国和越南龙眼产量微增,泰国龙眼产量基本持平。2018年世界龙眼出口贸易量60万吨左右,约占总产量的15%,以鲜果为主,龙眼干、龙眼肉次之。

二、国内荔枝龙眼生产与贸易概况

(一) 产业概况

根据国家荔枝龙眼产业技术体系调研估算,2019年我国荔枝面积812.22万亩,产量约为184.83万吨,比上年减产38.59%。各主产省区基本都大幅减产,其中福建省减产66.75%。2019年荔枝产值较大幅度上升,按地头价计算总产值为340.09亿元,环比增加47%;按收购价计算为223.51亿元,环比增加71.26%。

估算2019年我国龙眼产量为75.58万吨,较上年的106.91万吨减产29.31%。主产省区都不同幅度减产,其中福建省减产63.64%。但龙眼价格提高,产值上升,按地头价计算龙眼总产值为142.03亿元,同比增长56.85%;按收购价计算总产值为135.93亿元,同比增长51.69%。

全国荔枝主干企业加工量2 146吨,比2018年的40 820吨大大减少。按主干企业加工量占总加工量比例50%~60%计,2019年荔枝总加工原料量不足5 000吨。

全国三大产区鲜龙眼加工量约10万吨。其中广东茂名产区鲜果加工约2万吨,以龙眼肉为主,部分龙眼干;广西博白产区加工鲜龙眼约4万吨,产出龙眼肉约3 800吨,龙眼干约300吨。福建产区鲜果加工约3万吨。

(二) 产业发展趋势

(1) 政府重视程度持续增强,为产业发展构建良好的政策环境。农业农村部荔枝标准化生产示范园联盟继2017年成立以后,已组织两次大型产业技术与发展培训以及系列主题的沟通交流会议。广东茂名获批国家农业产业园建设项目（荔枝）的重大资金投入。

（2）荔枝龙眼产业保持稳定发展势头，产业素质不断提升。经过精心管理的荔枝龙眼园随着单产提升和品质改善，效益更加明显。近几年一批"新农民"加入到荔枝龙眼产业，将进一步提升荔枝龙眼产业素质。尽管全国荔枝和龙眼减产，但海南、粤西和桂南、桂东南的体系示范园，绝大部分收益显著提升。

（3）品种区域布局和区域品种布局持续调整，应重视新格局下的结构平衡。基于季节性供求不平衡、特优鲜食品种比例偏低等产业现实，近几年来荔枝龙眼品种结构调整得到有力推进。据统计，自体系成立以来，所覆盖产区内荔枝高接换种面积达到80.5万亩。未来应综合考虑全国布局中品种结构在上市期方面的合理性、差异性和承接性，考虑全产业链中品种结构的功能分布，避免在新品种格局下再现无序竞争。

（4）社会化专业服务队伍日益壮大，服务规范化和专业化水平进一步提升。全国单个10亩以下的荔枝园占比高达70%多，但成片分布的小型荔枝园为产业社会化专业服务发展提供了良好基础。近年已出现专业化技术服务队伍，在产业需求背景下，社会化专业服务将得到延续并加强。

（5）一二三产业融合发展开始提速。靠近都市圈的荔枝果园开始从单纯生产园向生态、采摘和休闲果园转型。增城仙村镇基岗村等地提出打造"荔枝特色小镇"的发展目标并开始付诸行动。富GABA荔枝混合果汁产品、含荔枝龙眼果肉（浆）焙烤休闲食品、荔枝酸奶果粉及泡腾片系列产品等多元化加工品得到研发并大力推广。多样化的专业产业服务团队如策划团队、信息服务以及金融服务团队等进入。而"农业农村部荔枝标准化生产示范园联盟"和各省荔枝产业联盟的建立，为产业共享信息，联合开展市场形势分析研判、市场营销和品牌打造等提供了很好的平台。

（6）新型流通方式加速发展，倒逼产业升级的作用开始显现。在消费升级的大环境下，随着预冷、分级、冷藏、冷链运输技术的普及，我国荔枝龙眼的物流处理和冷链贮运能力显著提升，电子商务逐步推动荔枝龙眼产业从生产导向转变为市场导向，倒逼产业升级。

三、国际荔枝龙眼产业技术研发进展

1. 病虫害防控

Kumar 等首次报道病原菌 *Cephaleuros virescens* Kunze 诱发的龙眼叶片病害。波多黎各 Serrato-Diazdeng 等发现可可毛色二孢属（*Lasiodiplodia*）的4个种可以引起龙眼干腐病。越南 Tran 等总结了龙眼病虫害现状，棕榈疫霉、炭疽病菌是常见病害，而丛枝病是越南龙眼产业的主要制约因素。

2. 采后保鲜与加工

Ali 等研究报道荔枝气调包装在5±1℃可冷藏28天；0.25%半胱氨酸显著延缓了荔枝果实褐变，更好地保持品质；包覆芦荟凝胶包衣[50%（V/V）]的荔枝果实，褐变指数、失重、超氧阴离子、相对电解质渗漏、过氧化氢和丙二醛含量降低。

Joradol 等研究发现，SO_2和ClO_2单独或组合熏蒸可降低果皮褐变，维持龙眼的贮藏品质。Khan 等报道5%抗坏血酸、柠檬酸、草酸是龙眼最有效的褐变抑制剂，百里香酚和2%壳聚糖处理可有效抑制龙眼腐烂。越南 Tran 等在7毫摩尔/升草酸溶液中浸泡'Huong Chi'龙眼10分钟，然后用相对穿孔面积0.01%的聚丙烯袋包装，在4±1℃的温度下贮

藏，果实可贮藏 37 天。Sanoppa 等发现，酿酒酵母和龙眼酵母同时培养发酵的龙眼酒总挥发物含量最高，并通过计算气味活度值来评价酒中的花香和果香。

3. 功能性成分研究

Chankaew 等将龙眼种子研磨后获得粗水提取物，进行简单而快速的微波合成氧化锌纳米颗粒，证明在相同条件下，合成粒子的光催化效率与市售二氧化钛（Arroxide® P-25）相当，可用于纺织印染工业废水处理。Mhatre 等从荔枝种子中分离到一种分子量 61 kDa 的蛋白，其具有良好的抑制胰脂肪酶活性。

四、国内荔枝龙眼产业技术研发进展

（一）技术应用

体系主推技术得到进一步应用。2019 年新增高接换种荔枝园 3 092 公顷，累计 5.55 万公顷；龙眼园 330 公顷，累计 7 853 公顷。新增间伐荔枝园 5 563 公顷，累计 12.35 万公顷；龙眼园 2 773 公顷，累计 7.49 万公顷。新增回缩修剪荔枝园 3.43 万公顷，累计 19.33 万公顷；龙眼园 4 116 公顷，累计 4.95 万公顷。新增灌溉设施荔枝园 634 公顷，其中水肥一体化 456 公顷；龙眼园 272 公顷，其中水肥一体化 249 公顷。

体系荔枝示范园平均亩产 461.45 千克/亩，平均产值 5 442.43 元/亩，分别是全国平均值的 2.02 倍和 1.57 倍；体系龙眼示范园平均亩产 612.0 千克/亩，平均产值 8 954.75 元/亩，分别是全国平均值的 2.00 倍和 2.62 倍。

（二）研发进展

针对产业发展中的关键问题，以国家荔枝龙眼产业技术体系专家为主的研发团队开展了种质资源评价与品种选育、优质安全省力栽培、采后品质维持及产品深加工等相关的应用基础研究和技术研发工作。

1. 种质资源与育种

严倩等对荔枝种质资源进行评价，其中单穗雌花数量最大和最小的品种分别是妃子笑和翠香荔，受精率最高和最低品种分别是陈紫和妃子笑，最终座果率最高和最低的品种分别是增埗早黑叶和紫娘喜，为培育高受精率品种提供了种质基础。胡福初等初步明确了枝梢长度等（叶片厚度除外）7 个相关性状可作为荔枝矮化综合评价的主要形态指标。赖彪等研究认为 WPB 细胞核提取液提取荔枝嫩叶细胞核质量好，可用于流式细胞术测定荔枝倍性和基因组大小。王树军等以 GUS 基因作为报告基因，用花粉管通道法转化授粉后 24 小时的'新球蜜荔'荔枝雌花，共获得 303 株实生苗，转化率为 1.32%。

选育荔枝新品种方面，马锞等从自然实生群体中选育出优良新品种'冰荔'，其果实品质优，焦核，不易裂果，成花易，丰产稳产性好。刘伟等从增城荔枝实生变异单株中选育优质新品种'北园绿'，其果实品质优，粗生易管理，适宜在广东省中迟熟荔枝品种栽培区如粤中珠江三角洲地区种植。李发勇等将南岛无核荔引入温州市苍南县马站镇，高接到元红荔枝上，3 年后发现南岛无核荔能适应当地气候条件，2018 年最高株产达 12.5 千克，果实性状及品质接近原产地水平。

2. 成花与坐果生理

Zhang 等鉴定了荔枝生长素反应因子 *LcARFs* 基因 39 个，基因表达分析表明 *LcARFs* 参与各种发育过程，特别是花的形成和器官脱落。Xiao 等从荔枝基因组中共挖掘到 *SPL* 基因 18 个，发现 *LcSPL1* 和 *LcSPL2* 主要参与枝梢状态影响荔枝开花的过程，但不能直接调

控 *LcFT*1 的表达，而 *LcSPL*3 和 *LcSPL*10 可直接调控 *LcFT*1 的表达，但不参与枝梢状态调控荔枝开花的过程。Lee 和 Chen 调查了 10 年生的'玉荷包'荔枝的带叶花穗和纯花穗，认为带叶花穗的雌花比例低，与花穗嫩叶和侧花穗之间竞争同化产物有关。Liu 等报道了 *NACs*，*MYBs*，*WRKYs* 可能起关键的调控荔枝花序停止发育以及提早衰老的作用。Wang 等研究表明脱落酸、乙烯、生长素激素代谢以及信号转导相关的基因参与了荔枝雏形叶的衰老。张艺勇等研究认为龙眼 *TFL*1 同源基因 *DlTFL*1-1 和 *DlTFL*1-2 具有抑制花芽分化的功能，可能是龙眼的开花抑制基因。Jue 等比较了两种开花表型不同的龙眼品种，发现激素、生物钟、糖代谢和转录因子等极大不同，多数差异表达基因为光周期途径和生物钟相关基因。

Li 等发现乙烯利和环剥去叶处理显著促进荔枝幼果脱落，提出 *LcHB*2/3 通过正调控乙烯及 ABA 生成及细胞壁纤维素酶基因表达，促进荔枝落果的调控机理模型。Lai 等研究表明 *LcMYB*5 可能是通过调控花色苷合成结构基因或其互作蛋白 LcbHLH1 参与对花色苷的调控。Jiang 等研究发现 R1 类 *MYB* 转录因子 *LcRIMYB*1 与一个 *NAC* 转录因子 *LcNAC*13 互作，拮抗调控花色苷的合成。Wang 等揭示'白糖罂'荔枝易裂果可能与其含有较高的 ABA、乙烯及 JA 及较低的 IAA 和 BR 有关。Xie 等研究推断'桂味'种子发育是温敏型和自交败育型，气温和花粉源都对'桂味'种子发育表型产生影响，气温起的作用更大。

3. 养分管理

姚丽贤等调查 16~17 年生成熟期高产石硖、储良、福眼和松风本龙眼树体生物学性状，探讨养分在树体的累积和分配，结合龙眼叶片缺素和果实生长异常现象，提出建议加强龙眼 Ca、Mg、Si 和 B 营养研究。潘介春等研究报道了龙眼果园生草能增加土壤中微生物数量，提高碳、氮含量和磷循环相关酶活性，改良土壤环境，以白花三叶草为佳。

4. 病虫安全防控及机理

Ling 等首次正式报道荔枝麻点病的病原物为暹罗刺盘孢菌（*Colletotrichum siamense*）。习平根等发明了一种从固体培养基中提取荔枝霜疫霉卵孢子的便捷方法，该方法有效减少了卵孢子的收集难度，操作简单，可提高卵孢子研究的效率。Kong 等发现荔枝霜疫霉果胶裂解酶是该病原菌的致病因子，其中 PAE5 的敲除突变体的致病力显著低于野生型。Sun 等发现'黑叶'荔枝比'桂味'更抗病，转录组分析发现黑叶侵染初期部分抗病相关基因表达量更高，如受体类似激酶等。Zheng 等研究发现 1-（2-Aminophenyl）ethanone（EA）and Benzothiazole（BTH）能够直接抑制荔枝霜疫霉在培养皿上的生长和该病原菌侵染荔枝，而 α-Farnesene（AF）能够抑制荔枝霜疫霉侵染但不能在体外抑制荔枝霜疫霉生长，这意味着可能通过诱导植物抗病性从而达到抑制病原菌侵染的目的。Xing 等公布了一项发明专利，阿孙链霉菌产生的挥发性物质对荔枝霜疫霉等多种病原菌物生长抑制率达 63%~100%。Xing 等公布的另一项发明专利，粪生链霉菌产生的挥发性物质对荔枝霜疫霉抑制率达 100%。

杨光富等的两项发明专利，分别公开了含环丙基及含环烷并吡唑结构的化合物及杀菌剂，对荔枝霜疫霉等多种卵菌病原菌引起的植物病害，具有优异防治效果，甚至优于烯酰吗啉。张荣等研究表明荔枝多酚类物质抑制霜疫霉生长和产生孢子囊，具有开发新型安全生物源杀菌剂的潜力。

赵灿等研究发现短光照条件下，温度在诱导平腹小蜂进入滞育中起着至关重要的作用。全林发等研究发现胡瓜新小绥螨对荔枝叶螨卵和若螨具有一定的捕食作用，捕食的最适合温度为 28~32 ℃。

5. 采后保鲜与加工

Chen 等比较 4 个荔枝品种果实的褐变指数，货架期由长到短依次为妃子笑、井岗红糯、怀枝和糯米糍，妃子笑果皮中多种氨基酸含量显著较高。Cao 等发现间歇式微波容积加热与微波真空干燥相比，至少节省了 31% 的能源消耗，且干燥产品的接受度更高。Cao 等报道了对荔枝果肉进行超声处理可提高干燥速度，保留抗氧化剂含量，改善荔枝干的风味和贮藏品质。An 等证实 DMS、methional、DMTS、DMDS、3-甲基丁醛等物质是造成高温灭菌荔枝汁异味的主要原因。

Luo 等报道采前喷施 $ZnSO_4$ 显著降低了常温和低温贮藏下龙眼果实的腐烂率、果皮褐变率和假种皮自溶，对品质无显著影响。Li 等研究表明经 2-丁醇处理的龙眼果实果皮褐变指数、果肉自溶指数和总可溶性固形物值均低于未处理果实。Lin 等研究表明壳聚糖 Kadozan 处理能提高龙眼果实的贮藏性，并能较好地保持采后龙眼果实品质。杨婧等报道了热风—真空冷冻联合干燥，比高温、短时热风预干燥更好地保留了龙眼的色泽和外观，提高了产品的干燥效率。

黄进在黑叶荔枝果浆中加入果胶酶和酵母，用全铜精馏器蒸馏至 72%（V/V），得到香气浓郁、酒体协调的荔枝白兰地。林锋等利用不同类型糖度调节剂及酸度添加剂较好地改善了荔枝果酒的风味，并指出在荔枝果酒醇化后进行调配，果香和口感更佳。黄星源等通过控制酶解程度、二氧化硫以及新型抗氧化剂——异抗坏血酸钠的用量，调配出了色香味俱佳的低度荔枝果酒。邹颖等研究表明酵母菌和乳酸菌共发酵所得到的荔枝汁，体外抗氧化能力优于乳酸菌单独发酵，明显改善荔枝汁的风味。

6. 功能性成分研究

刘洋等报道，50~200 毫克/千克荔枝多糖可提高小鼠的血清溶血素水平、胸腺器官指数、NK 细胞杀伤活性，促进脾淋巴细胞增殖，表现出显著的体内免疫调节作用。Wu 等从荔枝种子分离纯化出一种新型均相多糖，对酵母和哺乳动物的 α-葡萄糖苷酶均具有典型的非竞争性抑制作用。Tan 等研究表明，与鲜荔枝比，干荔枝中的总酚及抗氧化活性均有明显下降，但冷冻干燥比真空和热泵干燥的效果好。涂杜等通过建立营养性肥胖小鼠模型，发现荔枝多酚对高脂饲料诱导的肥胖大鼠具有显著的减肥和增强免疫作用。肖绪华等研究表明荔枝核黄酮能减轻肝纤维化大鼠的肝损伤及纤维化程度。卢青等发现荔枝核黄酮对二甲肼诱导的大鼠结肠癌具有良好的抑制作用，且大剂量荔枝黄酮作用效果更显著。Dong 等研究表明荔枝核的茉莉酸甲酯有抗炎活性作用，可作为功能性食品的抗炎剂。

Huang 等报道，乳酸菌发酵能改变龙眼果肉多糖的理化性质，提高多糖的益生活性，另一报道指出超微粉碎辅助酶解法提取的龙眼果肉多糖，益生元活性最强。Rong 等从龙眼果肉中分离出活性多糖（LPD2），结果表明 LPD2 通过 TLR2 和 TLR4 介导的 MyD88/IRAK4-TRAF6 信号通路，部分诱导巨噬细胞活化。王诗琪等从新鲜、热风、真空、红外和冷冻方法干制的龙眼果肉中分别提取分离粗多糖，综合比较，冷冻干制肉具有较强的自由基清除能力，而热风干制肉刺激巨噬细胞 NO 和 TNF-α 生成的能力更强。程永霞发现，龙眼果汁添加植物水解酶，将蔗糖转化为低聚果糖，能调节肠道菌群的组成，调整大鼠对食物中脂类和碳水化合物的分解和消化吸收，进而改善高脂膳食代谢诱发的代谢异常。Bai 等发现龙眼果皮提取物含大量的酚类物质，其中鞣云实素对 A549 细胞系具有较强的细胞毒性。汪卓等报道，龙眼果肉提取的 12 种多酚，对抗氧化和预防血糖升高具有协同作用。李佳娜等证明龙眼核多酚对用 LPS 诱导的急性肺损伤小鼠的肺组织具有明显的保护作用。Tang 等发现龙眼皮黄酮具有抑制 α-葡萄糖苷酶的作用。

7. 果园生产机械化

庄嘉俊等提出了一种基于计算机视觉的方法来定位荔枝簇的可接受采摘点。王慰祖等利用摆锤装置研究了水果吸收的冲击能量对水果损伤程度的影响。

（国家荔枝龙眼产业技术体系首席科学家　陈厚彬　提供）

2019 年度天然橡胶产业技术发展报告

(国家天然橡胶产业技术体系)

一、国际天然橡胶生产与贸易概况

全球橡胶种植面积停止增长，2019 年全球橡胶种植面积为 1 540.4 万公顷，与上年持平，其中亚洲国家占全球橡胶面积 86.4%。2011—2013 年胶价高位时大量扩种的橡胶树开始进入开割期，全球割胶面积达到 1 136 万公顷。2019 年全球天然橡胶产量为 1 390.8 万吨，也与上年持平，亚洲占全球 90.4%，其中泰国、印度尼西亚、马来西亚和越南四国占全球 71.8%。

初步测算 2019 年全球天然橡胶出口量为 1 185 万吨，同比减少 2.0%，其中泰国、印度尼西亚、马来西亚和越南四国占 80.4%。全球进口量约为 1 197.5 万吨，其中美国 102.0 万吨，马来西亚 91.7 万吨，日本 72.0 万吨。2019 年天然橡胶价格在低迷中反复震荡，国际市场 SMR20 年平均价格为 1 407 美元/吨，RSS3 年平均价格为 1 672 美元/吨。

二、国内天然橡胶生产与贸易概况

2019 年我国植胶面积基本稳定，约为 115.6 万公顷，产量略有增加，达到 83.8 万吨。中国进口各种天然橡胶共 524 万吨，同比减少 7.4%，其中天然橡胶和混合橡胶分别为 260.4 万吨和 254.2 万吨。受国内外环境影响，中国轮胎产业运行速度放缓，天然橡胶消费量略有减少，约为 550 万吨，比上年减少 3.2%。天然橡胶显性库存保持在高位，上海期货交易所天然橡胶库存预计仍有 40 万吨，青岛保税区的库存为 53 万吨。2019 年国内全乳胶天然橡胶年平均价格为 1.14 万元/吨，比 2018 年增长 2.6%。

三、国际天然橡胶产业技术研发进展

(一) 育种领域

越南橡胶研究所通过品种试验评价 IRCA130、RRIV106、RRIV114、RRIV115、RRIV124 和 RRIV209 这 6 个品种，以 RRII208、RRIM600 为抗旱对照和 RRII105、RRIV5 为不抗旱对照，发现 RRIV106 和 RRIV114 有较好的干旱适应性。印度橡胶研究所布置的 PB255、PB280、PB312 和 PB314 品种区域试验，结果表明 PB280 仍为产量最高的品种，12 割龄干胶产量 2 162 千克/公顷，优于 PB314 (2 047 千克/公顷) 和 PB255 (2 029 千克/公顷)，PB312 (1 763 千克/公顷) 虽然速生性好，但产量低于对照品种 RRII105 (1 917 千克/公顷)，几个品种受季风性落叶病影响均较严重。此外，印度橡胶研究所还开展了种间杂交、种内魏克汉与野生种质杂交选育抗病材料的工作。

国外在橡胶树产排胶机制研究也逐步深入，其观点认为橡胶生物合成的下游存在于橡胶粒子上，而上游途径相关酶仍存在于 C-乳清中。泰国学者证明了茉莉酸和油菜素类酯对次生乳管的分化作用。马来西亚和泰国学者发现 MPKKK5 等基因参与了乳管分化。印度学者在橡胶生物合成的 MVA 途径和 MEP 途径中共鉴定到 1 314 个 SNP，可为今后分子标记辅助育种提供思路。日本科学家最近将橡胶生物合成关键酶 REF 和 SRPP 在酵母中过表达，发现阳性菌株中大量积累甾酯和三酰甘油，表明橡胶树外源蛋白可以调控酵母内源的代谢，这为进一步将酵母构建成生产橡胶的生物反应器提供了前期基础。

（二）栽培领域

国外学者分析了 10℃ 低温胁迫下 RRIM600 和 GT1 叶片基因表达差异，发现 RRIM600 为抗寒基因型，而 GT1 为耐寒基因型，受到寒冷胁迫时 RRIM600 采用了气孔关闭快、光合活性下降、CO_2 同化抑制的"回避"策略，而 GT1 在低温条件下仍具有一定的光合生产能力。

巴西、印度和法国学者对植胶初期土壤研究，认为通过采用带状等高开垦、种植覆盖等实现土壤保护性栽培，避免全面砍烧清光林地种植更有利于维护土壤。简易化施肥技术及相应配套的新型肥料成为新技术发展动态。法国、泰国等国联合研发了综合土壤碳转化、养分循环和结构维持等 12 个指标的胶园土壤质量评价指标体系，可靠性强、灵敏高且评价费用低。法国学者根据胶园肥料效用、土壤管理措施、胶树营养特性等开发出胶园养分平衡综合管理新方法，取得显著成效。

在采胶方面，斯里兰卡研发了一款产量刺激剂，初步观测可确保稳定产胶和树皮健康。柬埔寨比较 d3、d4、d5、d6 割制，结果表明 S/2 d6 采用 3.3%乙烯利年刺激 10 次，产量为 S/2 d3 的 89%，胶乳各项生理指标没有明显差异。印度推出了一款型号为 BH-RT-2000 便携式电动胶刀，但下收刀不到位，一定程度影响产量。

国外学者利用卫星信息绘制了缅甸地区包括橡胶林等多种森林类型的空间分布信息，估算了印度尼西亚 West Java 地区橡胶林的生物量，其模型具有非常高的预测精度（R^2=0.98，RMSE=1.88 吨/公顷），但其最大生物量仅有 70 吨/公顷，明显低于同类型的研究。国外幼龄胶园开展间作比较普遍，如加纳在常规幼龄胶园间作大蕉和可可，斯里兰卡通过橡胶—蓖麻—胡椒间作提高收入，马来西亚普特拉大学发现木鳖果和洋姜也可间作在胶园中。

（三）病虫害防控

国外橡胶树上发生新记录病害有 1 种，为马来西亚报道的由短毛芽孢杆菌引起的橡胶树茎干隆起病害。德国利用热点技术推断橡胶树南美叶疫病在赤道 10°范围以外的区域暴发风险较低。泰国发现疫霉菌中三个诱导细胞坏死的激发子有利于南美叶疫病病原菌的侵染，褐藻的提取物可增加其对季风性落叶病病原菌的抵抗力。法国证实了毒素蛋白 Cassiicolin 是多主棒孢的死体营养型效应子，信息素 Matsuone 证实了对橡副珠蜡蚧有较好的诱捕效果。这些为病虫害的防控提供了新的切入点。

（四）加工和机械

以泰国为代表的出口型植胶国在积极拓展天然橡胶的应用领域及下游产品市场，如开发橡胶铺路砖、乳胶医学模型教具、橡胶地板等。马来西亚吉打州首次采用"杯胶改性沥青"技术来修补港口路段约 150 米的道路，这种技术能够改善道路抵抗高温或炎热天气的能力，也增强轮胎辗压道路上的抓力。各国在开发新产品的同时，还积极开发优质、高效的天然橡胶加工技术，斯里兰卡研发了烟片胶"一天干燥"技术，尼日利亚也改造了烟片胶的干燥设备，使烟片胶的干燥时间缩短到 36 小时，同时还在探索用木薯提取液作为凝固液来凝固鲜胶乳。

科特迪瓦、泰国、越南等产胶国合作，启动了 RUBBex 国际合作项目，致力于研究和确定天然橡胶中的主要生化组分以及结构化的机理，以便优化生胶的性能。泰国、印度等国的学者开展了环氧化天然橡胶应用于环氧树脂/硫化天然橡胶的增容、ENR/CNCs 复合材料等研究。

国际上传统的硼酸硼砂防虫处理技术仍然是实木锯材改性利用的主体；印度尼西亚开发了"固雅木"，每立方米销售价格超过 1 万元；泰国生产橡胶木胶合板用单板，用于生产集装箱地板。

（五）产业经济

泰国学者使用博弈论建模技术分析天然橡胶与政府政策关系，结果表明目前的政策基于价格选择，大多是临时性的，从长远看政策应根据橡胶供应链选择更具战略意义。使用 GSADF 检验方法识别了天然橡胶价格存在 5 个泡沫，与供求失衡、小农市场效率低下、石油价格、汇率以及气候变化有关，建议政府应该识别泡沫并考虑其演变，这有利于维持天然橡胶价格的稳定。各国对胶农行为也进行了大量的调查和分析，泰国研究确认了合作社可提高家庭收入，更具竞争力。

四、国内天然橡胶产业技术研发进展

（一）育种领域

我国学者以 IAN873、天任 31-45、热研 8-79、野生种质 168 等为亲本杂交授粉，试割鉴定出产量与热研 8-79 相当的优良单株 3 株。区域性试验发现热垦 628、云研 77-4 和湛试 327-13 生势良好，平均茎围分别为 60.5 厘米、55.8 厘米和 55.7 厘米，热研 8-79、热垦 628 和 IAN873 产量较高，分别为 60.7、36.5 和 32.4 克/株·次，为对照云研 77-4 的 240.8%、144.9% 和 128.7%。对胶木兼优品种试验区持续性观测表明，2019 年产量最高的 2 个品种为热垦 508 和云研 77-4，为 88.3 千克/亩和 85.5 千克/亩，分别为对照 GT1 的 121.30% 和 117.47%；茎围最大的是热垦 508、热垦 525 和热垦 516，为 88.5 厘米、88.3 厘米和 82.0 厘米，分别为对照 GT1 的 125.0%、124.7% 和 115.9%。利用流式细胞仪对 5 729 份橡胶树种质材料进行倍性鉴定，共发现三倍体材料 20 份，四倍体 3 份，嵌合体 14 份。

我国学者对小橡胶粒子蛋白质组分析，发现大量的橡胶合成上游途径的相关酶类被鉴定，表明橡胶生物合成途径相关酶类应该以复合体形式锚定于橡胶粒子上，从而高效的完成橡胶生物合成。在规模化的功能基因挖掘和功能验证方面，我国学者也开展了大量工作，挖掘了一批与死皮、低温、橡胶生物合成途径、乳管分化等相关的靶标基因和调控基因。发现了蛋白质网的形成是乳管堵塞的关键。蛋白质网由几丁质酶，葡聚糖酶，hevein 蛋白等构成，并进一步验证了这些蛋白间的相互作用。

（二）栽培领域

我国学者发现盖草、盖膜和保水剂三种处理均能有效缓解季节性干旱对橡胶树生长的不利影响。建立橡胶树叶片光谱诊断模型，特别是对氮素的估测，能够较准确识别目标，实现叶片氮素含量的快速无损检测。此外，在胶园施肥或生物质碳对胶树、土壤和天然橡胶性能的影响方面也进行了颇多研究。

我国在"七天一刀"的示范上取得显著进展，在广东垦区超低频推广总应用株数达 312.6 万株，推广应用率达 40.2%。低频割制对胶树更安全，但过度刺激后同样会诱发严重的死皮病发生。在机械化、自动化采胶机械方面，宁波中创瀚维科技有限公司研发了全自动割胶系统，海胶集团联合北京理工华汇智能科技有限公司研发出最新一代林间智能割胶机器人。中国热带农业科学院橡胶研究所研发并定型生产了旋切式和往复式两种采胶机。云南西双版纳云疆科技开发有限责任公司也研发了一款采胶机。

植胶环境效应评估方面，我国学者研究了热带森林向橡胶园转化后，加剧土壤酸化进程和盐基离子的流失，提高有效铜和交换性铝的含量，降低交换性钙、镁和有效锌、锰、铁的含量。对海南岛植胶区研究发现生态环境质量指数增加，植胶面的扩张主要来源于指数较低的土地利用类型（如农田和未利用地）。对我国海南和云南植胶区建立了碳储量模型，启动了碳汇方法学制定。通过计算机估算出台风、寒潮灾害前后橡胶林林木参数的变化，可为量化评估灾害影响提供数据支持。国内除在幼龄胶园开展间作外，对全周期胶园间作模式也进行了深入研究，结合特定品种，通过宽窄行设计，间作肾茶、大叶千斤拔、砂仁、玫瑰茄、魔芋等。

（三）病虫害防控

国内报道了 *Alternaria yunnanensis* 七种感染橡胶树的新记录病害菌。炭疽菌证实有三个优势种，即 *C. siamense*、*C. fructicola* 和 *C. wanningense*。发现我国棒孢霉落叶病仅存在 Cas2 和 Cas5 这 2 种毒素类型，其中 Cas5 为优势基因型，棒孢霉落叶病对相关产业的综合风险值为 2.30，属于高度危险。开展了红根病的生物学特性及室内毒力测定，显示戊唑醇、嘧菌酯、十三吗啉等对红根病药效较好；筛选到一株对橡胶树褐根病具有较强抑制作用的放线菌，并优化了发酵条件；六点始叶螨室内药效试验，25%阿维菌素·螺螨酯悬浮剂最为高效，4 天防效达 99.5%以上；橡副珠蜡蚧田间防效试验表明，爱本悬浮剂 1 500~2 500 倍、毒死蜱 800 倍可作为防治药剂。除日本食蚧蚜小蜂外，优雅岐脉跳小蜂也证实是橡副珠蜡蚧的有效寄主。小蠹虫的信息素提取及诱捕也有阶段性进展。

（四）加工和机械

随着 20 号胶的上市，国内生产出现以凝标胶替代全乳胶的趋势，同时浓缩胶乳低氨及无氨保存技术开始成功应用于乳胶寝具生产，各类自动化加工生产线不断被研发推广以提高生产效率，节省人工及成本。齐鲁交通材料技术开发公司研发的环保稳定型橡胶沥青在青兰高速项目（东阿至聊城段）完成试验段铺设。

我国学者采用光学重构显微技术首次实现对天然橡胶中蛋白质和磷脂的特异性标记，为后续研究非胶物质参与形成天然网络奠定了基础，初步探明了蛋白质参与天然网络的能量耗散机制，及其对疲劳性能的影响。国内对环氧化天然橡胶的应用研究已形成一股热潮，制备了聚乳酸/环氧化天然橡胶/纤维素纳米晶共混物、水滑石（LDHs）/环氧化天然橡胶/丁苯橡胶气体阻隔复合材料等。

我国学者目前研究的热处理橡胶木技术受到企业热切关注，该技术生产的板材具有环保、抗粉蠹虫和尺寸稳定的特点。

我国完成成套胶园田间管理机械，包括开沟施肥机、胶园除草机和胶园喷药等设备的研制。在初加工机械方面，提出了完整的打包工艺流程和总体控制方案。

（五）产业经济

在当前胶价低迷情况下，我国目前实行的天然橡胶"保险+期货"、价格保险等金融扶贫方式，发挥了一定的保障作用。通过期货市场研究，指出在中美贸易摩擦的背景下，天然橡胶的潜在产能仍然过剩，难以支撑天然橡胶价格向上，轮胎产量增速下滑，轮胎出口进一步受阻，橡胶价格在短期之内难以形成大逆转。

在走出去方面，广东、海南、云南三大农垦迈出了坚实的步伐，在"种植起步-加工为主"和"种植为主-加工配套"两种模式下，结合当地政府政策导向，开展国际合作。学者分析了海胶海外并购发展战略，探索了公司的核心竞争力及并购新加坡R1公司对本公司股价波动影响。

（六）主要问题及技术建议

1. 主要问题

当前产业面临最大的问题是价格持续低迷，且近几年内很难回弹，产业比较效益下降，收入下降，生产要素投入不足，胶工短缺问题加剧，出现"弃割""弃管"、砍胶改种其他作物的现象，产业可持续发展受到影响。目前国际形势错综复杂，美国贸易保护主义抬头，也给产业发展增加了许多不确定因素。作为世界最大的天然橡胶消费国，我国天然橡胶产能严重不足，进口量逐年增加，进口依赖程度保持高位，国际市场话语权、影响力和控制力不能与之匹配等。充分利用他国优越的环境条件，实现传统要素的跨国流通，实现产能的提升，布局和控制天然橡胶产业链增值的关键环节，增强掌控力是重要途径之一。对国内而言，应充分发挥科技作用，推动产业可持续发展。

2. 技术建议

通过技术引进和自主创新相结合的方式，进一步加强土地、劳动力要素型技术的创新与推广，对资本增强型与资本偏向型技术的开发与应用。一是推进种质资源创新，培育抗性强、耐刺激、高产高质的新品种。二是进一步研究适应土地状况的高效轻简栽培模式，多元复合肥的配比与应用，探索林下资源高效利用技术。三是加快新型割制及其配套技术的研发与推广应用。四是加强机械化应用研究，包括采胶设备、田间管理设备、加工设备等，提高产出效益。五是加强橡胶生产加工的生态技术研发，推广橡胶林多目标分类经营模式，加强水利、交通等设施建设，改善生产环境。六是提高技术的产业化应用程度。

此外，加强市场研究，注重市场开发与品牌建设，一是发掘涉胶产品潜在需求，做好产品研发，提供高质量的多样化涉胶产品。二是通过技术提升发掘利用天然橡胶产品性能，提高价值与需求量。三是加大天然橡胶企业和产品的品牌建设，提高市场知名度和竞争力。

（国家天然橡胶产业技术体系首席科学家　黄华孙　提供）

2019年度牧草产业技术发展报告

(国家牧草产业技术体系)

一、国际牧草生产与贸易概况

(一) 国际牧草生产

美国牧草收割面积2019年有所下降,但总产量和单位面积产量有所上升。2019年美国牧草总收获面积5 242.5万英亩(1英亩=4046.86平方米,全书同),比2018年下降0.78%;单位产量为2.46吨/英亩,比2018年上升5.13%;牧草总产量为12 886.4万吨,其中苜蓿产量为5 487.5万吨,其他牧草产量7 398.9万吨,分别比2018年上升4.23%和4.26%[①]。

2018年美国牧草价格小幅上扬。国际牧草价格总体保持上涨态势。2019年美国牧草平均价格为167美元/吨,同比上涨2.00%;苜蓿平均价格为185美元/吨,同比上涨5.47%[②]。

(二) 国际牧草贸易

国际草产品贸易量小幅下降,贸易价格止跌回升。2018年国际牧草贸易量为1 016万吨,同比减少2%;贸易价格为278美元/吨,同比上涨8%。苜蓿粗粉及颗粒的贸易量由135万吨减到130万吨,同比减少2%,贸易价格由246美元/吨涨至260美元/吨,同比上涨6%;其他干草的贸易量由904万吨降至886万吨,同比减少2%,贸易价格由260美元/吨增至281美元/吨,同比上涨8%。

国际草产品出口国主要集中在北美洲和欧洲,进口国主要集中在亚洲。美国、澳大利亚、西班牙、加拿大、意大利是主要出口国,2018年五国的出口量约占世界总量的85%,占比分别45%、16%、13%、6%、5%。日本、中国、韩国是主要进口国,2018年三国的进口量占比为59%左右,占比分别为26%、20%、13%[③]。

二、国内牧草生产与贸易概况

(一) 国内牧草生产

一是生产稳步增长,结构继续优化。2019年,"粮改饲"、草牧业、振兴奶业苜蓿发展行动继续推进,牧草生产形势总体向好。苜蓿、青贮玉米的重视程度提高,积极推广种植优良的燕麦草、黑麦草、甜高粱、皇竹草等。

二是加大惠草支持,创新发展模式。部分区域逐步完善牧草发展的资金、技术、保险等政策支持,内蒙古继续将牧草列入绿色通道范围。积极探索小规模家庭式结合型、"公司+农户"型、特殊生态区域种养结合型等模式。

---

① 资料来源:美国农业部
② 资料来源同上
③ 资料来源:comtrade数据库计算

三是强化科技支撑,推广机械良种。加强乡土草种保育体系、退化草原生态修复标准体系建设,积极推进牧草新品种选育和推广实用技术,并重视推广牧草良种,提升牧草产业的机械化水平。

四是生产效益提升,脱贫效果显著。牧草生产效益总体利好,部分地区把发展牧草产业与精准脱贫紧密结合,带动农民通过种草提升经济效益和增加收入。

(二) 国内牧草贸易

牧草产品总进口量进一步减少,燕麦草进口量大幅下跌。2019 年,我国草产品进口总量为 166.60 万吨,同比减少了 2%。其中:苜蓿干草和燕麦草进口 163.62 万吨,占比 98%,同比减少 2%;苜蓿粗粉及颗粒进口 2.98 万吨,占比 2%,与去年同期基本持平。

国际草产品供给短缺,进口草产品价格大幅上涨。受气候影响,国际主产国牧草减产,国际草产品供给短缺,草产品价格大幅上涨。2019 年,苜蓿干草平均到岸价格 338 美元/吨,同比上涨 5%;燕麦草平均到岸价格 358 美元/吨,同比上涨 33%;苜蓿粗粉及颗粒平均到岸价格 266 美元/吨,同比上涨 2%[①]。

三、国际牧草产业技术研发进展

(一) 牧草资源、牧草育种、种子生产

截至 2019 年,俄罗斯瓦维洛夫植物遗传资源研究所牧草基因库保存有牧草及饲料作物资源累计 29 877 份,共涉及 213 个属,516 个种,其中豆科 14 971 份,禾本科 11 965 份,其他 2 941 份,苜蓿共有 54 个种,4 962 份资源。2019 年,美国共审定禾本科品种 85 个,审定苜蓿品种 71 个,其中 21 个品种使用转基因抗除草剂材料作为育种材料。

目前国际牧草育种领域的研究热点是综合运用基因组、蛋白组学等方法开展产量、品质等重要基因资源挖掘与多基因聚合。美国、欧盟国家、加拿大、新西兰、阿根廷等是主要的草种子生产地,新型生长调节剂、新型除草剂、遥感以及人工智能等新技术逐渐在草种子生产中普及。紫花苜蓿切叶蜂授粉技术可以使种子产量达到 900 千克/公顷。美国俄勒冈州一年生黑麦草平均种子产量已达 2 080 千克/公顷,多年生黑麦草的平均产量已达 1 600 千克/公顷。

(二) 牧草栽培及田间管理与草地稳产

近年来,国际上对草田轮作技术中免耕后茬作物对土壤养分在时间序列上的影响及生态经济效益的关注颇多,研究发现利用粮草在时间和空间上的协同可间接消除土壤污染;利用覆盖作物和间作等种植制度在时间和空间上的多样化,能够增加作物产量的稳定性,从而削弱气候变化对食物安全的威胁。在农牧结合方面,可通过作物-饲草料轮作增加农作物和家畜的生产力,增加土壤碳库储量,减少环境污染,实现可持续的农业生产。在栽培草地放牧利用与草地动物多样性保护上,提倡以林(灌)草结合来提高土地当量比,维持物种丰富度和多样性,同时为动物提供栖息和活动场所,提高草地的可持续性。另外,国际上对牧草栽培管理的基础研究不断深入,不同植物间的检测识别和化感应答策略的进一步成果,有助于理解粮草种植模式的互作机理,同时对指导科学种植管理有重要意义。

---

① 资料来源:中国海关统计

（三）病虫草害防控技术

2019年国际上对苜蓿丝囊霉根腐病（*Aphanomyces euteiches*）的研究较多，发现根腐丝囊霉分泌的小蛋白会影响寄主核酸，进而成为致病的主要因子；不同卵孢子特性在侵染循环中起重要作用；链霉菌（*Streptomyces*）可有效防治由该菌引致的豌豆根腐病。在牧草害虫方面，蛋白组学研究揭示了苜蓿抗蚜的分子机理；确定了蚜虫蜜露对生物控制苜蓿象甲的数量空间效益；完成了斑蚜核糖体全基因组测定；RNA序列分析结果显示丛枝菌根真菌（*Rhizophagus intraradices*）可促进苜蓿防御苜蓿豆蚜。在牧草杂草方面，Triolet等分析了自1979年至2018年发表的277篇用真菌防治杂草的文章，指出在美国和加拿大有12种试剂已生产与市场销售，中国和南非各有一种，显然使用生物防治杂草更符合生态环境和可持续发展。在牧草病虫草综合方面，美国国家苜蓿与饲草联盟（National Alfalfa & Forage Alliance，NAFA）每年发布一份苜蓿育成品种的越冬、秋眠和抗病虫害分级《Winter Survival, Fall Dormancy & Pest Resistance Ratings for Alfalfa Varieties》，2019年共发布了184个苜蓿品种。

（四）牧草机械研发

2019年，国际牧草机械的研发聚焦于信息化、自动化和数据的互联互通，牧草机械的智能化水平得到进一步提升。在牧草收获方面，德国KRONE研发出F400 CV折叠式易切割割台，在斜坡和弯道驾驶中使用前/后和蝴蝶式割草组合时具有更大工作宽度，同时便于道路运输。在牧草打捆方面，美国JOHN DEER研发出大型打捆机智能减震装置，可根据GPS接收器中加速度传感器的信号和拖拉机内部的信号，调整打捆机的脉冲频率以减低震动水平；KRONE公司设计的方草捆自动拆包装置，可自主切割捆绳，并将捆绳拉出存放。在机械控制系统方面，德国CLAAS研发的CEMOS系统，可根据牧草收获情况自动调整输出功率到最佳水平，避免发动机功率过分消耗，最高节省的柴油消耗达15%；尼德兰CNH Global研发的拖拉机打捆机控制系统可根据不同的牧草打捆机，对悬挂前桥的定位进行调整，从而减少平均15%的驾驶室震动，并减少12%的燃料消耗。

（五）牧草加工利用技术

2019年度，国际上主要针对牧草收获方面展开不同品种、不同收获时期牧草营养物质含量和产量的动态变化研究。在牧草收获方面，加拿大学者提出了混播草地适宜收获时间建议；澳大利亚学者采用线性混合模型（LMM）对多花黑麦草的干物质产量进行了季节预测；沙特阿拉伯的学者发现苜蓿调制过程中搂草作业造成的损失最大，占总损失量的六成，其次为刈割压扁环节，相对而言捡拾打捆造成的损失最小。在牧草加工方式方面，生物活性物质如乳酸菌分泌的抗菌物质在青贮过程中的功能、苜蓿青贮过程皂苷含量、结构变化也引起关注。在草食畜产品生产方面，美国通过全草、放牧、无抗养殖的方式来生产优质畜产品；日本实施土—草—畜资源循环型畜牧业，生产优质畜产品。

四、国内牧草产业技术研发进展

（一）牧草资源、牧草育种、种子生产

2019年，我国国家牧草种质资源库新增草种质材料1 800余份，累计保存种质资源4.1万份，研究人员从生物学特性、重要农艺性状、生产性能、遗传多样性等方面对主要草种的种质开展了评价鉴定。我国审定通过25个草品种，包括育成品种8个（其中苜蓿品种2个）、引进品种4个、野生栽培驯化10个、地方品种3个，目前已累计审定草品种

584个。牧草种子扩繁的种类仍以苜蓿、老芒麦、披碱草、杂交狼尾草等多年生饲草和饲用燕麦、美洲狼尾草等一年生饲草为主。2019年种子田中仅有苜蓿和饲用燕麦的面积有增加，饲用燕麦的平均种子产量相对稳定，且种子产量呈现小幅增长的趋势，甘肃河西地区苜蓿种子产量可达48千克/亩，种子高产潜力大。种植企业和农户逐步认识到国产苜蓿、饲用燕麦品种在适应性、丰产性方面的优势，种植面积不断扩大，例如，中苜系列、龙牧系列、公农系列已成为黄淮海、东北地区的当家苜蓿品种。另外，我国科学家发现并首次命名5个海南特有莎草科牧草新物种；首次公布鸭茅的高质量参考基因组；开展了苜蓿杂交种联合选育研究；对紫花苜蓿等牧草重要功能基因进行了研究和分析。

（二）牧草栽培及田间管理与草地稳产

2019年，我国围绕牧草多元复合种植系统及农牧系统耦合，针对牧草产业化栽培管理中的技术难题开展了进一步研究，在提升草地生态生产潜力的技术与理论方面进展较大。

针对我国高纬度沙地苜蓿生产中的越冬问题，研发和推广了品种抗寒性分级和秋眠级选择标准、最佳刈割制度、以及越冬水、返青水灌溉定额等技术参数，提出了苜蓿越冬水肥管理对策，制定了《半干旱区沙地节水灌溉苜蓿越冬管理技术规程》和《沙地灌溉苜蓿刈割制度技术规程》，建立示范田2.65万亩，越冬率提高16.2%，平均增产达45.9千克/亩。

针对黄淮海平原区夏季高温高湿，苜蓿生长缓慢，病虫害严重，夏季套作玉米，苜蓿容易死苗和减产等卡脖子技术问题，研发和推广了调整氮肥和套作玉米密度的改进技术方案（120千克/公顷+玉米密度4.5万株/公顷），实现了套作两年后苜蓿前两茬生物量达单作全年产量90%、套作玉米生物量达单作83%、土地当量比达1.65的技术效果。同时，也研发提出了粮改饲"饲用小黑麦复种青贮玉米"替代"冬小麦复种夏玉米"模式，成本较冬小麦复种夏玉米投入减少350元/亩，年纯效益增加400元/亩以上。

针对黄土高原西北旱作区肉牛养殖中严重缺少优质饲草的短板问题，研发和推广了青贮玉米与高丹草精准间作的技术模式，可显著提高饲草产量、质量和土地当量比。相对于单作，间作青贮玉米和间作高丹草的增产率分别达19.3%和21.2%，对间作系统的增产贡献率分别达47.8%和59.6%，土地当量比达1.2，间作青贮玉米粗蛋白含量和产量分别比单作青贮玉米提高3.83%和22.34%，粗蛋白产量比单作高丹草提高15.04%。

在我国各区域全面开展了放牧型混播草地建植与利用技术模式集成，起草了《三叶草型栽培草地建植与利用技术规范》《苜蓿型混播草地建植与利用技术规范》《栽培草地家畜优化配置技术规范》三个行业标准并报送畜牧标委会，在不同区域建立示范总面积2.19万亩，探索了草畜一体化栽培利用模式。宁夏南部山区苜蓿+鸭茅混播草地放牧安格斯肉牛，养殖成本降低1 650~1 980元/头，利润提高50%以上，而且放牧时间越长的母牛，难产率越低，犊牛健壮程度越好；内蒙古阿鲁科尔沁旗苜蓿+无芒雀麦+披碱草混播草地，较苜蓿草地干物质提高560千克/亩，示范户放牧肉牛增收360元/亩；河北廊坊苜蓿+苇状羊茅混播草地放牧肉羊，可承载育肥羊3只/亩，总增重90千克/亩，净收益新增1 500元/亩；甘肃定西红豆草+无芒雀麦混播草地放牧肉羊，饲养成本较舍饲降低275元/只，利润由190.8元提高到308.4元；重庆涪陵黑麦草+鸭茅+三叶草+苜蓿混播草地放牧山羊，相较舍饲出生重增加10.8%，6月龄体重增加

22.5%，家畜抗病能力显著提高。这些模式的应用，建立了一种全新的低成本集约型草牧业生产模式。基于此，向《人民日报》内参提交了《从国家层面大力发展栽培草地畜牧业》的建议，并获得了国家领导人的批示。

（三）病虫草害防控技术

在牧草病害方面，2019年本产业及时发现在甘肃张掖和金昌发生检疫性苜蓿黄萎病，并建议当地草业主管部门和检疫部门铲除。确定了各地最重要的病害，其中新疆以苜蓿白粉病为主，内蒙古以小光壳叶斑病为主，黑龙江、宁夏、陕西和河北以炭疽病为主，而云南以春季黑茎病为主。针对不同病害，本年度向种植户推荐国内外已有的抗病虫品种，如甘农9号苜蓿抗蓟马，中兰1号苜蓿抗苜蓿霜霉病，目前正在开展苜蓿抗病虫性品种筛选与育种。在牧草虫害方面，通过研制的方法计算得出田间蚜虫混合种群防治经济阈值为37头/百枝条，蓟马混合种群防治经济阈值为414头/百枝条，飞蝗防治经济阈值为0.5头/平方米。在杂草防除方面，研发了水稻和黑麦草复种防除技术，确定了芨芨草防除方法，提出防除高龄芨芨草最佳施药时期为返青期，最佳除草剂种类为12.5%烯禾啶EC+15.8%精喹禾灵EC，剂量为112.5克/公顷+15.8克/公顷。对苜蓿播种方式与杂草的关系研究中，垂直播种有助于杂草防除，同时可增产734.10千克/公顷，苜蓿品质改善。

（四）牧草机械研发

2019年，我国牧草机械的研发主要集中在牧草种子处理、牧草补播、牧草收获和草产品加工等方面。在牧草种子处理方面，创新设计了大气压下介质阻挡放电处理装置关键结构部件，成功研制了组合式电源环形和输送带式低温等离子种子处理机。在牧草播种和补播方面，研发并示范推广"倒T"形开沟器的播种机械，极大提高了补播苜蓿的出苗率，起草了《栽培草地机械化免耕建植作业技术规范》一项行业标准并报送。在牧草收获机械方面，针对具有较高收获难度的狼尾草属牧草的高杆禾草收获机研制成功，通过对具有四排对称式粉碎割刀的滚筒切碎装置结构参数优化，改善了青贮机切碎效果，9GQZ-2.0型高杆禾草青贮收获机通过检测。在草产品加工方面，针对狼尾草属牧草饲前机械加工技术需求，设计了小巧简洁的多功能牧草铡切机，加工用底筛的更换更加方便，可进行饲草铡切、揉搓、粉碎及打浆，实现了一机多用。另外，新型牧草烘干技术与装备得到区域性示范作用，在青海门源对饲用燕麦草实现了快速干燥。

（五）牧草加工利用技术

2019年，牧草加工利用领域主要围绕现有技术集成和牧草产品提质增效展开。在收获方面，利用不同品种苜蓿的生育期差异，探索不同品种苜蓿匹配种植技术，以较少的设备投入，实现较大面积苜蓿高品质收获。在干草加工技术方面，主要技术有防雨淋苜蓿库房干燥技术，暨将含水量为18%~20%的苜蓿低密度草捆转移到库房堆垛，采取通风措施，继续干燥，使水分降低至15%以下，使之安全贮藏。在青贮技术方面，加工者在青贮添加剂研制领域更加关注添加剂的功能，如从抗菌、降解纤维素等角度出发，筛选乳酸菌及混合菌剂作为添加剂；在牧草安全加工方面，为降低牧草中霉菌毒素含量，开发了枯草芽孢杆菌作为添加剂，成功将黄曲霉毒素含量降低至8.56微克/升，也可以使用臭氧降解牧草中的霉菌毒素。在牧草利用方面，主要集中在研制含有优质牧草的混合日粮配方上，优化日粮中优质牧草的种类及添加比例，提高家畜生长和繁殖性能、提高畜产品的生产效率和品质。此外，在南方丘陵地区，人们采用放牧加舍饲的牧草利用模式，利用当地较为丰富的栽培草地资源进行放牧,并使用混合日粮进行补饲,形成一种高效利用草地资源的生态草牧业模式,以降低养殖过程中的饲料成本并生产绿色有机畜产品。这些体系成果已以2项《草饲家畜生产规范》《草饲畜产品——牛肉 羊肉》的行业标准报送畜牧标委会。

(国家牧草产业技术体系首席科学家　张英俊　提供)

2019 年度生猪产业技术发展报告

(国家生猪产业技术体系)

一、国际生猪生产与贸易概况

1. 生产概况

2019 年全球猪肉总产量达 1.06 亿吨，同比下降 6.2%，主要原因是由于非洲猪瘟（ASF）在几个主要猪肉生产国如中国、菲律宾、越南等爆发所致。预计 2020 年猪肉产量比 2019 年下降 10%。

美国：受屠宰体重增加等利好因素影响，2019 年猪肉产量为 1 251.6 万吨，比 2018 增长 4.8%。预计 2020 年产肉量将增长近 4% 达 1 301.5 万吨。

加拿大：加拿大猪肉产量维持平衡，2019 年猪肉产量为 200 万吨，母猪存栏和仔猪产量都略有提高。预计 2020 年猪肉产量为 205 万吨。

巴西：因经济持续复苏、饲养成本较低、价格上涨及猪肉出口亚洲等利好因素，巴西养猪业持续强势增长，2019 年猪肉产量达到 397.5 万吨。预计 2020 年猪肉产量增长 5% 至 415.5 万吨。

欧盟：受出口强劲影响，2019 年猪肉总产量为 2 412 万吨，与 2018 年持平。预计 2020 猪肉总产量增长 1% 至 2 440 万吨。

俄罗斯：受资金投入和企业重组、生产水平提高、强劲国内需求等利好因素的作用，近年来持续强势增长，2019 年猪肉产量达到 324 万吨，同比增长 2.7%。预计 2020 猪肉产量达 333 万吨。

2. 贸易概况

根据美国农业部的估计数据，2019 年，世界猪肉进口总量 897 万吨，同比上升 13.45%。世界主要猪肉进口国的猪肉进口数量均有所上升，中国为第一大猪肉进口国，为 260 万吨，同比上升 66.56%，占全球进口量的 28.97%。日本进口量为 151 万吨，同比上升 1.96%，居全球第 2 位，份额达到 18.72%。墨西哥进口量 122.5 万吨，同比上升 3.11%，占全球份额为 13.65%。韩国进口量为 70 万吨，同比下降 7.04%，占全球的份额为 7.80%。中国香港进口 35 万吨，同比下降 17.26%，占全球份额 3.90%。

从猪肉出口情况来看，世界主要猪肉出口对象欧盟、美国和巴西的猪肉出口量均有所上涨。2019 年欧盟猪肉出口量为 345 万吨，同比上升 17.59%，占全球 36.69%；美国出口量为 298.5 万吨，同比上升 12.01%，占全球 31.75%；加拿大出口量为 131.5 万吨，同比下降 1.20%，占全球 13.99%。巴西猪肉出口 2019 年有较大幅度上升，出口量为 87.5 万吨，同比上升 19.86%，占全球 9.31%。2019 年中国的猪肉出口有较大幅度下降，为 13 万吨，同比下降 35.96%，占全球 1.38%。

二、国内生猪生产与贸易概况

1. 生产概况

2019年我国生猪出栏54 419万头,猪肉产量4 255万吨,同比下降21.6%和21.3%;年末生猪存栏31 041万头,同比下降27.5%。根据农业农村部全国监测点数据,年末可繁母猪存栏同比下降49.33%(与2018年7月相比),约为2 035万头。

2. 贸易概况

根据中国海关总署数据,2019年全年鲜、冷、冻猪肉进口量为210.83万吨,同比上升76.75%;2019年1—11月累计冻猪杂碎(包括冻猪肝和其它冻猪杂碎)进口量为91.53万吨,同比上升3.53%,预计全年累计冻猪杂碎进口量为100万吨左右,同比上升4%左右。

三、国际生猪产业技术研发进展

1. 遗传改良

2019年度国际生猪产业遗传改良领域主要集中在人工智能、大数据、基因组选择等育种应用技术及繁殖技术等方面。通过人工智能及大数据分析,对猪健康、福利、生产性能及遗传特性进行预测,可提高生猪生产效率及种猪遗传性能。通过使用机器学习技术,在很大程度上可预测生猪达到120千克出栏体重的具体时间。英国的一项发表在 Plos One 的研究显示,一个包含3D摄像机的高科技系统可以帮助养猪户发现猪咬尾巴的早期预警信号。

基因组选择是猪育种的重要应用技术。2019年度,除常规的猪基因组选择应用策略研究外,国际上有研究团队对猪杂交个体信息的基因组选择开展研究,以更有效地利用全产业链的遗传信息及表型记录,提高纯种选育的准确性加速其遗传进展,同时更好地预测杂种个体表现,利于高效生产管理决策。国际期刊如《Frontiers in Genetics》开辟杂交猪基因组学相关专题。

2. 营养与饲料

围绕营养与母猪繁殖性能及泌乳能力的关系开展研究,主要聚焦在环境、饲粮中营养物质或功能性饲料原料和添加剂对母猪繁殖性能及后代发育的影响,为集成提高母猪生产效率的营养技术方案提供理论基础。主要包括环境及健康应激对母猪生理的改变及新营养平衡的调整;母猪功能性饲料添加剂开发和利用;粗蛋白、能量等营养素对母猪维持和生产需要量的研究;围绕提高母猪产仔数、仔猪成活率以及母猪泌乳力,开展饲料原料能量和功能性氨基酸的研究;母猪营养、胚胎和新生仔猪程序化对出生后生长和饲料利用率的影响等。公猪营养方面重点集中在抗氧化营养物质改善公猪繁殖性能,精液的保质储存,以及精子DNA的完整性影响因素。

精准营养主要集中在低蛋白日粮下氨基酸组成、营养与免疫等方面研究。饲料营养价值评定方面主要开展了关于功能性添加剂如抗氧化剂、抗菌肽的效果评价研究。生长育肥猪营养与管理研究主要涉及猪营养需要、饲料营养价值评定、饲料资源开发利用、猪肉品质营养调控、营养与健康、养殖污染减排等。开展了生长育肥猪的能量、氨基酸、钙和磷、微量元素和纤维需要量的研究,热应激和免疫系统刺激影响猪的营养需要,中性洗涤纤维是预测生长猪饲料消化能的最佳自变量。饲料资源开发利用包括玉米浓缩蒸馏可溶物、黑麦、高赖氨酸高粱、高蛋白干酒糟、黄粉虫幼虫粉等。

3. 疾病防控

2019年，非洲猪瘟（ASF）成为世界范围内广泛流行的猪病，疫情涉及欧洲、亚洲和非洲的27个国家，其中欧洲12个，亚洲10个，非洲5个；除非洲猪瘟外，猪瘟（CSF）疫情呈现上升势头，涉及日本、巴西和俄罗斯；无猪口蹄疫疫情；猪繁殖与呼吸综合征的发生和流行总体平稳，但丹麦出现新的猪繁殖与呼吸综合征病毒流行毒株，是由两个减毒活疫苗毒株重组产生的新病毒，致病性很强，涉及丹麦的35个猪场。据此，丹麦宣布禁止使用猪繁殖与呼吸综合征减毒活疫苗。

猪用疫苗方面，生物安全控制是采取的主要措施，疫苗应用极少或受严格限制。猪繁殖与呼吸综合征、猪流感等猪病的新型疫苗仅限于实验室研究。2019年，非洲猪瘟疫苗的研究成为热点领域，西班牙、美国、英国等国的研究机构均在尝试非洲猪瘟病毒基因缺失活疫苗、重组活载体疫苗、亚单位疫苗，但因安全性、效力、产业化生产等问题难于向前推进。

在猪诊断技术方面，PCR、RT-PCR、抗体检测ELISA试剂盒、胶体金试纸条等广泛用猪病的诊断与监测，商业化程度越来越高。

4. 生产与环境控制

生产工艺与智能化技术方面，应用一种堆叠式神经网络，可以从时态数据中自动获取商业猪场咬尾、结垢和腹泻等，用于评估动物福利指标特征。利用红外热成像技术评估猪只体表温度，二维成像系统自动对群养猪的侧卧和俯卧姿势进行监测评分，商业猪场条件下躺卧行为分类准确度为94.4%。

猪只福利方面，提供秸秆的圈舍，猪只耳部运动频率（$P=0.005$）、过激行为频率和持续时间（$P=0.013$和$P=0.0004$）、刻板活动频率和持续时间（$P<0.001$和$P=0.01$）均显著低于对照组，但对于积极情绪指标（摇尾）影响不明显。提供少量稻草，可减少猪只皮肤损伤，仔猪行为影响不大。长期高温环境（33℃）对猪只胆固醇代谢产生影响，但不会造成组织损伤。

猪场废弃物处理技术主要在开发应用养分平衡综合决策支持系统软件、开发和改进畜禽粪便运输/利用，以及动物尸体堆肥处理技术及设备等方面。日本等国在粪便焚烧以及后续处理技术方面投入大量研究精力。资源化利用方面，欧美等发达国家主要集中在猪场粪污种养结合的水体、土壤及生物安全等环境效应研究等。

5. 加工技术

2019年，干细胞培养人工肉无疑是最主要的研究热点。在冷却猪肉加工技术领域，主要研究方向包括宰前应激对不同部位肉品质指标的影响及机制、烫毛工艺对毛囊结构和打毛效果的影响、猪胴体冷却和冷链运输过程中冷库内的风速、温湿度及猪胴体表面微生物菌落总数时空变化规律等。为减少人为干预，研发基于机器视觉的猪胴体雾化喷淋装置自动控制系统。在猪肉制品加工技术领域，主要研究方向包括冰鲜猪肉近冰点的检测方法和猪肉冰点保鲜技术、干腌火腿中内源酶活性、蛋白降解、滋味物质等的变化规律、低温慢煮和电磁感应加热技术、肉冻和猪肚加工新技术等。

6. 产业经济技术

猪肉价格走势分析和生产效率分析仍是2019年研究的重点，尤以中国猪肉价格的相关分析是研究焦点。Xiaoxia Dong 等认为猪肉价格与生猪价格、猪肉价格与鸡肉价格及猪肉价格与其它农牧产品价格的影响机制研究及相关分析有非常重要意义。Brown 认为中国生猪生产政策的变动是中国生猪价格波动状况的主要影响因素。Tamara Rudinskaya 分析了捷克猪肉市场中农场、加工厂和消费者（零售）价格关系的特点。Ming Wang 认为，从农业综合经营的角度来看，生猪的市场价格反映了当前的需求，根据短期预测的经验，推荐的算法是 Arima 算法。对于未来价格推算，建议除考虑历史价格外，还要考虑养殖区域、运输成本、市场位置、猪肉加工成本和零售价格指数等因素。Kress 和 Verhaagh 针对德国即将采用阉割公猪的可追溯系统的影响进行分析，认为公猪和阉割后公猪在生产效率上要小于母猪，如果德国采用公猪可追溯体系，公猪出栏价格将会大幅降低，对市场造成不利影响。

四、国内生猪产业技术研发进展

1. 遗传改良

2019 年度，国内生猪产业遗传改良领域技术研发主要体现在基因组选择技术、功能基因组、表型组智能测定等方面。基因组选择方面重点包括参考群与选择平台构建、基于"芯片+测序数据"开展基因型填充、基于混合参考群的联合评估等。功能基因组重点针对肉质、繁殖、抗病等复杂性状关键功能基因挖掘，对肌内脂肪含量、风味、多汁性等关键肉质性状的遗传机制进行系统解析，创制了抗蓝耳病、抗腹泻等育种素材。此外，通过对我国不同区域地方猪遗传资源特性的深度挖掘，解析了不同地方猪适应性、中西方猪种的基因渗透等遗传机制。随着 5G 技术的应用，应用图像、AI、大数据等技术，对种猪的行为、体重、疾病表观特征等进行无接触式表型智能测定与记录，成为今后遗传改良的重要方向。

2. 营养与饲料

面对非洲猪瘟、饲料全面禁抗的压力，2019 年，国内的营养与饲料研发工作重点集中在营养与健康、无抗营养技术。围绕营养素与猪健康、生长和繁殖的关系展开，探讨了抗生素替代制剂对猪生长和健康的影响等方面的功效；开展饲喂技术特别是发酵、酶解、液态饲喂工艺与新产品研究，结合饲料加工和饲养工艺改进，为研究集成提高猪群健康和无抗养殖技术方案提供理论和实践依据。

母猪营养方面，主要是集成提高母猪繁殖性能的营养方案，母猪精准营养与生物安全防控和节能减排等方面。公猪营养方面，主要包括利用营养物质供给改善公猪繁殖性能、氨基酸类和微量元素类营养物质成为主要研究关注点。围绕饲料原料营养价值评定和原料评价，评价了大豆产品、小麦、高粱、玉米胚芽粉、喷雾干燥的 L-缬氨酸、玉米皮发酵饲料、左旋肉碱和甜菜粕、无抗发酵饲粮等主要饲料原料和饲料添加剂的营养成份。生长育肥猪营养方面研究主要涉及猪营养需要、饲喂模式、饲料营养价值评定、饲料资源开发利用、猪肉品质营养调控、营养与健康、养殖污染减排等。

3. 疾病防控

2019 年，非洲猪瘟在我国继续扩散与蔓延，呈现疫情涉及范围广的特点，给生猪产业造成的经济损失巨大。累计报告疫情 64 起，其中生猪疫情 62 起、野猪疫情 2 起。疫情涉及 20 个省（直辖市、自治区）。猪繁殖与呼吸综合征总体平稳，感染与流行强度呈现减弱趋势。但阳性猪场和实施减毒活疫苗免疫的猪场，因引种或购进猪只，时常造成感染猪群的不稳定，包括母猪繁殖障碍和生长猪的呼吸道疾病，影响生产成绩。猪繁殖与呼吸综合征病毒的毒株比较复杂。猪伪狂犬病比较平稳，但有散发疫情发生。猪流行性腹泻呈常态化，但其流行、发生及危害程度大幅减轻。猪场的细菌性疾病仍以副猪嗜血杆菌病、猪传染性胸膜肺炎、猪链球菌病为主，与其他病原的混合感染以及继发感染是主要的临床表现形式。猪口蹄疫无报告疫情，以散发为主。猪圆环病毒Ⅱ型感染呈明显下降趋势。

猪用疫苗方面，一批猪用疫苗制品获得新兽药注册，包括猪圆环病毒Ⅱ型和副猪嗜血杆菌二联灭活疫苗等，但国内疫苗仍同质化严重。猪伪狂犬病毒变异毒株 gE 基因缺失灭活疫苗、塞内卡谷病毒灭活疫苗等进入申报评审阶段。

猪病诊断技术方面，一批非洲猪瘟诊断技术及其制品竞相申报，包括 Real-time PCR、LAMP、高敏荧光微球抗原检测技术、抗体检测 ELISA 试剂盒等。Real-time PCR 试剂盒已获注册。

4. 生产与环境控制

围绕非洲猪瘟防控，密闭式猪舍和楼房猪舍设计渐成趋势，各式车辆清洗、消毒中心、烘干房不断建设和完善。新型智能温控系统节水、粪尿收集和输送、粪污和臭气处理设备成为研发热点；新型传感器和识别技术应用于猪只识别、体重测量和环境控制等领域，非接触式的新型传感器研发也是本领域的热点，相关智能算法取得新进展。猪用智慧耳标、猪只空间位置智能识别装置、猪只体温等生物学指标及行为学实时监测及可穿戴设备（耳标）的开发都取得很好进展。

猪舍环境与猪只福利方面，研究发现 0.61 平方米/头的饲养密度更适合冬季生长猪（25~45 千克）的生长（肖克权等，2019）。持续热应激可使猪肝脏脂肪合成酶和分解酶活性降低，在一定程度上造成肝脏脂质代谢的紊乱。

猪场粪污处理技术方面，反应器堆肥、超滤、反渗透技术在一些猪场进行了应用。在猪场粪污沼气化处理利用技术研究方面，高效新型厌氧生物反应器的开发，添加微量元素、生物炭提高猪场粪污厌氧消化效率，以及猪场粪污与其它有机物混合发酵等是年度研究热点。在沼液好氧处理方面，主要研究开发新型脱氮除磷工艺。在生化处理出水深度处理方面，主要是将膜分离技术与其它物理与化学相结合，降低膜分离技术的应用成本。

种养结合相关的宏观研究受到重视，《畜禽粪污土地承载力测算方法》将提供有效参考；当前环境法规对大规模猪场绿色发展意愿的影响、生猪产业空间布局调整的环境风险及其预防措施、猪场液体粪便就地农业利用的氮循环及其综合环境效应等研究逐步增多。

5. 加工技术

在冷却猪肉工艺和保鲜方面，Leng Yue 等研究了冷却猪肉冷藏过程中电阻抗的变化规律，对于评价猪肉品质的变化具有一定的指导意义。魏里朋等研究了温度波动对冷却猪肉品质的影响，发现温度波动会导致冷却猪肉保水性下降。黄明焜等研究了宰后僵直过程中猪肉保水性的变化。在包装方面，李丹等研究了在 PVDC 高阻隔热收缩包装中添加抗菌纳米材料，可以杀灭肉类中腐败菌，使冷却猪肉的保质期延长至 15 天以上。在屠宰设备方面，2019 年相关发明专利申请主要有猪皮脱毛装置、具备升降的动物屠宰作业机构、猪腹剖切机器人等。

猪肉制品加工技术方面，王瑞睿等研究了猪肉过热蒸汽加热过程中水分的变化规律，李懿璇等研究发现红曲红浓度为 0.15%时，能显著改善低硝条件下猪肉肌原纤维蛋白的功能性质。其它相关的研究方向包括微波复热技术、解冻技术、酱制工艺、食品胶体等。

在肉品质量安全与营养评价技术方面，主要集中于各种兽药残留的高通量检测方法的研究。如韩德娟等分析研究了液相色谱串联质谱内标法测定猪肉中沙丁胺醇及莱克多巴胺残留量的不确定度等。

6. 产业经济技术

非洲猪瘟背景下我国生猪产业如何发展是 2019 年国内生猪产业经济研究的重点，主要围绕产业如何在疫病严峻时期的转型升级，如何恢复产能等。朱增勇等认为面临非洲猪瘟疫情、环保等新形势挑战，中国生猪产业的生产、消费结构、猪肉贸易、价格周期等发生深刻变革。在生产模式上，朱增勇等认为非洲猪瘟导致中国生猪养殖模式向适度规模转变。闫晓明认为非洲猪瘟疫情事件对生猪养殖行业的影响最大，对兽药行业的影响周期最长，肉制品加工行业的影响程度和周期仅次于兽药行业，对饲料行业的影响最小。"非洲猪瘟"事件对猪产业链上的饲料、养殖、肉制品加工、兽药类上市公司市场价值存在显著的负面影响。在各个地方生猪复产的相关政策建议上，康桦华等认为结合疫情发展与广东的消费特点，提出利用市场和政府的有效引导，加快广东生猪屠宰企业的标准化建设等。

（国家生猪产业技术体系首席科学家　陈瑶生　提供）

2019年度奶牛产业技术发展报告

(国家奶牛产业技术体系)

一、国际奶牛生产与贸易概况

2019年全球原料奶产量预计为8.52亿吨，同比增长1.4%，增产主要得益于印度、巴基斯坦、中国、欧盟与巴西，而澳大利亚、哥伦比亚和阿根廷则受到自然灾害与成本提高导致原料奶产量下降。根据联合国粮农组织奶业市场报告数据，从全球乳品价格指数运行来看，2019年为198.7，较2018年同比上涨了3%。

预计2019年全球乳品贸易量按照原料奶计算为7 620万吨，较2018年7 560万吨增长0.8%，这一预测数比2019年5月的7 610万吨又增加10万吨。从具体产品来看：①在全球全脂奶粉的出口中，新西兰一家独大，全脂奶粉出口超过150万吨，占全球全脂奶粉总出口的75%，其次为欧盟；中国仍然是全脂奶粉最大的进口国。②2019年以前全球脱脂奶粉产量一直处于低谷，因此带动2019年价格迅速上涨，主要源自墨西哥与中国的进口增长。③在全球黄油贸易高价格的背景下，出现了市场的供需过剩，全球黄油贸易需求基本保持稳定，供需过剩也导致了黄油价格的下跌。④全球奶酪贸易量继续增长，由于供给相对宽松，价格上涨乏力。总的来看，主要贸易国的进出口将会保持相对稳定，2020年全球乳业生产与贸易的预期仍将进一步扩张，乳制品内部价格分化情况将会得到缓和。

二、国内奶牛生产与贸易概况

根据国家统计局公布数据：2019年牛奶产量3 201万吨，与2018年相比，增长4.1%，同比增长率创下近五年新高。从原料奶价格运行来看，根据农业农村部畜牧业司监控数据，2019年的原料奶收购价为3.65元/千克，较2018年平均收购价3.46元/千克上涨了5.5%，为2015年以来原料奶收购价最高的年份。从鲜奶零售价运行来看，2019的鲜奶零售价为10.74元/千克，与2018年全年平均零售价10.60元/千克基本持平，与2014年以来鲜奶零售价保持一致。

根据中国奶业贸易月报数据，2019年1—11月我国共进口各类乳制品271.42万吨，同比增加12.6%，进口额102.3亿美元，同比增长10.9%。其中，进口干乳制品186.73万吨，同比增加4.9%，进口额91.63亿美元，同比增长9.8%，进口液态奶84.69万吨，同比增加34.4%，进口额10.67亿美元，同比增长21.5%。从单个品类来看，奶油和乳清进口量大幅下降，其余品类进口量均有不同幅度增长。具体来看：①大包粉进口92.09万吨，同比增加24.4%，平均价格为3 052美元/吨，同比上涨0.4%，其中新西兰占74.7%、欧盟占13.9%、澳大利亚占6.7%；②婴配粉进口32.03万吨，同比增加9.1%，平均价格为15 083美元/吨，同比上涨2.4%，其中欧盟占71.4%、新西兰占20.1%；③奶酪进口10.55万吨，同比增加7.1%，平均价格为4 542美元/吨，同比下降4.2%，其中新西兰占58.6%、欧盟占17.5%、澳大利亚占15.1%、美国占6.5%；④奶油进口

7.97万吨，同比减少27.8%，平均价格为5 466美元/吨，同比下降11.1%，其中新西兰占83.4%、欧盟占13.5%；⑤乳清进口40.99万吨，同比减少20.1%，平均价格为1 358美元/吨，同比上涨20.1%，其中欧盟46.1%、美国占34.4%、白俄罗斯占8.1%、阿根廷占5.2%；⑥包装牛奶进口81.52万吨，同比增加35.5%，平均价格为1 241美元/吨，同比下降9.1%，其中欧盟占54.5%、新西兰占31.6%、澳大利亚占11.9%。

中国乳制品出口量很小，主要出口产品以广东供应香港的鲜奶为主，近年来出口逐年下降，婴幼儿配方粉成为最主要出口产品，主要目的地同样是香港。2019年1—11月，我国共出口各类乳制品4.95万吨，同比增加2.1%，出口额3.99亿美元，同比增长24.6%。

三、国际奶牛产业技术研发进展

（一）繁殖与育种技术进展

（1）利用多组学（Omics）联合分析技术研究更多新性状。利用整合生物学信息的多组学联合分析技术揭示复杂性状遗传机理和对性状遗传基础解析成为研究热点。全基因组关联分析和基因组选择技术应用于更多新的选择性状，如繁殖性状、长寿性、抗热应激、饲料转化效率、甲烷排放、肢蹄病抗性、免疫反应等。生物学先验信息可以提高基因组选择可靠性，并在奶牛基因组选择上也得到了应用，MacLeod等报道，利用贝叶斯（BayesRC）方法结合先验生物学信息–泌乳基因能提高基因组选择可靠性。Fang等也报道了加入基因功能注释基因本体论（Gene Ontology，GO）信息，在荷斯坦牛泌乳和乳房炎性状基因组选择能提高0.02，在不同群体中提高的更为明显，达到0.161。

（2）青年母牛基因组检测遗传评估技术普遍应用。随着基因组检测遗传评估技术准确性的不断提高，新出生母牛犊在2~3个月龄时就可以得到准确的基因组遗传评估结果。母牛基因组检测的优点是大幅度增加小母牛的遗传评估准确性，母牛系谱指数的评估准确性由35%~40%，提高到70%以上。2019年美国全年测定小母牛基因型数量约为60万头，累计测定奶牛基因型数量超过364万头。

（二）饲料与营养技术进展

（1）碳水化合物营养。在全球饲料资源紧缺的情况下，更多奶牛碳水化合物营养研究聚焦在饲料效率。Lucas等研究表明，青贮能够增加玉米消化率，但玉米粒度（1 591和2 185微米）并不影响奶牛瘤胃发酵情况。Tosta等发现，饲喂制粒燕麦能够增加奶牛采食量，但同时也对牛奶产量和乳脂率有抑制作用。Andrea等研究发现，将饲草颗粒直径从52毫米减少到7毫米时，增加了泌乳奶牛的干物质采食量、表观总消化道消化率和能量校正奶产量。Haisan等研究表明相比于14%淀粉含量，产前一个月给奶牛饲喂含有26%淀粉日粮，能够降低新生犊牛胰岛素敏感性指标，这说明碳水化合物作为能量供给物质不仅影响到母牛健康，还会持续影响到后代。

（2）蛋白质与氨基酸营养。氨基酸营养方面，日粮添加过瘤胃蛋氨酸（Met）增强了妊娠期奶牛脂肪组织中的胰岛素信号、氨基酸转运和mTOR信号通路；围产期奶牛补充支链氨基酸（BCAA）可以增加产后奶牛血浆中尿素氮和亮氨酸（Val）水平，降低酮病发病率；代谢蛋白供给不变情况下，改变氨基酸的构成影响泌乳奶牛产奶量和N转化效率；日粮能量或蛋白水平变化通过改变乳腺对不同氨基酸的摄取和代谢从而影响泌乳奶牛的氨基酸利用效率。蛋白质饲料方面，Genie等研究表明以全棉籽替代花生饼能显著提高奶牛的产奶量和乳脂率,并且饲喂全棉籽和棉籽饼的奶牛经济效益更高。

(3)脂肪与脂肪酸营养。脂肪是奶牛重要的功能物质。添加挤压亚麻籽、棕榈酸和亚麻油的钙盐及磨碎的油菜籽、补充过瘤胃脂肪酸均可提高奶牛产奶量。改变日粮中棕榈酸和油酸的比例影响奶牛营养物质消化率、能量分配和产奶量。给妊娠后期或断奶前奶牛饲喂适量长链多不饱和脂肪酸,可以改善犊牛的生长性能和健康水平。

(4)矿物质与维生素营养。矿物质和维生素对于奶牛生理代谢具有重要作用。夏季犊牛断奶前后注射铜、锌、锰、硒、维生素 A 和 E 的混合物,能够提高犊牛的生产性能、免疫系统和抗氧化系统的营养作用。荷斯坦弗里斯牛日粮中添加维生素 E 和硒提高了精子的活力、垂体前叶激素(ALH)和睾酮水平。

(5)奶牛营养与环境。甲烷减排方面,当淀粉和糖的干物质含量分别约为 25% 水平时,糖蜜替代小麦增加 CH_4 排放量,而对小麦进行 NaOH 处理或糖蜜中添加碳酸氢盐时瘤胃发酵不受影响。N 减排方面,研究发现饲喂菜籽粕可促进奶牛日粮 N 利用;而饲喂香精油则对 N 利用无影响。

(6)后备牛饲养管理。犊牛期的饲养好坏直接影响到成母牛生产性能。犊牛出生后立即饮水可促进犊牛哺乳期和断奶后生长发育,可能与刺激瘤胃发育、增加养分供给有关。哺乳犊牛每天补充 5 克/天甘露寡糖可促进肠道和瘤胃上皮的发育。每日饲喂 6 升液态奶,日喂 1 次与日喂 2 次对犊牛生长发育没有影响,添加富含甘露寡糖的酵母培养物可促进犊牛体型发育。

(三)奶牛常见病防控研究进展

(1)传染性疾病。快速、灵敏、准确的疫病检测方法一直是传染病研究重点。有研究表明以蛋白质 G 为基础的侧流分析法(LFA)作为一种潜在的血清诊断方法,可快速诊断各种家养动物的布鲁氏菌病;Swift 等利用噬菌体 D29 作为裂解剂,从少量结核分枝杆菌细胞中高效提取 DNA,与 PCR 结合使用,实现 6 小时内快速进行检测和鉴定血样中的致病性分枝杆菌。在防治方面,Chang 等在 Sf9 细胞中表达了 10 个携带口蹄疫 8E8 表位的表位嵌合 BPV VP2 衣壳蛋白,10 个嵌合病毒样颗粒(VLP)分别肌肉接种小鼠可诱导产生抗 BPV IgG 抗体;Wang 等发现牛分枝杆菌感染的小鼠的血清和肺组织中 I 型干扰素(IFN)的大量表达,这一研究表明可以将调节 I 型 IFN 信号转导作为针对包括结核病在内的多种炎性疾病的治疗策略。

(2)常见普通病。乳房炎研究方面,Sharifi 等为了解大肠杆菌的调节机制,利用高通量技术与新颖的计算系统生物学工具揭示了在免疫反应、炎症或乳腺炎中具有关键功能的重要基因,这些基因可以为提高乳牛乳腺炎的诊断和治疗策略提供基础。瘤胃酸中毒研究方面,Darwin 等发现在瘤胃培养物中添加氢氧化镁可防止乳酸积累,而碳酸氢钠补充不能预防酸中毒,并有乳酸积累;Rodrigues 等评估高渗盐溶液(HSS)作为牛急性瘤胃乳酸性酸中毒(ARLA)的新疗法,这种用 HSS 进行的新疗法可增强尿酸的肾脏排泄,并可能被推荐作为乳酸酸中毒牛的另一种疗法。

(四)牛奶质量监控和乳制品加工技术进展

(1)牛奶及奶制品药物残留检测技术。一些操作简单、检测限低的新方法应用于原料奶的质量安全检测。Moudgil 等报道了同时测定磺胺嘧啶、磺胺甲恶唑、土霉素、强力霉素、四环素、恩诺沙星和氯霉素残留的高效液相色谱(HPLC)方法,除氯霉素外,这些抗生素的定量限均低于最大残留限量。Ivanova 等报道了首次使用高效液相色谱法测定牛奶中过氧化氢的方法,根据过氧化氢与三苯基膦之间反应后产生的三苯醚量进行过氧化氢的间接定量测试,该方法的检出限为 0.28 毫克/升。Zheng 等使用液相色谱-串联质谱法(LC-MS/MS)定量测定了牛奶中乙酰水杨酸和水杨酸,定量限分别为 10 微克/千克和 7 微克/千克。

(2) 液态奶及乳制品加工业进展。婴幼儿配方粉和乳基配料是主要研究对象。Masum 等研究发现麦芽糖糊精可以改善婴儿配方粉的粉体性能;采用射频辅助传统传热技术对婴幼儿配方粉巴氏杀菌,可降低脂质氧化程度并缩短处理时间。浓缩乳蛋白粉预酸化处理可以改善其溶解度和乳化性能,但对热稳定性不利;使用牛碱性磷酸酶进行酪蛋白的去磷酸化,可降低浓缩乳蛋白粉的粘度。

四、国内奶牛产业技术研发进展

(一)繁殖与育种技术进展

(1) 奶牛抗热应激能力作为选育指标研究不断深入。2019 年王雅春等研究发现影响瘤胃反刍时间的环境因素包括季节、胎次、泌乳阶段。头胎牛适应各季节的能力很强,日反刍量最大差距 25 分钟,二、三胎牛次之;春季各胎次泌乳牛日反刍量都非常高(>540 分钟),7 月和 8 月是日反刍量最低的季节。反刍量估计遗传力高(0.41~0.56),适合作为选育性状;另外反刍量与产奶量之间呈中等正遗传相关(0.44~0.52),因此选育反刍量有利于提高产奶量。

(2) 荷斯坦种牛综合选择指数进一步完善。2019 年中国奶业协会育种专业委员会根据育种实际需求,对中国奶牛性能指数(CPI)公式进行修订。其中生产性状由泌乳量、乳蛋白率、乳脂率 3 个,合并为乳蛋白量、乳脂量 2 个,并使用了新估计的遗传标准差。与国际接轨,将"量"与"率"辩证地统一,更强调乳质量的改进;调整后各类性状的加权值分别为生产性状 60%、体型性状 30%、健康性状 10%。在重视产奶性状改进的同时,加强对生产效益具有重要影响的体型性状的选育。指数的乘积系数和常数项经重新计算进行了调整,保证了指数值的稳定性。新修订的 CPI 指数(2019 版)公式:

$$GCPI = 4 \times \left[\begin{array}{l} 35 \dfrac{GEBV_{Prot}}{20.7} + 25 \dfrac{GEBV_{Fat}}{24.6} + 8 \dfrac{GEBV_{Type}}{5} \\ +14 \dfrac{GEBV_{MS}}{5} + 8 \dfrac{GEBV_{F\&L}}{5} - 10 \dfrac{GEBV_{SCS} - 3}{0.16} \end{array} \right] + 1\,500$$

(3) 奶牛分子检测技术不断熟化,推出具有自主知识产权的定制芯片检测技术。2019 年奶牛隐性有害基因分子检测工作深入研究,中国农业大学与北京畜牧总站等研究团队合作研发了具有专利技术的可用于同时检测奶牛 8 种常见遗传缺陷基因位点的小芯片及检测试剂盒(专利申请号:201810617238.7),实现多个位点同时检测,为逐步降低和清除奶牛群中已知有严重危害的遗传缺陷基因提供了技术手段。中国农业大学俞英等结合奶牛乳源金葡菌全基因组测序分析结果和在奶牛抗乳房炎/隐性乳房炎方面的研究成果,定制了含有 TRAPPC9 等 7 个基因的 20 个 SNPs 标记的用于检测奶牛乳房炎抗性的小芯片-华牛Ⅰ号、华牛Ⅱ号,证实抗隐性乳房炎分子检测(CCSC-I)芯片中 TRAPPC9 和 CD4 基因的 4 个 SNP 可以作为提高乳蛋白率、降低体细胞数的重要分子标记,并利用乳房炎风险评估模型进行验证,为奶牛场抗隐性乳房炎管理提供建议,进行早期预警,为选育更健康、适应范围更广的种牛提供服务。

(二)饲料与营养技术进展

(1)碳水化合物营养。2019年受中美贸易摩擦影响,饲料成本居高不下,开发本土优质粗饲料显得至关重要。构树为我国十大扶贫项目之一,刘祥圣等研究发现,构树枝叶有较好的瘤胃降解特性,且构树叶的粗蛋白含量较高,具备较高的瘤胃降解率,可作为饲料蛋白质来源。Ren等研究发现蒸汽压片玉米相比粉碎玉米,能够增加瘤胃丙酸浓度,降低氨态氮浓度,提高后备牛日增重,使用蒸汽压片玉米还能够增加瘤胃厚壁菌门和变形菌门丰度,提高蒸汽压片玉米利用率。刘娜等研究表明全株玉米青贮60天、150天和240天时,干物质、淀粉和中性洗涤纤维有效降解率随着时间的延长而降低。

(2)蛋白质与氨基酸营养。氨基酸、小肽和蛋白质对奶牛生产、瘤胃调控和免疫具有调控作用。蒋青荣等发现围产期低能饲粮中添加过瘤胃Lys并不能缓解其引起的初乳质量下降和断奶犊牛的生长不良。李媛等给6~9月龄荷斯坦生长母牛补充过瘤胃缺失Met的氨基酸混合物,发现瘤胃微生物组成及其发酵性能受到明显影响。日粮中添加小肽可以有效提高泌乳中后期奶牛的产奶量,改善乳成分并提高免疫力和健康水平。

(3)脂肪营养。脂肪对调控奶牛生理代谢具有重要作用。张凌洪等发现高温高湿条件下添加功能性油脂可代替莫能菌素,增加乳脂产量。严康等发现短链脂肪酸诱导G-蛋白偶联受体41表达,炎性细胞因子及趋化因子的表达上调,介导瘤胃上皮保护性免疫反应。关艳东等发现棕榈酸可导致中性粒细胞胞外诱捕网生成。

(4)维生素和矿物质。维生素和矿物质对奶牛产奶量和能量负平衡具有调控作用。张志超等发现围产期奶牛日粮中添加0.24毫克/千克体重的叶酸显著提高了泌乳早期奶牛的产奶量和奶品质。刘欢欢等研究发现,围产期奶牛日粮中添加50克/天/头过瘤胃复合维生素不能有效预防奶牛产后肝脏疾病的发生,且对血清中蛋白质代谢及Ca、P代谢指标无显著影响,但能显著缓解奶牛的能量负平衡状态。

(5)培育牛饲养管理。牛奶质量好坏对于哺乳犊牛生长具有重要作用,殷术鑫等发现甲酸酸化牛奶对牛奶成分影响不大,可抑制牛奶中有害细菌生长,改善适口性,提高犊牛采食量,改善机体免疫力。马满鹏等发现用竹叶代替苜蓿配制TMR能够改善4—6月龄阶段犊牛的腹泻情况,提高健康状况,同时达到与苜蓿类似的生长性能。

(三)奶牛常见病防控研究进展

(1)传染性疾病。国内主要研究了各种传染病检测方法,李俊萱等利用PEG1500细胞融合技术制备Omp16单克隆抗体,为布病防控提供有效试剂;通过两次细胞融合共筛选出5株能稳定分泌抗体的杂交瘤细胞株,初步建立了基于微粒操控技术的布鲁氏菌病快速诊断方法,灵敏度较高、特异性强、可重复性较好。杨艳丽等通过构建抗牛分枝杆菌VHH抗体T7噬菌体库,筛选并表达出2株高特异性的VHH抗体,均对牛结核分枝杆菌Ag85B蛋白具有特异性,为进一步探讨VHH抗体在牛结核病的诊断和治疗奠定了基础。任亚初等建立了能够快速检测牛传染性鼻气管炎病毒(IBRV)的SYBR Green I 荧光定量PCR方法,检测方法准确可靠,为IBRV的早期快速检测和定量分析提供了技术支撑。

(2)常见普通病。常见病检测方面,杨威等建立了基于血液高密度脂蛋白胆固醇(HDL-C)、β-羟丁酸(BHBA)以及泌乳量的奶牛酮病早期诊断模型,早期预测奶牛酮病的准确率 82.8%、灵敏度 81.3%、特异性 84.6%。范晴等建立了一种同时检测牛轮状病毒（BRV）和产肠毒大肠杆菌（ETEC）的多重荧光环介导等温扩增（LAMP）检测方法，与荧光 PCR 和常规 PCR 检测方法相比，可快速、准确地检测 2 种犊牛腹泻病原体。防治方面，黄雪利等研究发现，归芎益母散不仅具有调节患牛的子宫收缩和整体免疫机能的潜在药理效应，还能促进滞留胎衣及早排出，降低受试奶牛继发感染产褥期子宫炎，调节外周血中 Th1/Th2 细胞因子趋于平衡。

（四）牛奶质量监控和乳制品加工技术进展

（1）牛奶及奶制品药物残留检测技术。食品安全快速检测技术具有操作简单、方便快捷、灵敏准确、成本低廉等特点。Chen 等建立了基于硝酸纤维素膜的侧流层析方法，该检测方法可对牛奶中兽药残留进行定性分析，可以用肉眼目测判断结果，是一种快速筛选牛奶中常见兽药残留的方法；Zong 等通过纸基荧光免疫测定法开发了一种低成本，简单的方法，采用标记有量子点的诺氟沙星单克隆抗体用作检测探针，用于在牛奶中诺氟沙星的高灵敏度和高选择性检测。配方粉的检测包含营养和安全的检测，酶联免疫法快速筛查乳粉中叶酸、HPLC 法测定奶粉中维生素 K_1、试剂盒法进行乳粉中维生素 B_5 有效性评定；近红外光谱技术结合 Adulterant Screen 算法建立婴幼儿配方奶粉中非法添加物的快速鉴别方法。

（2）液态奶及干乳制品加工技术。液态奶研发有新尝试，霉菌发酵液态奶可以降低液态奶中蛋白分子量；圣元优博首次在国内推出了幼儿配方液态奶。在乳粉品质和新产品方面，申雪然等发现婴幼儿配方乳粉中叶黄素对温度、氧气比较敏感，储存 6 个月时损失率最高；通过研究乳粉中氨基酸水解发现牛乳基奶粉中赖氨酸含量略高于羊乳基奶粉；周雨等开展了针对乳糖不耐受症人群的牦牛配方奶粉的加工技术研究。

（国家奶牛产业技术体系首席科学家　李胜利　提供）

2019年度肉牛牦牛产业技术发展报告

(国家肉牛牦牛产业技术体系)

一、国际肉牛牦牛生产与贸易概况

1. 国际牛肉产量

2019年全球牛肉折算胴体基础的总产量为6 130.6万吨,较2018年减产117.1万吨。产量超百万吨的国家(地区)是(万吨):美国(1 228.9)、巴西(1 021.0)、欧盟(791.0)、中国(685.0)、印度(428.7)、阿根廷(304.0)、澳大利亚(230.0)、墨西哥(203.0)、巴基斯坦(182.0)、俄罗斯(136.7)、加拿大(133.0)。

2. 国际牛肉消费量

2019年全球牛肉消费量5 957.1万吨,较2018年减少107.1万吨。牛肉消费量超百万吨的国家(地区)是(万吨):美国(1 224.0)、中国(923.3)、巴西(800.3)、欧盟(790.5)、印度(268.7)、阿根廷(236.0)、墨西哥(188.0)、俄罗斯(179.2)、巴基斯坦(175.1)、日本(134.5)、南非(100.0)。

3. 国际牛肉贸易量

2019年全球牛肉总贸易量2 030.9万吨,其中出口1 102.2万吨,进口928.7万吨。与2018年相比,牛肉总贸易量增加101.9万吨,出口量增加45.5万吨,进口量增加56.4万吨。

2019年牛肉出口量超过30万吨的国家(地区)是(万吨):巴西(225.0)、澳大利亚(165.7)、印度(160.0)、美国(141.8)、阿根廷(70.0)、新西兰(65.0)、加拿大(57.0)、乌拉圭(47.0)、墨西哥(35.5)、欧盟(36.0)、巴拉圭(32.0)。

2019年牛肉进口量超过20万吨的国家和地区是(万吨):中国(240.0)、美国(137.4)、日本(88.0)、韩国(63.5)、俄罗斯(43.0)、智利(38.0)、欧盟(35.5)、中国香港(35.0)、埃及(31.0)、墨西哥(20.5)。

二、国内肉牛牦牛生产与贸易概况

1. 国内肉牛生产与牛肉产量

2019年,全年屠宰肉牛头数约3 000万头,胴体总产量约为770万吨,净肉产量约660万吨。屠宰肉牛平均胴体重约为249千克/头,其中:育肥技术水平较高的育肥场,杂交牛胴体重平均约为330千克/头、中大体型本地黄牛胴体重平均约258千克/头、南方本地小黄牛胴体重平均约160千克/头,肉牛总产值约为5 300亿元。2019年,全国屠宰牦牛约360万头,胴体重平均约128千克/头,胴体产量约为47万吨,净肉产量37万吨,牦牛产值估计为270亿元。

2. 国内牛肉贸易

牛肉进出口贸易量(不含牛下水等产品)合计约165.97万吨,比2018年同期增加

61.99万吨，牛肉进出口贸易额合计82.27亿美元，贸易赤字82.24亿美元。牛肉净进口量（165.93万吨）是2018年同期（103.90万吨）的1.6倍，比2018年增加了62.03万吨。

2019年牛肉进口总量165.95万吨，进口额82.25亿美元，进口均价4.96美元/千克。其中，鲜或冷的带骨牛肉进口1 301.26吨，进口额1 353.66万美元；鲜或冷的去骨牛肉进口36 552.11吨，进口额28 303.04万美元；冷冻带骨牛肉进口256 870.99吨，进口额72 642.06万美元；冷冻去骨牛肉进口1 362 093.59吨，进口额719 298.56万美元；冷冻胴体及半胴体进口2 694.69吨，进口额914.95万美元。

2019年出口牛肉218.04吨，出口额164.37万美元，出口均价7.54美元/千克。其中，鲜或冷的去骨牛肉、冻整头及半头牛肉无出口；冷冻带骨牛肉出口0.047吨，出口额0.07万美元；冷冻去骨牛肉出口206.57吨，出口额154.50万美元；鲜或冷的带骨牛肉出口11.42吨，出口额9.80万美元。

2019年进口牛肉的省（区、市）共25个，年进口量合计超过1 000吨的有22个（吨），分别是上海（361 029.17）、天津（208 130.95）、山东（204 243.50）、江苏（155 348.39）、北京（142 051.00）、安徽（136 086.71）、广东（133 784.25）、湖南（54 345.15）、辽宁（51 457.69）、重庆（44 803.71）、福建（43 745.945）、黑龙江（39 232.38）、浙江（27 683.71）、河南（17 171.44）、内蒙古（11 284.32）、吉林（10 212.02）、新疆（4 226.51）、河北（3 819.12）、四川（3 215.08）、湖北（2 940.33）、陕西（2 131.15）、甘肃（1 447.59）。

2019年出口牛肉的省（区、市）共5个，出口合计（吨）超过100吨的只有辽宁（105）。

三、国际肉牛牦牛产业技术研发进展

1. 遗传育种与繁殖领域

与肉牛主要经济性状和特色性状相关的基因发掘一直是国际上研究的重点内容之一，以期将这些研究结果用于资源保护和育种实践。肉牛业发达国家以本品种选育为主，以各自国情和市场为依据来调整数量化育种目标，追求育种收益的最大化，品种生产性能持续提高。肉牛业发达国家在品种选育的基础上，利用杂交优势来生产商品牛是整个产业的主流。幼畜采卵、体外受精、克隆等技术是繁殖学科的重点研究内容，提高妊娠率仍是这些技术的主要目标，这一指标在实验室条件有所提高，但在产业和生产中应用有限；胚胎移植技术的应用，加快了优秀种质扩繁效率。肉牛育种数据的智能化收集系统在过去一年来有所发展，提高了性能测定的准确度，从而加快了遗传进展；全基因组选择技术在肉牛育种中的应用范围逐步扩大，从而不同程度的改变了传统的繁育体系结构，基因组早期选择减少了后备公牛的饲养量，后裔测定公牛数量有所降低，提高了育种效益。由于中国肉牛市场需求，澳大利亚、新西兰等国向中国市场推销种质的力度不断加大，胚胎和冷冻精液等遗传物质的交换仍然是全球肉牛优良基因传播和利用的主要手段。

2. 饲料营养领域

继续推进不同阶段肉牛营养需要量研究，强化母牛围产期营养需要和饲养管理，研究了日粮能量、可代谢蛋白以及脂肪等水平和来源对围产期母牛以及后代的生长发育影响，研究了能量、蛋白水平以及n-3、n-6脂肪酸含量及其比例对人工授精或本交后受精卵着

床和胚胎发育的影响；比较了不同来源和水平微量元素如铜、锌以及硒对肉牛健康生产的影响，研究预测了不同生长阶段肉牛对水的需要量，为恰当用水提供依据。重视低成本饲料资源开发，利用近红外测试平台和预测模型，快速无损评价青绿饲料的营养价值。评估了青贮添加剂、乳酸菌等对玉米青贮品质的影响；比较了不同加工方式（粉碎、蒸汽压片）玉米在DDGS日粮条件下的饲喂效果，开发利用新型菜粕（Brassica carinata）、桑枝叶、果荚等新饲料原料，降低养殖成本。重视按照生产目的划分母牛、犊牛、青年牛、育肥牛的全程营养供给和饲养管理策略，同时也注重公牛营养，通过营养调控提高精液产量和品质。如英国细化犊牛从出生到断奶阶段的营养供给、环境、易发疾病类型等对生长影响的贡献排序，实现有针对性地指导阶段饲养。通过口服/注射微量元素、维生素等功能性添加剂提高犊牛机体免疫能力和抗氧化能力；同时注重微生物对母牛繁殖力的影响，比较了产后不同配种能力母牛子宫和阴道内微生物区系组成差异，研究了提高母牛免疫和繁殖力以及犊牛健康的营养调控技术，构建一体化的营养与繁育技术体系。重视异地育肥所导致的运输应激，比较了供水、供料、植物精油、维生素对牛免疫力的影响。在加拿大重视不同剩余采食量（RFI）肉牛机体蛋白质周转、胃肠道营养物质转运载体、微生物组学、肝脏代谢组差异和生产性能的关系研究，重视群体效应和个体差异对养殖生产的贡献，通过日粮中添加纤维素酶和淀粉酶提高营养物质消化率。重视牛肉品质与安全，通过添加过瘤胃赖氨酸、蛋氨酸以及精氨酸、脂肪、葡萄糖、小肽物质等改善育肥牛生产性能和肉品质，评估了莱克多巴胺等潜在风险物质在胃肠道组织中的残留，保障牛肉产品安全。重视减排的营养调控技术和动物福利，利用牛场温室气体在线监测和互联网数据传输实现远程评估不同类型日粮降低温室气体排放的效应，以及清粪和活动空间变化对牛养殖福利和生产性能的影响，进而优化饲养管理和提高效益。

3. 疾病控制领域

2019年全球牛疫病依然严重，新型、快速、敏感的牛疫病检测技术得到发展与应用；牛用疫苗产品及生产工艺获得改良与发展；各种病原微生物组学、新药物靶点和微生物致病与免疫机制研究依然是热点；中药材等天然产物开始在肉牛健康养殖中得到初步评价。在牛疫病流行形势及趋势方面，2019年OIE报告全球牛疫病前三位为口蹄疫（276起）、蓝舌病（93起）、结节性皮肤病（52起）。口蹄疫主要为O型、SAT1及SAT2型，且以O型为主。在牛疫病新型检测技术方面，报道了利用环介导等温核酸扩增技术耦合横向流动装置，快速高灵敏和特异性检测禽副结核分枝杆菌亚种；已开发出一种重组酶聚合酶扩增结合横向流动试纸（RPA-LFD）用于现场快速可视化检测多杀性巴氏杆菌；建立了临床评分系统以更精准判定牛是否患有牛呼吸疾病综合征（BRD）；检测到牛场苍蝇携带导致BRD的溶血性曼氏杆菌、多杀性巴氏杆菌和昏睡嗜血杆菌，提示减少牛场苍蝇有助于降低肉牛细菌性病原的传播。在疫苗研制方面，研究报道重组疱疹病毒疫苗载体在下一代疫苗研发中具有明显的优势，能够建立持续感染以在宿主中提供可持续的抗原反应，并在多种模式实验动物中证明可诱发保护性免疫；使用气溶胶卡介苗接种小牛，能有效激活牛先天性免疫系统，提示卡介苗接种可作为一种免疫调节剂减轻幼龄牛患病风险；采用噬菌体裂解B型多杀性巴氏杆菌制备的疫苗，其免疫保护效果显著高于传统灭活菌苗。在致病及免疫机制探讨方面，各种微生物组学、新药物靶点和机理研究依然是热点。冠状病毒、轮状病毒、隐孢子虫、艾美尔球虫、沙门氏菌为犊牛腹泻关键病原，大肠杆菌

VirotypeSTa：F5 是犊牛腹泻的主要病原；病毒感染和对牛呼吸道上皮细胞黏附侵染能力的差异是呼吸道病原导致肺部感染的关键；不同血清型溶血性曼氏杆菌对牛气道上皮细胞的侵染能力不同，导致 BRD 的溶血性曼氏杆菌血清型 A1 能感染呼吸道上皮细胞，而不能导致 BRD 的血清 A2 型则不能侵染呼吸道上皮细胞。在绿色健康养殖方面，越南研究者新发现可用于肉牛的两种荨麻科药用植物。对泰国本地肉牛补饲假蒟叶粉末饲显著增加饲料转化率、瘤胃生态环境和瘤胃中的纤毛虫的浓度。

4. 设施与环境控制领域

肉牛养殖设施与环境控制系统朝着牛舍更清洁、牛群更舒适健康、管理更加便捷、生产效率更高的方向发展。国外肉牛育肥饲养工艺，多采用散栏饲养方式，通过挡风墙设施，降低牛舍建筑成本。在母牛养殖方面，十分重视母牛围产期以及犊牛哺乳阶段管理，配套设施设备完善，严格控制舍内环境。美国学者设计了一套新型分离式围栏，柔软且面积大小适当的卧床，为妊娠母牛和产犊后分栏饲养提供舒适、清洁和干燥的空间，减少应激危害。环境控制方面，研究了环境因素对牛的受孕率的影响；研究了在特定环境条件下，不同畜种混群饲养、饲养密度、饲养方式、养殖经验的相关性。温室气体排放和动物福利依然是研究热点。研究了畜舍气体排放主要与日粮摄取量、化学成分、氮素排泄及粪便处理等的关系；基于动物福利质量评估，研究了不同卧床垫料对肉牛健康状况和行为的影响。养殖设备更多的在关注于产品综合性能的提升，更多地应用液压电控技术、应用履带行走系统、轮胎压力调节系统与提升物料揉丝破碎技术。TMR 制备机在向大功率、高效率方向发展；饲喂管理系统在向自动化、无人化方向发展。牛场废弃物处理与利用，仍以能源化利用为主，资源化利用为辅。在牛粪能源化利用方面，研究了牛粪与能源作物混合对固体消化物质量和沼气产量的影响，发现了牛粪与能源作物混合的适宜比例。在牛粪的资源化处理与利用方面，研究了热解牛粪产生不凝性气体表征，发现热解温度对产物分布和煤焦性质均有影响，且在 400~550℃达成平衡。奶耗牛福利方面发现犊牛自动喂奶机对犊牛健康和福利有益。

5. 加工与品质控制领域

在肉牛屠宰方面，致病微生物污染控制、洁净胴体生产及其后续温度管理仍是美国、澳大利亚等国研究重点；胴体与分割肉冷却、冷冻、贮运过程温度与指示菌监控技术与体系已用于牛肉产品质量控制；基于区块链技术的牛肉供应链可追溯系统的分析与设计；利用计算机视觉和遥感技术可进行屠宰应激对牛肉品质影响的评估，对牛肉品质进行提前预估；通过微生物在屠宰加工过程中的精准追溯，实现腐败菌在生产工序中的靶点控制；真空蒸压和高压水处理对牛肉加工过程中微生物具有抑制作用；研发 60% O^2 高氧包装方式改善黑切牛肉（DFD）的肉色，并探寻可标记 DFD 牛肉颜色差异的线粒体蛋白质生物标签。为进一步提升肉牛胴体及其分割肉与市场消费者需求对应性，新西兰、法国等国借鉴澳大利亚依据食用品质嗜好性评价制修订胴体分级标准思路，启动以牛肉食用品质为基础的胴体与分割肉分级标准研究，鼓励企业开发更多类型厨房需求精细分割方便化产品；一种开源的计算机控制干燥成熟系统应用于牛肉的干燥成熟；在加工过程中通过等离子体活化水、植物替代物等取代牛肉腌制过程中添加的亚硝酸盐，延长牛肉制品货架期，增加食品的安全性。在牛肉安全快速检测方面，横向流动试纸、循环介导的等温扩增–侧流式免疫法快速检测牛肉中的大肠菌群。在牛肉的品质控制方面，超声波技术、脉冲电场在老龄牛肉的品质改良中有作用；环境质谱法计算机视觉和近红外光谱技术用于检测牛肉掺假情况。

6. 产业经济领域

2019年，国际肉牛产业经济研究主要集中于肉牛拍卖、肉牛生产与资源环境之间的关系、政策评估等方面。在肉牛拍卖方面，建立多因素回归模型，分析不同的品种如何影响牛肉价格和小母牛价格；建立了多变量模型（犊牛体重、性别、品种、关节异常和一般健康状况），分析了加拿大小牛肉拍卖价格与健康参数的关系。在肉牛生产与资源环境之间的关系方面，利用东北、东南、中西部、北部平原、南部平原、西北和西南7个地区的农场、牧场和饲养场的实地调研数据，量化了美国肉牛生产的环境足迹；以冈山县的肉用牛经营措施为例，探讨利用地域资源放牧的发展。在政策评估方面，应用综合评估与造型工具，评估了包括来自阿根廷潘帕斯草原的肉牛系统的后台处理策略对生产率、利润率和温室气体排放的影响；建立了简单的理论模型，以瑞典牛肉为例，验证了有效的气候税对食品消费的合理设计；评估联邦低碳农业计划（ABC）、圣卡塔里纳牛肉发展计划这两个互补公共政策的影响。此外，较为前沿的经济学研究方法不断应用于肉牛产业经济研究，利用生物经济模拟方法，对法国南奥弗涅山区牛肉生产系统面对价格变化的利润稳定性进行了分析；实验经济学模型被用以对牛肉加工系统中可供选择的管理战略成本进行分析。

四、国内肉牛牦牛产业技术研发进展

1. 遗传育种与繁殖领域

2019年，农业农村部成立了种业管理司，该司为进一步推动肉牛种业发展，在原有《全国肉牛遗传改良计划（2011—2025年）实施方案》等计划基础上，启动了改良计划2.0版本和《肉牛种业"十四五"发展研究报告》等种业纲领性文件的编制。过去一年里，全国存栏肉用采精种公牛共计2 298头，涵盖30个品种，生产冻精2 600万剂左右，产值在3.5亿元。冻精生产主体为西门塔尔、利木赞、夏洛莱、安格斯等品种。繁育体系进一步完善，以核心育种场、种公牛站、技术推广站、人工授精站为主体的繁育体系得到进一步完善。现有核心育种场46家。遗传资源保护工作得到了提升，2019年农业农村部启动了青藏高原区域牛遗传资源补充调查工作，加大了资源保护力度。部分品种形成了"以用促保、保用结合"的良性循环模式。

肉牛种业技术支撑体系建设取得突破性进展。性能测定、育种数据库建设、遗传评估、选育提高、基因组选择等方面均有良好进展。建成了表型数据收集和上传的计算机网络，部分场（站）能够与国家肉牛遗传评估中心进行实时网络视频，通过这一网络实现了全国范围内的技术共享和共同进步，有力推进了联合育种。分子育种技术体系进步较快，构建了肉牛全基因组选择指数及技术平台，现正在推广应用。肉牛新品种培育和群体遗传改良进展明显。育成了阿什旦无角牦牛新品种，秦川肉牛、利鲁牛、无角夏南牛、延和牛、张掖肉牛、肉用褐牛等新品种系统选育工作持续开展，在全国范围内启动开展"华西牛"新品种培育的联合攻关。2019年，肉牛种业发展体现以下特点：一是活体公牛自给率有所提升，活体公牛进口下降，活体进口不足100头，较2018年下降了近150头；但进口冻精和胚胎有所上升，进口冻精约120万剂，胚胎1 200枚左右，增幅约30%。商品母牛进口与往年持平；二是杂交生产规模逐步扩大，在多年级进杂交生产模式的基础上，近两年部分企业和生产者逐步认识了利用杂交优势的益处，在多年形成的级进杂交群体中引入第三个品种来提高生产效率，如高代西门塔尔杂交牛引入安格斯（或夏洛莱、云岭牛），安格斯与西门塔尔杂交生产等。三是技术对种业支撑能力增强，由于遗传评估技术、基因组选择技术应用的范围不断扩大，技术对种业的促进作用越来越明显，遗传评估结果对种牛及冻精价格影响初显，技术队伍建设较好的种牛、种质企业在市场上的竞争力越来越强；四是人工授精技术体系出现新形式，推广方式正朝多元化发展，由种公牛站及其自身的技术队伍和"公牛站+基层配种员"的新型推广体系发展迅速，多元化的推广模式加快了群体遗传进展。五是联合攻关作用初现，在农业农村部种业管理司的统一领导下，2019年启动了重点品种联合攻关项目，有力提升了我国肉牛种业在国际市场的竞争能力，很好地促进了肉牛种业的技术提升。

2. 饲料营养领域

继续测定了不同地区饲草料资源营养价值、瘤胃降解特性和抗营养因子含量，优化了地方粗饲料近红外快速评定技术，初步建立了以国家肉牛牦牛产业技术体系为依托的肉牛牦牛饲料营养价值开放数据库。重视不同品种、阶段和生产目的肉牛营养需要研究，明确了锦江黄牛、草原红牛、夏南牛和淘汰荷斯坦母牛育肥的日粮能量、蛋白质和钙等需要量，制定了西门塔尔牛的犊牛、架子牛和育肥牛的全程饲养技术规程，促进肉牛健康高效养殖节本增效。降低肉牛养殖成本仍是研究重点，研发了玉米秸秆、马铃薯秧、全株油菜、万寿菊、白酒糟、饲用桑叶等区域性低成本饲料提质增效技术。基于牛源紧张，重视肉牛母犊一体化培育技术，研究西门塔尔牛、安格斯母牛预防异食癖的矿物元素和维生素等的日粮配制推荐量，研究了本地黄牛母牛围产期适宜日粮能量、阴离子盐水平，以及微量元素锌和铬对母牛繁殖功能的影响，以及不同培育方式、不同饲喂方式对犊牛健康的影响。基于无抗饲养要求，研究了酵母类产品、丝兰提取物等提高犊牛机体抗氧化能力和免疫力的效果。重视差异化育肥技术和牛肉品质的营养调控技术，通过添加酵母硒、5-羟色胺前体物、氮氨甲酰谷氨酸和脂溶性维生素等改善牛肉品质的影响，研发了安格斯等外血杂交牛和夷陵黄牛、枣北黄牛等地方黄牛的养分差异化沉积的营养调控技术，提高了牛肉品质和产品的差异化。通过胃肠道微生物调控提高肉牛饲料消化率成为研究热点，研究了醋酸棉酚等危害因子对胃肠道微生物的影响；通过添加钙制剂、复合菌制剂等调控瘤胃内环境，提高营养物质消化率，降低氮磷等排放；评估了全棉籽和延胡索酸等降低甲烷排放的效果，促进肉牛养殖绿色健康发展。研发了高原牧区围产期母牦牛和牦牛犊牛补饲技术，不同营养状况牦牛（正常采食、饥饿）肠道微生物区系组成差异，研发了促进牦牛僵牛胃肠道发育和改善瘤胃微生物组成的营养调控技术，在半农半牧区继续推广了牦牛季节性舍饲错峰出栏技术，在低海拔农区继续研究了牦牛异地舍饲育肥技术和农区夏季牦牛抗湿热应激技术，逐步形成了以四川、云南和甘肃等部分地区牦牛、犏牛低海拔异地育肥产业技术模式，并将上述产业技术用于肉牛牦牛产业技术扶贫，提高肉牛牦牛养殖综合效益。

3. 疾病控制领域

在肉牛疾病控制领域，2019年国内报告牛多起疫情并得到妥善处置；建立和完善了多种牛病检测技术；开发多种新兽药产品，并形成了部分牛重大病和常发病的综合防控技术。在牛病流行方面，新发结节性皮肤病2起。采用山羊痘疫苗行紧急免疫，结合扑杀等策略有效控制了疫情。报告炭疽疫情 1 起，牛口蹄疫疫情 2 起。进一步开展了犊牛腹泻综合征和牛呼吸综合征的病因学研究，确定了主要病原体和优势型，为制定有效防控措施奠定了基础。在重要牛病新型检测技术方面，牛结核 γ-干扰素检测试剂盒、牛支原体等温扩增检测试剂盒获新兽药证书。牛传染性鼻气管炎诊断技术和牛泰勒虫病诊断技术等两项行业标准获颁布。建立和完善了牛传染性鼻气管炎 gG ELISA 抗体诊断方法、牛支原体抗体竞争 ELISA 法等多项检测方法。在疫苗研制方面，牛传染性鼻气管炎基因缺失疫苗获批农业转基因生物安全证书（生产应用）1 项；牛流产布氏杆菌 A19 基因缺失标记疫苗、牛传染性鼻气管炎/副流感 3 型二联灭活疫苗进入新兽药注册复核阶段。完善了牛支原体弱毒疫苗免疫攻毒保护模型和保护指标，显示该疫苗安全有效。在新兽药研制方面，牛用抗寄生虫国家二类新兽药"羟氯扎胺原料及混悬液"进入新兽药注册的复核阶段，防治牛泄泻中兽药"鹳榆止泻散"申报新兽药注册。在牛病综合防控方面，制定牛泄泻、前胃迟缓的中兽医辨证施治技术规范 2 项，筛选防治肉牛牦牛泄泻的中（兽）药方剂 1 个并成功进行验证；制定了牛场生物安全评估标准和在线评估程序。所研发的牦牛复合驱虫涂擦剂在青海、西藏、甘肃等地牧场及牧户中推广使用效果良好；新药"蒿甲醚"注射液和"板黄口服液"的推广应用，显著降低了当地牛羊焦虫病及呼吸道疾病的发病率和死亡率。

4. 设施与环境控制领域

在牛舍环境控制方面，对围栏育肥饲养模式进行了研究，冬季安装防风墙的围栏育肥牛场最大可折减风速 70%，夏季安装遮阳网可减少太阳辐射，降低肉牛热应激水平，改善肉牛的生长环境。同时利用流体力学提出了改善湿帘风机纵向通风系统降温效果和气流均匀性的方案。在建筑设计方面，设计了小群饲养带犊母牛舍以提高母犊饲养工艺的饲养水平，解决生产工艺如何与牛舍建筑配套的问题。总结出北方寒区冬季肉牛散栏育肥饲养工艺，提高牛只福利，降低牛舍建设成本；母带犊饲养工艺，缩短母牛产犊间隔，提高母牛繁殖率和犊牛成活率。在设备方面，国内各类特色饲草收获机在不断熟化，TMR 制备机机型在不断增加，但缺少对核心部件的研究。新型粪污无害化发酵处理装备得到推广应用，厩肥撒肥车、厩液深施车等设备正在研制和推广中。针对牛场粪污处理，研发了序批式干法厌氧发酵生产沼气和生物天然气技术提高能源利用效率；在资源化利用方面侧重于减少堆肥产品负效应、构建基于土地承载力的农牧循环模式。在智能养殖方面，信息化技术在生产中的应用程度进一步提高，主要在肉牛生产信息化管理系统、牛舍环境监测、产品溯源等方面，但仍处于起步阶段。针对牦牛的饲养管理，研究了不同饲养模式下不同生长发育阶段牦牛的生长发育规律；优化了高寒牧区高标准暖棚"冬棚夏草"循环利用模式，提出了适宜牧草品种及高效栽培技术。在牦牛粪污利用方面，明确了以牦牛粪沉积及其分解对青藏高原草地生态系统功能的影响。

5. 加工与品质控制领域

受到非洲猪瘟疫情及畜牧环保整治等影响，国内牛肉屠宰加工业更加注重提质增效、节本降耗和产品多样化。生鲜牛肉品质控制方面，研发百里醌抑制牛源性致病菌的生物膜技术；使用光谱技术预测 DFD 牛肉肉色及 pH 值，研发高氧包装方式改善 DFD 牛肉的肉色，通过乳酸等天然有机物的添加实现 DFD 牛肉的品质提升，并探寻可标记 DFD 肉颜色差异的线粒体蛋白质生物标签；通过微生物在屠宰加工过程中的精准追溯，实现腐败菌在生产工序中的靶点控制；利用天然植物提取物开发新型活性包装（真空贴体包装、降氧气调包装等），并结合冰鲜和微冻贮藏方式综合改善牛肉的品质；提出了采用电解质补充、调整淋浴时间、调整电刺激前放血时间及部位等措施，有效地降低了DFD肉的发生率。收集多个地区不同部位的肉牛牦牛肉原料，分析其品质及加工特性数据，进一步扩充不同来源牛肉加工特性数据库；对中原、西北地区肉牛牦牛宰后24小时的温度和pH值下降速率进行连续监测，构建了pH值—温度窗口，有利于宰后品质控制。屠宰加工技术方面，建立了地方牛煎烤类肉质量等级标准，根据脂肪含量、剪切力值，将其分为五级；开发了低值部位肉品质升级与特色预加工术、差异化嫩化、加工适宜性评价、肠类发酵技术、腌腊烟熏、牛肉干嫩化、优质牛油提取液化、牛皮黄明胶制备、牛副产物预制调理食品创制等多项技术；对传统酱卤技术进行现代化改造，形成了粉蒸法、蒸煎法、滚揉热蒸法等替代传统酱卤的新模式；研发了中式牛排、牛肉盐水火腿、孜然牛肉片、牛肉腊肠、发酵牛肉干、复合牛杂肉饼等系列产品，开发出适合牦牛精细分割的真空贴体包装牦牛肉及其副产物产品；牛肉煎烤、炖烧、涮炒、酱卤加工分类与分级标准研究已初步形成；臭氧、高压静电场、中温熟成等成熟技术方法在满足中央厨房、牛肉分割分销中心、餐饮企业与家庭牛肉成熟处理方面已初步应用；整只牛肉火腿加工技术创新已为肉牛屠宰加工企业实现区域化特色牛肉产品多段、多样产品高效加工创备了基本技术条件；伴随进口牛肉数量迅速增长，提升中国本土化牛种产品品质与竞争力已得到政府与企业高度重视。

6. 产业经济领域

2019年，国内肉牛产业经济研究领域主要集中于牛肉生产与产业发展、经济效益、扶持政策与补贴等方面的研究。在牛肉生产与产业发展方面，对内蒙古、湖北、山东、吉林、甘肃、新疆等省（区、市）的肉牛产业发展现状及对策开展了系统研究，探索了肉牛产业发展与环境的关系，编制了中国绿色肉牛产业链评价标准和微观指标，研究了肉牛养殖方式转变及影响因素；在经济效益方面，运用随机前沿函数测算了不同肉牛养殖主体产量增长的源泉，建立面板数据模型分析了肉牛养殖业全要素生产率变动的影响因素；对中国肉牛产业盈利模式与适度规模经营进行了研究；在扶持政策与补贴方面，研究了肉牛补贴政策对农户规模化养殖的影响，对草原生态保护补奖政策下牧区肉牛养殖生产率增长及收敛性进行了分析，进行了能繁母牛补贴政策满意度及其影响因素研究，对我国肉牛良种补贴政策效果进行了评价。

（国家肉牛牦牛产业技术体系首席科学家　曹兵海　提供）

2019 年度肉羊产业技术发展报告

（国家现代肉羊产业技术体系）

一、国际肉羊生产与贸易概况[①]

（一）活羊贸易

羊肉贸易是国际肉羊贸易的重要组成部分，活羊贸易占比一直较少。2001 年后，世界肉羊进出口总量和总额整体呈增长态势，而活羊贸易额则从 2016 年开始呈现下降趋势，直到 2018 年这一趋势仍在延续，从 2019 年上半年月度数据来看，这一下行趋势仍将继续。

1. 活羊进口

2018 年，世界活羊进口总额达 5.3 亿美元，是 2017 年（3.0 亿美元）的 1.8 倍。分月度来看，与前两年的变化趋势相近，2018 年世界活羊进口额季节波动特征仍较明显。1 月活羊进口较少，进口额为 1 584.8 万美元，仅占全年进口总额的 2.99%；3 月、5 月和 7 月是进口高峰月，进口额分别达到 6 890.9 万美元、6 937.8 万美元和 6 910.2 万美元。2019 年上半年，世界活羊进口总额达到 1.90 亿美元，比 2018 年同期下降了 28.9%，进口规模较往年有下行趋势。

分品种来看，2018 年世界绵羊进口总额为 4.72 亿美元，而山羊进口总额则仅为 5 818.0 万美元；尽管 7 月山羊进口额达到全年最高，为 1 696.6 万美元，但与绵羊进口额相比仍微不足道。2019 年，绵羊仍在世界活羊进口贸易中占主要地位，进口额远高于山羊。总体来看，绵羊进口额波动较强烈，山羊进口额历年都非常小，波动不甚明显。

分地区来看，欧、亚两大洲是世界最大的活羊进口市场，2018 年活羊进口额分别为 2.41 亿美元和 2.45 亿美元。非洲虽位列第三，但其进口额远不及前两者，仅为 4 297.2 万美元，美洲和大洋洲的进口额非常小，分别为 224.1 万美元和 3.4 万美元，二者在进口总额中的占比不及 0.5%。2019 年上半年欧、亚、非三大洲仍为活羊主要进口地区，变动趋势也较为一致[②]。

2. 活羊出口

2018 年，世界活羊出口额为 8.62 亿美元，同比 2017 年（7.79 亿美元）增长了 10.69%。分月度来看，同样与前两年的变化趋势非常相似，2018 年世界活羊出口额的季节波动明显；8 月达到峰值 1.24 亿美元，占全年活羊出口总额的 14.37%；1 月出口较低。但与往年不同的是，2018 年 9 月活羊出口额非常低，甚至低于 1 月，两个月的活羊出口额分别为 4 045.5 万美元和 4 326.7 万美元，二者之和占 2018 年出口总额的 9.71%，远低

[①] 2019 年度数据尚未公布，本报告根据 UNComtrade 月度数据加总得到 2019 年上半年贸易额

[②] 注：由于亚洲历年进口额最大的沙特阿拉伯、科威特和卡塔尔等国并未公开月度贸易数据，故亚洲进口额的统计存在较大偏差，需数据公布后进一步补充

于峰值8月的出口额。2019年上半年活羊出口总额为4.01亿美元,已与2018年同期(4.25亿美元)相近,有延续2018年出口规模并进一步扩大的可能。

分品种来看,与进口一致,绵羊出口也在世界活羊出口中占主要位置,出口额远高于山羊,主导世界活羊出口的走势。2018年世界绵羊出口总额为8.13亿美元,同比2017年增加了9.39%,其中8月绵羊出口额达到全年最高,为1.18亿美元;2018年山羊出口总额为4912.3万美元,同比2017年增加了38.01%。总体来看,世界绵羊出口的波动较强烈,而山羊出口额历年来都非常小,波动也不明显。

分地区来看,2019年上半年与2018年的情况基本一致,同样是欧洲在世界活羊出口中占主导地位,亚洲又一次在5月赶超大洋洲,美洲和非洲的出口仍旧不具备竞争力。2019年上半年各地区的出口变化趋势与2018年同期非常相似,预计2019年世界活羊出口情况与2018年相比不会有明显的变化。

(二)羊肉贸易

2019年上半年,世界羊肉进口总量为55.8万吨,进口总额为35.65亿美元;出口总量为69.3万吨,出口额为41.33亿美元。2019年2月,羊肉进口额出现较大幅度下跌,随后迅速回升;与2018年不同的是,2019年于4月羊肉进口额达到峰值(为7.61亿美元);出口变化相比2018年更为平稳,也是在3月达到峰值,出口额77.4千万美元,出口量12.7万吨;由此可以看出,世界羊肉贸易有较强的周期规律。从已有的2019年月度数据来看,羊肉进口同比2018年有所下降,但出口有少量增加[①]。

1. 羊肉进口

据现有公开数据,2018年至2019年上半年,中国是世界羊肉进口的最大市场,每月进口都高于排名第二的美国。2018年,中美羊肉进口总额分别为13.09亿美元和10.33亿美元,占世界羊肉出口总额的20.51%和16.18%,遥遥领先法国(5.73亿美元、8.98%)、英国(4.86亿美元、7.61%)及德国(4.66亿美元、7.29%)。2019年上半年,中美羊肉进口额分别达到9.53亿美元和6.32亿美元,而其他国家的进口额则在2亿美元左右,相差不大。从变化趋势来看,2018年各国进口高峰集中在3月,低谷是10月左右,波动趋势较相近;但美国略有不同,其7月进口额出现一个小高峰,甚至超过3月的进口额;中国每年1月进口额都较大,随后在2月出现剧烈下跌。从现有数据看,2019年上半年世界大部分国家的羊肉进口趋势与2018年较接近,峰值主要出现在4月,而中国和美国羊肉进口的峰值略有不同。目前看来,中国有望延续世界羊肉进口第一大市场的现状。法国有后来居上、赶超英德的趋势。

2. 羊肉出口

世界羊肉出口市场比较集中,主力仍旧是澳大利亚和新西兰。根据现有数据,2018年澳大利亚和新西兰的羊肉出口额分别为28.47亿美元和26.62亿美元,分别占世界羊肉出口总额的36.35%和33.98%,遥遥领先英国(4.84亿美元、6.17%)、爱尔兰(3.59亿美元、4.58%)和荷兰(3.53亿美元、4.51%),以上5个国家羊肉出口额综合占世界羊肉出口总额的85.59%。与2017年的变化趋势几乎完全一致,2018年5月之前新西兰的羊肉出口额一直高于澳大利亚,但之后直到9月,新西兰羊肉出口额直线下降,始终低

---

① 由于目前还有许多国家尚未公布贸易数据,所以观测结果可能存在偏误.

于澳大利亚，而澳大利亚的羊肉出口一直呈上升的趋势。从整体走势来看，近两年新西兰羊肉出口的峰值不断攀升，始终集中在1—3月。澳大利亚的羊肉出口呈现较为平稳的波动上升。其他羊肉主要出口国与前两大市场相比出口额较小，且波动较平缓。2019年上半年的变化趋势延续了2018年的情况，稍有不同的是新西兰羊肉出口剧烈下降比往年有所提前，4月就开始低于澳大利亚。新澳两国2019年羊肉出口峰值较2018年又有所提高，可以估计2019年羊肉出口总额将呈现上升趋势。

二、国内肉羊生产与贸易概况

（一）生产概况

1. 羊存出栏量

2018年，我国羊出栏量为31 010.49万只，较1978年增长了10.83倍；羊存栏量（此处包含毛用羊）为29 713.51万只，较1978年增长了74.85%。随着经济的不断发展，羊存出栏量增长趋势相同，说明我国羊出栏率整体有所提升。其中，2018年山羊存栏量为13 574.69万只，较1978年增长了84.59%；绵羊存栏量为16 138.81万只，较1978年增长了67.42%。

2. 规模养殖

我国肉羊产业规模结构不断优化，养殖规模向大中型规模发展的趋势明显，但规模经营整体水平仍有待进一步提高。2017年，我国羊场总数为1 379.96万个，比2003年下降了51.76%。其中小规模羊场数量减少显著，而大规模羊场数量则是逐年增多。2003—2017年，全国羊年出栏100只以下的养殖场（户）不断减少，但仍是肉羊生产的重要贡献者。2017年全国羊年出栏1 000只以上的大型羊场数量达10 437个，比2003年增长了4.82倍。

3. 羊肉产量

2018年，我国羊肉产量为475.07万吨，较1980年增长了9.68倍；但2008—2018年，我国羊肉产量增速放缓，仅增长了20.81%。从羊肉占肉类总产量比重来看，2018年，羊肉占肉类总比重达到到5.51%的水平。

（二）市场发展概况

1. 消费情况

从羊肉消费量来看，随着国民生活水平逐步提高，我国居民羊肉消费总量不断上升。其中，城乡居民人均羊肉消费量存在较大差异，城镇一直明显高于农村，但农村人均羊肉消费量的增长速度高于城镇。2018年城镇居民羊肉消费量为1.5千克/人，年增长率为1.1%；农村居民为1.0千克/人，城镇居民消费量比农村居民高了50%。随着农村居民生活水平的提高，农民消费观念转变，对营养均衡日益重视，农村人均羊肉消费量总体呈增加趋势；而城镇居民随着生活方式的转变，其在家亲自备食物的饮食方式越来越少，其户内消费量呈下降趋势。

从肉类消费结构来看，城乡居民肉类消费均以猪肉为主，其次是禽肉，最后才是牛肉和羊肉。2018年，城镇居民人均肉类消费结构中猪肉占61.85%，禽肉占26.70%，牛肉占7.36%，羊肉占4.09%，而农村居民分别为69.49%、24.17%、3.32%和3.02%。2018年城镇居民的人均猪肉、牛肉、羊肉和禽肉消费量分别为农村居民的0.99倍、2.45倍、1.5倍、1.23倍。可以看出，与城镇居民相比，农村居民羊肉、禽肉、牛肉消费量比重较低,而猪肉比重较高,说明城镇居民更倾向于消费高蛋白、高营养、低脂肪的动物性食品,这从一定程度上反映了城镇居民肉类消费结构更加优化。

2. 羊肉价格

根据农业农村部畜牧兽医局数据,2019 年我国羊肉集贸市场月平均价格(以下简称羊肉价格)继续 2018 年的上涨趋势,且显著高于 2018 年同期价格水平。2019 年 1—12 月,我国羊肉价格从 69.94 元/千克增长至 79.94 元/千克,涨幅为 14.30%,增长幅度较大,且经历了 3 阶段式"N"形波动:①1—2 月,从 69.94 元/千克上升至 70.79 元/千克,上升了 1.21%;②2—4 月,从 70.79 元/千克下滑至 68.23 元/千克,下降了 3.61%;③4—12 月,从 68.23 元/千克涨至 79.94 元/千克,增长了 17.16%;且 2019 年 12 月羊肉价格比 2018 年同期增长了 17.97%。

2019 年,我国不同区域之间的羊肉价格变动依然保持较大差异,主产省(区)的羊肉价格增长幅度普遍大于非主产省(区),且二者的价格差异有拉大的趋势。我国羊肉主产省(区)(河北、内蒙古、山东、河南和新疆等)的羊肉价格同样经历了三阶段式"N"形波动:①1—2 月,从 68.00 元/千克上升至 68.86 元/千克,上升了 1.26%;②2—5 月,从 68.86 元/千克下降至 66.61 元/千克,下降了 3.27%;③5—12 月,从 66.61 元/千克增长至 86.77 元/千克,增长了 30.27%。总体来看,2019 年 1—12 月,主产省(区)羊肉价格从 68.00 元/千克增长到 86.77 元/千克,增长了 27.61%;2019 年各月羊肉价格均高于 2018 年的同期价格;2019 年 12 月,主产省(区)羊肉价格比 2018 年同期增长了 32.27%,价格增长幅度较大。

我国非主产省(区)(上海、浙江、福建、江西和广东等)的羊肉价格也经历了三阶段"N"形波动:①1—2 月,羊肉价格从 73.02 元/千克上升至 74.75 元/千克,增长 2.37%;②2—5 月,羊肉价格从 74.75 元/千克下降至 71.47 元/千克,下降了 4.39%;③5—12 月,羊肉价格从 71.47 元/千克上升至 86.77 元/千克,增长了 21.41%。总体来看,2019 年 1—12 月,非主产省(区)的羊肉价格也呈上升趋势,从 73.02 元/千克增长到 86.77 元/千克,总体增长了 18.83%,增长幅度略低于主产省(区)。此外,2019 年 12 月,非主产省(区)的羊肉价格比 2018 年同期高了 23.60%,价格同比增长幅度也略低于主产省(区)。

值得注意的是,2019 年受非洲猪瘟疫情影响,我国生猪产量大幅度减少,"供不应求"导致猪肉价格持续上涨,消费者转向消费其替代产品,牛羊肉及鸡肉的价格也随之不断增长。猪肉价格变动方面:①2019 年 3 月开始猪肉价格上涨趋势已经显现,由 2 月的 24.21 元/千克增长到 6 月 25.78 元/千克,增长了 14.78%(2018 年 2—6 月由于节后购买量下降,猪肉价格下降了 20.62%)。②2019 年 6 月猪肉价格开始大幅度上涨,6—11 月,全国猪肉集贸市场月平均价格(以下简称猪肉价格)由 25.78 元/千克增长到 54.91 元/千克,增长了 1.13 倍(2018 年同期仅增长了 18.60%)。③到 12 月虽然已经进入春节消费旺季,但在国家的有效调控之下,猪肉价格比 11 月反而下降了 6.96%。猪肉替代品价格变化方面:①每年 3—6 月,由于春节过后肉类购买量有所下降以及气温回升等原因,牛羊肉消费处于消费淡季,2018 年牛肉和羊肉 6 月的价格比 2 月价格分别下降了 3.26% 和 3.50%,但受猪肉价格上涨影响,2019 年牛、羊肉价格在同期的下降幅度明显减小,分别为 0.49% 和 3.22%;②2019 年 6—11 月,牛肉、羊肉及鸡肉价格随猪肉价格大幅度上涨，其中羊肉价格由 68.50 元/千克增长到 79.6 元/千克，增长了 16.20%；牛肉价格由 69.16 元/千克增长到 82.28 元/千克，增长了 18.97%；白条鸡价格由 20.70 元/千克增长到 26.44 元/千克，增长了 27.73%；分别大于 2018 年同期的增长率 8.12%、4.63% 和 8.80%；③到 12 月猪肉价格有所回落，牛羊肉、鸡肉价格也随之下降，分别比 11 月分别下降了 0.13%、0.43% 和 4.16%。

（三）贸易概况

1. 羊肉进口概况

羊肉进口额。2018 年我国进口羊肉总额为 13.09 亿美元，较 2017 年增长了 49.03%。2019 年前 3 个季度进口羊肉总额为 13.07 亿美元，已和 2018 年全年进口总额基本持平。近年来我国羊肉进口总量和总额都不断增长，羊肉进口的大幅增加促使中国成为世界羊肉贸易的重要参与国，但同时也给国内肉羊产业造成了较为严重的局部短期冲击。2015 年和 2016 年中国羊肉进口总量开始回落，进口总额呈现较大幅度的下降趋势，2017 年和 2018 年又重新回升，2018 年达到历年来羊肉进口的峰值，进口额和进口量分别达到 13.09 亿美元和 31.90 万吨。2018 年各月羊肉进口较为均衡，与 2017 年进口情况基本相近。其中 2 月（最少，为 8075.9 万美元）、9 月和 10 月进口额较少，1 月（最多，为 1.53 亿美元）、3 月、4 月和 12 月进口额较多；且 1 月的贸易额逆差最大，达到 1.48 亿美元。

进口羊肉产品种类。2018 年和 2019 年前 3 个季度我国羊肉进口产品种类仍比较单一，主要为进口冻带骨绵羊肉、冻整头及半头绵羊肉和冻去骨绵羊肉。其中，冻带骨绵羊肉在我国羊肉进口产品中占据主要位置，其 2018 年进口额为 11.61 亿美元，在我国羊肉进口总额中的占比达到 88.76%，比 2017 年高出近 1 倍；而分别位居第 2 位和第 3 位的冻整头及半头和冻去骨绵羊肉的进口额在我国羊肉总进口额中的占比仅为 6.08% 和 4.58%。其他羊肉产品的占比均不足 1%。整体来看中国进口羊肉中占比最大的是绵羊，鲜少进口山羊肉和羔羊肉。与以往不同的是，2019 年冻整头及半头羔羊肉的进口出现了显著上升，进口额从每月不足 60 万美元（除 7 月外）均增至 130 万以上，不过相较其他 3 大品种，占比仍较小。2019 年前 3 个季度冻去骨、冻整头及半头和冻去骨绵羊肉进口额分别达到 11.19 亿美元、1.02 亿美元和 6.70 千万美元，照此趋势来看，2019 年羊肉进口额将远高于 2018 年。

羊肉进口国。加入世界贸易组织以来我国羊肉进口来源相对较集中，主要包括新西兰、澳大利亚、乌拉圭和智利，其中从新西兰和澳大利亚的羊肉进口额最高，且呈上升趋势。到 2018 年，中国从新西兰和澳大利亚进口羊肉总额占全国羊肉进口总额 98% 以上，且这一情况已持续 4 年。

2. 羊肉出口概况

羊肉出口额。中国虽是羊肉生产和消费的大国，但自给能力不足，对进口的依赖程度高，鲜少出口。2018 年羊肉出口额为 3.46 千万美元，较 2017 年下降了 24.08%。2019 年前 3 个季度羊肉出口总额为 1 271.8 万美元。根据历年数据，9—12 月是我国羊肉出口的密集期，但到次年 2 月开始下降。2019 年前 3 个季度的羊肉贸易总额较 2018 年有较大提升，且波动更为剧烈，其中 1 月、4 月和 5 月的进口额都超过了 2018 年的峰值水平。

出口羊肉产品种类。中国羊肉出口种类较少，主要以山羊肉、冻去骨绵羊肉和冻带骨绵羊肉3种，其他产品几乎为零；而这3类羊肉产品的出口额相对进口量来说也是微不足道的。2018年我国羊肉产品出口总额中，山羊肉出口额占比为60%，绵羊肉出口额的占比为40%，羔羊肉出口额占比则为0.00%。与进口不同，中国羊肉出口的季节规律不甚明显，除山羊肉外其他羊肉产品的月度出口额较为平稳。2018年山羊肉出口的波动非常剧烈，每年10月、11月、12月和1月是山羊肉出口最集中的月份，其他月份出口量非常小。2019年前3个季度的冻带骨绵羊肉、冻去骨绵羊肉和山羊肉出口额分别为499.9万美元、314.4万美元和452.3万美元；山羊肉的出口趋势与上年有所不同，预计不会出现太大的起伏。

羊肉出口国（地区）。中国羊肉出口渠道较分散，主要包括中国香港、中国澳门、沙特阿拉伯、科威特和约旦。出口到中国香港的羊肉总额整体呈上升趋势，2001—2018年其在中国羊肉出口总额中的占比从70%上升到接近90%；出口到约旦的羊肉近年来逐渐减少，2006—2018年，占比从峰值的36.4%下降至不到0.5%。中国向其他国家和地区的羊肉出口额相对较小，但偶尔也会有新的进口国出现，例如柬埔寨近两年开始从中国进口羊肉，并且2018年已成为仅次于澳门的第三大进口市场，进口额达85.8万美元。总体来说，中国羊肉出口市场非常小且主要出口对象比较固定；但我国羊肉出口受价格波动的影响较大，没有十分固定的变化规律，2018年出口总量下降到3 294吨，出口额仅为0.35亿美元。

3. 贸易平衡概况

中国羊肉进口多年来明显高于羊肉出口，事实上，自1990年起，中国羊肉进口就开始逐年增加，而出口则是经历了先增加后减少的变动趋势，并且完成了从羊肉净出口国向净进口国的转变，随后进口体量逐年增加，贸易逆差逐渐拉大。中国羊肉出口的波动与进口相比微乎其微，贸易收支平衡的变动趋势主要依赖于进口额的变化。具体来说，2007年至2019年，我国羊肉贸易一直呈逆差状态，2014年，逆差达到峰值10.910.9亿美元，到2016年则又大幅下降了50.6%。但2017年逆差增长至8.3亿美元，同比增长了54.6%；2018年贸易逆差增长至12.74亿美元，同比又增长了53.04%；根据最新数据，到2019年11月，逆差增长至16.4亿美元。我国羊肉贸易逆差增长势头明显。因此，既应充分利用国外市场，也应重视进口冲击。

三、国际肉羊产业技术研发进展

（一）国际肉羊育种技术研发进展

2019年国际肉羊育种技术研发进展主要表现在以下3个方面。

1. 品种选育

国际上肉羊选育方向保持以放牧品种选育为主，其中以澳大利亚、新西兰、美国、德国、法国和南非为典型代表。商品羊主要用两品种或三品种杂交，杂交羔放牧育肥或谷物育肥的方式生产羔羊肉。羔羊肉（Lamb）是主动生产的主要产品，主要在发达国家销售；大羊肉（Mutton）是由淘汰繁殖羊被动生产，主要销售到发展中国家或穆斯林国家。

2. 选种目标性状基本保持稳定

各个经济性状在选种模型中权重略有调整，其中：终端父本指数（Terminal sire indexes, TSI）由3个性状构成，它们分别是生长（TSG）、成活率（TSS）和肉产量（TSM），权重比TSG：TSM：TSS=72：21：7。母系指数（Maternal indexes, MI）由5个性状构成，它们分别是生长（DPG）、产羔数（DPA）、成年重（DPR）、毛量（DPW）、成活率（DPS），DPG∶DPA∶DPR∶DPW∶DPS＝50∶-2∶28∶7∶13。抗寄生虫等纳入选择指数，从遗传上提高肉羊对寄生虫病的抵抗力。

3. 现代繁育新技术在育种中的应用

选种方法包括全基因组选择、遗传标记辅助选择、QTL、BLUP 法等，这些技术意在提高选种准确性或育种效率，它们处于技术探索阶段，尚未达到产业化利用的程度。繁育新技术包括 MOET、子宫角输精技术、胚胎移植技术与性别控制技术等，这些技术意在快速扩繁和提高繁殖效率，达到产业化利用的程度。

（二）国际肉羊营养与饲料技术研发进展

2019 年国际肉羊营养与饲料技术研发主要表现在以下 3 个方面。

1. 肉羊胃肠道微生物影响研究

传统的动物营养学研究方法已经不能完全满足当今高速发展的反刍动物瘤胃功能微生物和功能研究。基于此，先进的组学技术如宏基因组、宏转录组、蛋白组及代谢组被广泛用于研究不同饲粮、饲粮添加剂、养殖环境等对肉羊胃肠道微生物影响，不光从微生物的群落组成，更从微生物的功能、代谢变化等角度，进一步提示了宿主（肉羊）和微生物之间的互作，为合理利用饲粮，提高肉羊的生产性能、健康以及降低向环境中的氮、磷、甲烷等排出提供了重要理论依据和手段。

2. 对新生羔羊的进一步深入研究

从人类的角度来讲，出生前 1 000 天可能会决定终生的健康情况。对于羔羊培育来说，提高成活率、降低断奶应激、提高免疫力等均是本年度的重点研究方向。其中，母羊培育方式对羔羊生产性能的影响始终是重点研究内容之一，尤其是母羊在妊娠阶段，包括蛋白质、能量、纤维素、矿物元素、维生素等营养素，对于羔羊胎儿期以及出生后的生长发育具有重要的影响。此外，包括初乳、开食料等关键营养素的供给，对于新生羔羊瘤胃发育、胃肠道微生物群落组成，以及成年后的生产性能具有的长效影响作用，也越来越多地受到研究者的关注。

3. 优势粗饲料资源的开发和利用

针对各个国家、地区不同的气候、地理以及肉羊养殖特点，合理地开发优质粗饲料资源，变废为宝，对于提高肉羊产业的发展具有重要意义。此外，随着人们对于抗生素的滥用造成的抗药性基因问题严重性认识的日益加深，抗生素替代品的研发，如植物提取物、益生菌、酶制剂等，也不断受到关注，这些抗生素替代品的开发，一方面降低抗药性细菌的发生，对于肉羊生产健康以及人类食品安全具有重要保障意义；另一方面也提高了肉羊生产性能和养殖效益，具有非常重要的生产价值。

（三）国际肉羊疾病防治技术研发进展

在国际肉羊疫病防控技术研究领域，除了采用传统的分子生物学方法，多国的研究团队已经尝试在诊断试剂开发、疫苗开发利用以及药物效果评价的过程中，结合组学技术进行探索。通过对病原微生物的全基因组、全转录组、蛋白质组、代谢组的信息进行解析，挖掘病原微生物的关键蛋白，探寻其结构与功能的关系，从而确定病原微生物的致病机制和免疫机制，进一步为诊断靶标的选择、新型疫苗的开发和靶向药物的设计提供创新性思路。2019 年，国际肉羊疫病防治技术研发进展体现在以下 4 个方面。

1. 疫病防治管理制度

养羊业发达的国家,如澳大利亚、新西兰、英国等,更加注重疫病防治相关管理制度的建立和完善。在整个肉羊疫病防控体系中,生物安全的风险控制被提到首要位置。目前,生物安全的风险控制内容具体包括牧场间的畜群病原微生物传播控制和牧场内的患病畜群病原微生物传染控制。在此基础之上,各国均建立与其生产环节配套的生物安全指南,涉及畜群的管理、从业人员和设备的管理、饲料管理及环境控制等。此外,各国肉羊饲养业都在积极推进标准化的动物福利管理流程,探索科学的饲养模式以降低由于饲养管理不善而引起的疫病爆发风险。5月,澳大利亚的动物健康协会联合山羊产业委员会共同出台《澳大利亚山羊产业动物福利标准指南》。结合2016年出台的《澳大利亚绵羊产业动物福利标准指南》表明,澳大利亚养羊业的动物福利体系建立已经处于世界前列。

2. 疫病快速诊断技术

目前,国际科研团队针对疫病诊断技术的研究主要集中在研发不同类型的诊断技术以满足各种检测需要,如高通量型检测技术、高灵敏和高特异型检测技术以及能够鉴定病原体亚型的检测技术等。病毒性传染病诊断方面,法国的研究团队研发出基于IgM亚类抗体检测的ELISA试剂盒,能够在羊蓝舌病的早期感染阶段进行快速诊断。加拿大的研究团队开发出手持式Two3核酸检测系统,能够实现多种类型样品的羊口蹄疫病毒6种血清亚型(O型、A型、SAT 1型、SAT 2型、SAT 3型和亚洲1型)的现场快速诊断。此外,比利时的研究团队建立了羊奶样本中小反刍兽慢病毒(SRLV)的ELISAs和qPCR检测技术作为初步诊断的方法,以降低基于血液样本的传统诊断方法伴随的生物安全风险和动物应激。细菌性传染病诊断方面,基于荧光偏振原理而开发的羊布鲁氏菌诊断方法,能够满足在室外条件对血清样本进行快速检测的需要。西班牙的研究团队通过构建携带有绿色荧光蛋白(GFP)的羊布鲁氏菌Rev1疫苗株,开发出针对GFP蛋白的抗体检测ELISA试剂盒,从而达到Rev1疫苗免疫羊的快速诊断鉴定。德国的研究团队开发出环介导等温扩增(LAMP)体系,能够快速检测羊粪便和羊乳中的鸟分支杆菌副结核亚种的*ISMap02*基因,从而快速确诊羊副结核病。寄生虫病诊断方面,针对绵羊肝片吸虫rCatL1D重组蛋白研发的胶体金免疫层析技术,对绵羊肝片吸虫病的诊断灵敏性和特异性分别达到100%和96.67%。

3. 疫病预防关键技术

国外肉羊产业的疫病预防技术研究进展主要集中在疫病发生的免疫机制研究、新型疫苗的开发与利用以及疫苗的免疫效果评价。美国的研究团队采用冷冻电镜技术解析蓝舌病毒NS1蛋白的结构,鉴定出NS1蛋白的管状结构域和非管状结构域在蓝舌病病毒的复制过程中发挥重要作用。澳大利亚的研究团队采用蛋白质组学技术成功筛选出与羊胆管内特异表达的凝集素11(LGALS-11)和凝集素14(LGALS-14)互作的羊肝片吸虫的糖蛋白家族,为进一步研发羊肝片吸虫亚单位疫苗提供了候选抗原库。英国的研究团队的研究表明,联合注射羊流产衣原体的CPAF和MIP蛋白,能够促使母羊产生较好的免疫保护,以抵抗流产衣原体的感染。英国研发了针对绵羊肠道内的羊捻转血矛线虫Barbervax疫苗,其刺激宿主免疫系统产生的保护性抗体能够维持6周。

4. 疫病治疗关键技术

在疫病药物治疗方面,国外研究集中于开发安全高效、无残留的绿色药剂。西班牙的研究团队发现，蛋白激酶抑制剂 BKI-1294 能够显著降低弓形虫感染造成的母羊流产，同时可以抑制弓形虫的垂直传播而无副作用。此外，各国开始关注在生产中如何对已经获得批准的药剂进行科学化使用，以减缓病原微生物耐药性的产生。在澳大利亚、新西兰、南非等国家，驱虫药物的持续使用已经造成耐药性寄生虫出现，如羊蛔虫和羊捻转血矛线虫。由于新型驱虫药物的研发成本高、周期长、收益低，不少国家采用优化现有驱虫药物方案的策略来减缓耐药性寄生虫的产生，主要体现在规范药物的使用剂量和频率、禁止对非患病羊滥用药物以及严格执行基于临床诊断结果的药物使用原则。

(四) 国际肉羊屠宰与羊肉加工技术研发进展

2019 年国际肉羊屠宰与羊肉加工技术研发主要表现在以下 3 个方面。

1. 羊肉品质潜在标志物研究

基于基因组、蛋白质组、修饰组、代谢组等多组学的嫩度、色泽等肉品质生物标志物开展了筛选研究，筛选出部分与羊肉品质显著相关的潜在标志物，为羊肉品质鉴别技术研发提供理论支撑。

2. 肉羊智能化屠宰与分割分级技术装备的研发及应用

通过近红外光谱、X 射线扫描成像、机器视觉三维成像、智能机器人及其控制等技术的应用，促使肉羊屠宰与分割分级技术装备逐步向数字化、智慧化迈进。

3. 羊肉包装新技术的开发研究

研发了基于天然提取物的复合涂层、基于纳米材料的活性包装、指示 pH 值的纤维素薄膜、基于硫化氢传感器的智能包装技术，实现了羊肉品质高效保持与实时监控。

(五) 国际肉羊生产与环境控制研发进展

2019 年国际肉羊生产与环境控制研发主要表现在以下 2 个方面。

1. 精准养羊及羊只福利相关技术

依赖于自动检测肉羊相关生理过程的一套整合管理系统，研究以信息技术为核心的高新技术在养羊业的应用。利用各种传感器持续地获取羊只个体各时段信息，如体温、体质量、行为（站立、躺卧）、饮食（饮水、采食）、情绪、环境参数等指标，应用个体自动识别技术（如射频识别）、大数据技术、专家决策技术等对个体进行生长评估、营养水平评估、情绪预测、疾病诊断等，实现高效率、低成本、福利化的现代生态养羊，并与现代化、自动化的养羊设施设备结合，对养羊业进行精细化管理，确保羊肉产品的质量和安全。

2. 羊粪污无害化处理技术

羊粪高温好氧堆肥技术逐渐成为应用最广泛的粪便处理技术。通过控制羊粪堆体的碳氮比、堆体的水分、添加菌剂、建堆、供氧和发酵时间等，使羊粪堆体的腐熟在发酵微生物的一系列繁殖活动中完成。而结合光谱学技术与常规指标测定研究羊粪好氧堆肥过程中的物质动态变化特征，利用高通量测序技术解析羊粪好氧堆肥过程中微生物群落动态变化规律，通过报告基因标记技术跟踪功能菌在羊粪好氧堆肥及相关有机肥产品施入土壤后的分布与定殖情况，开发羊粪污制造有机（类）肥料工艺等是目前进行羊粪无害化处理，提高羊粪综合利用率的重要研究手段。

四、国内肉羊产业技术研发进展

(一) 国内肉羊育种技术研发进展

2019年国内肉羊遗传改良技术研发进展主要包括以下4个方面。

1. 品种选育进展较快

为了适应生产方式由放牧向舍饲方向转型，舍饲多羔绵羊新品种选育受到重视。表现在更广泛地使用小尾寒羊和湖羊作为育种材料，培养舍饲高繁殖力新品种。开展新品种培育项目有9个，设计的育种目标可以降低肉羊繁殖成本约30%。

2. 引入品种持续选育，形成了波尔山羊、杜泊羊、夏洛莱羊等核心群

应用引入品种与本地品种杂交，成功培育出鲁西黑头羊等新品种（系）。引进品种东弗里生、萨福克、杜泊及澳洲白生产胚胎冷冻保存。

3. 地方良种持续选育提高，鉴定了草原短尾羊等新品种

4. 设备和软件研制进展较快

研制了一批自动测定设备和育种软件，初步形成了育种技术平台和产业化技术支撑平台。

2019年遗传改良功能研究室代表性成果包括①持续选育肉羊新品种（系）。选育民勤中天羊、天祝肉用美利奴、湖羊高繁系/快长系、湖北多羔新品系（中试）等多个新品种（系）；②建立基于基因改良的肉用种羊遗传评估体系，持续选育提高特色地方品种和引进的专门化品种，培育产肉性能好、生长速度快、繁殖力高、胴体品质优良的新品种和杂交配套组合进行产业化开发；③用Taqman法对绵羊进行多羔主效基因FecB分型，建立多羔核心群。

(二) 国内肉羊营养与饲料技术研发进展

2019年，我国肉羊产业行情开始好转，养羊企业逐渐开始盈利，因此养殖积极性得到了很大的提高，在这种背景下，我国肉羊营养与饲料领域也研究紧跟国际研究步伐，取得了多方面的研究进展，并得到了国际关注和认可，主要表现在以下3个方面。

1. 比较随母哺乳和人工饲喂两种不同饲喂方式对家畜早期肠道微生物菌群结构的影响

在3日龄羔羊肠道中检测到了成年母羊的肠道菌群，表明成年动物肠道中的核心菌群在生命早期已经建立。不同饲喂方式显著影响羔羊早期肠道微生物的定殖，人工饲喂组羔羊肠道微生物的物种丰富度显著高于随母哺乳组羔羊，两组羔羊肠道微生物在门水平优势菌均为拟杆菌门、厚壁菌门和变形菌门，在属水平的优势菌均为拟杆菌属。16S rDNA测序和qPCR方法均证明人工饲喂显著增加了羔羊肠道中大肠杆菌，丁酸弧菌和梭菌XlVa的丰度，显著降低了羔羊肠道中梭菌XI的丰度。研究结果发表在Environmental Microbiology（IF：5.1）杂志。

2. 开展了酵母培养物的应用效果研究

试验结果表明，育肥后期饲粮中添加10克/天的酵母培养物可提高育肥湖羊的营养物质表观消化率，改善了能量和氮的利用率，饲喂更高剂量的酵母培养物在改善饲料消化率、能量代谢和氮代谢方面效果不明显；在育肥前期（1~60天）饲粮中添加酵母培养物对育肥湖羊生长性能无显著影响。但在在育肥后期（61~90天）饲粮中添加酵母培养物10克/天时显著提高了育肥湖羊的平均日增重并显著降低了饲料增重比。饲粮中添加酵母培养物对育肥湖羊屠宰性能、肉品质、内脏器官及胃室发育均无显著影响。

3. 肉羊专用饲料添加剂的开发与利用

开展了"好食脉孢菌发酵醋糟生产类胡萝卜素功能饲料的研究",研究结果表明,利用好食脉孢菌发酵醋糟后可以显著提高醋糟干物质(DM)的瘤胃有效降解率,而且产生具有较强抗氧化活性的类胡萝卜素,为开发醋糟类胡萝卜素功能饲料提供了科学依据;开展了"中草药复合添加剂对羔羊瘤胃发育及消化功能的影响"的研究,以有利于健脾开胃的中草药"山楂、麦芽、陈皮、五味子、何首乌、川芎、黑豆"为原料配伍组方,饲喂羔羊,结果表明,中草药复合添加剂能促进羔羊瘤胃发育,提高瘤胃纤维素酶的活性,有利于饲料养分的消化吸收。

2019年肉羊营养与饲料功能研究室代表性成果包括①本研究室根据不同地区的区域和产业特点,进行了不同主题的技术培训37人次,累计培训3 294人,发放技术资料近470余册,推广各类饲料等技术产品2 000余吨,并为当地政府部门提供政策建议和扶贫技术方案2项;②科研产出方面,获全国农牧渔业丰收奖一等奖1项,共发表学术论文47篇,制定或发布标准或规范4项,申报或授权专利5项,获得软件著作权2项,开发肉羊饲料配方软件1个,向政府提交建议书2份,完成成果登记2次,获得人才称号6人次,引进国外专家2人次。

(三)国内肉羊疾病防治技术研发进展

2019年,国内肉羊疾病防治技术研发主要涉及以下五个方面。

1. 继续开展不同地区肉羊重要疫病流行病学调查并开展相关防治工作

发现重要肉羊疫病的流行特点和规律,针对流调情况开展相应防治工作。国家肉羊体系疾病防控研究室申报了:羊口疮重组蛋白抗原疫苗及其制备方法的建立(ZL 201610114192.8);用于检测小反刍兽疫病毒抗原的免疫磁珠试剂盒及其用途(ZL 201610536967.0)等专利;建立了巴氏杆菌病的诊断方法;建立了无浆体的四重PCR检测方法。

2. 加强布鲁氏菌病的技术研发及其应用

国家肉羊体系疫病防控研究室取得的相关专利包括布鲁氏菌病原分子快速诊断免疫磁珠q-PCR方法,家畜布病血清亚类抗体检测ELISA方法,布鲁氏菌Omp25蛋白抗原表位多肽及其应用(ZL 201610233914.1),一种布鲁氏菌L7/L12蛋白抗原表位多肽及其应用(ZL 201610225924.0),一种布鲁氏菌Yajc蛋白抗原表位多肽及其应用(ZL 201610233920.7)。针对布病的疫苗免疫效果评价和疫病净化技术的研究集成示范为有效地控制布病中也发挥了关键作用。

3. 提升羊病防控技术研究的理论深度

从公共卫生战略安全的角度入手,利用分子生物学和现代组学技术、高通量技术相结合的方法,如通过肉羊瘤胃微生物的测序来分析瘤胃酸中毒等代谢性疾病;对一些病毒或细菌的基因组进行测序,分析其毒力基因和肉羊感染机制,为疫病的防治提供理论基础。

4. 营养代谢病的防控技术研究

国家肉羊体系疾病防控研究室完成了肉羊妊娠毒血症(酮病)生化指标阈值的数据收集和瘤胃酸中毒特征生化指标阈值的数据收集。在此基础上,完成了肉羊妊娠毒血症(酮病)、瘤胃酸中毒早期快速检测新方法的研究。针对肉羊运输等引起的应激,国家肉羊体系疾病防控研究室初步筛选出6种具有显著抗运输应激效果的药物，为后期抗应激药物的研究奠定了基础。

5. 相关技术示范工作取得显著进展

国家肉羊体系疾病防控研究室开展了种羊场口蹄疫、布病净化工作；规模场小反刍兽疫、传染性胸膜肺炎净化技术示范工作，在全国肉羊主产区建立了多个综合防控示范基地，培训了大量基层技术人员，解决了我国规模化养殖场肉羊疫病诊断、疫苗免疫、综合防制等多项关键技术问题，摸索并初步建立了适合于我国规模化羊场疫病综合防治的示范模式。

2019年疫病防控研究室代表性成果：①国家肉羊体系疾病防控研究室制作的"布病防控"视频（包括传播篇、检测篇、疫苗篇、防护篇、治疗篇）微信浏览量累计接近4万人次，阅读的职业人群覆盖全国31个省市区，宣传效果显著；②建立了可用于四种无浆体检测的四重PCR方法，特异性、敏感性、重复性良好，操作简便。为无浆体的快速鉴别诊断和流行病学监测提供了一种有效、灵敏、特异、准确的工具；③建立了山羊副流感病毒3型双抗体夹心ELISA法及布病快速诊断方法（免疫磁珠q-PCR）；④确定了肉羊酮病、妊娠毒血症、瘤胃酸中毒特征生化指标阈值。

（四）国内肉羊屠宰与羊肉加工技术研发进展

2019年国内肉羊屠宰与羊肉加工技术研发进展表现在以下6个方面。

（1）开展了热鲜羊肉保鲜理论与技术研究，明确了宰后不同阶段羊肉的加工特性，发明了热鲜羊肉超快速冷却保鲜技术，实现了热鲜羊肉的品质保持。

（2）开展了羊自动化屠宰分级分割加工技术和装备的研发工作，构建了羊胴体成像系统，研发了智能化羊肉品质在线分级系统，实现羊肉品质的快速分级。

（3）开展了传统羊肉制品绿色智能制造技术研究，研发了过热蒸汽、远红外烤制等新型烤制技术，实现了传统烤制羊肉的品质提升和危害物消减。

（4）开展了羊肉品质调控与营养提升技术研究，明确了不同品种、不同饲喂模式对肉羊生产及羊肉品质的影响，揭示了叶酸添加对胎儿发育、羔羊生长、羊肉品质的调控机制。

（5）开展了不同品种羊肉品质鉴别研究，建立了基于特征风味的指纹图谱分析技术，实现羊肉品质优劣及掺假状态的快速及准确判别。

（6）开展了羊骨血脂副产物高值化加工技术研究，开发了功能性骨蛋白肽、血蛋白肽、精炼羊油等新产品。

2019年体系加工研究室代表性研究成果包括以下6个方面：①针对我国以热鲜羊肉为主的消费习惯和以炒、炖、煮、涮为主的烹饪方式，开展了热鲜羊肉保鲜理论与技术研究，明确了热鲜羊肉更适合我国炒、炖、煮的烹饪方式和消费习惯，初步揭示了僵直前期丙酮酸激酶磷酸化负向调控酶活抑制宰后僵直进程的热鲜肉保鲜机制，发明了热鲜羊肉超快速冷却保鲜技术，可最大限度地保持宰后肌肉处于热鲜肉的品质状态。②围绕提高羊肉品质、降低加工损失、提高生产效率等目标，开展了山羊屠宰工艺、山羊肉品质分析和部位肉加工性能评价等工作，初步评价了山羊羔羊肉的产业化潜力，编制了《小规模肉羊屠宰技术手册》，建立了山羊肉物流保鲜技术。③针对传统羊肉制品热加工过程易形成多元危害物、污染物排放重、食品添加剂功效低等问题，开展了传统羊肉制品绿色智能制造技术研究，研发了香辛料添加、过热蒸气与远红外烤制联用的传统烤制羊肉品质提升和危害物消减协同技术体系，生产出"最少添加、最低排放、更加安全、更高品质"的烤羊腿、烤羊肉产品。④开展了羊副产品营养成分评价研究，构建了可食性内脏营养成分数据库，建立了功能性血蛋白肽、骨蛋白肽的制备工艺，研发了低温压榨法提取羊尾脂中不饱和脂肪酸技术，开发了血、骨蛋白抗氧化肽新产品。⑤围绕羊肉品质调控和提质增效，研究了不同品种、不同饲喂模式对肉羊生产及羊肉品质的影响，初步明确了在品种及饲喂模式影响下羊肉品质的形成机制，揭示了叶酸调控羔羊发育、肉质形成的机制，为肉羊生产的肉质调控提供了基础数据支持。⑥针对羊肉品质鉴别手段缺乏的问题，开展了不同品种羊肉品质鉴别研究，建立了滩羊、湖羊、杜泊羊特征风味指纹图谱，实现羊肉品质优劣及掺假状态的快速及准确判别。

（五）国内肉羊生产与环境控制研发进展

2019年，肉羊生产与环境控制领域研究取得了多方面的研究进展，主要表现在以下5个方面。

（1）通过集成嵌入式系统、无线射频、网络通信、传感器以及控制技术，在示范基地里建设标准化羊舍智能环境综合监测和调控系统，建设羊舍环境参数监控装置，实现了对羊舍环境的实时监测（温湿度、氨气和硫化氢浓度），环境参数历史数据保存，并可以根据环境参数对羊舍环境进行远程和自动控制，控制风机等环境调节设备缓解夏季肉羊热应激或降低冬季羊舍有害气体浓度。同时能够通过Web和Android手机实现远程的羊舍环境参数信息采集、分析以及设备控制等日常管理工作。

（2）针对我国南方地区食用菌产业发达，食用菌生产产生的废弃菌糠处理成本高，资源利用率低等问题，开展菌糠TMR饲料化利用技术进行肉羊生产意义重大。通过确定适宜的菌糠添加比例，提高湖羊的生长性能，提高经济效益，菌糠的添加还有助于改善湖羊瘤胃发酵状态，促进瘤胃发育，提高湖羊的抗氧化能力，为菌糠的饲料化利用提供科学依据。

（3）在肉羊生产过程中，无论是饮用水、饲料或是粪污中，都可能存在着一定量的环境毒素。其中，T-2毒素广泛分布于自然界，是污染谷物的主要毒素之一，摄入被T-2毒素污染的谷物将严重影响动物和人类的健康。T-2毒素在动物体内可以快速转化为HT-2毒素产生毒害作用。通过在体外利用不同浓度的HT-2毒素处理绵羊睾丸间质细胞，检测其对绵羊睾丸细胞增殖、氧化应激、凋亡以及睾酮分泌的影响，探究其毒性机制，并尝试使用褪黑素进行挽救，对于指导肉羊生产，制订可能的环境毒素防治方案有重要意义。

（4）不同畜禽粪便有机肥发酵试验及牧草种植试验。畜禽粪便是造成环境污染的重要原因，严重威胁到了畜禽和人类的健康。通过开展了一系列包括羊粪资源化利用以及牧草种植相关试验，结果发现，①条垛式堆肥发酵适合羊粪资源化处理；②羊粪在有机肥还田使用中添加1.5吨/亩即可，无须过量使用；③在羊粪、鸡粪、牛粪和猪粪等还田试验中，羊粪效果最好。且相对化肥，羊粪有机肥对于土壤板结具有一定的缓解效果。通过一系列羊粪有机肥试验，为羊粪资源化利用，推动生物有机肥产业发展奠定基础。

（5）肉羊生产设施设备开发利用。针对肉羊生产方式相对落后，羊舍及辅助设施设备短缺，迫切需要探求研发高效肉羊羊舍及设施、设备，以及新型肉羊饲养模式等问题，通过深入研究羊舍设施设备，针对我国肉羊生产实际需求，改进"BRQ-30羔羊哺乳器"和"羊舍内自动喷雾消毒装置"，生产实体样品，供肉羊生产检测使用，提高我国肉羊生产设施化水平。

2019年生产与环境控制研究室代表性成果包括：①标准化羊舍智能环境综合监测和调控系统：研发出羊舍环境检测和控制系统，申报相关软件著作权1项；②非常规饲料TMR颗粒饲料制备技术：以鲜菌糠（未经发酵、烘干处理）和油菜秸秆为原料进行TMR颗粒饲料加工，申报相关发明专利2项；③羊粪资源化利用技术：开展羊粪收集、发酵和有机肥还田等试验工作，申请相关专利1项，制定相关技术规程4项；④研制肉羊生产设施设备：BRQ-50羔羊哺乳器、便携式羊用采精输精架和GDS羊运动驱赶装置，申请相关专利1项。

（六）我国肉羊产业发展的对策建议

1. 促进肉羊育种技术研发的对策建议

针对我国肉羊育种方面的建议主要包括以下3点。

（1）加快舍饲母本新品种培养。在种羊业优势区域，集中打造1~2个高端核心群（超级母羊），窝产羔数3~4只、四季发情、全舍饲节律生产。大幅提升1亿只以上母羊繁殖效率。

（2）加快引入品种中国化。持续选育进口品种，在全国遴选4万~5万只优质种公羊，大幅提升1亿只以上羊生长效率。"产得多，长得快，死得少"，生产端效率显著提升。

（3）加强地方良种遗传资源保护。强化羊场生物安全防控，加大对保种场/区/库资金支持力度，夯实种羊业发展基础。鼓励胚胎和精液等生物技术保种。

2. 促进肉羊营养与饲料技术研发的对策建议

针对我国肉羊营养与饲料方面的建议主要包括以下3点。

（1）2019年肉羊价格一直上涨，但羔羊羊源十分紧缺，羔羊价格昂贵，在加上中美贸易摩擦引发的豆粕等饲料原料上涨或者价格波动，导致规模化羊场利润微薄。国家应出台相关应对风险的补贴政策，以保护因市场波动下受到冲击的羊产业。

（2）秸秆、糟渣等低质纤维饲料是草食家畜的饲料资源，国家应结合环保治理焚烧的同时，多渠道加大低质饲料资源研发与利用的扶持与奖补，变废为宝。

（3）肉羊的产业走出低谷，全国各地的扶贫工作进入关键时期，羊的高效养殖技术收到欢迎。需要大量的人员和科研落地的技术，由于团队成员人数有限，满足不了产业发展的需要，希望体系办能够合理运筹体系的力量，对重点帮扶对象开展技术指导工作。

3. 促进肉羊疾病防治技术研发的对策建议

针对我国肉羊疾病防治方面的建议主要包括以下5点。

（1）利用各大新闻媒体对肉羊疫病防控的重要意义进行广泛宣传，使广大群众普遍认识到疫病对人畜健康的危害性及疫病综合防控的重要性，形成群防群控的意识和氛围；通过媒体传导肉羊疫病防控压力，促成行政、行业齐抓共管，人民群众关心支持的运转常态。

（2）目前，布鲁氏菌病、口蹄疫等仍在我国多地时不时散发和流行，存在疫病监控体制不健全的问题，针对此种情况，对其防控应该继续坚持区域化管理和无疫区建设的防控策略，做好主要疫病的净化工作，同时行业主管部门和各级政府应严格定期落实检疫监督和防疫监管措施。

（3）肉羊疫病的防控不仅要打疫苗，更应注重注射疫苗后的动物群体免疫效果的评估，保证疫苗的免疫防控效果，对已有的疫苗的效价和免疫效果还需要定期评估检测。

（4）针对防疫力量薄弱的情况，进一步加强肉羊疫病病原学与流行病学调查研究，在了解了肉羊流行病学特点和分布特征的情况下，加强人员防护和技术培训工作。每年安排用于人员防护和技术培训的专项经费，省市县均组织开展兽医实验室人员专业技术和人员防护培训等工作，最大限度地防范防疫人员感染布病等。

（5）加速高效防控产品研制与开发是肉羊疫病防控技术的核心。主要包括以下3个方面：①安全高效疫苗的研发；②发病早期快速、高灵敏度的检测新技术、新方法的研发；③发病后用于治疗的兽药筛选与开发平台的建设，开发广谱、高效、无残留、具有自主知识产权的抗病毒、抗细菌、抗寄生虫新型药物，同时避免药物残留、添加剂残留、违禁药物使用等问题。

4. 促进肉羊屠宰与羊肉加工技术研发的对策建议

针对我国肉羊屠宰与羊肉加工方面的建议主要包括以下6点。

（1）推进肉羊屠宰与羊肉加工技术的科技创新，推动肉羊全产业链创新发展，构建一二三产业融合的现代肉羊产业体系。

（2）推进基于我国消费习惯和烹饪方式的生鲜肉理论与品质保持技术体系建设，突破热鲜羊肉全程冷链不间断技术，实现绿色、智能化保鲜。

（3）推进智能化屠宰分级分割技术装备的研究，构建适合我国肉羊屠宰分割分级特点的装备体系，实现自动化、智能化加工。

（4）推进传统羊肉制品绿色制造技术研究，研发光波、电磁、过热蒸汽等新型加工技术，开发绿色、安全、营养、美味新产品。

（5）推进肉羊屠宰副产物加工技术装备的研究，革新特色肉羊屠宰副产品的加工技术，研发高附加值新产品，实现工业化加工。

（6）推进羊肉质量安全与营养品质评价研究，研发新型快速检测方法和高品质羊肉营养调控技术。

5. 促进肉羊生产与环境控制技术研发的对策建议

针对我国肉羊生产与环境控制方面的建议主要包括以下4点。

（1）我国具有丰富的非常规饲料资源，尤其是在粗饲料方面，有很大潜力需要挖掘，因此未来需要继续集中力量研究提高非常规饲料资源利用率的方法和技术，研发非常规饲料资源的生物发酵和合理利用技术。

（2）针对肉羊不同养殖规模和养殖方式，继续进行规模化羊舍饲喂设施、消毒清粪装置、环境监控装置、物联网及智能化管理等设施自动化技术集成示范和推广，建设不同规模和养殖方式的实用型羊舍示范样板。

（3）针对影响肉用山羊养殖的环境因素，继续对南方地区舍内环境参数进行监测和研究，探寻环境参数对羊群生产性能的影响，研发基于物联网技术的羊舍环境自动调控装备，提出调控适应南方湿热条件的羊舍环境控制方案，示范和推广羊舍环境控制工艺。

（4）针对肉用山羊养殖的废弃物类型，继续开发羊粪污制造有机（类）肥料工艺，包括好氧堆肥制造有机肥、生物有机肥和全元生物有机肥，示范有机（类）肥料产品的田间效果，加强推广羊粪无害化处理、资源化利用技术。

（国家现代肉羊产业技术体系首席科学家　金海　提供）

2019年度绒毛用羊产业技术发展报告

(国家绒毛用羊产业技术体系)

一、国际绒毛用羊生产与贸易概况

1. 2019年世界羊毛产量与2018年相比预计有所减少

根据国际毛纺织组织（IWTO）和澳大利亚羊毛产业协会（AWI）等国际机构的资料显示，2019年世界羊毛产量（净毛，下同）预计为113.09万吨，较2018年减少2.0%。2019年世界羊毛产量同比减少主要是因为2019年澳大利亚羊毛产量同比出现较大幅度下降。根据IWTO和AWI的研究报告显示，2019年澳大利亚羊毛产量预计较2018年同比下降9.3%。除此之外，在世界其他主要的羊毛生产国中，新西兰、南非和美国等国羊毛产量较2018年预计均有不同程度的下降，而中国、印度、阿根廷、英国、蒙古国、乌拉圭等国羊毛产量较2018年预计均有不同程度的增加。各国羊毛产量变化原因有所不同。

在羊毛产量同比下降的国家中，澳大利亚方面，受长期干旱天气的影响，新南威尔士州、西澳大利亚州、南澳大利亚州、塔斯马尼亚等澳大利亚羊毛主产区草场长势均受到不同程度影响，加上今年羊肉价格高企，绵羊屠宰量上升，使得2019年澳大利亚可剪毛绵羊养殖规模下降，同时，澳大利亚绵羊平均套毛重量也出现下降；南非方面，由于其大部分羊毛生产区遭遇干旱，使得该国羊毛产量下降；美国方面，由于该国国内对羊肉需求增加，绵羊屠宰量上升，可剪毛绵羊养殖规模下降，导致羊毛减产；新西兰方面，受粗支杂交羊毛价格疲软影响，新西兰农牧民养殖绵羊的积极性受挫，加上羊肉价格维持在高位，绵羊屠宰量上升，进而导致羊毛产量下降。在羊毛产量同比增加的国家中，得益于上涨的羊毛价格和良好的气候环境，乌拉圭、英国等国羊毛产量均有所增加；阿根廷由于其羊毛生产向更精细的方向发展，向肉毛兼用型绵羊转变的趋势减小，使得毛用型绵羊数量逐渐增多，带动羊毛产量提高；印度和蒙古国由于其政府积极推动本国绵羊的养殖和羊毛的生产，农牧民绵羊养殖积极性较高，带动两国羊毛产量的上涨；中国因养羊的市场行情较好，使得绵羊的养殖规模有所扩大，从而推动羊毛产量小幅增长。

2. 2019年世界羊绒产量预计同比小幅下降

2019年世界羊绒产量预计同比小幅下降，主要是受2019年中国羊绒产量同比出现较大降幅的影响。作为世界最大的羊绒生产国，受禁牧政策和肉羊养殖冲击等因素影响，2019年中国山羊养殖规模预计出现下降，羊绒产量也随之减少。根据国家绒毛用羊产业技术体系产业经济研究团队2019年赴羊绒第一大产区内蒙古的调研数据，2019年绒山羊调研旗（鄂托克旗、巴林左旗、巴林右旗）羊绒总产量较2018年预计下降6.57%。

3. 2019年世界羊毛贸易量较2018年预计将有所下降

根据国际贸易中心（ITC）的相关数据，2019年1—9月，世界羊毛贸易量较2018年同期减少 24.62%①。2019 年 1—9 月，在世界羊毛主要出口国中，土耳其、意大利、西班牙、比利时、南非、澳大利亚和新西兰等国的羊毛出口量同比均表现出下降态势，降幅分别为 64.31%、40.02%、39.95%、33.15%、26.57%、15.73% 和 11.26%。在世界羊毛主要进口国中，土耳其、比利时、中国、韩国、德国、意大利和俄罗斯等国的羊毛进口量同比均出现不同程度的下降，降幅分别为 67.10%、34.20%、27.88%、22.80%、16.75%、12.75% 和 1.32%。

4. 2019 年世界羊绒贸易量预计将小幅上升

由于中国集中了全世界 75% 以上的羊绒原料，羊绒加工量也占全球 90% 以上，所以根据中国羊绒贸易量的增减可预测世界羊绒贸易量的变化。根据中国海关总署的数据显示，2019 年 1—10 月中国羊绒累计进口量为 5639.37 吨，同比增加 3.33%，故预计 2019 年世界羊绒贸易量同比将会上升。

5. 2019 年世界羊毛价格总体表现为同比下降

2019 年 1—11 月世界主要羊毛生产国中，中国的羊毛月平均价格为 96.02 元/千克（64S 国毛条和 66S 国毛条平均），较 2018 年同期下降了 6.02%；澳大利亚东部、北部、南部、西部市场的羊毛年均综合价格指数同比下降了 7.97%；新西兰市场的羊毛（细度 36~39 微米粗支杂交毛）年均价格同比下降了 9.19%；南非市场的羊毛（细度 21 微米净毛）年均价格同比小幅下降了 0.10%②。

6. 2019 年世界羊绒价格同比上升

2019 年 1—10 月世界最大的羊绒生产国中国羊绒平均价格为 217 元/千克③，较 2018 年同期小幅上升了 1.78%，预计 2019 年全年中国羊绒平均价格同比增加，进而推断 2019 年世界羊绒价格也同比上升。

二、国内绒毛用羊生产与贸易概况

1. 2019 年我国细毛羊、绒山羊存栏量均减少，半细毛羊存栏量增加

根据国家绒毛用羊产业技术体系产业经济研究团队对内蒙古、甘肃、四川 3 省（区）10 个旗县的绒毛用羊生产形势的调研结果，2019 年细毛羊调研旗县（乌审旗、敖汉旗、肃南裕固族自治县以及天祝藏族自治县）细毛羊存栏量为 152.45 万只，同比减少 4.96%；绒山羊调研旗（鄂托克旗、巴林左旗和巴林右旗）绒山羊存栏量为 220 万只，同比减少 12.06%；半细毛羊调研县（冕宁县、会东县和盐源县）半细毛羊存栏量为 56.80 万只，同比增加 1.05%。

2. 2019 年我国细羊毛、羊绒产量同比均下降，半细羊毛产量同比上升

上述调研数据显示，2019 年细毛羊调研旗县（乌审旗、敖汉旗、肃南裕固族自治县以及天祝藏族自治县）细羊毛总产量为 7 164.47 吨，较 2018 年减少了 2.05%；绒山羊调研旗（鄂托克旗、巴林左旗和巴林右旗）羊绒产量为 960 吨，较 2018 年减少了 6.57%；半细毛羊调研县（冕宁县、会东县和盐源县）半细羊毛产量为 1 076 吨，较 2018 年增长了 1.25%。

---

① 数据来源于国际贸易中心（ITC）。http：//www.intracen.org/
② 数据来源于南京羊毛市场
③ 数据来源于内蒙古羊绒交易中心和第一羊绒咨询，其中羊绒价格为套子绒价格

3. 2019 年我国羊毛价格同比下降，羊绒价格同比上升

2019 年 1—11 月南京羊毛市场国产羊毛（64S 国毛条和 66S 国毛条平均）月平均价格为 96.02 元/千克，较 2018 年同期下降了 6.02%。年内国产羊毛月平均价格先由年初 1 月的 112.50 元/千克下降到 8 月的 82.60 元/千克，此后羊毛月平均价格有所回升，9 月羊毛月平均价格上升至 88.65 元/千克，此后又开始下降，11 月收至 80 元/千克，与 2019 年同期的 106.5 元/千克相比，下降了 24.88%。2019 年 1—10 月我国羊绒平均价格为 217 元/千克①，较 2018 年同期小幅上升了 1.78%。年内羊绒月平均价格先由年初 1 月的 210 元/千克上升到 4 月的 240 元/千克，之后开始下降，9 月羊绒价格下降至 190 元/千克，10 月又微幅增加至 200 元/千克，但与 2018 年同期的 250 元/千克相比，大幅下降了 20%。

4. 2019 年我国羊毛进口和出口同比均减少、羊绒进口同比增加、羊绒出口同比持平

据中国海关统计数据显示，2019 年 1—10 月，我国羊毛累计进口量为 23.20 万吨，比去年同期减少 27.17%；累计进口额为 20.42 亿美元，比去年同期减少 25.47%。2019 年 1—10 月，我国羊毛累计出口量 0.65 万吨，比去年同期减少 13.28%；累计出口额为 0.27 亿美元，比去年同期减少 11.29%。2019 年 1—10 月，羊毛贸易逆差为 20.15 亿美元，比去年同期减少 25.62%。2019 年 1—10 月我国羊绒累计进口量为 5 639.37 吨，比去年同期增加 3.33%；羊绒累计进口额为 1.31 亿美元，同比增加 11.00%。2019 年 1—10 月，我国羊绒累计出口量为 0 吨，累计出口额为 0 万元，均与去年持平。2019 年 1—10 月，羊绒贸易逆差累计为 1.31 亿美元，比去年同期增加 11.00%。

三、国际绒毛用羊产业技术研发进展

当前，国际绒毛用羊产业技术研发方向主要体现在以下 5 个方面。

1. 现代育种与生物快繁技术的持续更新引领绒毛用羊产业向好发展

随着分子数量遗传学的发展，高通量测序技术和生物信息学技术的辅助，畜禽育种已逐渐聚焦到基因组育种技术。与牛、鸡、猪等物种相比，常规育种、标记辅助选择等方法在绒毛羊用羊中仍然发挥基础性作用。目前新西兰、澳大利亚、法国等养羊大国已经启动了羊的基因组选择，并初步取得成效，开启了羊育种的新篇章。一方面，全基因组时代的到来及基因分型成本的降低，使得在全基因组水平对家畜育种值进行估计成为可能；另一方面，通过现代生物技术的综合运用，结合传统的育种方法，可以大大加快绵羊和山羊育种进程。

根据美国农业部动物基因组最新数据库统计，目前绵羊参考基因组更新到 4.0 版本，截至 2019 年 12 月 29 日更新到绵羊 QTL 数据库版本 40，共收录 258 个不同性状的 3 099 个 QTLs。新的山羊基因组 ARS1 版本更好的覆盖了超过 1Kb 的重复序列，并且成功地组装出免疫基因区和大部分重复序列家族。

随着测序技术、质谱技术等不断发展，各种组学（基因组、转录组、蛋白组、表观遗传组、代谢组学等）被广泛应用于绒毛用羊控制重要性状（绒毛品质、产肉、抗病抗逆等）的基因发掘、关键性状形成的分子机制解析以及起源进化等，大规模生物信息学数据积累，最终揭示大数据背后的生命遗传变异的原理和动物的进化起源历史，各种经济

---

① 数据来源于内蒙古羊绒交易中心和第一羊绒咨询，其中羊绒价格为套子绒价格

性状的主效基因、甚至精确突变位点发掘,使得绒毛用羊资源优势更好利用。

在绒毛用羊生物快繁方面,胚胎体外生产技术仍然是目前国际上关注比较多的一个研究领域,主要研究集中在抗氧化剂对卵母细胞和早期胚胎体外培养的作用。有多篇文献报道,在培养液中添加褪黑素、维生素C、维生素A、白藜芦醇、NAC、CoQ10等化学药物,可以提高体外胚胎的发育能力和质量,研究表明,氧化损伤是影响体外生产胚胎活力的主要因素之一。这对改进羊胚胎体外生产技术有重要参考作用。

2. 精准化管理技术的应用推动绒毛用羊产业加速发展

现场高效管理技术是国际上绒毛用羊生产国家兴起的一种新的现代化绵羊管理方式,它是基于动物识别和测定以提高生产水平的一整套技术应用,是一种基于个体测定的综合生产体系,根据个体的生产性能来进行绵羊的管理和生产,针对有提高潜力和市场需求的性状来选择和管理,其主要的精确管理应用是摄像头监测、个体识别、准确测量、记录和规划应用,并应用无线识别技术收集准确个体数据的实际应用。其中,监控系统对整个牧场的饲喂系统、饮水系统及羊只的表现进行实时监控,节省了大量的人力、物力,提高了生产效率;无线识别系统识别羊只提高了数据记录的效率和准确性,提高了选择和管理数据的应用和再应用。系谱匹配系统通过羊只身上的耳标即可自动识别亲缘,并记录动物生长发育及母系系谱,该系统提供了一个有效的途径收集母系系谱并与父系系谱一道提供更多的信息,会提高育种值估计的准确性;允许羊只间准确的遗传对比;提供不同群体间的遗传联系信息,便于跨群遗传评估。管理和规划系统在羊只个体体重记录的基础上对羊只的饮水、免疫和用药等进行精确计算并应用于工作终端,这样节省了大量的人力、物力,提高了工作效率,费效比达到了25.8%。

精确化管理的优势在于:一是在群体中的产毛量、纤维细度、生长率和繁殖率等性状上存在大量可测量的遗传变异,这些性状最低的个体之间的差异大到3~5倍的差距。精确化管理通过收集数据,管理和市场策略来识别出生产率最高的25%的个体,同时,使生产率最低的25%个体的养殖费用最小化,从而整体上使效益最大化。精确化管理可以收集并应用这些数据记录使得这些性状上的遗传改良进一步提高,从而在经济效益上达到利益最大化。二是准确的数据在育种和选择过程中是非常重要的,电子数据记录可以使错误降低到最低,一些群体的可见和不可见的数据错误超过5%,精确化管理可大幅降低人工费用至50%,在数据管理方面的花费降低幅度甚至更大。

3. 重大疫病监测与综合防治相结合保障绒毛用羊产业健康发展

基于Science Direct数据库的文献跟踪,2019年度关键词为"Sheep Disease"或"Goat Disease"的文献共284篇,在发表的文献中文章和著作分别为266篇和8部,与2018年(243篇)相比数量上略有上升。文章主要来源于Small Ruminant Research(40篇)、Comparative Immunology, Microbiology and Infectious Diseases(26篇)和Preventive Veterinary Medicine(13篇),Veterinary Microbiology(11篇)等。从研究内容来看,主要包括羊的细菌和病毒性传染病、寄生虫病、媒介传播疾病以及生殖和营养代谢性疾病。

在国际上,口蹄疫的研究取得了诸多新的进展,2019年Mohamed Kamel发表的文章说明了现阶段预防口蹄疫新疫苗的进展顺利,如新的灭活疫苗、减毒活疫苗、DNA疫苗、肽疫苗、活病毒载体疫苗以及病毒样颗粒(VLP)的研究均取得较大突破,并且纯化疫苗和检测抗非结构蛋白抗体测试的组合从根本上提供了合适的疫苗/诊断标记系统,有望出现根除口蹄疫的新型疫苗。在小反刍兽疫方面，由世界动物卫生组织和粮农组织于2018年举办、欧盟委员会主办的"为小反刍动物自由世界开展伙伴合作和投资"全球会议，重申各国的政治意愿，动员资源，以实现2030年根除目标，同时在该疫病的疫苗研发有了新突破，抗独特型疫苗可能克服当前减毒PPR疫苗的局限性（热敏性和DIVA），用于该领域的大规模免疫。

4. 以无害化和自动化为核心的环境控制促进绒毛用羊产业智慧型发展

随着羊产业尤其是绒毛用羊产业规模化发展，在推进绒毛用羊养殖废弃物资源化利用工作中，爱尔兰动物、草地研究与创新中心的研究员通过使用视频记录的连续采样技术，对比研究了木屑、纤维素、秸秆和稻壳作为垫料对羊群行为和生长的影响，研究结果表明，垫料会明显影响羊群的应激反应和行为。秸秆作为当前最受欢迎的垫料，可以使羊群表现出觅食等自然行为，帮助反刍和促进瘤胃健康；木屑是一种经济可行的羊场垫料，具有来源广、抗菌性强等特点，松树木屑具有一定的抗菌性，有利于羊群的生长与繁殖，使用后的木屑垫料通过筛分，较大的干燥木屑可回用，较小的细渣可直接还田；废纸屑通过干燥窑处理后含水率小于10%，具有良好的热特性和吸附性能，同时粉尘、孢子和病原菌含量较低，但是在澳洲等国家切碎废纸和纸板作为垫料需要向当地环保部分提出申请。因此，寻找适用于羊场的废纸垫料及其后续处理尚处于研究阶段。

随着放牧草地资源减少，枯草期舍饲、半舍饲的饲养方式得到推广，同时限牧、禁牧政策的实施，圈舍建筑才逐渐受到农牧民重视，尤其是绒毛用羊规模化、标准化养殖不断发展，圈舍设计和建造成为养羊业的重要组成部分。国外牧场里的自动化羊圈，可以根据体重等指标来合理高效的进行分类，实施分群管理。羊场自动化设备有自动化投料系统、刮板式自动清粪设备、自动消毒设备以及机械自动化剪毛等。同时，"智慧畜牧业"的应用已初步形成，即通过利用"互联网+"、大数据技术、云计算、物联网等信息化手段，依托生产环节分布的不同传感工具和无线通信网络，应用于绒毛用羊养殖、养殖粪污资源化利用等重要环节的先进发展模式，能够实现智能感知、智能分析、智能决策、智能预警，让集约化养殖更精细、更规范、更人性化。

5. 绒毛品质控制体系完善与加工领域新技术挖掘利于满足市场需求

羊毛、羊绒主产国具有健全和完善的繁育体系，品种优良，生产性能较好，产量较高，且有规范的交易市场秩序，建立了完善的拍卖制度，具有健全的市场交易规则，完善的质量监督管理体系，具有专业的质量机构，并制定了严格的质量等级标准，促进羊毛羊绒质量的提高。按照国际通行的公开，公正、公平的拍卖交易规则，在主要集散地建立拍卖中心，采用批次抽检的方法确定等级和价格，切实实现了优质优价。

针对目前国际绒毛消费高端市场的新趋势，绒毛加工产品转向功能性、高档化方向发展，对绒毛原料的细度、长度、强度、色泽等指标要求越来越高。在欧美市场，世界绿色环保组织发起对绒毛生产原产地绿色证书；在绒毛加工过程中，不得使用对人体有害的化学品，如洗涤、染色、后整理等工序必须符合欧盟产品的安全环保标准。在羊绒加工方面，国外技术发达，分梳、纺纱、染色、制衣等方面技术的优势，加之品牌优势，羊绒制品的高端产品主要在意大利、法国、英国等欧洲国家。而加拿大正在探索建立"碳交易市场"的管理模式。新西兰羊毛产业新技术多集中在羊毛抗皱缩性能研究，提高羊毛耐磨性、强度，改善羊毛的光泽度，以及建立新西兰羊毛产品的可追溯系统、羊毛制品回收等羊毛制品质量控制方面。

四、国内绒毛用羊产业技术研发进展

1. 优质、高产毛绒羊品种与种质资源高效利用的创新繁育技术不断得到强化

2019年在新资源的发掘上取得进展，疆南绒山羊、云上黑山羊分别通过了国家畜禽遗传资源委员会新品种审定。绒毛用羊多胎性能成为研究成为新热点，调整育种方向、目标和技术路线，培育和推广毛绒量高产、品质优、繁育多胎、适宜标准化养殖的新品种已成为绒毛用羊育种和生产的发展方向，也是绒毛用羊产业发展的核心。2019年，我国选育了综合性状优良的新品种（系），新建一批绒毛品质优良和高效繁育的核心群。高产、质优的苏博美利奴、高山美利奴羊、布鲁拉、内蒙古绒山羊等推广数量仍持续扩大，发挥了重要的增产作用。

毛囊发生发育机制研究依然是研究热点，基于转录组测序技术、甲基化测序技术、基因组重测序等方法对绒毛羊皮肤及不同发育阶段的毛囊进行了研究，现代生物技术应用于绒毛用羊育种得到进一步发展、推广范围进一步扩大，明显加速了育种进程，已成为许多育种单位和企业的常规技术。利用分子标记辅助选择育种技术加速培育高产稳产、优质专用、安全高效、环境友好的新品种正逐步成为我国绒毛用羊育种的核心技术。

2. 饲草料资源及轻简化效率形成机制与调控技术更加科学

随着各地近年来为保护生态环境做出的努力，可持续发展的观念深入人心，绒毛用羊的生产将更加注重草地生态的保护及利用，根据各地的生态状况将会形成多元化的养殖模式。在新型饲料原料和农副产品资源的开发领域，重视农副产品资源的深度开发和糟渣类农副产品加工下脚料的综合利用，运用现代的储藏技术、散运等运输技术、防霉技术、包装技术等新型技术得以充分发挥，以实现饲料资源的保质和有效降低流通成本，研究起点高、技术领先，同时达到环保的目的。

通过调查我国饲料资源存量，集成绒毛用羊常规能量和非常规饲料资源开发利用的关键技术成果，提高我国新型饲料资源开发与产业化水平，增加饲料资源供给，缓解饲料资源短缺的现状。利用微生物和基因工程等生物技术手段，筛选脱出有毒有害物质，提高消化利用率，建立节能型发酵工艺和设备，生产新型饲料；开发高效节能的新饲料资源防霉技术，研制成套设备，攻克各种资源储藏技术的应用难题。

3. 依靠生物控害技术提高绒毛用羊重大疫病综合防治水平

基于中国知网文献期刊库的文献跟踪，国内CNKI（https：//www.cnki.net/old/）收录的数据显示：2019年度国内中文期刊发表于山羊和绵羊相关的研究论文共有1 080篇，其中与绵羊或山羊疾病相关文献137篇，论文总数与2018年（357篇）相比显著增长，总体来说研究水平有所提高。主要研究内容为绵羊、山羊细菌和病毒病的诊断与防治，以及寄生虫病和普通病的诊断防控方法。文献主要来源于内蒙古农业大学、石河子大学和中国农业科学院北京畜牧兽医研究所等教育和科研机构。

随着畜牧业转型升级，半舍饲、全舍饲养殖成为主要饲养方式，舍饲疫病防控/治技术研究成为主攻方向。在国家发布的"十三五"科技计划项目中涉及羊病防控研究和示范的课题增多，这将极大的推动我国羊病防控技术的发展。国内利用基因重组方法研制了多种多价疫苗和标记疫苗；研发了多种简便、快速和灵敏的诊断检测技术和方法。按照国家的中长期动物疫病防治规划，重大动物疫病控制和消灭计划开始全面实施，兽医工作从疫病防控向疫病防控和动物产品安全监管并重全面转变。

4. 大力发展以无害化和自动化为核心的集约化环境控制技术

资源化循环模式方面，目前农业部已将我国分成七大区域，因地制宜地选择九大模式对畜禽养殖废弃物资源化利用进行整县制推进。绒毛用羊规模化养殖以沼气和生物天然气为主要处理方向，以农用有机肥和农村能源为主要利用途径，全面提升畜禽养殖与粪污管理水平。利用农作物秸秆、饲草、尾菜渣等进行饲料加工，以本企业自身羊场和分散的羊场，收集的羊粪、沼渣、秸秆、尾菜榨汁等原料进行高温堆肥生产有机肥和沼气生产，利用生产的沼气用于锅炉、办公及附近居民用气。沼液和有机肥再用于当地特色农业种植施肥，构建了"高效农业种植+饲料加工+畜禽养殖+食品加工+有机肥生产+沼气集中供气+尾菜加工"产业链和循环农业模式。从源头减量、无害处理、资源利用三个重点环节入手，重点推广"种养结合""清洁回用"等技术模式，推动我国绒毛用羊养殖产业健康发展。

针对我国不同地区的气候条件和养殖情况进行分析，制定了养殖场的规划设计参考规范，设计了针对不同气候特点和养殖条件的圈舍，为我国大部分地区的绒毛用羊养殖户（企业）提供了技术。针对羊舍基本养殖条件的分析，结合我国不同地域气候特点和养殖条件，规模化养殖场圈舍可归纳设计为以下几类：封闭式羊舍、半开放式羊舍、开放式羊舍、楼式羊舍和玻璃采光羊舍。对羊舍建筑结构和材料、饲养规模、环境参数等进行科学的调研与分析，结合不同地域的气候和养殖条件，秉承绿色建造理念对养殖场进行合理的规划。

养羊生产的自动化程度不断提高，自动化生产关键技术及配套技术成果集中应用较多，规模化养殖场多能实现自动通风、自动清粪、自动饮水、自动消毒、自动控温、智能监控，采用全混合日粮技术和机械化上料技术。绒毛用羊养殖舍环境监控系统方面的研究开展顺利，高效率、成本低和应用广的系统设计思路，将单片机技术、自动控制技术、传感器技术和无线传输技术有效结合起来，实现硬件和软件的合理搭配，形成了规模化的项目及专利。

5. 绒毛加工领域新技术继续得到规模化应用

中国是羊毛和羊绒生产大国与进口大国，同时还是羊毛制品和羊绒制品的消费大国与出口大国。在我国，毛纺工业高度市场化且产业链完整，能生产加工不同质量、各种品类的产品；随着毛纺行业日趋市场化和工业化，我国毛纺工业已经发展形成毛条、毛纱线、面料、毛毯、地毯、毛梭织、针织服装、羊毛被、毡制品等多品类、上下游产业链配套齐全的生产加工体系，其中75%以上的羊毛用于服装类产品。山羊绒作为我国唯一出口世界市场的畜产品，羊绒及制品主要出口欧洲、美国、日本及东南亚国家，约占同类产品的80%以上。目前，以羊绒集团为龙头的大企业开始加速品牌国际化推广进程，形成了以内蒙古为主要羊绒原料和羊绒深加工基地，辐射宁夏同心、灵武，河北清河，浙江，广东，新疆和北京的羊绒产业格局。经过多年发展，产业链从单一的羊绒衫加工，发展到现在的全系列羊绒制品及服装加工，形成了完整的产业链条。

随着国家环保力度的不断加强，纺织行业更加注重绿色清洁化生产，而羊绒加工是纺织行业开展绿色产品评价体系的先行者和倡导者，《绿色设计产品评价技术规范羊绒针织品》标准的发布，成为国家工信部开展的绿色制造体系建设工作中纺织类绿色设计产品系列标准中的试点示范。另外,纺织加工企业联合相关研究机构自主研发全自动新型羊绒分梳设备,与传统分梳设备技术相比,在加工同等数量羊绒原料情况下,人工成本可节省60%,能源消耗降低35%,综合经济效益提高30%以上。除此之外,建立专业研究机构致力于解决羊绒从分梳,纺纱到成品各个阶段的共性技术问题,将创新融入到羊绒产业链的各个环节。

(国家绒毛用羊产业技术体系首席科学家　田可川　提供)

2019年度蛋鸡产业技术发展报告

(国家蛋鸡产业技术体系)

2019年是中华人民共和国成立70周年，是全面建成小康社会关键之年。受到经济增速减缓、环保持续高压以及非洲猪瘟等因素影响，蛋鸡产业深化结构调整、加速转型升级，有效应对了挑战。全年蛋鸡总存栏持续走高，总体收益良好，鸡只盈利达到近10年历史最好水平。

一、国际蛋鸡生产与贸易概况

1. 国际生产情况

美国蛋鸡存栏量增加，饲料成本降低，鸡蛋价格下降。2019年美国蛋鸡存栏量为3.4亿羽，比上年增加2.5%。大笼饲养比例83.4%，棚舍平养比例11.9%，自由放养比例为0，有机饲养比例4.7%。自给率103%。蛋鸡饲料成本由去年同期每打鸡蛋33.34美分，降至31.45美分，同比降低5.7%。1—11月白鸡蛋养殖场平均价格为55.5美分/打，同比降低43.3%；L号白鸡蛋零售价格为177.1美分，同比降低22%。人均年鸡蛋消费280.1个，比上年增长0.2%。

欧盟鸡蛋产量增加，蛋价提高，消费稳定。2019年欧盟鸡蛋产量约为738.4万吨，比上年增加2.3%。棚舍平养比例6%，自由放养比例20%，有机饲养比例9%。自给率98.4%，人均鸡蛋消费219个。2019年欧盟鸡蛋价格比2018年高2.7个百分点，鸡蛋消费量基本与上年持平。

日本蛋鸡存栏量增加，养殖户减少，户均饲养规模扩大，鸡蛋批发价格降低。2019年2月日本蛋鸡存栏量1.42亿羽，同比增加1.9%。同期蛋鸡养殖户2 120户，同比减少3.6%。户均饲养规模为6.69万羽，同比提高4.6%。2019年4—10月日本鸡蛋平均批发价格为169日元/千克，同比降低4.1%。

2. 国际贸易情况

美国蛋品出口增长。1—10月美国蛋品出口量同比增加3.09%，其中，加工蛋品出口量同比增加1.44%，带壳鸡蛋出口量增加1.64%。蛋品出口量占蛋品产量的3.4%。

2019年1—10月欧盟出口量增加，出口210 960吨，比上年同期增加14.3%。日本、瑞士和以色列依然是欧盟三大蛋品出口对象国，分别占欧盟蛋品出口总量的31.8%、16.7%和5.6%。2019年1—10月欧盟进口量减少，进口总量18 694吨，比上年同期减少25.9%。乌拉圭是欧盟第一大蛋品进口来源国，占欧盟蛋品进口市场54.4%。

2019年1—9月日本蛋品进口额减少。美国仍是日本第一大蛋品进口来源国，1—9月美国占日本蛋品进口总额比例略减，由上年的35.8%降低到29.1%。另外，日本蛋品出口增长迅速，1—9月出口额同比增加44.1%，出口量同比增加51.9%，达到6 197吨。日本蛋品第一大出口对象是中国香港，占日本蛋品出口总额的91.9%，我国台湾地区替代美国成为日本第二蛋品出口对象，出口额占蛋品出口总额的2.8%。

二、国内蛋鸡生产与贸易概况

1. 国内生产情况

蛋种鸡存栏维持高位，种蛋和商品代鸡苗供应充足。据中国畜牧业协会测算，祖代蛋种鸡平均存栏量36万套左右即可满足国内市场需求。据农业农村部定点监测，2019年全年在产祖代种鸡平均存栏同比减少5.21%，12月存栏51.00万套；全年在产父母代种鸡平均存栏同比增加17.45%，商品代鸡苗销售同比增加20.00%。商品代蛋鸡存栏和鸡蛋产量同比均略增。2019年1—12月产蛋鸡平均存栏合成指数同比增加5.7%；只鸡平均单产维持较高水平，鸡蛋产量合成指数同比增加5.7%；新增雏鸡合成指数同比增加20.5%，淘汰产蛋鸡合成指数同比减少0.6%；后备鸡平均存栏合成指数同比增加5.6%。

鸡蛋价格和淘汰鸡价格维持相对高位，全年只鸡盈利在较大利润区间。全年鸡蛋平均价格为8.52元/千克，同比上升6.4%；淘汰鸡平均价格为22.10元/只，同比上升29.5%。只鸡累计效益为43.91元/只，比去年同期增加盈利16.59元，涨幅为60.7%。

2. 国内贸易情况

与2018年相比，2019年我国蛋品贸易量与贸易额均略有上涨，1—11月蛋品贸易总额17 769.1万美元，比2018年同期增加2.95%，其中，蛋品出口额17 753.2万美元，占蛋品贸易总额的99.91%，比2018年同期减少了0.08%；蛋品进口额为15.9万美元，是2018年同期的12.1倍。蛋品净出口额为17 737.2万美元，比2018年同期增加494.7万美元。

三、国际蛋鸡产业技术研发进展

1. 遗传改良技术

通过国际学术会议研讨和关注本领域学术专著、学术论文等方法，蛋鸡体系跟踪了欧洲和美国等主要发达国家蛋鸡遗传改良技术。蛋鸡遗传改良领域最新研究技术主要有基因组选择技术及应用、蛋品质基因关联分析、鸡产蛋期肝脏脂肪调控、繁殖性能调控、有色羽基因控制等。

荷兰汉德克集团旗下的伊莎公司提出了"100周产蛋500枚"的育种目标，其计划到2020年在商品褐壳蛋鸡上完全实现这一目标。目前的遗传进展为产蛋数从80周360枚增加到100周500枚，总产蛋重从80周的22.8千克增加到100周的32.0千克，且大于90%产蛋高峰周数超过50周，料蛋比降至1.95∶1。

2. 营养与饲料技术

在国际上，饲用抗生素替代技术的研究开发是当前的热点课题。目前国际上与饲料技术相关的主要技术措施有两种：一是研究开发直接可以替代抗生素的替代品；二是通过改变饲料配方设计增加饲料的功能，特别是增强蛋鸡自身抗病机能的饲料功能。目前普遍认为最有希望的替代产品是饲用微生物、植物提取物；从调整饲料配方入手，主要研究方向有如下3个：一是通过寡糖、多糖和纤维素对肠道微生物区系的影响，从而改善肠道健康状况。二是通过饲料中添加抗氧化物质，进而调节动物机体的抗氧化机能。三是研究饲料添加剂对鸡粪氨气、硫化氢等有害气体排放。

3. 疾病防控技术

根据世界动物卫生组织动物卫生信息数据库（WAHIS）检索信息，世界范围内的高致病性禽流感（HPAI）疫情形势依然严峻。2019年度全球有25个国家和地区向世界动物卫生组织（OIE）正式通报了197起HPAI疫情，涉及的病毒血清型包括H5N1、H5N2、H5N5、H5N6、H5N8、H7N3。其中H7N3亚型病毒仅在墨西哥有报告，共发生10次暴发，其余所有国家发生的均为H5亚型HPAI。目前世界大多数国家对于HPAI的控制策略均为以扑杀为主的策略，OIE建议疫苗免疫仅在疫情呈现地方流行性且扑杀策略短期内不能奏效的情况下才能短时间采用，一旦疫情得到有效控制，疫苗免疫应当及时退出，以免造成巨大的免疫选择压力加速病毒的遗传变异，从而导致防控难度增加。

新城疫（ND）目前仍在世界多个国家和地区存在地方性流行，自2008年以来，共计42个国家向OIE报告了4 000多起ND疫情，目前对ND的防控仍采取以免疫防控为主的策略。

4. 生产与环境控制技术

蛋鸡福利化养殖系统是近几年欧美国家蛋鸡养殖领域的主要研发热点之一。欧洲在福利化养殖装备的研发方面领先全球，其装备更新换代速度很快，美国福利型养殖的比重迅速提高，计划到2025年全部实现蛋鸡福利散养。2019年，蛋鸡福利化养殖技术进一步成熟，养殖装备产业化速度加快，养殖规模已经从中小规模向大型化转型，意大利Facco公司生产的装备，已成功应用于栋舍规模25万只的福利化舍内立体散养，蛋鸡健康与生产性能水平明显提升。另外，新型蛋鸡福利化养殖模式还被用于观光蛋鸡舍的建设，结合太阳能屋顶发电、舍内除尘、排出空气处理、户外运动场等设计，用于福利化养殖模式的研究和展示，并兼具科普功能。

蛋鸡养殖环境中的有害气体、粉尘和病原微生物的净化及减排是现阶段欧美国家的重点研究方向之一。欧盟已通过立法控制和减少养殖场氨气等有害气体的排放，开始广泛采用舍内空气循环粉尘净化技术、喷雾净化技术等改善舍内空气质量。

5. 鸡蛋加工技术

国外蛋制品种类繁多、应用多样，主要有液蛋、干蛋、冻蛋制品。液态蛋制品在60℃巴氏杀菌3.5min，保质期为2~6天。干蛋制品包括干蛋清固体、速溶蛋清固体、稳定全蛋固体（去葡萄糖）以及全蛋和蛋黄与糖或玉米糖浆的各种混合物，可多样化应用于食品工业，冷藏储存期为1年。冻蛋制品通常是某些食品中优选的成分。产品包括蛋清、蛋黄、咸蛋黄、加糖蛋黄、加盐全蛋、加糖全蛋以及各种添加或不添加糖或盐的蛋黄和白色混合物。冷冻条件下保质期约为1年。

6. 产业经济

从世界鸡蛋生产来看，鸡蛋产量呈现稳步增长趋势。从各洲鸡蛋产量来看，亚洲鸡蛋产量占世界鸡蛋产量的60%以上，并呈现明显上升趋势；美洲鸡蛋产量呈现上升趋势，但其占世界鸡蛋产量比重呈现下降趋势，尤其是北美洲，鸡蛋产量占世界比重下降趋势明显；欧洲鸡蛋产量基本稳定，其占世界鸡蛋产量比重呈现快速下降趋势；非洲及大洋洲鸡蛋产量呈现稳定增长，其占世界鸡蛋产量比重基本稳定。中国、美国、印度、日本、墨西哥为世界鸡蛋主产国。

四、国内蛋鸡产业技术研发进展

1. 遗传改良技术

我国的蛋鸡育种工作进入"基因组选择时代"。本年度，应用自主研制的"凤芯壹号"芯片对峪口禽业重要品系进行了基因型测定,建立基因组选择模型,计算基因组育种值,加快了育种进展。

高产蛋鸡随着后期周龄的增加,产蛋率会持续下降,未来蛋鸡育种重点需放在延长产蛋持久性上,由国外育种企业提出的"100 周产蛋 500 枚"也可成为中国蛋鸡产业的发展目标。超长产蛋期的选育需要有相应的育种与配套技术,其中育种技术应关注测定周期、选种准确性和后期蛋品质,配套技术则包括了后备鸡饲养技术、营养保障技术、疫病控制技术和蛋品质保障技术。

2. 营养与饲料技术

我国蛋鸡营养与饲料技术的研究前沿与国际上的几乎是齐头并进,只是侧重点有所不同。体系专家引导企业采取"先测后吃",解决了营养学理论与实际饲料生产如何有效对接的问题。强化养殖者对饲养过程的控制能力,提高预判饲养结果的准确度。针对现代饲料加工技术需求,体系专家正在开展饲料营养价值快速评价技术研究、蛋鸡营养代谢病研究、影响鸡蛋品质的饲料因素研究、国产蛋鸡营养需要量研究、饲料中重金属迁移沉积规律研究。通过这些研究为"先测后吃"创建技术支撑,为精准营养与饲料奠定基础。

3. 疾病防控技术

2019 年,国内 HPAI 疫情基本平稳。根据国家禽流感参考实验室和体系监测数据,国内流行的 H5 亚型 HPAIV 主要为 H5N1 和 H5N6 亚型,H5N8 毒株亚型较少。监测结果显示,低致病性 H7N9 病毒可能已经消亡,但当前高致病性 H7N9 病毒还在部分地区偶有检测到,主要分布于山东、河北、山西、辽宁等地,仍需高度警惕。从监测毒株的遗传进化分析结果来看,目前我国使用的重组禽流感病毒(H5+H7)三价灭活疫苗(H5N1 Re-11 株+Re-12 株,H7N9 H7-Re2 株)可以对流行毒株提供较好的免疫保护。

目前国内新城疫防控已经取得显著的成效。根据体系监测,对 2019 年 NDV 分离株 F 基因绘制的遗传进化树分析发现,活禽市场分离到的 NDV 主要属于 class Ⅰ 分支中的基因 3c 亚型,以及 class Ⅱ 分支中的基因 Ⅱ 型。结合近年来 NDV 的监测数据,发现已连续三年没有分离到基因 Ⅶ 型 NDV 强毒;活禽市场中分离到的 NDV 大多属于疫苗株(LaSota-like)以及 class Ⅰ 的基因 3c 型。

4. 生产与环境控制技术

我国畜禽养殖业目前正处于"转方式、调结构"的快速发展期。畜禽养殖业逐渐朝着规模化方向发展,集约化程度不断提高,加之而来的环保压力,使得行业对成套工程化装备、智能管理与信息化技术以及环保设施与技术的需求越来越迫切。

2019 年,规模化蛋鸡舍环境监测与调控智能化关键技术得到进一步发展,通过现代信息技术有机融合蛋鸡养殖设施与环境装备,构建了规模化鸡舍环境多参数精准、连续监测、调控技术体系和精细化饲养管理信息交互平台,环境和疾病预警等智能化技术也开始研发,推进蛋鸡养殖信息化和智能化。

养殖企业对经济、有效的尾气除尘和除臭技术需求迫切。蛋鸡舍通风减排除臭处理技术有进一步成果,在负压风机末端设置除臭挡网,在排风气流附近架设一个封闭式可透气的处理室或沉降室,使排出气流中的多数颗粒物沉降在挡网以内,同时结合喷洒水或除臭剂等手段消除蛋鸡舍向外散发臭气。

5. 鸡蛋加工技术

中国蛋制品精深加工技术尚不成熟，各厂家蛋制品同质化严重，传统的腌制、卤制等再制蛋工艺由于规模化生产也需要进一步提升加工水平和标准。虽然中国蛋制品加工距离发达国家尚有距离，但在研发人员的不懈努力下，也颇有建树。在液蛋方面，研发了低磷全蛋液、高咀嚼性蛋干、方便蛋羹、高纤维蛋片、重组蛋制品等产品，起泡性蛋清液生产工艺不断优化。在高附加值生物活性物质提取方面，研发了从蛋黄中提取卵磷脂，从蛋清中提取溶菌酶、联合提取簇蛋白和卵巨球蛋白的方法；在蛋壳副产物开发利用方面，利用蛋壳膜开发了"可溶性鸡蛋壳膜蛋白与多肽的制备及其抗氧化活性的研究"技术，利用废弃蛋壳发明了"一种天然果蔬清洗粉及其制备方法"的专利。

6. 产业经济

目前，国内蛋鸡产业经济研发主要集中在全产业链融合、规模化养殖效益提升、鸡蛋价格波动及预警及粪污资源化利用等方面。一是蛋鸡全产业链融合发展，促进产业转型、升级和优化。二是蛋鸡产业规模化养殖效益提升。从生产要素的优化配置、养殖户收益最大化、保障国内蛋品供应量及提高我国鸡蛋市场国际竞争力等方面为切入点，实现蛋鸡产业高质量协调发展。三是鸡蛋价格波动及预警研究。对于鸡蛋市场价格预测及预警有重要意义，同时可以指导养殖户合理决策，减少市场冲击对养殖户收益的影响。四是粪污资源化利用。在环保规制日趋严格的情况下，如何降低蛋鸡养殖对环境的负影响成为蛋鸡养殖可持续发展的重点。

（国家蛋鸡产业技术体系首席科学家　杨宁　提供）

2019 年度肉鸡产业技术发展报告

(国家肉鸡产业技术体系)

一、国际肉鸡生产与贸易概况

2019 年全球经济呈现"同步放缓"的局面，经济增长放缓至近十年来最低水平。总体来讲，世界经济受贸易紧张局势升级、市场避险情绪上升等因素的影响，下行风险增大。2019 年全球肉鸡产业转型升级进一步加快，再加上非洲猪瘟疫情暴发对肉鸡产业的刺激，肉鸡生产、消费和贸易整体呈上升趋势，增长率明显高于 2018 年。

（一）国际肉鸡生产

2019 年全球肉鸡产量呈持续增长态势，且相比较于 2018 年、2017 年增长显著。2019 年全球肉鸡产量可能达到 9 957 万吨，增长率高达 4.19%，达到了 2010 年以来的最高增速。预计 2020 年全球肉鸡产量可能达到 10 350 万吨，增长率为 3.94%。

美国、中国、巴西和欧盟仍然是全球肉鸡产量最高的四大主产国（地区），增长率分别达到 2.39%、17.95%、2.10% 和 1.63%，肉鸡产量分别为 1 982 万吨、1 380 万吨、1 364 万吨和 1 246 万吨，其总和占全球肉鸡总产量的 59.97%（图 1），是继近几年连续下降之后的首次回升。新兴市场经济体国家印度、俄罗斯、墨西哥、泰国连续几年一直保持强劲增长势头，肉鸡产量也分别达到了 490.2 万吨、474 万吨、360 万吨和 330 万吨，在全球肉鸡生产中所占份额也越来越大。

（二）国际肉鸡贸易

2019 年世界肉鸡出口量为 1 198 万吨，比上年增长 6.15%。预计 2020 年世界肉鸡的出口量可能会继续上升，达到 1 250 万吨，增长率为 4.35%。巴西、美国和欧盟是世界最主要的三大肉鸡生产国（地区），出口增长率分别为 4.42%、0.52% 和 11.98%，出口量分别达到 385 万吨、326 万吨和 158 万吨。作为新兴经济体国家的泰国、乌克兰和俄罗斯出口量达到 99 万吨、40 万吨和 17 万吨，增长率也分别达到 18.56%、26.18% 和 13.85%。阿根廷摆脱了上年负增长的局面，增长率达 25%，位居世界第二；中国的出口增长 -0.45%，出现负增长。

2019 年世界肉鸡进口量增长较快，比上年增长 6.49%，进口量为 991 万吨。预计 2020 年世界肉鸡进口量将达到 1 028 万吨，增长率达 3.74%。日本和墨西哥仍然是肉鸡进口量最多的国家，进口量分别为 109 万吨、87 万吨。中国大陆和香港地区是世界肉鸡进口增长最快的国家（地区），进口增长率分别达到了 82.75%、54.42%。美国和菲律宾出现了肉鸡进口负增长的局面，增长率分别为 -6.25%、-1.56%。

二、国内肉鸡生产与贸易概况

（一）中国肉鸡生产

从近五年中国肉鸡生产情况来看，2015—2017 年受 H7N9 流感疫情影响一直处于整

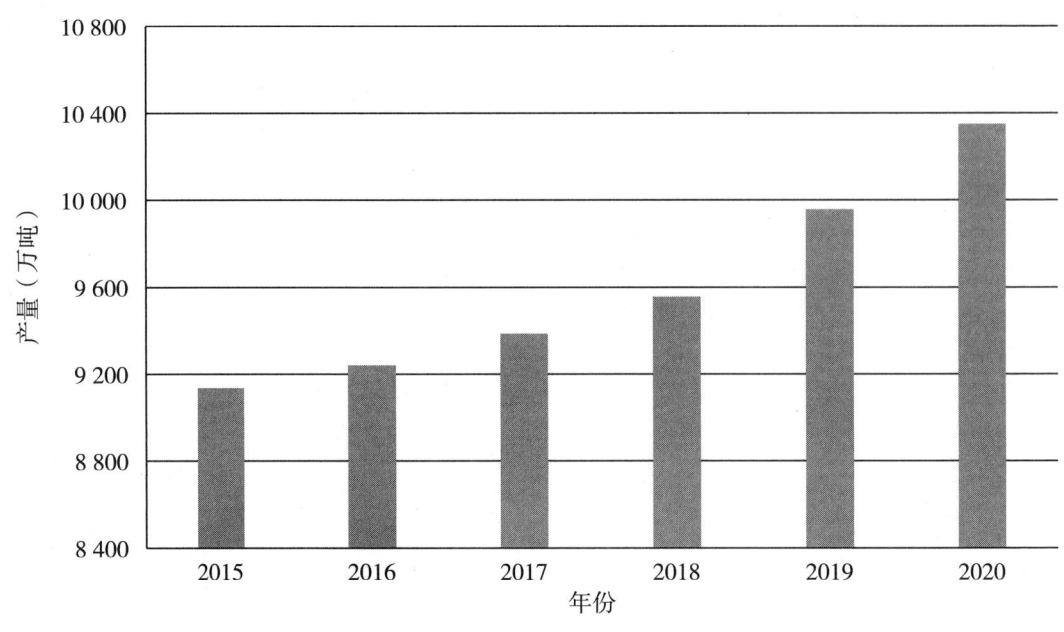

图 1 世界肉鸡产量

数据来源：USDA

注：2020 年为 USDA 估计数据

体下降的趋势，随着流感疫情的消退以及非洲猪瘟疫情暴发的影响，2018 年开始扭转下降趋势，2019 年呈现快速增长态势。2019 年中国肉鸡产量大幅度提升至 1 380 万吨，相比 2018 年增长了 210 万吨，增幅 17.95%。根据 USDA 估计数据，2020 年中国肉鸡产量将达到 1 580 万吨，增幅 14.49%。

（二）中国肉鸡贸易

2019 年中国受非洲猪瘟对猪肉消费抑制的影响，国内肉鸡市场的需求量显著增长。中国肉鸡进口量为 63 万吨，比 2018 年增长 28.3 万吨，增长率达到 82.75%。非洲猪瘟的影响可能延续到 2020 年，根据 USDA 估计数据，2020 年中国肉鸡进口量将达到 75 万吨，增幅为 20%。2019 年受非洲猪瘟、中美贸易战以及印度、巴西新兴市场经济体国家靠出口拉动经济增长的影响，中国肉鸡出口量继 2017 年、2018 年两年连续增长之后出现下降，出口量为 45 万吨，较 2018 年降低了 0.2 万吨，降幅为 0.45%，根据 USDA 估计数据，2020 年中国肉鸡出口量可能降低至 44 万吨，降幅 1.12%。

三、国际肉鸡产业技术研发进展

（一）遗传资源与育种

1. 肉鸡遗传资源保存、评价与利用

利用 DNA 测序技术，发现肉鸡高海拔适应性变异参与缺氧性适应，线粒体是适应低氧环境最重要的细胞器；南美鸡种多样性呈现现代商品蛋鸡多个种群的融合特征；东非和北非 3 个本土生态型鸡种以及 2 个埃及鸡种受到环境压力、繁殖行为和农业管理等因素化影响，产生选择印记；不同国家的本土鸡种群表现出大量的数量性状和质量性状差异分层，炎热潮湿地区的鸡表现出矮脚和开产期延迟的特性、气候凉爽地区的鸡表现出羽毛浓

密的特性；厄瓜多尔的克里奥尔鸡由过去5个世纪发生的不同遗传背景（如南西班牙鸡、莱格霍恩鸡、西班牙斗鸡等）的群体混合产生。

2. 肉鸡遗传育种技术的发展动态

2019年肉鸡遗传改良研究的主要特点是常规育种、标记辅助选择等方法在育种实践中继续发挥基础性作用，而全基因组选择的应用越来越广泛。利用全基因组芯片，发现了20个染色体区域和38个候选基因与肉鸡的生长和饲料报酬密切相关，MUSTN1、RPS6KA1L、TNNT2、MUSTN1和MDK等基因对肉鸡肌肉纤维的木质化有重要影响；利用候选基因法分析了ACTRIIB基因核心启动子序列遗传多态性并与生长性状相关，MC4R、CAPN1、ADSL与生长缓慢鸡体重和嘌呤含量相关，MED23、FZD10、WNT7B、WNT11和GNAQ等基因与羽毛颜色显著相关；Mx基因启动子5个SNP与新城疫强毒攻毒鸡胚的存活显著关联，ETS1、TIRAP和KIRREL3与新城疫病毒的感染相关，筛选了与Aseel和RIR公鸡高生育率相关的精子蛋白潜在标记物；在异质肉方面，发现HIF1A基因在木质化肌纤维的肉鸡中高表达，Atrogin-1基因与肌肉萎缩相关；蛋壳遗传力可达到0.38 ± 0.04，蛋壳沉积能力与鸡的生产性能间不存在负相关，并证实去除角质层会增加鸡蛋对紫外线波长的反射。

（二）营养与饲料

1. 非营养性添加剂

微生态制剂、益生元、植物提取物和酶制剂是2019年该领域的研究热点。发现了芽孢杆菌对肉鸡肠道健康的调节作用，可降低雏鸡沙门氏菌的发病率和肠道肠炎链球菌数量、改善肠道形态，使感染沙门氏菌肉鸡具有更高的生产性能；阿拉伯木糖寡糖、甘露寡糖等不同益生元可以改善肉鸡生产性能和抗病力；植物提取物联合或单独使用在调节肉鸡肠道健康和免疫功能方面的积极作用；β-甘露聚糖酶、木聚糖酶等酶制剂碳水化合物酶类在肉鸡日粮中的使用效果。

2. 营养性添加剂

开展了不同来源和添加量的锌、铁、钾和磷等矿物质对改善肉鸡生长性能和消化率、降低炎症反应和死亡率、提高细胞免疫能力的研究；发现蛋氨酸和蛋氨酸二肽等可提高肉鸡生长性能、缓解艾美耳球虫感染造成的肠道损伤，增加苏氨酸添加量可改善空肠组织学形态并提高体液免疫能力，谷氨酰胺或与精氨酸连用可改善腹水肉鸡肠道形态和生产性能、降低腹水死亡率；维生素25-OH-VD_3比维生素D_3更能改善免疫球虫疫苗肉仔鸡的健康状况，同时添加比单独添加效果更好，种蛋孵胚内注射维生素E可改善新生雏鸡的抗氧化功能、肠道形态和健康状况。此外，关注了维生素C、磷酸化维生素E、维生素E类似物对肉鸡生长性能、骨指数、肉品质和肉鸡生育能力的影响。

（三）生产与环境

1. 舍内环境因子

氨气刺激下导致肉鸡呼吸道、免疫器官、肝脏等发生氧化应激和损伤。高浓度的硫化氢导致线粒体功能和骨骼肌糖代谢紊乱。但是，极低浓度的硫化氢及相应的硫化物具有一定的抗氧化保护作用；不同的光源、光照制度和强度对肉鸡的生长性能和免疫机能具有调控作用；热应激降低肉鸡的肉品质和生长性能，联合益生素（双歧杆菌、粪肠球菌、罗伊氏乳杆菌、嗜酸乳杆菌和低聚果糖）、低聚半乳糖等可缓解肉鸡的热应激。

2. 养殖减臭及废弃物处理

主要包括德国运用单向膜覆盖堆肥好氧发酵鸡粪生产有机肥，能耗降低并解决发酵过程中臭气逸散的污染；日本利用密闭罐式好氧发酵鸡粪生产有机肥，避免使用大量辅料的同时提高了肥效；利用粪污与其他工业废弃物生产生物柴油和沼气技术等；美国垫料鸡粪通过循环燃烧发电或混煤燃烧发电；荷兰综合利用鸡舍通风系统和传输带清粪系统，将鸡舍余热用于鸡粪烘干处理；综合利用物理吸附、化学中和和微生物消纳利用氮素的原理，通过饲料、饮水、鸡舍喷雾、垫料预处理等环节减排养殖臭气。

3. 智能化养殖技术

基于肉鸡行为和通风率的鸡舍内颗粒物浓度实时建模，预测室内颗粒物浓度水平，可应用于肉鸡舍内实时颗粒物浓度控制系统；不同日龄肉鸡对不同类型复杂设施及其设置方式的适用度参考模型，应用于提高肉鸡福利的设施养殖环境构建；研制了一种用于研究肉鸡个体摄食行为的超高频射频识别系统，能够准确地检测和记录个体肉鸡在群体环境中的摄食和饮水行为。

（四）疾病防控

在 2019 年，禽流感依然是全球关注度最高的禽病。除禽流感外，新城疫、鸡传染性支气管炎、禽白血病以及禽大肠杆菌病、禽沙门氏菌病、禽巴氏杆菌病、产气荚膜梭菌病等疾病也是危害世界肉鸡业的主要传染病。

1. 病毒性和细菌性疾病

2019 年全球共 23 个国家和地区新发高致病性禽流感疫情报告病例 109 例，包括 H5N1、H5N6、H5N8、H7N9 和 H7N3 等。从病原种类上看，由 H5Nx 禽流感病毒引起的流行形势仍然较为严峻。H7N9 疫情仅在 2019 年上半年出现于中国，H7N3 仅在墨西哥发生 1 例疫情；发现一株 LP 7 + 1 病毒（LP-S10739C）表达的 A/Chicken/Egypt/S10739C/2015（H5N1）的 H5-HA，对人型受体表现出高亲和力；南非野生鸟类群体中存在大量低致病性 H5N8 亚型禽流感病毒；在泰国北碧府等地圈养的东北虎中发现了流感病毒感染的证据；大湄公河次区域（GMS）国家的家禽和野生鸟类中检测到各种低致病性 AIVs（H1-H12），该地区主要流行的禽流感病毒是 H5N6 亚型的 2.3.4.4 分支。

2. 世界禽病防控技术和策略

用 Nanovax©（NE01）（rH5/NE01）研制了重组 H5（RH5）纳米乳液佐剂疫苗，鼻内注射可诱导全身及黏膜免疫（Smith Det al. 2019）；开发了一种由聚酸酐纳米粒子（PAN）组成的"马赛克"H5 亚型血凝素 AIV（HA）纳米疫苗，可在无特异性病原体（SPF）的雏鸡和商用雏鸡中产生体液免疫和细胞免疫反应；根据韩国分离株（A/broiler duck/Korea/Buan2/2014）构建了 2 株 H5N8 疫苗候选株，其中一株的 HA 含有双碱性氨基酸裂解基序（BBCM），BBCM 代替 MBCM 的 H5N8 毒株可作为抗 H5N8 病毒的参考疫苗株；研究的减毒活疫苗可防止 H7N9 高致病性流感病毒在哺乳动物中的复制和传播；通过嵌合方式构建了嵌合 H7/H5 重组疫苗株病毒，灭活的 PR8-H7/H5 嵌合疫苗对鸡的高致病性 H5 和 H7N9 病毒均有效；对于禽流感的诊断方法，目前已有多个 H5 亚型禽流感和 H7N9 亚型流感病毒毒株的荧光 RT-PCR 试剂盒进入诊断试剂注册阶段。

（五）鸡肉加工

形成高压电技术解冻冷冻鸡胸肉，热风辅助射频干燥法生产鸡粉，射频加热与真空干燥技术相结合生产的鸡肉粉等鸡肉品质提升新技术；证实机械去骨鸡肉与手工剔骨肉在蛋白功能性质上存在差异、导致不同的凝胶特性，糖基化对蛋白的修饰可提高肉的凝胶性能及自由基清除能力；半胱氨酸-木糖-甘氨酸反应体系中甘氨酸能极大程度提高肉类风味的形成，发现在80~90℃烹饪50~60min时炖煮鸡风味较佳，鸡肉冷藏成熟期间肉中产生的小肽可以在美拉德反应中充当风味前体物质，以冷鲜鸡为原料煮制的白切鸡食用品质优于热鲜鸡；揭示了鸡肉香精加热产物的动力学变化，磷脂制作鸡肉气味添味剂时2,4-癸二烯醛等大多数脂质衍生挥发性成分增加；发现可见光与近红外高光谱成像光谱和质构特征结合可区分正常肉与白条纹鸡胸肉，白条纹的发生对肉的嫩度有负面影响，采用计算机视觉系统与近红外光谱可鉴定与分级木质化鸡胸肉。

四、国内肉鸡产业技术研发进展

（一）遗传资源与育种

使用鸡60K芯片和高密度SNP芯片评估了多个中国地方鸡品种、红色原鸡等群体的遗传多样性和种群结构，发现从商品肉鸡到几乎所有中国地方鸡都存在基因渗入；利用全基因组测序技术发现"家系等量留种随机选配法"能有效减少近交和遗传漂变，保持群体遗传多样性稳态；启动广东省佛山市高明区新广农牧有限公司和福建圣泽生物科技发展有限公司两个国家白羽肉鸡联合攻关小组（2019—2022），两个项目培育的"广明1号"和"SZ901"白羽肉鸡配套系已经进行性能测定；全基因组选育技术益生集团、金陵集团等公司得到广泛应用；发现WNT3A基因编码区SNP位点可作为毛孔性状的辅助选择和分子遗传育种标记，并建立了一种快速检测试剂盒。CSRP3基因第5外显子的633位碱基处的A/G突变作为肉品质性状的辅助选择和分子遗传育种标记，并建立快速诊断试剂盒（专利号：ZL 201910398785.5）。确定母系NPY、NCOA1、IGF-1和GDF9基因为繁殖性状的分子标记，组合基因型BBAACCGGCTCT作为母系产蛋性状的优势基因型；全基因组关联分析发现146个与鸡羽毛密度相关的SNP，推测"蛙背"毛色与1号染色体上KITLG基因有关，找到22个与生长性能显著关联的SNP。DKK1与鸡不同部位皮肤毛囊密度和直径的大小有关，PHAX和LMNB1与母鸡长距现象有关；PRLR基因的一个80bp的插入/缺失位点与生长性状显著相关；MMP-11启动子区的多态位点有望作为性早熟的分子遗传标记；基于纳米抗体的优点，将其应用于NDV新型诊断技术的研发中，IL-6基因调控区发现9个与球虫抗性相关的SNP。

（二）营养与饲料

在营养性和非营养性添加剂对肉鸡性能的影响方面，研究了微生态制剂（芽孢杆菌、乳酸菌等）、益生元（大蒜低聚糖、泡桐花多糖、黄芪多糖、血根碱、牛膝多糖和中草药复方多糖等）、植物提取物（β-石竹烯、薄荷醇精油、酸化剂和百里酚混合物、包被植物精油与有机酸混合物、香芹酚等混合精油、包被肉桂油等）和酶制剂（高剂量植酸酶、淀粉酶、木聚糖酶等）的应用效果；研究了矿物元素（甘氨酸锌或硫酸锌形式锌、硒和酵母硒、磷和钙、锰等）、氨基酸（精氨酸、赖氨酸）和维生素（维生素A）的免疫水平和生长性能的调控作用。从能量、粗蛋白、氨基酸、矿物元素、维生素等需要量方面开展了工作，推荐了凌云乌鸡等中国黄羽肉鸡或地方鸡的适宜营养水平；在饲料资源开发与营养价值评定方面，研究了黑麦、豆油、鸭油、棕榈油、米糠油、棉籽油等常规原料在肉鸡上的应用效果，开发和利用了玉米秸、棉籽粕、菜籽粕、银杏叶、菌糠、裙带菜等发酵饲料原料,评价了亚麻籽、桑叶、葡萄渣、复合酶处理的豌豆、β-甘露聚糖酶酶解的刺槐豆胶等非常规饲料的应用效果。

(三) 生产与环境

环境因子方面,发现热应激降低肉鸡生产性能,影响肝脏的脂肪肝代谢过程,添加三花黄芪、绿原酸和低聚木糖等可缓解热应激带来的不利影响。环境监测数据表明立体笼养模式中空气颗粒物、氨气和二氧化碳则相对另外两种养殖模式浓度显著降低,且含量较为稳定;比较黄羽肉鸡不同饲养模式,发现发酵床养殖模式鸡体重和肉质更优,快速性黄羽肉鸡笼养技术料肉比低、成活率高;引进荷兰先进企业,合资开发生产鸡粪烘干处理设备。集成开发饲料饲养综合减臭技术和设备;提出了笼养肉鸡舍通风量及湿帘风机配置计算方法、养殖环境可控技术、快速准确的肉鸡体温检测方法、肉鸡步态检测方法,研制了肉鸡健康养殖环境监测控制系统,设计出可以得到具体的饲喂时间与饲喂重量的信息采集系统。

(四) 疾病防控

2019年我国报告高致病性禽流感疫情4起,在规模化鸡群中新城疫强毒带毒率呈明显减少趋势,目前已很难在临床上分离到基因Ⅶ的强毒;数十个白羽肉种鸡父母代场发生集中式疑似禽白血病病例,病原均为J亚群禽白血病病毒(ALV-J);证明了血凝素裂解部位因插入的四个氨基酸会而使H7N9病毒对鸡产生高致病性,发现H5亚型禽流感病毒HA中的糖基化和氨基酸插入或缺失会影响抗原变异,确定了PB2和M1中在H7N9流感病毒传播中起重要作用的关键氨基酸;构建了鸭肠炎病毒载体重组禽流感疫苗(DEV)rDEVus78HA,对控制鸭体内的AIV和对根除家禽AIV有着重要的意义。获得重组禽流感病毒(H5+H7)二价灭活疫苗(H5N1 Re-8株+H7N9 H7-Re1株)(一类)和鸡新城疫、禽流感(H9亚型)、减蛋综合征三联灭活疫苗(La Sota株+Re-9株+京911株)(三类)两个新兽药证书。有重组禽流感病毒(H5+H7)二价灭活疫苗(H5N1 Re-8株+H7N9 H7-Re1株)(一类)(2019农业部187号公告)等三个农业部公告;此外,病毒载体疫苗,特别是利用腺病毒、疱疹病毒和痘病毒等为载体的疫苗,在兽医学中得到广泛应用。

(五) 鸡肉加工

2019年持续关注了风味对消费者接受鸡肉程度的研究,发现干冰贮藏鸡肉能更好地保持鸡肉的风味物质,以分步酶解法得到的鸡肉酶解液为反应基底可制备出色泽均匀、肉香味突出的风味基料,鸡精中鸡肉使用的最优添加量及处理条件可以用统计学方法实现优化;研究发现多种处理技术和配方的合理调整可提升鸡肉制品品质:高压均质(69 MPa)结合过氧化氢(0~320微摩尔/克蛋白)处理可以增强肌原纤维蛋白的水溶稳定性,超声结合(20 kHz, 350 W)碳酸氢钠(0.2摩尔/升)处理能够有效提升鸡肉嫩度,采用超声预处理可以提高酶法提取鸡骨蛋白的产量;超高压(200 MPa)协同$CaCl_2$(20毫摩尔/升)处理能够提高肌原纤维蛋白凝胶的保水性;配方研究发现,抗性玉米淀粉(0.1%~0.6%, W/W)能够作为脂肪替代品应用于新型低脂肉制品中;在安全性保证方面,研究了在肉鸡屠宰预冷环节添加次氯酸钠对沙门氏菌交叉污染的控制作用,可采用筛选复配后的复合生物保鲜剂达到冷鲜鸡保鲜效果,证实了菌群结构与冷鲜鸡肉表面四环素耐药菌和磺胺耐药菌的污染状况具有关联性。

(国家肉鸡产业技术体系首席科学家　文杰　提供)

2019年度水禽产业技术发展报告

(国家水禽产业技术体系)

一、国际水禽生产与贸易概况

依据中国畜牧业协会与世界粮农组织（FAO）提供的数据分析及对我国水禽产业市场供求关系推算，2019年世界肉鸭出栏量约64.42亿只，与2018年相比上涨37.65%。其中亚洲占比最大，达到约85%的比重。其次是欧洲，约占11%。全世界肉鸭出栏量按出栏数排名前10位的地区是中国大陆、法国、缅甸、越南、中国台湾、马拉西亚、韩国、埃及、美国和泰国。其中，中国大陆肉鸭出栏量占世界约68%。2019年世界肉鹅出栏量约7.24亿只，与2018年相比稳中有升。其中，亚洲约占96%，欧洲占约2.3%，美洲与非洲约占1.7%。中国是世界肉鹅出栏量最多的国家，其次是波兰、埃及和匈牙利。目前，全球禁止生产鹅肝的国家包括阿根廷、捷克、丹麦、芬兰、德国、爱尔兰、以色列、意大利、卢森堡、荷兰、挪威、波兰、瑞典、瑞士和英国。这些国家只是禁止生产，并不禁止销售。而印度是全球唯一全面禁止鹅肝生产和销售的国家。2019年美国纽约通过了"鹅肝禁令"，从2022年10月起，禁止销售或供应某些强行喂食的家禽产品，鹅肝就在此之列，违规者将被处以500~2 000美元不等的罚款。

从出口方面来看，海关总署发布公告，2019年4月1日起，欧盟将对我国输欧禽肉产品开放新的关税配额，其中鸭肉配额达6 600吨，这为我国禽肉产业出口创造更公平的贸易环境，实现我国禽肉产品对欧出口的大幅增长。随着鸭肉销量大增，中国水禽生产企业的竞争力得到提高。根据行业预测，配额的放开让我国鸭肉制品年出口突破1.8万吨，增长近50%。

从进口方面来看，当地时间11月8日，美国农业部开放对中国禽类的限制，并允许中国的禽类及熟制品进入美国市场。而美国食品安全局此前已经审查了中国的法规和检验机制，认定此类产品符合美国相关的法律法规要求。根据FAO和海关总署的数据估算，2019年主要进口国鸭肉及鸭肝进口总量为30.7万吨，鹅肉及相关产品进口总量7.2万吨，进口活鸭5 390万只左右。中国是世界鸭肉进口量最大的国家，进口量达5万吨以上，其次是德国、沙特阿拉伯。

另外，2019年疫病对水禽产品贸易造成了严重的影响。中国在内的全球多地暴发禽流感疫情。7月4日，新加坡食品局（SFA）发布消息称暂停进口美国低致病性禽流感疫情发生地附近的家禽及其产品。由于美国加利福尼亚州默塞德县的一家养鸭场发生H7型低致病性禽流感疫情，自2019年7月4日起，将对疫情受影响地区的家禽及其产品的进口实施临时限制。自2019年4月1日起，墨西哥墨西哥州（Mexico）、克洛塔罗州（Queretaro）、伊达尔戈州（Hidalgo）、格雷罗州（Guerrero）、特拉斯卡拉州（Tlaxcala）、瓜纳华托州（Guanajuato）、维拉克鲁斯州（Veracruz）、伊达尔戈州（Hidalgo）和哈利斯科州（Jalisco）9地发生33起H7N3亚型高致病性禽流感疫情，1.6万只家禽感染，8 815只死亡，34.8 万只被扑杀。10 月 30 日，墨西哥农业部通报哈利斯科州（Jalisco）发生 3 起 H7N3 亚型高致病性禽流感疫情，112 只家禽感染死亡，1 299 只被扑杀。10 月 10 日，中国香港食物环境卫生署食物安全中心因应世界动物卫生组织通报指法国 Loir-Et-Cher 省暴发低致病性 H5 禽流感，指示业界暂停从该省进口禽肉及禽类产品（包括禽蛋），以保障香港公众健康。12 月 11 日，英国环境、食品与农村事务部向世界动物卫生组织（OIE）通报称，英国发生 H5 型低致病性禽流感疫情。本次疫情于 2019 年 12 月 10 日得到确认。事发地位于英格兰萨福克郡。经检测发现，共有 27 000 只禽类疑似病例。英国已采取官方销毁动物产品、官方处理动物尸体、副产品和废弃物、扑灭及消毒措施。

二、国内水禽生产与贸易概况

受非洲猪瘟影响，2019 年我国肉类供应量偏紧，禽肉作为第二大肉类消费品起到了重要的替代作用，替代效应也使家禽价格上扬，家禽行业正在经历着几年不遇的好行情。

据对全国 22 个水禽主产省（市、区）2019 年水禽生产情况的调查统计，全年商品肉鸭出栏 44.4 亿只（含 1.6 亿只淘汰蛋鸭），较 2018 年增长 31.9%；鸭肉产量达到 1 079 万吨（含鸭胗、鸭肠和鸭舌 103 万吨），肉鸭总产值 1 357.2 亿元，较 2018 年上升 57.1%。蛋鸭存栏 1.87 亿只，鸭蛋产量为 309.3 万吨，与 2018 年大致持平；蛋鸭总产值 382.2 亿元，较 2018 年降低 9.68%。商品鹅出栏 6.1 亿只，比 2018 年提高 13.0%，鹅肉产量 195 万吨，肉鹅产值 557.6 亿元，比 2018 年增长 19.9%。水禽产业总产值 2 297.1 亿元，较 2018 年增加 37.9%。受"非洲猪瘟"的影响，作为猪肉替代产品的鸭肉需求激增，促使肉鸭产业扩大生产，并呈现出产量和产值双增的良好局面；蛋鸭产业发展基本稳定，蛋鸭存栏和产蛋量都与去年基本持平；肉鹅产业继续维持增长的趋势，未来还有进一步发展的空间。整体而言，2019 年我国水禽产业依然保持较快发展。

从国内水禽产业生产相关政策来看，①2019 年为加快我国水禽良种培育步伐，提升水禽种业发展水平和创新能力，增强国际市场竞争力，促进水禽产业健康稳定持续发展，农业农村部发布《全国水禽遗传改良计划（2020—2035）》。《计划》指出，水禽养殖业是我国的特色产业。②2019 年为进一步增加肉蛋等产品供应、丰富动物蛋白市场消费种类，农业农村部发布《关于促进家禽等养殖业发展增加肉蛋产品供应的通知》，提出大力发展适度规模标准化养殖，不断完善良种繁育体系，推广应用先进适用技术，加强动物疫病防控和净化，着力提升组织化程度，强化政策措施保障。③2019 年 4 月，农业农村部制定了《畜禽养殖废弃物资源化利用 2019 年工作要点》以推进畜禽粪污资源化利用工作。认真落实《国务院办公厅关于加快推进畜禽养殖废弃物资源化利用的意见》，坚持源头减量、过程控制、末端利用的治理途径，以畜禽粪污肥料化和能源化利用为方向，聚焦扩大终端产品利用途径，完善工作思路，突出工作重点，全面开展畜牧大县整县治理。

从水禽产品价格来看，①活鸭方面：2019 年第一季度的肉毛鸭价格相对前一季度出现明显下滑，从 2018 年第四季度的 9.12 元/千克下滑到 7.9 元/千克，环比下降 13.29%，不过和 2018 年第一季度的 8 元/千克相比基本保持不变。此后第二个季度上涨了 14.71%，但是第三季度小幅下降了 0.58%，到第四季度又上涨了 6.22%。2019 年整体平均价格（8.88 元/千克）相较 2018 年（8.3 元/千克）略有上涨。②鸭苗方面：2019 年第一季度的肉鸭苗价格相对前一季度出现明显下滑，从 2018 年第四季度的 6.27 元/羽下滑到 4.92 元/羽，环比下降 21.48%，不过与过去三年同期相比仍具有巨大优势。此后第二个季度上涨了 9.75%，但是第三季度下降了 5.06%，到第四季度又上涨了 10.27%。2019 年整体平均价格（5.28 元/羽）相较 2018 年（4.19 元/羽）有明显的上涨。③鸭蛋方面：2019 年第一季度鸭蛋的平均价格为 11.97 元/千克，环比下降 11.25%，但与 2018 年同期相比上涨 5.84%。第二季度环比下降 3.82%，同比下降 5.32%。第三季度环比上涨 1.90%，同比下降 14.64%。第四季度环比上涨 2.98%，同比下降 10.42%。2019 年整体平均价格（11.83 元/千克）不如 2018 年（12.68 元/千克）的整体价格水平。④活鹅方面：2019 年第一季度活鹅的平均价格为 26.14 元/千克，环比下降 3.92%，但与 2018 年同期相比上涨 9.54%。第二季度环比下降 2.23%，同比上升 3.83%。第三季度环比上涨 7.66%，同比上升 10.92%。第四季度环比上涨 2.16%，同比上升 3.32%。2019 年平均价格（26.82 元/千克）相比 2018 年（25.12 元/千克）的整体价格水平略有提升。

从对外贸易来看，根据海关总署的数据统计，2019 年 2019 年 1—10 月冻的畜禽肉进口数量为 457.47 万吨，同比增长 36.9%；出口数量为 11.65 万吨，同比下降 15.5%，其中冻鸭占 637 吨。2019 年 1—10 月冻的畜禽肉进口金额为 1 371 336.5 万美元，同比增长 53.6%；出口金额为 32 816.1 万美元，同比下降 17.0%。2019 年 1—10 月中国活家禽出口数量为 195 万只，同比增长 8.8%；2019 年 1—10 月中国活家禽出口金额为 930 千美元，同比增长 35.2%。

从疫情发生情况来看，2019 年 2 月，云南省丽江市华坪县暴发 H5N6 禽流感，家禽死亡 463 只，扑杀家禽 55 917 只。2019 年 4 月辽宁省沈阳市新民市暴发 H5N1 禽流感，家禽死亡 1 000 只，扑杀家禽 25 472 只。2019 年 5 月，新疆伊犁州霍尔果斯市部分养殖户饲养的家禽发生 H5N6 亚型高致病性禽流感疫情。相关养殖户共存栏家禽 2 445 只，发病 1 503 只，死亡 1 015 余只。疫情发生后，当地按照有关预案和防治技术规范要求，切实做好疫情处置工作，已扑杀家禽 11 910 只，全部病死和扑杀家禽均已无害化处理。2019 年 12 月台湾彰化县暴发 H5N2 亚型高病原性禽流感疫情，5~6 日进行清场消毒，共扑杀土鸡 4 万余只。据主管部门统计，台湾中南部已发生多处禽流感疫情，今年禽流感累计确诊 H5N2、H5N5 已有 70 例，扑杀家禽逾 84 万只。

三、国际水禽产业技术研发进展

在禽类养殖上，①法国的家禽科技公司 Tibot 致力于为家禽饲养者开发机器人，2019 年推出了机器人 SpoutnicNAV，配备了室内导航系统，使其能够根据自行生成或用户定义的轨迹精确导航，导航指导它在禽舍驱动禽群四处走动，能刺激雏禽的自然活动，增加体重，提高饲料转化率。该机器人配备了可适应垫层条件的刮板，对垃圾进行刮削和充气，以减少密度和湿度引起的发酵情况。②荷兰、美国等国的家禽业界科学家正在加大力度研制基于先进数字技术的智能化设备，拣蛋机器人、鸡舍监测机器人等产品已从实验室走向欧美及中国的家禽产业各大展会，开始实现商业化应用。德国汉诺威国际畜牧展获得创新奖的 Sentinel Robot 可以实时监测禽舍的生产环境等，SELEGGTAcus 为一款智能设备，可用于孵化过程中的性别鉴定。性别鉴定是孵化中一大关键技术，此技术研发成果产业化后，可为美国蛋禽行业每年节约 15 亿~25 亿美元。

在食品科技上，①作为世界领先的食品饮料市场调研公司，Innova Market Insights 发布了 2020 年全球十大食品饮料趋势，其中，"讲故事"成为了第一大趋势。除了"讲故事"以外，植物基革命、可持续浪潮、合适的"一口"、沉浸于口感、营养大改造、混搭潮流、新星崛起、吃出美丽和拓展更多可能也成为了2020年食品饮料趋势的关键词。②美国JUST植物蛋公司研发出较低成本的"细胞培养鸡肉",培植只需要14天,售价将低于养殖鸡肉,计划一年内在全球范围内上市。③嘉吉公司(Cargill)将机器人技术引入了其加工设施,其形式是遥控放牧机器人。

四、国内水禽产业技术研发进展

2019年国内水禽产业技术研发成果丰硕,为产业发展提供了持续的驱动力。

在遗传育种方面,①中国农科院北京畜牧兽医研究所和山东新希望六和集团合作,利用我国Z型北京鸭资源,潜心耕耘,成功选育出中新鸭配套系,该配套系具有生长速度快、饲料转化率和瘦肉率高,生活力强的特点,其皮脂率低、肉质好,更加适合中国人的消费习惯。中新白羽肉鸭不但打破了国外品种在中国市场上的垄断,而且其生产性能已经达到或超过引进的肉鸭品种,有力的提升了我国肉鸭产业核心竞争力。2019年8月14—15日,青岛综合试验站依托单位山东新希望六和集团在青岛市隆重举行了"创新中国味儿"中新白羽肉鸭科技成果发布会。②浙江省农业科学院畜牧兽医研究所与扬州大学及诸暨国伟禽业有限公司合作育成了三系配套"国绍Ⅰ号"青壳蛋鸭新品种(配套系),通过国家新品种(配套系)审定(新品种证书第5号(农10)),属国内首创。"国绍Ⅰ号"青壳蛋鸭新品种列入2019年浙江省农业主导品种。③蛋鸭品种改良岗位与河南省周口市扶沟县桂柳种鸭育种有限责任公司联合开展育种工作,已建立了鸭羽色遗传规律研究资源群体F1代,并确定了F2代选育方案。

国家标准与数据库建设方面的成果主要有①扬州大学与扬州天歌鹅业发展有限公司共同制定了国家标准《扬州鹅》(GB/T 367842018),并于2019年4月1日正式实施。该标准规定了扬州鹅的品种特性、外貌特征、成年鹅体尺与体重、生产性能。"扬州鹅营养需要建议量"作为资料性附录列入。②鹅品种资源评价岗位基于JSON的数据集建立了中国鸭遗传资源数据库信息查询系统V1.0和中国鹅遗传资源数据库信息查询系统V1.0各一套。

营养和饲料技术方面取得的成果主要有①研究发现在肉鸭日粮中添加一定量的牛至油可以提高肉鸭机体免疫力,减少抗生素的使用。②开展了多糖硒对蛋鸭生产性能、血液生化指标和肠道微生物多样性的影响研究:饲粮添加50~200克/吨多糖硒虽对蛋鸭产蛋性能无明显改善,但可提高蛋鸭血清中丙氨酸氨基转移酶和GSH-PX活力,降低血清中总胆固醇含量,并有改善回肠微生物多样性的趋势,从而提高蛋鸭的健康水平。③发现了饲料中添加浒苔粉和茶多酚能提高种鹅的繁殖性能。④研究了育肥期北京鸭泛酸营养需要量。

在疫病防控方面取得一定成就:①比较了鹅细小病毒变异株和经典毒株对北京鸭的致病性。②对决定坦布苏病毒毒力的关键基因进行了鉴定,制备了坦布苏病毒单克隆抗体。③建立了特异性检测番鸭细小病毒TaqMan实时荧光定量PCR方法。④建立了新型鹅星状病毒TaqMan荧光定量RT-PCR检测方法。⑤分析了鸭星状病毒1型衣壳蛋白的抗原性。

在养殖技术方面取得的进展主要有:①开发的蛋鸭网床养殖技术已在浙江省蛋鸭养殖中进行示范推广,在全国部分地区试点示范。该技术经过2年的对比饲养试验,显示试验期网上饲养只均产蛋12.9千克,全程料蛋比2.981,高峰期料蛋比2.691,传统养殖模式只均产蛋10.9千克,全程料蛋比3.231,高峰期料蛋比2.941,每只蛋鸭养殖效益增加20

元。该技术适宜全国蛋鸭饲养区，特别适合城市郊区及水资源缺乏地区。②开展了黑麦草完整度和补饲方式对网上平养肉鹅的影响研究。③开展了不同饮水方式对仔鹅生长性能、屠宰性能及耗水量的影响研究，发现应用乳头式饮水器有利于仔鹅饲养前期羽毛的生长，可减少水资源的浪费，在肉鹅规模化生产中，建议使用乳头式饮水器进行供水，但乳头式饮水对仔鹅体表清洁程度的影响仍值得关注。④研制了可移动蛋车的大角度翻蛋孵化机。

加工技术方面取得的成果主要有：①提出了一种技术适用于以肥脂型 Z 型北京鸭为原料的烤鸭加工方法。该方法具有成本低，肉鸭死淘率低；由于体型小，价格实惠，可满足大众对烤鸭的需求；可标准化生产；口感更好，且不油腻等特点。②开发了一种特色风味发酵鸭腿的加工技术，经过发酵不仅能改善产品的感官，同时也能够保证产品的安全性。③比较了不同清洗方式对咸蛋成分的影响，研究发现，臭氧清洗鸭蛋后腌制咸蛋可促进蛋黄进盐出油，且无异味残留。腌制前熏蒸清洗有助于延缓蛋黄脂质氧化。

（国家水禽产业技术体系首席科学家　侯水生　提供）

2019年度兔产业技术发展报告

(国家兔产业技术体系)

一、国际兔生产与贸易概况

(一) 国际兔业生产概况

根据联合国粮农组织(FAO)最新统计数据显示,2017年全球兔存栏30 894.50万只,比上年增长4.13%,为过去十年最高。预计2018年和2019年全球家兔存栏分别为3.007亿只和3.021亿只,同比增速分别为-2.66%和0.49%。2017年全球兔屠宰量(出栏量)97 195.10万只,比上年增长3.33%,预计2018年和2019年分别为9.487亿只和9.538亿只,增速分别为-2.39%和0.53%。2017年世界兔肉产量为148.234万吨,比上年增长2.94%,产量达到过去十年最高,2018年和2019年预计兔肉产量分别为143.899万吨和145.382万吨,增速分别为-2.93%和1.03%。

可以看到近两年来,全球兔产业依然不景气,2019年有所回升,其中很重要原因是受2018年中国生猪感染非洲猪瘟,导致中国国内兔肉价格高企,家兔养殖增长较快,而中国兔产业在全球存栏中占到70%以上,在出栏和兔肉产量中占到60%以上。

表1 2011—2020年来全球家兔生产情况

年份	存栏		出栏		兔肉	
	存栏量(亿只)	增速(%)	出栏量(亿只)	增速(%)	兔肉产量(万吨)	增速(%)
2011	2.966	1.72	8.740	3.13	129.260	5.55
2012	2.992	0.88	8.772	0.36	129.587	0.25
2013	3.006	0.47	9.072	3.43	133.963	3.38
2014	2.996	-0.36	9.284	2.33	137.240	2.45
2015	2.966	-0.99	9.337	0.57	139.448	1.61
2016	2.967	0.03	9.406	0.74	144.004	3.27
2017	3.089	4.13	9.720	3.33	148.244	2.94
2018*	3.007	-2.66	9.487	-2.39	143.899	-2.93
2019*	3.021	0.46	9.538	0.53	145.382	1.03
2020*	3.039	0.60	9.582	0.46	145.842	0.32

数据来源:FAO统计数据库(http://www.fao.org/faostat/),*2018年以后数据为估计值。

从地区结构来看,全球兔业主要分布在亚洲和欧洲国家,由于FAO公布最新数据为2017年,下面的地区结构数据均为2017年。①存栏量。全球兔存栏量中,亚洲和欧洲地区最多,分别为2.63亿只和2.31亿只,分别占全球的85.15%和7.46%。非洲为1.71亿只,占5.54%;美洲仅为569.9万只,占1.84%。从国别来看,存栏量最多的依次为中国、朝鲜、意大利、埃及、乌克兰，其合计占到全球的 90.24%，其中中国占 74.49%；②出栏量。全球兔出栏中，亚洲和欧洲最多，为 7.056 亿只和 1.753 亿只，分别占 72.59% 和 18.04%。非洲 7 736.4 万只，占 7.96%，美洲 1 371 万只，占 1.41%。出栏量位于世界前五位的国家为中国、朝鲜、埃及、西班牙和法国，其出栏量合计占 85.37%，其中中国占 60.17%；③兔肉产量。全球兔肉产量的格局与兔出栏类似，亚洲 108.8 万吨，占 73.42%，欧洲和非洲分别占 19.56% 和 5.91%。从国别来看中国、朝鲜、西班牙、埃及、意大利是世界五大兔肉生产国，合计占全世界兔肉产量的 84.1%，中国兔肉产量占全世界的 62.86%。

从各大洲的变动趋势来看（表2），亚洲波动上升，欧洲兔业相对平稳，非洲 2015 年增速较快但此后有所回落。2011—2017 年非洲地区六年存栏量的平均增速为 2.54%，高于欧洲地区 0.09% 的增速和亚洲地区 0.69% 的增速，同期世界平均水平为 0.69%。亚洲地区兔业的兴起主要集中在东亚地区（特别是中国和朝鲜）。2017 年东亚兔存栏量已占全球存栏量的 84.89%，2011—2017 年七年其兔存栏量平均增速为 0.68%。2018 年亚洲兔业有一定下滑，存栏下降 3.36%，其他各州有小幅上升，非洲地区增速到达 2.81%。2019 年，亚洲地区兔业恢复增长，但欧洲和非洲地区则有小幅回落。

表2 2011—2017 年全球兔存栏量区域分布及增速

年份	亚洲		欧洲		非洲	
	数量（万只）	增速（%）	数量（万只）	增速（%）	数量（万只）	增速（%）
2011	25 290.1	—	2 292.1	—	1 516.9	—
2012	25 502.4	0.84	2 346.9	2.39	1 507.6	-0.61
2013	25 581.3	0.31	2 341.4	-0.23	1 568.4	4.03
2014	25 610.7	0.11	2 325.6	-0.67	1 455.9	-7.17
2015	24 927.6	-2.67	2 336.1	0.45	1 818.1	24.88
2016	25 037.8	0.44	2 319.9	-0.69	1 751.1	-3.69
2017	26 308.2	5.07	2 303.9	-0.69	1 712.4	-2.21
2018*	25 424.5	-3.36	2 320.0	0.70	1 760.5	2.81
2019*	25 590.2	0.65	2 314.6	-0.23	1 741.3	-1.09
2020*	25 774.3	0.72	2 312.8	-0.08	1 738.1	-0.19

数据来源：FAO 统计数据库（http://www.fao.org/faostat/），* 2018 年以后数据为估计值。

由于目前毛兔和獭兔 90% 以上都在中国养殖，在 2013 年"手拔毛"事件后，毛兔养殖基本停滞，虽然受兔产业扶贫的拉动，近年来有所恢复，但毛兔产业依然比较萧条，市场极不活跃，中国兔毛出口近乎停滞。除中国外，法国、匈牙利、智利、阿根廷等国也生产一定量兔毛，但其产毛量合计不足 1 000 吨。兔皮生产方面，獭兔皮的生产国主要有中国、法国、德国等，目前除中国外，其他国家都萎缩很快，中国近年来的獭兔养殖也呈下滑态势，目前獭兔也以销售兔肉为主，而兔皮则成为副产品。

（二）国际兔产品贸易概况

从全球来看，兔的贸易主要为兔肉，活兔和其他兔产品的贸易相对较少，因此这里主要分析兔肉贸易，数据来自联合国商品贸易数据库（WITS，UN Comtrade）。2018年世界有42个国家和地区出口兔肉，64个国家和地区进口兔肉。全球总出口量3.1万吨，出口额1.64亿美元，分别比上年下降19.5%和2.38%，可以看到无论出口数量还是出口额，比2017年都有下降。

2018年兔肉主要出口国包括中国、西班牙、比利时、法国、匈牙利，上述五国合计出口2.583万吨，出口额1.39亿美元，分别占世界兔肉出口总量和出口总额的77.67%和76.80%。2018年中国出口5 964吨，为全球最大出口国，占全球出口量的17.73%；西班牙和比利时分别出口5 639吨和5 035吨，分别占16.77%和14.97%。

从进口国来看，德国、比利时、意大利、葡萄牙和法国为进口量的前五位，合计进口2.12万吨，占进口总量的64.47%，进口额1.152亿美元，占全球进口额的65.88%。对比来看，比利时和法国不仅进口，同时也出口兔肉。

从前五位出口国的平均出口单价看，匈牙利最高，为6.39美元/千克，而西班牙最低，为4.49美元/千克，中国兔肉平均出口价格为4.80美元/千克。43个国家（地区）的平均出口价格为5.35美元/千克。相比2017年，世界兔肉价格平均水平有一定上涨，幅度为22.35%。2018年兔肉进出口前10名国家和地区及进出口单价如表3。

表3 2018年兔肉进出口前10名的国家进出口价格

	出口				进口		
	国家	数量（吨）	单价（美元/千克）		国家	数量（吨）	单价（美元/千克）
1	中国	5 964.03	4.80	1	德国	8 105.23	6.02
2	西班牙	5 638.62	4.49	2	比利时	5 276.21	5.86
3	比利时	5 035.45	6.07	3	意大利	2 915.41	4.49
4	法国	4 785.92	5.66	4	葡萄牙	2 880.72	3.98
5	匈牙利	4 405.78	6.39	5	法国	1 974.67	5.59
6	意大利	2 135.27	2.78	6	西班牙	1 578.89	3.46
7	荷兰	1 003.26	8.05	7	捷克	1 312.41	5.00
8	阿根廷	923.95	7.67	8	美国	1 279.42	4.20
9	葡萄牙	704.48	4.84	9	瑞士	928.50	8.13
10	阿联酋	518.89	2.92	10	波兰	800.53	5.98

数据来源：世界银行WITS数据库（http：//wits.worldbank.org/wits/）。

近年来，受全球经济下滑，市场需求疲软以及一些动物福利组织对于皮草服饰的抵制，特别是国际主要服装企业联合抵制使用动物皮毛，导致全球兔毛和兔皮贸易大幅度降低。中国为全球兔毛的主要生产国，其产量占全球的90%以上，但近年来兔毛出口几乎停滞，一年仅几百吨。兔皮的进口也受到较大抑制，国际兔皮的贸易主要是肉兔皮，从欧洲家兔主产国向中国等发展中国家出口，经过鞣制、加工后，再出口鞣制过的兔皮或皮毛制品。但近年来，在环保高压下，肉兔皮进口受到很大控制。

二、国内兔生产与贸易概况

(一) 国内兔业生产概况

根据国家统计局数据,2018年受市场需求拉动和产业调整逐步到位的影响,特别是2018年8月非洲猪瘟的暴发,兔产业下滑趋势减缓,2018年兔出栏量为3.167亿只,同比下降0.89%,兔肉产量为46.6万吨,比上年减少0.64%,存栏为1.19亿只,同比下降1.80%。预计2019年出栏、存栏和兔肉产量分别为3.46亿只、1.27亿只和50.4万吨,分别比上年上升9.12%、6.37%和8.21%(表4)。

表4 2011—2020年我国家兔存栏、出栏和兔肉产量

年份	出栏量(万只)		存栏量(万只)		肉产量(万吨)	
	数量	增速(%)	数量	增速(%)	数量	增速(%)
2011	38 046	-3.04	17 388	-4.26	59.0	-1.01
2012	37 775	-0.71	17 161	-1.31	58.3	-1.19
2013	37 591	-0.49	16 678	-2.81	58.0	-0.51
2014	36 700	-2.37	15 818	-5.15	57.4	-1.03
2015	35 888	-2.21	14 808	-6.38	55.3	-3.66
2016	35 057	-2.32	13 226	-10.69	53.5	-3.25
2017	31 955	-8.85	12 114	-8.41	46.9	-12.34
2018	31 671	-0.89	11 896*	-1.80	46.6	-0.64
2019*	34 561	9.12	12 654	6.37	50.4	8.21
2020*	36 737	6.30	13 119	3.68	53.0	5.16

*国家统计局根据第三次农业区普查数据对2007—2016年的数据进行了修订,表中2011—2015年存栏量根据历年出栏率推算。2019—2020年数据为估计值,2018年的存栏量为估计值。

从兔养殖的品种结构来看,依然是肉兔占据举足轻重的地位,其次是獭兔。根据兔产业体系产业经济岗位2018年的调研估计,兔出栏量中,肉兔、獭兔和毛兔分别占80.89%、12.63%和6.97%。年末存栏中肉兔、獭兔和毛兔约分别占84.25%、12.73%和4.32%。

从区域结构来看,我国肉兔养殖依然主要集中在四川、重庆等西南地区以及山东和河南等地,獭兔则主要在山东、河北、河南和山西等中部和北部区域,毛兔则主要在山东、四川、安徽、贵州等地。近年来西北地区(陕西、新疆等地)的家兔养殖也得到较快发展。2019年在扶贫政策等的支持下,新疆地区家兔养殖快速发展,和田地区兔产业养殖规模达到1 500万只,已有15家大型兔养殖企业成功落户,2020年兔养殖规模预计将达4 000万只以上。多年来,我国兔产业的集中度较高,以2017年为例,四川出栏最多,占全国的51.24%,山东、重庆、河南、江苏、河北等次之,前五位出栏量合计占全国家兔出栏量的83.97%,前十位的省份出栏量占到92.50%。

从国内市场来看,我国兔肉消费主要区域为四川、重庆、广东和福建等省市,近年来北方一些地区的兔肉消费也在增加,包括北京、内蒙等地。尤其是川渝地区,四川年人均

兔肉占有量 2.88 千克，是全国平均水平的 7.76 倍；重庆是我国人均兔肉消费的第二大地区，年人均占有量 1.246 千克，是全国平均水平的 3.36 倍。山东省虽然是我国的养兔大省，但兔肉消费较少，人均占有量 0.564 千克，其兔肉主要有以下几个去向：①出口到欧洲等地，近年来对美国、俄罗斯和韩国市场的出口也开始增加；②销售到四川等传统的兔肉消费地；③开拓新的市场，销售到广东和北京等大城市；④当地消费，这部分比较少。江苏、河南和河北等地的兔肉主要是销往广东和北京等地，部分销售到四川等西南地区，少量在当地消费。

毛兔的养殖传统地区为山东、江浙、安徽以及川渝地区，兔毛的加工主要在江浙等沿海地区。近年来随着东兔西移，兔毛加工企业也逐步向中西部转移。兔毛产品的销售则遍布各地，特别是网上销售比较多。兔皮产品的加工比较复杂，獭兔的养殖主要在河北、陕西、川渝和山东的部分地区，兔皮的鞣制主要在河北省，四川等地也有部分鞣制企业。但由于受环保的严格限制，近年来兔皮鞣制量大幅下降。兔皮产品的加工设计，主要在浙江、广东和四川等地，兔皮产品的销售和兔毛产品类似。兔毛产品制品也有不少出口到国外。

（二）中国兔产品贸易概况

长期以来，我国兔产品的贸易格局是：兔肉主要为出口，基本没有进口。兔皮则主要为进口，出口很少。兔毛主要为出口，但出口在过去十年一直呈直线下降（图3）。①兔肉贸易。2015 年以来兔肉（HS 编码 020810）出口呈显著的下降态势，由 2014 年的 1.28 万吨，下降到 0.813 万吨，2016 年进一步下降到 0.64 万吨；2017 年略有回升，达到 0.704 万吨，但 2018 年又下滑到 0.596 万吨；2019 年前 10 个月出口兔肉 0.41 万吨，同比下降了 22.30%。全年预计出口 0.4787 万吨。②兔皮主要以进口整张兔皮（HS 编码 43018010）为主，同时进口少量未缝制整张兔皮（HS 编码 43021920）。2018 年我国进口整张兔皮 1.518 万吨，同比下降 20.76%，2019 年前 10 个月进口 1.495 万吨，同比增长 8.06%，全年预计进口 1.781 万吨。2019 年前十个月未缝制整张兔皮净进口 92 吨。③兔毛贸易。2019 年前十个月我国出口已梳兔毛（HS 编码 51053910）156 吨，同比下降 30.41%，预计全年出口 177 吨。2018 年全年出口 245.99 吨。可以看到，我国兔毛出口几乎停滞。

兔毛制品出口增加。在兔毛出口下降背景下，2018 年以来我国兔毛制品出口（HS 编码 61101920，包括织钩编套头衫、开襟衫、外穿背心等）开始增加。2018 年出口 30.21 万件，比上年增长 11.28%，2019 年前十个月出口 33.23 万件，同比增长 28.27%，预计全年出口 37.31 万件。

总之，可以看出，2019 年我国传统的兔肉产品出口大幅度下降，兔毛出口则多年来一直下滑，近年来停滞。但兔皮进口则有一定程度上升（图1）。

三、国际兔产业技术研发进展

1. 遗传育种与繁殖

（1）遗传育种。

传统育种：探究了四川和福建家兔品种的遗传多样性；研究发现对环境敏感性的选择显示了仔兔的存活率和断奶时窝重的均匀性之间的相关关联；母兔在第六次分娩时比在第一个生殖周期时有足够的身体发育和能量水平、较少的免疫应激和更成熟的免疫功能；早

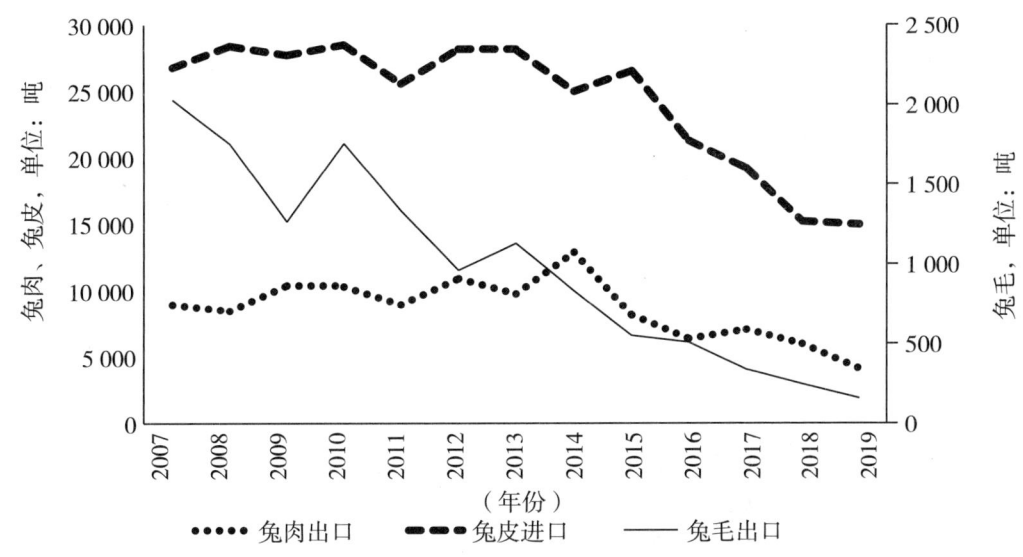

图1 1996—2018年中国兔肉出口数量

注：表中2019年数据为前十个月的统计。资料来源：中国海关。

期身体发育良好对公兔的性成熟程度有积极的影响，但达到生殖开始阶段时，若体重超标会降低公兔生殖性能和寿命；商业层面上不存在预期的环境和基因型的相互作用。

分子育种：利用7个微卫星标记，对新西兰白兔、新西兰红兔、加利福尼亚白兔和青紫兰兔进行遗传变异分析，得到平均近交系数（FIS）为-0.0201，品种间平均遗传分化（FST）为0.0479；鉴定了2个被不同选择兔群的肌内脂肪（IMF）相关基因组区域，发现相关的基因组区域被定位在兔1号、8号和13号染色体上；11 kb的缺失是导致兔黑、棕褐色表型的最可能原因；应用定量蛋白质组学方法鉴定兔受精前输卵管液蛋白，其中63个具有潜在生物学意义的输卵管液蛋白；精浆蛋白可作为精液参数的指标，将改善辅助生殖技术；首次明确了兔精子蛋白的特征，并发现基因型与精子蛋白的特异性表达相关。

（2）繁殖技术。

精液冷冻方面：在基础冷冻干燥剂中添加EDTA或105微摩尔/升的迷迭香酸或10微摩尔/升的褪黑素，对兔精子的形态和甲基化状态的完整性没有影响；在冷冻剂中添加褪黑激素可通过提高AMPK磷酸化水平来增强抗氧化能力，从而保护兔精子免受活性氧的侵袭。

家兔繁殖力方面：欧洲槲寄生提取物对家兔体外精子能动性和活力具有负的剂量和时间依赖性；可待因可提高公兔的性行为，但是其作用机理与睾酮无关，且可待因可损害公兔的生育能力；人工授精的农场中椰子汁对精液的最佳稀释比率为60%；精液中加入GnRH可用于兔子的排卵诱导，但最佳GnRH类似物的剂量还需要进一步研究；槲皮素可以直接刺激兔卵巢类固醇生成，是兔生殖和繁殖力的重要调节剂。

2. 营养与饲料

饲料资源开发与利用：越橘渣（Bilberry pomace，BP）作为生长兔的蛋白质和纤维来源具有潜在的应用前景；黑蝇幼虫（H，*Hermetia illucens* L.）和黄粉虫幼虫（T，*Tenebrio* molitor L.）脂肪是替代大豆油的适宜脂肪来源；日粮中添加 10 克/千克乳蓟种子（MTS）可以提高家兔的生产性能；日粮中添加花椰菜叶粉（CLP）可以提高兔肉的肉质水平；桐木叶子添加比例为 15%时对家兔生长性能、养分利用等没有不利影响；日粮中用木豆叶代替苜蓿粉，可以显著提高饲料增重比和改善肉品质，添加 10%最为适宜。

饲料添加剂应用：饲喂少量的褐藻和植物多酚是提高家兔生长和生产性能的有效策略；生长兔的日粮中添加 0.5%共轭亚油酸能够提高兔肉中多不饱和脂肪酸含量，降低脂肪含量；无机硒（0.3 毫克亚硒酸钠/千克日粮）和有机硒（0.6 毫克硒酵母/千克日粮）的配合能改善生长兔的生长性能；研究了蜂花粉和蜂胶作为兔饲料补充剂对母兔繁殖性能和对母兔及其后代免疫反应的影响；在家兔饲粮中单独添加洋葱提取物、蔓越莓提取物、精油或三者联合使用可以有效改善兔肉品质。

饲料加工技术：饲料制粒的有益影响是降低饲料浪费和减少挑食，然而颗粒饲料导致的采食量下降也是导致腺胃扩张的主要危险因素；研究了制粒工艺参数和混合比对颗粒饲料加工质量和能源消耗的影响，表明混合料中较高的松木含量提高了颗粒的耐久性，降低了能耗。

3. 疾病防控

细菌病防控：以波氏杆菌外孔蛋白制成的亚单位疫苗对兔的免疫保护作用能持续 4 个月；波氏杆菌定植因子（BcfA）本身既可以作为抗原也可以作为佐剂；对 Tualang 蜂蜜研究发现，其具有良好的治疗绿脓假单胞菌引起的兔角膜炎作用；以金黄色葡萄球菌为宿主分离得到一种新型噬菌体 VB-SavM-JYL01，鼻内注射该噬菌体能有效预防金黄色葡萄球菌引起的坏死性肺炎。

寄生虫防控：研究发现 Herba Cox® 有望成为新型安全有效的治疗家兔艾美耳球虫感染的药物；给家兔接种肠道益生菌制剂达到抗球虫的目的；指出适当含量的大黄提取精油可有效杀死疥螨，可以作为一个潜在的抗疥螨病的药物；制备了兔球虫病三价活疫苗，经过选育三种早熟株的致病性大大降低，可作为球虫病疫苗的理想候选疫苗虫株；收集了河南省 470 只屠宰家兔的脑和心脏标本，套式 PCR 检测弓形虫 DNA 的发生率为 2.8%。

病毒病防控：采用纳米胶包裹兔 E 型肝炎病毒的衣壳蛋白，研究发现该纳米胶疫苗免疫后的家兔未见病毒血症，且其粪便未检出病毒残留；大肠杆菌感染会导致家兔免疫抑制，进而导致兔病毒性出血病疫苗免疫失败；免疫细胞病理学改变表现为：组织巨噬细胞空泡化，中性粒细胞中发现 Dohle 体，活化的淋巴细胞核质比增加，常伴有巨噬细胞胞浆内嗜酸性病毒包涵体；兔失血性疾病病毒非结构蛋白 6（NSP6）能够诱导兔肾脏细胞 RK13 凋亡。

4. 生产与环境控制

评估了孔径 12 毫米的圆孔塑料地板和间隙 10 毫米的板条塑料地板兔笼的卫生状况及兔笼内家兔的健康、卫生和福利状况；与饲养密度 625 平方厘米/兔相比，850 平方厘米/兔的饲养密度有更高的采食量、生长性能和血液生化指标及与福利条件；新型笼舍系统提高了家兔的动物福利水平，但是该系统带来的卫生挑战使得它还需要进一步的调整。

5. 产品质量与加工技术

兔皮研究：黑色素沉积具有重要的经济价值，毛皮动物的皮毛颜色部分由黑色素相关基因决定；Met 通过 Wnt/β-catenin 信号途径，在体外可增加 HFs 在背部皮肤的密度，延长 HFs 在体内的毛干生长。

兔肉研究：真空低温烹调可以显著的降低兔肉的蒸煮损失，肉品风味更好；在兔日粮中添加甘草比在肉饼中添加甘草更能改善抗氧化状态；研究脂质氧化产物对兔肉品质的影响，发现兔肉可能具有较活跃的还原机制；确保兔子屠宰前的动物福利是后续兔肉加工优质品质的重要保证。

兔毛研究：脂质代谢和细胞凋亡可能是影响毛发长度的主要因素。

6. 产业经济

本年度国际上对兔产业的研究较为丰富，涵盖兔产品消费、兔养殖等方面，研究主要集中在自然科学领域，也有少量产业经济研究。

兔肉消费行为研究显示：罗马尼亚兔肉消费量比鸡肉低 2.2 倍，比猪肉低 1.8 倍，调查人群 29.6% 从未吃过兔肉；调查发现 52.5% 的未成年人（18 岁以下）不食用兔肉，未成年人不食用兔肉的主要原因是他们不喜欢兔肉（占 40.9%），另外一个主要原因是家中从未购买过兔肉（占 30.9%）；对意大利最大兔产地的养殖户进行抗菌素使用态度和抗菌素耐药性认知调查，76% 的兔养殖户认为他们正确使用了抗菌剂，并且 75% 的养殖户认为抗菌药物可以解决出现的问题。

四、国内兔产业技术研发进展

1. 遗传育种与繁殖

（1）遗传育种。

传统育种：用海狸色公兔与白色母兔进行杂交是快速生产海狸色獭兔皮张的较佳繁育模式；海狸色獭兔的繁殖性能和后代生长性能优于其他彩色獭兔；皖系长毛兔成年实际年剪毛量可通过第 4 次剪毛量×5 进行估算，而终生剪毛量从第 2 次剪毛开始进行换算即可；1 000 只伊普吕祖代进行连续 5 个胎次的繁殖性能测定，发现在重庆高温高湿环境下繁殖性能稳定，符合该品系特征。

分子育种：福建黄兔在 15 个微卫星位点共检测到 97 个等位基因数，13 个微卫星位点均呈现高度多态；瘦蛋白基因（leptin）可以作为研究家兔肉质的一个候选基因；对胚胎期 18 日龄、26 日龄的齐兴肉兔骨骼肌进行转录组测序；采用 RT-PCR 和 RACE 技术从脾脏组织总 RNA 中克隆出福建黄兔 *Nramp1* 基因的 cDNA 序列。

（2）繁殖技术。

初配母兔受胎率、窝产仔数和窝重均要高于经产母兔；黑白花兔各繁殖性状在表型上存在极显著正相关关系，其中 21 日龄只数与 28 日龄断奶只数的相关系数最大；冷冻精液距离液氮面 3 cm，冷冻稀释液中添加 3% 甘油对兔精液的保存效果较好。

2. 营养与饲料

饲料资源开发与应用：在热区的夏季，断奶至 2 月龄肉兔的饲粮粗蛋白水平以 16.29% 为宜；无氮饲粮对家兔的肠道消化酶活性和盲肠微生物区系均有一定影响；饲粮中添加胡麻饼作为蛋白饲料可部分替代豆粕和麸皮饲喂断奶肉兔，最高添加比例为 18%；羽扇豆是生长育肥肉兔饲料中较好的蛋白原料，可以完全替代饲料中的豆粕；棕榈粕对肉兔是一种较好的纤维、蛋白质和脂肪来源，可以代替部分日粮中的部分苜蓿草粉，最佳添加量为 20%。

饲料添加剂开发：在饲料里添加甜菜渣能改善肉兔的屠宰性能，添加 8% 甜菜渣效果最好；肉兔饲粮中适宜的苹果渣添加比例为18%；日粮中添加复合中药小肽能够提高饲料消化利用率，防止高脂血症和炎症的发生；断奶后肉兔日粮添加0.5%谷氨酰胺可降低肥育期死亡率，添加0.5%精氨酸降低了氮和能量沉积效率。

3. 疾病防控

细菌病防控：波氏杆菌通过空气进行有效传播感染，短期冷应激对感染兔气管内细菌感染繁殖有促进作用，鼻腔与气管为波氏杆菌感染主要入侵与定殖器官；从呼吸道病死兔的肺脏中分离到一株多杀性巴氏杆菌；随机采集28份死亡肉兔的肝脏等病料，通过细菌分离培养对其进行了9种药物的敏感性实验。结果表明：28份病料中分离出的20株大肠杆菌阿莫西林耐药率最高达78.9%。

寄生虫病：对兔螨病、球虫病等疾病的治疗及综合防治进行了系统性的论述；隐孢子虫在兔子中的感染率为3.32%，腹泻的兔子对密切接触人群的健康存在潜在的威胁；对兔豆状囊尾蚴的头节、体节和囊膜等结构性抗原与囊液中代谢性抗原进行了比较，发现囊液代谢性抗原的免疫效果优于结构性抗原。

病毒病防控：建立了兔病毒性出血症RT-PCR和实时荧光定量RT-PCR方法，这2种方法都具有较高的敏感性，有助于缩短检疫周期、提高检测效率；通过原核高效表达RHDV VP12蛋白，表达蛋白存在可溶性与包涵体两种形式；检验了免疫攻毒保护与免疫血清HI效价之间的平行关系，结果说明免疫血清HI效价不低于1∶32时，两种方法的检验结果符合率为100%；发现NCL在RHDV复制复合体的形成过程中发挥关键的桥梁作用，同时还发现宿主蛋白HDAC2对RHDV具有抗病毒作用。

4. 生产与环境控制

生产与环境方面：福利散养不仅为家兔提供足够的生存空间，还有利于养殖经济效益提高；短期限饲促进了脂肪酸在肝脏中的氧化利用和家兔骨骼肌对脂肪酸的摄取和利用；冬季断奶初期，饮用温水可提高家兔的生长性能，改善其肠道微生物菌群；对比分析了热回收通风结合均匀开孔送风和一端开口送风方式对舍内温度及气流分布的影响；利用基于模糊推理的兔舍环境调控方法，可以将兔舍环境参数控制在适宜兔生长发育的范围内；热回收设备减少了兔舍制冷的能耗，缓解了空调制冷与通风之间的矛盾。

养殖设施设备方面：开发了一种兔舍自动巡航喂料车；开发了一种基于OpenCV图像识别的料盒剩余料量检测算法；开发了一种兔舍自主移动机器人平台。

5. 加工与综合技术

兔肉方面：利用副干酪乳杆菌作为兔肉发酵剂制作冷吃兔；研究了超高压处理僵直前兔肉对其斩拌肉糜流变特性及蛋白二级结构的影响；研究了不同日龄雄性伊拉兔肌肉中肌浆蛋白、肌原纤维蛋白和肌基质蛋白的组成比例变化情况；冷藏能在贮藏初期抑制兔肉不同部位的腥味增长并保持兔肉的新鲜度，提高兔肉的加工品质；制定了水晶兔肉丸的最佳工艺参数；优化川式油炸兔肉最佳工艺条件。

兔毛方面：从纤维、纱线、织物三方面介绍一种新型兔毛纤维与石墨烯黏胶混纺针织面料的开发实践；确定了兔毛和毛油基础油剂及HLB值；研究我国纺织业当前面对的形势；高比例兔绒与石墨烯黏胶混纺梭织面料具有良好的功能性。

兔皮方面：不同时期不同毛色獭兔皮肤组织中黑色素含量变化趋势一致，黑色素合成的限速酶TYR在不同毛色獭兔皮肤中蛋白表达水平均最高，与黑色素沉积情况一致；

Slc7a11 基因可影响黑色素生成相关基因的表达。

6. 产业经济

在全国范围内调研了 265 家家兔养殖户，其中，36% 为肉兔养殖户，35% 为獭兔养殖户，另有 29% 为毛兔养殖户，极少数养殖户养殖宠物兔；研究发现"十三五"以来，我国兔产业呈现持续增长态势，2016 年年末我国家兔存栏量为 2.03 亿只，2017 年出栏、存栏和兔肉产量分别为 4.70 亿只、1.84 亿只和 73.5×10^4 吨。

（国家兔产业技术体系首席科学家　秦应和　提供）

2019年度蜂产业技术发展报告

(国家蜂产业技术体系)

一、国际蜂生产与贸易概况

2019年国际蜂产品生产与贸易情况总体平稳，国际市场价格随产季和销季出现常规性起伏，多数国家和地区的蜂群数量略有减少，全球蜂产品产销总体基本平衡。估计2019年全球蜂群数量7 000多万群，蜂蜜产量约为180万吨，其中亚洲产量占全球产量的40%以上，欧洲和美洲各占近20%，非洲占10%。世界主要蜂蜜出口国是中国、阿根廷、巴西、乌克兰和土耳其；主要蜂蜜进口国是德国、美国、日本和意大利。近年来，日本国内市场蜂蜜消费量上涨，但中国蜂蜜占日本进口已从前几年的近90%的份额开始逐渐下降，下降至70%以下。

2019年，全球蜂蜜市场产值大概在84亿美元。就欧盟市场而言，其蜂蜜产量仅次于中国，排名全球第二。因其所产蜂蜜仅能满足其区域内60%的消费需求，40%需要进口，进口来源国主要为中国、乌克兰。全球范围内，中国蜂蜜产量占比约29%，排名第一；欧盟占比约12%，排名第二；土耳其占比约6%，排名第三。蜂蜜进口方面，欧盟是全球第一大蜂蜜进口地区，占全球蜂蜜进口比例约42%，北美地区排名第二，占全球蜂蜜进口比例约36%，排名第三的为亚洲地区，占全球蜂蜜进口比例约14%。值得关注的是，在欧盟地区的众多蜂蜜进口来源国中，中国的蜂蜜价格是最低的，仅为1.3欧元/千克，且呈逐年降低趋势。欧盟进口蜂蜜价格最高的蜂蜜来源国为新西兰，价格为23.54欧元/千克。出口欧盟的乌克兰蜂蜜价格为1.83欧元/千克。世界范围内，出口蜂蜜量最多的国家（地区）依次为：亚洲、欧盟、南美。亚洲地区中出口蜂蜜占世界出口蜂蜜比重39.6%，其中中国占比26.6%。由此可见，中国蜂蜜产量和出口量持续占全球第一，但蜂蜜的出口单位价格却始终是全球范围内最低的。

二、国内蜂生产与贸易概况

2019年国内蜂蜜生产情况总体向好，主要蜜源植物蜂蜜产量基本稳定。油菜蜜生产期间，4个主产省（鄂、苏、川、滇）中湖北省油菜花期受低温多雨影响较大；云南近几年受油菜籽收购价格、种植结构调整等影响，油菜种植面积有下降趋势；其他两省油菜花期属于正常年景，总体来讲，2019年油菜蜜产量较稳定。洋槐蜜生产期间，4个主产省（豫、冀、晋、陕）中，部分地区洋槐5月上旬受干旱影响流蜜不佳。中下旬山西、陕西省大部分地区洋槐蜜丰收，少部分地区后期受降雨影响有所下降，总体属于中等偏上年景。荆条蜜生产期间，3个主产省（吉、晋、甘）中，吉林荆条花期开花正常，但流蜜不好，蜂场普遍产量不高；其他两省不同程度受到干旱天气影响，荆条蜜歉收，2019年荆条蜜产量总体属于小年景。椴树蜜生产期间，受前期少雨雪、花期低温降雨影响，主产区黑龙江和吉林省椴树蜜生产歉收，2019年总体属于中等偏下年景。至于南方地区重要蜜源，如荔枝、龙眼等，也因为受不同程度的干旱影响，较于 2018 年也出现了很大程度的减产。

长期以来，我国是世界最大的蜂产品生产国和出口国，其中蜂蜜、蜂王浆、蜂花粉出口量、金额在全球贸易中多年稳居首位。每年我国近 1/3 的蜂蜜产量销往国际市场。2019 年我国国内蜂蜜市场及贸易总体变化不大。就蜂蜜贸易来看，因长期受以"数量扩展"和"低价竞销"策略的影响，我国虽然是蜂蜜出口大国，但却没有定价权和发言权，长期处于产业链的低端位置。在国内市场上，尽管不排除受自媒体平台宣传，"粉丝经济"等导致的一些高质、高价蜂蜜的出现，而在传统超市、连锁店等销售渠道，消费者因无法确定蜂蜜品质而依然选择低价蜂蜜，导致低价蜂蜜依然占据国内蜂蜜市场的主体。

2019 年我国蜂产品出口总体平稳，但蜂王浆出口量有一定幅度的下降。其中，1—10 月我国出口蜂蜜 98 752 吨，平均价格 1.95 美元/千克，同期进口蜂蜜 3 877 吨，平均价格 17.47 美元/千克，进口蜂蜜价格是出口蜂蜜的 8.96 倍。根据近几年海关数据，中国蜂蜜出口量、额、价都在下降。其中，2018 年全年出口蜂蜜 12.3 万吨，金额 2.5 亿美元，单价 2 032 美元/吨；出口数量较 2017 年的 12.9 万吨下降了 4.88%，金额较 2017 年 2.7 亿美元，下降了 8%，单价下降 3%。而 2019 年情况进一步恶化，蜂蜜出口价格的下降快于数量的下降，已成为全球价格的洼地。2019 年前 9 个月，我出口蜂蜜 8.73 万吨，金额 1.70 亿美元，单价 1 947 美元/吨，数量较 2018 年同期下降 3.23%，金额下降 7.26%，单价下降 3.94%。而与此同时，进口蜂产品迅速地抢占了我国的中高端市场，必须引起我们的高度重视。此外，值得关注的是国际蜂联 2019 年强烈呼吁各国高度重视"浓缩蜜"问题，并将"浓缩蜜"定义为造假。我国的出口和内销蜂蜜绝大部分是浓缩蜂蜜，市场上真正成熟蜂蜜占比不超过 5%，这也是我国蜂蜜"低价竞销"的主要原因之一。

三、国际蜂产业技术研发进展

统观 2019 年，国际上主要围绕蜜蜂遗传资源与育种、蜜蜂生物学、蜜蜂保护、蜜蜂产品、蜜蜂授粉等领域展开。其中，蜜蜂生理学、生物学、蜜蜂与农药、病原检测、转录组学等方面发表学术研究论文超过 300 篇。随着西方蜜蜂基因组序列和注释信息的不断完善和东方蜜蜂新版本的公布，与蜜蜂相关的转录组、蛋白组、代谢组、免疫组、修饰组等组学数据逐年丰富，并获得了长足发展。而有关蜂产品的研究也依旧相当丰富，相关的文章仍超过 1 000 篇。

有关蜜蜂生物学、生理学、现代生物工程手段应用等方面的研究为 2019 年最大研究热点。美国的研究者使用 CRISPR 敲除指导蜜蜂性发育的两个关键基因（feminizer 和 doublesex），导致蜜蜂性别改变，产生的遗传镶嵌率非常低，这为蜜蜂遗传改良的工程化和表型鉴定提供了一种有前途的工具。日本的研究者使用转座子和 CRISPR / Cas9 开发的基因修饰方法验证一些与蜜蜂行为相关的基因是否调节蜜蜂的行为；Annika 等利用 CRISPR/Cas9 基因编辑技术发现蜜蜂的营养反应依赖 fem 基因提供的遗传指令，继而影响雌性蜜蜂的生殖器官发育；Chen 等利用生物信息学方法和分子生物学手段对中华蜜蜂工蜂中肠环状 RNA 进行了全基因组水平的鉴定和分析，是东方蜜蜂环状 RNA 的首例研究报道；等等。同时，蜜蜂的结构生物学方面取得了若干突破性进展。Ma 等的研究加深了对昆虫双翅耦合机制和功能的认识；Liang 等利用体视显微镜和扫描电镜发现蜜蜂腹部具有与 Stewart 平台等效的结构，这种特殊的结构为蜜蜂完成各种生理活动提供了各种优势。

此外，在基因组学、蛋白质组学和肠道微生物等也分别发表了8篇、6篇和3篇论文。

2019年国际上有关蜜蜂育种研究主要集中在以下几个方面：①基因编辑技术在蜜蜂研究领域的不断成熟与应用，为后续蜜蜂分子育种打下了良好的基础；②蜜蜂卫生行为的分子机制和抗螨蜂种的选育及其机理研究是持续的研究热点；③与蜂种生产性能相关腺体的研究越来越深入；④其他蜜蜂种质资源的保护利用及与应激因子的互作研究。基因组测序结合线粒体测序用于筛选到合适的分子标记，进而用于抗螨蜂种的辅助选育。为防治体外寄生螨虫狄斯瓦螨，在韩国培育了一个具有高抗螨卫生行为（HHB）的蜜蜂品系。此外，在信息素与抗螨关系的研究中亦取得一定进展。

有关东方蜜蜂微孢子虫、白垩病、蜂螨、农药对蜜蜂健康问题、"蜂群崩溃错乱症"（CCD）仍然受到广泛关注。其中，传统蜜蜂病虫害包括白垩病等研究论文较2018年减少，但是农药关注度急剧上升，2019年文章发表量共计高达320余篇，这与当前政府高度关注新烟碱类农药同步吻合。而在蜜蜂病原的检测、疾病诊断和治疗方面共有14篇文章，研究结果为检测试剂、诊断试剂盒和治疗药物的研发和应用提供了光明的前景。

2019年，国际上在蜂产品领域的研究依旧丰富，与蜂蜜、蜂胶、蜂王浆以及蜂花粉相关的SCI文章超过1 000篇。研究主要集中在以下几个方面：①农药、抗生素等对蜂产品的污染研究更加多样化，不同的农药和抗生素残留检测手段得到了发展。2019年，国外的蜂产品中农兽药残留检测技术研究主要集中于开发更加高效的样品前处理技术和灵敏度更高的仪器信号放大技术。②蜂产品的活性研究依旧是热点。③蜂产品的真伪鉴别仍然是研究的重要领域。如为了避免单一成分指标鉴伪方法局限，目前国际上新的蜂蜜真实性鉴别技术已经转向蜂蜜全组份多目标鉴伪技术。例如：核磁波谱技术可以获得蜂蜜中多种化学成分信息；通过高分辨质谱技术对不同植物来源蜂蜜进行全扫描分析，获得蜂蜜轮廓数据。利用多组分挖掘技术并结合统计学软件，通过挖掘与蜂蜜植物源和地理源密切相关的多个化学组分信息，建立数据库，是当前国际上也是未来蜂蜜真实性溯源技术的发展趋势。④蜂产品的加工手段更加多元化。⑤蜂产品功能研究。

2019年度发表与蜂王浆相关的SCI收录论文41篇，普通英文论文11篇。内容包括蜂王浆主蛋白的功能研究；蜂王浆的护肾作用研究；蜂王浆的生殖保健作用研究；蜂王浆的抗肥胖作用。2019年共发表涉及蜂胶的SCI论文347篇，其中研究性论文占发表论文的绝大多数，共有333篇。围绕蜂胶的抗氧化与抗炎、抗微生物、调节血糖及抗糖尿病、抗衰老、抗肿瘤、促伤口愈合等生物学活性的方面研究有很多新发现、新进展。

2019年，蜜蜂授粉领域的研究依然是国际关注的一个热点。除蜜蜂授粉对作物产量和品质带来影响的研究外，还有土地种植、传粉昆虫、农业生产要素投入及生态多样性的研究也成为热点。2019年1月，Grab等人在《自然》顶级期刊上发表题为"以农业种植为主的生境会降低蜂类的系统发育多样性和授粉服务"。研究揭示了土地使用变化对全球生物多样性和重塑传粉昆虫生命进化树的影响，也提出了需要通过加强多样化农业系统来恢复和改善蜜蜂的食物资源和住所，并协调可持续的养蜂和野生授粉昆虫的保护。

在蜂场信息化及智能管理方面，Mahaman团队成功搭建了蜜蜂虫害诊断专家系统；Mc Clure团队共同完成的蜜蜂病虫害和寄生虫诊断与管理专家系统BEE AWARE能够为广大蜂农提供及时的最全最新的行业信息，这些信息涉及各种学问、诊断和病虫害与寄生虫的控制与管理；Filis团队则将关系型数据库的方法与地理信息系统及专家系统相集成，形成集成地理专家数据库系统（GEDAS），并将其在养蜂业中进行实际应用。澳大利亚研究人员，通过使用自动行为监测系统研究发现一种强烈的倾向，即蜂群中有少数非常活跃的蜜蜂（称为"精英蜜蜂"），承担了大部分蜂群的花蜜和花粉采集之旅。在他们的研究中，19%的采集蜂完成了50%以上的采集活动。

四、国内蜂产业技术研发进展

蜜蜂生物学：2019年共发表各类文章56篇，其中核心期刊26篇，主要以分子生物学研究为主，研究方法先进，研究内容丰富，文章质量也很高。代表性的研究有：陈文凤等以意大利蜜蜂为模板，克隆出中华蜜蜂抗菌肽 Apidaecin，成功构建 his-pHT43/Apidaecin 表达载体。在枯草芽孢杆菌中能够成功重组表达中华蜜蜂抗菌肽 Apidaecin，经纯化后的中华蜜蜂抗菌肽 Apidaecin 在体外对大肠杆菌 K88 有良好的抗菌效果。中国农业科学院蜜蜂遗传与育种创新团队通过对我国18个地区的中蜂研究结果表明：遗传多态性在群体间分化程度较高，一些群体中分化达到了亚种水平，打破了国际上对中华蜜蜂主要为一个类型的认识。曾志将团队建立了蜜蜂高效 CRISPR-Cas9 基因编辑技术，建立的 CRISPR-Cas9 编辑系统实现了蜜蜂胚胎靶基因的一步双等位高效敲除，将在蜜蜂基因功能研究中有巨大应用前景。

国内蜜蜂育种研发主要集中于以下几个方面：①国内不同地区本土中华蜜蜂不同种群的遗传进化分析；②本土中华蜜蜂资源保护区的建立与维护；③有特色的西方蜜蜂地方种质资源（如东北黑蜂）等蜜蜂种质资源的分类和保护研究；④生物性、非生物性应激因子对蜜蜂种质资源健康的影响及其应对策略；⑤抗白垩病蜂种的抗性机制研究。

蜜蜂饲养管理：2019年共发表各类文章305篇，但核心期刊仅为5篇，代表性的研究有：饲粮 α-亚麻酸水平对意大利蜜蜂工蜂幼虫生理机能的影响、不同蜂花粉对意大利蜜蜂蜂群繁殖和工蜂发育的影响。固态与液态发酵生产蜂粮的营养成分对比。

蜜蜂保护：共发表各类文章98篇，其中核心期刊28篇，比2018年的15篇增加近1倍。主要是病虫敌害和新烟碱类杀虫剂等的研究，研究内容丰富，文章质量也高。

蜂产品领域的研究进展：共发表各类文章133篇，其中核心期刊37篇。研究内容非常丰富，文章质量高，研究的热点、方法、仪器与国外几乎同步。如蜂王浆对神经系统的作用仍是2019年研究的热点之一。来自浙江中医药大学与浙江大学研究团队联合研究结果发现蜂王浆能改善绝经女性的神经障碍。浙江大学研究发现蜂王浆具有降血压作用，其作用机制与增加 NO 产生有关。浙江大学科研团队研究发现产自长白山地区的蜂胶，与普通中国蜂胶相比，含有更丰富的 p-香豆酸和 p-香豆酸苄酯，胶源植物也并非是常见的黑杨，很可能是山杨和小叶杨。浙江大学团队探究了中国蜂胶对链脲霉素诱导的糖尿病大鼠早期视网膜病的作用效果。结果显示，中国蜂胶能够显著降低糖尿病大鼠血糖、糖化血红蛋白的水平；同时，中国蜂胶能够显著抑制氧化应激，降低血清中丙二醛、活性氧簇和活性氮簇的含量；另外，在保护肾脏方面，中国蜂胶能够明显降低尿糖、血尿素氮、尿总蛋白和尿微量白蛋白含量。此外，蜂王浆中含有毒蕈碱受体激动剂，可能是乙酰胆碱样物质，通过 NO/cGMP 途径和钙通道诱导血管舒张。超高效液相色谱—串联质谱、指纹图谱、高分辨质谱、氢核磁共振、代谢组学技术等技术已普遍应用到蜂产品分析的研究中。而在蜂蜜方面，主要研究方向依旧是蜂蜜溯源特征标记物、指纹图谱构建、核磁共振波谱法（NMR）掺假识别、抗生素、农兽药、重金属等，而麦卢卡蜂蜜也成为2019年的热点。

蜜源植物和蜜蜂授粉：共发表各类文章75篇，其中核心期刊11篇。文章主要集中授粉价值的评价以及各种蜜蜂对果树、蔬菜等的授粉效果。

蜂业经济与蜂业政策：共发表各类文章101篇，其中国外及国内各地蜂业现状27篇，有关蜂业扶贫政策、规划、模式、经验、效果等的文章62篇。蜂业经济研究的有12篇，研究主要集中在供给侧、蜂蜜出口贸易、产业支持政策等。

专利：通过国家知识产权局综合服务平台的数据，按有效专利的公开日进行搜索，截至2019年12月1日，与蜜蜂、蜂蜜、蜂王浆、蜂花粉、蜂胶、蜂蜡、蜂毒、蜂幼虫有关的专利672项，其中发明专利135项，实用新型专利537项。另有外观专利302项。

（国家蜂产业技术体系首席科学家　吴杰　提供）

2019年度大宗淡水鱼产业技术发展报告

(国家大宗淡水鱼产业技术体系)

一、国际大宗淡水鱼生产与贸易概况

据联合国粮农组织最新统计[①]，2017年世界淡水鱼养殖产量4 315.95万吨，产值973.68亿美元；鲤科鱼类养殖产量2 828.08万吨，产值613.79亿美元，分别占世界养殖淡水鱼的65.53%和63.04%。其中，大宗淡水鱼（青鱼、草鱼、鲢、鳙、鲤、鲫[②]、鲂）的养殖产量2 184.14万吨，产值498.92亿美元，分别占世界淡水鱼养殖水平的50.61%和51.24%，占世界鲤科鱼类养殖水平的77.23%和81.28%。世界大宗淡水鱼中草鱼的养殖产量最高，为551.95万吨，鲢的养殖产量居其次，为470.47万吨，再次是鲤和鳙，分别为412.91万吨和314.78万吨，鲫产量为282.22万吨，鲂和青鱼产量分别为83.34万吨和68.47万吨。2017年，我国大宗淡水鱼的养殖产量为1 963.66万吨，占世界大宗淡水鱼养殖产量的89.91%。

据联合国商品贸易统计数据库统计[③]，2018年世界鲤科鱼类进出口总量9.84万吨，其中进口量为5.13万吨，出口量为4.71万吨；贸易额为30 036.75万美元，进口额为15 416.92万美元，出口额为15 161.00万美元。根据出口额排名，前五位的出口国家或地区分别是中国、捷克、匈牙利、保加利亚和立陶宛；按进口额排名，前五位的进口国家或地区分别是中国香港、波兰、德国、韩国和罗马尼亚。

二、国内大宗淡水鱼生产与贸易概况

据2019年《中国渔业统计年鉴》，2018年我国大宗淡水鱼养殖产量为1 966.82万吨，比2017年增0.2%，大宗淡水鱼养殖产量占淡水养殖总产量的比重为66.5%。我国淡水养殖以鱼类为主，2017年淡水鱼养殖产量2 544.28万吨，占淡水养殖产量的86.0%。淡水养殖鱼类中，大宗淡水鱼仍然是养殖的主要品种，占淡水鱼类养殖产量的77.3%。淡水养殖鱼类中，草鱼的产量最大，为550.43万吨，鲢居其次，为385.89万吨，鳙与鲤产量分别为309.64万吨和296.22万吨，鲫产量为277.16万吨，鲂和青鱼产量分别为78.35万吨和69.13万吨。草鱼的产量增长最多，同比约增3.0%，青鱼、鲢产量稳中略增，鳙、鲤、鲫和鲂产量同比分别减0.1%、1.4%、1.7%和6.0%。

据对中国农业信息网监测品种数据统计，2019年1—11月大宗淡水鱼类加权平均价

[①] 数据来源：联合国粮食及农业组织（FAO）渔业和水产养殖部（Fisheries and Aquaculture Department），世界淡水养殖产量统计数据（Global Aquaculture Production），数据截至2017年

[②] 2016年起FAO渔业统计调整了对鲫的分类，本文中鲫应包括数据库中的Crucian carp和Carassiusspp两类

[③] 数据来源：该数据库的水产品进出口统计中，反映鲤科鱼类进出口情况的商品分类编号为030193，数据截至2018年

每千克 12.08 元，同比跌 3.91%，成交量 108.10 万吨，同比增 11.1%。在春节假日消费带动下，2019 年 1 月、2 月价格处于较高的水平，达到每千克 12.28 元；3 月起由于供大于求价格开始下跌，4 月的价格跌至每千克 11.50 元，二、三季度在休渔期影响下价格上涨，9 月份价格回调到每千克 12.74 元，10 月起大宗淡水鱼进入出塘高峰期，价格连续两月下行，到 11 月价格跌至每千克 12.12 元。据大宗淡水鱼产业技术体系产业经济研究室调查，2019 年大宗淡水鱼养殖效益偏低，12.0% 的综合试验站认为 2019 年大宗淡水鱼的养殖效益好，52% 的综合试验站认为养殖效益一般，有 36% 的综合试验站认为养殖效益差。

鲤科鱼类出口方面，据海关统计，2019 年 1—11 月我国鲤科鱼类出口量 38 519.35 吨，出口额 12 266.06 万美元，同比分别减 1.4% 和 8.7%。从国内鲤科鱼类的出口流向来看，中国香港是最大的出口市场，2019 年 1—11 月，输港产品占鲤科鱼类出口总量的 80.51%，其他主要市场为中国澳门、韩国、越南等地。鲤科鱼类主要出口来源省份为广东、辽宁、广西、江苏、湖南、天津、山东等地。

三、国际大宗淡水鱼产业技术研发进展

（一）育种与繁育技术

在国际上对我国的青鱼、草鱼、鲢、鳙（俗称四大家鱼）育种和繁育研究不多。美国对密西西比河流域鲢鳙杂种的繁殖潜能进行了研究，加拿大评估了安大略湖鲢产卵潜力，匈牙利对中国四大家鱼繁殖进行了评估。波兰和土耳其学者利用线粒体 DNA 和 ITS 研究了本土银鲫和入侵银鲫的遗传多样性，在本地和入侵鱼类之间成功建立边界。伊朗学者研究结果表明长期暴露于 Ag-NPs 可延缓雄性银鲫的性成熟。在鲤、鲫抗病育种方面，利用转录组、蛋白质组、QTL 定位等技术研究了疱疹病毒、嗜水气单胞菌等感染下免疫反应、抗病机制及抗病相关功能基因验证研究，筛选得到了一批抗病相关的基因。

（二）饲料营养与投喂技术

国际上大宗淡水鱼的研究主要集中在鲤，添加剂方面较多，包括葡聚糖、螺旋藻及多糖、植物提取物（如枣提取液、桉叶素、橄榄叶提取物、没食子酸、薄荷醇、迷迭香叶提取物、番石榴等）、多菌草、白蘑菇、纳米硒、二肽等，研究了这些物质对鱼类生长、免疫、健康及抗病的影响。在环保方面，研究了饲料蛋白源、淀粉源对生长和粪便特性及排污效率影响、精氨酸添加对氨代谢影响等。在原料替代方面，研究了植物油饲料引起的免疫反应、葡聚糖的作用、海枣的替代的影响等。在健康方面，研究了饲料金属暴露、二苯基二烯、葡萄渣粉等的影响。国际上的研究仍然主要集中在蛋白质与氨基酸、脂肪、动物营养、分子营养及添加剂方面，饲料加工工艺仍然比较缺乏。

（三）病害防控技术

鱼类重大疾病的疫苗研究集中在开发新型疫苗以及利用有效的生物材料作为疫苗载体，为鱼病的防治提供新思路。比如，将与 VP7 融合的霍乱弧菌霍乱毒素 B 亚基（CTB）在水稻愈伤组织中生产，研究了草鱼出血病的植物性口服疫苗；将草鱼来源的枯草芽孢杆菌孢子作为载体，研究了抗草鱼出血病疫苗（GC5-VP4 和 GC5-NS38）的口服疫苗。环境 DNA 技术用于寄生虫的群落生态学研究、寄生虫早期检测和寄生虫病发生的预测和风险评估。

（四）养殖与环境修复技术

发达国家更加重视智能化和可持续健康发展，重视水产养殖设备设施的研发与应用。在生态养殖装备方面，以色列 BioFishency 公司开发了一种用于陆基水产养殖的多种水处理能力的即插即用式单程生物过滤器（SPB）水产养殖水处理系统成套装备。该系统已被证明能减少高达 95% 的高密度养殖用水量，可让粗放式养殖塘的产量提高 2~5 倍，氨去除率提高两倍，大幅改善养殖水质。智能化养殖方面，加泰罗尼亚开放大学（UOC）实施的"开放数字水产养殖（ADO）"项目将开发一种技术，以促进对水质基本参数进行精确和连续监控，以改善动物福利，减少能源消耗，优化饲料的利用以及便于为鱼类生长制定计划。创新性养殖方面，美国 Arbiom 公司研发的"平台技术"能够模仿木料的自然分解过程，在此过程中，酵母、细菌甚至真菌等微生物吸收木料中的营养物质，然后再被加工成动物食用的粉末状单细胞蛋白质（SCP）。

（五）加工技术

在保鲜技术方面，研究了乙酸、抗坏血酸、薄荷精油、海藻酸钠、绿原酸、壳聚糖-美拉德反应产物等天然活性成分对淡水鱼片冷藏期间菌落总数、挥发性盐基氮、感官评价等鲜度指标的影响，探究了气调包装对冷藏淡水鱼片微生物群落组成的影响。在加工和副产物利用方面，开展了磷酸盐、大豆多糖、氨基酸添加物等对鱼肉蛋白和鱼糜凝胶特性等方面的影响，比较了不同烹饪方法对草鱼营养品质的影响，确定了用于鱼油微胶囊壁材的最优组合，制备了鱼糜可食用薄膜，研发了墨西哥风味的鲢鱼香肠、鱼肉面条及鱼明胶低脂肪蛋黄酱等产品。在品质评价方面，建立了基于新鲜度和蛋白质构象变化的品质变化模型，比较了不同统计方法对淡水鱼新鲜度和生物计量的描述。

四、国内大宗淡水鱼产业技术研发进展

（一）育种与繁育技术

比较了石首、邗江、湘江青鱼不同地理群体的生长差异，发现邗江群体生长速度最快。筛选获得与大宗淡水鱼类生长、抗病和肌间刺等性状相关的各类分子标记（SSR、SNP 等）25 个。创建大宗淡水鱼类优良新品系 5 个，即草鱼选育系、抗病银鲫、鲢杂交系、抗病镜鲤、优质鲤。另外采用胰酶处理精子获得了异源多倍体银鲫。2019 年繁育异育银鲫"中科 5 号"、长丰鲢、福瑞鲤 2 号、松浦镜鲤和团头鲂"华海 1 号"等新品种鱼苗 28 亿多尾，在全国 26 个省（市、自治区）进行了推广应用，经济、社会和生态效益明显。

（二）饲料营养与投喂技术

涉及的添加剂方面较多，包括氨基酸、维生素（B_2、D_2）、无机盐（纳米硒）、核苷酸、芽孢杆菌、植物提取物（杜仲、银杏叶、咖啡因、槲皮素、金银花、荷叶、姜黄素、玛卡、茶多酚、黄芩素、竹青素、绿原酸、白藜芦醇、葫芦巴籽等）、中草药、多糖、微藻等，包括对生长、肠道健康、免疫等影响。在替代原料方面，包括豆粕及发酵豆粕、发酵桑叶、血粉、水解羽毛粉、发酵芝麻粕、棉粕、菜粕、混合蛋白源等。在动物健康方面，研究了高糖、高脂饲料、饲料源物质（如大豆球蛋白、植酸、玉米烯酮、棉酚、黄曲霉毒素 B_1 等）及营养素缺乏（如铁、磷）对抗病的影响及动物染病后的营养感知和免疫调控关系。部分工作研究了饲料营养及投喂策略对水产品品质影响。

（三）病害防控技术

研究了鲤疱疹病毒Ⅱ型和鲤浮肿病的分子检测方法；利用杆状病毒表面展示系统表达了九个截短的CyHV-2膜蛋白和GFP报告蛋白，杆状病毒可以转导进入鱼细胞并且表达CyHV-2截短的膜蛋白；构建了草鱼呼肠孤病毒的病毒样颗粒疫苗，以及草鱼呼肠孤病毒VP4和VP38重组芽孢杆菌口服疫苗，对口服疫苗的安全性及保护效果进行了初步评价；研究了引起细菌性败血症的维氏气单胞菌的生物学特性与致病分子机制、分子流行病学和药物防控技术；构建了锦鲤疱疹病毒单壁碳纳米管载锦鲤疱疹病毒的核酸疫苗和免疫保护效果研究。弄清了洪湖碘泡虫的垂直传播途径，成功构建了斜管虫的体外培养体系，并进行了杀虫药物筛选。

（四）养殖与环境修复技术

国内渔业在水产养殖可持续，环境友好，水产养殖设备智能化，池塘工厂化生态养殖等方面取得了较大进步。本体系研制的单工位疫苗注射系统成功完成了草鱼幼苗的生理盐水注射试验，是国内鱼类疫苗自动注射成果的首次报道，为草鱼幼苗多工位注射系统研发、实现鱼苗疫苗自动连续注射打下扎实基础；上海政府建立起一套利用物联网技术的水产品追溯系统，对周边供应上海的1 137个渔场设立追溯监控，从鱼苗投放到整个养殖过程，从产地资源管理到生产标准、质量安全，做到全程可监管；鄞州一家企业成功研发了一套基于AI图像识别技术的生物盘点系统。该系统依托机器视觉和物联网平台技术，率先应用于规模化鱼类养殖的数量统计中，属水产养殖行业首创，该技术只需5秒钟就能计算出存量鱼的数量，而且准确率能达到99%。

（五）加工技术

在品质提升与保鲜技术方面，探究了运输和暂养中的氨氮胁迫对鱼肉品质的影响，揭示了优势菌群在鱼肉中的代谢特性、腐败能力和致腐机制，建立了基于腌制调理、提取物浸渍、液体急冻、壳聚糖基涂膜等延长淡水鱼冷藏、冷冻货架期的保鲜技术。在加工技术与产品开发方面，阐释了淡水鱼发酵过程中菌系结构及协同发酵调控机制，建立了白鲢鱼糜节水生产关键技术，应用生物发酵、生物酶解、分离提取等技术开发了鱼酱酸、纳豆风味发酵鱼肉肠、速酿鱼露、鱼蛋白肽等系列产品。在副产物综合利用方面，利用生物酶解、分离纯化、改性修饰、生物酶交联、DHPM等技术开发了高品质鱼明胶、功能活性多肽、超微细化鱼骨、胶原-多巴胺医用水凝胶等高附加值产品。

（国家大宗淡水鱼产业技术体系首席科学家　戈贤平　提供）

2019 年度虾蟹产业技术发展报告

（国家虾蟹产业技术体系）

一、国际虾蟹生产与贸易概况

2019 年全球养殖海水虾类产量约 480 万吨，较 2017 年增长约 6.7%。中国（大陆）海水虾类养殖产量约 140 万吨，印度尼西亚约 75 万吨，越南约 70 万吨，印度约 75 万吨，厄瓜多尔约 50 万吨，泰国约 35 万吨。罗氏沼虾全球养殖产量约 26 万吨，我国大陆产量约 15 万吨。日本沼虾 28 万吨，我国是唯一养殖生产国。克氏原螯虾养殖产量约 200 万吨，我国为主要养殖生产国，产量预计 70 万吨。中华绒螯蟹年产量约 85 万吨。三疣梭子蟹养殖产量约 11 万吨，我国是唯一养殖生产国。青蟹（包括 4 种青蟹，我国主要为拟穴青蟹）养殖产量约 13 万吨，我国（大陆）青蟹养殖产量约 5 万吨。

二、国内虾蟹生产与贸易概况

虾蟹是我国水产养殖产业中重要的种类，2019 年养殖产量约 450 万吨，较 2018 年增加约 9.4%。2019 年全国海水虾养殖产量约 140 万吨，产值约 640 亿元，产值略高于 2018 年；凡纳滨对虾、中国明对虾、斑节对虾、日本囊对虾和脊尾白虾是我国主要养殖海水虾类，凡纳滨对虾仍是最主要养殖品种，养殖产量约占我国海水虾养殖产量 87%。2019 年罗氏沼虾预计养殖产量约 15 万吨，较 2018 年略有下降，江苏、广东、浙江等省为主要养殖地区。日本沼虾 2019 年养殖产量约 28 万吨，与 2018 年基本持平。克氏原螯虾养殖产量增加显著，由 2018 年养殖产量 130 万吨增加到 2019 年 170 万吨。中华绒螯蟹河蟹 2019 年产量 85 万吨，与 2018 年相比略有增加。2019 年全国三疣梭子蟹养殖产量约 11 万吨，与 2018 年基本持平。拟穴青蟹 2019 年产量约 5 万吨，与 2018 年基本持平。

三、国际虾蟹产业技术研发进展

（一）遗传育种研究

2019 年国外学者在虾蟹遗传育种领域发表科技论文 141 篇，涉及的主要研究内容包括新品种选育、种质资源评价、遗传参数评估及生长、存活、免疫、生殖相关功能基因的表达等。Trang 等研究表明，WSSV 侵染后 3 天凡纳滨对虾幼虾存活率的遗传力为 0.31 ± 0.05，随着病毒侵染时间的增加，整体存活率逐渐接近 50%，遗传力不断降低，侵染 15 天后幼虾存活率的遗传力为 0.01 ± 0.01。Thapanan 等研究了网格蛋白组装蛋白在斑节对虾 WSSV 感染过程中的作用，网格蛋白组装蛋白与特定的受体和网格蛋白形成复合物，控制网格蛋白介导的内吞作用；PmAP-2β-silencing 显著影响斑节对虾 PmSTAT、PmDOME、PmDorsal 和 ALfPm 的表达水平，可能与 JAK/StAt、Toll pathway 相关通路有关。Yoon 采用 PCR 扩增技术评价了朝鲜半岛 Shinan 地区中国对虾养殖群体种质资源状况，在 FSP 群体和 DSP 群体中分别鉴定出 233 个和 162 个位点，其中 FSP 群体鉴定出 33 个特异位点（14.2%），DSP 群体鉴定出 42 个特异位点（25.9%）；并估算了不同群体遗传距离。Levy

等运用二代和三代测序技术获得了罗氏沼虾高质量的全基因组数据,组装得到的基因序列占整个基因组序列的 87.5% 以上,所获得序列的 N50 值在 $20×10^6$ bp 左右,这是世界上首次在节肢动物领域利用基因组性别标记技术对 W 染色体和 Z 染色体的部分结构进行分析鉴定;Abayed 等从罗氏沼虾胚胎至成体的转录组数据中鉴定了 7 个(5 个未知和 2 个已知)与罗氏沼虾性别分化相关的 Dmrt 基因,并对这些基因的结构及时空表达特征进行了研究;Vu 和 Nguyen 以高生长率为选育目标,经过 10 年选育,成功育成罗氏沼虾优良品系,其主要经济性状的遗传力为 0.04~0.42。Andrew E 采用转录组测序技术分析克氏原螯虾眼柄中存在的氨基酸受体,发现 3 种多巴胺、5 种八胺、3 种血清素和 6 种组胺转录本;将编码一个预测血清素受体的转录本序列与从克拉克氏疟原虫神经系统克隆的序列进行比较,结果发现这两个序列基本相同。Yeong-Jun 首次完成了日本大眼蟹线粒体全长基因组测序。Min-QianMah 克隆了橄榄青蟹一种延伸酶,通过序列、系统发育分析发现该延伸酶与脊椎动物 Elovl1 和 Elovl7 亲缘关系较近,在胃、肠、鳃组织中显著表达。Waiho 等比较分析了拟穴青蟹睾丸和卵巢中 piRNAs 的区别,在 115 491 个新的 piRNAs 中,596 个存在差异表达;预测了 389 887 个潜在的 piRNA 靶基因,4 个 piRNAs 和 9 个 piRNAs 相互作用高的基因表达被证实,包括参与生长和繁殖的 LRP2、参与核糖体生物合成途径和配子发生的 MDN1、参与性腺分化和成熟的 DNA 修复基因 PRKDC;KEGG 分析进一步揭示了预测的 piRNAs 靶基因在配子发生和生殖相关途径中的作用。

(二)健康养殖与环境研究

2019 年 1 月至今 Web of Science 中收录关于对虾养殖相关学术论文/专利有 430 篇,其中研究论文有 353 篇,专利 68 项,综述 16 篇,主要涉及有生态与环境、营养与饲料、疾病与免疫、工程与技术、养殖生物学、应用微生物学、环境毒理学等研究方向。

公开发表的论文和专利数据统计显示,国内外对虾养殖研究主要集中在养殖生态与环境、营养与饲料、疾病与防控、工程与技术以及应用微生物技术等方面,其中养殖生态与环境相关研究近年来持续增多,其中应用微生物调控养殖环境方面仍然是研究热点。Lukwambe 等通过池塘中设置围隔试验,研究了益生菌对对虾养殖水体中微藻演替和养分富集的影响,指出益生菌在有益微藻的演替、再分配、抑制有害蓝藻的生长以及维持对虾养殖过程中微藻群落稳定性等方面具有潜力。Tran 等采用高通量测序分析了典型对虾养殖池中微生物群落组成,发现假单胞菌属是优势菌属,并且与水体氨氮浓度呈显著负相关,进一步还证实了假单胞菌属具有异养硝化功能。Pei 等研究了一种生物净水膜在对虾养殖池中的应用,发现其可提高养殖环境和对虾肠道中微生物种类的丰度及有益菌的比例。Nair 等研究了生物强化的零换水养虾池中氨氧化细菌和古菌群落的多样性和丰度,揭示了影响细菌和古细菌氨氧化菌群落分布的主要环境因子,指出水体功能微生物群的深入研究有助于为可持续水产养殖管理提供合适的生物强化策略。Xu 等研究了溶藻细菌和红糖在对虾养殖系统中的应用效果,发现联合应用溶藻细菌和红糖可产生协同效应,不但可有效控制颤藻,还能优化水体微生物群落结构、水质以及对虾生长性能,指出研究结果可为水产养殖水体中蓝藻控制提供一种有效实用方法。

2019 年国际上关于蟹类养殖的文章 210 篇,其中 1/3 是国内学者发表的关于中华绒螯蟹方面的论文,主要涉及营养饲料、免疫等方面的研究内容。国外 Nędzarek 等报道分析了波兰 Szczecin Lagoon 河蟹的各个器官一些重金属元素含量,都没有超标。

国外学者相关蟹类养殖研究的内容主要集中于梭子蟹类和蜘蛛蟹的有关幼体发育和仔蟹发育的研究，涉及内容包括不同饵料、不同温度、不同密度、不同遮蔽物及类型等对幼体和仔蟹发育的影响。2019年国外学者涉及有关生长，性腺发育和代谢方面的论文，多集中对于橄榄青蟹（*Scylla olivacea*）的研究。值得关注的一篇论文是印度学者Sumithra等提出一个筛选微生态制剂和抗菌物质应用到水产养殖的的研究思路：即通过培养健康海水梭子蟹的血淋巴微生物群落中筛选，其实这个思路wang等在molecular immunology就涉及这方面的工作了。总的来说，国外对于蟹类养殖研究方面，还主要停留在对主要养殖品种的繁殖技术的初步探讨方面，相关生长、代谢和发育等的研究也比较少。

（三）病害控制研究

2019年在Web of Science上收录的虾蟹免疫和病害相关研究论文500余篇，其中关于虾蟹宿主免疫学相关研究占据80%以上，另外还涉及虾蟹类病原学及流行病学、病害防治策略研究等方向。具有代表性的进展包括中国台湾学者首次在野生美食奥螻蛄虾*Austinogebia edulis*中发现WSSV的存在，并认为WSSV可能是野生美食奥螻蛄虾近年来种群数量大量减少的原因之一；日本学者发现日本囊对虾鳃分泌之黏液中的一条C型凝集素发挥类似于鱼类中的黏膜免疫作用，该C型凝集素具有细菌凝集活性，可促进体内血细胞吞噬并激活鳃中的抗菌肽表达；泰国学者发现斑节对虾细胞质存在的一种DNA解旋酶DDX41，其可以识别外源的双链DNA，并激活对虾体内STING介导的先天性抗病毒免疫通路；中国台湾学者报道了斑节对虾Dscam基因的复杂结构，该基因在基因组中长约266kb，具有175个外显子，预测可产生多达210多万种变体；比利时学者概述了对虾训练免疫的相关报道，并分析了其在对虾病害防治中的应用前景；墨西哥学者概述了近年来关于对虾AHPND相关噬菌体的研究报道，并提出噬菌体的利用是对虾养殖过程中AHPND疾病控制的一条重要生物防治途径，具有良好的应用前景。

（四）营养与饲料研究

2019年国内外发表对虾营养与饲料研究文章89篇（中文30篇，英文59篇）。其中饲料营养免疫与健康文章54篇占比最多，主要涉及芽孢杆菌、乳酸菌、丁酸梭菌等益生菌、植物提取物、胡萝卜素蛋白、低聚木糖、有机酸、中草药、纳米二氧化钛、灵芝多糖、蛋氨酸硒等在对虾饲料中的应用效果评估。饲料蛋白类研究文章9篇，主要涉及蛋白源和蛋白水平、鱼粉替代、蛋白需求量等。饲料原料开发及利用文章10篇，主要涉及发酵豆粕、藻粉、蚕蛹粉、植物浓缩蛋白、黄粉虫蛋白、啤酒酵母等。饲料碳水化合物营养研究3篇，主要涉及不同碳水化合物源的效果评估。饲料脂肪营养研究10篇，主要涉及必需脂肪酸、胆碱、磷脂以及胆固醇在对虾饲料中的需求量研究及脂肪水平评估。饲料矿物质营养研究3篇，涉及铬、镉、铜等重金属的毒理研究。

2019年中华绒螯蟹营养与饲料研究文章21篇。其中，营养生理与代谢调控方面的研究文章3篇，主要涉及棉籽粕水解蛋白对河蟹食欲及摄食调控、色氨酸对河蟹附肢再生调控以及α硫辛酸对河蟹生理代谢的影响等。免疫健康文章8篇，主要涉及精氨酸、β葡聚糖、菊粉、甘露寡糖、淫羊藿苷、酵母硒、酵母提取物、低聚果糖、L-色氨酸与河蟹免疫的关系。营养与饲料方面的研究6篇，主要涉及植酸酶、植物甾醇、纳米氧化铈、淋球菌脱脂粉、维生素C、维生素E、木聚糖、棉籽粕、褪黑素等方面的研究。饲料原料开发方面共有3篇研究，主要涉及蛋白源和鱼油替代方面的工作。

2019年海水蟹（三疣梭子蟹和拟穴青蟹）营养与饲料研究文章19篇。三疣梭子蟹营养与饲料方面的研究文章13篇，其中营养生理与代谢调控方面的研究文章4篇，主要涉及饲料脂肪源、磷脂、外源性雌二醇、三苯氧胺对三疣梭子蟹脂质代谢、磷脂代谢及能量代谢等生理代谢的影响。营养与饲料方面论文6篇，主要是不同脂肪源、不同脂质水平及不同磷脂水平对三疣梭子蟹生长发育、脂肪酸组成的影响，以及配合饲料和天然饵料在三疣梭子蟹养殖中的对比研究。饲料原料开发方面共有2篇，主要是植物油替代鱼油，大豆浓缩蛋白替代鱼粉；营养对肉品质调控的影响1篇，研究方向是膳食脂质营养策略对三疣梭子蟹蟹肉营养价值和品质的改良。拟穴青蟹营养与饲料方面的研究文章6篇，其中营养生理与代谢调控方面的研究2篇，主要是饲料磷脂水平、碳水化合物水平对青蟹脂质代谢的影响。营养免疫方面论文1篇，通过注射外源性血淋巴微生物源研究其在青蟹免疫系统中的作用。涉及到营养需求方面论文3篇，主要是青蟹对蛋白质、脂肪、Fe元素的需求量研究以及配合饲料和天然饵料的对比研究。

（五）虾蟹加工研究

根据Web of science数据库检索，国内外学者2019年共发表虾蟹加工SCI论文43篇，虾蟹保鲜SCI论文182篇。

虾蟹加工方面。内容主要涉及虾蟹产品的安全、产品质量、活性成分提取及副产物的加工利用等。Damasceno等研究表明在虾工厂加工中，磷酸盐作为烹调步骤的预处理可以提高产品质量，但磷含量容易超标，带来一定的安全隐患。Zhu等研究表明适当的发酵和贮藏时间对虾酱的风味品质至关重要；Martínez等研究了热诱导凝胶压力变化对蟹肉凝胶性质的影响，结果表明600Mpa能够引起凝胶蛋白聚集，而在压力低于300MPa的情况下，蛋白质功能可被修饰以产生具有足够亮度、TPA值和新鲜、高质量外观的蟹肉凝胶。Lorentzen等人的研究表明时间和温度对活蟹和加工蟹类的品质均有较大的影响，因此要获得最佳品质的蟹肉产品，需要对养殖条件进行精准控制。Nguyen等通过微生物发酵，分别从虾头、虾壳中提取具有降血糖作用的化合物，并对它们的降糖效果进行了研究。Cho等利用高温高压对南美白对虾进行水解处理，结果表明所得水解液具有较强的自由基清除能力。

虾蟹保鲜方面。主要涉及虾的保鲜、防褐变，蟹保鲜报道较少。Shi等研究了迷迭香提取物对泥虾冷藏过程中的保鲜作用，结果表明该提取物能够显著降低冷藏周期中虾的品质损失、蛋白质降解和脂质氧化损伤，对降低TVB-N、滴水损失、PV、FFA、高脂含量和感官评分均有较好的控制作用。Ismail等研究了石榴果皮提取物对虾糜的保鲜作用，结果表明能够有效抑制虾糜中微生物的生长和脂质氧化。Qian等开发了一种以壳聚糖、柠檬酸和L-半胱氨酸为主要成分的太平洋白虾褐变抑制剂配方，结果表明该配方对延缓太平洋白虾黑变病和延长其货架期具有潜在的应用价值。Chen等研究发现含肟醚羟基吡啶酮衍生物（HPO）能够显著延长虾类的货架期，具有很强的抗褐变、抗菌和抗氧化活性，HPO作为虾类防腐剂具有重要的应用前景。Gonçalves等研究了臭氧技术对太平洋白虾的微生物安全、理化品质及货架期的延长作用，结果表明臭氧技术与气调包装相结合能够显著提高冷鲜太平洋白虾（*Litopenaeus vannamei*）的品质，延长货架期。

（六）虾蟹产业经济

虾蟹产业经济方面，2019年检索到学术论文4篇，研究内容集中在虾蟹产业的可持续性发展上，包括不同养殖品种、不同养殖模式以及产业链的可持续性发展，也有学者对养殖强度的影响因素进行分析。Bayode 等对尼日利亚捕虾产业可持续发展进行研究，综合利用 SWOT 分析法和 AHP 分析法对对虾价值链进行建模，共有 19 个价值链参与者，包括捕虾者、加工商、营销人员、消费者、渔业经理和资源经济学家等，模型确定并优先考虑了价值链每个阶段的 SWOT 因素，包括捕虾、加工、营销以及消费水平，根据研究结果作者认为应通过制定渔业标准和可持续作业程序、开发更便宜更安全的加工技术、实现市场现代化、提高加工和销售效率、提高消费者的认识和满意度等策略，开发对虾产品的附加值。孟加拉国农业大学的 Aurup 等对孟加拉国有机虾养殖业的经济效益、环境效益以及可持续性进行评估，从能源消耗、环境保护、经济可行性和社会政治公平的角度证实了有机虾生产的可持续性，研究结果显示每公顷有机虾产量为 383 磅，效益成本比为 1.91，具有较高的经济效益。并通过因果缓解分析，指出与传统虾类养殖相比，有机虾养殖更有利于气候和环境的保护，可以缓解传统对虾养殖对环境造成的不利影响。Kelin 等采用能值分析法对稻蟹共育模式的可持续性进行评价，比较了盘锦市水稻单作、常规稻蟹混养和优化稻蟹养殖三种生产模式的环境效益和经济效益，研究结果显示优化的稻蟹养殖模式在三种模式中具有最佳的经济可行性，根据研究结果作者建议改变能值输入结构，进一步改进优化稻蟹模式。英国雷丁大学 Angie 和曼谷卡塞萨特大学 Vipak 等探讨了泰国东部沿海地区虾农养殖行为与养殖强度的关系，研究结果显示对虾养殖强度受技术因素（养殖面积、养殖密度、产量等）、经济因素（对虾价格、生产成本、农场收入等）、社会因素（农场经营年限、家庭劳动力投入、与其他虾农的合作等）和生态因素（农户对自然池塘生产力的依赖、环境变化、生产地区波动等）的综合影响，并指出养虾强度实际上是社会经济条件和行为选择多样性的一个指标，而这些条件和行为选择需要超越技术领域，以不同的可持续性政策为目标。

四、国内虾蟹产业技术研发进展

（一）遗传育种研究

国内学者 2019 年在虾蟹遗传育种领域发表研究论文 203 篇，授权发明专利 19 件。涉及主要研究内容包括生长、抗逆新品种选育、种质资源评价、遗传参数评估、不同养殖条件或逆境条件下虾蟹生长、存活、免疫、功能基因的表达等。2019 年培育三疣梭子蟹"黄选 2 号"（GS-01-006-2018）国审新品种 1 个；中国对虾"黄海 4 号"新品种（暂定名）通过全国水产原良种委员会现场审查，提交年会审定；11 个虾蟹新品系完成生产性状测试，在生长、抗逆等方面显示出显著优势；另外保存虾蟹野生种质资源或具有不同经济性状的育种材料上百种。

完成了凡纳滨对虾耐寒、耐氨氮和耐亚硝氮 3 个品种的选育，耐寒核心群 90 天养殖期内的体重、成活率和产量分别比 2018 世代提高 7.74%、0.75% 和 8.55%；耐氨氮核心群 96 小时的氨氮半数致死浓度、90 天养殖成活率及生长速度分别比 2018 世代提高 15.89%、2.99% 和 1.60%；耐亚硝氮核心家系与 2018 世代相比，96 小时亚硝氮半数致死浓度提高了 16.78%。收集斑节对虾三亚野生群体 120 对、非洲南部海域野生群体 56 对和泰国南部海域野生群体 118 对，利用微卫星标记技术评价了 3 个群体遗传多样性水平；开展了斑节对虾生长兼耐氨氮新品系选育，与平均育种值家系相比，选育家系生长速度提高 20.47%，96 小时高氨氮胁迫存活率提高 16.23%；开展了斑节对虾生长兼耐低盐新品系选育，与平均育种值家系相比，选育家系 90 天生长速度提高 18.27%，低盐胁迫 8.5 小时存活率提高了 17.23%；开展了斑节对虾耐粗饲料新品系培育，在植物蛋白替代 20% 的鱼粉饲料喂养下，斑节对虾体重的遗传力估计值（0.39±0.09）属于高遗传力，获得粗饲料饵料条件下生长良好的家系 2 个，存活率高的家系 2 个；筛选了斑节对虾耐低盐、耐氨氮等相关基因，完成了多个基因的克隆与 SNP 筛选验证。以耐高 pH 值胁迫和生长速度为目标性状，采用群体选育技术，进行中国对虾新品种培育，经连续 5 代选育获得中国对虾"黄海 4 号"；pH 值为 9.2 胁迫 72 小时时，"黄海 4 号"新品种苗种存活率分别较中国对虾"黄海 1 号"和"黄海 3 号"提高 32.2% 和 16.3%，收获体重分别提高 5.1% 和 10.7%，养殖成活率分别提高 20.3% 和 13.6%；2019 年 11 月 5 日通过全国水产原良种委员会组织的专家现场审查，并提交年会审定。引进钓鱼岛毗邻海域日本对虾种质资源 326 尾，进行品种改良，构建了基于简化基因组的日本对虾遗传多样性评价技术，动态分析了我国沿海 8 个日本对虾地理群体间基因交流情况；估计了日本对虾耐低盐遗传力为 0.101±0.08，属于低遗传力；开展耐低温、耐亚硝酸盐等日本对虾抗逆新品系选育，选留家系 12 个；培育日本对虾 SPF 苗种 5280 万尾；生产性对比试验结果表明，"闽海 2 号"日本对虾抗逆品系比对照组的养殖单产提高 28.55%，成活率提高 17.4%。收集了丹江口水库、珠江广州段、洪泽湖淮安市老子山、万泉河博鳌段、南渡江海口段 5 个日本沼虾野生群体，对不同群体进行了 DNA 提取，分管保存至超低温冰箱；筛选了日本沼虾性别、耐低氧相关的功能基因 Rev3、GEM、DMR11E、tra-2 等 11 个；开展日本沼虾生长、耐低氧、越冬能力等多性状聚合家系选育，淘汰了 24 个家系，重新组合构建了 52 个家系；完成了日本沼虾"太湖 3 号"新品系的生产性养殖对比试验，结果显示生长、抗逆等性状具有显著优势。采用 16 个微卫星标记对来自 4 个国家的罗氏沼虾群体进行了遗传分析，在采用微卫星标记进行分析后构建家系，估计育种值的准确性增加了 0.38%，收获体重的估计遗传力为 0.212，共同环境系数（0.06）较低，同一子代中雌虾体重的估计遗传力高于雄虾，而不同子代中雌虾体重的估计遗传力却低于雄虾；对罗氏沼虾雌虾（ZW）、超雌虾（WW）及雄虾（ZZ）进行转录组分析，发现 23 个性别相关基因、56 241 个 SSR 标记；选择表型性状优良的罗氏沼虾孟加拉、越南、缅甸群体，发现孟加拉、越南群体具有遗传多样性丰富、生长速度快等特点，缅甸群体表现出生长速度慢、性早熟、经济性状差等特点；罗氏沼虾"数丰"新品系已在业内产生显著的影响力，生长速度、产量和养殖效益优势突出，推广良种虾苗共计 60 多亿尾，其中 50 多亿尾的生长、抗逆表现均有显著优势。建立了克氏原螯虾家系 200 个，对 G0 世代 16 个交配组合进行了生长性能测试，制订 G1 世代群组交配方案，完成了 72 个群组的交配；开展克氏原螯虾全基因组测序工作，初步完成了 wtdbg2 组装，结果显示克氏原螯虾基因组大小为 2,709,513,070，ctgN50：126,773。从中华绒螯蟹 28 个奇数年 F_1 代家系内选择最大规格雌雄蟹 100 组，定向构建奇数年 F_2 代家系；分别对中华绒螯蟹 36 个偶数年 F_1 代家系进行测试，不同的家系的生长速度差异明显。收集霞浦、平潭、汕头、惠州、崇明、启东 6 个拟穴青蟹野生种群，与 2018 年收集的 14 个野生群体合并，使用线粒体 COI 和微卫星序列进行种质鉴定和遗传多样性分析，选择了 12 个群体养殖于南通维尔思水产科技有限公司和福建霞浦县忠盛水产养殖专业合作社，补充进选育基础群体；完成了拟穴青蟹"东方 1 号"新品系的生产性状测试，与野生对照相比，"东方 1 号"新品系养殖成活率提高 20.2%~25.5%，平均体重提高 16.3%~18.6%，甲宽变异率低于 7%；开展了拟穴青蟹全基因组测序及组装，组装的基因组大小为 1.55Gb，组装 49 个染色体，其中 Contig N50 为 191kb，scaffold N50 为 30Mb，预测基因数目为 17 821 个，N50 为 2 937 bp，平均长度为 2 225 bp，注释了 14 384 个基因。育成我国首个三疣梭子蟹抗逆新品种"黄选 2 号"，在相同养殖条件下，与未经选育的三疣梭子蟹相比，成活率平均提高 31.2%，体重平均提高 18.8%；与"黄选 1 号"相比，成活率平均提高 10.7%，体重无显著差异，能显著提高对养殖水体低盐度变化的适应力，三疣梭子蟹"黄选 2 号"（GS-01-006-2018）获得国审新品种证书；建立三疣梭子蟹 SPF 苗种生产技术，培育 SPF 苗种 120 万只，在昌邑、日照进行示范养殖，养殖面积 450 亩，养殖成活率提高 20% 以上；在高密度遗传连锁图谱基础上，精确定位了三疣梭子蟹 5 个耐低盐性状 QTL，克隆生长、抗逆相关功能基因 5 个，证实 DNA 甲基化在性腺、胚胎和幼体发育中有重要的作用。

（二）健康养殖与环境研究

虾类。在中国知网上，2019 年与小龙虾养殖相关的论文总计 378 篇论文，大部分都是相关稻虾和藕塘生态养虾模式研究方面。开始关注饲料对小龙虾养殖品质的影响，关注小龙虾不同批次，特别是秋繁和大棚反季节育苗技术研究以及小龙虾流行病学研究，提示今后小龙虾养殖的发展，小龙虾养殖的疾病防控，品质提升以及繁养分离，加大秋季繁殖方面将成为重点方向。此外，2019 年有关红螯螯虾方面的论文 50 篇，比 2018 年略有增加。

2019 年相关罗氏沼虾养殖的相关论文 52 篇，大部分是关于养殖模式，特别是罗氏沼虾与其他养殖品种混养的模式研究，如与凡纳滨对虾与罗非鱼、鲫鱼的混养，另外罗氏沼虾与茭苣养殖模式也值得关注。

2019 年与青虾养殖相关的论文总计 69 篇，多数也是针对养殖模式方面的研究，除了传统的河蟹、青虾和鳜鱼混养模式之外，稻田养殖青虾的模式研究比去年有所增加。此外，青虾与小龙虾养殖连作模式也取得了很好的效果。

2019 年中国知网中收录关于对虾养殖相关研究论文有 394 篇，主要涉及有环境调控（主要是微生物制剂调控方面）、疾病防控、饲料营养以及技术模式（与罗非鱼等混养模式，稻虾种养，菜虾养殖，生物絮团技术，大棚养殖技术等）。

2019 年度国内收录关于对虾养殖工程和工厂化养殖相关研究论文 10 篇，比上年度减少 1 篇。研究点主要集中在不同养殖密度下凡纳滨对虾工厂化养殖排放水研究、活性酵素对工厂化养殖凡纳滨对虾生长及水质的影响、节能型原位循环水养殖系统在凡纳滨对虾工厂化养殖中应用效果初探等方面。陈军在基于自养型生物絮团的规模化对虾养殖系统方面取得了较大进展，研究证明自然越冬的硝化型生物絮团依然保持了自养型絮团的特性，在不添加有机碳源和不换水的情况下，将氨氮和亚硝酸盐氮控制在安全范围内，对虾养殖产量达到 5.36 千克/立方厘米。

蟹类。中国知网统计，2019 年国内刊物等发表的河蟹养殖有关的论文 247 篇，其中科学养鱼 50 篇，水产养殖 18 篇。主要进展是重视对养殖的安全性进行评价，如重金属铬、铅、镉等以及抗生素残留；重视不同生境、不同养殖条件下河蟹的营养品质；重视生产性全程饲料的投饵模式等进行探索，在生产中取得良好的效果；重视北方地区，特别是吉林和黑龙江地区的稻蟹种养的生产性开发在加强。

有关梭子蟹养殖方面的论文共计 30 篇，主要是梭子蟹与虾、鱼和贝类的多级混养模式探讨和推广方面的研究，还涉及饲料、疾病和营养品质方面的文章。青蟹养殖方面的论文 21 篇，基本情况类似梭子蟹。但营养饲料方面的工作有所加强。本年度在内陆盐碱地青蟹养殖成功，标志着我国内陆盐碱地地区实现海水臻品养殖的可能。

（三）病害控制研究

在中国知网（CNKI）等中英文数据库中检索 2019 年度国内学者发表的虾蟹免疫和病害相关研究论文共计 250 余篇，在国家知识产权局专利检索网站检索 2019 年度虾蟹免疫和病害方面申请和授权专利共计 30 余件，主要研究内容包括流行病学和病原检测、宿主免疫学及病害防控等方面的研究。流行病学和病原检测研究方面，本年度养殖对虾主要检出病原为肝肠胞虫（EHP）、WSSV 和弧菌，捕捞对虾主要检出病原为 EHP、IHHNV 和 SIV；研究了肝肠胞虫（EHP）的生活史，明确了中华小长臂虾微孢子虫病的传播途径既有水平传播，也有垂直传播；发现 AHPND 致病菌全基因组中均有 pVA1-like 致病质粒，该质粒可在弧菌间发生水平转移，获得 pVA1 致病质粒的菌株也可导致 AHPND，揭示了 AHPND 致病菌的多样性形成机制，可为 AHPND 的有效防控提供理论指导；针对罗氏沼虾主要病害"铁虾"和"水泡病"开展病原学调查，发现"铁虾"可能与几种新型病毒感染有关，而"水泡病"病原为费氏柠檬酸杆菌；鉴定了河蟹"牛奶病"病原为二尖梅奇酵母。

在对虾免疫学研究方面，发现了环境胁迫引起的 WSSV 爆发的分子机理，正常环境条件下，抑制 WSSV 复制的 STING-IRF-Vago-JAK/STAT 途径与促进 WSSV 复制的 NF-κB/MAPK 途径存在动态平衡，使 WSSV 处于潜伏感染状态；而在环境胁迫条件下，这种平衡被打破，WSSV 挟持宿主 MAPK 途径建立利于病毒复制的正反馈回路，WSSV 由潜伏感染转化为急性爆发。发现日本囊对虾 MD-2 可以识别 WSSV 囊膜蛋白上的脂类分子 cholesta-3,5-diene，随后引起 Dorsal 如后及后续的抗病毒因子 Vago 表达；对虾 STING-IRF-Vago-JAK/STAT 在抗病毒免疫中起着关键作用，发现关键基因 IRF 启动子上的 CTn 模块可以作为抗病分子育种的标记，CTn 越短的个体抗病能力越强；鉴定了一些新的具有高抗菌活性的基因，发现影响抗菌肽中与抗菌活性相关的关键位点，为新型抗菌肽开发奠定重要基础，同时 GWAS 分析也在抗菌肽基因中获得对虾抗副溶血弧菌相关分子标记，可用于指导抗病品系的遗传选育。

在病害防治方面，发现室温静置两周以上可使得 EHP 感染能力丧失，建议通过采用每造虾之间的养殖间隔两周以上的方法防控 EHP；分离获得具有较高病原菌抑菌率的 4 株蛭弧菌和 3 株芽孢杆菌；筛选到 5 种中草药（八角茴香、诃子、苏木、乌梅、五倍子）对副溶血弧菌、溶藻弧菌等 5 种病原菌极为敏感，并获得复方最佳配比；建立了对虾集约化-生态化控病循环水养殖模式，是一种新型高效的对虾肝胰腺坏死症、白便综合症工程化防控技术及养殖模式。

（四）饲料与营养研究

国内开展了大量的虾蟹饲料与营养方面的研究开发工作。在亲虾方面，研究了凡纳滨对虾亲虾的营养需求，评估了不同蛋白源以及部分营养素对凡纳滨对虾亲虾繁殖性能的影响，并开发了凡纳滨对虾后备亲虾营养强化饲料。完善了虾蟹饲料基础营养素需求量，如对虾的胆汁酸需要量，海水蟹（拟穴青蟹和三疣梭子蟹）养成期蛋白质、钙、磷、锌、铜、铁和锰等营养素的适宜需要量，以及不同脂肪水平条件下拟穴青蟹对 DHA/EPA 的需求量。研究了α硫辛酸、精氨酸、菊粉、甘露寡糖、淫羊藿苷、酵母硒、酵母提取物、低聚果糖、L-色氨酸、植酸酶、鱼油、DHA、胆汁酸、叶黄素、新型β-葡聚糖、辅酶Q10、牛磺酸、非必需氨基酸（甘氨酸、丙氨酸、γ-氨基丁酸、鸟氨酸）等营养素对虾蟹生理代谢和健康免疫的影响；研究了益生菌、有机酸、矿物盐、免疫增强剂（虾青素、果寡糖、壳聚糖、硫辛酸、菊粉、淫羊藿苷等）、酵母内容物和中草药等对虾蟹生长和免疫及抗应激能力影响；研究了拟穴青蟹和三疣梭子蟹对15种原料消化率，以及克氏原螯虾对8种主要饲料原料的消化率；研究了植物油替代鱼油对中华绒螯蟹生长性能以及对肝胰腺和性腺风味的影响；比较了鱼油、豆油、菜籽油等不同脂肪源对罗氏沼虾生长和脂肪代谢的影响；评估了梭菌蛋白、乙醇梭菌蛋白、家禽副产物酶解蛋白在凡纳滨对虾饲料中的应用效果；评估了发酵辣木叶及发酵豆粕在淡水虾饲料中的应用效果；评估了棉籽水解蛋白在中华绒螯蟹饲料中的应用效果；评估了酶解金枪鱼粉和酶解虾粉在拟穴青蟹饲料中的应用效果，从生长结果来看，酶解虾粉促生长要优于酶解金枪鱼粉；确定了三疣梭子蟹膏蟹形成期的脂肪源为鱼油（磷虾油）和磷脂，而植物来源的棕榈油、菜籽油、豆油和亚麻籽油均抑制海水蟹膏蟹卵黄发育，不同脂肪源对三疣梭子蟹卵巢发育和卵黄形成及脂类代谢关键酶和基因表达的影响显著。

（五）虾蟹加工研究

通过中国知网和万方数据库检索，国内学者2019年共发表虾加工与保鲜论文49篇，蟹加工与保鲜论文11篇。主要研究内容包括。

虾蟹加工过程产品质量和风味的变化。研究虾酱风味的影响因素；虾头调味料风味前体的酶法制备工艺；油炸对黑虎虾关键风味物质的影响；研究凡纳滨对虾烘烤虾干特征香气成分及确定形成部位，采用GC-IMS研究烘烤虾干不同部位香气成分的相似性，结果表明虾表皮对整体风味有重要作用。

虾蟹类产品加工及保鲜技术。开发虾肉糜凝胶制品（虾滑）；研究开发紫薯面包虾、芒果风味面包虾新产品；开发超临界CO_2提取蟹油工艺，研究蟹油理化性质及相关的营养品质；研究开发河蟹调味汁加工工艺、风味蟹肉酱加工工艺、即食蟹肉松加工工艺及低盐传统醉蟹加工工艺。研究辐照、低压静电场、酸性电解水及不同生物保鲜剂在虾类的保鲜及防褐变中的应用研究；研究水溶性壳聚糖、包装方式对梭子蟹的保鲜作用；研究生物保鲜剂结合气调包装对冷藏蟹棒品质的影响；研究过热水蒸汽在小龙虾产品生产中的应用，获得了杀灭小龙虾中优势腐败菌的最佳工艺参数。

虾蟹类的质量安全与营养评价。研究我国主产区克氏原螯虾等级划分一般性指标（规格、体色、蜕壳状况等）；研究克氏原螯虾生长过程中主要生物学性状，体色、蜕壳、重量（体重、虾球重）、可量性状（头胸甲长、头胸甲宽、体长、背宽），建立分级标准。开发南美白对虾、中华绒螯蟹等品种中利福平和多菌灵等农药残留高通量检测技术；开展了日本沼虾内源性氨基脲含量检测，对所得样品不同组织中氨基脲含量进行分析测定。

虾类产品加工下脚料综合利用。开发新型壳聚糖酶和甲壳素酶并对酶的基因序列进行测定，利用磁性甲壳素纳米纤维对壳聚糖酶进行固定化研究；利用微生物发酵对虾加工下脚料，开发虾头发酵益生菌，并进行仔鸡喂养试验；利用二级胺类型的可转换亲水性溶剂：N-乙基正丁胺和二丙胺，从虾头中直接高效提取虾青素工艺研究；对蟹黄加工副产物蟹身与蟹腿的营养成分与组成进行系统研究；采用分子对接技术揭示了不同磷脂酶突变体中催化活性中心到底物磷原子的距离的变化，解释突变体具有较高的酶活性和催化效率的原因。

（六）产业经济研究

根据中国期刊网（CNKI）数据库和维普数据库检索结果，2019年检索到学术论文和产业发展报告17篇，研究内容主要集中在以下几个方面。

对不同养殖模式的经济效益、管理效率进行分析与比较。在经济效益研究领域，长沙市水产养殖协会的王志明等对"一季中稻+一季南美白对虾"与"一季晚稻+两季南美白对虾"两种稻虾综合种养模式进行研究，研究结果表明两种模式都具有显著的经济、社会和生态效益，相比之下"一季晚稻+两季虾"模式的产值、平均收益率都比"一季中稻+一季虾"模式高。湖北省谷城县农业技术推广中心在稻虾共作模式的基础上，研究出更高效的"稻—虾—蟹"综合种养生产模式。许冬梅等则认为"河蟹—青虾—鳜鱼"混养模式可以更加充分利用水体空间和饵料资源，在基本不增加劳动强度的情况下，增加单位面积产量，提高池塘养殖的整体经济效益。管理效率研究方面，王静等运用DEA方法，对我国南美白对虾主要三种养殖模式的管理效率展开研究，结果表明南美白对虾不同养殖模式的管理效率差异较大，纯技术效率是制约工厂化和高位池养殖模式管理效率的最主要因素，而规模效率是制约土池养殖模式管理效率的最主要因素，同时指出不同养殖模式下的养殖户（企业）技术无效率的主要原因是投入要素过量，且不同模式的各项要素投入出现不同程度的冗余现象，各项投入要素均未能进行合理配置，不同养殖模式下规模报酬状况也不同。

对虾蟹养殖效益的影响因素的进行研究。孙松等运用多元线性回归模型，对对虾养殖净收益的影响因素进行实证分析，结果表明影响对虾养殖净收益的3个主要因素是每年对虾养殖的造数、是否参加对虾养殖农业合作社以及对虾出塘的销售价格，对虾养殖者的年龄、受教育程度、是否混养其他品种生物、养殖模式、养殖面积对对虾养殖净收益影响不显著。郑岩则认为放养密度是养殖效益的主要影响因素，研究结果显示扣蟹投放密度与成蟹回捕率和成蟹规格呈线性负相关，与单产水平呈线性正相关，随着扣蟹投放密度增加，成蟹回捕率呈下降趋势，成蟹单产水平呈上升趋势，成蟹规格呈下降趋势，水稻单产呈现先增长后下降趋势。姜雪照等认为小龙虾苗种繁育体系建设滞后，是制约宿迁地区"稻—虾—蟹"综合种养产业发展的重要因素，提出加快小龙虾良种选育与繁育体系建设，同时加强稻渔综合种养技术研究和推广的建议。

对虾蟹类产品的消费者购买行为进行分析。饶静等认为影响消费者网购大闸蟹意愿的主要因素为新鲜与存活度、物流速度、大闸蟹品质、商家诚信以及价格等因素，并从政府、行业协会、电商平台、企业四个方面提出优化市场规则、严格品牌准入、搭建网络信息发布平台等建议。王静等应用TPB（计划行为理论）模型研究消费者大闸蟹购买行为的影响因素以及影响程度大小，研究结果表明消费者的态度、主观规范和感知行为控制对消费者大闸蟹的购买意愿影响显著，同时这三者之间也互相影响，影响程度最高的首先是态度，其次是感知行为控制，最后是主观规范。

对我国对虾进出口贸易进行趋势预测和竞争力分析。王曼玲应用出口产品的灰水足迹测算方法，采用多元线性回归模型，分析中国对虾类产品出口贸易灰水足迹的影响因素，结果表明中国对虾类产品出口的灰水足迹受到对虾类产品出口总额、对虾类产品结构与对虾养殖产业结构的综合影响。其中对虾类产品出口额对总对虾出口的灰水足迹呈现正效应，产品结构和产业结构则呈现负效应，根据研究内容作者提出扩大对虾类产品的进口规模、提高虾仁类产品的出口比重、转变对虾养殖方式和重视养殖尾水达标排放等建议。孙琛等根据 RCA、NTB 和 NEPR 多个指数计算结果表明，中国虾类出口虽然具有一定的竞争优势，但较其他国家差距很大，且近年来竞争优势在降低；厄瓜多尔有很强的竞争优势，所有出口国均无法与其相提并论，而且这种竞争优势在逐年增强；印度、印度尼西亚、泰国和越南也有很强的竞争优势，而且印度的竞争优势在逐年增强，而泰国和越南的竞争优势表现出逐年降低的趋势。

对产业发展趋势和可持续发展进行研究。史思等对台州市三门县青蟹养殖产业进行 SWOT 分析，以促进青蟹养殖产业的绿色健康可持续发展，并有针对性的提出利用前沿科学技术（品牌检测鉴别技术、标准化养殖技术和品质再提升技术）、产业形式多样化（"青蟹工厂"休闲渔业和"青蟹+互联网"农村电商）以及提高从业者素质等措施，从而为全国青蟹养殖产业发展提供参考。林贞武认为虾苗行业淘汰整合趋势日益明显，这是由于近年来国内养虾成功率不高且冷链运输日益成熟，进口虾对市场行情造成一定的冲击，给养虾行业带来了额外的压力。孙琛、晋洪涛等根据山东、广东、江苏等地海水虾养殖的调研数据指出，我国小规模散户养殖居多，"小、散"特征短期难以改观，优质苗种的投入已经成为制约养殖户盈利与否的关键环节。赵洋艺等认为大闸蟹市场去阳澄湖化趋势明显，消费者开始回归理性，眼光转向兴化大闸蟹、固城湖大闸蟹、山东黄河口大闸蟹、盘锦稻田蟹等，从追逐品牌向注重性价比转变。郭诗卉则认为电商平台的介入也会加大各产区竞争的激烈性。

（国家虾蟹产业技术体系首席科学家　何建国　提供）

2019年度贝类产业技术发展报告

(国家贝类产业技术体系)

一、国际贝类生产与贸易概况

(一) 国际贝类生产

联合国粮农组织数据显示,2017年全球贝类总产量达到1 936.40万吨,海水贝类养殖产量占比88.67%。2008—2017年,除海水贝类养殖产值在2015年同比下降8.58亿美元外,其他年份产量和产值均呈增长态势,两者分别从期初的1 275.43万吨和136.25亿美元,增加到期末的1 717.02万吨和298.51亿美元,增幅分别为34.62%和119.09%(表1)。蛤类、牡蛎、扇贝、贻贝和鲍螺为五大主要类群,各类群产量和产值的变化与海水贝类养殖总产量和总产值的变动基本相同。

表1 世界海水贝类养殖产量、产值变动趋势 (万吨、亿美元)

种类	类别	2008年	2009年	2010年	2011年	2012年	2013年	2014年	2015年	2016年	2017年
蛤类	产量	442.50	446.62	481.05	476.89	485.18	500.59	518.83	523.74	552.84	565.85
	产值	47.35	49.10	56.82	66.58	72.43	81.79	88.84	88.46	95.12	97.80
牡蛎	产量	414.44	426.88	436.60	432.25	456.05	477.21	495.31	512.17	541.51	571.05
	产值	34.94	36.15	40.67	46.93	51.14	57.15	60.47	60.55	64.48	67.89
扇贝	产量	141.09	156.87	168.46	145.71	159.15	179.86	184.09	200.57	211.33	218.52
	产值	25.29	27.42	34.35	35.71	37.47	48.67	51.08	51.35	55.70	57.66
贻贝	产量	158.53	172.21	177.94	183.49	178.29	170.47	182.31	182.15	196.49	216.38
	产值	16.43	15.39	16.18	23.59	22.84	34.15	41.07	32.10	38.33	42.75
鲍螺	产量	26.58	25.25	26.56	27.66	30.20	32.07	34.58	36.96	39.06	42.31
	产值	5.77	6.36	7.71	9.90	12.10	14.64	16.52	17.23	18.84	21.94
其他	产量	92.30	85.95	55.63	89.18	99.39	104.56	103.54	102.13	111.81	102.91
	产值	6.48	6.17	4.22	7.65	9.06	10.19	10.56	10.29	11.39	10.49
合计	产量	1 275.43	1 313.78	1 346.24	1 355.19	1 408.26	1 464.75	1 518.65	1 557.72	1 653.03	1 717.02
	产值	136.25	140.60	159.95	190.36	205.04	246.59	268.55	259.97	283.86	298.51

数据来源:FAO FishStatJ,2019。

海水贝类养殖活动主要集中在亚洲、欧洲和美洲,2017年对全球海水贝类养殖产量的贡献分别为92.05%、3.68%和3.55%,非洲和大洋洲仅占0.72%。在世界蛤类、牡蛎、扇贝、贻贝和鲍螺海水养殖产量中,亚洲占比分别高达98.70%、95.19%、98.98%、54.23%和99.17%。蛤类主产国为中国(87.08%)和美国(3.21%),牡蛎主产国为中国

(83.29%)、韩国（5.63%）、美国（3.54%）和日本（2.97%），扇贝主产国为中国（71.85%）、日本（13.17%）和美国（6.94%），贻贝主产国为中国（41.23%）、智利（15.69%）、西班牙（10.75%）、新西兰（4.44%）和泰国（3.77%），鲍螺主产国为中国（67.92%）、韩国（4.45%）、墨西哥（3.82%）、英国（3.30%）和法国（2.36%）。

2008—2017年，海水贝类主养国产量呈如下特点：①中国蛤类、牡蛎、扇贝、贻贝和鲍螺产量总体呈上升态势，在同类别世界养殖产量排名中都稳居首位，年均增长率分别为3.15%、4.27%、6.69%、7.95%和5.17%；②韩国鲍螺和牡蛎产量总体上也呈上升趋势，在同类别排名中位居第二（个别年份第三），年均增长率分别为13.91%和3.15%；③泰国蛤类产量在同类别排名中位居第二（个别年份第三），产量10年间基本上保持稳定，年均增长率为-1.99%；④日本扇贝和牡蛎产量在同类别排名中虽然分别稳居第二位和第三位，但总体上呈下降趋势，年均增长率分别为-0.69%和-0.56%；⑤智利贻贝产量总体上呈增长态势，西班牙产量总体稳定但略有下降，而泰国产量则呈下降趋势，不同年份间三国在世界产量排名中的位次虽然并不稳定，但基本上都占据第二到第四的位置，年均增长率分别为8.69%、4.33%和-8.22%。

（二）国际贝类贸易

2009—2018年，世界牡蛎、扇贝及贻贝进出口量、进出口额和进出口均价总体上呈长期增长、个别年份起伏不定的基本态势。进口总量和总额分别从期初的62.33万吨、18.08亿美元减少到期末的24.74万吨、12.77亿美元，出口总量和总额分别从期初的35.66万吨、16.22亿美元减少到期末的26.97万吨、11.53亿美元，进口均价从期初的2.90美元/千克上升到期末的5.16美元/千克，出口均价从期初的4.55美元/千克下降到期末的4.27美元/千克（表2）。

表2 2009—2018年世界主要贝类品种进出口情况

（万吨、亿美元、美元/千克）

年份	种类	进口			出口		
		进口量	进口额	均价	出口量	出口额	均价
2009	牡蛎	4.22	2.05	4.85	4.18	2.04	4.87
	扇贝	38.95	11.27	2.89	10.54	9.50	9.01
	贻贝	19.16	4.76	2.49	20.94	4.69	2.24
	合计	62.33	18.08	2.90	35.66	16.22	4.55
2010	牡蛎	4.98	2.73	5.49	4.89	2.50	5.11
	扇贝	12.80	13.26	10.36	12.82	11.69	9.11
	贻贝	19.95	4.39	2.20	21.38	4.68	2.19
	合计	37.72	20.38	5.40	39.09	18.87	4.83
2011	牡蛎	4.96	3.14	6.33	4.59	3.08	6.71
	扇贝	13.06	15.70	12.02	13.26	14.60	11.01
	贻贝	22.26	5.81	2.61	22.80	6.53	2.86
	合计	40.28	24.66	6.12	40.65	24.21	5.96

(续表)

年份	种类	进口			出口		
		进口量	进口额	均价	出口量	出口额	均价
2012	牡蛎	4.32	2.89	6.69	4.07	2.79	6.87
	扇贝	11.86	13.89	11.71	9.71	11.25	11.58
	贻贝	23.37	5.51	2.36	21.01	5.16	2.46
	合计	39.55	22.29	5.64	34.78	19.20	5.52
2013	牡蛎	4.40	3.28	7.46	4.40	3.18	7.22
	扇贝	15.04	16.18	10.76	10.78	14.00	12.98
	贻贝	21.52	5.61	2.61	20.26	5.46	2.70
	合计	40.96	25.08	6.12	35.44	22.64	6.39
2014	牡蛎	4.86	3.61	7.43	4.53	3.15	6.96
	扇贝	14.88	16.81	11.29	10.88	14.88	13.67
	贻贝	21.90	6.03	2.75	21.71	6.64	3.06
	合计	41.65	26.45	6.35	37.12	24.67	6.65
2015	牡蛎	5.41	3.60	6.66	4.85	3.14	6.47
	扇贝	16.41	16.48	10.04	9.22	13.89	15.08
	贻贝	21.70	4.91	2.26	23.57	5.35	2.27
	合计	43.52	24.99	5.74	37.64	22.38	5.95
2016	牡蛎	5.82	3.64	6.25	4.96	3.12	6.28
	扇贝	15.38	17.34	11.28	9.84	14.17	14.40
	贻贝	23.04	5.26	2.28	25.47	5.77	2.27
	合计	44.24	26.24	5.93	40.27	23.06	5.73
2017	牡蛎	3.91	2.70	6.90	4.29	2.72	6.34
	扇贝	4.38	6.17	14.07	3.88	5.44	14.01
	贻贝	22.89	3.83	1.67	21.59	4.01	1.86
	合计	31.19	12.69	4.07	29.76	12.17	4.09
2018	牡蛎	3.70	2.79	7.56	4.49	2.96	6.59
	扇贝	5.87	6.16	10.50	2.93	4.14	14.12
	贻贝	15.17	3.81	2.51	19.55	4.43	2.27
	合计	24.74	12.77	5.16	26.97	11.53	4.27

数据来源：UN Comtrade，2019.

表1和表2显示，与巨大的养殖产量相比，进入国际市场的贝类几近可忽略不计。以2017年为例，当年世界牡蛎、扇贝和贻贝产量分别为571.05万吨、218.52万吨和216.38万吨，而出口量却分别只有4.29万吨、3.88万吨和21.59万吨，占比分别仅为0.75%、1.78%和9.98%。这表明，贝类的国际市场空间非常有限，试图通过扩大出口来增加国产

贝类销量短期内并不具备可行性。

二、国内贝类生产与贸易概况

（一）全国贝类生产

2017年，中国对世界海水贝类养殖产量的贡献高达83.70%，蛤类、牡蛎、扇贝、贻贝和鲍螺养殖产量在同类别世界养殖产量中占比分别为95.31%、85.45%、92.62%、42.87%和95.32%（表1和表3）。2018年，中国海水贝类养殖产量达到1 443.93万吨，同比微增0.47%。

表3 中国海水贝类养殖产量变动趋势 （万吨）

种类	2009年	2010年	2011年	2012年	2013年	2014年	2015年	2016年	2017年	2018年*
蛤类	410.51	442.89	443.36	453.64	470.06	488.11	494.97	527.43	539.31	493.37
牡蛎	346.33	353.52	358.05	378.40	403.77	415.94	438.06	466.04	487.94	513.98
扇贝	127.72	139.59	127.37	137.51	155.58	159.32	172.75	186.71	202.40	191.79
贻贝	63.00	68.14	67.43	73.25	71.50	76.99	80.94	86.28	92.76	90.34
鲍螺	24.33	25.65	26.69	29.23	30.94	33.28	35.53	37.41	40.33	40.22
其他	68.99	45.69	77.42	85.97	86.37	84.62	78.86	85.50	74.39	114.24
合计	1 040.89	1 075.50	1 100.33	1 158.00	1 218.21	1 258.27	1 301.12	1 389.37	1 437.13	1 443.93

说明：2009—2017年数据来源为FAO FishStat J，2019；2018年数据来源为《2019中国渔业统计年鉴》。2018年蛤类数据包括蛤、蛏。

2009—2018年，国内海水贝类养殖产量总体保持增长的基本态势。其中：蛤类产量除2018年外，始终保持递增，10年间增幅20.19%；牡蛎产量始终递增，10年间增幅48.40%；扇贝产量除2011年和2018年有所下降外，其他年份均有不同程度的增长，10年间增幅50.16%；贻贝产量除2011年、2013年和2018年外，总体上呈增长态势，10年间增幅43.39%；鲍螺产量除2018年外，其他年份均有不同程度的增长，10年间增幅为65.29%（表3）。

（二）贝类进出口贸易

2018年，中国牡蛎、扇贝和贻贝进、出口量之和分别为16 132.53吨和2 619.52吨，进、出口额之和分别为9 787.39万美元和5 988.00万美元，进、出口均价分别为6.07美元/千克和22.86美元/千克（表4）。

表4 2018年中国贝类进出口量、额及均价

（吨、万美元、美元/千克）

种类	进口			出口		
	进口量	进口额	均价	出口量	出口额	均价
牡蛎	3 347.31	3 558.50	10.63	915.90	239.30	2.61
扇贝	12 135.10	5 862.95	4.83	1 493.93	4 896.43	32.78

(续表)

种类	进口			出口		
	进口量	进口额	均价	出口量	出口额	均价
贻贝	650.12	365.94	5.63	209.69	852.27	40.64
总计	16 132.53	9 787.39	6.07	2 619.52	5 988.00	22.86

数据来源：UN Comtrade，2019。

2018年，中国进口牡蛎、扇贝和贻贝的主要来源国（按进口额排序）分别为法国、日本和新西兰（表5）。

表5 2018年中国进口贝类的主要来源国（吨、万美元、美元/千克）

种类	国家/地区	进口量	进口额	进口均价
牡蛎	法国	1 704.51	2 343.58	13.75
	爱尔兰	541.68	562.55	10.39
	新西兰	176.00	228.57	12.99
	加拿大	134.89	94.68	7.02
	韩国	505.74	85.90	1.70
扇贝	日本	12 050.26	5 749.70	4.77
	美国	36.93	60.39	16.35
	加拿大	15.03	39.48	26.27
	澳大利亚	5.34	3.76	7.04
贻贝	新西兰	597.31	336.87	5.64
	法国	42.73	24.81	5.81
	美国	2.67	1.49	5.58

数据来源：UN Comtrade，2019。

2018年，中国出口牡蛎、扇贝和贻贝的主要目标市场（按出口额排序）分别为中国香港、中国香港和美国（表6）。

表6 2018年中国出口贝类的主要目标市场

（吨、万美元、美元/千克）

种类	国家/地区	出口量	出口额	出口均价
牡蛎	中国香港	731.60	160.04	2.19
	日本	59.87	33.79	5.64
	越南	19.59	31.19	15.92

(续表)

种类	国家/地区	出口量	出口额	出口均价
扇贝	中国香港	394.02	1932.46	49.04
	美国	297.74	190.50	6.40
	日本	11.48	169.12	147.38
	中国澳门	121.54	167.78	13.80
	加拿大	43.04	91.24	21.20
	马来西亚	14.00	89.43	63.88
	俄罗斯	1.98	51.44	259.80
贻贝	美国	71.44	444.36	62.20
	中国香港	36.42	173.18	47.56
	韩国	77.02	70.86	9.20
	南非	3.47	18.74	54.00

数据来源：UN Comtrade，2019。

海关数据显示，2019 年 1—10 月，我国贝类出口量、额和均价同比分别上升 0.27% 和下降 10.53%、10.76%。其中，蛤类出口量、额和均价分别下降 0.04% 和上升 1.16%、1.20%，牡蛎出口量、额和均价同比分别下降 9.51%、36.04% 和 29.32%，扇贝出口量、额和均价同比分别上升 2.42% 和下降 7.75%、9.93%，贻贝出口量、额和均价同比分别上升 36.32%、9.36% 和下降 19.78%，鲍出口量、额和均价同比分别下降 19.79%、18.79% 和上升 1.25%。

（三）国内贝类市场

国内主要水产品批发市场价格监测数据显示，国内市场牡蛎批发均价同比上升 8.94%，蛏类、扇贝、鲍和蛤类则分别下降 6.38%、5.54%、3.37% 和 0.87%。

三、国际贝类产业技术研发进展

（一）贝类遗传和育种技术

红鲍和绿唇鲍的全基因组序列图谱已发布，基因组选择育种将逐步成为国际上贝类遗传育种的热门技术。自动图像识别 MVS 技术在贝类表型测定及其在育种中的应用受到重视。基于转录组、蛋白组、代谢组等技术探究贝类对高温、低氧、低盐、病害的应答机制也是当前的研究热点；对病害发生的机制探讨，为开展抗病育种提供依据。研究发现贝叶斯多层模型（BHM）在遗传参数分析中能够弥补广义线性模型（GLM）在某些信息缺失情况下，对不完全双列杂交数据处理能力的不足。贝类种内、种间杂交育种、多倍体育种仍是国际上贝类主要应用的育种技术。利用群体选育和家系选育在牡蛎出肉率、生长等性状选育中取得较好的遗传进展。

（二）贝类营养与饲料

腹足类方面，皱纹盘鲍饲料中用马尾藻粉、石莼粉替代裙带菜粉均能提高皱纹盘鲍的存活率、增重和特定增长率；饲喂富含硒的龙须菜可以缓解皱纹盘鲍镉中毒。碳水化合物和脂肪比（C∶L）为 C48∶L2 的饲料能显著提高皱纹盘鲍的存活率，C49∶L1、C48∶L2

和 C47∶L3 显著提高皱纹盘鲍的增重率和特定增长率；皱纹盘鲍饲料的最佳糖水化合物和脂肪比为 C48∶L2 和 C47∶L3。饲料中添加脯氨酸可在生长缓慢的南非鲍（Haliotis midae）中充当氨基酸分解代谢的底物；在饲料中添加肌动蛋白可促进绿唇鲍（Haliotis laevigata）的生长、特定增长率，降低饵料系数。

双壳类方面，角毛藻（Chaetoceros calcitrans）较金藻（Isochrysis galbana）和扁藻（Tetraselmis tetrahele）针对翡翠贻贝（Perna viridis）面盘幼虫具有更高的滤食率、消化率和营养价值。日本学者 Yamasaki 等发现一株在低温季节易于扩繁的裸藻（Eutreptiella eupharyngea）对菲律宾蛤仔（Ruditapes philippinarum）稚贝（壳长>1.5 毫米）的饵料效果优于角毛藻（C. neogracile）。Rato 等发现，长牡蛎（Crassostrea gigas）成体饵料中用石莼（Ulva rigida）替代 25% 的微藻不会影响其脂肪酸组成和生长性能。Willer 等发现，与单独投喂微藻相比，微胶囊饲料与微藻 1∶1 混合能提高欧洲牡蛎（Ostrea edulis）幼体（壳长 160~300 微米）和稚贝（壳长 3 毫米）存活率，促进生长和降低个体大小差异。

（三）贝类病害控制技术

2019 年度国际贝类病害控制技术研究主要围绕以下方面展开：在贝类病原方面，分析了牡蛎疱疹病毒（OsHV-1）、包拉米虫、派琴虫、副黏菌寄生虫和嗜酸性立克次体等重要贝类病原的流行规律和致病机制。在贝类免疫防御机制方面，完成了地中海贻贝和斑马贻贝的基因组测序，解析了贝类免疫系统的分子组成及其进化特征；通过转录组学手段，解析了紫石房蛤和紫贻贝等贝类的免疫应答机制及其调控模式；鉴定了肽聚糖识别蛋白（PGRP）、巨噬细胞抑制因子（MIF-like）和一氧化氮合成酶（NOS）等重要免疫分子，并解析了其免疫功能；研究了在温度、干露和 pH 值等环境胁迫条件下，贻贝、长牡蛎和泥蚶等的生理状态变化和抗氧化应激响应，分析了 TiO_2 纳米粒子、阿托伐他汀和水杨酸对贻贝代谢水平、氧化应激和体内微生物组成的影响。在防治技术方面，探索了银纳米粒子对派琴虫在牡蛎致病中的作用，研发了土霉素在防控病原中的应用途径。

（四）贝类养殖模式与养殖环境

探索基于生态系统水平的可持续贝类养殖管理策略是世界贝类养殖国家重要的研究方向。Laura 等利用生态系统动力学模型方法对加拿大新斯科舍省的贝类养殖对气候变化的响应进行了模拟研究，为贝类养殖的可持续管理提供了决策支持。Bridget 等利用元分析法研究了美国西海岸双壳贝类养殖与鳗草之间的相互作用，为评估养殖活动的资源环境效应提供了参考。Ramon 等基于生态系统模型模拟了挪威峡湾中开展贝类及海鞘等低营养级生物养殖对当地生态系统的影响及生产效率。Aad C. Smaal 等联合了来自荷兰、挪威、葡萄牙、中国等多个国家的学者合作出版了一部题为《Goods and Services of Marine Bivalves》的专著，综述了双壳贝类承载的食物供给、水质净化、气候调节、文化服务等生态服务功能。在贝类设施养殖方面，更加注重轻简化、实用化、标准化的育苗、养殖设施。奥本大学研究团队在墨西哥湾沿岸应用了移动式太阳能（总功率 1950 瓦）牡蛎苗种上升流培育系统，达到与现有系统相当产量的同时，有效解决了电力限制问题。

（五）贝类流通与加工技术

国外发达国家对贝类食源性毒素、重金属、病毒和致病菌的相关安全技术研究十分重视。通过研究贝类毒素、重金属的周期性积累规律、贝类毒素代谢通路，探讨潜在的促毒素代谢机制，研发贝类重金属的富集机制及脱除技术；诸如病毒和甲型肝炎病毒等食源性疾病暴发被认为与食用污染的贝类有关；创伤弧菌已被确认为与贝类相关的食源性疾病的主要病原体之一。在检测技术方面，一种预柱氧化 LC-FLD 方法成为欧盟贝类毒素检测的官方参考方法。

国外贝类的加工、销售大多需先进行净化，美国、澳大利亚、新西兰、马来西亚、英国、西班牙、法国以及加拿大等国家都建有净化工厂。净化的方法主要是紫外线、氯或臭氧消毒海水。净化后以鲜活消费为主，特别是牡蛎，生食牡蛎是主要产品，初加工以冷冻产品为主，精深加工产品主要有烟熏、调味品和保健食品。国外已开展较多的贝类活性多肽、活性多糖、微量营养素等的研究。贝类的副产物利用主要是牛磺酸的提取，牡蛎壳用于生产土壤改良剂、废水净化剂等。

四、国内贝类产业技术研发进展

（一）贝类遗传和育种技术

完成了缢蛏、魁蚶和菲律宾蛤仔的基因组测序。TALEN 和 CRISPR-Cas9 等基因编辑技术在牡蛎和鲍的遗传分析中获得突破。基于图片识别的表型自动化测定技术、基于心率参数和生理生化参数的抗逆性状评价指标体系获得建立。性别、生长、抗逆等性状的遗传解析仍然是贝类遗传学分析关注的主要内容，如通过连锁与关联分析定位了壳色、性别、糖原含量等经济性状相关的位点，贝类应对温度、盐度和溶氧等环境胁迫的响应机制获得解析。杂交育种、多倍体育种与群体选育仍是国内贝类育种的常用育种技术。"绿盘鲍"和方斑东风螺"海泰 1 号" 2 个新品种获国家水产新品种证书，其中"绿盘鲍"显著的耐高温和可养成大规格鲍的特点得到产业界的普遍认可，与"西盘鲍"新品种一并成为我国南方主要的鲍养殖种。

（二）贝类营养与饲料

腹足类方面，相比传统的鲍鱼饲料（高动物蛋白、低植物蛋白），高植物蛋白、低动物蛋白的饲料能够显著提高皱纹盘鲍（Haliotis duscus hannai）在夏季高温条件下的存活率。配合饲料中添加 0.5% 的促进钙质吸收的微生态制剂 f 不仅能够有效提高其存活率，还能进一步促进皱纹盘鲍幼鲍贝壳的生长。相比 2018 年，2019 年我国鲍配合饲料产量有一定增加。研发了一种通过 300 目筛进行超微粉碎的微粒子饲料，相比普通饲料，其悬浮性良好，鲍能更好的采食，但目前还不能量产。此外，北方有部分企业已经开始研发水中稳定性良好、悬浮型好的液体饲料。

双壳类方面，高温期饵料金藻种株筛选获得突破，体系双壳类营养与饲料岗位筛选获得一株耐高温金藻 3005（Isochrysis sp.），该藻株可耐受极限高温 35℃，在南方夏季，最长稳定培养时间可以维持 15 天以上，解决了我国贝类育苗中高温季节金藻难以培养的难题。另外，商业化公司开始向双壳贝类苗种培育行业推出干藻粉，在加大换水量前提下，可在贝类浮游幼苗期部分或全部替代活体微藻。配合饲料研究方面，发现饲料中添加 1 000 UI/千克的维生素 D_3 能够提高马氏珠母贝（Pinctada fucata martensii）植珠后存活率，增强抗氧化酶和溶菌酶活力；饲料中酵母蛋白原优于玉米蛋白原，以酵母为蛋白原的饲料能促进马氏珠母贝生长、提高肠道消化酶和抗氧化酶活性，增加肠道菌群多样性。

（三）贝类病害控制技术

在病原方面，分离了毛蚶中牡蛎疱疹病毒（OsHV-1）并完成基因组测序，分析了 OsHV-1 和鲍鱼疱疹病毒（AbHV）的流行情况和致病机理。在贝类免疫防御机制方面，解析了菲律宾蛤仔和缢蛏的基因组结构特征，分析了参与菲律宾蛤仔和缢蛏胁迫应答和免疫防御的分子及其进化模式，研究了文蛤、珍珠贝和皱纹盘鲍等贝类在病原感染和环境胁迫下的免疫应答过程及调控机制；发现了长牡蛎 BCR 和 C 型凝集素介导的信号通路，解析了 SOCS、ATG、Mytichitin、Keap1、nAChR 和 ERK 等分子在贝类免疫防御中的作用；探索了温度胁迫对华贵栉孔扇贝和砗磲等贝类免疫防御能力的影响，分析了海洋酸化对扇贝、东亚壳菜蛤等生理稳态和跨代适应的影响。在病害防控方面，研发了贝类病害预警预报技术，并应用该技术开展了北黄海浮筏养殖虾夷扇贝养殖风险提醒，有效规避了扇贝大规模死亡的发生。

（四）贝类养殖模式与养殖环境

在加快推进水产养殖业绿色高质量发展的背景下，基于生态系统动力学模型的贝类养殖容量动态评估受到了越来越多的关注，探索、实践了浅海、池塘、工厂化等贝类绿色高效养殖模式。Zhao 等利用耦合水动力模型的生态系统动力学模型对北黄海海域虾夷扇贝的底播养殖容量进行了研究。浙江诸暨佰瑞拉农业科技有限公司与中科院自动化所基于合作研发的人工智能物联网管理技术，创新性建立了珍珠蚌工厂化绿色养殖模式，取得了较好的经济、生态效益。基于养殖容量的浅海贝藻标准化生态养殖模式推广面积进一步加大，山东、福建等多地开展了生态浮漂更新试点，同时对养殖密度进行了由密到疏的调整，有效改善了近岸养殖生态环境，保障了贝类产品质量。在设施养殖技术和装备研发应用方面，工厂化循环水养殖节能减排技术装备进入到产业化前期阶段，规模化底播养殖与海洋牧场生态采捕关键技术与成套装备处于实验室和中试阶段，近岸和离岸渔业生产作业多能互补发电成套装备处于实验室和中试阶段，海珍品深加工与废弃物资源化利用关键技术及装备处于实验室研发阶段。

（五）贝类流通与加工技术

国内海洋贝类食品的安全风险仍然突出，暂养净化是降低贝类食品安全风险重要手段。国内学者基于贝类毒素高通量识别技术、产毒藻特异性基因片段、特异性生物标志物筛查及特异性色素组成搭建了产毒藻来源指纹谱库，构建了腹泻性贝类毒素的新型快速检测技术并开发了快速检测试剂盒，开展了贝类毒素、有机污染物和重金属的风险来源识别与风险评估，以及病原性微生物风险水平与安全评估工作。

在贝类采收和保鲜流通方面，构建了牡蛎海上机械化采收平台，研发了贝类品质调控实验系统，研制了贝类保活运输集装箱。在贝类精深加工和副产物利用方面，进行了贝类改善记忆活性功能成分、促进皮肤软组织创伤愈合活性成分、改善男性性功能成分研究，开发了生蚝包、扇贝饼、牡蛎肽饮料等产品，利用鲍鱼内脏开发了功能性调味粉料、牡蛎壳生产土壤调理粉剂及贝类功能食品，推广了天然牛磺酸提取技术，建立利用 ^{14}C 同位素鉴别天然牛磺酸的方法。

（国家贝类产业技术体系首席科学家　张国范　提供）

2019年度特色淡水鱼产业技术发展报告

(国家特色淡水鱼产业技术体系)

一、国际特色淡水鱼生产与贸易概况

(一) 国际特色淡水鱼生产

全球特色淡水鱼主要生产国家和地区有：罗非鱼128个、鲴15个、鳗36个、淡水鲈8个、鳡1个、鳜1个、黄鳝4个、泥鳅3个、黄颡鱼1个、鲑50个、鳟80个和鲟34个。据联合国粮农组织 (FAO) 数据库最新数据，2017年，全球罗非鱼产量659万吨，其中，中国占26.95%；鲴40.25万吨，中国占61.80%；鳗28.10万吨，中国占83.76%；淡水鲈45.99万吨，中国占99.65%；黄鳝35.94万吨，中国占99.99%；泥鳅39.55万吨，中国占99.80%；鲑351.89万吨，中国占0.09%；鳟85.43万吨，中国占4.91%；鲟9.91万吨，中国占84.01%。鳜、鳡和黄颡鱼等仅中国生产，2018年产量分别为31.59、45.93、50.96万吨。

2019年全球特色淡水鱼产量预计为罗非鱼679万吨，鲴42万吨，鳗28万吨，淡水鲈42万吨，鳡44万吨，鳜31万吨，黄鳝36万吨，泥鳅36万吨，黄颡鱼52万吨，鲑355万吨，鳟86.8万吨和鲟11.0万吨。

(二) 国际特色淡水鱼贸易

特色淡水鱼主要国际贸易品种有罗非鱼、鲴、鳗、鲑、鳟和鲟等。据联合国商品贸易统计数据库 (UN comtrade) 最新数据，2018年全球特色淡水鱼主要贸易产品进出口总量740.92万吨，进出口总额497.47亿美元，综合各方面因素推测2019年进出口总量预计为745.04万吨，同比增加0.56%；其中，罗非鱼主要贸易产品进出口总量191.55万吨，进出口总额67.18亿美元，2019年总量预计为189.55万吨，同比减少1.05%；鲴主要贸易产品进出口总量59.98万吨，进出口总额16.63亿美元，2019年总量预计为59.46万吨，同比减少0.88%；鳗主要贸易产品进出口总量11.21万吨，进出口总额17.94亿美元，2019年总量预计为12.25万吨，同比增加9.30%；鲑主要贸易产品进出口总量425.30万吨，进出口总额350.95亿美元，2019年总量预计为430.03万吨，同比增加1.11%；鳟主要贸易产品进出口总量46.20万吨，进出口总额36.44亿美元，2019年总量预计为47.06万吨，同比增加1.85%；鲟主要贸易产品进出口总量6.68万吨，进出口总额8.34亿美元，2019年总量预计为6.70万吨，同比减少0.28%。

2018年冻罗非鱼平均价格1.67美元/千克，2019年预计1.65美元/千克，同比下降0.94%；2018年冻鲴鱼1.63美元/千克，2019年预计1.64美元/千克，同比上升0.65%；2018年制作或保藏的鳗16.18美元/千克，2019年预计16.27美元/千克，同比上升0.56%；2018年鲜或冷大西洋鲑7.80美元/千克，2019年预计7.98美元/千克，同比上升2.26%；2018年鲜或冷鳟6.75美元/千克，2019年预计6.85美元/千克，同比上升1.51%；2018年鲟鱼子酱85.09美元/千克，2019年预计88.53美元/千克，同比上升 4.05%。

二、国内特色淡水鱼生产与贸易概况

(一) 中国特色淡水鱼生产

据中国渔业年鉴最新统计，2018 年我国特色淡水鱼总产量 462.04 万吨。其中，罗非鱼主产区为广东、海南、广西、云南和福建等省区，产量为 162.45 万吨；鮰主产区为四川、湖南、湖北、广东和河南等，产量为 23.04 万吨；鳗主产区为广东、福建、江西、江苏和浙江，产量为 23.32 万吨；淡水鲈主产区为广东、浙江、江苏、江西、四川等，产量为 43.21 万吨；鳢主产区为广东、山东、浙江、江西和湖南等，产量为 45.93 万吨；鳜主产区为广东、湖北、江西、安徽和江苏等，产量为 31.59 万吨；黄鳝主产区为湖北、江西、安徽、湖南和四川等，产量为 31.90 吨；泥鳅主产区为江西、江苏、湖北、安徽和四川等，产量为 35.84 万吨；黄颡鱼主产区为湖北、浙江、广东、江西和安徽等，产量为 50.96 万吨；鲑主产区为四川、辽宁、甘肃、云南和吉林等，产量为 0.24 万吨；鳟主产区为青海、云南、辽宁、新疆和四川等，产量为 3.86 万吨；鲟主产区为云南、山东、贵州、四川和河北等，产量为 9.69 万吨。

2019 年我国特色淡水鱼总产量预计为 454 万吨，其中，罗非鱼 159 万吨、鮰 24 万吨、鳗 24 万吨、淡水鲈 42 万吨、鳢 44 万吨、鳜 31 万吨、黄鳝 33 万吨、泥鳅 35 万吨、黄颡鱼 52 万吨、鲑 0.25 万吨、鳟 4.0 万吨和鲟 9.8 万吨。

(二) 中国特色淡水鱼贸易与市场

罗非鱼、鮰和鳗是我国特色淡水鱼的主要出口品种。2019 年罗非鱼 1—9 月总出口量 30.48 万吨，同比减少 4.56%，其中冻罗非鱼片作为主要出口产品，出口价格 3.10 美元/千克，同比下降 7.08%；由于中美贸易战的影响，国内养殖户生产积极性下降，罗非鱼塘口价在 13 元/千克左右，同比减少 8%。2019 年鮰 1—9 月总出口量 0.35 万吨，同比减少 6.62%，其中主要出口产品制作或保藏的斑点叉尾鮰出口价格 6.04 美元/千克，同比增长 1.36%，2019 年叉尾鮰出口价格行情稳中有升，但出口量有所下降，国内收购价格基本维持坚挺态势，在 21 元/千克左右。2019 年鳗 1—9 月出口总量 3.75 万吨，同比增长 9.32%，日本是最大的出口目的国，中国对日本出口量为 2.71 万吨，同比下降了 1.87%，其中主要出口产品烤鳗均价 21.57 美元/千克，同比下降了 10.44%。

鳜、淡水鲈、鳢、黄鳝、泥鳅和黄颡鱼产品主要以鲜活产品的形式供应国内市场。2019 年鳜批发价波动较大，最高为 95 元/千克，最低为 50 元/千克，同比下降了 0.75%；淡水鲈批发价 27~47 元/千克，同比增加了 9.69%；鳢批发价 10~21 元/千克，同比下降了 23.94%；黄鳝塘口价 46~52 元/千克，上涨 100% 左右；泥鳅塘口价 25~29 元/千克，上涨 45% 左右；黄颡鱼批发价 24 元/千克左右，与去年相比上涨了 4.34%。

鲑鳟类消费以鲜活为主，约占养殖产量的 80%。鲑鳟类加工产品以来料加工为主，有冻品、鲜冷、熏制等产品。2019 年 1—9 月，鲑进口总量 16.9 万吨，同比减少 9.71%。主要进口产品其他冻大马哈鱼，占进口总量的 56.7%，进口价格为 12.0 美元/千克。鲑出口总量 6.9 万吨，同比增长 3.40%。主要出口产品冻大马哈鱼、大西洋鲑鱼及多瑙哲罗鱼的鱼片占中国鲑出口总量的 90.9%，出口价格为 6.53 美元/千克。2019 年 1—9 月鳟进口总量 1 912 吨，下降 12.7%，出口总量 1 610 吨，增长 9.7%，出口产品中冻鳟鱼 465 吨，占出口总量 28.9%，平均出口价格 6.73 美元/千克，冻鳟鱼片 695 吨，占出口总量

43.1%，平均出口价格 13.64 美元/千克，熏鳟鱼 451 吨，占出口总量 28.0%，平均出口价格 15.65 美元/千克。鲑鳟国内市场价格随着季节变动和区域不同出现较大差异，平均塘口价变动不大，维持在 26~34 元/千克。鲟消费以小规格鲜活鱼为主，大规格成鱼除生产鱼子酱外，主要用于加工其他产品。中国是鲟鱼子酱主要出口国家之一，2019 年鱼子酱 1—9 月出口总量 63.7 吨，同比增长 7.7%，出口总额 1 494 万美元，增长 3.8%，出口均价 234.4 美元/千克，下降 3.6%。

三、国际特色淡水鱼产业技术研发进展

（一）种质改良与繁育技术

种质资源方面主要集中在群体遗传多样性及养殖群体逃逸对野生资源的影响上。品种改良方面，英国公司发现 1 个与链球菌抗性水平密切相关的重要数量性状位点（QTL），用于罗非鱼家系选育和 QTL 标记辅助选育；法国学者利用限制性内切酶位点标签（RAD）技术开发出罗非鱼 192 个具有成本效益的 SNPs 标记。性别控制方面，美国奥本大学利用 RNA-Seq 技术显示 BCAR1 基因在 YY 斑点叉尾鮰雄性早期性分化中起作用；西班牙学者利用高密度 SNP 标记鉴定出大西洋鲑性别决定的基因组调控区域，通过区域遗传力分析和全基因组关联分析研究大西洋鲑性别决定的遗传调控机制。繁育方面，西班牙学者优化了一种短期贮存欧洲鳗精子的方案，提出使用甲醇作为冷冻保护剂可提高低温下日本鳗和欧洲鳗精子的活力。

（二）水环境控制与养殖技术

水环境控制方面，国外主要涉及循环水养殖系统优化、废弃物的资源化利用和池塘尾水处理等方面。美国学者发明了一种用于改善池塘中跑道流体循环的系统。波兰学者研究表明鲴鱼封闭式循环水养殖系统中干物质、常量元素、微量元素等养殖废弃物可以用作肥料。利用水生植物（罗勒、马齿苋、凤眼凤梨、鼠尾草和水浮萍）和微生物可以降低水中的总氮、总磷的浓度，吸附池塘中重金属。大水面养殖方面，美国学者改进传统渔业监测方法，利用诱饵光样方法来监测劳伦斯大湖浅水区底栖鱼类群落；坦桑尼亚学者利用稳定同位素技术分析并评价了坦噶尼喀湖重要鱼类的摄食差异。

（三）营养与饲料

围绕营养素需要量、饲料添加剂和寻找可替代蛋白源开展工作。确定了虹鳟和大西洋鲑等特色淡水鱼对蛋白质、脂肪和必需氨基酸的需求量及最适比例。饲料添加剂方面，罗非鱼饲料中添加 γ-氨基丁酸、咖啡酸、卡拉胶提取物等，鳗和鲟饲料中添加枯草芽孢杆菌等益生菌，鲑鳟鱼饲料中添加 β-葡聚糖、矿物质和维生素等可显著提高鱼体生长、饲料转化率、抗氧化能力和免疫力。替代蛋白源方面，罗非鱼饲料中添加小球藻、乳清蛋白浓缩物可取代部分鱼粉；鲴饲料中添加猪肉骨粉可以完全替代鱼粉；鲑鳟、鲟鱼饲料中可替代的动物蛋白源有昆虫蛋白、南极磷虾粉及鱼类副产品等，植物蛋白源有微藻、棉籽粕、芥籽粉和豆粕等。

（四）病原检测与病害防控

以色列流行的罗非鱼湖病毒证实来源于印度和泰国，可经亲鱼—生殖细胞—仔鱼途径进行垂直传播，泰国学者建立了血液和肝脏活检技术来筛查罗非鱼湖病毒。墨西哥学者建立了感染罗非鱼三代虫的 PCR 检测方法。病害防控方面，埃及学者开发了一种针对罗非鱼链球菌病、乳球菌病和肠球菌病的联合疫苗。英国学者开发了弗朗西斯菌全菌灭活疫

苗,对罗非鱼免疫保护率高达100%。美国学者分别开发了重组嗜水气单胞菌ATP酶的DNA疫苗和重组柱状黄杆菌分子伴侣DnaK的DNA疫苗,免疫后使斑点叉尾鮰能有效抵抗嗜水气单胞菌和柱状黄杆菌的感染。西班牙学者投喂虹鳟含有β-葡聚糖、维生素C、维生素E和锌等成分的功能性饲料后,能够提高鱼体抗出血性败血症病毒(VHSV)的能力。

(五) 保活保鲜与加工技术

国外在保活运输方面以传统麻醉剂为主。保鲜方面,美国学者采用酶处理开发了水溶性壳聚糖,并将其应用于冷藏鲷鱼鱼片保鲜;希腊和巴西学者分别研究了高压和特高压处理对鲈鱼和罗非鱼鱼片的影响。加工技术和工艺方面,爱尔兰学者研究了基于机器视觉的鳟鱼加工系统;土耳其学者使用橄榄油制备的纳米乳剂抑制了鱼腥味,延长了鱼片的货架期;副产物综合利用方面,马来西亚学者采用碱处理从罗非鱼鳞中提取了天然羟基磷灰;加拿大学者采用生物酶处理从鲑鱼内脏中提取了鱼油,优化了工艺参数;印度学者从鳗鱼皮中提取了胶原蛋白,用作3D打印的组织工程生物材料。

四、国内特色淡水鱼产业技术研发进展

(一) 种质改良与繁育技术

通过家系选育、杂交育种和基因组育种等系统性工作,选育出"壮罗1号"罗非鱼、"黄优1号"黄颡鱼等新品种。在鲈、鳢、鳜已培育良种的基础上,进行性状提升和遗传改良,选育出淡水鲈新品系,在保持生长性状不变的前提下提高抗逆性。珠江水产研究所建立了鳢科鱼类性别鉴定技术和全雄杂交鳢育种技术,将苗种生长速率提高25%。长江大学通过调节繁殖期的光照与模拟人工淋雨环境,研发出温室大棚内人工仿生态繁育黄鳝苗种的方法,可将产卵率从50%提高到95%以上,孵化率从35%提高到95%左右。

(二) 水环境控制与养殖技术

水环境控制方面,国内开发了鱼—菜共生技术、中草药净化技术、微生物净化技术、微藻净化技术、生物絮凝技术等生物调控技术。淡水渔业研究中心研发了"生态浮床+弹性填料+泼藻"原位修复集成技术;构建了物理沉淀+生物净化(水生植物+滤食性动物)+EM菌制剂组合的水质调控技术。养殖技术方面,大力推广"稻—鳅""稻—罗非鱼"等综合种养技术和池塘工业化养殖等绿色养殖模式。目前我国大水面养殖的发展正朝着环境友好型的生态渔业、休闲渔业以及新型网箱的方向发展,以生态环境为前提、生态经济为主导的"净水渔业""增殖渔业""休闲渔业"等技术模式增多。在大型水体渔业资源量评估方面,水声学、同位素技术的应用提高了大水面水域渔业管理与利用的科学性和效率。

(三) 营养与饲料

在营养素需求方面,国内学者对不同养殖阶段的罗非鱼、叉尾鮰、鳜、淡水鲈、鳗鲡等养殖品种对蛋白、脂肪、矿物质、维生素等大营养素下各项细分单项营养素的最佳添加比例进行了系统性研究,并优化了饲料配方。在蛋白和脂肪源替代方面,上海海洋大学通过酶解豆粕蛋白实现了对淡水鲈饲料鱼粉蛋白的有效替代,华南师范大学通过添加肉碱实现将淡水鲈饲料中50%的鱼油替代为豆油饲料。在添加剂方面,在罗非鱼饲料中添加玉米芯低聚糖和溶菌酶,黄鳝饲料中添加壳寡聚糖、虾青素和甘露寡糖,鮰、黄颡饲料中添加乳酸杆菌和类胡萝卜素,黄鳝饲料中添加肉碱和酵母水解物,鳗饲料中添加葡萄籽

原花青素和胆汁酸,可有效改善特色淡水鱼肠道菌群结构和非特异性免疫力,提升鱼类的生长性能和肌肉品质。

(四) 病原检测与病害防控

病原检测方面,珠江水产研究所建立的一种鳜弹状病毒的荧光定量 PCR 方法,传染性脾肾坏死病毒和鳜弹状病毒的双重 PCR 检测方法;开发了一种基于反转录-环介导等温扩增技术(RT-LAMP),可快速准确检测罗非鱼湖病毒。病害防治的热点在疫苗研制,广东海洋大学针对编码诺卡氏菌的核糖体蛋白、分子伴侣 DnaK 和 GroEL 开发了 DNA 疫苗,为鲡类结节病防控奠定基础;集美大学研发了鳗细菌病联合疫苗,可有效降低鳗嗜水气单胞菌、鳗爱德华氏菌和创伤弧菌的感染;东北农业大学、黑龙江水产研究所和甘肃农业大学分别开发了针对虹鳟传染性造血器官坏死病毒(IHNV)和传染性胰脏坏死病毒(IPNV)的疫苗,均取得较好效果。

(五) 保活保鲜与加工技术

国内学者研究了基于 MS-222、丁香酚等麻醉剂的保活运输技术。保鲜方面,研发了各种可延长鱼品货架期的技术,如超冷处理、超高压结合复合保鲜剂、低温等离子体处理与气调包装结合等。加工技术和工艺方面,研制出亚硝酸钠和碳酸氢钠复合发色罗非鱼的新方法,开发了低盐低钠复合咸味剂快速腌制罗非鱼片的方法;优化了鲍鱼鱼露低温低盐发酵工艺和鲟鱼肉干的腌制工艺;研发了软包装虹鳟鱼片的微波巴氏杀菌工艺。副产物综合利用方面,建立罗非鱼功能活性肽提取技术和保存技术,研发了酶法、超声波结合酶法鱼油提取工艺,开发了基于水热处理、碱酶两步法、超声辅助复合有机酸等鱼鳞副产物高效利用技术。

(国家特色淡水鱼产业技术体系首席科学家 杨弘 提供)

2019年度海水鱼产业技术发展报告

(国家海水鱼产业技术体系)

一、国际海水鱼生产与贸易概况

(一) 生产情况

据2019年联合国粮农组织(FAO)数据，2017年，世界海洋捕捞总产量为8 058.42万吨，其中，海水鱼类捕捞产量为6 784.74万吨，占海洋捕捞总产量的84.19%；世界海水养殖总产量为6 236.18万吨，其中，海水鱼类养殖产量为874.41万吨，占海水养殖总产量的14.02%。2017年，中国海水养殖产量为141.94万吨，占世界海水鱼类养殖总产量的16.23%。目前，全球海水鱼类养殖种类多达100多种，主要养殖品种为大西洋鲑、海鲈、大黄鱼、鲆鲽类等，其中单品种产量最大的为大西洋鲑，2017年养殖产量为235.87万吨，主要养殖国家为挪威、智利、英国等。

2019年欧盟成员国在欧盟水域及国际水域鲆鲽类捕捞配额总量为26.38万吨，较上一年增加3.3%；IPHC监管海域太平洋庸鲽可捕捞量为1.33万吨，较上一年增加15.3%；韩国上半年鲆鲽类养殖量为2.31万吨，比2018年同期增长13.5%。

(二) 贸易情况

2019年，世界主要经济体之间经贸摩擦加剧，全球贸易面临更大的不确定性。整体上，全球鲆鲽类贸易格局受到冲击最大，对其他品种的间接影响比较复杂。对鲆鲽类而言，本年度鲆鲽类全球贸易极其活跃，2019年美国、加拿大和丹麦等鲆鲽类主要出口国的出口规模扩大，除美国外，加拿大、日本和欧洲主要国家鲆鲽类进口显著增大，其产业链、价值链和供应链在全球范围内重构。我国自2018年下半年对鲆鲽类需求大幅度增加后，进口市场结构有新的变化，大大增加了自欧盟、加拿大和俄罗斯的进口；2019年我国鲆鲽类出口额和出口量环比分别下降11.1%和8.2%。自2019年5月起，我国鲆鲽类加工品出口美国遇阻，虽然从出口额来看，美国仍是我国鲆鲽类第二大出口国，但对美出口量额下降幅度大，对美出口量仅为13 711吨，较2018年下降31.6%，出口额为7 749.77万美元，同比下降35.1%；主要贸易伙伴中，对荷兰和德国的出口量环比下降10.4%和19.2%，对我国台湾地区的出口量也下降了13.2%。2019年对巴西、英国、瑞典、希腊、波兰和俄罗斯出口却呈现良好的增长态势，出口量环比增加127.1%、57.9%、50%、40.4%、17.5%和59.7%；出口额比2018年分别上升91.1%、64%、55.2%、34.4%、24.7%和20.7%。

美国是全球石斑鱼、欧洲海鲈[①]和军曹鱼的重要消费国，本年度进口表现各异。2019年，三者的进口量分别是6 715吨、9 678吨和301吨，同比分别下降13.2%、增长17.9%

---

① 拉丁文为 *Dicentrarchus labrax*，属于舌齿鲈属

和下降43.1%。全球河鲀两大主要消费地韩国和日本需求呈现分化，2019年韩国进口量减少7.9%，而日本进口量增加54.8%。

二、国内海水鱼生产与贸易概况

（一）生产情况

国家海水鱼产业技术体系调查数据表明，2019年体系跟踪调查区域海水鱼养殖面积为：工厂化养殖791.55万立方米，其中，循环水和流水模式分别占4.62%和95.38%；工程化池塘140.00公顷，普通池塘15 106.95公顷；普通网箱养殖2 542.55万立方米；深水网箱养殖625.40万立方米；围网养殖109.38万立方米。

2019年国内主要海水鱼养殖品种总产量为93.03万吨，各品种产量如表1所示。

表1　2019年国内各主要海水鱼养殖品种产量　　　　　　　　　　（万吨）

品种	示范县产量	非示范县产量	合计
大菱鲆	6.3	0.0175	6.3175
牙鲆	0.52	0.0067	0.5267
半滑舌鳎	0.72		0.72
珍珠龙胆	3.7	4.77	8.47
其他石斑鱼	2.64	0.38	3.02
红鳍东方鲀	0.36		0.36
暗纹东方鲀	0.15	0.68	0.83
其他河鲀	0.53		0.53
大黄鱼	12.7	1.32	14.02
海鲈	15.05		15.05
军曹鱼	0.79	1	1.79
卵形鲳鲹	7.17	5	12.17
美国红鱼	1.71	2.73	4.44
鲕鱼	0.12	1.51	1.63
褐毛鲿	0	3	3
鲻梭鱼	0	2.5	2.5
其他海水鱼	2.91	14.75	17.66
合计	55.37	37.6642	93.0342

数据来源：国家海水鱼产业技术体系产业经济调查

（二）贸易情况

我国海水鱼主养品种产品贸易顺差大幅收窄。2019年，主养产品[①]进出口总量35.46万吨，进出口总额14.88亿美元，占我国鱼类的9.9%，约占我国水产品的5.3%；总体上

---

① 包括黄鱼、军曹鱼、河鲀和鲆鲽类

贸易顺差 0.83 亿美元。与上年同比，进出口贸易总额上升 1.1%，顺差收窄 1.29 亿美元，减少 60.8%。

鲆鲽类和黄鱼①是我国大宗养殖海水鱼对外贸易的主要品种。2019 年，鲆鲽类进出口贸易总额为 11.81 亿美元，占我国水产品贸易总额 4.2%，贸易逆差 2.02 亿美元；黄鱼为 2.99 亿美元，占 1.1%，贸易顺差 2.78 亿美元。军曹鱼只有出口，没有进口，顺差为 220.49 万美元。河鲀进出口贸易总额为 558.67 万美元，顺差为 547.36 万美元。

受中美贸易战影响，中国鲆鲽类贸易逆差呈现扩大态势，进口市场结构发生变化。2019 年，中国鲆鲽类进口贸易量继续增长，进口量 22.07 万吨，进口额 6.92 亿美元，同比增长 10.3%；出口贸易继续缩减，出口量 9 万吨，出口额 4.89 亿美元，同比下降 11.1%。美国仍是中国鲆鲽类最大的贸易伙伴，是第一大进口来源国和第二大出口市场（出口额），但中国大大增加了自格陵兰岛、加拿大、挪威、印度、日本、冰岛、塞内加尔、西班牙、葡萄牙和丹麦等国的进口。

三、国际海水鱼产业技术研发进展

1. 海水鱼遗传改良技术

规模化家系选育、分子标记辅助育种、全基因组选择技术是国际上主要采用的遗传改良手段，其中全基因组选择技术尚未取得明显的育种成效。2019 年，日本开发了一种应用于水产养殖研究的基因分型方法，该方法具有很高的可重复性和灵敏性，可用于分子标记辅助育种；德国通过构建多准则模型，对大菱鲆体重性状最适非线性生长模型进行评估；西班牙、英国等国家利用系谱和基因组信息开展了分离大菱鲆抗稻瘟病和耐稻瘟病的遗传变异研究；南非学者对安氏石斑鱼个体的遗传结构和多样性进行了分析；马来西亚学者用条形码对不同石斑鱼群体进行鉴定；埃及学者通过线粒体 DNA、12S rRNA 基因测序对埃及红海中存在的石斑鱼进行了系统发育和遗传距离分析。

2. 海水鱼养殖与环境控制技术

（1）养殖设施与装备。自动视觉检测技术和鱼群图像识别技术等先进技术开始应用于工厂化养殖领域，促进了循环水养殖向工业化和智能化方向发展。

（2）养殖水环境。聚焦于高效养殖水处理技术工艺研发，如利用臭氧、纳米 TiO_2、光合细菌、芽孢杆菌、硝化细菌等技术净化养殖水体和减少病原菌感染。

（3）网箱养殖。由荷兰设计的"海峡一号"项目建成，该渔场主要针对深远海自然环境及产业装备技术需求，配备网衣、发电系统、压载系统、环境监测系统等相关设施设备。

（4）池塘养殖。研究集中在池塘养殖模式工艺的创新与优化、水环境调控、池塘精准养殖、多营养层次调控等方面。

（5）工厂化养殖。主要聚焦于养殖对象的行为生理响应特征，精准投喂技术、生长与品质控制等高效养殖关键技术研究。

（6）深远海养殖。澳大利亚蓝色经济联合研究中心项目启动，旨在汇集深远海养殖、可再生能源以及海洋工程方面，提高海洋创新利用能力。

---

① 是大黄鱼和小黄鱼的统称

（7）智能化养殖。SaberHachicha 设计了一种遥控潜水器与机械臂组合的双臂水下船体清洗机器人，建立了机械手臂的运动学模型和动力学模型，对船体清洗过程中的动力稳定性进行分析。

3. 海水鱼疾病防控技术

2019年度，国际上研究关注的病原有爱德华氏菌（*Edwardsiella piscicida*）、弧菌（*Vibrio*）、海豚链球菌（*Streptococcus iniae*）。病毒病原主要为神经坏死病毒（Viral nervous necrosis，VNN）。寄生虫病原集中于包括海虱、本尼登虫（*Benedenia*）、库道虫（*Kudoa*）、盾纤毛虫（*Scuticoci liatlda*）、车轮虫（*Trichodina*）等。主要涉及疫苗构建试制、多价商用疫苗评价、流行病学与病原-宿主互作机制、病原快速诊断技术、宿主免疫基因鉴定、免疫反应与黏膜免疫应答机制、病毒敏感细胞系建立。环境胁迫领域进行了氨氮急性胁迫对大菱鲆、鲈鱼等养殖鱼类行为模式和生理生化影响的研究，获得数据为建立行为数值模拟的在线预警系统奠定基础。

4. 海水鱼营养与饲料技术

（1）营养需求参数。作为鱼类营养与饲料研究的基础内容，目前营养参数研究更加关注特定养殖模式、养殖环境及特定饲料组成，系列研究成果将为更好服务产业、指导配方科学制定提供指导。

（2）新型饲料原料开发。针对水产饲料优质蛋白源（鱼粉）、脂肪源（鱼油）等短缺问题，开展了大量鱼油鱼粉替代研究，相关研究进一步拓宽了饲料原料来源，评估了系列非传统原料的应用价值。

（3）新型饲料添加剂。新型海水鱼饲料功能性添加剂、免疫增强剂等聚焦于促进鱼体生长、提升鱼体免疫力、降低养殖过程抗生素使用、提升养殖鱼类品质等，该项研究已成为目前研究热点。

5. 海水鱼产品质量安全控制与加工技术

（1）鱼品加工。国际上研究较多的鱼种是金枪鱼。主要研究为通过改良技术、包装材料、抑菌物质来提高鱼片的货架期及储运过程的安全性；肉质评价及预测新方法的研究；加工工艺研究；鱼肉品质及风味方面的研究；副产物加工工艺的研究。

（2）保鲜贮运。以河鲀为研究对象，发现冰晶显微结构、内源蛋白水解活性、脂质和蛋白质氧化对冷冻鱼类软化的影响。

（3）质量安全。建立了一种石斑鱼新鲜度近红外光谱快速无损检测技术；研究开发出一种适应于养殖现场的前处理方法；建立了一种更有效的生成高效氯氟氰菊酯抗体的技术。

四、国内海水鱼产业技术研发进展

1. 海水鱼遗传改良技术

研发出大菱鲆性状相关 SNP 辅助 BLUP 遗传评估法；利用动态性状分层混合模型关联分析算法，建立了基于常压室温等离子体安全、高效的牙鲆诱变方法；建立了半滑舌鳎抗哈维氏弧菌病基因组选择技术和半滑舌鳎全年繁育技术；建立了大黄鱼基于全基因组分析的主效位点分子标记辅助育种技术、育种芯片和抗内脏白点病大黄鱼快速选育技术；组装出染色体水平的棘头梅童鱼基因组序列图谱，并建立遗传性别鉴定技术；建立了基于全基因组关联分析的石斑鱼亲本筛选技术、远缘杂交育种技术、激光捕获单细胞的转录组测序与分析技术;建立了红鳍东方鲀生长性状候选基因的基因编辑方法;研发出卵形鲳鲹的群体选育方法以及卵形鲳鲹和布氏鲳鲹人工杂交育种方法。

2. 海水鱼养殖与环境控制技术

(1) 工厂化养殖。开展循环水养殖尾水处理和废弃物资源化利用技术研究,包括利用玉米芯浸出液的湿地处理技术、利用藻类吸收氮磷营养盐的生物反应器技术及利用木屑作为碳源的反硝化生物滤器等。同时,在工厂化循环水养殖工艺的精细化和系统的节能降耗技术研究方面也取得了重要进展。

(2) 网箱、围栏养殖。国内研发的 HDPE 浮台式、钢制平台式、板式塑胶等新型网箱为福建省传统网箱的升级改造提供了重要的科技支撑,仅宁德市蕉城区共完成传统网箱改造 5.81 万口,养殖水体 150.63 万立方米;构建了大型围栏不同栖息水层鱼类的混合养殖模式。

(3) 池塘养殖。开展了海鲈及牙鲆的工程化池塘高效养殖技术示范,完善了海水鱼类工程化池塘高效养殖关键技术,开发了黄条鰤工程化池塘苗种培育技术。

(4) 深远海养殖。半潜式波浪能养殖网箱"澎湖号"建设完成并在珠海海域投入生产使用;深海自动旋转海鱼养殖平台"振渔 1 号"建设完成并在珠海海域投入生产使用;国内首座智能化坐底式网箱"长鲸一号"在烟台基地交付使用;单柱式半潜深海渔场"海峡 1 号"在舟山建设中。

(5) 养殖设施装备与智能化。开展了适用于陆基工厂化和深远海养殖平台的自动化投饲装备技术研发,轨道式自动投饲技术成熟度大幅提升;研发出大型围栏养殖环境与鱼群自动监测系统并投入试用。

3. 海水鱼疾病防控技术

大菱鲆鳗弧菌基因工程活疫苗(MVAV6203 株)获批国家一类新兽药,完成红鳍东方鲀弧菌病活疫苗临床前各项准备工作;构建了特异性神经坏死病毒 RGNNV 衣壳蛋白的侧向流层析试纸条,完成虹彩病毒 SGIV 灭活疫苗临床实验批件申报工作,开发了一种防刺激隐核虫病纳米杀虫涂料,建立了刺激隐核虫病防控效果评价体系,明确了高温、低氧、氨氮等环境因子对大黄鱼的影响,鉴定了多个海水鱼应激标志分子,为海水鱼环境胁迫评价提供参考标准。

4. 海水鱼营养与饲料技术

(1) 营养代谢调控机制。目前国内研究旨在建立我国主养品种的精准营养需求数据库,从营养代谢调控、不同条件下鱼体代谢调控差异入手,解析相关调控机制。

(2) 新型饲料原料及饲料添加剂开发。相关学者立足于我国饲料原料资源现状,开展了大量饲料资源营养价值评估及中草药、植物提取物等应用研究。

(3) 饲料工艺研究。饲料工艺研究成为我国水产动物营养与饲料研究的新热点之一,筛选可提高饲料利用、降低氮磷排放的饲料工艺是实现饲料配方科学精准的关键,我国学者开展了大量适用于海水鱼饲料加工的工艺筛选与优化研究。

5. 海水鱼产品质量安全控制与加工技术

(1) 鱼品加工。2019 年,研究主要集中在海鲈、大黄鱼、金枪鱼、三文鱼、卵形鲳鲹等品种。采用超高压、可食用性保鲜膜、低温保鲜技术与生物保鲜剂等联合作用来提高鱼片或鱼肉的货架期;研究气质联用、电子鼻及荧光 PCR、近红外光谱等建立鱼肉肉质的评价新方法；研究加工方法对鱼品营养成分、风味成分的影响。

（2）保鲜贮运。卵形鲳鲹采用螺旋式冻结处理的品质最佳，0.2%迷迭香提取物与1.5%壳聚糖复合镀冰衣可用于卵形鲳鲹等海产品的冻藏保鲜；石斑鱼有水活运最优温度为16℃、盐度为26。

（3）质量安全。研发了牙鲆中不同亚型小清蛋白提纯与鉴定方法；探究了冰温保鲜和冷藏保鲜对生食大西洋鲑品质的影响；建立以细胞模型为基础的水产品安全性评价技术平台。

（国家海水鱼产业技术体系首席科学家　关长涛　提供）

2019 年度藻类产业技术发展报告

(国家藻类产业技术体系)

一、国际藻类生产与贸易概况

(一) 生产概况

根据 FAO 发行的《2018 世界渔业和水产养殖状况》,2016 年全球海藻养殖量为 3 005 万吨(鲜重),其中中国、印度尼西亚、菲律宾、韩国、朝鲜、日本、马来西亚、坦桑尼亚、马达加斯加、智利等为海藻主要养殖生产国,养殖产量分别为 1 438.7 万吨、1 163.1 万吨、140.5 万吨、135.1 万吨、48.9 万吨、39.1 万吨、20.6 万吨、11.9 万吨、1.7 万吨、1.5 万吨。中国占全球海藻养殖总产量的 47.9%,也说明了其在世界藻类生产方面的重要地位。

(二) 贸易概况

UNcomtrade 数据库中的生鲜藻类数据表明:从主要贸易国来看,美、日、韩、中、英的进口额和出口额排名都在世界前 10;从进口趋势来看,全球藻类贸易进口量 2015—2018 年稳定在 25 万吨左右,贸易进口额呈上升趋势,年均增长率为 8.76%;从出口情况来看,韩、印尼、中、日、美、英在 2015—2018 年的藻类出口额一直稳居全球前六,六国的藻类出口额总和约占全球藻类出口总额的 90%;从主要贸易产品来看,发达国家倾向于进口低端初级藻类产品,出口相对高端的藻类产品,中国的藻类贸易模式与发达国家的贸易模式类似。

二、国内藻类生产与贸易概况

(一) 生产概况

我国藻类海水养殖品种主要包括褐藻(海带、裙带菜、羊栖菜)和红藻(紫菜、江蓠、琼枝)。而淡水养殖藻类则比较少,主要以螺旋藻为主,各种藻类种植季节不同,投苗方式及加工工艺均存在区别。

我国藻类养殖区域主要集中在福建、山东、辽宁和江苏、浙江等东部沿海省份,区域结构分布合理。从养殖产量看,1999 年来我国藻类养殖产量先呈波动变化,再大幅度增长,后持续小幅增长的过程,截至 2018 年我国藻类产量占水产品总产量比重不足 4%,其中 98.9% 为海水养殖,海水养殖藻类总产量 234 万吨,约占全国水产品总产量的 3.63%。从养殖面积看,我国藻类养殖面积经历了先上升后下降再次上升的过程,2018 年我国海水养殖藻类总面积为 14.42 万公顷。从养殖单产看,我国藻类养殖单产经历了先下降,后持续波动的变化过程,近年来我国藻类养殖单产呈相对稳定态势,其中海带、裙带菜和江蓠单产相对较高,紫菜单产最低。

(二) 贸易概况

根据中国海关数据库显示,中国贸易藻类主要分为生鲜藻类和加工藻类。我国藻类贸易一直呈顺差状态，但顺差趋势逐渐减弱。2015 年，我国藻类贸易顺差超过 2 亿美元，此后一直下降，2018 年我国的藻类贸易顺差仅为 5 千万美元。我国藻类贸易进口额逐年增长，由 2015 年的 2.12 亿美元增长到 2018 年的 3.11 亿美元，但贸易进口量并没有明显增长趋势。

2015—2018 年，我国生鲜藻类进口量远远高于出口量，进口量逐年增加，进口量较为稳定。加工藻类出口量高于进口量，进出口量较为稳定且呈现上升趋势，出口额却略有下降趋势。我国生鲜藻类的主要进口来源国为印度尼西亚，主要出口目的国家为日本、台澎金马关税区、美国和泰国，加工藻类的主要进口来源国为泰国和韩国；主要出口目的国家为日本、台澎金马关税区和美国。从进出口单价来看，我国藻类出口单价高于进口单价，出口单价基本呈现下降趋势，进口单价逐渐上升，进出口单价的差值呈逐渐缩小趋势。总的来说，我国藻类贸易顺差主要来源于加工藻类贸易，而加工藻类贸易顺差可能得益于相对便宜的劳动力成本以及良好的食品加工业基础。

三、国际藻类产业技术研发进展

（一）遗传育种研究

2019 年 Web of Science 中收录与裙带菜遗传育种相关的论文有 2 篇，研究领域集中在传统杂交育种和诱变育种，分子育种方面暂未涉及。海带相关研究约 50 篇，主要涉及基因组学、生理生长及增养殖、环境保护及生态修复、生物活性物质提取及分析、营养及生物应用等方面。紫菜相关论文 86 篇，研究内容涉及紫菜育种、生理生化、植物学、环境科学、食品科学、水产养殖、生物技术、基因遗传学等多方面。对江蓠的研究主要集中在重要经济性状的分子生物学研究、养殖技术改进，江蓠活性成分解析，琼胶提取及其分析和在制备纳米材料方面的应用。对江蓠研制的生态功能与环境净化，如印染剂废水处理也有一定的进展。微藻方面，国外大型企业逐步开始整合资源以期扩大雨生红球藻生产量占据全球份额并寻求技术突破，同时其目光也聚焦于亚太地区尤其是中国的微藻产品市场。同时，美国一家企业申请了"螺旋藻靶向诱变"的专利，印度的 Naturex 公司正致力于开发新的藻蓝蛋白萃取技术。

（二）病害和有害藻类防控研究

在藻类病害方面发表了 8 篇相关论文，内容涉及病原鉴定及其分布和病原与宿主互作等方面。菲律宾的野生紫菜受到腐霉 *P. porphyrae* 的感染，苏格兰的两种经济红藻受到两种新的拟油壶菌（*O. palmariae*，*O. muelleri*）的感染。韩国的研究研究人员揭示了甘紫菜在赤腐病、拟油壶菌病、绿斑病的免疫应答，认为紫菜具有先天免疫。澳大利亚的研究人员鉴定了引起红藻 *Delisea pulchra* 白化病的致病基因，阐明了藻类附生微生物的相互作用与白化病发生的关系。

在有害藻类综合防控方面发表相关论文 672 篇，主要涉及有害藻类的分布调查、调查技术的研发和改进、有害藻潮暴发原因分析、管控清除方法研究以及藻类高值化利用等。Bausch 等人发现在长期试验中低 pH 值和低 O_2 浓度的组合可能对沿海海洋生态系统中一些有害甲藻的生长产生负面影响。Gokul 等人首次研究了遥感模型探测和监测红海赤潮的能力，该模型能够成功地检测和生成与不同浮游植物功能类型相关的赤潮图，并能很好地匹配同期的原位数据。

(三) 养殖与环境控制研究

美国、英国、澳大利亚等国开展了大型海藻碳汇潜力评估、藻类大尺度分布对海水增温的响应以及大型海藻对近岸生物资源养护等研究。大型海藻碳含量高达35%，"海上养藻"的固碳能力是"陆地植树"的50倍。冷温性藻类对水温变化尤为敏感，其生长状况可作为海洋生态观测系统的重要指标参数。

美国、英国、日本、德国、法国和以色列等国家吸纳了中国古代"桑基鱼塘"等生态养殖模式的精髓，发展了基于生态系统水平的浅海环境友好型多营养层次综合养殖（IMTA）。

联合国粮农组织在2019年开始把解决海藻养殖的生物安全问题作为一项重要工作，旨在防止海藻养殖过程中病虫害的传播。

(四) 藻类加工研究

根据ISI Web of Science数据库检索，以Seaweed（algae）processing/quality/safety/nutrition/drying equipment为主题词，检索内容主要包括5个方面：①海藻提取物及活性物质的生物活性作用研究。分别开展了海藻中活性物质在改善机体肠道健康、脂质代谢、免疫调节、抑制氧化应激及抗炎作用等方面的研究，其中以海藻多糖的活性作用研究较多。②海藻生物活性成分新提取技术及其结构分析。国外学者研究了微生物酶降解海藻多糖制备海藻寡糖的技术，并通过各种分析手段对海藻寡糖结构进行了表征。③藻类品质评估与质量安全评价。利用拉曼散射光对海藻产品的品质与质量进行评估，对海藻中的有机氯农药的安全性进行评价，测定藻体中无机砷的快速检测方法的建立。④藻类活性成分在食品工业中的应用。在食品中添加不同种类的海藻成分，改善产品的理化性质和保质期；提高产品的保水、保油以及溶胀能力；增强了产品的抗氧化活性。⑤藻类干燥技术：2019年国内外多篇论文研究过热蒸汽系统的计算模型、热量传递及运行效率；2019年多篇论文报道了关于太阳能干燥摩洛哥甜樱桃、辣椒及秋葵等的干燥动力学及干燥性能影响。

四、国内藻类产业技术研发进展

(一) 遗传育种研究

2019年Web of Science中没有收录国内与裙带菜遗传育种相关的论文。海带遗传育种相关中文论文2篇。授权海带苗种培育"一种利用配子体克隆系进行极北海带苗种培育的方法"发明专利1项（中国）。紫菜相关中文期刊论文13篇，在条斑紫菜遗传育种方面，利用EMS诱变丝状体获得一株生长速率快的品系strain E。在坛紫菜遗传育种方面，获得了成熟较晚、抗高温的新品系ST-2。坛紫菜基因组结构和功能得到了解析。

国内的微藻产业，雨生红球藻处于发展中，近几年上马了一批红球藻养殖、下游产品开发、销售等企业；同时，雨生红球藻及其提取物虾青素也逐步被大众所关注。在螺旋藻产业方面，除传统用于保健外，也在不断开发多元化产品，包括螺旋藻固体饮料、螺旋藻巧克力等。

(二) 病害和有害藻类防控研究

在藻类病害方面发表相关论文6篇、公布专利3项，涉及病原鉴定和检测、病原与宿主互作等。邱丽萍等人发现在连云港条斑紫菜（P. yezoensis）受到腐霉 P. chondricola 的感染；杨慧超等人建立了紫菜绿烂病病原的PCR检测方法；阎永伟等人研究了条斑紫菜赤腐病的细菌菌群特征，发现菌群变化与赤腐病发生密切相关；唐磊等人研究了赤腐病发生过程中紫菜基因的表达变化,发现紫菜有较为低等的免疫系统。徐梦雅等人提供了一种紫菜黄斑病的治疗方法,莫照兰等人提供了紫菜贝壳丝状体溶壳及原位观察方法。

在有害藻类方面发表相关论文152篇、公布专利16项、立项10项,涉及有害藻类对关键环境因子的响应、分布变化特征分析、与其他生物相互影响模拟研究、综合治理等。蔡佳宸等人发现金潮原因种对绿潮和赤潮原因种的生长有一定的影响,金潮的暴发和衰亡过程也会对绿潮和赤潮的发生产生一定的影响。赵越等人发现北部湾海域球形棕囊藻赤潮发生过程中,海水温度下降至20℃左右,聚球藻和原绿球藻丰度具有明显变化。

(三) 养殖与环境控制研究

(1) 在传统潜水等调查基础上,运用声呐探测技术,并结合潮下带定位系统和潮高校正系统,实现了潮下带藻场分布范围、覆盖度、优势藻种株高等参数的快速准确测量。

(2) 基于养殖容量的研究结果,在桑沟湾的寻山、楮岛等海域构建并实施了多种形式的海水养殖可持续生产模式,包括贝—藻、鲍—参—海带、鱼—贝—藻多营养层次综合养殖模式等,引领了世界海水养殖业可持续发展的方向。

(3) 利用卫星遥感影像为数据源,结合GIS空间分析方法,海域无人机影像对同期卫星影像目视解译结果开展精度验证,得出紫菜养殖区目视解译精度,从宏观的角度掌握连云港海州湾海域紫菜养殖的动态变化情况。

(4) 获得了适合于离岸式养殖环境的新品系"玉带1号"海带,具有优质、高产的优良性状,脱苗率和破损率低,具有较强的抗风浪能力。

(5) 建立了基于液压负载敏感控制技术的海带采收机械化分级模式,解决了海带分级过程中效率低下、可靠性差的问题。

(四) 藻类加工研究

根据中国期刊网(CNKI)数据库检索,以藻类加工/营养/质量等为主题词,检索内容主要有5个方面:①海藻寡糖和褐藻胶裂解酶的研究。众多学者研究了新型褐藻胶降解酶的发掘,褐藻胶降解菌的筛选与产酶条件优化等。②海藻活性物质的研究,主要包括褐藻多糖、红藻多糖与海藻胶的高效提取与分析、海藻活性物质的功能作用。众多学者对海藻多糖、海藻寡糖、海藻多酚、岩藻黄素等活性物质的活性作用及作用机制进行了研究,具体研究了抗氧化、降血压、抗腹泻、抗过敏、调节免疫、降血糖等方面的活性作用。③海藻成分的工业应用。以海藻为原料,拓展其在工业上的应用,开发了以海藻为元素的化妆品、肥料、饲料等产品,以及将海藻酸钠应用用于新型生物材料,具有较大开发的潜力。④藻类质量安全方面,主要包括海藻与外界环境的关系、环境对海藻生长的影响及有毒藻类产生的影响因素等。⑤加工机械方面,国内将自然晾晒+热泵干燥模式应用在藻类干燥上,白天采用自然晾晒以节能,晚上热泵烘干实现物料含水率可控。

(五) 产业经济研究

根据web of science数据库收录的藻类产业经济相关文献以及其他公开的科研成果可知,2019年的相关研究主要涉及以下几个方面:①藻类产业经济价值评估。国外学者从经济上评估智利北部(26°至32°S)的野生海带种群作为藻酸盐提取原料的商业价值,据估计,其总经济价值约为5.4亿美元。②价值链分析。一项对马来西亚藻类行业进行的价值链分析(VCA)发现,海藻用作卡拉胶加工的原料约占总收成的90%,用作幼苗的来源约占总收成的10%。马来西亚农民获得的干紫菜和角叉菜胶的价格仍然很低,分别为每千克 0.60 美元和 4.43 美元。③市场分析。针对澳大利亚消费者的调查发现，藻类消费主要驱动因素包括健康、营养益处，味道，天然，安全和新鲜。关键的阻碍因素是消费者缺乏知识和熟悉度。女性、年轻以及健康意识强的消费者更倾向于食用藻类产品。此外，国家藻类产业技术体系产业经济研究室针对中国消费者的选择实验研究发现，消费者对绿色食品认证的 500 克干海带产品愿意多支付 39.21 元，对有地理标志的海带产品愿意多支付 30.15 元。

(国家藻类产业技术体系首席科学家　逄少军　提供)